INTRODUCCION
AL ESTUDIO DE LA BIBLIA

Volumen 5

INTRODUCCIÓN AL ESTUDIO DE LA BIBLIA

CONSEJO DE DIRECCIÓN

José Manuel Sánchez Caro (Coordinador)
Alfonso de la Fuente Adánez
Rafael Aguirre Monasterio
Julio Trebolle Barrera
Santiago Guijarro Oporto

PLAN GENERAL DE LA OBRA

1. La Biblia en su entorno

2. Biblia y Palabra de Dios

3a. El Pentateuco

3b. Historia, narrativa apocalíptica

4. Los libros proféticos

5. Libros sapienciales y otros escritos

6. Evangelios sinópticos y Hechos de los Apóstoles

7. Escritos paulinos

8. Escritos joánicos y cartas católicas

9. Literatura judía intertestamentaria (suplemento I)

10. Literatura y exégesis cristiana primitiva (suplemento II)

Instrumentos de trabajo

I. La investigación de los evangelios sinópticos y Hechos de los Apóstoles en el siglo XX

Víctor Morla Asensio

Libros sapienciales
y otros escritos

Editorial Verbo Divino
Avenida de Pamplona, 41
31200 Estella (Navarra), España
Teléfono: 948 55 65 11
Fax: 948 55 45 06
www.verbodivino.es
evd@verbodivino.es

Cubierta: *Las pruebas de Job*. Manuscrito del siglo XI.
Biblioteca Lautenziana, Florencia

9ª reimpresión (año 2014)

© Institución San Jerónimo, 1994
© Editorial Verbo Divino, 1994

Fotocomposición: Larraona, Pamplona (Navarra)
Impresión: Gráficas Lizarra, Villatuerta (Navarra)

Impreso en España - *Printed in Spain*

Depósito legal: NA 186-2012

ISBN: 978-84-7151-907-8

CONTENIDO

SIGLAS Y ABREVIATURAS

AB	Anchor Bible; Garden City, NY
AJSL	American Journal of Semitic Languages and Literatures; Chicago 1895-1941
AnBib	Analecta Biblica; PIB, Roma
ANET	J.B. Pritchard, *Ancient Near Eastern Texts* (Nueva Jersey [3]1969)
AOAT	Alter Orient und Altes Testament; Kevelaer
AT	Antiguo Testamento
ATD	Das Alte Testament Deutsch; Gotinga
BBB	Bonner Biblische Beiträge; Königstein
BbbOr	Bibbia e Oriente; Milán
BG	Bibbia di Garofalo; Turín
BHS	Biblia Haebraica Stuttgartensia; Stuttgart 1977
Bib	Biblica; PIB, Roma
BibFe	Biblia y Fe; Madrid
BibTB	Biblical Theological Bulletin; St. Bonaventure, NY
BK	Biblischer Kommentar. Altes Testament; Neukirchen
BO=BibOr	Biblica et Orientalia; PIB, Roma
BTT	Bible de tous les temps; París
BZ	Biblische Zeitschrift; Paderborn
BZAW	Beihefte zur Zeitschrift für die alttestamentliche Wissenschaft; Berlín
CBQ	The Catholic Biblical Quarterly; Washington DC
Conc	Revista Concilium
CiTom	Ciencia Tomista; Salamanca
COT	Commentary to the Old Testament; Grand Rapids, Mi 1980
CTM	Calwer Theologische Monographien; Stuttgart
CuadBib	Cuadernos Bíblicos; Valencia
DBS	Dictionnaire de la Bible. Supplément; París 1928-
DThC	Dictionnaire de Theologie Catholique; París 1903-
EB=EBib	Études Bibliques; París 1903sg.
EstBib	Estudios Bíblicos; Madrid
EstE	Estudios Eclesiásticos; Madrid
EstFranc	Estudios Franciscanos; Barcelona
EHAT	Exegetisches Handbuch zum Alten Testament; Münster
EsprVie	Esprit et Vie; Maredsous
EU	Einheitsübersetzung; Stuttgart 1980
EvTh	Evangelische Theologie
FOTL	The Forms of the Old Testament Literature; Grand Rapids, Mi 1981-

FRLANT	Forschungen zur Religion und Literatur des Alten und Neuen Testaments; Gotinga 1903-
HAT=HbAT	Handbuch zum Alten Testament; Tubinga
HUCA	Hebrew Union College Annual; Cincinnati
ICC	International Critical Commentary; Edimburgo
IDB	The Interpreter's Dictionary of the Bible; Nashville, NY
IEB	Introducción al Estudio de la Biblia; Estella
Inter	Interpretation; Richmond, Virg
IrTQ	Irish Theological Quarterly; Maynooth
JBL	Journal of Biblical Literature; Chico, CA
JEA	Journal of Egyptian Archaelogy; Londres
JNES	Journal of Near Eastern Studies; Chicago
JQR	Jewish Quarterly Review; Londres
JSOT	Journal for the Study of the Old Testament; Sheffield
JTS	Journal of Theological Studies
KAT	Kommentar zum Alten Testament; Gütersloh
KHAT	Kurzer Handkommentar zum Alten Testament; Tubinga
LD	Lectio Divina; París
LXX	Versión griega de los Setenta
MDOG	Mitteilungen der Deutschen Orientgesellschaft; Berlín
NBE	Nueva Biblia Española; Madrid 1975
NEB	New English Bible; Oxford ²1970
NT	Nuevo Testamento
NVB	Nuovissima Versione della Bibbia; Roma 1983
OBO	Orbis Biblicus et Orientalis; Friburgo S./Gotinga
OS	Oudtestamentische Studiën; Leiden
OTL	Old Testament Library; Londres
PG	Migne, Patrologia Craeca
PL	Migne, Patrologia Latina
QuadSemit	Quaderni di Semitistica; Florencia
RB	Revue Biblique; Jerusalén/París
RBén	Revue Bénédictine; Maredsous
RBibArg	Revista Bíblica; Buenos Aires
RGG	Die Religion in Geschichte und Gegenwart; Tubinga ³1956-1962
RivBib=RivB	Rivista Biblica; Brescia
RSR=RevSR	Revue des Sciences Religieuses; Estrasburgo
RSV	Revised Standard Version; Londres 1966
Salm	Salmanticensis; Salamanca
SANT	Studien zum Alten und Neuen Testament; Munich
SAO	J.B. Pritchard, *La sabiduría del Antiguo Oriente* (Barcelona 1966)
SB	Sources Bibliques; París
SBM	Stuttgarter Biblische Monographien; Stuttgart
SBT	Studies in Biblical Theology; Londres
Sef	Sefarad; Madrid
SH	Scripta Hierosolymitana; Jerusalén
SJT	Scottish Journal of Theology; Edimburgo
StAns	Studia Anselmiana; Roma
SUNT	Studien zur Umwelt des Neuen Testaments; Gotinga
TBüch	Theologische Bücherei; Munich
ThPh	Theologie und Philosophie; Friburgo Br.
TM	Texto hebreo masorético
TTod	Theology Today; Princeton
VT	Vetus Testamentum; Leiden
VTS	Vetus Testamentum Supplementum; Leiden
WBC	Word Biblical Commentary; Waco
WMANT	Wissenschaftliche Monographien zum Alten und Neuen Testament; Neukirchen

WUNT	Wissentschaftliche Untersuchungen zum Neuen Testament; Tubinga
WZKM	Wiener Zeitschrift für die Kunde des Morgenlandes; Viena
ZAW	Zeitschrift für die Alttestamentliche Wissenschaft; Berlín
ZNW	Zeitschrift für die neutestamentliche Wissenschaft und die Kunde des alten Christentums; Berlín
ZTK	Zeitschrift für Theologie und Kirche; Tubinga
ZWTh	Zeitschrift für wissentschaftliche Theologie; Jena

PRESENTACION

La característica principal de este volumen de nuestra colección es el detallado estudio literario de los libros bíblicos que se estudian. Especial importancia tiene en este caso, aunque no es el único, la introducción al libro de los Salmos, que ocupa cuatro capítulos. Esto ha llevado a introducir una cantidad de palabras hebreas transcritas mayor que las existentes en otros volúmenes. También en los ejercicios propuestos prima esta línea. Aunque a primera vista la lectura pueda parecer en estos casos árida, sin embargo se da la oportunidad al lector de iniciarse en cuestiones tan importantes y atractivas como el estudio de los procedimientos de la poesía hebrea bíblica, que es el vehículo humano querido por Dios para comunicarnos el mensaje que contiene su Palabra. Por otra parte, dado que no abunda la literatura en lenguas españolas sobre los libros bíblicos aquí estudiados, se ha optado en este caso por un aparato de notas mayor que el usual en la colección, añadiendo al principio de los temas más importantes la literatura española existente que nos ha parecido interesante y que estaba a nuestro alcance, presentando además, al final de cada bloque dedicado a un libro o a un tema, una cuidada selección de los mejores estudios existentes en diversas lenguas.

El autor de este volumen es profesor de Antiguo Testamento en la Facultad de Teología de la Universidad de Deusto. El resultado de su trabajo es, a nuestro juicio, una introducción original, completa y detallada a los libros bíblicos tratados, con un nivel adecuado tanto para los estudiantes como para el lector culto a quien interesen estos temas.

José Manuel Sánchez Caro
Coordinador del Consejo de Dirección

PROLOGO

Este volumen quinto de la *Introducción al Estudio de la Biblia* está integrado por la lírica (Salmos, Cantar, Lamentaciones) y la tradición sapiencial (Proverbios, Job, Eclesiastés, Eclesiástico y Sabiduría). Este maridaje temático, relativamente extraño, se explica por los reajustes de las colaboraciones y por exigencias editoriales. Los dos bloques literarios, sin embargo, se caracterizan por el común recurso al ritmo poético, si exceptuamos la obra de Qohelet. El lector interesado en este tipo de expresión literaria, en su manifestación bíblica, encontrará en el bloque dedicado a los Salmos un apartado sobre la poesía hebrea.

El género «introducción», al que trata de responder la presente colección, implica más dificultades que el «comentario». Mientras que el comentarista de textos o el exegeta disponen a priori de cierto grado de «libertad profesional» para explicar un texto, el especialista que confecciona una introducción se ve en la obligación de ofrecer al lector el estado de la cuestión de la materia introducida. Es decir, necesita proporcionar una visión de conjunto de la «doctrina recibida» o consensuada hasta la fecha. Cuando se trata de opiniones aisladas o notoriamente controvertidas deberá dejar constancia de ello. El comentarista puede hacer directamente públicos sus propios puntos de vista; el que introduce, sin embargo, deberá exponer puntos de vista que, por reflejar quizá una «communis opinio» sobre la temática en cuestión, no tiene necesariamente que aceptar o compartir. El que escribe una introducción debe moverse con tacto y equilibrio entre sus convicciones y las necesidades del eventual lector en busca de una *isagoge temática*.

Esto no implica, desde luego, un eclecticismo que, más que ayudar, confunda. Ante todo hay que exigir coherencia de conjunto.

En este delicado equilibrio se mueve la presente «introducción». Han sido sobre todo Salmos, Cantar y Job los que más esfuerzo han exigido. Aparte del trabajo que supone hurgar en una bibliografía inconmensurable, se trata de obras que, tanto por su calidad poética cuanto por su temática, se hacen a veces inasibles, e imponen unos límites externos e internos (síntesis y precisión) que en ocasiones acaban con los recursos emocionales del «introductor». Hemos puesto especial mimo en la temática sapiencial. Su extrañamiento del hogar bíblico en el pasado y su escasa relevancia en los planes de estudio de la mayor parte de los centros teológicos nos han movido a esforzarnos por describir con rigor y fidelidad la anatomía de este precioso miembro del cuerpo bíblico.

La abundancia de notas en algunas páginas no pretende abrumar al lector con inútil erudición, sino ofrecerle el origen de determinadas ideas expuestas y proveerle indirectamente de una bibliografía complementaria y de un recurso a materiales de trabajo. Queremos salir al paso de posibles quejas por la ocasional abundancia de terminología hebrea. No es éste el lugar más apropiado para exponer los criterios que han sustentado dicha decisión. Baste decir que no se ha dejado nada al azar y al capricho, y que una introducción universitaria debe ofrecer al lector culto la posibilidad de tener acceso, en determinados casos, a la terminología original del texto sagrado.

Aunque no tratamos de establecer pretenciosas analogías entre este libro y la obra de Ben Sira, rogamos a quien abra estas páginas se aplique, también él, las reflexiones de este sabio jerosolimitano: «Dichoso el hombre que piensa en la Sabiduría... y habita en su morada... Ella le saldrá al encuentro... como la esposa de su juventud... Apoyado en ella no vacilará, confiado en ella no fracasará (Eclo 14,20.27; 15,2.4).

Bilbao, 2 de febrero de 1994
Fiesta de la Presentación del Señor
Víctor Morla Asensio

BIBLIOGRAFIA BASICA EN ESPAÑOL

L. Alonso Schökel, *Salmos I-II* (Estella 1992-1993).

L. Alonso Schökel / J. Vílchez, *Sapienciales I: Proverbios* (Madrid 1984).

L. Alonso Schökel / J.L. Sicre, *Job* (Madrid 1983).

L. Alonso Schökel, *Estudios de poética hebrea* (Barcelona 1963).

A. Barucq, *Eclesiastés. Qohelet* (Madrid 1971).

P. Beauchamp, *Los salmos noche y día* (Madrid 1980).

J.R. Busto, *La sabiduría es inmortal* (Santander 1992).

H. Cazelles (ed.), *Introducción crítica al Antiguo Testamento* (Barcelona 1981) 616-631.

P. Drijvers, *Los salmos* (Barcelona 1962).

A.-M. Dubarle, *Los sabios de Israel* (Madrid 1958).

J. Ellul, *La razón de ser. Meditación sobre el Eclesiastés* (Barcelona 1989).

Equipo «Cahiers Evangile», *En las raíces de la sabiduría* (Estella 1980).

M. García Cordero, *Biblia y legado del Antiguo Oriente* (Madrid, BAC 1977).

A. González, *El libro de los Salmos* (Barcelona 1977).

A. González, *El Cantar de los Cantares* (Madrid 1991).

H. Gunkel, *Introducción a los salmos* (Valencia 1983).

H.-J. Kraus, *Los Salmos I* (Salamanca 1993).

H.-J. Kraus, *Teología de los salmos* (Salamanca 1985).

J. Leveque, *Job. El libro y el mensaje* (Estella 1986).

B. Maggioni, *Job y Cohélet. La contestación sapiencial en la Biblia* (Bilbao 1933).

A. Marzal, *La enseñanza de Amenemope* (Madrid 1965).

R. Michaud, *La literatura sapiencial. Proverbios y Job* (Estella 1985).

R. Michaud, *Qohelet y el helenismo* (Estella 1988).

R. Tournay / M. Nicolay, *El Cantar de los Cantares* (Madrid 1970).

J. Vílchez, *Eclesiastés o Qohelet* (Estella 1994).

J. Vílchez, *Sabiduría* (Estella 1990).

G. von Rad, *Sabiduría en Israel* (Madrid 1985).

Parte primera
LITERATURA SAPIENCIAL ISRAELITA

La sabiduría es un concepto y una realidad bíblica complejos, que hunde sus raíces en la cultura de los países del entorno bíblico, pero adquiriendo un significado y una riqueza propios en la Biblia. Los dos capítulos que componen esta primera parte ofrecen los datos básicos para comprender la producción literaria sapiencial de la Biblia.

Capítulo I
SABIDURIA Y LITERATURA SAPIENCIAL

Exponer clara y distintamente las características generales de la literatura sapiencial del AT constituye de por sí una empresa ardua; si además pretendemos ahondar en algunos de sus aspectos individuales (sociales, antropológicos y teológicos) con el propósito de aislarlos netamente y de buscar después entre ellos una relación de contigüidad ideológica o de interdependencia histórica, entonces la empresa puede resultar frustrante. De hecho, un estudio riguroso de las obras y los textos que han llegado a nosotros como material sapiencial bíblico pone de manifiesto que la definición de este fenómeno, tal como se desarrolló en el antiguo Israel, es tan escurridiza y elusiva como el fenómeno en sí.

I. DIVERSAS CONCEPCIONES DE LA SABIDURIA

¿Qué queremos decir cuando hablamos de «literatura sapiencial»? ¿A qué nos referimos en concreto? Según el manual que caiga en nuestras manos, podemos descubrir con sorpresa las siguientes ofertas: «literatura sapiencial» incluye: 1) Proverbios, Job, Eclesiastés, Eclesiástico, Sabiduría, Salmos, Cantar, Lamentaciones, Rut, Tobías. 2) De la lista anterior se suprime Salmos. 3) Se suprimen Salmos y Lamentaciones. 4) Se borran también Rut y Tobías. 5) Se prescinde también del Cantar. 6) Incluso no es catalogado como tal Job. Por supuesto, pueden ofrecerse otras muchas variantes.

¿A qué se debe este desacuerdo? Fundamentalmente a dos

razones: el espectro significativo del concepto de «sabiduría» no ha sido suficientemente precisado; en otros estratos literarios del AT (historia deuteronomista, profecía) aparecen de vez en cuando algunos tipos humanos, ciertas actitudes sociales y diversos aspectos teológicos comunes en los libros aceptados como «sapienciales» por los especialistas más representativos (Proverbios, Eclesiastés, Eclesiástico, Job, Sabiduría). De lo que se deduce la necesidad de abordar con objetividad el contenido significativo de la terminología relativa a la «sabiduría» y de poner en tela de juicio la legitimidad del uso del concepto de «literatura» para designar lo que realmente constituye una «tradición». Pero antes de abordar este programa, pasemos revista a las definiciones más representativas de las últimas décadas.

1. Von Rad: conocimiento empírico de lo creado

Según Von Rad, la sabiduría postula un conocimiento empírico del orden de lo creado, «un conocimiento práctico de las leyes de la vida y del universo, basado en la experiencia»[1]. Esta definición le sirvió de marco referencial para ulteriores estudios del fenómeno sapiencial israelita[2]. El orden al que se refiere nuestro autor puede percibirse tanto en la creación como en el entramado social. El éxito del hombre en la vida dependía de su disposición y habilidad para descubrir este orden y vivir en armonía con él. Para el sabio existía una especie de interacción entre una conducta social correcta y el orden inscrito en la creación (aunque no fuese capaz de objetivar ambas esferas mediante la abstracción). El bien y el mal eran fuerzas activas que el hombre podía experimentar sin mayor dificultad. El mejor modo de asegurar la felicidad y el éxito en la vida consistía en neutralizar las fuerzas del mal y en liberar las del bien. Y la experiencia era el medio más idóneo para llevar a cabo esta empresa. De ahí la importancia de la literatura epigramática, de la recopilación de costumbres sociales, normas de convivencia e instrucciones. Quien se adhería a ellas tenía asegurado el camino de la felicidad mediante el

---

[1] G. von Rad, *Teología del Antiguo Testamento I* (Salamanca 1972) 508.
[2] Especialmente *Sabiduría en Israel* (Madrid 1985).

control de su propia vida; quien prefería el «camino de los malvados» estaba abocado a la autodestrucción. Este es el mejor punto de referencia, según Von Rad, para establecer las dimensiones y el alcance de la doctrina de la retribución.

Ahora bien, la sabiduría así descrita (adecuación a las exigencias del «orden del mundo») es producto de la reflexión humana sobre la humana experiencia. Pero, ¿cuál es el origen de este «orden del mundo»? ¿Quién o qué es responsable de su perpetuación y su estabilidad? Von Rad se resiste a identificar esta sabiduría con un atributo divino o con una personificación de Dios. Más bien hace referencia al «sentido» inscrito por Dios en la creación, el divino misterio de lo creado. Se trata de una cualidad del mundo, de una «razón universal» inscrita en él que continuamente interpela al hombre [3]. Aunque los dos conceptos de sabiduría (la experimental y la vinculada al misterio) son distintos, están íntimamente asociados. El primero surge en la propia vida del hombre y se pone en movimiento mediante la reflexión y la adecuación al orden percibido. El segundo, el misterio primordial de la creación, tiene su origen en el Creador. Sin embargo, los hombres que pretenden tener acceso al segundo deben previamente disponerse a la adquisición del primero. Si la sabiduría experimental debe ser entendida como medio para tener éxito en la vida, la adquisición de la sabiduría teológica constituye la meta de la vida misma.

2. *Whybray: actitud ante la vida*

Aunque Whybray comparte numerosos puntos de vista con Von Rad, se aparta decididamente de él en lo que respecta a la sede social de la sabiduría. Mientras el especialista alemán defiende que la reflexión sobre la vida constituía la preocupación de una clase específica de personas que se refleja en una tradición concreta, Whybray no cree en la existencia de un grupo profesional o esotérico. De ahí que prefiera hablar de «tradición *intelectual*» en lugar de «tradición *sapiencial*» [4]. Para él, la «sabiduría» del AT es un mundo de ideas que refleja una actitud ante la vida. En cada generación existen personas

---

[3] Cf. G. von Rad, *op. cit.*, 197-198.
[4] Tesis magníficamente desarrollada por R.N. Whybray, *The Intellectual Tradition in the Old Testament*, BZAW 135 (Berlín/Nueva York 1974).

que reflexionan sobre las eternas preguntas de la vida y que hacen a los demás partícipes de sus reflexiones. Desde este punto de vista podemos decir que en Israel existió una «tradición intelectual» distinta de otras tradiciones: históricas, legales, cúlticas o proféticas [5]. Von Rad opina que las enseñanzas cultivadas en los círculos de sabios profesionales llegaron a ser propiedad pública; Whybray, sin embargo, al propio tiempo que no niega el desarrollo de una tradición literaria sapiencial en Israel, opina que la perspectiva intelectual pertenecía al dominio público: no *se convirtió* en propiedad pública puesto que siempre *fue* propiedad pública. Ambos están de acuerdo en que la reflexión sobre la vida constituye el punto de partida de la empresa «sapiencial»; también en que la articulación de tal reflexión acabó adquiriendo un carácter distintivo. Sin embargo, no comparten criterios sobre dos aspectos: la función desempeñada por esa reflexión articulada en la formación de la tradición israelita [6] y la existencia de una clase profesional de sabios responsables de la conservación y eventuales desarrollos de la tradición intelectual.

Pero, si la tradición bíblica confiere el título de sabios (*hakamim*) a diferentes representantes de la administración del estado (consejeros, asesores políticos), ¿cómo entender su puesto en la tradición intelectual, si no puede hablarse de una clase profesional?; ¿qué decir además de los posibles educadores y pedagogos, o de los autores de los llamados «libros sapienciales»? A partir fundamentalmente de sus estudios sobre los términos *hokmah* («sabiduría») y *hakam* («sabio»), Whybray llega a la conclusión de que, a juzgar por el uso de estos términos en el AT, «la sabiduría es, sin más, una dotación natural que algunas personas poseen en mayor grado que otras... Una inteligencia innata de tipo general» [7]. Esta capacidad natural puede ponerse de manifiesto en una pluralidad de circunstancias, desde el arte de la navegación hasta la asesoría política. Sabia era considerada cualquier persona que desplegase el suficiente grado de destreza como para llevar perfectamente a cabo una tarea determinada. Desde este punto de vista difícilmente puede hablarse de un grupo profesional especializado. Esta «inteli-

---

[5] R.N. Whybray, *op. cit.*, 69-70.
[6] Es decir, ¿cómo influyó la reflexión sapiencial en el desarrollo de las tradiciones históricas, proféticas, legales y cultuales del AT?
[7] R.N. Whybray, *op. cit.*, 6-7.

gencia» tiene más que ver con la sagacidad que con un legado de conocimientos tras el que debe esforzarse el hombre.

El desarrollo de la habilidad y la sagacidad puede plasmarse en multitud de empresas, desde la creación artística a la asesoría cortesana, pasando por el propio autocontrol. Pero en una sociedad como la israelita de aquel tiempo, la inteligencia estaba naturalmente asociada con el dominio del lenguaje. Tal circunstancia ha inducido a muchos autores, según Whybray, a adoptar el erróneo punto de vista de que los consejeros, los educadores y los escritores sapienciales eran sabios profesionales educados en escuelas. Nadie duda de la función educadora de la *torah* sacerdotal o del *dabar* profético, pero lo que hay que discutir, según nuestro autor, es la existencia de un sistema educativo organizado en la corte, en el templo, en las escuelas proféticas y en el ámbito de los escribas.

Si, siguiendo la tesis de Whybray, negamos la existencia de escuelas organizadas, ¿quién escribió entonces Proverbios y el resto de la literatura bíblica afín? La relación padre/hijo tan frecuente en Proverbios (p.e. 1,8.10.15; 2,1; 3,1.11; 4,1.10.20; 5,1.7.20; 6,1.20; 7,1.24) reflejaría una sede familiar, de ahí que la educación en las distintas profesiones no sería más que una extensión de la educación familiar. Quienes compusieron los libros sapienciales poseían sin duda más habilidad que los demás, pero la tradición intelectual fijada en ellos pertenecía al tesoro común del pueblo.

Esta tesis de Whybray tiene la ventaja de no reducir la sabiduría a un legado esotérico cultivado por una clase profesional y puesto al servicio de estudiantes de élite, pero no cuenta lo suficiente con la dimensión diacrónica de esa «tradición intelectual» [8]. Una mirada superficial a la obra de Ben Sira parece contradecir dicha tesis (cf. Eclo 24,30-34; 33,16-19; 51,23).

3. *Crenshaw: autocomprensión en relación con las cosas*

J.L. Crenshaw es el tercer autor que ha procurado establecer una definición de sabiduría a la luz de los trabajos de sus predecesores [9]. Distingue entre literatura sapiencial, tradición

---

[8] Ver al respecto J.L. Crenshaw, *Old Testament Wisdom* (Atlanta 1981) 28-31; G. von Rad, *Sabiduría*, 29-39.

[9] Cf. especialmente J.L. Crenshaw, *Method in Determining Wisdom Influen-*

sapiencial y pensamiento sapiencial. De este modo es capaz de poner de relieve la importancia de las distintas manifestaciones de la realidad sapiencial en el AT sin tener que abordar todas al mismo tiempo y del mismo modo. Tras criticar la definición de Von Rad, reproducida más arriba, por excesivamente difusa e inoperante, ofrece su propia definición en los siguientes términos: «búsqueda de la autocomprensión en relación con las cosas, la gente y el Creador. Esta búsqueda de sentido se mueve en tres niveles: 1) sabiduría de la naturaleza, un intento de enseñorearse de las cosas de cara a la supervivencia humana y al bienestar...; 2) sabiduría jurídica y sabiduría práctica, que hace hincapié en las relaciones humanas dentro de una sociedad ordenada o estado; y 3) sabiduría teológica, que se mueve en el ámbito de la teodicea, afirmando así a Dios como significado último» [10]. Al distinguir entre literatura, tradición y pensamiento, Crenshaw sintoniza con la postura de Whybray, quien a su juicio es quien mejor ha puesto de manifiesto que la sabiduría es tanto una actitud cuanto una tradición viva y un corpus literario.

4. *Murphy: esfuerzo por ordenar la conducta humana*

Una cuarta matización del problema es la ofrecida por R.E. Murphy [11]. Para empezar, pone serios reparos a la tesis de que «la sabiduría bíblica nace del esfuerzo por descubrir un orden en la vida del hombre». Quienes defienden esta tesis exageran la influencia que la doctrina egipcia de la *Maat* haya podido ejercer en el pensamiento israelita. Los sabios del antiguo Egipto creían en la existencia de un «orden del mundo» fundamental, la *Maat* (orden, verdad, justicia), una especie de semidivinidad que regulaba al mismo tiempo el orden cósmico, las relaciones sociales y el mundo de los dioses. Los tres ámbitos estaban interrelacionados. Todo debía acomodarse a

ce Upon «Historical» Literature: JBL 88 (1969) 129-142 = J.L. Crenshaw (ed.), *Studies in Ancient Israelite Wisdom* (Nueva York 1976) 481-494]; Ibíd., *Old Testament Wisdom*, 27-41.

[10] J.L. Crenshaw, *Studies*, 484.

[11] Cf. principalmente R.E. Murphy, *Wisdom – Theses and Hypotheses*, en J.G. Gammie y otros (eds.), *Israel Wisdom. Theological and Literary Essays in Honor of Samuel Terrien* (Nueva York 1978) 35-42. También R.E. Murphy, *Wisdom Theses*, en J. Armenti (ed.), *Wisdom and Knowledge. Papin Festschrift* (Filadelfia 1976) 187-200.

este «orden del mundo». Numerosos especialistas defienden que esta idea de orden influyó en los conceptos israelitas de «justicia» y de «derecho». Murphy no niega la influencia que ejercieron en Israel otras culturas del Próximo Oriente, tanto en el ámbito de las ideas cuanto en las expresiones literarias, pero considera abusiva la oferta de paralelismos entre Israel y Egipto por lo que se refiere a la percepción y al alcance del orden cósmico. En concreto, rechaza los argumentos basados en la aparente correspondencia entre el orden natural y el orden social, y su influencia mutua. Para Murphy los textos sapienciales se interesan por la conducta humana, no por el orden de la naturaleza. Cuando un aforismo o una instrucción yuxtapone ambos órdenes, busca sin más la comparación, la ilustración de un orden a partir del otro. Y una cosa es el ámbito de la semejanza y otra muy distinta recurrir al postulado de la existencia de un orden omnicomprensivo. Mientras no puede negarse que en el AT se aborda con frecuencia el conflicto entre el orden del mundo y el caos, hemos de poner en duda que los antiguos israelitas creyesen que la conducta del hombre tenía una incidencia directa en dicho orden.

En consecuencia, Murphy cree que «la sabiduría bíblica nace del esfuerzo por poner orden en la vida del hombre». Esta perspectiva cambia el punto de vista relativo al orden del mundo, pues en lugar de decir que el hombre experimenta a Dios en el contexto del orden establecido, habrá que afirmar que lo experimenta en la búsqueda del orden: tratando de establecer un orden (aunque eventual y relativo) en el entramado a veces caótico de las relaciones sociales, mediante el recurso al análisis y la clasificación de experiencias.

Con este breve repaso de las opiniones más representativas hemos pretendido poner de relieve la complejidad de la temática sapiencial. Aunque todas ellas comparten un grado aceptable de proximidad, adoptan un punto de partida distinto y una perspectiva peculiar.

II. LA «LITERATURA» SAPIENCIAL ISRAELITA

Bibliografía española: R.E. Murphy, *La literatura sapiencial del Antiguo Testamento:* Conc 10 (1965) 121-135; F. Raurell, *La literatura sapiencial bíblica:* EstFranc 80 (1979) 101-147.

1. El vocabulario de la «sabiduría»

El mismo carácter lábil del concepto de sabiduría ha llevado a algunos autores a elaborar una serie de trabajos de naturaleza lingüística de factura complicada y de resultados ambiguos, si no decepcionantes. Los esfuerzos metodológicos en esta línea no siempre dan con la ruta adecuada [12]. De ahí que, en lugar de tratar de ser engañosamente exhaustivos en la selección terminológica que ha de someterse a examen, conviene partir de un núcleo elemental de lexemas, que abarque sólo aquellos de indudable raigambre en la llamada «literatura sapiencial» y tengan a la vez correspondencia semántica (aunque sea parcial) con nuestros «sabio», «sabiduría» y antónimos.

La raíz hebrea que más se acerca a nuestros conceptos de «sabio» y «sabiduría» es *hkm*. Su espectro significativo es tan polivalente que, a la hora de descifrar el sentido de algunos lexemas derivados, las lenguas receptoras modernas se debaten en la duda. Sirva de muestra de esta complejidad la siguiente página de un diccionario:

> «La raíz *hkm* designa de manera indiferenciada la esfera 'sapiencial', es decir, la esfera de la razón, inteligencia, saber, destreza. Se puede diferenciar contextualmente, sin precisión terminológica. Los apartados o categorías son: lo natural y lo adquirido. Capacidad humana radical: razón, inteligencia. Cualidades naturales de conocer, juzgar, hacer. *De conocer*: inteligencia, talento, perspicacia, penetración, agudeza, ingenio. *De juzgar*: sensatez, cordura, juicio, razón, sentido, seso. *De hacer*: habilidad, maña. Cualidades adquiridas: *de conocer*: saber, sabiduría, cultura, erudición; *de juzgar*: prudencia, ponderación, tino, tacto, acierto, cautela; *de hacer*: destreza, método, experiencia, pericia, idoneidad, solvencia. El adjetivo (*hakam*) puede, además, designar una profesión o sus profesionales: doctos, maestros, doctores, artesanos. El sustantivo (*hokmah*) puede presentar una personificación. En bastantes casos, el adjetivo incluye cualidades de varios apartados, p.e. inteligencia y prudencia, saber y experiencia, lo natural y lo adquirido, etc. En muchos casos domina el sentido de sensatez, cordura; es poco frecuente el sentido de saber intelectual» [13].

---

[12] Un ejemplo de lo que venimos diciendo (aunque en general se trata de una magnífica obra) en R.N. Whybray, *The Intellectual Tradition*, 75-149.

[13] L. Alonso Schökel, *Diccionario Bíblico Hebreo-Español*, fasc. 3 (Valencia 1990) 226.

También de honda raigambre sapiencial es la raíz *byn*. Como en el caso de *ḥkm*, el verbo manifiesta también un espectro significativo rico, pero bastante indiferenciado: entender, comprender; conocer, penetrar, percibir; distinguir, discernir; atender, advertir, observar, adivinar, considerar, caer en la cuenta, tener conciencia; reflexionar. El sustantivo derivado (*binah*) hace referencia a: inteligencia, talento; instinto, prudencia; saber, comprensión, penetración, perspicacia; juicio, discernimiento; habilidad, destreza, pericia; acierto [14].

Junto a esta terminología, que define la «sabiduría» desde el punto de vista positivo, conviene destacar los apoyos significativos ofrecidos por una amplia serie de antónimos: *ᵉwil*, *kᵉsil, les, peti; ᵓiwwelet, kᵉsilut, siklut*, etc. Sus significados coinciden más o menos con nuestros: necio, tonto, simple, ignorante; desatinado, torpe, incapaz, inexperto; ingenuo, cándido, infeliz, inocente, incauto; insensato, imprudente; burlón, insolente, cínico, descarado, desvergonzado. Habría que añadir a esta lista de adjetivos sus respectivas cualidades: necedad, ignorancia, torpeza, ingenuidad, imprudencia, etc.

A partir de este núcleo elemental de lexemas podemos aventurarnos en una descripción del fenómeno de la sabiduría, que esbozaremos más abajo.

2. ¿Literatura o tradición?

Una primera valoración de este vocabulario obliga a poner en tela de juicio la idoneidad del término «literatura» y su inadecuación al conjunto del AT. Fundamentalmente por dos razones. El simple hecho de que la terminología sapiencial (y las actitudes humanas concomitantes) aparezca en otros estratos literarios del AT nos obliga a ser cautos. Ciertamente podemos hablar de ejemplos de «sabiduría» fuera de los sapienciales. No hay más que pensar en el vocabulario y el talante de ciertos salmos [15], en la formulación de las tradiciones proféticas de Amós [16], en las narraciones yavistas de creación y peca-

---

[14] Datos tomados de Ibíd., fasc. 2 (Valencia 1990) 97-99.

[15] No existe un solo comentarista o especialista en el Salterio que, al abordar la catalogación genérica de los salmos, no mencione la categoría de «salmos sapienciales» (o «salmos didácticos»).

[16] Interesante en esta perspectiva la obra de H.W. Wolff, *Amos' geistige Heimat*, WMANT 18 (Neukirchen 1964) y el artículo de S. Terrien, *Amos and*

do (Gn 2-3) [17], en algunos segmentos de la Historia de José (Gn 37-50) [18], en las tradiciones legales de Exodo y Números [19] o en amplias secciones de la narración de la sucesión al trono (2 Sm 9-20; 1 Re 1-2) [20] para descubrir la presencia de lo sapiencial en géneros literarios bien diversos [21]. Esta presencia nos obliga a considerar secundario para nuestro propósito el término «literatura». Por otra parte, los cinco libros aceptados casi unánimemente como sapienciales (Proverbios, Job, Eclesiastés o Qohelet, Eclesiástico o Ben Sira y Sabiduría) pertenecen a distintas épocas, indicio de que nacieron en un «humus sociológico» determinado, no necesariamente vinculado a las formulaciones literarias. En Proverbios, p.e., pueden descubrirse distintos estratos (aparte de los encabezamientos de 1,1; 10,1; 22,17; 25,1; 30,1; 31,1), diferenciables por sus formas (instrucción; proverbio aislado; etc.) y sus intereses teológicos particulares. Todo ello apunta a un esfuerzo redaccional, a una labor editorial que reúne en una obra un precipitado de siglos.

3. Las alternativas a lo «sapiencial»

Una vez descartado el término «literatura» en favor del objetivamente más adecuado «tradición», numerosos autores han puesto cerco al adjetivo «sapiencial». Principalmente en nuestra cultura occidental, este adjetivo (y el sustantivo correspondiente «sabiduría») presenta a nivel denotativo tales

Wisdom, en J.L. Crenshaw (ed.), *Studies in Ancient Israelite Wisdom* (Nueva York 1976) 448-455. Ver también J.W. Whedbee, *Isaiah and Wisdom* (Nashville 1971).

[17] Cf. L. Alonso Schökel, *Motivos sapienciales y de alianza en Gen 2-3*: Bib 43 (1962) 295-316.

[18] Así, G. von Rad, *Josephsgeschichte und ältere Chokma:* VTS 1 (1953) 120-127 (= *La historia de José y la antigua hokma*, en G. von Rad, *Estudios sobre el Antiguo Testamento* [Salamanca 1976] 255-262).

[19] Consultar, entre otros, E. Gerstenberger, *Wesen und Herkunft des «apodiktischen Rechts»*, WMANT 20 (Neukirchen 1965); W. Richter, *Recht und Ethos. Versuch einer Ortung des weisheitlichen Mahnspruches*, SANT 15 (Munich 1966); T. Frymer-Kensky, *The Sage in the Pentateuch: Soundings*, en J.G. Gammie y L.G. Perdue (eds.), *The Sage in Israel and the Ancient Near East* (Winona Lake 1990) 280-286.

[20] Bastaría con leer 2 Sm 13,1-5; 14,1-20; 20,14-22. Sugerente a este respecto la obra de R.N. Whybray, *The Succession Narrative*, SBT 9 (Londres 1968) 56-95.

[21] Es programático el artículo ya citado de J.L. Crenshaw, *Method in Determining Wisdom Influence Upon «Historical» Literature*.

fronteras que hacen penoso el esfuerzo de adecuarlo a la realidad bíblica. «Sabio» nos sugiere «erudito», «persona especializada» en alguna rama del saber [22], ensimismada en su tarea hasta tal punto que vive en ocasiones ajena a la realidad cotidiana que le circunda. Y éste no es desde luego el prototipo de persona que puede deducirse de los términos hebreos *hakam* y *hokmah*, como hemos podido comprobar más arriba.

En virtud de tal inadecuación, los especialistas han ensayado definiciones equivalentes. El propio título de una de las obras de Whybray [23] resulta programático a este respecto. Según este autor, dado que el sustantivo *hokmah* «sabiduría» es sinónimo de «inteligencia» en su sentido más amplio de capacidad, actitud, perspicacia y eficacia, y supuesto que el término *hakam* «sabio» alude sin duda a un miembro de una clase profesional en Israel, el adjetivo *intelectual* sería el más apropiado. Pero nos encontramos ante las mismas dificultades que nos plantea «sapiencial». Si aceptamos la alternativa de Whybray, ¿cómo explicar la caracterización de Jonadab en 2 Sm 13,3 como *'iš hakam me'od*, «hombre muy sabio»? En un ámbito de actitudes «intelectuales» difícilmente caben la «astucia» y las «argucias» de Jonadab. Von Rad rehuye las definiciones excesivamente técnicas y prefiere hablar de tradición *didáctica* [24]. Si se tiene en cuenta que la sabiduría israelita (y en general la del Próximo Oriente) manifiesta una clara tendencia educativa, el calificativo propuesto por Von Rad resulta sumamente adecuado. De todos modos, convendría hacer alguna salvedad. Decir didáctico connota en general una tarea «escolar»; desde esta perspectiva no sería ajustado el uso de tal adjetivo para definir la sabiduría bíblica. Pero si ampliamos legítimamente el espectro significativo del adjetivo «didáctico» hasta identificarlo con «educativo», entonces queda justificada la expresión «tradición didáctica». Porque la sabi-

---

[22] Ante el peligro de malinterpretar el término «sabiduría» identificándolo, aunque sólo sea inconscientemente, con «corriente intelectual», nos dice G. von Rad: «Es legítimo preguntarse si, actualmente, esta vistosa denominación 'sabiduría' no constituirá un obstáculo más bien que una ayuda para la comprensión, por deformar el auténtico significado del término, en vez de describirlo adecuadamente», *Sabiduría, 20.*

[23] Cf. la ya citada R.N. Whybray, *The Intellectual Tradition in the Old Testament.*

[24] Cf. G. von Rad, *Sabiduría*, 29ss.

duría bíblica se caracteriza por un decidido impulso hacia la formación integral del hombre.

Cabe ensayar el uso del adjetivo *humanista* y evaluar sus resultados. A pesar de ser un fenómeno decididamente complejo, la sabiduría pretende inequívocamente dar respuesta a una serie de preguntas: «¿Qué es bueno para el hombre?»; «¿qué es legítimo para el hombre?» Esa bondad (el *factum* de la autopreservación) y esa legitimidad (el *debitum* ético), que se presentan como horizonte de las actitudes y las actividades del ser humano, no se orientan exclusivamente hacia las relaciones sociales, sino que se despliegan también hacia la dimensión vertical de las relaciones con el creador. En el mundo de la sabiduría el israelita tiene conciencia de su singularidad, pero sabe que ésta debe ser armonizada social y teológicamente. Este impulso hacia el cultivo integral del ser humano, tanto desde su naturaleza social cuanto desde la dimensión de su condición de creatura, puede ser definido como «humanista». Existe un dato que avalaría indirectamente esta definición. En la sabiduría de Israel se echa en falta una dimensión histórica de la fe. Quien esté familiarizado con la concepción de la historia sobre todo en la obra deuteronomista y en la profecía (principalmente la dialéctica entre oferta y rechazo, pecado y redención), se sorprenderá sin duda ante el silencio de la literatura sapiencial a este respecto. Ni Proverbios, ni Job ni Qohelet hacen referencia a la historia de su pueblo. Incluso la visión que ofrece Ben Sira de la historia israelita (Eclo 44-50) no puede ser abordada desde el punto de vista de la teología de la historia, sino de los avatares de la sabiduría encarnada. Sólo el libro de la Sabiduría (obra tardía) ofrece algunas claves novedosas. Es decir, la sabiduría de Israel se interesa más por el individuo y su autorrealización que por la nación y su supuesto destino histórico.

Excursus. El patronazgo salomónico de la sabiduría [25]

Tres obras sapienciales están atribuidas, clara o solapadamente, a Salomón: Proverbios, Eclesiastés y Sabiduría [26]. ¿Cómo explicar es-

---

[25] Consultar, entre otros, H. Duesberg / I. Fransen, *Les scribes inspirés* (París 21966) 99-119; R.B.Y. Scott, *Solomon and the Beginnings of Wisdom*, en J.L. Crenshaw (ed.), *Studies in Ancient Israel Wisdom* (Nueva York 1976) 84-101; J.L. Crenshaw, *Old Testament Wisdom*, 42-54.

[26] Pensemos también en el Cantar, incluido en algunos manuales entre las obras sapienciales.

te patronazgo si tenemos en cuenta que la obra más antigua de estas tres fue recopilada unos 500 años después del reinado de Salomón? Sin duda que las leyendas relativas a la sabiduría de este rey israelita contribuyeron a dicho patronazgo, especialmente las reflejadas en 1 Re 3; 5,9-14; 10,1-13, leyendas por otra parte cultivadas y embellecidas en los ámbitos judío, árabe, etíope y cristiano. En base a estas narraciones legendarias y folclóricas, Israel llegó a la convicción de que la propia sabiduría de Dios se había encarnado en Salomón.

Una decisión justificadamente negativa respecto a la historicidad de los textos de 1 Reyes arriba mencionados no excluye la existencia de cierta actividad literaria en la época de Salomón. En efecto, el hecho de que este rey israelita se viera abocado a la necesidad de consolidar el imperio legado por su padre mediante la creación, entre otras cosas, de una poderosa administración central, implicaba al menos la contratación de personal especializado no sólo en hebreo sino en el resto de los idiomas de la comunidad internacional del Próximo Oriente. Junto a expertos en idiomas contemporáneos, el monarca necesitaba consejeros políticos, especialistas en derecho, diplomáticos, etc. Y para desempeñar todos estos cargos se necesitaba no sólo un nivel cultural adecuado, sino sobre todo dominio del lenguaje y pericia en el discurso [27], algo cultivado con mimo en el mundo de los sabios. Desde esta perspectiva, y teniendo en cuenta el posible intento de establecer un tipo de gobierno administrativo de características similares al modelo patrocinado entonces por Egipto, Salomón pudo muy bien haber sido una especie de «mecenas de las artes». Sin embargo, esta valoración debe ser sostenida con cautela.

Si es verdad que el rey se interesó activamente en la promoción de la vida intelectual de la corte, su época debió de caracterizarse, entre otras cosas, por el comienzo de una febril actividad dirigida a recopilar y dar forma a las tradiciones literarias del antiguo Israel. Así opina al menos una serie de especialistas. Dicha actividad llevaría aneja una amplitud de miras respecto a las posibilidades del conocimiento, que incluiría propuestas de modelos de conducta, estudio de las distintas facetas de la personalidad individual, intereses científicos y cultivo de la retórica. Esta apertura, forjada bajo la influencia de algunas culturas vecinas (especialmente Egipto), propiciaría la emergencia de un espíritu humanista. Es posible, opinan dichos autores, que esta orientación «ilustrada» favoreciese una nueva comprensión de la actividad de Dios entre la gente. Dios ya no irrumpía directamente en los acontecimientos ordinarios de la vida del pueblo, de modo que su actividad sólo podía ser percibida desde la fe. Los proyectos divinos se materializaban a través de agentes humanos. Es-

---

[27] Recordemos p.e. (en otro ámbito de relaciones sociales) la maestría del discurso de la mujer «sabia» de Tecua ante David (2 Sm 14).

ta comprensión de la actividad de Dios ocultaba peligrosamente una semilla que pronto brotó con vitalidad, dando lugar a un abierto escepticismo en Israel [28].

Verdad es que la época de Salomón debió de caracterizarse por el cultivo de novedades culturales postuladas necesariamente por la puesta en marcha de la maquinaria del estado y por el incremento de las relaciones políticas y comerciales. Pero de ahí a afirmar que los avances de dicha época permiten definirla como «Ilustración Salomónica» va un abismo. No sólo porque nos movemos en el movedizo terreno de las hipótesis, sino también porque resulta carente de fundamento objetivo definir la época salomónica como la frontera entre una concepción pansacral y una visión profana de la realidad [29]. La distinción entre sacralidad y profanidad responde a planteamientos modernos de la antropología religiosa, inaplicables a Israel. Y, si nos arriesgamos a utilizarlos en el caso de la historia religiosa israelita, nos vemos forzados a decir que lo pansacral y lo secular coexistieron desde el principio, como lo pone de manifiesto, entre otros textos, la antigua leyenda de Sansón (Jue 13-16). La afirmación de que, en el periodo salomónico, desapareció la interpretación sacral de la realidad resulta a todas luces débil en virtud de la evidencia (incluso literaria) de lo contrario.

Al propio tiempo que admitimos el cultivo de lo literario en la corte de Salomón nos parece desmesurado concebir aquella época como el gozne decisivo sobre el que gira la puerta que nos permite el acceso al mundo de la sabiduría. Ahora bien, si los relatos de 1 Reyes mencionados más arriba pertenecen al mundo de la leyenda, ¿de dónde proviene el patronazgo salomónico de la empresa sapiencial? Nos parece ingenua la explicación de Crenshaw: «La sabiduría asegura el bienestar y garantiza la riqueza y la felicidad... Entonces la ecuación de sabiduría y riqueza en la antigua sabiduría conduce naturalmente a la conclusión de que, si Salomón fue el hombre más rico de la historia de Israel, forzosamente hubo de ser el más sabio» [30].

---

[28] En un autor contemporáneo espigamos esta reflexión: «Todo el acontecer terreno está sometido... a unas leyes que escapan plenamente al entendimiento humano... La historia de José... relega el obrar de Dios a un ocultamiento, lejanía e incognoscibilidad radicales. En tanto que existía un intérprete carismático, como en la historia de José, no había ningún peligro. Pero qué ocurría cuando el hombre, con ese radical conocimiento de fe, era dejado solo como tal, nos lo muestra el libro del Eclesiastés (Qohelet), en el que la pregunta '¿cómo podría el hombre entender su camino?' ha adquirido ya el tono concomitante de la duda (Ecl 3,11; 7,24; 8,17). El escepticismo de Qohelet tiene raíces muy profundas», G. von Rad, *La historia de José y la antigua ḥokma*, en Ibíd., *Estudios*, 261.
[29] Como hace G. von Rad, *Sabiduría*, 390.
[30] J.L. Crenshaw, *Old Testament Wisdom*, 54.

Dejando a un lado el terreno de las hipótesis, lo cierto es que nos encontramos con una leyenda salomónica hondamente arraigada en la historia de Israel. Si damos como probable que en la corte de Salomón se inició el proyecto «sapiencial» de recopilación y cultivo de la tradición epigramática de Israel (dato confirmado por los «otros proverbios de Salomón que recogieron los escribientes de Ezequías, rey de Judá», según Prov 25,1), entonces no hay que indagar otras razones para justificar la autoría salomónica de algunos libros sapienciales. Del mismo modo que a David se le consideró autor de numerosos salmos y a Moisés responsable del corpus legal del Pentateuco, Salomón pasó a la historia como cultivador de la sabiduría.

III. DEFINICION DE SABIDURIA

Bibliografía española: L. Alonso Schökel / J. Vílchez, *Proverbios* (Madrid 1984) 17-32; B. Celada, *Pensamiento laico en la Biblia. La sabiduría popular incorporada a la Biblia:* CuBib 23 (1966) 173-176; G. von Rad, *Sabiduría en Israel* (Madrid 1985) 75-300.

Tras lo expuesto hasta el momento estamos en condiciones de ensayar una definición de ese fenómeno tan complejo denominado «sabiduría». El ensayo no va a ser de laboratorio, sino que ofrecemos una definición del concepto de sabiduría bíblica teniendo en cuenta su evolución histórica: los nuevos rasgos que ha ido incorporando en un proceso cuyos pasos concretos escapan a nuestro conocimiento.

1. *Definición* [31]

A tenor de la variedad y riqueza de significados que encierran los términos *hakam* «sabio» y *hokmah* «sabiduría», tal como hemos visto líneas arriba, nos encontramos con una dificultad casi insalvable: pretender una definición escolar. A tal respecto contamos con ilustres ejemplos. Von Rad define la sabiduría como el «conocimiento práctico de las leyes de la vida y del universo, basado en la experiencia» [32]; según Cazelles, se trata del «arte de tener éxito en la vida humana, tanto privada como colectiva. Se basa en el humanismo y en la reflexión sobre (y observación de) el curso de las cosas y de la con-

---

[31] Consultar G. Fohrer, *Sophia*, en J.L. Crenshaw (ed.), *Studies*, 63-83.
[32] Ver nota 1.

ducta del hombre»[33]; para Crenshaw, la sabiduría es «la búsqueda de la autocomprensión en términos de relación con las cosas, la gente y el Creador»[34]. Aunque las tres ponen de manifiesto aspectos más o menos complementarios, la definición de Crenshaw nos parece la más ajustada, si bien pasa por alto la faceta de la autorrealización humana, indispensable para conocer la naturaleza de la sabiduría. De todos modos, conviene reconocer que el ensayo de una definición escolar está en general abocada a la pérdida de detalles, pues la sabiduría constituye, al mismo tiempo, un cuerpo literario, un modo de pensar y una tradición[35].

Más correcto, a nuestro juicio, es intentar una definición a partir de las líneas de fuerza que convergen en los términos *ḥakam* y *ḥokmah*. De manera sorprendente existen dos textos en el AT que ponen a la sabiduría en relación con la *mántica* (en concreto la oniromancia) y la *magia*. En Gn 41,8 los *ḥakamim* «sabios» son citados en paralelismo con los *ḥartummim* «magos/adivinos» con ocasión de la interpretación de los sueños del faraón. En Ex 7,11 el paralelismo tiene lugar con los *mᵉkašš̌ᵉpim*, «magos/encantadores», a raíz del enfrentamiento de Aarón y su bastón mágico con los hechiceros egipcios. Se trata de una concepción de la *ḥokmah* única en el AT, pero profundamente arraigada en Mesopotamia. Sorprende, por otra parte, que estos dos textos reproduzcan tradiciones relacionadas con el ámbito cultural egipcio.

Sin embargo, la mayor parte de los contextos en que aparecen *ḥakam* y *ḥokmah* están en relación con la inteligencia práctica: destreza y habilidad; astucia e ingenio. Vaya por delante que el contenido de la terminología sapiencial no está necesariamente en relación con las actitudes éticas[36]. «Sabia» es, entre otros casos, la persona que despliega una pericia es-

---

[33] H. Cazelles, *Bible, sagesse, science*: RSR 48 (1960) 42s.
[34] J.L. Crenshaw, *Method in Determining Wisdom Influence Upon «Historical» Literature*, 130.132.
[35] Cf. J.L. Crenshaw, *Wisdom in the Old Testament*, en IDB Suplemento (1976) 952-956, esp. 952.
[36] Según Jr 4,22 hay personas *ḥakamim lᵉharaʿ* «sabias para hacer el mal»; cf. Ex 1,10; 2 Sm 13,3-5; 1 Re 2,6; Is 31,2. Sin embargo, conviene tener en cuenta la opinión contraria de Ben Sira: «No es sabiduría ser experto en maldad» (Eclo 19,22).

pecial en el ejercicio de un oficio o en el desempeño de una función: artesanos (*hakam haraším* Is 3,3; 40,20; cf. Ex 36,4; Jr 10,9; 1 Cr 22,15), timoneles (*hobᵉlim* = *hakamim* Ez 27,8); plañideras (*mᵉqonnot* plañideras = *hakamot* sabias Jr 9,16), legisperitos (*hakamim* = *sopᵉrim* escribas Jr 8,8; cf. Dt 1,13; 16,19). El término *hakam* está también en relación con la habilidad para gobernar (cf. 1 Re 3,8-12). En negativo (= torpe) se dice incluso de un feto que no sabe hallar la salida del vientre materno (cf. Os 13,13). La sabiduría como astucia e ingenio se manifiesta sobre todo en el instinto de autoconservación, como puede deducirse de 2 Sm 14; 20,14ss. En tal caso es lógico que se diga también de los animales (Prov 30,24).

Su relación con el conocimiento [37], la reflexión y la prudencia hacen de la *hokmah* la sabiduría práctica que se aprecia sobre todo en la cumbre de la vida, cuando el ser humano es capaz de moverse con seguridad entre los escollos de la vida, distinguiendo entre el bien y el mal, para llegar lo más indemne posible a la meta deseada.

La raíz *hkm* no está explícitamente relacionada en el AT con lo que actualmente denominamos cultura. Sin embargo, el cultivo de los onomástica en el mundo de los sabios hace plausible, por vía deductiva, que *hokmah* definía también la cultura de la persona cultivada. Los onomástica, antepasados de nuestras enciclopedias, reunían en listas los elementos que, por razón de analogías externas, pertenecían al mundo de la naturaleza orgánica e inorgánica: minerales, plantas, animales, áreas geográficas, razas, etc. Los onomástica, cultivados especialmente en Egipto, se basaban en observaciones que consideraban la diversidad de los fenómenos desde el punto de vista de su interrelación teleológica. Textos como Job 28; 38-39 y Sab 7,17-20, con una desarrollada sabiduría de la naturaleza, apuntan en esa dirección.

Más arriba hemos dicho que la raíz *hkm* no tiene por qué estar necesariamente relacionada con actitudes éticas. Sin embargo, la sabiduría bíblica, entendida no sólo como actitud, sino como proyecto educativo basado en la formulación de

---

[37] No conocimiento teórico, sino conocimiento como perspicacia. En este sentido, cuando somos testigos de una decisión de previsibles consecuencias negativas o de un juicio desatinado por irreflexivo, decimos en castellano refiriéndonos a quien la ejecuta o lo pronuncia: ¡Qué poco conocimiento tiene!

normas de conducta, está radicalmente vinculada a la toma de decisiones éticas. Hasta tal punto esto es así, que no es extraña la identificación, sobre todo en Proverbios [38], de sabio y honrado (por contrapartida, de necio y malvado):

> El fruto de la *justicia* es árbol de vida,
> y el *sabio* cautiva a la gente (11,30).

«En la literatura de sentencias es casi tópica la equiparación 'sabio/justo' y 'necio/malvado', que confiere una relación intrínseca a lo ético y a lo sapiencial. El necio está abocado al des-atino, al des-vío, al des-piste (= pecado)» [39].

La *ḥokmah* va con frecuencia vinculada a ideas religiosas, de tal modo que en ocasiones equivale a la *piedad* del hombre. El sabio posee la suficiente perspicacia religiosa como para descubrir que Dios ha creado (y que gobierna) el mundo y que él mismo forma parte del entramado creatural. De la toma de conciencia de las limitaciones a las que le somete su ser de creatura, el sabio cultiva en su interior la virtud del «temor del Señor». Temor que no significa terror, sino disposición nacida de la autocomprensión del hombre como creatura contingente en manos de Dios. Desde este punto de vista, «temor del Señor» equivale a «religión», que no se expresa en el culto, sino en los quehaceres de cada día que van tejiendo el desarrollo del ser humano como proyecto. Desde esta perspectiva se entiende en toda su profundidad el frecuente estribillo sapiencial «El principio (raíz/corona/plenitud) de la sabiduría es temer al Señor» (Prov 1,7; Eclo 1,14.16.18.20; cf. Prov 4,7; Job 28,28).

Del mismo modo que resulta extraña en el AT la relación de la *ḥokmah* con la mántica y la magia (ver más arriba), también su vinculación con la escatología y la apocalíptica ofrece un espacio algo reducido, si nos limitamos a los testimonios literarios canónicos. Según Is 33,5-6, «El Señor... llenará a Sión de justicia y derecho,... la sabiduría (*ḥokmah*) y el saber (*daʿat*) serán su refugio salvador, el temor del Señor será su tesoro». Sabiduría equivale aquí a piedad práctica, orientada hacia la justicia, con la que Yahvé llenará Sión en el tiempo de la salvación escatológica. Is 11,2 (los famosos «dones del Espíritu Santo» de nuestra tradición catequética) es un texto hen-

---

[38] Ver también Is 33,5-6, donde «justicia y derecho» van en paralelismo con «sabiduría y saber».

[39] V. Morla, *Proverbios* (Madrid/Estella) 58.

chido de elementos sapienciales: espíritu de Yahvé, que es espíritu de *ḥokmah* (sabiduría), de *binah* (entendimiento), de *ʿesah* (consejo), de *daʿat* (conocimiento), de *yirʾat yhwh* (temor del Señor). Se trata de los dones con los que Yahvé dotará al guía mesiánico de los últimos tiempos. Como se trata de dones identificados con el *ruaḥ yhwh* (espíritu del Señor), se supone que su colación sobrepasa las posibilidades humanas de adquisición. La relación de la *ḥokmah* con la apocalíptica se percibe casi exclusivamente en el libro de Daniel; su fusión es sin duda tardía. También en Dn 2,30 y 5,11.14 nos encontramos en el terreno de la colación, no de la adquisición. La sabiduría de Daniel, que le permite el desvelamiento de los secretos del futuro, del nuevo eón, es un saber «revelado», «sobrehumano», una sabiduría divinamente transmitida.

Si, aun a riesgos de ser imprecisos, ensayamos tras esta breve panorámica una definición de·la sabiduría bíblica, podríamos hablar de la actitud y el método conducentes a la autorrealización del hombre, tanto en la esfera humana cuanto en la profesional. No es que la actitud, o disponibilidad, y el método sean indisociables. De hecho, la prudencia y la astucia personales innatas merecen también el calificativo de sapienciales. Sin embargo, el método (*meta-odos* = en-caminamiento, cf. Prov 4,25-27) supone el recurso a una serie de trámites experimentados colectivamente como eficaces; y la autodisciplina que implica el método facilita la asimilación de los principios. Las imágenes de Eclo 6,18-36 ilustran a la perfección lo que venimos diciendo. La búsqueda de la autorrealización es universal en cuanto aspiración del hombre, no en cuanto a contenidos prácticos. En definitiva, las distintas formas de autorrealización observables en los diversos ámbitos culturales dependen de otras tantas concepciones antropológicas. Si Israel concebía al hombre como una creatura entre las creaturas, es decir, desde la dimensión societaria y desde su relación con el Creador, es lógico pensar que la autorrealización se expresaba en términos de relación con el mundo, con los demás y con Dios. Así, podemos hablar de una sabiduría de la naturaleza, de una sabiduría social y de una sabiduría teológica. El israelita percibía como un todo bien entramado tanto el cosmos cuanto el mundo de las relaciones humanas. El camino de la sabiduría implicaba un conocimiento práctico de ambas realidades «ordenadas»; de ese modo, el hombre podía adaptarse sin traumas a dichos órdenes. No buscar sabiamente (o no aceptar) el propio puesto en éstos suponía una actitud no sólo «necia», sino «injusta». Dios había creado todo con sabiduría (con la Sabiduría, cf. Prov 8,22-31; Job 28,23-27; Eclo 24,1-9; Sab 7,24-27), pero se trataba de un todo ordenado (cosmos). La actividad providente de Dios en el mantenimiento de ese orden bueno (cf. Gn 1) se denomina «justicia». Si la Sabiduría primordial, testigo de la actividad creadora de Dios, se ofrece al hombre para ser su compañera (Prov 8,34; cf. 9,1-6) e instruirle en los secretos (cf. Sab 7,21-22), la actitud humana de respeto e integración en los órdenes creacionales merece el calificativo no sólo de «sabia» (partícipe de la Sabiduría primordial), sino de «justa» («ajustada» diríamos nosotros). Esta es la razón de la equivalencia (no sólo formal u operativa, sino casi material) de los conceptos de *hokmah* («sabiduría») y *s^{e}daqah* («justicia») en la tradición sapiencial del AT [40]. Hemos diseñado en breves líneas la espina dorsal que sostiene y unifica los tres tipos de sabiduría arriba mencionados: la teología de la creación.

2. *Experiencia y conocimiento*

La sabiduría israelita, en la mayor parte de los testimonios bíblicos (dentro y fuera de la «literatura» sapiencial), se nutre de una decidida confianza en las posibilidades del conocimiento humano. A partir de la experiencia (especialmente comunitaria), el hombre es capaz de deducir principios generales que le ayuden a buscar la autorrealización en los órdenes cósmico y social. Este optimismo epistemológico se pone de manifiesto no sólo en la orientación general de la empresa sapiencial, sino también en formulaciones puntuales: instrucción y exhortación principalmente.

En efecto, por una parte la sabiduría se define como el esfuerzo por elaborar reglas de conducta. La tarea del maestro de sabiduría consiste en transmitir conocimiento mediante la ordenación crítica de sentencias. De este esfuerzo surge la *hokmah* como norma de conducta adecuada. Del mismo modo que el profeta es el hombre del *dabar* («palabra») y el sacerdo-

---

[40] Ver nota 43 del capítulo siguiente.

te imparte *torah* («ley»), el sabio ofrece *'esah* («consejo»). Pero la confianza en las posibilidades del conocimiento se pone de manifiesto en formulaciones concretas. El *pathos* sapiencial se orienta con mucha frecuencia hacia el compromiso del esfuerzo personal en la consecución de la *hokmah*. Como si de un bien mercantil se tratase, la sabiduría puede y debe adquirirse/comprarse (*qnh*, Prov 4,5.7; cf. 2,4; 16,16), si es necesario poniendo en juego todos los haberes (*b^ekol qinyanka*, Prov 4,7b); como si el aprendiz de sabio debiera someterse a una especie de lance amoroso, la sabiduría debe ser amada (*'hb*), doblegada (*sll*), abrazada (*hbq*), según Prov 4,6-8. También Ben Sira utiliza el lenguaje erótico (Eclo 14,20-27), pero con imágenes menos agresivas y directas, y reproduciendo una escena costumbrista que recuerda Cant 2,9. El «amante» espía los movimientos de la «amada», acecha junto a su portal, fisga por las ventanas, husmea tras la puerta y finalmente decide establecerse junto a su morada. La escena termina con imágenes vegetales y de nidificación, que equivalen a cobijo y seguridad. En otras ocasiones sirven para este fin pedagógico las imágenes de la cosecha (Eclo 6,19) o de la caza (Eclo 6,27). En definitiva, la sabiduría es un bien al alcance del esfuerzo voluntarioso del hombre: «Si quieres, hijo mío, llegarás a sabio; si te empeñas, llegarás a sagaz» (Eclo 6,32).

Está claro que, tanto en los aforismos aislados como en las instrucciones, la adquisición de la sabiduría constituye una condición necesaria para poder vivir una vida en plenitud. Basten unos ejemplos:

El ánimo generoso prospera,
el que riega, también recibirá riego.
Al que acapara grano lo maldice la gente,
al que lo vende, lo cubren de bendiciones.

(Prov 11,25s)

El que cultiva su campo se saciará de pan,
el que persigue tonterías no tiene juicio.

(Prov 12,11)

La desgracia persigue al pecador;
a los honrados, la paz y el bien.

(Prov 13,21)

Feliz el que encuentra sabiduría,
el que alcanza inteligencia,

pues es más rentable que la plata,
más provechosa que el oro.

(Prov 3,13-14)

Escucha, hijo, acepta mi parecer,
no rechaces mi consejo:
mete tus pies en sus cadenas,
y tu cuello en su argolla;
doblega tu hombro y llévala,
no te molesten sus ataduras.

....

Porque al fin hallarás en ella descanso,
y se convertirá en tu alegría;
sus cadenas serán para ti un baluarte,
sus argollas un vestido de gloria;
atavío de oro será su yugo,
sus ataduras cordones de púrpura;
te la vestirás como túnica de gloria,
como corona de honor te la ceñirás.

(Eclo 6,23-25.28-31)

Teniendo en cuenta estos y otros muchos ejemplos que reflejan la idea de la rentabilidad de la sabiduría, ¿se puede acusar al esfuerzo sapiencial de utilitarista y eudemonista? De hecho ambos adjetivos han sido profusamente utilizados por algunos especialistas en su intento de definir la sabiduría bíblica. Ahora bien, dado por supuesto un innegable tipo de pragmatismo que trata de asegurar al hombre una vida en condiciones, una «buena vida» diríamos, resulta imprescindible tener en cuenta que esta vida debe ser entendida a la luz del concepto de orden expuesto más arriba. Dios, en su acto creador, ha establecido un orden; y al hombre ha confiado su descubrimiento y su mantenimiento. El camino de la sabiduría conduce al descubrimiento y a la aceptación de dicho orden. Quien se ajusta a él será feliz; quien se resiste está abocado a la autodestrucción. De algún modo, esta concepción de la retribución, clave para entender los textos sapienciales bíblicos, constituye un teologúmeno indisociable de la idea de orden (cósmico y social). Aunque se puede hablar de una sanción intramundana de las buenas y las malas acciones, el pragmatismo de la sabiduría no deja de ser un pragmatismo teológico.

Hasta ahora hemos tratado de exponer a grandes rasgos las consecuencias derivadas de la confianza en las posibilidades del conocimiento para dar con la sabiduría y someterse a ella. Sin embargo, hay que reconocer que, incluso en contextos en los que se cultiva dicho optimismo, algunas sentencias ponen sutilmente en tela de juicio esas posibilidades:

Del hombre son los proyectos,
su formulación viene del Señor.
El hombre piensa que su proceder es recto,
pero el Señor examina los motivos.
Encomienda tus obras al Señor,
y tus proyectos se realizarán.

(Prov 16,1-3)

«Se trata de una serie de sentencias en las que la sanción religiosa se cierne sobre el obrar humano... La aparición de tal sanción puede tener una doble explicación. Puede que, con el transcurso del tiempo, los propios sabios fueran siendo más conscientes de los límites de la sabiduría empírica intramundana y de la necesidad de someter todo al juicio definitivo de Dios. Alternativamente, puede que nos encontremos ante una dura réplica yavista a (y subsiguiente interpretación de) las pretensiones de los sabios, en el sentido de que sólo Dios es capaz de dinamizar en su justa dirección el mundo y la historia» [41].

Es decididamente ilustrativo a este respecto el texto de Prov 3,5:

Confía en el Señor con todo tu corazón
y no te fíes de tu inteligencia.
Tenle en cuenta en todos tus caminos,
y él enderezará tus sendas.
No te las des de sabio,
teme al Señor y evita el mal.

Junto a numerosos textos de factura y contenido semejantes a este último, es fácil topar con sentencias que, sin rechazar explícitamente el valor y el éxito del esfuerzo humano en la búsqueda y la consecución de la sabiduría, conciben a ésta como don, un don condicionado casi siempre por la actitud religiosa: el temor/respeto del Señor (Prov 2,6s; Job 28,27s; Eclo 1,9-10.19-20; 39,6-8). ¿Habrá que suponer, como opinan algunos especialistas, que nos encontramos ante dos eslabones de una cadena en el proceso evolutivo del concepto de sabiduría? ¿Se puede hablar de una quiebra de confianza en el es-

[41] V. Morla, *Proverbios*, 99-100.

fuerzo cognoscitivo del hombre que dio paso a esperar de Dios lo que la creatura no podía alcanzar? Sin necesidad de negar esta posibilidad, preferimos dar una respuesta afirmativa al contenido de esta otra pregunta: ¿es posible pensar en la coexistencia, a lo largo de la historia de Israel y en el seno de la tradición sapiencial, de ambas tendencias: el optimismo epistemológico y la amarga toma de conciencia de los fracasos humanos en la búsqueda del sentido?

3. *Inadecuación entre experiencia y conocimiento*

Desde siempre supo Israel que el hombre propone y Dios dispone: desde la conmovedora desolación de Caín ante el rechazo de sus ofrendas por parte de Yahvé hasta la elección de Israel por pura gratuidad, pasando por la marginación de Esaú y de Saúl y la exaltación de Jacob y David. «No hay sabiduría ni prudencia, ni consejo frente al Señor. Se apareja el caballo para el combate, pero la victoria la da el Señor» (Prov 21,30-31). Ciertamente coexistieron en Israel la confianza en los frutos que proporciona la experiencia y la convicción de que, en la empresa del conocimiento, no puede perderse de vista la dimensión vertical. La propia experiencia enseñaba que, en ocasiones, una recta actitud y un sano esfuerzo educativo desembocan inexplicablemente en el fracaso. Ya lo dice con amargura Qohelet: «De todo he visto en mi vida sin sentido: gente honrada que fracasa por su honradez, gente malvada que prospera por su maldad» (Ecl 7,15); «Pero en la tierra sucede otra vanidad: hay honrados a quienes toca la suerte de los malvados, mientras que a los malvados les toca la suerte de los honrados» (Ecl 8,14). La confianza en que la sabiduría puede conseguir sus propósitos cede terreno ante la irrupción de situaciones azarosas en la vida del hombre: «No depende el correr de la agilidad, ni la batalla de la valentía, ni de la habilidad tener pan, ni la riqueza de ser avisado, ni la estima del saber, sino que siempre se tercia la ocasión y la suerte» (Ecl 9,11).

Hay un *tertium quid* que, sin ser llamado ni esperado ni evocado, irrumpe negativamente entre el hombre y su proyecto. ¿Tiene algo que ver este arbitrario elemento con Dios? En el AT no hay una sola página canónica en la que se proponga con claridad la existencia de un principio del mal ajeno e independiente de Yahvé [42]. Ni siquiera Job, en su agonía física y mental, es capaz de pensar en una fuente del mal al margen de Yahvé: «Si aceptamos de Dios los bienes, ¿no vamos a aceptar los males?» (Job 2,10); «Dios me ha amedrentado... Su furor me ataca y me desgarra, rechina contra mí los dientes y aguza sus ojos hostiles... Vivía yo tranquilo cuando me trituró, me agarró por la nuca y me descuartizó... Me atravesó los riñones sin piedad y derramó por tierra mi hiel, me abrió la carne brecha a brecha» (Job 16,7-14).

El problema de la inadecuación entre experiencia y conocimiento no tendría mayores relieves si la posibilidad o imposibilidad de conocer no estuvieran intrínsecamente vinculadas al misterio de Dios. Dar con la sabiduría y dar con Dios son con frecuencia aspectos de un mismo problema:

> Los que la aman [a la sabiduría], aman la vida;
> los que la buscan, alcanzan el favor del Señor;
> los que la retienen, consiguen gloria del Señor.
> ....
> Los que la sirven, sirven al Santo;
> Dios ama a los que la aman.
>
> (Eclo 4,12-14)

La identificación de la sabiduría con Dios llega a ser casi total. No en vano, los verbos «buscar» y «servir» tienen con frecuencia a Dios como objeto en el AT (Dt 4,29; 10,8; 17,12; 21,5; Is 61,6; Jr 33,21; Os 3,5; 5,6; Sof 1,6; 2,3; etc.).

En consecuencia, el escepticismo respecto a la consecución de la sabiduría implica en ocasiones la duda sobre la posibilidad de conocer a Dios. Si el hombre siente el mordisco del fracaso en el terreno de los fenómenos a su alcance, conectados intrínsecamente a su calidad de creatura (especialmente el orden social), ¿cómo podrá tener acceso al conocimiento de Dios? A la luz de estas reflexiones se puede comprender el alcance de las «Palabras de Agur»:

> Me he fatigado, oh Dios, y estoy rendido.
> Soy más animal que hombre,
> carezco de inteligencia humana;

---

[42] En una frase escueta y dramática, difícilmente excusable desde el punto de vista de la teodicea, nos dice 1 Sm 16,14: «El espíritu del Señor se había apartado de Saúl, y lo agitaba un mal espíritu enviado por el Señor».

no he aprendido la sabiduría,
ni conozco la ciencia santa [43].

(Prov 30,1-3)

La relación entre el conocimiento de los fenómenos al alcance del hombre y el conocimiento de Dios es patente en numerosos textos sapienciales. Cierto tipo de sabiduría convencional se sitúa sólo en el primer ámbito:

Hay tres cosas que *me sobrepasan*,
y cuatro que *no logro entender*:
el camino del águila en el cielo,
el camino de la serpiente sobre la roca,
el camino del barco en alta mar,
el camino del hombre por la doncella.

(Prov 30,18-19)

Tampoco la sabiduría crítica de Qohelet logra entender «el camino del hombre por la doncella», pero relaciona esta impotencia cognoscitiva con el ámbito divino: «Si no entiendes cómo un aliento entra en los miembros de un seno preñado, tampoco entenderás las obras de Dios, que lo hace todo» (Ecl 11,5).

4. *Las diferentes respuestas al fracaso epistemológico*

A pesar de que el peso de Proverbios bascula sobre una concepción de la sabiduría que podemos llamar convencional, algunos textos ya citados son testigo de una corriente subterránea crítica respecto a las posibilidades del conocimiento. Pero lo más llamativo en esta línea radica en un fenómeno literario observable también en Eclesiástico: la personificación de la sabiduría. En Prov 1,20-33 nos encontramos con el primer discurso de Doña Sabiduría: pregonera de rasgos proféticos que invita a los inexpertos a aceptar su enseñanza; una invitación que suena a conminación, pues la vida plena o el

---

[43] «El escepticismo del autor roza temerariamente el ámbito divino: se ha fatigado tras Dios, ¿y qué ha sacado en limpio? Cansancio y encogimiento de hombros. ¿Entonces para qué sirve la sabiduría? ¿No nos enseñaron nuestros maestros que se trata del camino más seguro para la autorrealización humana y la madurez religiosa? El escéptico lo confiesa con amargura: entonces ni siquiera llego a la categoría de hombre, pues no sé qué es eso de sabiduría ni conozco la teología («ciencia santa»)», V. Morla, *Proverbios*, 192.

fracaso del hombre (la vida o la muerte) dependen de su seguimiento (ver también Prov 8,1-11.32-36; 9,1-6). Su autoridad, por tanto, es prácticamente divina. No aceptar el saber que ella propone equivale a rechazar el temor del Señor (cf. 1,29). Es decir, la aceptación de su saber por parte del hombre ya no supone sin más (como en el caso de la enseñanza de los sabios) predisposición natural, o adquirida mediante la corrección, sino temor del Señor, es decir, espíritu religioso, autoconciencia de creatura vinculada a Dios y dependiente de él: actitud religiosa como condición de posibilidad de la verdadera (y eficaz) sabiduría. Ben Sira recoge la idea en 4,11-19. En esta línea se pueden comparar por curiosidad Eclo 2,1 y 4,17. Según el primer texto, quien se apresta a servir al Señor (que equivale de algún modo a temer al Señor, a juzgar por los vv. 7-9 y 15-17) debe prepararse a duras pruebas; según el segundo, la sabiduría personificada pone al hombre a prueba con sus exigencias. ¿Quién es esta Doña Sabiduría con pretensiones divinas?

Las sorpresas no paran ahí, pues en algunos textos nos enteramos de que la Sabiduría tiene su origen en Dios mismo. Según Prov 8,22-31, se trata de un ser primordial, creado por Dios y testigo excepcional de la obra de la creación, donde Dios puso en juego toda su sabiduría. De ahí que ese ser primordial presente un currículum inigualable en calidad de maestra. Pero su ser es funcional, orientado hacia la convivencia con los hombres (cf. 8,31b-36). También Ben Sira (Eclo 24) recurre a esta concepción, aunque la desarrolla en una dirección novedosa. Se trata asimismo de una creatura primordial (24,9), pero la novedad se descubre al principio del capítulo: «se gloría en medio de su pueblo». Aquí, a diferencia de Proverbios, la Sabiduría busca una heredad donde habitar, y el Creador le ordena que se establezca en Israel (24,7-8). Y entre el pueblo elegido echa raíces, crece y ofrece sus frutos (24,12-17). ¿Pero cómo se llama esta creatura? Nos lo dice claramente el autor en 24,23: «Es el libro de la alianza del Altísimo, la Ley que nos dio Moisés como herencia para la comunidad de Jacob». Es decir, la Sabiduría se llama Torah.

No cabe duda que, a la vista de los desajustes entre el esfuerzo sapiencial y los resultados esperados, los sabios se vieron impulsados a buscar un camino para salir de la crisis. La sabiduría convencional creía que el mundo era una entidad moral, que un sometimiento a sus órdenes mediante el conocimiento repercutía positivamente, y que una desatención de los mismos traía consecuencias funestas. En el orden cósmico (y social) funcionaba una especie de paradigma moral que se encargaba de la adecuación de una acción con su resultado. Una acción honesta procuraba seguridad, bienestar y larga vida; al contrario, una acción injusta desencadenaba fracasos, sufrimientos y frustraciones. El libro de Job es ejemplar a este respecto. Su autor percibió con agudeza y dramatismo la ingenuidad de la doctrina de la retribución. Ya hemos visto que Proverbios ofrece una respuesta desde la sabiduría personificada: la sabiduría impartida por los maestros deja de ser una enseñanza neutral para convertirse en una educación divina. Proverbios argumenta insistiendo: si el orden al que debe someterse el hombre no es fruto del azar, sino de la suprema sabiduría de Dios, los desajustes entre acción y resultado pertenecen a la categoría de la ilusión o a falta de perspicacia por parte del hombre. Ben Sira, en cambio, prefiere la huida hacia adelante. La sabiduría con la que Dios creó el mundo se entrega a los hombres, habita entre ellos y tiene un nombre: Ley. Si el hombre no quiere errar, no tiene más que observar los contenidos de la Ley mosaica. La autonomía de la antigua sabiduría ha derivado en heteronomía. En Proverbios, Eclesiástico y Sabiduría [44] la teología de la creación supone un paso decisivo en la evolución del concepto de sabiduría.

Qohelet no cree que el cosmos sea una entidad moral, ni en su estructura ni en sus funciones. No lo es en su estructura porque refleja una absurda circularidad sin finalidad aparente: todo se repite con una mortal monotonía (1,4-7). «Lo que pasó, eso pasará; lo que sucedió, eso sucederá: nada hay nuevo bajo el sol» (1,9). Tampoco lo es en sus funciones, porque se resiste incomprensiblemente a fomentar la virtud recompensándola. Lo mismo da ser sabio que necio, porque a veces la acción sabia proporciona resultados que se esperarían de una actitud necia, y viceversa. Pero hay otra razón más profunda: ¿para qué ser sabio si tienes que dejar en este mundo el fruto de tu sabiduría cuando la muerte te arrebate hacia la nada

---

[44] Tengamos en cuenta la explícita relación de sabiduría y creación en este libro: «Os voy a explicar lo que es la sabiduría y cuál es su origen, sin ocultaros ningún secreto; me voy a remontar *al comienzo de la creación*» (Sab 6,22).

junto con el necio? (cf. 2,14-16). «Una es la suerte de hombres y animales: muere uno y muere el otro, todos tienen el mismo aliento y el hombre no supera a los animales. Todos son vanidad» (3,19). Pero la ausencia de una clara finalidad en el orden de la creación y el estremecedor recuerdo de la muerte no arrinconan a Qohelet. «Esta es mi conclusión: lo bueno y lo que vale es comer y disfrutar a cambio de lo que se fatiga el hombre bajo el sol los pocos años que Dios le concede. Tal es su paga» (5,17). Pero no se trata de un frío hedonismo, pues Qohelet sabe que el disfrute pertenece a la categoría de don de Dios (cf. 5,18). Como el hombre no sabe cuál es el momento adecuado para llevar a cabo la acción oportuna que le sea rentable desde el punto de vista humano, no debe desaprovechar los dones que le salgan al paso.

A pesar de creer también que el mundo no es una entidad moral, Job se mueve en unas coordenadas muy distintas a las de Qohelet. La doctrina de la retribución se desploma, en boca de Job, de la manera más estruendosa. Su «caso» personal pone en entredicho la teología israelita: o Dios ignora la realidad humana o actúa de mala fe. Ya en el c. 3 critica el héroe indirectamente la sabiduría y la bondad divinas. Los discursos de los amigos, modelados según los principios más ortodoxos de la retribución, son vacíos; ellos, consoladores importunos (cf. 16,1-3). Job se queda solo con su soledad. Sólo hay una salida: «Demostraré la culpa de mi enemigo y la injusticia de mi rival» (27,7). Así acaba el diálogo de Job con sus amigos. Mientras los ecos de las palabras de éstos se van perdiendo para siempre en la inmensidad de la Gran Duda, una voz anónima plantea el problema en sus justos términos: «¿De dónde se saca la sabiduría?» (28,12.20). La respuesta podría parecer desalentadora a quien se esfuerza por adquirirla al precio que sea (cf. Prov 4,7): «Sólo Dios conoce su camino... Cuando señaló su peso al viento y definió la medida de las aguas... entonces la vio y la calculó, la escrutó y la asentó. Y dijo al hombre: 'Respetar al Señor es sabiduría, apartarse del mal es prudencia'» (28,23-28). Aunque no se dice explícitamente, la sabiduría es aquí concebida como don, un don concedido por Dios a quienes le temen.

El deseo de Job de encontrarse con Dios se cumple con creces. Los discursos de Dios en los cc. 38-41 son pura teología de la creación. Desde este punto de vista desarrollan el contenido enunciado en el c. 28. Tras el primer discurso divino, Job ensaya una primera respuesta. Ante los misterios de la creación, confiesa su pequeñez y su ligereza al hablar: «Me siento pequeño, ¿qué replicaré? Me taparé la boca con la mano» (40,4). ¡Pero Job ya conocía su pequeñez! Da la sensación de que le gustaría decir algo más, pero no se atreve. Tras el segundo discurso, Dios consigue arrancarle a Job una confesión en regla: «Hablé de grandezas que no entendía, de maravillas que superan mi comprensión... Te conocía sólo de oídas, ahora te han visto mis ojos» (42,3.5). Esta sorprendente confesión constituye *de facto* una condena de la doctrina de la retribución. Si Job no conocía bien a Dios, ¿de dónde provenía la riqueza y la estabilidad familiar y social de la que gozaba con anterioridad? (c. 1; cf. c. 29). Si una vida en plenitud era el resultado de disposiciones personales de justicia y religiosidad, ¿hay que llegar a la conclusión de que en el caso de Job todo se debía al azar? ¡Porque ahora dice el héroe que sólo conocía a Dios de oídas!

En toda esta historia da la sensación de que Satán conocía mejor a Job que el propio Dios. Mientras éste confirmaba tercamente la integridad de su siervo (cf. 1,8; 2,3), Satán sabía que la religiosidad de Job era interesada, pues se limitaba a bendecir a un Dios que le bendecía (cf. 1,10-11; 2,4-5). En efecto, una vez que Job se queda en la intemperie, sin su cerca protectora (cf. 1,10), inicia el doloroso camino de la búsqueda de la sabiduría. Al final descubre que no conocía a Dios, y que sólo la «visión» lo ha puesto en disposición de aceptar su condición de creatura. Es verdad que Job se ha encontrado con Dios, ¿pero no es menos verdad que Dios se ha encontrado con Job?

Como en ciertos pasajes de Proverbios y Eclesiástico, también en Job constituyen una unidad indisoluble sabiduría y teología de la creación. ¿Pero cuál es en definitiva la función de ésta?

Excursus. Función de la teología de la creación

Está claro que la sabiduría, al menos en sus estadios más evolucionados, piensa resueltamente en el marco de una teología de la creación. La fe en el Dios creador va unida a la fe en un Dios retribuidor desde una doble perspectiva: en el ámbito de la soberanía divina y en el ámbito del orden (cósmico y social). Ahora bien, si pretendemos llegar a una conclusión satisfactoriamente sólida respecto a la función de la teología de la creación en la empresa sapiencial, necesitamos hacernos previamente con un diseño formal de la teología de la creación tal como se manifiesta en el pensamiento total de Israel.

Empecemos con un dato incontestable y con un prejuicio. Desde los trabajos de Gunkel en especial [45] se da por sustancialmente correcta la idea de que, en el marco de la teología del AT, los conceptos de creación y caos son inseparables. La observación sería innecesaria si tuviésemos en cuenta el trasfondo de Gn 1. Para el primitivo israelita, que se movía con naturalidad en el mundo de los arquetipos míticos, existía una absoluta necesidad de mantener la tensión entre creación y caos. Cualquier desajuste en el orden de lo creado implicaba ceder terreno a la amenaza del caos. Por otra parte, un prejuicio que hemos de superar necesariamente para poder ofrecer un correcto diagnóstico del papel de la teología de la creación en la empresa sapiencial es la supeditación de la teología de la creación a la Historia Salutis. Según algunos autores, la creación no es un dato primario de la fe de Israel, sino el soporte de la historia de la salvación, es decir, que su papel quedaría relegado a un segundo término en favor de la obra redentora histórica de Yahvé [46]. No quiere esto decir, según esos autores, que la fe en la creación no fuese antigua en Israel. Más bien ocurrió que su relegación a un segundo plano se debió a su carácter de dogma-pivot de la teología cananea, lo cual implicaba sin duda una amenaza para la fe yavista. De ahí que la creación ocupe un lugar periférico en la teología israelita.

El rechazo más decidido y serio de este reduccionismo de la importancia de la teología de la creación en el pensamiento religioso israelita está protagonizado por Schmid [47], para quien la creación es

---

[45] Principalmente H. Gunkel, *Schöpfung und Chaos in Urzeit und Endzeit* (Gotinga 1895); también Ibíd., *Genesis* (Gotinga 1901; ⁹1977).

[46] Apoyado, sin duda, en una valoración exorbitada, y exclusivista respecto al valor de sus contenidos, de los primitivos credos israelitas, afirma peligrosamente G. von Rad: «(Israel) aprendió a considerar la creación en el contexto teológico de la historia salvífica. Yahvéh le había descubierto en el ámbito de la historia, y sólo a partir de ella podía definir el concepto de creación», *Teología del Antiguo Testamento* I (Salamanca 1969) 185. Sin embargo, en una obra posterior matiza su pensamiento: «Ya la sabiduría más antigua... habla frecuentemente del Señor como Creador... Por eso no puede caber la menor duda de que, ya desde sus comienzos, el pensamiento israelita, que se afanaba por encontrar un orden en las cosas, se movía implícitamente dentro de un ámbito de totalidad como punto de partida», *Sabiduría*, 194-195.

[47] Puede consultarse H.H. Schmid, *Schöpfung, Gerechtigkeit und Heil: «Schöpfungstheologie» als Gesamthorizont biblischer Theologie*: ZTK 70 (1973)

ni más ni menos que el marco en el que se mueven las perspectivas históricas de Israel. No se trata de una idea periférica de la teología bíblica, sino de su esencia. Por su parte, Crenshaw opina que la clave más objetiva para abordar la discusión de la teología de la creación está en tomar en serio el concepto de caos [48].

Como hemos dicho más arriba, el concepto de orden es clave para la comprensión del pensamiento sapiencial [49]. Ahora bien, ese orden, establecido por Dios en la creación, se ve continuamente amenazado por la irrupción de las fuerzas del caos, del desorden, especialmente en el mundo del hombre. El caos se manifiesta tanto en la perversión como en la ignorancia humanas. Respecto a lo primero, nos dice Qohelet: «Dios hizo al hombre equilibrado, y él se buscó innumerables ardides» [50] (Ecl 7,29). También la ignorancia del hombre se percibía como una amenaza. Si al hombre se le escapan el propósito y el significado fundamentales de la vida, ¿cómo puede estar seguro que su actuación, aunque sea meditada y medida, no contribuirá a empeorar las cosas, a dar pábulo al caos? «Observé todas las tareas que Dios encomendó a los hombres para afligirlos: todo lo hizo hermoso en su sazón y dio al hombre el mundo para que pensara; pero el hombre no abarca las obras que Dios hizo» (Ecl 3,10-11). Según Qohelet, Dios no sólo oculta al hombre maliciosamente el tiempo oportuno para actuar, sino que le priva sobre todo del acceso a su misterio: «Aunque los justos y los sabios con sus obras están en manos de Dios, el hombre no sabe si Dios lo ama o lo odia» (Ecl 9,1). En consecuencia, a la malicia y la ignorancia humanas como elementos distorsionadores del orden habrá que añadir las dudas sobre la presencia divina y su grado de eficacia en el mundo del hombre. Desde el principio, los sabios mantuvieron la tensión entre la idea de que el Creador conserva el orden del universo y la inquietante conciencia del carácter silencioso de ese lejano Creador.

Ante el temor de que, en un momento determinado, Dios abandonara el mundo a las fuerzas aniquiladoras del caos, los sabios introdujeron sus especulaciones sobre Doña Sabiduría precisamente en el contexto de la teología de la creación (Prov 8,22-31; Eclo 1,4.9; 24,3.8-9; Sab 7,26-27). Esta personificación pretende hacer a Dios al

---

1-19. Del mismo autor, cf. *Wesen und Geschichte der Weisheit*, BZAW 101 (Berlín 1966), esp. 144-155.

[48] J.L. Crenshaw (ed.), *Studies in Ancient Israelite Wisdom* (Nueva York 1976) 27-35.

[49] Ver H.D. Preuss, *Einführung in die alttestamentliche Weisheitsliteratur* (Stuttgart 1987) 175-177.

[50] «Ardides/trucos» corresponde al hebreo *hiss^{e}bonot*. Otros traducen «preocupaciones».

mismo tiempo accesible y activo en un momento en que existían dudas serias sobre su justicia; se propone hacer ver que la *ratio* presente en el cosmos desde su origen no puede ser abandonada por Dios, pues la Sabiduría que explica y garantiza el orden «es reflejo de la luz eterna, espejo nítido de la actividad de Dios e imagen de su bondad» (Sab 7,26). De ahí que pueda afirmarse que, en el pensamiento sapiencial, la teología de la creación pretende responder, al menos en parte, a la cuestión de la teodicea, es decir, de la defensa de la sabiduría y la justicia divinas.

En consecuencia habrá que desterrar la creencia de que la teología de la creación es una sierva de la Historia Salutis. Más bien habrá que incluirla en el epígrafe de la teodicea, pues su función es la de explicar y conservar la fe en la justicia y la integridad divinas.

IV. LA FIGURA DEL SABIO

Bibliografía española: L. Alonso Schökel / J. Vílchez, *Proverbios* (Madrid 1984) 45-51; G. von Rad, *Sabiduría en Israel* (Madrid 1985) 29-39.

Familiarizados ya con el contenido de la tradición sapiencial, resulta obligado ahora responder a las preguntas: ¿quiénes eran los representantes de esta tradición sapiencial?; ¿cuáles son los contornos de la figura del sabio?; ¿cuáles los escenarios de su actuación? Tratemos de hacer una presentación histórico-genética.

1. El ámbito privado

Tiene que quedar claro desde el principio que el contenido del término *hakam* («sabio»), aunque vinculado a las esferas «escolar» y pública, no se agota en ellas (cf. 2 Sm 13,4; 14,2; 20,16). Hemos de pensar en la posibilidad de que la familia y la tribu fuesen sedes del origen, uso y conservación de la sabiduría israelita[51].

En Proverbios y Eclesiástico principalmente nos encontramos con la fórmula «Escucha, hijo», o análogas, encabezando algunas instrucciones (Prov 1,8; 2,1; 3,1.21; 4,1.10.20; 5,1; 6,1; etc.; Eclo 1,28; 2,1; 3,1.17; 4,1.20; 6,18; etc.). Mientras no se

[51] Consultar C.R. Fontaine, *The Sage in Family and Tribe*, en J.G. Gammie / L.G. Perdue (eds.), *The Sage*, 155-164.

puede negar la evidencia de que esta fórmula fuese utilizada por los sabios al dirigirse a sus pupilos, forzoso es reconocer que el mero hecho de revestirse de la figura del padre es indicio no sólo del deseo de los sabios de que su enseñanza fuese acatada, sino de que el padre desempeñaba, en el ámbito familiar, tareas «sapienciales», educativas. La fórmula «familiar» acabó siendo codificada en la tradición literaria sapiencial. Una de las obligaciones de los padres era la formación de sus hijos, tanto en las tradiciones religiosas (cf. Ex 12,26s; Dt 4,9; 6,7; etc.) cuanto en la convivencia en general. En el ámbito familiar se daba una línea ininterrumpida de transmisión de conocimientos de padres a hijos, como puede deducirse de Prov 4,3ss.

En este marco no puede excluirse a la madre y a sus funciones de «sabia». En la literatura israelita de sentencias es frecuente su mención, junto con el padre (Prov 1,8; 6,20; 10,1; Eclo 3,3-7) [52] o sin él (Prov 31,1). Sabido es que en el antiguo Israel, como en otras sociedades, las mujeres desempeñaban un papel significativo como consolidadoras de los vínculos familiares. Aunque sus poderes no eran «designados», como los del marido, en la práctica eran equiparables. El papel de la madre como sabia, al igual que el del padre, se basa en su autoridad sobre el hijo. De la madre dependía el proceso de adaptación, de socialización, del niño. Verdad es que, conforme éste crecía, su educación era confiada a los hombres de la familia (la *bet 'ab* o la *mišpahah*, según los casos). Pero tampoco aquí caben posturas inamovibles, pues según Prov 31,1, el rey Lemuel recibió de boca de su madre una instrucción directamente relacionada con el arte de gobernar. Si tenemos en cuenta este primer vínculo fundante (la relación madre-hijo en al ámbito de la socialización), no es de extrañar que tanto la sabiduría como la Torah sean descritas recurriendo al artificio literario del travestismo femenino [53].

---

[52] No es lícito, como opinan algunos desatinando, que la aparición de la madre junto al padre en estos textos se debe a meras exigencias del paralelismo hebreo.

[53] Según algunos autores, la figura de la Sabiduría primordial en Prov 8,22-31 parece, en algunos rasgos, una adaptación del mito gnóstico del Hombre Primordial; así, G. Fohrer, *Sophia*, en J.L. Crenshaw (ed.), *Studies in Ancient Israelite Wisdom* (Nueva York 1976) 78. Si pudiese demostrarse dicha adaptación, hablaría por sí solo el cambio de hombre en el mito gnóstico a mujer en la tradición bíblica.

2. El ámbito público

Naturalmente la tarea del «sabio» no puede ser circunscrita al ámbito familiar (de hecho es el menos conocido). A juzgar por el material bíblico de que disponemos, la esfera pública parece ser la sede más apropiada de la empresa sapiencial. La afirmación no es sólo aplicable a la tradición del AT. En este aspecto parece haber existido una comunidad de intereses educativos en todo el Próximo Oriente.

a) Tradición egipcia

En el mundo extrabíblico contamos con las tradiciones de Egipto y de Mesopotamia. En 1 Re 5,10 se dice que «la sabiduría de Salomón era mayor que la sabiduría de todos los orientales y que toda la sabiduría de Egipto». Esta fascinación israelita por la cultura egipcia fue compartida también por algunos antiguos escritores griegos. Si tenemos en cuenta que la enigmática escritura jeroglífica fue inventada en torno al 3000 a.C. y que su dominio exigía una especial dedicación, no es extraño que ya desde antiguo surgieran en Egipto élites de gente ilustrada que, junto con el dominio de la escritura y la lectura, cultivasen otras disciplinas afines o anejas.

A juzgar por la literatura que se compuso entre los años 2600 a.C. (fecha aproximada de la «Enseñanza de Kaguemni» [54]) y el siglo primero de la era cristiana (época de composición del «Papiro Insinger» [55]), podemos inferir que la tarea de los sabios egipcios incluía también disciplinas relacionadas con el cultivo de una conducta adecuada, con el desarrollo de los hábitos del lenguaje y hasta con los secretos del protocolo y la etiqueta cortesanos. No en vano las aristocracias cortesana, administrativa y militar confiaban a los sabios la formación de sus hijos o herederos. De ahí que comenzasen a aparecer escuelas vinculadas a la corte. Por otra parte, los periodos de prosperidad y expansionismo político y cultural propicia-

---

[54] Para el texto, ver A.H. Gardiner, *The Instruction Addressed to Kagemni and His Brethren*: JEA 32 (1946) 71-74; comentario en W. McKane, *Proverbs*, OTL (Londres 1977) 65-67.

[55] Para otros pertenece al periodo tolemaico (siglos cuarto y tercero a.C.); así J.L. Crenshaw, *Old Testament Wisdom*, 223. Para el texto, M. Lichtheim, *Ancient Egyptian Literature* III (Berkeley 1973/80) 184-217.

ban la multiplicación del funcionariado y de los servicios civiles (representantes de la corte, escribas, diplomáticos, etc.). Y este dinamismo exigía la composición de obras y materiales que pudieran cumplir con una finalidad educativa: manuales con formularios para encabezar cartas, con frases hechas; léxicos comparados; onomástica (ver más arriba). Este progreso iba necesariamente acompañado de la proliferación de escuelas, que con el tiempo se localizaron también en torno a los santuarios.

Pero no sólo hay que buscar en la propaganda política las fuentes de inspiración didáctica. Principalmente durante el Imperio Nuevo (hacia 1567-1085 a.C.) se crearon obras orientadas hacia la ética y la piedad personal. En resumen, los sabios egipcios eran escribas instruidos, expertos en la llamada literatura sapiencial y autores o recopiladores, en muchos casos, de las obras propuestas como manuales educativos. Su presencia específica en el ámbito cortesano implicaba el desarrollo de diversas funciones: magia (cf. Ex 7,11), interpretación de sueños (cf. Gn 41,8), asesoría política (cf. Is 19,11), relaciones diplomáticas, cirugía, trabajos de cancillería, etc. [56]

b) Tradición mesopotámica

Por lo que respecta a Mesopotamia, se observaban ciertas diferencias entre las culturas sumeria y acádica. En *Sumer* pudieron ser consideradas sabias las personas que hacia el final del cuarto milenio a.C. inventaron un sistema de escritura semipictográfico y escribieron un manual elemental para enseñar sus signos. El mismo apelativo podría aplicarse a los altos funcionarios de los templos de diversas ciudades, que transformaron los signos de sus predecesores en un sistema fonético de escritura silábica e ideográfica, y desarrollaron en torno a este proyecto todo un sistema educativo.

Pero lo que es propiamente una institución educativa no parece haber surgido en Sumer con anterioridad al 2500 a.C. Se trata de la *eduba* («casa de las tablillas»), un auténtico centro cultural, de características humanistas, donde se cultivaban disciplinas relacionadas con la lingüística, la literatura y

---

[56] Consultar R.J. Williams, *The Functions of the Sage in the Egyptian Royal Court*, en J.G. Gammie y L.G. Perdue (eds.), *The Sage*, 95-98.

la religión. Los alumnos (generalmente príncipes e hijos de altos funcionarios: gobernadores, embajadores, personal de la administración del templo, cancilleres, escribas, militares de alto rango, etc.) se preparaban fundamentalmente en escritura y lectura, aunque también cultivaban las matemáticas, la archivística y la música. Así llegaban a ser expertos sobre todo en la recopilación, el estudio y la redacción de un gran número de obras literarias que les habían legado sus antepasados: epigramas, proverbios, códigos legales, instrucciones educativas, inscripciones reales, listas de reyes y dinastías, modelos de contratos legales; mitos y relatos épicos, oraciones, canciones. Esta preparación humanista se advierte en las *disputas* que se han podido conservar de aquella época: «Disputa entre la azada y el arado», «Disputas entre la plata y el poderoso cobre», «Disputa entre el verano y el invierno», «Disputa entre el ganado y el grano» [57]. Con este currículum los alumnos se encontraban en inmejorables condiciones para entrar al servicio del templo y de la corte.

En la *literatura acádica*, en cambio, el sabio por excelencia es el rey [58]. El resto de los mortales considerados como sabios pertenecían a distintas categorías profesionales (artesanos, arquitectos, personal del culto, adivinos, exorcistas, cirujanos, consejeros reales y, por supuesto, maestros y escribas. Curiosamente algunos textos llaman sabio (*emqu, ersu*) a la persona especialmente experta en estrategia bélica.

c) Tradición israelita

Describir la sede vital de los reprentantes de la tradición sapiencial en Israel en el ámbito público u oficial no resulta tarea fácil. Hemos de remitirnos necesariamente al AT, pero contamos con un obstáculo casi insalvable: la falta de datos explícitos, que obligan al estudioso a procesos deductivos en los que debe prevalecer la cautela. Contamos, sin embargo, con los modelos de Egipto y Mesopotamia, que por vía de ana-

---

[57] Consultar al respecto S.N. Kramer, *The Sage in Sumerian Literature: A Composite Portrait*, en J.G. Gammie / L.G. Perdue (eds.) *The Sage*, 34-36.

[58] A juzgar por el nombre propio Sarru-muda («el rey es sabio»), encontrado en documentos del primitivo periodo sargónico (hacia 2340 a.C.), estaba bastante difundida la creencia en que el rey poseía un grado sobrehumano de conocimiento, peculiar dotación de los dioses.

logía pueden ayudarnos en nuestra tarea. En estas dos áreas culturales hemos observado que la función pública del «sabio» tenía lugar fundamentalmente en tres ámbitos: la corte, el templo y la «escuela».

• *La corte*

En Israel, la sabiduría constituía un atributo exigible fundamentalmente a los reyes [59]. De hecho, Salomón ha pasado a la historia como paradigma de sabiduría política. Hasta tal punto es importante esta relación, que el guía mesiánico escatológico recibirá del Señor una dotación especial de «espíritu de sabiduría y entendimiento» (*hokmah* y *binah*, Is 11,2). A pesar de esto, es llamativo que en el AT sólo se habla de la sabiduría de David (2 Sm 14,20) y de Salomón (1 Re 3; 5,9-14). Sin embargo, podemos ensayar otros derroteros para poner de manifiesto la relación de sabiduría y corte.

Resulta evidente la vinculación del «consejo» (*'esah*) a la sabiduría (*hokmah*). Baste con leer Prov 1,25.30; 8,14; 12,15; 19,20. El consejo puede tener lugar en los ámbitos municipal y administrativo (cf. Ez 7,26; Esd 10,8), pero donde más imprescindible se hace es en la esfera política. A pesar de su supuesta sabiduría, los monarcas se rodeaban de consejeros políticos y militares (cf. 2 Re 18,20; Prov 20,18). El propio David contaba con Ajitófel y Jusay (cf. 2 Sm 17,1-16). Del primero se dice significativamente que sus consejos «se recibían como un oráculo (*d'bar ha'lohim*), lo mismo cuando aconsejaba a David que cuando aconsejaba a Salomón» (2 Sm 16,23). En esta historia vemos también a Absalón pidiendo consejo: «Vamos, aconsejadme. ¿Qué se puede hacer?» (2 Sm 16,20). También Roboán recurrió al consejo político (cf. 1 Re 12,6-14). En el AT esta relación de la sabiduría con el consejo aparece también en contextos extraisraelitas. Respecto a Egipto leemos en Isaías: «Los sabios (*hakamim*) del Faraón [60] dan consejos (*'esah*) desatinados» (Is 19,11). No saben lo que el Señor de los ejércitos «planea» (*y's*) contra Egipto (v. 12). Se menciona también el estamento de los *sarim*, «notables», que en Esd 10,8 ofrecen su consejo (*'esah*) administrativo. Si nos remonta-

---

[59] Sobre la sabiduría real, consultar L. Kalugila, *The Wise King* (Lund 1980) 69-131.
[60] Corregimos *hkmy y'sy pr'h* en *hkmy pr'h y'sw*.

mos al v. 3, quienes ofrecen «consejos» aparecen en paralelismo con agoreros, adivinos y hechiceros, «profesiones» vinculadas al ámbito sapiencial. En 47,13, esta vez con referencia a Babilonia, leemos: «Te has cansado de tus muchos consejeros». Sabiduría (ḥokmah) y conocimiento (deʿah) son mencionados en el contexto (v. 10). Pero no puede pasarse por alto que, en el mismo v. 13, junto con los consejeros y de idéntica manera que el texto del profeta mencionado más arriba, se habla de magos («conjuran el cielo»), astrólogos («observan las estrellas») y adivinos («pronostican lo que va a suceder»). El libro de los Proverbios nos ofrece múltiples referencias del papel desempeñado por este tipo de «sabios» cortesanos. La eficacia de las decisiones políticas, especialmente en materia militar, depende de los «consejeros» (yoʿaṣim, 11,14; 15,22; 24,6).

En el ámbito cortesano, junto con el consejero (yoʿeṣ) son mencionados el «amigo del rey» (reaʿ/reʿeh hammelek)[61] y el escriba (soper). Del primer tipo de personaje contamos con Jusay «amigo de David» (2 Sm 15,37; 16,16) y con un tal Zabud, cortesano de Salomón. De Jusay sabemos que utilizó su sabiduría para poner a salvo a David; del segundo no conocemos nada. Es posible que yoʿeṣ se utilizase para definir a cada uno de los miembros del consejo real, mientras que reʿeh hammelek se referiría al consejero privado. El término soper presenta menos problemas de interpretación. Se trataba del escriba o secretario (una profesión ilustre en todo el Próximo Oriente), que estaba al servicio no sólo de reyes sino también de las élites de comerciantes. Su papel en la corte, especialmente cuando se le menciona en singular (cf. 2 Sm 20,25) y con artículo (cf. 2 Re 18,18.37; 22,3.8ss; Jr 36,10), parece ser el de secretario y cronista, algo análogo al actual Secretario de Estado. Y probablemente estaba a la cabeza del conjunto de los escribas.

• *El templo*

De esta serie de datos se puede deducir (siempre con cautela) que en el ámbito cortesano se promovía y cultivaba la tradición «sapiencial». Tanto los asesores políticos como los escribas necesitaban un currículum que les capacitase para

---

[61] Se puede consultar A. van Selms, *The Origin of the Title 'The King's Friend'*: JNES 16 (1957) 118-123.

ejercer sus respectivas funciones. Como ocurría en el resto de los países del Próximo Oriente, también las cortes y los templos israelitas fueron sin duda centros de cultivo de las diferentes ciencias y artes. Los santuarios, con su cuerpo de sacerdotes y sus propios escribas, se convirtieron también en foco de una febril actividad cultural, más relacionada probablemente con la conservación y transmisión de las tradiciones religiosas. Es fácil deducir de estas premisas que los distintos tipos de literatura del periodo monárquico se deben a la pluma de escribas cortesanos o sacerdotales: anales, relatos históricos, leyes, normas para el culto, salmos y, sin duda, material sapiencial (cf. Prov 25,1). Gran parte de estos materiales se nos conservan en el AT; otros, como los Anales del Reino de Judá (cf. 2 Re 15,6; 16,19) y los Anales del Reino de Israel (cf. 2 Re 14,28; 15,11.15.21), se han perdido desgraciadamente.

• *La escuela*

¿Qué podemos decir de la sabiduría escolar? La falta de datos objetivos en el propio AT puede ser compensada por las numerosas alusiones relativas a la posible existencia de escuelas en el antiguo Israel [62]. La única mención explícita es tardía (comienzos del s. II a.C.): «Vosotros, ignorantes, venid a mí y habitad en mi escuela (*bet midraš*)» (Eclo 51,23). Pero de aquí se puede deducir no sólo la existencia de escuelas en el antiguo Israel, sino también un dato sobre su naturaleza: los alumnos podían vivir (*lyn*, idéntico verbo y ámbito social en Prov 15,31) en ella. De Qohelet se dice (probablemente un epiloguista discípulo suyo): «Qohelet, además de ser sabio, enseñó a la gente lo que él sabía» (Ecl 12,9). «Era sabio y enseñó». La personalidad del *hakam* está en relación con la enseñanza (*lmd*), y ésta exige un lugar de transmisión de conocimientos. Sabemos, por tanto, que casi con toda seguridad, al menos a partir de la segunda parte del s. III a.C., existieron escuelas en

---

[62] Básica a este respecto la obra de A. Lemaire, *Les écoles et la formation de la Bible dans l'ancien Israël*, OBO 39 (Gotinga 1981). Pueden consultarse también H.J. Hermisson, *Studien zur israelitischen Spruchweisheit*, WMANT 28 (Neukirchen 1968) 97-136; R.N. Whybray, *The Intellectual Tradition*, 33-43; B. Lang, *Schule und Unterricht im alten Israel*, en M. Gilbert (ed.), *La sagesse de l'Ancien Testament* (Gembloux 1979) 186-201; J.L. Crenshaw, *Education in Ancient Israel*: JBL 104 (1985) 601-615; E. Puech, *Les écoles dans l'Israël préexilique: données épigraphiques*: VTS 40 (1988) 189-203.

Israel. Nos queda, sin embargo, responder a dos preguntas: la posibilidad de su existencia durante el periodo monárquico; su naturaleza.

Antes de nada hemos de tener en cuenta que no se está hablando de escuelas en el sentido moderno del término. Además, la existencia de gente «sabia» no tiene por qué estar necesariamente asociada a centros educativos, pues la familia y la tutoría privada pudieron muy bien coincidir en el tiempo con las escuelas. Lo importante era la relación maestro-discípulo. El lugar de la enseñanza incluye varias sedes posibles, desde la propia casa del maestro hasta los lugares públicos concurridos (cf. Prov 1,20-21; 8,1-3) [63].

Los especialistas van poco a poco abriéndose a la probabilidad de la existencia de escuelas en el periodo monárquico. Las razones son múltiples. En primer lugar, si, como hemos visto más arriba, las culturas próximas a Israel (especialmente Egipto y Mesopotamia) se vieron en la necesidad de recurrir a ciertas instituciones educativas para garantizar la preparación de escribas y otros funcionarios públicos, no puede excluirse que en Israel se llegase a sentir idéntica necesidad, a partir ya de la estructuración administrativa del estado con David y Salomón [64]. En segundo lugar, habrá que recurrir a los estudios epigráficos de Lemaire para descubrir el amplio desarrollo de la actividad literaria en torno al 600 a.C. Según este autor [65], los ostraca y sellos descubiertos en ciudades como Guézer, Lakish, Arad, Qadesh-Barne y otras revelan una actividad literaria de tales características [66] que resultaría inexplicable al margen de centros educativos. En tercer lugar, el propio AT contiene numerosas alusiones veladas a cierto tipo de escuelas de

[63] Se puede buscar una analogía más cercana del primer supuesto en el adoctrinamiento de sus discípulos (y de la gente en general) por parte de Jesús, que tenía lugar frecuentemente al aire libre, aunque no se excluye el propio domicilio (cf. Mc 2,15). Según Jn 1,38-39, los primeros discípulos de Jesús se acercaron a él llamándolo «maestro» (*rabbei*) y preguntándole dónde vivía: «aquel día se quedaron con él».

[64] Ver T.N.D. Mettinger, *Solomonic State Officials: A Study of the Civil Government Officials of the Israelite Monarch* (Lund 1971) 140-157.

[65] Cf. *op. cit.*, 7-33.

[66] Entre otras cosas, contienen abecedarios, listas de nombres propios, fórmulas de saludo para las cabeceras de las cartas, listas de meses y de nombres de unidades de peso, palabras escritas dos veces (¿técnica de aprendizaje de la escritura?), etc.

sabios [67]. En 1 Re 12,8 se dice que Roboán «desechó el consejo de los ancianos y consultó a los jóvenes que se habían *educado* con él». En 2 Re 10,1.5s se menciona a los «preceptores de los príncipes». Junto a estas hipotéticas escuelas, que podríamos denominar «laicas», algunos textos nos permiten hablar también de escuelas proféticas y escuelas asociadas con los santuarios. En 2 Re 6,1 la comunidad de profetas en torno a Eliseo se queja al maestro: «El sitio donde habitamos *bajo tu dirección* nos resulta pequeño». El profeta Isaías menciona a sus discípulos en 8,16. A juzgar por la preceptoría que Elí ejerce sobre el joven Samuel [68] (cf. 1 Sm 1-3) tampoco se puede negar que algunos santuarios o sus aledaños albergaran cierto tipo de casas de formación. El sacerdote Yehoyadá había instruido al joven rey Joás (cf. 2 Re 12,3). En esta línea discurre también el sarcástico relato de Is 28,7-13 [69].

Todas estas escuelas no eran seguramente del mismo tipo. La mayor parte de ellas equivaldrían a nuestras «escuelas elementales», donde unos pocos alumnos en torno a un maestro aprendían los rudimentos de la lectura, la escritura y la aritmética [70]. Por otra parte, es de suponer que en Jerusalén y en otros grandes núcleos de población había escuelas cuya enseñanza tenía un nivel más alto, y cuyos destinatarios eran los hijos de la nobleza, de las familias patricias y de los grandes comerciantes. Probablemente se aprendía alguna lengua internacional (principalmente arameo) y rudimentos de literatura hebrea, historia de Israel, geografía de Siria-Palestina, Egipto y Mesopotamia, y legislación judía e internacional. En otras palabras, estos estudiantes recibían algún tipo de instrucción sapiencial [71]. Entre ellos habría adolescentes, a los que se dirigen las advertencias sobre los peligros de la «mujer extraña, de la lengua blanda de la ramera» (Prov 2,16-19; 5,3-14; 6,24-35; 7,6-27) y los consejos relativos a la importancia de la discipli-

---

[67] Cf. A. Lemaire, *op. cit.*, 34-41.

[68] A quien llama «hijo» (*bᵉni*, como observamos en el comienzo de algunas instrucciones de Proverbios y Eclesiástico), mientras el narrador habla del «joven» (*naᶜar*).

[69] Podemos pensar que el v.9 es una fórmula para aprender la lectura de palabras con dos consonantes.

[70] No se excluye que los alumnos viviesen en casa del maestro, a juzgar por el uso del verbo *lyn* «pernoctar» en textos como Prov 15,31 y Eclo 51,23.

[71] El libro de Proverbios encaja muy bien en este tipo de enseñanza.

na y la educación (Prov 1,4; 20,11; 22,6.15; 23,13); también quienes se formaban para cortesanos o consejeros reales (cf. Prov 8,15-18; 16,10-15; 25,2-15) [72].

La Biblia no proporciona ningún nombre de maestro de sabiduría del periodo preexílico. Sin embargo, a juzgar por la tradición bíblica misma y por paralelos principalmente de Egipto, el maestro era habitualmente llamado «padre» (también *moreh* o *melammed* «maestro», Prov 5,13; Sal 119,99), y el estudiante «hijo». Y es normal pensar que el adjetivo sustantivado *hakam* «sabio» también se aplicase al maestro de sabiduría, si tenemos en cuenta, entre otros textos, Prov 13,14; 22,17; Eclo 38,24 [73]; 50,27s. De ahí que nos parezca descaminada la opinión de Whybray sobre la improbabilidad de que el término *hakamim* «sabios» se aplicase a sabios profesionales [74].

3. De los sabios a los rabinos

En todos los sistemas religiosos se perciben de vez en cuando innovaciones genuinas que implican cierta ruptura con el pasado y la apertura de una inequívoca vía evolutiva, consciente o no. También podemos hablar de innovación y ruptura en la historia religiosa del pueblo judío, concretamente en el tema que nos atañe, ruptura perceptible en las circunstancias históricas y culturales que dieron origen al Judaísmo clásico. En estas coordenadas temporales se percibe un movimiento que, partiendo de una historia en la que incide directamente la revelación divina, se centra en el estudio y la reinterpretación de dicha revelación. Los sabios escribas del antiguo Israel fueron los guardianes del tesoro revelado, que lo ponían por escrito tal como lo recibían. Los nuevos sabios nacidos y

---

[72] Sobre este tipo de educación y sus destinatarios, ver R. Gordis, *The Social Background of Wisdom Literature*: HUCA 18 (1944) 77-118; B. Kovacs, *Is There a Class-Ethic in Proverbs?*, en J.L. Crenshaw / J.T. Willis, *Essays in Old Testament Ethics. In Memoriam J.P. Hyatt* (Nueva York 1974) 171-189; B.V. Malchow, *A Manual for Future Monarchs*: CBQ 47 (1985) 238-245.

[73] Sobre este texto, consultar J. Marböck, *Weisheit im Wandel. Untersuchungen zur Weisheitstheologie bei Ben Sira* (Bonn 1971) 118-120; Ibíd., *Sir. 38,24 – 39,11: Der schriftgelehrte Weise. Ein Beitrag zur Gestalt und Werk Ben Siras*, en M. Gilbert (ed.), *La sagesse de l'Ancien Testament* (Gembloux 1979) 296-311.

[74] Cf. R.N. Whybray, *The Intellectual Tradition*, 31-48.

cultivados en el incipiente Judaísmo se dedicaron a ampliar dicho tesoro mediante cierto tipo de exégesis [75].

La figura de Esdras es emblemática a este respecto. Según Esd 7,10, este experto en la ley de Moisés desplegó su actividad investigando (*drš*) [76] y enseñando (*limmad*) la Torá. Es decir, se dedicó a enseñar la revelación escrita mediante un exhaustivo e inspirado estudio de ella. Este cambio de perspectiva en la actividad del sabio se percibe también en Ben Sira, donde *twrh* aparece también como complemento objeto de *drš* (35/32,15). Por otra parte, el autor del Eclesiástico está convencido del carácter cuasi-profético de su enseñanza (cf. 24,33) y concibe la «meditación de la Ley del Altísimo» como la principal tarea del sabio (cf. 39,1). La exégesis de la revelación escrita, favorecida por la ayuda divina, se convierte en vehículo de la «revelatio continua». La palabra viva va cediendo así terreno ante el afianzamiento de la revelación exegética. Se trata de un nuevo modo de acceso a la voluntad de Dios que responde a las características de un nuevo tipo de comunidad. La instrucción comunitaria se basa en el estudio exegético de la Torá; la exégesis constituye la verdadera estructura de la experiencia religiosa.

También los sectarios de Qumrán recorren este proceso. Para los esenios, la Ley mosaica constituía su legado peculiar, pues la interpretación que ofrecían de ella, facilitada por la inspiración del Maestro de Justicia, era la única interpretación posible. La exégesis de la Torá y su cumplimiento se convierten en el auténtico camino de la salvación.

En este entramado histórico, en el que la profecía ha ido desapareciendo y cediendo terreno a la investigación y a la enseñanza de la Torá, hemos de situar el paso de la sabiduría tradicional al rabinismo.

---

[75] Esta situación «señala el final del 'antiguo Israel' y el preludio del 'Judaísmo antiguo'», M. Fishbane, *From Scribalism to Rabbinism*, en J.G. Gammie / L.G. Perdue (eds.), *The Sage*, 440.

[76] El verbo *drš* es utilizado en la literatura deuteronomística y profética para describir la «consulta» oracular. Su uso en este texto de Esdras es significativo; no se trata de consultar al Señor, sino la Torá, la norma escrita.

Capítulo II
TRADICION SAPIENCIAL
Y EXPRESION LITERARIA

I. TRADICION SAPIENCIAL Y FORMAS LITERARIAS

Bibliografía española: L. Alonso Schökel / J. Vílchez, *Proverbios* (Madrid 1984) 64-68.

1. Manifestaciones de la tradición sapiencial en el AT

En distintas ocasiones hemos afirmado la conveniencia de prescindir de la fórmula «literatura sapiencial» en favor de «tradición sapiencial». Entre otras razones, mencionábamos la presencia de material y de intereses «didácticos» fuera del ámbito literario propiamente sapiencial [1].

a) Pentateuco

En las narraciones del Pentateuco sólo José recibe el apelativo de *ḥakam*. Sin embargo, actitudes y elementos generalmente asociados con el mundo de los sabios (sagacidad, perspicacia, impulso hacia la autoconservación) pueden descubrirse fácilmente en otros hombres y mujeres del Pentateuco. Podemos recordar la astucia de Jacob para robar la primogenitu-

---

[1] Imprescindible la lectura de W. McKane, *Prophets and Wise Men* (Londres 1965); J.L. Crenshaw, *Method in Determining Wisdom Influence Upon «Historical» Literature:* JBL 88 (1969) 129-142. También R.N. Whybray, *The Succession Narrative: A Study of II Samuel 8-20; I Kings 1 and 2* (Londres 1968); D.F. Morgan, *Wisdom in the Old Testament Traditions* (Oxford 1981) esp. 45-136.

ra a Esaú, o el disimulo y el solapamiento desplegado por las matriarcas israelitas para conseguir sus propósitos: las triquiñuelas de Sara para deshacerse de Agar; la oportuna intervención de Rebeca para que Isaac mandase a Jacob a Mesopotamia en busca de una esposa; o el consejo de Raquel para que Jacob tomase a Bilhá para que le diera descendencia. En todos estos casos, las matriarcas despliegan una retórica especial. No se enfrentan directamente al marido, llevarían las de perder; tampoco utilizan el lenguaje de la sumisión, pues su petición carecería de solidez psicológica. Se basan en un tipo de retórica capaz de provocar y fomentar en el marido el sentimiento de culpa. En Gn 16,5 dice Sara a Abrahán: «La violencia que padezco es por tu culpa... Que el Señor juzgue entre tú y yo». ¿Sagacidad femenina? No; sagacidad «sapiencial», ya que idénticos subterfugios se manifiestan en algunas actitudes masculinas.

El persistente colorido «intelectual» del Deuteronomio, su tono didáctico y reflexivo, así como su preocupación por la escritura y la educación (aprender y enseñar la Ley, las hazañas de Yahvé y la Historia Salutis), sugieren que esta obra fue escrita por personas cercanas (si no pertenecientes) a círculos de escribas.

b) *Historia Deuteronomista*

Si nos acercamos ahora a la Historia Deuteronomista, descubrimos que el modelo de sabio israelita es Salomón, el hombre más sabio que jamás haya existido [2] (cf. 1 Re 5,9-14). Yahvé concedió al rey de Jerusalén un «corazón sabio y prudente» para gobernar al pueblo (1 Re 3,12), es decir, el fruto de un don especial. A pesar de esta tradición, la Historia Deuteronomista no ofrece una visión muy positiva de la sabiduría tradicional. Se trata posiblemente de un conflicto entre el punto de vista deuteronomista (que no pensaba que ser sabio era suficiente para ser un buen rey) y las fuentes literarias de la Historia Deuteronomista. En efecto, estas fuentes manifiestan una concepción de la sabiduría como sagacidad, astucia y

---

[2] Consultar R.N. Whybray, *The Succession Narrative*; R.B.Y. Scott, *Solomon and the Beginnings of Wisdom in Israel*, en J.L. Crenshaw (ed.), *Studies*, 84-101; P.K. McCarter jr., *The Sage in the Deuteronomistic History*, en J.G. Gammie / L.G. Perdue (eds.), *The Sage*, 289-293.

perspicacia, que deja al margen (o no se plantea) las actitudes éticas. La sabiduría es la habilidad para reconocer los modelos del comportamiento humano y manejarlos en provecho propio. No hay más que asomarse a 2 Sm 13,1-19; 14,1-20; 20,14-22 para comprobar que el apelativo de sabio o sabia no va necesariamente vinculado a dimensiones éticas. Sin embargo, en los círculos deuteronomistas, la sabiduría como sagacidad va cediendo terreno ante el triunfo de la Torah. Según Dt 4,5-6, una conducta sabia está en relación con las «leyes y preceptos» de Yahvé. Si Israel los practica, será internacionalmente reconocido como «pueblo sabio». En resumidas cuentas, el punto de vista deuteronomista sobre la sabiduría difiere de la idea tradicional atestiguada en las fuentes literarias de la Historia Deuteronomista. La concepción de la sabiduría como perspicacia para descubrir el orden social y el corazón humano va siendo sustituida por la voluntad de comprensión de la voluntad y las decisiones de Yahvé. «En la tradición salomónica, la sabiduría es un don directo, carismático, y la inteligencia de Salomón es la prueba de ello. En el pensamiento deuteronomista, la fuente de la sabiduría es la Torah, y la obediencia del pueblo a la Torah es la prueba de ello» [3].

c) *Literatura profética*

Por lo que respecta a la presencia del pensamiento sapiencial en la literatura profética [4], nos encontramos con una polaridad: por una parte es probable que el libro de Oseas refleje indirectamente la presencia de los sabios en el corpus profético como redactores; por otra, los sabios mencionados explícitamente como *ḥakamim* en la literatura profética son casi siempre opositores de los profetas respecto a temas relacionados con la justicia y, sobre todo, con las decisiones políticas. En consecuencia, plantearnos la naturaleza de esos sabios implica responder a dos preguntas: cuál era el papel social del

---

[3] P.K. McCarter jr., *op. cit.*, 292.

[4] Consultar, entre otros, J. Fichtner, *Isaiah among the Wise*, en J.L. Crenshaw (ed.), *Studies*, 429-438; J.L. Crenshaw, *The Influence of the Wise upon Amos*: ZAW 79 (1967) 42-52; J.W. Whedbee, *Isaiah and Wisdom* (Nashville 1971) 21-26; J. Vermeylen, *Le Proto-Isaïe et la sagesse d'Israël*, en M. Gilbert (ed.), *La sagesse de l'Ancien Testament* (Lovaina 1979) 39-58; D.F. Morgan, *Wisdom in the Old Testament*, 13-29; R.N. Whybray, *Prophecy and Wisdom*, en R. Coggins et al. (eds.), *Israel's Prophetic Tradition* (Cambridge 1982) 181-199.

sabio que aparece en la literatura profética; cómo podemos «distinguir los sabios buenos de los malos». La obra de Whybray supone un buen punto de partida en cuanto que estudia minuciosamente el valor contextual de los términos relacionados con la sabiduría, como *ḥkm* y otros [5]. Su único error, pensar que *ḥakam* nunca fue usado técnicamente con referencia a una clase social determinada [6]. Textos como Is 3,1-4; 5,18-24; 29,13-14; 31,1-3; Jr 18,18; 49,7; 50,35-36; 51,57, comparados con otros de Proverbios [7] que reflejan una sede cortesana donde puede florecer la justicia o la corrupción, ponen de manifiesto que los *ḥakamim* opositores de los profetas son hombres de estado, consejeros, miembros de las clases elevadas ricas y corruptas, e incluso escribas. Todos ellos ponen su sabiduría humana por encima de los planes de Yahvé revelados a los profetas.

d) *Obra cronista*

Por lo que respecta a la obra del Cronista (1-2 Crónicas; Esdras; Nehemías), llama la atención que nunca utiliza el sustantivo *ḥakam* con el significado de «sabio», lo cual no quiere decir que no tuviese interés en la sabiduría. Pero hay un dato sorprendente. Si alguien desea captar el grado de interés del Cronista en esta materia, no tiene más remedio que abrirse a la naturaleza del oficio de escriba: escritor, notario, oficial cortesano, intérprete e instructor de la Torá [8].

[5] R.N. Whybray, *The Intellectual Tradition* (Berlín/Nueva York 1974). Sobre la importancia metodológica del estudio de este material, cf. R.E. Clements, *Prophecy and Tradition* (Atlanta 1975) 82.

[6] Critica esta posición W. McKane, *Prophets and Wise Men* (Londres 1965), quien, en páginas 40-41, afirma: «Las personas que ocupaban posiciones eminentes en el gobierno de Judá, se llamasen *sop^erim*, *yo^ʿᵃsim* o *śarim*, eran ciertamente *ḥakamim*, y resulta especialmente evidente que los *ḥakamim* contra los que se enfrentan polémicamente Isaías y Jeremías son, en su mayor parte, eminentes hombres de estado».

[7] P.e. Prov 8,15-16; 16,10.12-13; 20,18.26.28; 21,30-31; 24,6; 25,5; 28,11; 29,4.14.26.

[8] Más información en J. Blenkinsopp, *The Sage, the Scribe, and Scribalism in the Chronicler's Work*, en J.G. Gammie / L.G. Perdue, *The Sage*, 307-315.

2. Las formas literarias de la literatura sapiencial [9]

Bibliografía española: L. Alonso Schökel / J. Vílchez, *Proverbios* (Madrid 1984) 69-72; A. Colunga, *Los géneros literarios,* en *Los géneros literarios de la Sagrada Escritura* (Madrid 1957) 191-218; G. von Rad, *Sabiduría en Israel* (Madrid 1985) 41-71.

Con la adopción del término «literatura» nos situamos voluntariamente en un marco estrecho, el representado por Proverbios, Job, Eclesiastés, Eclesiástico y Sabiduría. A pesar de reconocer el peso de la tradición sapiencial en todo el AT, como hemos hecho someramente en el apartado anterior, sería metodológicamente imposible (y desorientador en la práctica) ofrecer desde esta perspectiva un resumen de la investigación crítico-formal sobre la sabiduría.

Hablar de formas literarias (sapienciales) implica dar respuesta a una serie de preguntas, desde cuál es la finalidad y la función de este tipo de literatura en la vida del antiguo Israel hasta cuál es la sede vital concreta de dichas formas. Para empezar, damos por correcto el planteamiento de Crenshaw: «La literatura sapiencial es de cuatro clases: 1) jurídica, 2) de la naturaleza, 3) práctica, y 4) teológica. Hay que distinguir entre literatura sapiencial, tradición sapiencial y pensamiento sapiencial. En correspondencia, existen 1) sabiduría de clan/familiar..., 2) sabiduría cortesana... y 3) sabiduría de escribas» [10].

a) Proverbio

La forma básica de la literatura sapiencial es el proverbio (*mašal*) [11]. Basándose en su posible etimología, los especialis-

---

[9] Puede consultarse, entre otros, R.E. Murphy, *Form Criticism and Wisdom Literature:* CBQ 31 (1969) 475-483; J.L. Crenshaw, *Wisdom,* en J.H. Hayes (ed.), *Old Testament Criticism* (San Antonio 1977) 225-264; R.E. Murphy, *Wisdom Literature,* FOTL XIII (Grand Rapids 1981); J.L. Crenshaw, *Old Testament Wisdom,* 36-39; G. von Rad, *Sabiduría,* 41-71; C. Westermann, *Wurzeln der Weisheit* (Gotinga 1990) 15-114.

[10] J.L. Crenshaw, *Wisdom,* en J.H. Hayes (ed.), *Old Testament Criticism,* 227.

[11] A este término hebreo corresponden los castellanos «refrán», «máxima», «sentencia», «apotegma», «epigrama» y el genérico «dicho», si bien *mašal* tiene un espectro significativo tan amplio que puede incluir incluso un poema didáctico. Ver O. Eissfeldt, *Der Maschal im Alten Testament* (Giessen 1913); A.H. Godbey, *The Hebrew Mašal:* AJSL 39 (1922/23) 89-108; A.S. Herbert, *The*

tas han ofrecido diferentes explicaciones de este término hebreo, desde «semejanza»[12] hasta «palabra poderosa»[13], pasando por «palabra alada» por su carácter paradigmático y atemporal[14]. Existen diversos tipos de *mašal*, casi todos representados en Proverbios: proverbio popular, instrucción, exhortación, proverbio numérico y la comparación o símil.

El *proverbio popular*, fuera de la literatura sapiencial, puede aparecer en prosa («¿También está Saúl entre los profetas?», 1 Sm 10,12), si bien le es propia la forma métrica[15]. Generalmente se trata de un estico con sus dos hemistiquios en paralelismo. Su estilo es sucinto y epigramático, ideal para el cultivo de la metáfora. Suele carecer de forma imperativa, pues, como resultado de la experiencia social colectiva, no hace más que resumir las observaciones de la vida cotidiana. Sin embargo, su propósito es fundamentalmente didáctico, al menos en el sentido amplio del adjetivo. Si el proverbio es una forma elemental de conocimiento, que pretende poner orden en la multiforme variedad de los fenómenos naturales y sociales para que el hombre pueda llegar a controlar la realidad y obrar en consecuencia, eligiendo la acción y el momento adecuados para potenciar su ser humano como proyecto y evitando al mismo tiempo todos los escollos que le lleven al fracaso y la autodestrucción, entonces su función es claramente educativa.

Prescindiendo de su relación formal y temporal con el proverbio aislado, en el libro de Proverbios se descubren algunas agrupaciones temáticas, p.e. 25,2-7 respecto al rey.

Según numerosos especialistas, la función pedagógica del proverbio desemboca, desde el punto de vista formal, en su desintegración, pues a la forma elemental vienen a sumarse

---

Parable (Mašal) in the Old Testament: SJT 7 (1954) 180-196; A.R. Johnson, *Mašal*: VTS 3 (1955) 162-169; L. Alonso Schökel/J. Vílchez, *Proverbios* (Madrid 1984) 96.

[12] Por su capacidad de «reproducir» la realidad o por su inicio formal «Como...».

[13] Pronunciada por un gobernante o con poder especial.

[14] Etimología defendida por W. McKane, *Proverbs* (Filadelfia 1970) 22-33.

[15] Comparemos los castellanos «Hacer de la necesidad virtud» (ausencia de rima y ritmo), «Al burro muerto, la cebada al rabo» (sin rima pero con ritmo), «Al que madruga, Dios le ayuda» (con rima y ritmo).

las series de imperativos y las motivaciones (generalmente oraciones completivas o causales introducidas por *kî*), exposición de las consecuencias negativas que puede acarrear el incumplimiento de la exhortación previa. Se trata de la forma *instrucción*, caracterizada también por el vocativo «Hijo», y cultivada especialmente en Prov 1-9 (p.e. 1,8-19; 2,1-22; 3,1-12.21-26; 4,1-9.10-27; 5,1-14; 6,20-35; también Prov 22,17-24,22) y en Ben Sira (p.e. 2,1-6; 3,17-24; 11,29-34). Sin embargo, la idea de que la forma más simple en un estico evolucionó hasta desembocar en construcciones de dos o más esticos mediante la adición de motivaciones y de oraciones secundarias [16] ha empezado a ser atacada desde hace tres décadas. Especialistas actuales, basándose sobre todo en los estudios comparativos de las sabidurías israelita y egipcia, rechazan esta pretendida evolución formal [17].

El carácter didáctico del proverbio se aprecia también en la *exhortación* o advertencia, que trata de inculcar un modo de pensar y una conducta adecuados. Con este fin, el sabio suele hacer uso del mandato y la motivación. Puede haber exhortaciones negativas, pero la distinción de Richter entre la forma impeditiva (con *'al*) y la prohibitiva (con *lo'*) [18], por analogía con las formas negativas en la legislación, carece de sentido en el corpus sapiencial [19].

La voluntad didáctica del *mašal* se refleja también en el *proverbio numérico*, relacionado en su origen con el enigma, y con claros recursos nemotécnicos. Su esquema responde a la fórmula X/X + 1, aunque quizá la más popular es 3/(3+1)4: «Hay tres cosas que... y una cuarta que...». Tras la mención del «X + 1», se expone el conjunto de cosas a las que se refiere la última cifra. Son famosos los proverbios numéricos de Prov 30; menos conocidos los de Prov 6,16-19; Eclo 25,7-11; 26,28; 50,25-26; Job 5,19-22; 13,20-22; 33,14-15. Hay variantes con menor rigor formal, como los proverbios numéricos que sólo mencionan una realidad a pesar del esquema X/X + 1 (así

[16] Así ya O. Eissfeldt, *op. cit.*; posteriormente J. Schmidt, *Studien zur Stilistik der alttestamentlichen Spruchliteratur* (Münster 1936).
[17] Así G. von Rad, *Sabiduría*, 44. Consultar fundamentalmente Ch. Kayatz, *Studien zu Proverbien* 1-9, WMANT 22 (Neukirchen-Vluyn 1966).
[18] W. Richter, *Recht und Ethos*, SANT XV (Munich 1966) 68-146.
[19] Así, R. Murphy, *art. cit.*, 481; cf. J.L. Crenshaw, *Wisdom*, en J.H. Hayes (ed.), *op. cit.*, 235-236.

Amós en los oráculos de apertura del libro, 1,3-2,8) o aquellos en los que sólo se habla de X (Eclo 25,1). Esta forma proverbial se remonta probablemente al cultivo del enigma en el ámbito escolar. El maestro lanza el reto del X/X + 1, incitando al alumno a completar las cifras mediante la búsqueda de analogías entre los ámbitos natural y social.

b) Comparación

La comparación o símil, muy frecuente en la literatura sapiencial, se propone resaltar la naturaleza superior de ciertos tipos de conducta respecto a otros. De especial atractivo por el elaborado uso de las imágenes son los símiles de los cc. 25-26 de Proverbios. Las variantes formales positivas más comunes son: *(como)... (así)* («Como barniz aplicado a vasija de barro, son los labios dulces con corazón perverso», Prov 26,23; «Como el perro vuelve a su vómito, el necio insiste en su estupidez», Prov 26,11; «Como crepitar de espinos bajo la olla, así es la risa del necio», Ecl 7,6; «El humo y el vapor del horno anuncian llamas, así las injurias anuncian sangre», Eclo 22,24); *X... como Z* («Las piernas del cojo vacilan indecisas, como el proverbio en boca de los necios», Prov 26,7); *X... y Z* («La puerta da vueltas en el quicio, y el perezoso en la cama», Prov 26,14); *X... pero aún más Z* (serie en Eclo 40,18-26). Las formas negativas requieren menos elaboración: *no... ni* («No es bueno comer miel en exceso, ni empacharse de palabras elogiosas», Prov 25,27; «Ni la nieve al verano, ni la lluvia a la siega, ni la gloria al necio sientan bien», Prov 26,1). Pero quizá la comparación más estudiada haya sido el proverbio *tob... min*, «mejor (más vale)... que»: «Mejor vivir en rincón de desván que en amplia casa con mujer pendenciera», Prov 21,9; «Más vale ración de verduras con amor que toro cebado con rencor», Prov 15,17. Este tipo de comparación es usado frecuentemente por Qohelet (4,6; 4,9.13; 6,9; 7,1-3.5.8; 9,4) y Ben Sira (10,27; 19,24; 20,2; 20,18.25.31; 30,14.17; 41,15; 42,14).

c) Enigma

Dejando ya el terreno estricto del proverbio, conviene ahora resaltar una forma de algún modo emparentada con él: el enigma (*hidah*) [20]. Desde el punto de vista del contenido y de la función, no existe una diferencia esencial entre el aforismo y el enigma [21]; la distinción puede ser formal. La ambigüedad o el carácter cambiante de las circunstancias en las que discurre la existencia del hombre requiere del educador/sabio un planteamiento y una elaboración literaria que refleje dicha ambigüedad. De esta forma se posibilita al lector/educando una elección de tiempo y acción que desemboque en el éxito o el provecho. Conocida es ya la aparente contradicción expresada por la pareja de sentencias de Prov 26,4-5: «No respondas al necio... Responde al necio...». La lectura es sorprendentemente enigmática; pero en realidad se trata de posibilitar al hombre la elección de una actitud y una intervención adecuadas a la variedad de circunstancias con las que se va a encontrar en la vida. Desde este punto de vista, el aforismo encierra con frecuencia sorpresa y perplejidad, algo muy cercano a la naturaleza del enigma. Tiene razón Crenshaw al constatar que «el enigma funciona como una paradoja que es paradigmática respecto a la paradoja que la realidad es, y quien propone enigmas, es decir, el sabio concibe como función suya elemental la formulación de analogías descriptivas de la estructura de la realidad» [22]. Tanto en el aforismo como en el enigma, el lector se ve obligado a «adivinar» lo que hay detrás, dada la ambigüedad de sus formulaciones.

Hablando con propiedad, el enigma en estado puro es raro en el AT. El caso más conocido es la adivinanza propuesta por Sansón a los filisteos: «Del que come salió comida, y del fuerte salió dulzura» (Jue 14,14) [23]. Sin embargo, hay datos suficientes para dar por supuesto el cultivo de este recurso retórico y literario en el antiguo Israel, sobre todo en manifestaciones indirectas y en el uso abundante de un tipo de lenguaje característico de esta forma literaria. Yahvé «le habló (a Moi-

[20] Ver H. Torczyner, *The Riddle in the Bible*: HUCA 1 (1924) 125-149; S.H. Blank, *Riddle*, en IDB IV (1962) 78-79; M. Hain, *Rätsel* (Stuttgart 1966); H.-P. Müller, *Der Begriff 'Rätsel' im Alten Testament*: VT 20 (1970) 465-489.
[21] *Mašal* y *hidah* aparecen formando paralelismo en Sal 78,2; Prov 1,6; Eclo 39,3.
[22] J.L. Crenshaw, *Wisdom*, en J.H. Hayes, *op. cit.*, 240.
[23] Sobre este enigma, O. Eissfeldt, *Die Rätsel in Jud 14*: ZAW 30 (1910) 132-135; J.P. Porter, *Samson's Riddle: Judges XIV*, 18: JTS 13 (1962) 106-109.

sés) cara a cara, a las claras y sin enigmas» (Nm 12,8); la reina de Saba trató inútilmente de poner a prueba a Salomón con enigmas (cf. 1 Re 10,1-3). De todos modos, como hemos observado más arriba, el enigma parece estar relacionado íntimamente con el proverbio numérico, hasta tal punto que «es muy posible que los proverbios numéricos no sean más que una especie del género enigma»[24]. Desde estas analogías literarias, y mediante el estudio detenido de las figuras retóricas, especialmente las imágenes, es posible rescatar el lenguaje enigmático en el AT. Las imágenes sexuales se prestan especialmente a este uso en todas las culturas, probablemente por la fascinación y el misterio que siempre han rodeado al origen del sexo y a las relaciones sexuales. «Esta es la conducta de la mujer adúltera: comer, limpiarse la boca, y decir luego: 'No he hecho nada malo'» (Prov 30,20); «Fosa profunda es la prostituta» (Prov 23,27a); «Como viandante sediento abre su boca, y bebe de toda agua que encuentra, se ofrece a cualquier hombre, y a toda flecha abre su aljaba» (Eclo 26,12). Son tres ejemplos de lenguaje enigmático, si bien la identificación sintagmática o contextual impide hablar propiamente de enigmas. Análogo tipo de lenguaje, aplicado en este caso a otras realidades, encontramos p.e. en Prov 5,15-19; 6,23; 16,15; 20,27; 23,29-35; 25,2-3; 27,20; Ecl 12,1-7.

d) *Fábula y alegoría*

También la fábula y la alegoría[25], cifradas metafóricamente, están de algún modo relacionadas con el enigma. La fábula se caracteriza por presentar como personajes realidades del mundo vegetal o animal. Esta forma de disfrazar realidades humanas con ropaje no-humano persigue dos finalidades: entretener y educar. Por una parte está clara la *vis comica* de la fábula: zorras elogiando a cuervos o coquetas confidencias entre plantas. Por otra, esta especie de alienación de lo realmente experimentado o experimentable en un marco de referencia no-humano propicia una comprensión más inmediata y profunda de la verdad que se quiere transmitir. Comicidad y re-

---

[24] G. von Rad, *Sabiduría*, 55.
[25] Consultar R.J. Williams, *The Fable in the Ancient Near East*, en E.C. Hobbs (ed.), *A Stubborn Faith* (Dallas 1956) 3-26; G. von Rad, *Sabiduría*, 60-65; J.L. Crenshaw, *Wisdom*, en J.H. Hayes (ed.), *op. cit.*, 245-247.

curso a un universo simbólico constituyen un tipo de lenguaje superior en gran medida al lenguaje discursivo. No se explicaría de otro modo el atractivo y el valor permanente de las películas de Walt Disney, que transcienden intereses de edades, formación, sexos y condición social. No en vano «la fábula es una de las formas primitivas de expresión de la actividad intelectual humana» [26].

Lo mismo que ocurría con el enigma, es difícil encontrar una fábula entera en el corpus sapiencial. Fuera de él podemos mencionar Jue 9,8-15, un ataque frontal a las pretensiones monárquicas de Abimélec, no tanto a la monarquía en cuanto tal, como opina Von Rad [27]. Ante la negativa de las especies vegetales más nobles (olivo, higuera, vid) a aceptar la colación de la realeza, el arbusto más inútil y pernicioso (zarza = Abimélec) está dispuesto a ello. El clímax tragicómico está representado por su invitación: ¡ni la zarza da sombra, ni sale ileso quien se cobija bajo ella! Aparte de este texto, sólo 2 Re 14,9 ofrece retazos de fábula: es excesivamente breve y la aplicación al enfrentamiento de Amasías y Joás no parece original.

Por su capacidad de poner satíricamente al descubierto aspectos no interiorizados (de puro obvios y familiares) de la vida cotidiana, la fábula funcionaba cómodamente en el ámbito político. Un artista capaz de manipular didácticamente la fábula aplicándola a circunstancias políticas concretas está abriéndose camino, consciente o inconscientemente, hacia la alegoría [28], pues la mayor parte de los elementos morfológicos de la fábula pueden contribuir a un proceso alegórico. «Muchos de ellos reclaman punto por punto una actualización interpretativa. Y en cuanto a los elementos improductivos, simplemente se los pasa por alto» [29]. Así, dos fábulas originales han sido transformadas, a manos de Ezequiel, en puras alegorías: el águila y el cedro (17,1-10) y la leona y sus cachorros (19,1-14).

En contra de la opinión de Crenshaw [30], pensamos que

[26] G. von Rad, *op. cit.*, 61.
[27] G. von Rad, *op. cit.*, 62.
[28] Consultar J.L. Crenshaw, *Wisdom*, en J.H. Hayes (ed.), *op. cit.*, 246-247.
[29] Cf. G. von Rad, *Sabiduría*, 63.
[30] J.L. Crenshaw, *Wisdom*, 246.

Prov 5,15-19 y Ecl 12,1-6 no son alegorías. Se trata más bien de poemas en clave alegórica. Desde el punto de vista formal, los imperativos y la pregunta retórica del primer texto no posibilitan su inclusión en dicha categoría literaria. Su tono es exhortativo y moralizante, expresamente didáctico. El segundo no puede ser definido como alegoría por el carácter obvio de ciertos segmentos. Más bien se trata de un poema elegíaco en clave alegórica.

e) Discurso sapiencial

Lang, en su estudio de Prov 1-9 [31], distingue entre el género instrucción (*Lehrrede*) y el discurso sapiencial (*Weisheitsrede*). Ejemplos de éste en Prov 1,20-33; 8,1-11.12-21; 9,1-6. Se trata éste de una llamada pública de la propia sabiduría personificada. El estilo es netamente didáctico y autodescriptivo. La semejanza de sus motivos con los de la literatura egipcia que habla de la *Maat* (justicia, orden) es tan sorprendente que sería insuficiente hablar de coincidencias. Igual que la Sabiduría de Prov 8, esta semidiosa egipcia es preexistente; ama a los que la aman (cf. Prov 8,17); ofrece vida y protección a sus servidores (cf. Prov 1,33; 3,16.18; 8,35). En el arte es representada con el símbolo de la vida en una mano y con un cetro, símbolo del honor y la riqueza, en la otra (cf. Prov 3,16) [32]. Pero hay otro rasgo llamativo de la llamada de la Sabiduría: su colorido profético, manifiesto en el anuncio de juicio, las amenazas, los oídos sordos de quienes la escuchan, buscar y no encontrar, etc. Todos, aspectos que están presentes principalmente en Prov 1.

f) Himno

El himno [33] ocupa un lugar de privilegio en la investigación de las formas literarias sapienciales, especialmente por su

---

[31] B. Lang, *Die weisheitliche Lehrrede* (Stuttgart 1972).

[32] Cf. el magnífico estudio de Ch. Kayatz, *Studien zu Proverbien 1-9*, WMANT 22 (Neukirchen-Vluyn 1966). Resumen de estos aspectos en R.E. Murphy, *Wisdom Literature*, 50-52.

[33] Se pueden consultar W. Baumgartner, *Die literarische Gattungen in der Weisheit des Jesus Sirach*: ZAW 34 (1914) 161-198; F. Crüsemann, *Studien zur Formgeschichte von Hymnus und Danklied in Israel* (Neukirchen-Vluyn 1969); B.L. Mack, *Wisdom Myth and Mytho-logy*: Inter 24 (1970) 46-60.

parentesco con otros ámbitos literarios. Pero, antes de seguir adelante, conviene tener en cuenta un par de observaciones prácticas. Por una parte, decir «himno» en este contexto implica identificación de elementos formales en algunos poemas sapienciales, que permitan aproximarlos a la categoría hímnica de los salmos. Por otra, nos estamos refiriendo a poemas hímnicos laudatorios o descriptivos de la Sabiduría como punto de contacto entre Yahvé y la creación.

Hace tiempo que han sido identificados en la literatura sapiencial motivos hímnicos de indudable sabor sálmico: Job 5,9-16; 9,5-12; 12,13-25; 26,5-14; Eclo 23,19-20; Sab 11,21-26. (Ligeramente distinto es Eclo 39,16-35, pues su actitud es, en el fondo, didáctica y su arranque instructivo [39,12-15]). Sin embargo, la intrínseca relación formal y temática de estos retazos hímnicos con los himnos del Salterio obliga al analista a admitir la imposibilidad de hablar de un género «himno sapiencial». Sería erróneo y equívoco[34]. Diverso es el caso de aquellos himnos que tratan de establecer la relación entre la creación y el Creador, entre la obra sabia y su sabio Artesano, o de cantar los orígenes divinos de la Sabiduría y su «vocación mundana». Podemos mencionar Job 28; Prov 8,22-31; Eclo 24,1-22; 42,15-43,33; Sab 7,22-8,1. El trasfondo egipcio de esta serie de himnos y de otros textos sapienciales análogos ha sido puesto de manifiesto por Kayatz[35]. Todos ellos son tan originales en cuanto a temática y forma se refiere que con toda legitimidad podemos hablar de un género hímnico sapiencial: la alabanza de la Sabiduría. Este tipo de himno, abanderado de la teodicea, pretende, por una parte, sofocar las protestas contra la justicia divina y, por otra, salvaguardar la autoridad de la enseñanza del sabio. Al propio tiempo presenta la relación de Yahvé con su cosmos en un formato literario no-revelatorio. Sin embargo, es difícil admitir que la Sabiduría tenga en ellos naturaleza hipostática; opinamos que la Sabiduría personificada se acerca más a la categoría de recurso estilístico, aunque no pueda quedar reducido a ello.

---

[34] Cf. R. Murphy, *A Consideration of the Classification 'Wisdom Psalms'*: VTS 9 (1962) 156-167, esp. 160s.

[35] Ch. Kayatz, *Einführung in die alttestamentliche Weisheit* (Neukirchen 1969) 70-78. Menos acertado en sus exageraciones B. Lang, *Frau Weisheit* (Düsseldorf 1975).

g) *Poema didáctico*

Dentro del poema didáctico podemos clasificar especímenes profanos y religiosos. Este rasgo no influye para nada en sus características formales, que es de lo que se trata en este apartado. Desde el punto de vista del «modo», el poema didáctico se caracteriza principalmente por su impulso educativo; por lo que respecta a la forma, este tipo de género es más bien expositivo y carece casi por completo de imperativos. En cierto sentido tiene muchas afinidades con el himno, pero, a diferencia de éste, es menos objetivo y grandilocuente, y más intimista y educativo. Por otra parte, suele enunciar al principio, explícita o implícitamente, el tema que va a ser tratado, a diferencia del himno, cuyo exordio suele consistir en una explosión verbal de elogio o alabanza. Tenemos un caso de poema profano en Prov 24,30-34 (que también tiene rasgos autobiográficos). «Pasé junto al campo del holgazán...» indica que se va a tratar el tema de la pereza. Poemas didácticos religiosos pueden considerarse Eclo 1,1-10; 1,11-20 y 39,16-35, aunque forzoso es reconocer que se acercan a las características del himno. También se enuncia en ellos el tema al principio («Toda sabiduría viene del Señor», 1,1; «El temor del Señor es gloria y honor», 1,11; «Las obras de Dios son todas buenas», 39,16).

Hay, sin embargo, poemas difíciles de clasificar por su mezcla de formas y de contenido. Ben Sira, que contaba con la ventaja de vivir en el seno de una larga y dilatada tradición sapiencial, y dominaba sin duda sus formas literarias, nos ofrece varios ejemplos de esa índole. ¿Qué decir p.e. de Eclo 16,24-17,14? ¿Himno, poema didáctico o instrucción? [36] Por una parte son patentes los motivos hímnicos (p.e. 16,26ss); la voluntad didáctica se pone de manifiesto en su carácter de comentario de Gn 1-2 y en la letra de 16,25 («te expondré la disciplina, te daré a conocer la doctrina»); y la instrucción se hace patente en las peculiaridades formales del exordio: «Escúchame, hijo, aprende la doctrina, aplica tu corazón a mis palabras» (imperativos y vocativo «hijo»).

---

[36] Lo califica de «himno» W. Baumgartner, *art. cit.*, 193-194.

h) Diálogo

El diálogo constituye otra forma literaria sapiencial, pero prácticamente confinada en el libro de Job [37]. La verdad es que esta obra maestra de la literatura universal no puede ser clasificada recurriendo a un solo género literario. En Job descubrimos rasgos de disputa legal, de lamentación (bien dramatizada bien como paradigma de una súplica escuchada), de controversia, etc. Pero sin duda predomina el diálogo, la manera más adecuada de plantear, discutir y solucionar una cuestión.

i) Poema autobiográfico

El poema autobiográfico tiene sin duda sus primeras manifestaciones en la literatura egipcia. Reyes y hombres de estado legan sus experiencias a sus hijos y sucesores [38]. La confesión autobiográfica es ofrecida en primera persona del singular, aunque el maestro de sabiduría, en realidad, puede hacer suyas en estos casos experiencias ajenas. Se suelen mencionar Prov 4,3-9; 24,30-34; Ecl 1,12-2,26; Eclo 33,16-18; 51,13-22. Los rasgos autobiográficos suelen ser introducidos por *ra'iti* («he visto») o *yada'ti* («sé»). También Prov 7 acusa rasgos autobiográficos (cf. vv. 6ss).

j) Literatura onomástica

A juzgar por la tradición de 1 Re 5,13 («[Salomón] trató sobre árboles, desde el cedro del Líbano hasta el hisopo que germina en la pared, y sobre animales, aves, reptiles y peces») [39], es probable que en Israel se cultivase un tipo de literatura conocida como onomástica [40], los añejos precursores de las modernas enciclopedias. En efecto, estas listas de «nom-

---

[37] Sobre el diálogo, especialmente en el libro de Job y en la literatura de Mesopotamia, consultar H. Richter, *Erwägungen zum Hiobproblem:* EvTh 18 (1958) 302-324; H. Gese, *Lehre und Wirklichkeit in der alten Weisheit* (Tubinga 1958) 51-78; J.L. Crenshaw, *Wisdom*, 253-256; G. von Rad, *Sabiduría*, 59-60.

[38] Puede consultarse al respecto J.L. Crenshaw, *Wisdom*, 256-257.

[39] Lista más desarrollada y completa en Sab 7,17-20, donde se habla, en otros términos, de filosofía, cosmología, astronomía, zoología, demonología, botánica y medicina.

[40] Sobre este tema, H. Richter, *Die Naturweisheit des Alten Testaments im Buche Hiob*: ZAW 70 (1958) 1-20; G. von Rad, *Gesammelte Studien zum Alten Testament* (Munich 1958) 262-271.

bres» incluían todo tipo de realidades y fenómenos del mundo del hombre y de la naturaleza: razas, países, vegetales, aves, reptiles, etc. Eran fruto, en definitiva, de la voluntad «sapiencial» de poner orden en el mundo de la experiencia. No es extraño que Israel cultivase este tipo de saber si tenemos en cuenta el abundante material de Egipto y de Mesopotamia. Por lo que respecta a la literatura sapiencial israelita, suelen mencionarse a este respecto textos como Job 28; 36,27-37,13; cc. 38-41; Eclo 43,1-26; Sab 7,17-20; 14,25-26. Esta sabiduría de la naturaleza desempeña generalmente la función de poner de manifiesto la gloria de Dios en la creación y servir así de soporte al espinoso problema de la teodicea.

k) El recurso de la solución diferida

Hasta aquí una somera exposición de las principales formas literarias de la tradición sapiencial. Sin embargo, nos queda por mencionar un recurso estilístico cuyo valor no han puesto todavía de relieve los especialistas: la solución diferida. Se trata de un recurso perceptible en unos pocos textos, pero que debió sin duda ser del agrado de los sabios en su tarea educativa. Los maestros recurrieron a multitud de ardides retóricos para atraer la atención de sus alumnos, incitar su curiosidad, estimular la inteligencia y proporcionar medios adecuados para ejercerla. Hemos hablado, a este propósito, del enigma y del proverbio numérico. En esta misma línea del recurso a lo enigmático y la incitación a la reflexión se sitúa la «solución diferida». Contamos al menos con tres ejemplos: Prov 5,15-19; 23,29; Job 28.

En los dos últimos textos se incita a la búsqueda de una solución mediante el recurso formal a la pregunta. En Prov 23,29 se formulan seis preguntas consecutivas. Se trata de descubrir un prototipo de persona. Las cinco primeras preguntas pueden cubrir infinidad de situaciones vitales: muchas actitudes improcedentes pueden hacerse acreedoras de ayes, lamentos, riñas, quejas y heridas. A cada interrogante, el alumno/oyente puede ir desgranando un nutrido surtido de ellas. Pero la imagen que acompaña a la sexta pregunta recorta definitivamente el «suspense». «¿De quién los ojos turbios?» Los ojos del alumno/oyente se iluminan: ¡el borracho! Efectivamente: «De los que se entretienen con el vino...» (v. 30). También el recurso a la pregunta va tejiendo las diferentes partes del poema de Job 28. La lectura/audición de los 11 primeros versos, aun proporcionando inteligibilidad (se entiende lo que se dice), no ofrece una comprensión de su finalidad (¿adónde va el autor?). La pregunta del v. 12 ya ofrece una pista: se trata de reflexionar sobre el origen de la sabiduría. Una primera respuesta incompleta en forma negativa («El hombre... no la puede encontrar... El abismo dice: no está en mí», vv. 13-14) no hace sino multiplicar el interés por descubrir el enigma. Sin embargo, el poeta continúa con la misma línea descriptiva con la que había empezado. Nada es comparable con la sabiduría. El lector/oyente está sobre ascuas. De nuevo resuena la pregunta (v. 20) y otra vez se recurre a la respuesta incompleta y a la descripción («Está oculta... escondida»; sólo se conoce su fama, vv. 21-22), retrasando voluntariamente la solución. Esta solamente llega a partir del v. 23. En Prov 5,15-19 no existen preguntas. Sin embargo, el carácter enigmático del poema está servido desde el principio merced a las imágenes acuáticas. Bien es verdad que el lector no «sabe» que se trataba de imágenes hasta que da con la clave interpretativa. Hasta v. 18b se trata de «agua», «raudales», «cisterna», «pozo», «fuentes», «arroyos» naturales. La primera sorpresa surge cuando el poeta invita a no compartir esos bienes con los demás. ¿Por qué? Porque esa fuente bendita es la esposa de tu juventud (v. 18b). La mención de la esposa hace que repentinamente se descubra el valor imaginativo de los elementos acuáticos precedentes y que se identifique el significado aproximado de esas imágenes. Se trata, como en los otros textos mencionados, de una «solución diferida».

II. LA COLUMNA VERTEBRAL DE LA TRADICION SAPIENCIAL

Bibliografía española: G. Pérez, *Humanismo y religión en los sabios de Israel:* Salm 27 (1979) 349-383; 28 (1980) 5-33; Id., *Sabiduría y Palabra* (León 1987).

En párrafos anteriores hemos ido exponiendo de manera no sistemática numerosos puntos doctrinales de la tradición sapiencial. En este apartado ofrecemos una exposición sucinta de las claves de comprensión de dicha tradición: el hombre como centro del interés sapiencial, el hombre en un mundo ordenado, la crisis de fe en el orden y en las posibilidades del conocimiento, el proceso de teologización de la sabiduría.

1. Antropología y sabiduría [41]

La pregunta básica de la sabiduría podría formularse del siguiente modo: ¿qué es bueno para el hombre? El ser humano constituye el punto de partida, el fundamento y el propósito último del esfuerzo sapiencial. Ahora bien, de poco nos serviría esta aclaración si perdiéramos de vista que el sabio habita un mundo que él considera *en orden* [42]. Este mundo, que engloba al ser humano, a la naturaleza y al cosmos, está regido por las normas establecidas por Dios en el acto creador. El acto creador primigenio de Gn 1 está orientado a separar y ordenar. El sabio tiene confianza en la capacidad de su razón para discernir, exponer sistemáticamente y respetar (y ayudar a que sea respetado) el entramado de ese orden. Los proverbios, las exhortaciones y las instrucciones de los sabios nacen de un deseo de objetivar literariamente las características de ese orden e intimar al hombre a que se someta a él, buscando el momento oportuno para llevar a cabo la acción adecuada. Quien se someta a ese orden y se aparte del mal tiene asegurada una vida plena. Por el contrario, quien cree desorden y se instale en él está abocado a la muerte (fracaso del hombre como proyecto humano). Podemos decir que, para el sabio, bueno es aquello que, en conformidad con el orden social y cósmico divinamente establecidos, ayuda al hombre a su autorrealización.

La sabiduría pretende estar basada en la experiencia, se presta por definición a la verificabilidad histórica. No en vano, una de las fuentes básicas del conocimiento es la tradición de los mayores. En esa tradición el joven israelita madura en su proceso de socialización. ¿Pero qué hay de experiencia y qué de ideología en la antigua sabiduría? El binomio «justo-malvado», frecuente en la literatura sapiencial y sálmica, constituye

---

[41] Utiles las observaciones de H.H. Schmid, *Wesen und Geschichte*, 155-169.

[42] Ver al respecto el trabajo de L.G. Perdue, *Cosmology and the Social Order in the Wisdom Tradition*, en J.G. Gammie / L.G. Perdue, *The Sage*, 457-478; también H. Gese, *Lehre und Wirklichkeit*, 33-41.

la base de la antropología religiosa bíblica. Desde la perspectiva de la categoría de orden, justa es la persona no sólo «honrada», sino sometida voluntariamente (mediante la guía del sabio) a dicho orden [43]. Malvado, a su vez, califica al hombre no sólo en su dimensión ética negativa, sino en su actitud de prescindir del orden o de malearlo. En consecuencia, no es extraño que en diferentes estratos literarios de la tradición bíblica se superpongan los aspectos ético y sapiencial: sabio es sinónimo de justo; y necio equivale a malvado. La doctrina de la retribución garantiza el correcto funcionamiento de esa tipología. Notemos que el libro de los Proverbios se enraíza casi por entero en este presupuesto doctrinal.

Pero los presumibles componentes ideológicos de la retribución, que hicieron de esta doctrina un resorte cuasi-dogmático, saltaron hechos pedazos cuando se advirtió la falta de correspondencia entre acción y resultado. ¿Cómo es posible que una acción o una vida objetivamente buenas puedan tener como corolario la mala suerte y el fracaso? Job y Qohelet son emblemáticos a este respecto: la duda del primero respecto a la existencia de un orden y a la justicia divina brota violentamente de su inexplicable hundimiento físico y social; el cinismo del segundo desarbola la esperanza del hombre en las posibilidades del conocimiento y, por tanto, en el carácter ilusorio de la empresa sapiencial [44]. Con ellos se impone no sólo una insuperable crisis epistemológica, sino una falta de confianza en la cognoscibilidad de Dios y en la bondad de su proyecto creatural. El desfondamiento de la empresa sapiencial ya no cuenta con que Dios ha creado un mundo capaz de recompensar la virtud y castigar el mal.

2. Las respuestas de la teología

Ante el hundimiento de la confianza en el conocimiento humano, en el potencial retributivo del mundo (y, por tanto,

---

[43] Sobre la historia del binomio sapiencial «justicia-orden cósmico», consultar la magnífica y sugerente obra de H.H. Schmid, *Gerechtigkeit als Weltordnung* (Tubinga 1968) esp. 166-186.

[44] Sobre los límites del conocimiento, G. von Rad, *Sabiduría*, 125-141; J. Blenkinsopp, *Wisdom and Law in the Old Testament* (Oxford 1983) 41-73. Sobre la crisis del sentido en Qohelet, O. Kaiser, *Der Mensch unter dem Schicksal*, BZAW 161 (Berlín 1985) 91-109.

en el orden) y en la naturaleza cognoscible de la voluntad de Dios, la propia sabiduría ensayó una serie de respuestas, ahora desde el ámbito de la teología. Este proceso de teologización en la empresa sapiencial [45] se manifiesta al menos en cuatro facetas: el diseño del *homo religiosus*, la personificación de la sabiduría, la nomización de la sabiduría, la historización de la sabiduría.

El diseño del *homo religiosus* aparece con convicción, y con más o menos acierto, en Job 28 y Eclo 1. Ya en la cabecera de Proverbios, junto a la invitación (reforzada mediante una serie de sinónimos) a conseguir sabiduría, aparece la mención del temor del Señor. Mención sin duda significativa; el recopilador de Proverbios no quiere ofrecer una mercancía equívoca: «El temor del Señor es el principio del saber» (1,7). «Temor del Señor» equivale formalmente a espíritu religioso, a autoconciencia creatural [46]. El autor del insuperable poema de Job 28 se mueve en las mismas coordenadas: la búsqueda de la sabiduría está abocada al fracaso cuando el hombre basa su empresa en el esfuerzo personal, en la habilidad, en la técnica. La clave, al final: «Temer al Señor [= ser religioso] es sabiduría; apartarse del mal, perspicacia» (28,28). Sólo la apertura a la trascendencia (ámbito en que mora la Sabiduría) confiere al hombre sabiduría y discernimiento. El temor del Señor es programático en Ben Sira; el comienzo de su libro es inequívoco a este respecto: «Toda sabiduría viene del Señor (1,1)... El temor del Señor es gloria y honor (1,11)... El temor de Dios deleita el corazón (1,12)... El que teme al Señor tendrá buen desenlace (1,13)... El principio de la sabiduría es temer al Señor (1,14)... La plenitud de la sabiduría es temer al Señor (1,16)... La corona de la sabiduría es temer al Señor (1,18)... La raíz de la sabiduría es temer al Señor (1,20)... El temor del Señor rechaza los pecados» (1,21).

La descripción de la *ḥokmah* celeste constituye otra respuesta de la teología a la crisis del conocimiento. La virtud del temor del Señor no resuelve el problema colectivo, pues ¿cómo puede manifestarse la verdad en el ámbito del discurso humano? ¿Cómo puede saber el hombre que las deducciones ba-

---

[45] Ver H.H. Schmid, *Wesen und Geschichte*, 144-155.
[46] Sobre este concepto en el marco del conocimiento, G. von Rad, *Sabiduría*, 75-98.

sadas en la observación de los fenómenos naturales y de las relaciones humanas llevan la impronta de la objetividad y la validez? ¿Cómo puede el sabio reclamar autoridad? Proverbios, Eclesiástico y Sabiduría ofrecen respuestas análogas o complementarias. En Proverbios, una serie de instrucciones abandonan el travestismo paterno del «Escucha, hijo...» para ceder el puesto a un personaje femenino con aires de profetisa. Doña Sabiduría invita al hombre a escuchar y obedecer sus consignas «so pena de muerte»; se abroga una autoridad prácticamente exclusiva de Yahvé (Prov 1,20-33; 8,1-21; cf. Eclo 4,15-19). Pero luego sabemos que esta Sabiduría es una entidad celeste, una creatura de Yahvé, anterior a la creación (Eclo 24,1-6.9), pero con una vocación «terrena», pues «gozaba con los hijos de los hombres» (Prov 8,22-31; cf. Eclo 24,7-8). No cabe duda que la función de esta personificación poética consiste en dejar claro que la sabiduría es asunto de Dios, una cualidad que está con El desde siempre; pero algo que está al alcance del hombre siempre y cuando se abra a su fuente. Por otra parte, la mención de la «casa» de la Sabiduría en 9,1-3 sugiere que tras la personificación se encuentra la figura del sabio, el sabio que invita a sus alumnos a frecuentar su escuela (la «casa de la enseñanza» de Eclo 51,23). De este modo, la sabiduría del sabio se define mejor como «carisma» que como «capacidad». Ante esta idea de la sabiduría como don, una sabiduría que guía al hombre por el camino de la autorrealización religiosa y humana, ¿exageramos si decimos que nos hallamos ante los albores de la teología de la gracia?

El tercer aspecto del proceso de teologización de la sabiduría lo ofrece también Ben Sira en el c. 24 de su libro[47]. Observamos con toda claridad un proceso de «concentración» de la sabiduría: deja su inconmensurable habitáculo celeste, pasa a habitar en Jacob, se establece en Jerusalén, acaba encarnándose en la Ley. Un proceso que desemboca en lo que hemos llamado «nomización». Se trata de una sorprendente pirueta teológica de Ben Sira, que sin duda ha influido decisivamente en la teología de la Ley del Judaísmo. Ben Sira hace frente con decisión y firmeza a la crisis epistemológica de la sabiduría:

[47] Consultar J. Marböck, *Weisheit im Wandel*, BBB 37 (1971) 34-80; J. Blenkinsopp, *op. cit.*, 140-145.

en la Ley divina se encierra todo lo que el hombre necesita para llegar a sabio.

Con la nomización de la Ley por parte de Ben Sira se abre paso ya la historización y la nacionalización de la Sabiduría [48]. Pero es sobre todo en Eclo 44,1-50,21 donde culmina el proceso iniciado en el c. 24. El «elogio de los antepasados» quiere poner de relieve que la Sabiduría se ha ido encarnando en los principales personajes y acontecimientos de la historia de Israel.

III.   HISTORIA DE LA INVESTIGACION

Habida cuenta de la exposición ofrecida hasta estas páginas de numerosos aspectos doctrinales de la tradición sapiencial relacionados con la historia de la investigación, reduciremos el contenido de este apartado a tratar de superar algunos viejos prejuicios sobre la naturaleza de la sabiduría, a lanzar una mirada retrospectiva a las viejas sabidurías de las culturas circunvecinas de Israel y a diseñar la proyección hacia el futuro de la propia sabiduría israelita.

1.   *Naturaleza de la sabiduría bíblica*

Bibliografía española: J.R. Busto, *El descubrimiento de la sabiduría en Israel:* EstE 56 (1981) 625-649.

Con cierta frecuencia, sobre todo en pasadas décadas, se ha lanzado contra la sabiduría la acusación de ser pragmática y eudemonística. La veracidad parcial de esta afirmación, que responde a una visión sesgada y poco rigurosa de la sabiduría bíblica, obliga a matizar.

a)   *¿Pragmatismo?*

La acusación de pragmatismo se basa ciertamente en datos objetivos ofrecidos por algunos testimonios de la antigua sabiduría de Prov 10-29 y por ciertas instrucciones de Ben Si-

---

[48] Sobre este proceso de nacionalización, cf. J.C. Rylaarsdam, *Revelation in Jewish Wisdom Literature* (Chicago 1946) 18-46.

ra. En estos testimonios, la pregunta «¿Qué es bueno para el hombre?» recibe respuestas aparentemente ajenas a las exigencias de la ética y cercanas al propio interés. Basten algunos ejemplos: «El siervo inteligente gana el favor del rey, el inepto es objeto de su ira» (Prov 14,35); «El soborno es un talismán para quien lo da, en cualquier circunstancia tendrá éxito» (Prov 17,8); «Insensato el que choca cualquier mano, el que sale fiador de cualquiera» (Prov 17,18); «El regalo abre al hombre todos los caminos, le permite llegar hasta los grandes» (Prov 18,16); «Regalo a escondidas calma la ira, obsequio discreto hasta el violento furor» (Prov 21,14). Sin embargo, no faltan ejemplos en la línea opuesta: «Quien codicia en exceso destruye su casa, el que odia el soborno vivirá» (Prov 15,27). En realidad, en los ejemplos anteriores no se trata de una recomendación absoluta del soborno, pues las sentencias son meramente expositivas, sin calificación ética. El sabio percibe la ambigüedad de las circunstancias, y su respuesta es también ambigua; la prudencia debe servir de guía en esas ocasiones: «No te habitúes a chocar la mano, ni a salir fiador de deudas; si no tienes con qué pagar, te quitarán la cama en que yaces» (Prov 22,26-27). Se trata en todo caso de un pragmatismo justificado, de la necesidad de no adoptar posturas ciegas que malogren la propia existencia y la de la familia. Hablando de las fianzas, Ben Sira ofrece una serie de casos que requieren prudencia, pero introducidos por una observación hondamente humanista: «El hombre bueno fía a su prójimo... Pero ten cuidado de no arruinarte» (Eclo 29,14a.20b). El consejo es confirmado por otro texto: «No salgas fiador más allá de tus posibilidades» (Eclo 8,13a). En líneas generales, sin embargo, la antigua sabiduría hunde sus raíces en un humus ético tan firme que la acusación de pragmatismo carece en realidad de sustancia.

b) ¿Eudemonismo?

La supuesta lacra de eudemonismo fustigada por algunos especialistas [49] está también fuera de lugar. Se suelen aducir afirmaciones de Qohelet, generalmente fuera de contexto, sobre el disfrute de la vida. Pero es necesario observar que,

---

[49] De «Fehlinterpretation», interpretación equivocada, la tacha H. Gese, *Lehre und Wirklichkeit*, 7-11.

cuando el autor del Eclesiastés ofrece este consejo, concibe los bienes disfrutables como don de Dios: «El único bien del hombre es comer y beber y disfrutar del producto de su trabajo, y aun esto he visto que es don de Dios» (2,24); «Y comprendí que el único bien del hombre es alegrarse y pasarlo bien en la vida. Pero que el hombre coma y beba y disfrute del producto de su trabajo es don de Dios» (3,12-13); «Si a un hombre le concede Dios bienes y riquezas y la capacidad de comer de ellas... eso sí que es don de Dios» (5,18). El consejo de Qohelet no se apoya en un frío eudemonismo, en la búsqueda del placer por el placer (actitud que sin duda consideraría «vanidad»), sino en la convicción de que las ocasiones que pueden proporcionar al hombre un sano disfrute de las cosas dependen del inescrutable designio de Dios.

Verdad es que los calificativos «pragmática» y «eudemonista» aplicados a la sabiduría funcionaron con éxito en el pasado. Ciertamente la sabiduría se pregunta por lo que es bueno para el hombre. Pero el intérprete no debe perder de vista que es imposible llegar a una comprensión de la sabiduría bíblica si se prescinde del concepto de orden. El mundo es una creación ordenada confiada al entendimiento humano. Pero una creación moral, capaz en sí misma de premiar la justicia y castigar los desórdenes. El sabio está llamado a descubrir los resortes de la creación que la constituyen precisamente como «orden» y a someterse al principio que los regula: sólo así «el sabio podrá ser justo». ¿Pragmatismo? En todo caso un pragmatismo que responde a la voluntad de atenerse a un «orden creacional».

c) ¿Internacionalismo?

Con frecuencia se ha definido a la sabiduría bíblica como «internacionalista». En efecto, si comparamos con la literatura sapiencial del AT el cuantioso legado literario de características análogas de las culturas de Egipto y de Mesopotamia principalmente, habremos de concluir que, tanto por lo que se refiere a contenidos cuanto por lo que respecta a formas literarias, Israel parece ser deudora de la cultura literaria de otras latitudes del Próximo Oriente. Desde esta perspectiva, parecería justo calificar de universalista a la literatura sapiencial bíblica. Sin embargo, y sobre todo después del minucioso estudio de Schmid [50], nadie puede atenerse a ese calificativo sin precisar sus afirmaciones [51]. A pesar de la cercanía temática y formal de las sabidurías bíblica y extrabíblicas, Schmid opina que, lo mismo que ocurrió a lo largo de las respectivas historias de Egipto y Mesopotamia, también en Israel las circunstancias sociopolíticas influyeron decididamente en una «nacionalización» de la sabiduría, especialmente en términos de teologización. Aunque falta mucho por hacer en esta línea [52], lo cierto es que calificar de internacionalista a la sabiduría bíblica a estas alturas induce seriamente al equívoco.

2. El marco del Próximo Oriente

Bibliografía española: L. Alonso Schökel / J. Vílchez, *Proverbios* (Madrid 1984) 40-45; T. Ayuso, *Los elementos extrabíblicos de los sapienciales:* EstBib 6 (1947) 187-223; B. Celada, *Sabiduría internacional en la Biblia:* Cu Bib 23 (1966) 108-111; M. García Cordero, *Biblia y legado del Antiguo Oriente* (Madrid, BAC 1977) esp. 555-634; A. Marzal, *La enseñanza de Amenemope* (Madrid 1965); J. Lévêque, *Sabidurías del Antiguo Egipto* (Estella 1984).

La tradición sapiencial de Israel no fue un dato original en el mosaico de culturas del Próximo Oriente. La propia Biblia habla de la sabiduría de los orientales y de los egipcios (1 Re 5,10-11; cf. Is 19,11-13), incluso incluye textos sapienciales extranjeros (Prov 30: Palabras de Agur, de Masá; Prov 31,1-9: Palabras de Lemuel, rey de Masá). En Egipto y Mesopotamia se cultivaron, antes que en Israel, múltiples saberes

---

[50] H.H. Schmid, *Wesen und Geschichte*, 144-201.

[51] Se puede hablar de internacionalismo sobre todo en el impulso de la antigua sabiduría a aprender de otras naciones; cf. R.E. Murphy, *The Hebrew Sage and Openness to the World*, en J. Papin (ed.), *Christian Action and Openness to the World* (Villanova 1970) 219-244. Esta es la pista que nos proporciona especialmente la tradición salomónica de 1 Re 5,9-14. Sin embargo, es perceptible en la sabiduría israelita una progresiva fuerza centrípeta, algunas de cuyas manifestaciones propiciaron en parte la corriente apocalíptica.

[52] «Se sabe que la literatura sapiencial bíblica acusa un carácter histórico en términos de teologización y nacionalización; se sabe también que la sabiduría es un fenómeno común en Oriente. Pero, tal como yo lo percibo, apenas nos hemos preguntado por la historia de la sabiduría en todo el Oriente antiguo, y en consecuencia apenas hemos abordado la literatura sapiencial israelita desde la perspectiva de la historia general de la sabiduría», H.H. Schmid, *op. cit.*, 198.

que han dejado un importantísimo legado literario. Si comparamos estas obras con la literatura sapiencial israelita, al instante se perciben sorprendentes analogías, e incluso coincidencias, formales y temáticas, incluso cosmográficas, aunque no dejan de llamar la atención las diferencias, profundas en ocasiones [53]. Para empezar, el propio término hebreo *ḥokmah*, típico de la tradición sapiencial bíblica, no es aplicable a la análoga literatura egipcia, a la que conviene mejor el término «instrucción» (egipcio *sboyet*). Por lo que respecta a Mesopotamia, tampoco existe un término, ni siquiera aproximado, que pueda reproducir el espectro significativo de los hebreos *ḥokmah*, «sabiduría» o *ḥakam*, «sabio».

El simple hecho de esas analogías y diferencias constituye un aliciente para comparar con el AT todas esas literaturas extrabíblicas, además de exigirlo por compromiso intelectual.

a) Egipto [54]

Siguiendo la sugerencia de Crenshaw [55], hablaremos en primer lugar de las instrucciones, para abordar posteriormente la literatura de disputa. Las instrucciones, que postulan en gran parte como telón de fondo circunstancias políticas relativamente favorables [56], tienden a inculcar formas adecuadas de comportamiento social, doctrina moral de corte tradicional y principios por los que se debe regir un aprendiz de escriba. La literatura de disputa es más bien de corte pesimista, y tiende a poner en tela de juicio el legado teológico, filosófico y moral recibido.

• Instrucciones

Las instrucciones ocupan en Egipto el arco de tiempo que va de comienzos del tercer milenio hasta aproximadamente el

---

[53] Sobre la contribución de Egipto a la sabiduría israelita, G.E. Bryce, *A Legacy of Wisdom* (Londres 1979) esp. 15-56.

[54] Ver, entre otros, H. Duesberg / I. Fransen, *Les scribes inspirés*, 43-57; H.H. Schmid, *Wesen und Geschichte*, 8-17; E. Würthwein, *Egyptian Wisdom and the Old Testament*, en J.L. Crenshaw (ed.), *Studies*, 113-133; K.F.D. Römheld, *Die Weisheitslehre im Alten Orient* (Munich 1989) 16-80.

[55] Consultar J.L. Crenshaw, *Old Testament Wisdom*, 213.

[56] Hay que tener en cuenta, sin embargo, que algunas instrucciones son obras de imitación que muy bien pudieron ver la luz en épocas de crisis.

año 100 a.c. Suelen atribuirse a faraones o a sabios consejeros o visires, y, aunque nominalmente vayan dirigidas a sus hijos o sucesores, está claro por el contenido que su función era la de educar a los futuros miembros de la administración pública y del cuerpo diplomático. El alumno debe ser «silencioso» y autodisciplinado; debe llevar una vida conforme a la *Maat* [57], así gozará de una existencia llena de bendiciones y evitará el camino de la autodestrucción. Desde esta perspectiva, las instrucciones egipcias rezuman un espíritu conservador, pragmático y utilitarista. En esta tradición de la *Maat* no queda espacio para la experiencia personal.

Del Imperio Antiguo han llegado hasta nosotros Ptahhotep, Kaguemni y Hardjedef. La instrucción de *Ptahhotep* (hacia 2450 a.c.; ver ANET 412-414), visir durante la quinta dinastía, subraya la importancia de la elocuencia y de la persuasión, que deben hacer digno de confianza a quien las practica [58]. Verdad y honradez deben conferir al hombre peso específico. Etiqueta en la mesa (cf. Eclo 31,12-32,13) y precaución ante las mujeres redondean el arsenal de consejos. Sorprende el parentesco temático del comienzo de esta instrucción con Ecl 12,1-6: «La vejez ha llegado... Los ojos se debilitan, los oídos se cierran, la fuerza desaparece porque el corazón se hace pesado, y la boca enmudece sin poder hablar... Lo bueno se ha convertido en mal. Ya no se saca gusto a nada» (ver ANET 412). La instrucción de esta obra es claramente autoritativa, no sometida a discernimiento crítico. Sin embargo, su contenido no se centra tanto en un código moral cuanto en los requisitos exigidos a quien pretende desempeñar en el futuro un cargo público. El concepto más adecuado para resumir el *ethos* peculiar de Ptahhotep es el de «orden», o mejor «orden justo» (*Maat*) [59], pues no pueden perderse de vista sus aspectos éticos. Desde el punto de vista formal, se caracteriza fundamentalmente por el uso del imperativo, las oraciones condicionales y la motivación que intima al cumplimiento de lo ordenado.

---

[57] Sobre la figura de la *Maat*, cf. H.H. Schmid, *op. cit.*, 17-27; H. Gese, *Lehre und Wirklichkeit*, 15-21.

[58] En este aspecto los paralelismos con Proverbios pueden ser sorprendentes.

[59] Cf. W. McKane, *Proverbs*, 57.

De *Kaguemni* sólo conservamos la parte final. El contenido repite prácticamente los temas de Ptahhotep (también Kaguemni llegó a visir), de tal modo que puede asimismo ser considerado un manual de disciplina para aspirantes a la administración pública. Las excelencias de las enseñanzas de los sabios recuerdan exhortaciones y consejos de Proverbios y Ben Sira. La instrucción de *Hardjedef* (ver ANET 419-420) debió de ser apreciada y admirada a tenor de las numerosas veces que es citada en la literatura egipcia posterior. Desgraciadamente sólo han sobrevivido unos pocos versos, en los que se ataca la arrogancia y se ofrecen consejos a quienes van a contraer matrimonio.

Del Imperio Medio contamos fundamentalmente con las instrucciones de Merikare y Amenemhet. Tampoco *Merikare* [60] (nombre de un faraón que dedica a su hijo la instrucción) se ha conservado completa. Vuelve a mencionarse el ideal egipcio del «hombre silencioso» y el valor de la elocuencia, al propio tiempo que, teniendo en cuenta el destinatario de la obra, se subraya el papel irrenunciable del faraón en el ejercicio de un gobierno justo (con castigos que actualmente consideraríamos injustos por su desmedida crueldad) y otros aspectos relacionados con la buena marcha de la jefatura del estado [61]. Desde el punto de vista religioso se hace hincapié en la necesidad de los sacrificios para poder contar con el favor de los dioses y de los encantamientos para huir de un destino eventualmente desagradable. Sin embargo, como contrapunto, «es más aceptable el carácter de un hombre justo de corazón que el buey del malhechor» (ANET 417); vale más una vida bien orientada éticamente que la meticulosidad en la observancia del ritualismo externo. En Merikare predomina la idea de un «orden» omnicomprensivo (que integra armoniosamente naturaleza y sociedad), ya mencionado a propósito de Ptahhotep. Los rasgos formales de Merikare son fundamentalmente: imperativo (sobre todo formulado positivamente), oración condicional, motivación (simple o desarrollada), oración final [62].

La instrucción de *Amenemhet* [63] (hacia 1960 a.C.) presenta

---

[60] ANET 414-418; ver H. Gese, *op. cit.*, 23-27.
[61] Cf. W. McKane, *op. cit.*, 69.
[62] Cf. W. McKane, *op. cit.*, 79-82.
[63] ANET 418-419. Consultar también H. Gese, *op. cit.*, 21-23.

excepcionalmente un tono pesimista, debido a que su supuesto autor, un faraón del mismo nombre, fue asesinado en una conspiración. En consecuencia, aconseja vivamente no depositar la confianza en nadie: «No llenes tu corazón con un hermano, ni conozcas a un amigo. No cultives la intimidad... Hasta cuando duermes, cuida tú solo de tu corazón, pues nadie tiene partidarios el día del apuro» (ANET 418). En Amenemhet, a diferencia de Merikare, no hay espíritu religioso. La obra, que refleja una profunda crisis de confianza política, debió de ser popular, pues fue muy copiada como ejercicio escolar durante las dinastías XVIII-XX del Imperio Nuevo (hacia 1580-1085).

El Imperio Nuevo nos ofrece una perspectiva religiosa distinta, debida en parte a la crisis de fe en el orden divino propiciada por ciertos cambios socio-políticos. De manera análoga al cambio experimentado en Israel tras el cataclismo del destierro, cuando las mediaciones real y profética sucumben en favor de una religiosidad más personal, en Egipto los sabios y escribas empiezan a desestimar el apoyo en el entramado religioso-sacral del estado en favor del cultivo de la religiosidad a través de la oración y del culto en general. Son dignas de mención dos instrucciones de este periodo: Ani y Amenemope.

El escriba autor de *Ani* (ANET 420-421), que, como en otras obras ya examinadas, adopta la forma de la instrucción paterna, recomienda entre otras cosas obediencia, santidad de vida, respeto a los ancianos y fidelidad a los deberes religiosos y rituales. Hay que estar siempre alerta para no enfurecer a la divinidad. Desde el punto de vista de la educación de los futuros funcionarios, en Ani se recomienda cultivar un carácter silencioso, discreto, reservado, deferente y capaz de guardar secretos. Por la reiteración del tema del matrimonio da la impresión de que su autor (un oficial de la corte) dirige la instrucción a un hijo en vísperas de dar dicho paso. Hay un texto en esta instrucción que recuerda el aviso de Proverbios sobre la «mujer extraña» (cf. Prov 2,16-19; 5,1-14): «Ten cuidado con la mujer de fuera... cuyas marrullerías nadie conoce, una mujer alejada de su marido. 'Estoy limpia' te dice a cada momento, pero no hay testigos cuando se dispone a echarte el lazo» (ANET 420). Una característica formal peculiar de Ani es el uso de la oración condicional o circunstancial después del imperativo, en lugar de ir delante de él.

Los «treinta capítulos» de *Amenemope* [64] recuerdan formalmente Prov 1-9, pero desde el punto de vista del contenido coinciden sorprendentemente con Prov 22,17-24,22. Hace ya mucho tiempo que se han estudiado las semejanzas de Amenemope con estos dos capítulos de Proverbios [65]. Ahora bien, resulta poco convincente hablar de una influencia directa del texto egipcio en esta serie bíblica de instrucciones. Más bien habría que pensar en una fuente común. El espíritu de la piedad de Amenemope, su impronta moral y las motivaciones éticas superan con mucho el alcance de los consejos de Ani. La búsqueda del propio interés, tan normal en las instrucciones de siglos anteriores, deja paso a una honda religiosidad anclada en el amor de la divinidad. Amenemope está empapada de una exigencia de tranquilidad (no de debilidad o flaqueza) propia de quien cree en la fuerza del destino. El hombre tranquilo reconoce el carácter inmutable del hado y sabe que sólo puede prosperar si dios se lo concede. Algunas referencias a la ética profesional apoyan la tesis de que Amenemope iba también dirigida a la educación de los oficiales de la corte. Desde el punto de vista formal, esta obra se diferencia de otros ejemplos egipcios de instrucción en la disposición del texto en verso, en la frecuencia del paralelismo y en la división en capítulos [66].

Los textos demóticos egipcios nos han legado *Onkhsheshonqy* [67], una obra cercana a Proverbios, en cuanto que se trata fundamentalmente de literatura epigramática, de una colección de sentencias [68]. Los cerca de 550 proverbios están en su mayor parte formulados en un solo estico, con un alto porcentaje de paralelismo sintético o formal. El comienzo se parece a *Palabras de Ajicar* (ver más adelante), pues se dice escrita por

---

[64] ANET 421-424. También H. Gressmann, *Die neugefundene Lehre des Amen-em-ope und die vorexilische Spruchdichtung Israels*: ZAW 42 (1924) 272-296; C. Westermann, *Wurzeln*, 166-172; traducción castellana y estudio en A. Marzal, *La enseñanza de Amenenope* (Madrid 1965).

[65] Consultar K.F.D. Römheld, *Wege der Weisheit. Die Lehren Amenemopes und Proverbien 22,17-24,22* (Berlín 1989) esp. 151-181.

[66] Cf. W. McKane, *op. cit.*, 110-117.

[67] Ver, entre otros, B. Gemser, *The Instructions of «Onchsheshonqy» and Biblical Wisdom Literature*, en J.L. Crenshaw (ed.), *Studies*, 134-160; C. Westermann, *Wurzeln*, 172-175.

[68] Aunque algunas no sean estrictamente proverbiales desde el punto de vista formal. Cf. W. McKane, *op. cit.*, 124-129.

un sabio que ha perdido la confianza del gobernante. A pesar de su naturaleza epigramática, no puede decirse que Onkhs-heshonqy no tenga nada que ver con la instrucción. Pero, al contrario que las anteriores instrucciones egipcias, no parece haber tenido por destinatarios a ninguna élite cortesana, sino al pueblo en general (dato indirectamente confirmado por el fuerte sabor rural de la obra). Su alto grado de religiosidad y sus rasgos pesimistas asemejan a esta obra con Proverbios y Qohelet.

• *Literatura de disputa*

Los cambios políticos negativos que se fueron registrando en la sociedad egipcia, unidos a los correspondientes malogros sociales, tuvieron una honda repercusión en la literatura de disputa, caracterizada en general por la desconfianza en el estado de cosas, el pesimismo socio-político y la búsqueda de soluciones individuales en la vida fácil a cualquier precio. Nos ceñiremos a cuatro ejemplos llamativos: *Lamentaciones de Khakheperre-sonbe, Disputa de un hombre con su alma, Cuento del campesino elocuente* y *Canción del arpista*.

La primera adopta la forma de un diálogo entre un hombre y su yo. El protagonista nos ofrece una crítica del lenguaje de rabiosa actualidad: el constante uso de las palabras desgasta su significado y dificulta la comunicación. ¡Si pudiera prescindir del manoseado lenguaje de sus antepasados y estrenar uno nuevo! En algún momento las quejas del autor recuerdan el escepticismo de Qohelet respecto a la posibilidad de encontrar algo nuevo bajo el sol (cf. Ecl 1,9): «Lo que ha sido dicho se ha vuelto a repetir». La comparación con Qohelet puede ampliarse a numerosos tópicos. La *Disputa de un hombre con su alma* (ANET 405-407) aborda la conveniencia de llegar al suicidio cuando las circunstancias llegan a ser totalmente contraproducentes. Ante las sucesivas propuestas del protagonista, el alma le sugiere, entre otras posibilidades, el resurso a los placeres. El *Cuento del campesino elocuente* (ANET 407-410) aborda con pesimismo el tema de la injusticia social. La *Canción del arpista* (ANET 467) lanza una llamada al disfrute del momento presente, puesto que nadie puede llevarse consigo nada a la otra vida y nadie ha vuelto del más allá. ¿Para qué perder el tiempo en la construcción de monumentos funerarios en memoria de los que se han ido, cuando el paso del tiempo reduce todo a ruinas? En consecuencia: «No reprimas tu pasión hasta que te llegue la hora de las lamentaciones».

b) Mesopotamia [69]

Al igual que el egipcio Onkhsheshonqy, las *Instrucciones de Shuruppak* [70] constituyen en parte una antología proverbial, que recuerda, desde el punto de vista formal, a sus parientes de Egipto. A pesar de esta comunión de características formales en el cultivo de la literatura gnómica, Mesopotamia se separa de Egipto por lo que respecta a la literatura de disputa, en concreto a aquellas obras que, abordando una problemática análoga a la del Job bíblico, encaran decididamente el problema de la teodicea.

En *Ludlul bel nemeqi* («Alabaré al Señor de la sabiduría», ANET 596-600) se nos narran las desdichas de un hombre rico, la pérdida de su fortuna, su enfermedad y la marginación social subsiguiente. Su tortura psicológica es profunda, pues no sabe lo que puede agradar a su dios, ya que lo que es bueno para una persona puede constituir una ofensa para su dios; o viceversa, lo que un hombre tiene por despreciable puede agradar a la divinidad. ¿Cómo pueden aprender los hombres el camino del bien? ¿Quién puede conocer la voluntad de los dioses?

El diálogo entre un sufriente y su amigo en el acróstico *La teodicea babilonia* (ANET 601-604) nos recuerda de algún modo los diálogos de Job. En la obra se ponen con crudeza de manifiesto el lejano silencio de los dioses y el carácter inescrutable de sus designios, que hacen al hombre proclive a la injusticia. Lo mismo que el héroe bíblico, el protagonista de esta obra exhibe su inocencia y protesta ante el amigo por lo que considera un atropello inhumano por parte de los dioses. Pero, a diferencia de Job, se humilla ante los dioses y suplica su ayuda.

En *Diálogo pesimista entre dueño y siervo* (ANET 600-601) conversan un siervo y su capataz sobre la felicidad humana y las cosas que pueden satisfacerla. Así se va pasando revista a

---

[69] Se pueden consultar H.H. Schmid, *Wesen und Geschichte*, 85-94; K.F.D. Römheld, *Die Weisheitslehre*, 83-111.

[70] Cf. B. Alster, *The Instructions of Šuruppak: A Sumerian Proverb Collection* (Copenhague 1974).

todo aquello de lo que hoy diríamos que «da sentido a la vida» o que «nos realiza humanamente». La dramática lucidez del capataz es compensada por el astuto y casi cómico servilismo del siervo. Sin embargo, al final, el diagnóstico sobre la realidad toda rezuma pesimismo: dada la incapacidad de la realidad de responder adecuada y satisfactoriamente a la búsqueda de la bondad por parte del hombre, lo mejor para éste es «dejar que le rompan la nuca y que le arrojen al río».

La honda tonalidad religiosa de los *Consejos de sabiduría* [71] se percibe no sólo en el contenido de algunas de sus partes (honradez en el desempeño de las función pública; probidad en el lenguaje; amor a los enemigos), sino también en la orientación piadosa de muchas motivaciones. En los *Consejos* prevalece la forma imperativa sobre la argumentativa, aspecto que los acerca a las instrucciones egipcias.

La obra aramea *Palabras de Ajicar* [72] fue escrita en los siglos V o IV a.C. Su semejanza con Onkhsheshonqy impide que sea catalogada exclusivamente como instrucción. A pesar de haber sido compuesta por un hombre de estado, Ajicar, para educar a su heredero, algunas instrucciones son de carácter general e incluso inadecuadas para quien pretende llegar a visir. En ocasiones desaparece la forma imperativa en segunda persona en favor de la yusiva en tercera, quedando la supuesta instrucción reducida a una exhortación. Sorprende la hondura religiosa y la seriedad ética de esta obra.

3. Sabiduría y apocalíptica

Hace ya tiempo que se ha reconocido la relación de la profecía tardía con la apocalíptica. Aunque la profecía desapareció en el periodo postexílico, algunas de sus representaciones pervivieron y fueron reelaboradas por la naciente apocalíptica [73]. Es también ya clásica la tesis de que la apocalíptica

---

[71] ANET 426-427; también W. McKane, *op. cit.*, 153-156.

[72] ANET 427-430. Amplio estudio en W. McKane, *op. cit.*, 156-182; también E. Martínez Borobio, *Libro arameo de Ajicar*, en A. Díez Macho (ed.), *Apócrifos del Antiguo Testamento* III (Madrid 1982) 169-187; K.F.D. Römheld, *Die Weisheitslehre*, 113-121.

[73] Ver sobre todo P.D. Hanson, *The Dawn of Apocalyptic* (Filadelfia 1983); también D.S. Russell, *The Method and Message of Jewish Apocalyptic* (Filadelfia 1964).

hunde fundamentalmente sus raíces en el pensamiento sapiencial: el gusto de los sabios por la pseudoepigrafía es cultivado por la apocalíptica, cuyos supuestos autores son sabios (Dn 1,3ss; 2,48) o escribas (Esdras); el universalismo y el individualismo de la apocalíptica tienen su modelo en la sabiduría; el determinismo histórico de la apocalíptica, con la división de la historia en periodos, se corresponde con el pensamiento sapiencial oriental, que atribuye un tiempo prefijado a todos los acontecimientos, siendo tarea de los sabios conocer los tiempos justos; sabiduría y apocalíptica se preocupan por la teodicea [74].

En una reciente colaboración, Gammie rastrea otros posibles puntos de contacto entre sabiduría y apocalíptica [75]. Se detiene en tres áreas: familia, monarquía e Israel y las naciones. Según la antigua sabiduría, el *núcleo familiar*, con anterioridad a la crisis provocada por la cultura helenista, constituía entre otras cosas un elemento esencial de cara a la defensa de la justicia de Dios. Hasta la llegada del periodo helenista, la idea de la solidaridad familiar jugaba un importante papel entre los sabios como medio de hacer frente a la amenaza de un universo caótico en el que se permitiese que el justo sufriese y que el malvado prosperase. Ante la amenaza de esta anomía, los sabios se esforzaron por explicar que, aunque un individuo injusto se viera temporalmente libre del castigo merecido, éste caería tarde o temprano sobre su descendencia (cf. Ex 20,5-6; Prov 21,12; Job 15,34-35; Eclo 41,11-13). Desde otro punto de vista, el hijo debe vengarse de los enemigos de su padre y agradecer los favores de los amigos (Eclo 30,6). Este sesgo ideológico de la vida en familia pretendía salir al paso de las acusaciones de injusticia vertidas sobre Dios (teodicea). Pero en el periodo postexílico, especialmente con el triunfo del individualismo, la ideología familiar comenzó a resquebrajarse, y los libros sapienciales empezaron a prescindir de ella conforme se fue imponiendo la fe en la supervivencia en el más allá. La familia como unidad social carecía ya de relevancia para defender la justicia divina, pues en la otra vida serían compensadas las desgracias del mundo presente. De ahí cier-

---

[74] Razones ofrecidas por G. von Rad, *Teología del Antiguo Testamento* II (Salamanca 1969) 381-390. Crítica de esta postura en W. Schmithals, *Die Apokalyptik. Einführung und Deutung* (Gotinga 1973) 96-99.

[75] J.G. Gammie, *From Prudentialism to Apocalypticism*, en J.G. Gammie / L.G. Perdue (eds.), *The Sage*, 479-497. Seguiremos de cerca su trabajo.

tas afirmaciones de algunos escritores tardíos: «No desees hijos guapos y sin provecho... Mejor es morir estéril que tener sucesores de conducta arrogante» (Eclo 16,1-3); «Dichosa la estéril irreprochable... y el eunuco que no cometió delitos con sus manos» (Sab 3,13-14); «Más vale ser virtuoso, aunque sin hijos» (Sab 4,1). Estas y otras afirmaciones análogas eran impensables en la antigua sabiduría.

Por lo que respecta a los *reyes*, también puede observarse un significativo desplazamiento de acento. El rey y su gobierno justo tenían un puesto preferente en el marco del orden divino de la creación (cf. Prov 25,2-3). Con el paso del tiempo, sin embargo (especialmente tras el colapso de la monarquía), la ideología real empezó a declinar entre los sabios en favor de la concepción del carácter eterno de la soberanía divina. Los apocalípticos, no obstante, fueron más allá, hasta la afirmación de que el reino eterno sería transferido por Dios a «uno con figura de hijo de hombre» y «al pueblo de los santos del Altísimo» (cf. Dn 7,13.27). A partir de la ideología monárquica se percibe también un desplazamiento de la sabiduría hacia concepciones apocalípticas.

En la enseñanza de los sabios sobre *Israel y las naciones* se percibe una concentración del interés por la identidad nacional desarrollado en tres fases: la sabiduría personificada mora definitivamente en Israel (cf. Eclo 24); el progreso de otras naciones en este mundo acabará dando paso a la preeminencia del pueblo de Dios en el mundo futuro; el resto de las naciones son idólatras. La historización de la sabiduría en Ben Sira (su vinculación definitiva con Israel) es denominada por Gammie «profetización» de la sabiduría, debido precisamente a los puntos de contacto con la teología profética de la elección. El proceso del que se desprende la visión de Israel como reino de los santos del Altísimo puede ser descrito como «escatologización» de la sabiduría. El carácter idólatra del resto de las naciones (cf. Sab 11,15-15,19) no es más que un corolario del exclusivismo nacionalista israelita. Del mismo modo que en la antigua sabiduría existió un dualismo ético manifestado en el binomio «justo-malvado», la identidad nacional israelita desembocó en un dualismo histórico y cósmico: Israel como heredero legítimo del futuro reino de Dios (con la consiguiente marginación del resto de reinos impíos); la decadencia del mundo presente y el alumbramiento del mundo futuro.

Aun coincidiendo en líneas generales con el análisis de Gammie, pensamos que no acaba de aclarar al lector los posibles puntos de contacto del dualismo cósmico elaborado por el pensamiento apocalíptico con la sabiduría. De nuevo hemos de volver a la importancia de la teología de la creación en el mundo de los sabios [76]. No resulta exagerado decir que los sabios se mueven decididamente en el marco de la teología de la creación, que la teología de los sabios es esencialmente teología de la creación. Y no debemos pensar que se trata de una «vocación tardía» de la sabiduría. El binomio mismo «justo-malvado», antiguo sin duda alguna en el quehacer sapiencial [77], responde a la idea de orden justo y a la fe en una creación moral, que retribuye tanto las buenas como las malas acciones. La profecía se movía más bien en un ámbito de referencias históricas (no asimiladas por la sabiduría hasta Ben Sira y Sabiduría): elección y alianza. Ante el fracaso histórico de Israel, los profetas esperan un nuevo David, una nueva Jerusalén y una nueva alianza. Como el presente se oscurece debido a la apostasía de Israel, el profetismo busca la nueva salvación en el futuro. Los profetas cultivan, pues, una «escatologización del pensamiento histórico». Hasta las secciones hímnicas creacionales de Isaías están al servicio de la historia. Desde luego, nadie puede negar que la escatología profética ha ofrecido a los apocalípticos un material útil para elaborar su esquema de los tiempos sucesivos. Sin embargo, la teología sapiencial de la creación ofrece un marco ideal para la comprensión del nuevo eón apocalíptico. En efecto, con el transcurso del tiempo fue abriéndose paso entre los sabios la duda razonada de que el mundo no parecía corresponder adecuadamente a la conducta humana. En algunos discursos de Job parece percibirse la sospecha de que anida una especie de injusticia en el orden natural (cf. 14,7-12). Pero será Qohelet quien describa trágicamente el monótono ir y venir de las cosas sin que parezca existir un proyecto sobre el cosmos (cf. 1,4-7). Desde estas perspectivas pesimistas es lógico que la esperanza de las sucesivas generaciones de escribas tomase cuerpo en la posibilidad (siempre abierta a la omnipotencia de Dios) de que este

---

[76] Consultar al respecto L. Boström, *The God of the Sages* (Estocolmo 1990) 47-140.

[77] Se trata de una tipología compartida por el pensamiento israelita con las literaturas de Egipto y de Mesopotamia.

cosmos deteriorado diese paso a un nuevo orden cósmico, regido por la Torah, en el que los justos prosperaran libres de la contaminación de los impíos. La existencia de la corrupción humana (dualismo ético), culpable en definitiva de la degeneración de la creación, no tiene razón de ser entre las posibilidades de la nueva creación (dualismo cósmico). Se trata, sin embargo, de una línea de investigación que necesita ulteriores desarrollos.

IV. TRABAJO PRACTICO Y BIBLIOGRAFIA

1. *Orientaciones para el trabajo personal*

Que nosotros sepamos, todavía no se ha hecho un estudio de campo léxico de la terminología sapiencial. La obra de Whybray citada con frecuencia en estas páginas [78] es poco rigurosa metodológicamente a ese respecto. Su estudio de vocabulario «sapiencial» incluye lexemas que, hablando con rigor lingüístico, no pertenecen al campo sapiencial. Se diría que prefiere pecar por exceso que no por defecto. Un estudio de campo léxico debería comenzar por la «literatura» sapiencial propiamente dicha. Una vez elaborado un diseño de relaciones semánticas entre los términos individuados, habría que hacer extensivo el estudio, con esos datos, al resto del Antiguo Testamento. De este modo quedaría el camino expedito para abordar un estudio de la historia de la sabiduría en Israel.

Sería muy útil elaborar una especie de «diccionario de temas sapienciales», fácilmente deducible de la literatura de sentencias y de las instrucciones. Las fuentes serían principalmente Proverbios y Eclesiástico. Cada tema tendría que ir, naturalmente, acompañado de las citas correspondientes donde aparece. Los paralelismos que de ahí surgieran serían de gran ayuda para ulteriores estudios. Posteriormente podría hacerse otro tanto con el material análogo de Egipto y de Mesopotamia y también de Ugarit. En este campo es de mucha utilidad la colección de ANET; véanse las traducciones de algunos de sus textos en SAO. Igualmente será útil para este trabajo el cuaderno de J. Lévêque, *Sabidurías del Antiguo Egipto*, de la colección «Documentos en torno a la Biblia» (Estella 1984).

---

[78] *The Intellectual Tradition in the Old Testament* (Berlín/Nueva York 1974).

Un estudio comparativo final sobre las peculiaridades del tratamiento de la temática sapiencial en los distintos ámbitos culturales del Próximo Oriente abonarían sin duda el campo de la investigación bíblica.

Tras la lectura de estas páginas, habrá quedado clara la relación entre la Sabiduría personificada, sobre todo en su manifestación como creatura celeste Prov 8; Job 28; Eclo 24, y la Torá (Eclo 24). Curiosamente en ambos casos se trata de dos realidades femeninas. Es muy probable que Ben Sira haya elaborado su teología de la Torá a partir de la Sabiduría primordial (la teología judía concibe a la Torá como una entidad primigenia). Un estudio comparativo de los textos que hablan de la Sabiduría personificada y de los que mencionan la función de la Torá en la vida del hombre podía ofrecer un diseño de los respectivos «caracteres» que confirmaría la probabilidad arriba mencionada. Por ejemplo, el hecho de que «Doña Sabiduría» sitúe a los hombres ante la terrible decisión de la vida o la muerte –según que sigan su llamada o la rechacen, cf. Prov 1,20-33–, recuerda idéntica decisión humana ante la Torá, especialmente en el Deuteronomio.

A propósito de la relación entre sabiduría y apocalíptica, hemos mencionado la himnología creacional especialmente de Isaías. Habría que establecer, de todos modos, la posible vinculación de esos himnos con la tradición sapiencial. ¿Hasta qué punto podría depender en este campo Isaías de la sabiduría? Sería útil comparar dichos himnos con el enfoque didáctico de los himnos de Ben Sira.

No se pueden negar las conexiones de la profecía con la apocalíptica. Pero está al propio tiempo claro que la tradición sapiencial ha dejado una marcada huella en ciertas representaciones apocalípticas[79]. De todos modos, ¿hasta dónde llega el influjo de la sabiduría en esa literatura? Se echa actualmente en falta una monografía que estudie los rasgos sapienciales, formales y de contenido, de la literatura apócrifa en general y de la apocalíptica en particular. A partir de aquí sería más fácil precisar el grado de relación histórica de ambas corrientes de pensamiento.

---

[79] Puede ofrecer pistas a este respecto el trabajo de U. Vanni, *La riflessione sapienziale come atteggiamento ermeneutico costante nell'Apocalisse*: RivBibIt 24 (1976) 185-197.

2. Bibliografía comentada

Como haremos en posteriores capítulos, presentamos aquí algunos de los estudios más importantes sobre el tema, con un breve comentario y valoración crítica.

CRENSHAW, J.L., *Old Testament Wisdom. An Introduction* (Atlanta 1981). Este conocido y prestigioso especialista en literatura sapiencial bíblica nos ofrece aquí un trabajo ejemplar, sugerente y maduro. Tras una primera parte dedicada al mundo de la sabiduría y a la tradición sapiencial, aborda la presentación de los libros sapienciales, incluyendo también los salmos didácticos. Dos capítulos finales sobre el legado de la sabiduría con magníficas sugerencias y la literatura sapiencial de Egipto y de Mesopotamia respectivamente sirven de broche de cierre a este excelente trabajo.

CRENSHAW, J.L. (ed.), *Studies in Ancient Israelite Wisdom* (Nueva York 1976). Nos hallamos ante una recopilación con traducción de los originales no-ingleses de los mejores artículos, en opinión del editor, sobre la sabiduría bíblica escritos hasta la fecha de publicación. El libro se abre con un excelente «prolegomenon», donde el editor nos ofrece un resumen muy bien elaborado de los contenidos de la tradición sapiencial bíblica. La obra incluye veintisiete artículos, con firmas como las de Alonso Schökel, Alt, Crenshaw, Di Lella, Fohrer, Gordis, Murphy, Skehan, Terrien, Von Rad, Whybray, Zimmerli, etc.

DUESBERG, H. / FRANSEN, I., *Les scribes inspirés* (París ²1966). Se trata de una magnífica obra convertida por méritos propios en un clásico. Completa y erudita, ofrece un tratamiento pormenorizado de la literatura sapiencial israelita, al que acompaña una exposición de las sabidurías de Egipto y de Mesopotamia, así como dos amplios capítulos finales sobre «el pesimismo inspirado» y «los misterios salvadores de la Sabiduría». A pesar de la farragosidad de los autores y de la superación de algunos puntos de vista, sigue siendo un manual de gran utilidad.

GAMMIE, J.G. / PERDUE, L.G. (eds.), *The Sage in Israel and the Ancient Near East* (Winona Lake 1990). Se trata de una amplia obra en colaboración, en la que participan los mejores especialistas estadounidenses en literatura sapiencial. Se compone de seis partes: 1) El sabio en la literatura del Próximo Oriente antiguo (seis colaboraciones); 2) sedes sociales y funciones del sabio (nueve colaboraciones); 3) el sabio en la literatura sapiencial de la Biblia hebrea (seis colaboraciones); 4) el sabio en otros textos bíblicos (cuatro colaboraciones); 5) el sabio entre la época anterior al cierre del canon hebreo y el periodo postbíblico (ocho colaboraciones); 6) el universo simbólico del sabio (tres colaboraciones). Una abundante bibliografía y cuatro extensos índices cierran esta obra de obligada referencia.

GESE, H., *Lehre und Wirklichkeit in der alten Weisheit* (Tubinga 1958). En la primera parte de este libro ya clásico, titulado «La enseñanza sapiencial como intento de interpretar el mundo como orden», compara el autor la doctrina de la *Maat* de las instrucciones egipcias con la percepción del mundo como orden especialmente en Proverbios. La segunda parte está dedicada al libro de Job, del que el autor trata de deducir género y propósito tras un análisis de la literatura análoga sumero-acádica.

MURPHY, R.E., *Wisdom Literature*, FOTL XIII (Grand Rapids 1981). Se trata del volumen XIII, primero en aparecer, de la prestigiosa colección «The Forms of the Old Testament Literature», editada por R. Knierim y G.M. Tucker. Desgraciadamente, y a tenor del canon protestante, la obra no incluye Eclesiástico ni Sabiduría; sí en cambio Rut, Ester y Cantar (!). La presentación de los distintos libros bíblicos sigue generalmente la misma disposición: 1) el libro como tal (estructura, género, sede vital, intención); 2) unidades individuales, donde se exponen las características de cada perícopa (estructura, género, sede vital e intención). No se trata, pues, de un comentario, sino de un estudio estrictamente formal.

PREUSS, H.D., *Einführung in die alttestamentliche Weisheitsliteratur* (Stuttgart 1987). Introducción muy actualizada a la literatura sapiencial. Si prescindimos de la presentación tradicional de los cinco libros sapienciales, Preuss nos ofrece dos magníficos capítulos sobre «el pensamiento sapiencial fuera de la literatura sapiencial» y «lugar teológico de la literatura sapiencial del AT».

SHEPPARD, G.T., *Wisdom as a Hermeneutical Construct*, BZAW 151 (Berlín/Nueva York 1980). En vista de la indudable influencia de la sabiduría en todo el corpus de la Escritura, el autor se propone examinar la función literaria y teológica de la sabiduría en los periodos exílico y postexílico. Partiendo del análisis de material sapiencial canónico y extracanónico, llega a la conclusión de que, en el proceso de «redacción canónica» de ciertas partes del AT se observa una interpretación sapiencial de tradiciones originalmente no-sapienciales.

SCHMID, H.H., *Wesen und Geschichte der Weisheit* (Berlín 1966). Como dice el autor en la introducción a la obra, pretende atemperar las acusaciones, lanzadas contra la sabiduría, de «utilitarista, eudemonista, racional, originalmente profana, tardíamente religiosa, ahistórica y atemporal» (p.3). Para ello se propone una investigación en tres partes: 1) Egipto: fuentes, estructura básica de la sabiduría egipcia, historia de la sabiduría en el marco de la historia de Egipto; 2) Mesopotamia: fuentes, historia de la sabiduría en el periodo sumerio, la sabiduría del periodo acádico, la crisis de la sabiduría; 3) Israel: teologización de la sabiduría, antropologización de la sabiduría, antiguos elementos presentes en la forma histórico-sapiencial tardía de la sabiduría israelita, crisis de la sabiduría. La obra concluye con unas cincuenta páginas sobre las fuentes sapienciales de Egipto y de Mesopotamia. Obra ya clásica, de obligada referencia.

VON RAD, G., *Sabiduría en Israel* (Madrid 1985). Se trata sin duda del mejor compendio temático de la sabiduría israelita escrito hasta la fecha. El autor no sigue la presentación convencional de los libros sapienciales –sólo al final les dedica un capítulo–, sino que profundiza en la visión del mundo y del hombre de los sabios de Israel. La reflexión es honda y equilibrada. Von Rad se ha henchido de humanismo para abordar la reflexión humanista del AT.

WESTERMANN, C., *Wurzeln der Weisheit. Die ältesten Sprüche Israels und anderer Völker* (Gotinga 1990). Como sugiere el subtítulo, la obra se centra fundamentalmente en el libro de los Proverbios. Estudia Westermann las formas proverbiales meramente expositivas o declarativas (*Aussagesprüche*), las instrucciones imperativas y los poemas, y el paso del dicho sapiencial (*Weisheitsspruch*) al poema didáctico (*Lehrgedicht*). Dedica un capítulo a los dichos sapienciales como palabras de Jesús y otro a la relación Dios-hombre en la antigua sabiduría proverbial. Termina la obra con un apéndice sobre la literatura proverbial de Sumer, Egipto y otros pueblos africanos y de Sumatra.

WHYBRAY, R.N., *The Intellectual Tradition in the Old Testament*, BZAW 135 (Berlín/Nueva York 1974). Se trata fundamentalmente de un estudio de la terminología de la sabiduría en el AT, especialmente de los lexemas *hakam* y *hokmah*. El autor pretende llegar así al corazón de lo que el AT quiere decir cuando habla de «sabios» y «sabiduría». Aunque algunas de sus conclusiones han sido duramente criticadas, la obra ha abierto un importante surco para ulteriores trabajos con mayor rigor metodológico.

Parte segunda
LIBROS SAPIENCIALES

Tras la exposición de las cuestiones principales, referentes al rico y complejo mundo de la sabiduría israelita, se estudian en esta parte los escritos bíblicos que componen los llamados libros sapienciales, es decir, el libro de los Proverbios, el libro de Job, Eclesiastés o Qohelet, Eclesiástico o Ben Sira y el más reciente, el libro de la Sabiduría. El estudio de cada obra literaria sigue un esquema general, que se distribuye en cinco grandes cuestiones: datos generales, aspectos literarios, contenido del libro, con especial atención a sus aspectos religiosos y teológicos, algunas notas sobre la historia de la investigación, junto con las cuestiones que permanecen abiertas, y un último apartado con sugerencias para el trabajo personal y una sucinta bibliografía comentada.

Capítulo III
EL LIBRO DE LOS PROVERBIOS

I. DATOS GENERALES

Bibliografía española: A.-M. Dubarle, *Los sabios de Israel* (Madrid 1958) 15-68; H. Lusseau, *Proverbios,* en H. Cazelles (ed.), *Introducción crítica al Antiguo Testamento* (Barcelona 1981) 616-631; A. Marzal, *La enseñanza de Amenemope* (Madrid 1965); R. Michaud, *La literatura sapiencial. Proverbios y Job* (Estella 1985) 67-100; L. Alonso Schökel / J. Vílchez, *Proverbios* (Madrid 1984).

El Libro

a) Nombre del libro

Como cualquier obra moderna, este libro lleva su propio título: *mišle šᵉlomoh,* «Proverbios de Salomón». Forzoso es reconocer que el término castellano «proverbios» sólo aproximadamente corresponde al hebreo *mᵉšalim* [1], pero somos deudores de la tradición grecolatina. En efecto, los LXX traduce *Paroimiai* y la Vulgata *Liber proverbiorum.* Los primitivos escritores cristianos daban a este libro el nombre de *Sofía,* «sabidu-

---

[1] La palabra hebrea se refiere en general a un dicho agudo o enigmático, independientemente de su amplitud o de sus características formales. Puede equivaler a las castellanas «dicho», «sentencia», «epigrama», «aforismo», «parábola», «oráculo», etc. Consultar al respecto O. Eissfeldt, *Der Maschal im Alten Testament, BZAW* 24 *(Berlín 1913);* A.H. Godbey, *The Hebrew Mašal*: AJSL 39 (1922/23) 89-108; A.R. Johnson, *mšl,* VTS III (Leiden 1955) 162-169. Más reciente, W. McKane, *Proverbs,* OTL (Londres 1977) 22-33.

ría», lo mismo que a Eclesiástico y a Sabiduría. Es probable que tal denominación procediera de círculos judíos.

b) Texto y versiones

Proverbios fue redactado en hebreo clásico. En su mayor parte, el texto es claro. Los errores se perciben más claramente en los cc. 10-31. Estos errores son obra generalmente de copistas, debidos en parte a su ignorancia de la temática, en parte a la libertad con que manipulaban las obras que se les confiaba. Al contrario de lo que ocurre en los LXX, no parece que los errores se deban a intereses de depuración teológica o ética. Por otra parte, el carácter mayoritariamente no teológico del libro y, en consecuencia, su naturaleza menos sagrada y autoritativa que la Torá o los Profetas, p.e., facilitaron la comisión de errores.

Las versiones existentes son la de los LXX, la más antigua y valiosa [2], la Peshitta siriaca, el Targum arameo, fragmentos de ulteriores traducciones griegas (Aquila, Sínmaco, Teodoción) y la Vulgata. La versión de los LXX representa en general un texto más antiguo que el hebreo sobre el que se basa el texto masorético (TM). Ahora bien, aunque en algunos pocos casos ofrece la posibilidad de corregir ciertas oscuridades del texto hebreo, en general se caracteriza por la mala traducción [3], las omisiones, adiciones [4], variantes y diferente orden respecto a TM [5]. Todo esto evidencia que el texto hebreo era todavía muy poco consistente cuando se llevó a cabo la traducción: no había acabado la actividad editorial ni el proceso creativo. Secciones enteras podían ser cambiadas de sitio e incluso ser añadidos nuevos proverbios tanto al original hebreo cuanto a la traducción griega.

La Peshitta sorprende por la mezcla de lecturas, pues lo mismo coincide en ocasiones con el hebreo contra los LXX que viceversa. No es posible saber con certeza si el traductor o traductores se basaron en una de estas dos tradiciones textuales con exclusión de la otra, o si ulteriores traductores corri-

---

[2] De ella dependen probablemente la versión copta y la sirohexaplar.
[3] Es posible que en ciertas ocasiones el traductor no entendiese el hebreo.
[4] No sólo de duplicados, sino de materia totalmente nueva.
[5] Para todo lo referente al texto LXX de Proverbios, consultar W. McKane, *op. cit.*, 33-47.

gieron, basándose en los LXX, una versión realizada originalmente a partir del hebreo. Parece que el Targum se basa en el siriaco, aunque no puede excluirse que en algunos casos utilice el hebreo. La Vulgata sigue generalmente muy de cerca el TM, si bien, en ciertas adiciones textuales, parece tener delante la Vetus Latina, que se basa en el griego.

c) Lugar en el canon

El libro de los Proverbios forma parte de la tercera parte del canon judío, los k*tubim*, «escritos». Sin embargo, a juzgar por algunas autoridades rabínicas, parece que el camino hacia su reconocimiento como libro inspirado fue algo borrascoso. Podemos leer en el c. I de Abot de Rabbí Natán: «Al principio se decía que Proverbios, Cantar de los Cantares y Eclesiastés eran (libros) apócrifos, que hablaban metafóricamente y no formaban parte de las Escrituras. (Las autoridades religiosas) decidieron proscribirlos (y así permanecieron) hasta que aparecieron los hombres de la Gran Asamblea y los interpretaron» [6]. Aparentes contradicciones, como la de 26,4-5, y textos como 7,7-20, que podían herir ciertas sensibilidades, impidieron su entrada sin reservas en el canon. El empujón definitivo lo recibió probablemente de la supuesta paternidad salomónica. Proverbios es citado unas veinte veces en el NT, lo que indica la gran estima que había alcanzado popular y oficialmente.

II. DIMENSION LITERARIA

1. Primeras impresiones sobre Proverbios

Cualquier lector mínimamente perspicaz y con cierto gusto por lo literario que lea detenidamente este libro, observará de inmediato la diferencia entre los nueve primeros capítulos y el resto de la obra (sobre todo cc. 10-29). Mientras en el primer bloque predomina la exposición temática en unidades de cierta entidad, en los cc. 10-29 destaca el proverbio aislado. Es decir, que el libro es variopinto desde el punto de vista formal.

Sorprenden también los datos de algunas cabeceras. La

---

[6] Traducción de M.A. Navarro, *Abot de Rabbí Natán* (Valencia 1987) 32.

obra comienza con la mención de Salomón como autor del libro, autoría que vuelve a repetirse en 10,1 y 25,1. Sin embargo, en 22,17 se habla de «palabras de los sabios» y en 24,23 se ofrecen al lector «otras (sentencias) de los sabios». En 30,1 se mencionan los proverbios de un tal Agur; y en 31,1 los de un tal Lemuel. ¿Qué decir entonces de la autoría salomónica de 1,1?

No es difícil percibir en Proverbios algunos duplicados. Se pueden comparar, entre otros, 18,8 con 26,22; 19,24 con 26,15; 20,16 con 27,13; 21,9 con 25,24; 22,3 con 27,12. Salvo variantes meramente lexemáticas, se trata en cada caso de la repetición del mismo proverbio. ¿Cómo es posible que tal detalle pasase desapercibido a un hipotético autor único?

Todos estos datos (y algunos otros no tan palpables a primera vista) ponen seriamente en tela de juicio la autoría única del libro de los Proverbios. Volveremos más tarde sobre el problema.

2. Aspectos literarios [7]

a) Paralelismo

Es patente en Prov la variedad y riqueza de sus formas literarias. En 10,1-22,16 y cc. 25-29, con muy raras excepciones, predomina el proverbio de un solo verso con sus dos hemistiquios en paralelismo. Cada proverbio, generalmente independiente de sus vecinos, constituye una unidad en sí mismo. Son raros los proverbios agrupados temáticamente, como es el caso de 12,17-23 (ventajas y peligros en el hablar) y de 16,10-15 (sobre la figura del rey). Como ha quedado dicho, el proverbio de un estico acusa paralelismo semántico: el segundo hemistiquio puede repetir el contenido del primero (paralelismo sinonímico) [8], puede contrastarlo (paralelismo antonímico o antitético) [9] o prolongarlo (paralelismo sintético o progresi-

[7] Consultar R.E. Murphy, *Wisdom Literature*, FOTL XIII (Grand Rapids 1981) 50-52; G. von Rad, *Sabiduría en Israel* (Madrid 1985) 41-71; L. Alonso Schökel / J. Vílchez, *Proverbios* (Madrid 1984) 69-72.
[8] P.e. «Más vale adquirir sabiduría que oro / es mejor adquirir inteligencia que plata» (16,16).
[9] P.e. «La mujer sabia edifica su casa / la necia con sus manos la destruye» (14,1).

vo) [10]. En cc. 10-15 y cc. 28-29 predomina la forma antitética; al comenzar el c. 16 surge con fuerza la sinonímica.

Una de las formas más populares de paralelismo sintético es el símil gráfico («como... así»), muy abundante en los cc. 25-26 [11]. Son variantes estilísticas la forma «mejor... que» [12] y la comparación «cuánto más» [13] (o «cuánto menos»). De todo este material se saca la impresión de que, aunque en su origen se trate de proverbios populares, no puede excluirse un parafraseo consciente y culto de hombres de escuela.

En 22,17-24,34 las unidades son ligeramente más largas. Abunda el dicho formado por dos esticos, también en paralelismo; el segundo, introducido a menudo por las conjunciones «que» o «porque» [14], suele servir de motivación al primero [15]. En el bloque antes mencionado aparecen unidades ligeramente más amplias, como 23,1-3 (advertencia contra la glotonería), 23,29-35 (las lamentaciones del borracho) y 24,30-34 (sobre las consecuencias negativas de la pereza).

b) Instrucción

Si abordamos los cc. 1-9 advertimos inmediatamente que aquí lo normal es la forma discursiva, la composición temática, que vuelve a aparecer al final del libro (cc. 30-31). En los nueve primeros capítulos se trata del género instrucción [16], es-

---

[10] P.e. «Cuando la conducta de un hombre agrada al Señor / hasta con sus enemigos lo reconcilia» (16,7).

[11] P.e. «Como el perro vuelve a su vómito / así el necio insiste en su estupidez» (26,11).

[12] P.e. «Mejor es vivir en rincón de azotea / que en amplia casa con mujer pendenciera» (25,24).

[13] P.e. «Sacrificio de malvados es odioso / cuánto más si se ofrece con mala intención» (21,27).

[14] Así, «No andes con los que beben vino / ni con los que se atracan de carne // porque borrachos y glotones se empobrecen / y la holgazanería los viste de harapos» (23,20-21).

[15] Sobre la función de la motivación (también en sentencias de un estico) y sus diferentes tipos, cf. Ph.J. Nel, *The Structure and Ethos of the Wisdom Admonitions in Proverbs*, BZAW 158 (Berlín 1982) 18-82.

[16] La distinción formal más clara entre la instrucción y el proverbio (o grupo de proverbios) es que, mientras la primera es imperativa, el proverbio es más bien indicativo: ni exhorta ni persuade. Ver al respecto W. McKane, *Proverbs*, 3ss; J. Blenkinsopp, *Wisdom and Law in the Old Testament* (Oxford 1983) 27-31. Sobre los aspectos histórico-literarios de la instrucción, consultar B. Lang, *Die weisheitliche Lehrrede* (Stuttgart 1972) 27-60.

pecialmente representado por 1,8-19; 3,1-12.21-35; 4; 5; 6,1-5.20-35; 7,1-5.24-27. La instrucción está ligeramente debilitada en 2; 3,13-20; 6,6-11; 7,6-23. En el c. 2 faltan los imperativos, que han cedido terreno al uso de series de prótasis y apódosis [17]. El macarismo que abre la sección 3,13-20 da paso a una unidad de carácter hímnico. En los demás ejemplos se confía más en el valor de la descripción y en el enfoque didáctico que en el carácter imperativo propiamente dicho. Por los ejemplos citados en el primer grupo de textos se advierte de inmediato que la instrucción ordena mediante imperativos, persuade y exhorta, al propio tiempo que ofrece razones para suscitar la obediencia. Estas razones suelen ser introducidas por la motivación «que» o «porque» [18], aunque no es extraño el uso de las conjunciones finales [19] o consecutivas [20]. La instrucción es un género ampliamente conocido también en ámbitos culturales no israelitas [21].

Tenemos, pues, que en Proverbios sobresalen la sentencia simple, de un estico (o la compuesta por varios esticos), y la instrucción, como géneros literarios más comunes. Parece lógico reconocer que, desde el punto de vista formal, una sentencia integrada por varios esticos ha evolucionado a partir de la sentencia simple de un estico, mediante un proceso literario basado en la asociación de dichos de contenido semejante o en la composición a partir de oraciones principales y subordinadas. Ahora bien, sería falso suponer que la instrucción, desde el punto de vista formal, constituye también un tipo de composición situado al final de un proceso evolutivo a partir de la sentencia aislada [22]. La instrucción no puede ser explicada como un conglomerado de sentencias sapienciales, pues se trata de un género literario totalmente distinto de la sentencia pro-

[17] Califica al c. 2 de poema didáctico G. von Rad, *op. cit.*, 59.

[18] P.e. «Hijo mío, atiende a mis palabras / presta oído ... Pues son vida para quien las halla / y salud para todo el cuerpo» (4,20-22).

[19] Así, «Di a la sabiduría: 'Tú eres mi hermana' / ...para que te guarde de la mujer extraña / de la desconocida halagadora» (7,4-5).

[20] P.e. «Hijo mío, atiende a mi sabiduría / presta oído a mi inteligencia // así conservarás la reflexión / y tus labios guardarán el saber» (5,1-2).

[21] Un amplio y magnífico estudio de las formas y contenido de las instrucciones egipcias y asirio-babilónicas en W. McKane, *op. cit.*, 51-208.

[22] Esta es la errónea tesis de J. Schmidt, *Studien zur Stilistik der alttestamentlichen Spruchliteratur* (Münster 1936) 33-34.

verbial [23]. Una desorientación formal de este tipo ha inducido a numerosos autores a afirmar que Prov 1-9 es la parte más joven de todo el libro. Pero aunque esto objetivamente fuera verdad, no podría ser deducido del falso principio de que la instrucción se deriva de la sentencia proverbial. En todo caso, la argumentación debería seguir otros caminos distintos del análisis crítico-formal, en concreto el del contenido teológico.

c) El proverbio numérico

El proverbio numérico, género relacionado probablemente con el enigma, aparece en 6,16-19 y, como rasgo propio, en el c. 30. No puede decirse que sea propio de Proverbios o de la literatura sapiencial en general, pues en la Biblia ha sido cultivado en otros estratos literarios (p.e. Am 1). Este tipo de dicho proverbial pretende cultivar el poder de observación del hombre mediante la comparación de fenómenos enigmáticos o sorprendentes sometidos a un esquema numérico. En ocasiones, el último miembro de la comparación es un fenómeno del ámbito de las relaciones humanas o sociales, puesto de relieve por analogía con el resto de los fenómenos enumerados (ver p.e. 30,18-19.21-23). Se trata en definitiva de una peculiar forma de conocimiento [24].

d) Relato autobiográfico

Mediante el recurso al relato autobiográfico el maestro de sabiduría pretende comunicar una enseñanza o exhortar a una práctica (o eventualmente desaconsejarla), presentando un hecho de vida que supuestamente ha experimentado [25]. Quizá sea Prov 7,6-23 el ejemplo más claro y elaborado de este género literario, aunque contamos también con 24,30-34. Tampoco

---

[23] Así también O. Plöger, *Sprüche Salomos* (Proverbia), BK XVII (Neukirchen-Vluyn 1984), esp. p. XX.

[24] Sobre el proverbio numérico, consultar G. von Rad, *op. cit.*, 53-54.

[25] Puede que el maestro de sabiduría haya hecho propia una experiencia ajena, o que su exposición no sea más que una ficción ilustrativa. De todos modos, lo importante es el recurso a una experiencia vital, de cuyo contenido el maestro se hace personalmente responsable.

esta técnica expositiva es exclusiva de Proverbios (ver Eclo 33,16ss) ni de la literatura sapiencial (ver Sal 37,25.35s).

e) *Acróstico alfabético*

En Proverbios nos encontramos con otro rasgo formal cultivado también fuera de los estratos literarios sapienciales: el acróstico alfabético (poema de la mujer de valía en 31,10-31). En este caso, el poema tiene tantos esticos como letras el alfabeto hebreo, con la peculiaridad de que la primera letra de la primera palabra de cada estico comienza con la letra del alfabeto correspondiente. La primera palabra del estico correspondiente a la álef es *ʾešet;* la de la bet es *baṭaḥ;* y así sucesivamente hasta la tau, *tᵉnu* [26].

3. *Estructura general de Proverbios*

Las observaciones hechas hasta el momento nos facilitan la aproximación a dos cuestiones de carácter general relacionadas con Proverbios: su composición y su autoría.

Los datos relativos a la tensión entre las cabeceras de algunas partes del libro, al análisis interno y a la pluralidad de estilos y formas literarias nos permiten concluir que el libro de los Proverbios es una especie de «simposio», una recopilación de colecciones de máximas, observaciones y discursos originalmente independientes. Sin necesidad de ulteriores precisiones que dificultarían la comprensión de la estructura de la obra, podemos distinguir las siguientes unidades literarias:

I.   Título y propósito: 1,1-7.

II. Instrucciones y advertencias: 1,8 – 9,18.

III. Primera colección de «Proverbios de Salomón»: 10,1-22,16.

IV. Primera colección de «Dichos de los sabios»: 22,17 – 23,14.

V.   Más instrucciones y advertencias: 23,15-24,22.

VI. Segunda colección de «Dichos de los sabios»: 24,23-34.

---

[26] Para mayor información de esta forma literaria consultar en esta obra la parte relativa a Lamentaciones.

VII. Segunda colección de «Proverbios de Salomón»: 25,1-29,27.
VIII. Palabras de Agur: c. 30.
IX.   Palabras de Lemuel: 31,1-9.
X.   Poema de la mujer de valía: 31,10-31.

La estructura está voluntariamente simplificada, en aras sobre todo de la claridad [27]. No en vano, algunas de estas colecciones, sobre todo II y VIII, están integradas por unidades menores probablemente de diferente origen.

4. *Autor y fecha de composición* [28]

Con los datos de que ya disponemos podemos abordar ahora estos dos aspectos de la introducción general a Proverbios. Por lo que respecta a la autoría del libro, el lector no debe dejarse guiar por las cabeceras de 1,1; 10,1 y 25,1, que evocan como autor la figura de Salomón. Esta atribución constituye el resultado de un convencionalismo cultivado en el Judaísmo mediante el que se pretendía honrar a hombres famosos. Adscribir un libro a una personalidad del pasado era, al propio tiempo, un tributo a él y un prestigio para el libro en cuestión. Si se escribían nuevos bloques legislativos, el crédito era para Moisés; si se componían nuevos poemas religiosos, su paternidad recaía en David; si, a su vez, surgía una obra sapiencial (también Eclesiastés y Sabiduría) o de corte análogo (Cantar de los Cantares), el mérito se lo llevaba Salomón, debido, sin duda, a las tradiciones relativas a su sabiduría de 1 Re 3,1-5,14; 10. De todos modos, teniendo en cuenta el esplendor con que Salomón dotó a la nueva corte de Jerusalén y el patronazgo que ejerció respecto a la cultura cosmopolita de la capital, no puede excluirse que Salomón favoreciese el cultivo de este tipo de literatura [29]. Al propio tiempo que admitimos

---

[27] Para ampliar detalles, consultar R.B.Y. Scott, *Proverbs. Ecclesiastes,* AB (Nueva York 21974) 14-22.

[28] Observaciones de conjunto en L. Alonso Schökel – J. Vílchez, *op. cit.,* 103-106.

[29] Más al respecto en R.B.Y. Scott, *op. cit.,* 9-13; W.A. Brueggemann, *The Social Significance of Solomon as a Patron of Wisdom,* en J.G. Gammie / L.G. Perdue (eds.), *The Sage in Israel and the Ancient Near East* (Winona Lake 1990) 117-132.

esta posibilidad, hemos de observar, sin embargo, que en las escuelas para jóvenes los maestros producirían sin duda este caudal literario o se dedicarían a coleccionarlo y editarlo. Lo lógico es pensar que estos sabios profesionales fueran los autores del contenido, y los responsables de la edición, del libro de los Proverbios.

La cuestión de la fecha es complicada, teniendo además en cuenta que se trata de un libro compuesto. La respuesta tendría que abordar una triple pregunta: ¿qué edad tienen los materiales más antiguos que usaron los hombres de escuela?; ¿cuál fue el periodo de actividad de éstos?; ¿cuándo unió alguien finalmente las partes? Si tenemos en cuenta la existencia de material cananeo (sobre todo sentencias de tipo agrícola) esparcido por el libro y la probable relación de la Instrucción de Amenemope con 22,17-23,14, habremos de pensar que parte del contenido de Proverbios debe de remontarse al II milenio a.C. Aunque es dudoso que alguno de los proverbios del libro se remonte a Salomón, la nota editorial de 25,1 relativa a «los hombres de Ezequías» relaciona parte del contenido con el periodo preexílico. En todo caso el editor [30] (o editores) piensa que el material que tiene a su disposición tiene una larga tradición. Respecto a cuándo comenzó el proceso de coleccionar, copiar, adaptar y ampliar el antiguo material, los encabezamientos pueden ofrecer ciertas claves. El editor relacionó algunas colecciones directamente con Salomón, o con éste a través de Ezequías; reconoció que otras eran extranjeras y las asoció con Agur y Lemuel. Es probable que el proceso se fuese consolidando durante el periodo monárquico tardío. Es casi seguro que el último estadio del desarrollo del libro crease el título general (1,1-7) y el primer bloque de instrucciones y advertencias (1,8 – 9,18) [31], que parecen conocer un cuerpo de sa-

---

[30] Sobre el autor de los cc. 1-9 como editor de todo el libro, cf. P. Skehan, *A Single Editor for the Whole Book of Proverbs*, en J.L. Crenshaw (ed.), *Studies in Ancient Israelite Wisdom* (Nueva York 1976) 329-340.

[31] Decir que Pro 1-9 constituye la parte más joven del libro no implica que las unidades literarias que la componen sean necesariamente más jóvenes que las sentencias de los cc. 10ss. El cultivo de la instrucción en Egipto siglos antes del florecimiento de la sabiduría israelita pone de manifiesto que las instrucciones de Pro 1-9 pudieron ser compuestas con anterioridad a otras secciones del libro. Interesante e ilustrativa al respecto es la obra de Ch. Kayatz, *Studien zu Proverbien 1-9. Eine form– und motivgeschichtliche Untersuchung unter Einbeziehung ägyptischen Vergleichsmaterials*, WMANT 22 (Neu-

biduría (el resto del libro). La fecha de los últimos estadios, cuando el libro estaba tomando forma, coincidiría con la época en que los sabios enseñaban en Israel en academias al servicio de la formación de los jóvenes acomodados, es decir, en el periodo postexílico. Proverbios estaría ciertamente acabado antes de la época de Ben Sira (en torno al 190 a.C.), pues este autor alude a Prov 1,6 en 47,17, y desarrolla ciertas ideas evidentes en Proverbios. La ortodoxia de la doctrina de la retribución y el posible influjo de ideas y de representaciones griegas especialmente en 1-9, inducen a pensar en los siglos IV-III.

III. PROPOSITO Y CONTENIDO

1. En busca de la sabiduría

El libro de los Proverbios presenta todas las garantías suficientes para ser catalogado como obra sapiencial. «Sabio» y «sabiduría», así como sus antónimos «necio» y «necedad», y sus respectivos destinos, aparecen con persistencia a lo largo del libro [32]. Los destinos del sabio y del necio responden a la relación, intrínseca e indisoluble (por tener origen divino), entre una acción y su resultado [33]. A una acción prudente corresponde un resultado favorable; a una acción irreflexiva, un resultado pernicioso. Se trata de la doctrina de la retribución (ver entre otros 12,14). Según el pensamiento israelita, esta relación acción-resultado está inscrita en el orden mismo de la antropología individual y social [34]. Por esta razón, no es extraño leer sentencias de Proverbios en las que se descubre una inscripción de este elemento «sapiencial» en el plano ético, de

kirchen-Vluyn 1966). Si hablamos de «juventud», nos estamos refiriendo al plano redaccional, no composicional.

[32] Respecto al binomio sabio-necio, puede consultarse C. Westermann, *Wurzeln der Weisheit* (Gotinga 1990) 64-71.

[33] Ver al respecto B. Lang, *Die weisheitliche Lehrrede*, 61-73; G. von Rad, *op. cit.*, 158-173. Para esta relación en la literatura egipcia, H.H. Schmid, *Wesen und Geschichte der Weisheit*, BZAW 101 (Berlín 1966) 56-59.69-71; la define como «realidad empírica» D. Römheld, *Wege der Weisheit*, BZAW 184 (Berlín 1989) 119-120.

[34] Hasta el momento no se ha llegado a un consenso sobre el problema de si la implicación de Yahvé en la relación acción-resultado está ya reflejada en sentencias de pensamiento originalmente inmanente o si es fruto de reelaboraciones «yavistas» tardías.

modo que «sabio» llega a ser sinónimo de «justo»; «necio», de «malvado» [35]. El hombre, con un conocimiento autodisciplinado, es capaz de dar con la clave de esa relación y poder actuar en consecuencia [36]. Se trata de buscar el momento oportuno para desplegar la acción adecuada en el marco del orden creado y mantenido por Yahvé [37]. Por eso, se insta al hombre en Proverbios a dar todo lo que tiene por «adquirir» sabiduría [38], como si fuese un objeto de valor incomparable con el que hay que hacerse a cualquier precio. Se trata, en definitiva, de una confianza total en las posibilidades del conocimiento, de un optimismo epistemológico [39]. Junto a estos dos ámbitos, sin embargo, surge con fuerza la dimensión religiosa: imposibilidad de alcanzar la sabiduría sin temor (respeto) del Señor [40]. La sabiduría deja de ser la actitud y el esfuerzo del hombre en busca del camino de su autorrealización para convertirse en una creatura de Dios a disposición del hombre religioso [41]. De este modo queda diseñado un proceso evolutivo que va de la sabiduría práctica a la sabiduría teológica, pasando por la dimensión ética. La adquisición de la sabiduría no es fruto tanto de un esfuerzo disciplinado cuanto de una disposición interior; incluso pertenece a la categoría de don [42]. ¿Se trata de una evolución «natural» o de un proceso consciente, fruto de la convicción de ciertas escuelas de sabiduría de la imposibilidad del conocimiento, del pesimismo epistemológico en definitiva?

[35] Sobre el binomio ético justo-malvado, cf. C. Westermann, *op. cit.*, 91-101.

[36] Sobre el ideal humano de la sabiduría israelita, ver R.N. Whybray, *Wisdom in Proverbs*, SBT 45 (Londres 1965) 65-67.

[37] Este orden presupuesto en la sabiduría aforística israelita se manifiesta en tres aspectos: doctrina de la retribución, lenguaje y autoridad del maestro, según J.G. Williams, *Those Who Ponder Proverbs* (Sheffield 1981) 17-34.

[38] «Para empezar a ser sabio adquiere sabiduría, gasta tu fortuna en adquirir inteligencia» (4,5). Ver también 2,4; 3,13-15; 4,7.13; 8,10.19.

[39] De otro modo no se entenderían las palabras del sabio invitando a sus hijos/alumnos a escuchar sus enseñanzas y ponerlas en práctica (cf. 3,1; 4,1s.10s.20s; 5,1s; 6,20; 7,1s).

[40] «El principio de la sabiduría es el temor del Señor» (1,7); «Confía en el Señor con todo tu corazón, y no te fíes de tu inteligencia» (3,5).

[41] Sobre el temor del Señor, cf. G. von Rad, *op. cit.*, 75-98.

[42] «Porque el Señor concede la sabiduría, y de su boca brotan saber y prudencia» (2,6).

a) Sabiduría práctica

El libro de los Proverbios puede ser definido, desde una visión sesgada pero objetiva, de manual de sabiduría práctica. Se enseña al hombre el modo más «racional» de superar los escollos de la vida para llegar a una armonía interior y a una integración social sin traumas; a una vida feliz y a una existencia provechosa. El hombre es educado en la percepción de los órdenes cósmico y social, y en el esfuerzo por integrarse en dichos órdenes [43]. El orden que se percibe en las sentencias sapienciales es principalmente el orden comunitario, al menos originalmente. Pero, al propio tiempo que el orden cósmico es inconmovible, el social puede ser perturbado. De ahí que cuando el hombre se integra en este último se da un flujo recíproco: el hombre se incorpora al proceso de autorrealización y a la vez colabora en la realización y fortalecimiento de ese orden [44]. Esta sabiduría práctica proporciona al aprendiz de sabio, a través de sentencias, exhortaciones e instrucciones, una antropovisión y una cosmovisión que le faciliten el camino de la realización personal, individual y social. «La temática toda de los proverbios o refranes... responde a una cosmovisión determinada. Existe en la realidad cósmica y social una especie de 'norma racional', orden o *ratio*. La finalidad de los proverbios consiste en recabar información de ese orden y expresarlo en sentencias agudas... De ese modo, el hombre irá encontrando el camino de acercamiento a ese orden y de integración en él» [45]. Desde esta perspectiva, y a pesar de que los órdenes cósmico y social responden a la voluntad de Dios, difícilmente puede escapar este tipo de sabiduría, según algunos autores, a la acusación de prudencialista e incluso de utilitarista (ver p.e. 11,15) [46].

---

[43] Una revisión reciente del alcance del concepto sapiencial de orden en F.-J. Steiert, *Die Weisheit Israels – ein Fremdkörper im Alten Testament?* (Friburgo B. 1990) 5-15.
[44] Cf. D. Römheld, *op. cit.*, 120.
[45] V. Morla, *Proverbios* (Madrid 1992) 9-10.
[46] A pesar de estos calificativos, sería erróneo pensar que la sabiduría práctica de Proverbios, como reflejo de la antigua sabiduría, se caracterizaría por su naturaleza exclusivamente intramundana y secular, sin recursos a la trascendencia. Como dice un autor moderno: «Para empezar, es fundamental rechazar la opinión común de que la antigua sabiduría, como suele llamársela, carecía de cualquier tipo de contenido religioso ... La sabiduría tuvo contenido religioso desde el principio», J.L. Crenshaw, *Old Testament Wisdom. An Introduction* (Londres 1982) 92.

b) Sabiduría ética

Forzoso es reconocer, como hemos insinuado líneas arriba, que la sabiduría de Proverbios no termina en el ámbito del desarrollo y la autorrealización personales. La alteridad constituye la mayoría de las veces una dimensión intrínseca de esta sabiduría. Hasta tal punto, que la conducta antisocial es duramente fustigada en el libro. Y no sólo por la repercusión que dicha conducta pueda tener en el orden social, sino también porque acaba destruyendo a su ejecutor, demostrando así que desprecia el camino de la sabiduría. En este orden de cosas se puede hablar de una implicación recíproca de los aspectos sapienciales y de las dimensiones éticas. En numerosas ocasiones el ejecutor de una determinada acción socialmente benéfica es definido como «sabio» o como «justo»; si la acción repercute negativamente, será «necio» o «malvado» [47].

Convendría recordar aquí la sugerente tesis de Schmid sobre el valor de la raíz hebrea *ṣdq* (justo/justicia) en el marco del compromiso sapiencial. Según este autor, el concepto veterotestamentario de justicia (*ṣᵉdaqah*) está intrínsecamente vinculado a la idea de orden cósmico cultivada en el Próximo Oriente antiguo. «Justicia» caracterizaría la actitud del sabio tras la búsqueda de ese orden y su esfuerzo por integrarse eficazmente en él [48].

c) Sabiduría teológica

Es probable que nos encontremos ante el último eslabón de la cadena evolutiva del concepto de sabiduría que se percibe en Proverbios. Una de las figuras claves de Prov 1-9 es la del sabio/maestro que, mediante continuas instrucciones y exhortaciones, invita a la escucha y a la aceptación de sus enseñanzas, con la convicción de que su puesta en práctica conduce a la autorrealización (así 3,1s; 4,1-9.10-13) y de que su rechazo precipita a la muerte, a la autodestrucción del ser hu-

---

[47] Entre los numerosos ejemplos que podían aducirse, hemos espigado dos: «Labios embusteros encubren el odio, quien difunde calumnias es un necio» (10,18); «Los labios del justo guían a muchos, los necios mueren por falta de seso» (10,21).

[48] Cf. H.H. Schmid, *Gerechtigkeit als Weltordnung* (Tubinga 1968) esp. 166-177.

mano como proyecto (1,10-19; 2,11-15). Pero en Prov 1-9 nos encontramos con la *sabiduría personificada*. Como si los sabios hubiesen llegado a la convicción, en alguna etapa de la historia de Israel, de que sus enseñanzas no sólo podían ser sometidas a debate, sino que en determinadas ocasiones podían incluso recibir el mentís de la experiencia propia o ajena [49] (ilustrativa a este respecto la obra de Qohelet), recurrieron a esta personificación en 1,20-33; 8,4-11.12-21.22-36; 9,4-6.

Desde esta perspectiva, la sabiduría ya no es una enseñanza empírica neutral, transmitida por un maestro. La propia sabiduría, «Doña Sabiduría», se dirige al hombre invitándole a caminar por la senda de la vida. A veces adopta rasgos cuasi-proféticos, como en las amenazas y los reproches de 1,20-33. El hombre es libre para escoger: quien se deja cortejar por ella recorrerá feliz el camino de la vida (8,17-21.35; 9,4-6); quien la rechaza vive en continuo peligro de autodestrucción (8,36), es un muerto en vida (9,18). Como contrafigura, los poetas de Prov 1-9 presentan a otro personaje: Doña Necedad (9,13-17). Respecto a estas dos figuras, conviene hacer un par de observaciones. Si tenemos en cuenta que el maestro de sabiduría se afanaba por transmitir un mensaje en torno al binomio «sabio»/«necio», resulta lógico que, al buscar una nueva dimensión «supranatural» al elemento sapiencial, recalase en las respectivas personificaciones de la sabiduría y de la necedad. Además, si pensamos que las escuelas de sabiduría estaban abiertas a los hijos de las familias patricias de las capitales de Israel, el travestismo femenino y el lenguaje erótico conseguían un impacto indiscutible entre los jóvenes [50]. Por otra

---

[49] Hay que pensar a este respecto en la quiebra de la confianza en el binomio acción-resultado. Si la relación intrínseca entre conducta y consecuencias constituía, además de una norma sancionadora inmanente, una especie de «esquema hermenéutico» de lectura de la realidad, es normal pensar que la pérdida de confianza en dicha relación desembocase en la duda sobre las posibilidades del conocimiento. Fe cosmológica y confianza epistemológica se implicaban recíprocamente en Israel. Sobre los límites de la sabiduría en general, ver G. von Rad, *op. cit.*, 125-141. Sobre la importancia de las nuevas experiencias, cf. J.G. Williams, *op. cit.*, 52-54.

[50] Consultar al respecto G. von Rad, *op. cit.*, 209-210; J.L. Crenshaw, *Old Testament Wisdom*, 99. Algunos autores de décadas pasadas quisieron ver en esas dos personificaciones femeninas rasgos de los atributos de la diosa Astarté. De ese modo, tratarían de prevenir a los jóvenes ante los cultos de la fertilidad, representados en Prov 1-9 por la «mujer extraña» (cf. 2,16; 5,3.20; 7,5).

parte, resultan ilustrativas a este respecto las prevenciones de Prov 1-9 ante la prostituta o la adúltera (2,16-20; 5,3-14; 6,24-35; 7). Verdad es que estas advertencias pueden y deben ser leídas según el tenor literal, pero a ningún lector perspicaz pasa desapercibida la relación entre la seducción de la adúltera estigmatizada por el maestro y la seducción de «Doña Sabiduría», a cuyos halagos el propio maestro recomienda ceder.

La personificación de la sabiduría pertenece sin duda a uno de los últimos estadios de la evolución del concepto. Sin embargo, en Prov 8,22-31 dan los sabios un paso más. Ante el peligro de que los lectores malinterpretasen la figura de «Doña Sabiduría», relacionándola con alguna semidiosa de ciertas mitologías de los pueblos circunvecinos, cometieron la audacia teológica de hacer de la sabiduría la primera de las creaturas de Yahvé, testigo primordial de la creación del mundo [51] y dotada por tanto de una sabiduría más cercana a la de la esfera divina que a la del ámbito humano [52]. Aunque es posible que subyazga a Prov 8,22-31 el rastro de algún mito gnóstico (el del *Urmensch* u hombre primordial) [53], la tónica general y las preocupaciones de esta perícopa son típicamente israelitas.

Pero existe otro concepto de importancia decisiva para la comprensión de la sabiduría teológica: el *temor del Señor*. A pesar de las connotaciones negativas que pueda tener el término «temor» en la mayoría de las lenguas modernas, la expresión hebrea *yir'at yhwh* implica más bien las ideas de reverencia y respeto, la disposición interior de la creatura ante el Creador, lo que podríamos llamar actitud religiosa. En el marco de la sabiduría teológica, el temor del Señor constituye la

---

Matizaciones y crítica a esta teoría en R.N. Whybray, *Wisdom in Proverbs*, 89-92.

[51] Sabiduría y teología de la creación quedan así íntimamente vinculadas. El orden cósmico primordial, manifiesto en la obra creadora, se convierte en referente obligado (pero elevado a categoría teológica) de la empresa sapiencial: autocomprensión del hombre como parte integrante de ese orden divino. Sobre la función de la teología de la creación en Prov, cf. L. Boström, *The God of the Sages* (Estocolmo 1990) 47-89.

[52] Consultar V. Morla, *op. cit.*, 49-51.

[53] Así, G. Fohrer, *Sophia*, en J.L. Crenshaw (ed.), *Studies in Ancient Israelite Wisdom* (Nueva York 1976) 78. Crítica a esta teoría mitológica en R.N. Whybray, *Wisdom in Proverbs*, 87-88.

condición indispensable para la adquisición de una sabiduría genuina, de un auténtico conocimiento. Pueden comprobarse estas afirmaciones en 10,27; 14,26; 15,16.33; 16,6; 19,23; 22,4; 23,17; 24,21; 31,30. En la sabiduría práctica se exigía al alumno disposición interior y escucha atenta. En el ámbito de la sabiduría teológica esa disposición interior se ha convertido en actitud religiosa, en temor del Señor. No hay auténtica sabiduría sin una decidida apertura a la trascendencia. Ya no basta que el hombre se sepa inmerso en los órdenes cósmico y social; hace falta que considere ambos órdenes, con sus respectivas intercausalidades, como establecidos y mantenidos por Dios. El reconocimiento del Creador desde la apertura a la trascendencia posibilita al hombre el conocimiento de lo creado. De todos modos, hay que precisar que el temor de Yahvé tiene en definitiva una dimensión pragmática, pues está orientado a la aspiración, netamente sapiencial, a una vida plena y con éxito [54]. Por esta razón, es lógico pensar que el concepto de temor de Yahvé está estrechamente vinculado a la doctrina de la retribución, a la relación acción-resultado (cf. 10,27; 14,26). Si una persona es temerosa de Yahvé, su obrar tendrá resultados positivos.

Puede que el arraigo definitivo en Israel de la doctrina sobre el temor de Yahvé influyera en retoques teológicos de algunos proverbios de viejo cuño o en la creación de nuevas sentencias que equilibraran desde una perspectiva moralizante el desnudo pragmatismo de otras. Así, puede que 15,16 pretenda suavizar 15,17, o que 18,10 sea una reinterpretación teológica de 18,11 [55].

2. Conexiones e influencias extraisraelitas

Apenas hay dudas actualmente de que el bloque 22,17-23,14 está íntimamente relacionado con los «treinta capítulos»

---

[54] Cf. H.D. Preuss, *Einführung in die alttestamentliche Weisheitsliteratur* (Stuttgart 1987) 58.

[55] Puede ser útil a este respecto la tesis de McKane de que en las colecciones de sentencias de Proverbios pueden detectarse tres tipos: a) sentencias de la antigua sabiduría interesadas en la vida armoniosa del individuo; b) sentencias preocupadas más bien por las relaciones comunitarias, que describen los efectos perniciosos de la conducta antisocial; c) sentencias de carácter teológico que hunden sus raíces en la piedad yavista. Cf. W. McKane, *op. cit.*, 11.

de la obra egipcia *Instrucción de Amenemope* [56]. Los paralelismos son tan sorprendentes que podemos concluir que estas dos series de instrucciones relativas a una vida prudente no han surgido independientemente en dos culturas distintas. El orden diferente en que aparecen algunos tópicos no oculta la relación entre ambas. Las variantes textuales no hacen sino confirmar esta relación. Podemos comparar Prov 23,4-5 con el capítulo séptimo de Amenemope [57]. Dice el texto bíblico:

> No te afanes en adquirir riquezas,
> sé sensato y no pienses en ellas.
> Dejas un momento de mirar, y ya no están,
> les salen alas de águila y vuelan al cielo.

Dice Amenemope:

> No pongas tu corazón en adquirir riquezas
> ....
> No pasarán la noche contigo;
> al amanecer ya no están en casa:
> puedes ver su sitio, pero ellas no están.
> ....
> Les salen alas como a los gansos
> y se alejan volando al cielo [58].

Sin los treinta capítulos de Amenemope habría sido difícil entender la escritura hebrea *šališiwm* de Prov 22,20. Ningún sentido aparente tenían ni el ketib *šilšom* ni el qeré *šališim*; sí en cambio *šᵉlošim* «treinta».

Las conexiones de Proverbios con la sabiduría internacional, especialmente de Egipto y Mesopotamia, han sido ampliamente estudiadas desde el punto de vista formal y desde la perspectiva de los tópicos [59]. Menos claras son otras presumi-

---

[56] Para valorar el alcance de esta afirmación, consultar D. Römheld, *Wege der Weisheit. Die Lehren Amenemopes und Proverbien 22,17 – 24,22*, BZAW 184 (Berlín 1989) esp. 61-95. Sobre los problemas de la mutua dependencia entre Prov 22,17 – 23,14 y Amenemope, o de su dependencia común de un original semita, cf. G.E. Bryce, *A Legacy of Wisdom* (Londres 1979) 17-56.

[57] Pueden compararse también Pro 22,17 con el comienzo del primer capítulo de Amenemope; 22,28 y 23,10 con elementos del capítulo sexto; 22,24 con el comienzo del capítulo noveno; etc. Para más detalles consultar ANET 421-424. También W. McKane, *op. cit.*, 102-110. Para una rápida y fácil consulta, cf. J. Lévêque, *Sabidurías del Antiguo Egipto* (Estella 1984) 53 ss.

[58] Cf. ANET 422.

[59] Principalmente W. McKane, *op. cit.*, 51-208; H.H. Schmid, *Wesen und Geschichte*, 17-143 (textos en pp. 202-239); L. Böstrom, *op. cit.*, 1-30.

bles influencias en Proverbios. Su relación con textos siriacos tardíos y con los proverbios de Ajikar son menos admitidos. Tampoco faltan rasgos de pensamiento y vocabulario cananeos, pero el grado de influencia es imposible de precisar [60].

IV. HISTORIA DE LA INVESTIGACION Y CUESTIONES ABIERTAS

1. Historia de la investigación

Nos limitaremos a algunos aspectos genéricos, no tanto de contenido cuanto de actitudes básicas hacia el cuerpo sapiencial bíblico. Otros aspectos de tipo formal o de contenido quedan expuestos en el apartado siguiente («Cuestiones abiertas»).

a) Influencia de la sabiduría oriental

A nadie le puede pasar desapercibido que testimonios sapienciales bíblicos como Job, Eclesiástico y Sabiduría (incluso Eclesiastés) acusan un cuño religioso marcadamente israelita (aun sin negar algún tipo de influencias foráneas). Pero, por lo que respecta al bloque Prov 10-29, aparte de la extrañeza de que ocupara un lugar en la literatura canónica, nadie había sospechado, hasta entrado este siglo, que pudiera encontrarse ante un bloque de proverbios y apotegmas marcadamente influenciado por otros tipos de literatura oriental. Lo que hasta entonces nadie había dudado en reconocer como israelita, fue puesto en tela de juicio por los estudiosos de las literaturas de Egipto y de Mesopotamia, especialmente de la primera. Actualmente nadie duda de que los contenidos y el alcance de la sabiduría israelita reflejada en Prov 10-29 se entiende mejor a la luz de la sabiduría internacional incluso del II milenio a.C.

Este debate sabiduría israelita/sabiduría internacional fue acompañado de la discusión sobre la profanidad o religiosidad de los capítulos de Proverbios antes mencionados. Teniendo en cuenta que el nombre de Yahvé aparece con relativa frecuencia, en particular para introducir una sanción trascenden-

---

[60] Cf. S.H. Blank, *Proverbs*, Book of, en IDB III (Nashville 1962) 938.

te en los proverbios de tipo ético, la discusión se ha centrado
principalmente en la profanidad, o no, de la antigua sabiduría
israelita, caracterizada a simple vista por su carácter pragmático e inmanente. Los esfuerzos de algunos especialistas por
demostrar en la literatura epigramática israelita una evolución
de lo profano a lo religioso (yavista) han sido puestos en tela
de juicio o matizados por ulteriores investigaciones, principalmente relacionadas con la literatura egipcia. Nadie duda razonablemente en la actualidad que, a pesar de su tenor pragmático y de la ausencia de aliento explícitamente religioso, la antigua sabiduría pivotaba sobre un concepto teológico de orden: el orden cósmico y social establecido y garantizado por la
divinidad [61].

Un ribete de este debate está constituido por la acusación
de eudemonismo lanzado desde hace tiempo contra esta sabiduría. La opinión de ciertos estudiosos antiguos de que esta
literatura israelita se basaba en el egoísmo y en el provecho
personal ha cedido terreno ante la opinión de que el antiguo
israelita no seguía los consejos sapienciales pensando en la felicidad que se desprendería de su cumplimiento. El fondo de
la cuestión era más bien la búsqueda del método más adecuado de ajustarse al orden inmanente de la realidad querido por
Dios.

b) Sabiduría e historia

En décadas no muy lejanas se lanzaba otra injusta acusación contra la literatura de sentencias del libro de Proverbios:
su carácter ahistórico. Supuesto que se situaba en un marco
de pensamiento internacional y cosmopolita, la sabiduría de
Prov 10-29 tenía que situarse forzosamente al margen, y más
allá, de los avatares históricos del pueblo de Israel. Es decir,

---

[61] Por otra parte, es muy probable que, a tenor de lo que se puede deducir
del estudio comparativo de los textos sapienciales orientales, en las antiguas
colecciones de proverbios israelitas existiesen especímenes relativos a Yahvé.
Así, D. Römheld, *op. cit.*, 130. Sin embargo, es posible que tenga razón Preuss
cuando, refiriéndose a la antigua sabiduría israelita, afirma que ésta habla de
Dios prácticamente del mismo modo que la sabiduría del Próximo Oriente y
que no se atribuyen a Yahvé actividades o rasgos esenciales distintos de los
que se predican de las divinidades anónimas de aquella amplia área geográfica; cf. H.D. Preuss, *op. cit.*, 59. La afirmación, sin embargo, debería ser mati-
zada.

una sabiduría válida para todos los tiempos. Sin embargo, y especialmente a partir de la obra de Schmid [62], los especialistas han comenzado a matizar el supuesto carácter ahistórico de la sabiduría israelita. Los distintos matices y los cambios de acento que se perciben en las obras sapienciales del AT postulan un cambio de perspectivas antropológicas y teológicas sólo explicable desde los avatares históricos, especialmente traumáticos, a los que se vio sometida la sociedad israelita. ¿Cuál es la razón de fondo de la grave crisis epistemológica que rezuma p.e. Qohelet, si la comparamos con el «optimismo racional» de parte de Proverbios? ¿A qué se debe el agónico esfuerzo de los amigos de Job por defender la justicia divina frente al atropello de los argumentos del protagonista principal? ¿Por qué esa pérdida de confianza en las posibilidades del conocimiento para llevar una vida en plenitud? ¿Por qué esa falta de fe en la justicia divina, que contrasta con el optimismo y la armonía teológicos de Prov 1-9? Si en las instrucciones de Egipto y de Mesopotamia se percibe también, conforme pasan los siglos, un desplazamiento de acento antropológico y teológico y una proclividad hacia el pesimismo [63] debido a la influencia de ciertos acontecimientos históricos, otro tanto cabría postular para la pluralidad de puntos de vista de la sabiduría bíblica.

Sin duda, la grave crisis política que supuso la pérdida del estado y de las instituciones en el s. VI fue acompañada de una disposición anímica análoga en el plano religioso. ¿Dónde habían ido a parar las promesas de Yahvé? ¿Quién se podía fiar ya de El, en el supuesto de que existiese? La mala disposición de Yahvé para con el pueblo podía leerse en la historia religiosa del individuo en clave de analogía. «El hombre no sabe si Dios lo ama o lo odia» (Qoh 9,1). La crisis de la teodicea puede así ser explicada desde una historia adversa, desde la convicción de que ya no volverá el antiguo esplendor. ¿Pero cómo explicar la crisis epistemólogica? Probablemente en el contraste entre presupuestos sapienciales y realidad vital. Esta crisis supone una quiebra de la confianza en la relación acción-resultado expuesta por la doctrina de la retribución. ¿Có-

---

[62] H.H. Schmid, *Wesen und Geschichte der Weisheit*, BZAW 101 (Berlín 1966).

[63] Cf. *ibíd.*, 74-84.131-143.

mo es posible que el justo fracase y que prospere el malvado? Una de dos: o la relación acción-resultado es falsa («Siempre se tercia la ocasión y la suerte», Qoh 9,11) o el hombre no puede conocer los mecanismos que la articulan («Lo que existe es remoto y muy oscuro: ¿quién lo averiguará?», Qoh 7,24).

c) ¿Ausencia de dimensión teológica?

Existe otro aspecto de la sabiduría de Proverbios (también de Job y Qohelet) que se presta a consideraciones específicas dentro de la historia de la investigación. Desde siempre han formulado los estudiosos una pregunta nacida del estupor: ¿cómo es posible que una literatura «laica» haya pasado a formar parte de un corpus teológico como el AT? ¿Habrá que considerar a la sabiduría israelita un «cuerpo extraño» en la anatomía bíblica? En efecto, en parte de la literatura sapiencial están ausentes los grandes temas del mitograma bíblico y sus instituciones: liberación de Egipto, elección de Israel, teología de la alianza, monarquía, legislación, profetismo, templo, sacerdocio, destierro de Babilonia, etc.[64] Mientras que en la literatura narrativa, por ejemplo, hasta las más triviales rencillas familiares han sido reescritas bajo el punto de vista del designio histórico divino, una parte de la literatura sapiencial carece claramente de ese impulso religioso. Sin embargo, habremos de matizar que en todo caso esta literatura no encajaría a primera vista en un concepto de historia entendida exclusivamente como historia de la salvación, es decir, que los teólogos bíblicos que definen la sabiduría como «cuerpo extraño» están implícitamente reduciendo el mensaje del AT a las categorías dependientes del concepto formal de Historia Salutis. Como si la revelación no se refractara también a través de los avatares del espíritu humano en busca de su identidad y su autorrealización[65]. Por otra parte, el talante sapiencial no está

---

[64] Desde el ámbito católico habrá que precisar necesariamente que quienes se formulan estas preguntas (en su mayor parte estudiosos que comparten la fe de la Reforma) no consideran canónicas la obra de Ben Sira y el libro de la Sabiduría. Aquí precisamente se recalca desde todos los ángulos posibles la importancia de la historia de Israel y de sus instituciones para una correcta comprensión de la naturaleza de la sabiduría.

[65] Hacemos nuestras las palabras de L. Alonso Schökel / J. Vílchez, *op. cit.*, en p. 107: «Sin embargo, Prov y, más que todo, el espíritu que lo hizo nacer y

limitado por las fronteras ficticias de la «literatura» sapiencial, sino que puede apreciarse en otros ámbitos del texto del AT, desde las primeras páginas del Génesis [66] hasta el Salterio [67], pasando por la literatura narrativa [68] y el mensaje profético [69].

2. Cuestiones abiertas

Abordamos aquí no sólo la problemática más discutida relativa a Proverbios, sino aquellos aspectos que necesitarían mayor precisión por parte de los especialistas.

a) ¿Reelaboración yavista?

Se trata de un problema ya viejo: ¿puede decirse que colecciones israelitas de sentencias de contenido intramundano fueron con el paso del tiempo, conforme iba ganando terreno la crisis de confianza en las posibilidades de la sabiduría, reinterpretadas desde la fe en Yahvé? Aparte de la dificultad de ofrecer una respuesta concluyente, cabría hacer algunas matizaciones. No es correcto pensar que las primitivas colecciones israelitas carecían de hálito religioso. Las formulaciones notrascendentes, sin sanción divina, no implican desatención de lo sobrenatural. Hecha esta salvedad, conviene echar una ojeada al material de Proverbios por ver si hay reformulaciones de antiguas sentencias en clave teológica [70].

crecer ha prestado un servicio inapreciable: el de colmar la sima abierta artificialmente entre las llamadas esfera sagrada y esfera profana del mundo».

[66] Ver L. Alonso Schökel, *Motivos sapienciales y de alianza* en Gn 2-3: Bib 43 (1962) 295-316.

[67] Consultar entre otros H. Gunkel, *Introducción a los salmos* (Valencia 1983) 393-410; R.E. Murphy, *A Consideration of the Classification «Wisdom Psalms»*: VTS 9 (1963) 156-167; R. Davidson, *Wisdom and Worship* (Londres 1990) 17-46.

[68] Entre otros, G. von Rad, *La historia de José y la antigua hokma*, en Ibíd., *Estudios sobre el Antiguo Testamento* (Salamanca 1976) 255-262; R.N. Whybray, *The Succession Narrative*, SBT 9 (Londres 1968), esp. 56-95; J.L. Crenshaw, *Method in Determining Wisdom Influence Upon 'Historical' Literature*: JBL 88 (1969) 129-142.

[69] En general W. McKane, *Prophets and Wise Men*, SBT 44 (Londres 1965); más específico J. Fichtner, *Gottes Weisheit. Gesammelte Studien zum Alten Testament* (Stuttgart 1965); J.W. Whedbee, *Isaiah and Wisdom* (Nashville 1971).

[70] Consultar R.N. Whybray, *Yahweh-sayings and their Contexts in Proverbs 10,1-22,16*, en M. Gilbert (ed.), *La Sagesse de l'Ancien Testament* (Lovaina 1979) 153-165.

En 13,14a encontramos una formulación muy común en el marco de la antigua sabiduría: «La enseñanza del sabio es fuente de vida». ¿Qué decir a este respecto de 14,27a: «El temor del Señor es fuente de vida»? Mientras 18,10a habla del Señor como «torre firme», 18,11a dice rotundo: «La fortuna del rico es su plaza fuerte». ¿Se ha querido con 18,10a matizar la peligrosa confianza del hombre en sus bienes cuando carece de una visión trascendente? De igual modo, la contigüidad de 19,20.21 puede provocar la sospecha de que el segundo verso trata de reinterpretar teológicamente 19,20. A veces la tensión se da en un mismo verso: «Más vale poco con temor del Señor / que un gran tesoro con preocupación». El paralelismo entre «poco» y «gran tesoro» induce a pensar que el paralelo adecuado de «preocupación» no sería «temor del Señor», sino algo así como «tranquilidad» [71]. En ocasiones no se trata tanto de términos aislados o expresiones cuanto de ideas de carácter general desparramadas por el libro. Mientras son relativamente comunes las sentencias que hablan de la necesidad del consejo, los planes y la estrategia para alcanzar el éxito (entre otras 11,14; 15,22; 20,18; 24,6), no es infrecuente que los sabios recurran a una corrección teológica de tal optimismo: en definitiva, el Señor dirige los pasos (16,9); de El depende la decisión (16,33); a la postre permanece el designio del Señor (19,21). A este respecto son rotundas las afirmaciones de 21,30-31: «No hay sabiduría ni prudencia / ni consejo frente al Señor. Se apareja el caballo para el combate / pero la victoria la da el Señor».

De todas estas observaciones textuales no es posible deducir conclusiones apodícticas. Mientras por una parte es posible que, conforme se fue afianzando en Israel la fe en un Yahvé creador y garante absoluto del orden cósmico y social, algunas expresiones e ideas de la antigua sabiduría necesitaran un contrapunto teológico, no puede descartarse que, ya antiguamente, coexistieran ambos tipos de formulaciones (como ocurre con los refraneros de las culturas occidentales) [72]. La crisis epistemológica que paulatinamente fue afianzándose en la cultura israelita (cuyo exponente más significativo es la obra de

[71] Si esto fuera así, la idea de «tranquilidad» estaría más en consonancia con el contenido de los tres esticos precedentes; cf. V. Morla, *op. cit.*, 94.
[72] Rechaza la pura reinterpretación yavista L. Böstrom, *op. cit.*, 36-39.

Qohelet) empujaría a muchos sabios piadosos a recurrir con mayor frecuencia a la teología y a la sanción divina (ver la obra de Ben Sira). Ya lo dice Prov 20,24: «Del Señor dependen los pasos del hombre / ¿cómo puede el hombre entender su camino?»

b) La figura de la sabiduría en Prov 8,22-31

Lo primero que sorprende en la sabiduría personificada de este texto es su autopresentación a los hombres. Ya no se oye la voz del sabio, como en los capítulos precedentes, sino la de la Sabiduría, ser primordial en el orden de la creación. Debido a las tensiones que esta representación provoca en la teología de la creación israelita, los autores se han preguntado desde hace tiempo si no se dejaría Israel influir por algunos esquemas mitológicos de las culturas circunvecinas, en concreto de Egipto. Según los análisis de Kayatz [73], aceptados actualmente en líneas generales, en este texto de Proverbios no sólo se detectan rasgos estilísticos e imágenes de la literatura egipcia, sino la presencia de la idea de Maat. Esta idea constituye el núcleo de la enseñanza sapiencial egipcia. Puede traducirse por «orden primordial», «derecho», «justicia». La Maat tiene categoría de diosa en la literatura de Egipto. Aunque no sea éste el caso con la Sabiduría de Prov 8 [74], Von Rad es categórico: «No cabe la menor duda que los maestros israelitas se dejaron influir por la concepción egipcia de la diosa que presidía el orden del universo, y llegaron incluso a reproducir algunas de sus expresiones lingüísticas» [75].

Una postura radical a este respecto, y altamente improbable, está representada por Lang, para quien la figura de la Sabiduría en Prov 8 está acuñada a partir de un mitema de la ideología real común a Mesopotamia y a Egipto. El rey desplegaba su poder, su justicia y sabiduría gracias al auxilio de una diosa patrona. En palabras suyas: «Es evidente (!) que la

---

[73] Ch. Kayatz, *Studien zu Proverbien 1-9. Eine form– und motivgeschichtliche Untersuchung unter Einbeziehung ägyptischen Vergleichsmaterials*, WMANT 22 (Neukirchen-Vluyn 1966). Cf. Ibíd., *Einführung in die alttestamentliche Weisheit* (Neukirchen-Vluyn 1969) 70-92.

[74] En Prov 8 «Doña Sabiduría» no tiene esencia divina, pues se trata de una realidad creada.

[75] G. von Rad, *Sabiduría en Israel*, 193.

noción de una 'diosa del rey', que formaba parte de una ideología real ampliamente difundida, fue también familiar en Israel y jugó un importante papel en el diseño de la imagen de la sabiduría en Prov 8. De hecho, Sabiduría debió de ser el nombre, o uno de los nombres, de la patrona divina de los reyes israelitas» [76].

El problema se plantea en dos frentes: histórico-religioso y teológico. ¿Presupone esta representación de la sabiduría personificada algunos eslabones previos en el pensamiento israelita? ¿Se puede conceder a la Sabiduría de Prov 8 una naturaleza hipostática respecto a Yahvé? Por lo que se refiere a la primera cuestión, parece lógico pensar que Israel nunca habría dado el paso a la personificación de la sabiduría como fundamento y garante del orden cósmico si previamente no hubiese tenido clara la existencia de tal orden. Si las sentencias de las colecciones de Proverbios están dirigidas al descubrimiento y aceptación práctica de las normas que regulan la vida del hombre, es porque los israelitas se movían en un ámbito de totalidad, creían en la existencia y la eficacia de ese orden cósmico. Ahora bien, no puede excluirse que generaciones posteriores de maestros de sabiduría revisaran esta fe tradicional utilizando instrumentos lingüísticos de la literatura egipcia o de la del Próximo Oriente en general [77].

Respecto a la cuestión de la posible naturaleza hipostática de la Sabiduría de Prov 8,22-31, las posturas de los especialistas divergen. Mientras algunos estudiosos opinan que, dado que aquí la sabiduría es una realidad radicalmente intramundana, una cualidad del mundo, no puede aceptarse que represente un atributo de Yahvé [78], otros creen que este texto de Proverbios da pie para admitir dicha naturaleza de la Sabiduría [79]. Hacemos nuestras las palabras de Alonso: «Podemos de-

[76] B. Lang, *Wisdom and the Book of Proverbs* (Nueva York 1986) 61.

[77] Para precisar esta afirmación, cf. R.N. Whybray, *Proverbs VIII 22-31 and Its Supposed Prototypes*, en J.L. Crenshaw (ed.), *Studies in Ancient Israelite Wisdom* (Nueva York 1976) 390-400.

[78] No sería más que una personificación o figura poética. Así, G. von Rad, *op. cit.*, 194-197; W.A. Irwin, *Where shall Wisdom be found?*: JBL 80 (1961) 133-142, esp. 141; K.M. O'Connor, *The Wisdom Literature* (Wilmington 1988) 64.

[79] Entre otros, R.N. Whybray, *Wisdom in Proverbs* (Londres 1965), que en pp. 103-104 afirma: «Todo lo aquí dicho sobre ella puede ser naturalmente

cir que el menudo sustantivo (*hokmah*) ha crecido hasta convertirse en una impresionante personificación poética. No alegoría intelectual, porque algunas quiebras de la lógica y el tono emotivo lo evitan. Con todo, no pasa de personificación poética... De 'Dios creó con destreza' saltamos a 'Destreza colaboró con Dios'» [80].

c) *Cosmología, antropología, teología*

A pesar de sus numerosos defensores, no puede darse por zanjada la cuestión relativa a este tríptico del proceso evolutivo de la sabiduría bíblica. Ha sido sobre todo Schmid [81] quien ha propuesto con atractiva claridad el desarrollo del concepto de sabiduría en tres etapas. La antigua sabiduría estaría dominada por el interés cosmológico. El hombre vocacionado a la empresa sapiencial estaba fundamentalmente preocupado por la idea de orden cósmico. Conocer las relaciones intercausales de este orden y someterse eficazmente a él proporcionaba al ser humano la autorrealización. Pero, siempre según Schmid, en Prov 10-15 nos encontramos con atisbos de una antropologización de la sabiduría. El centro de interés del sabio no es tanto el cosmos cuanto el hombre. El tercer eslabón de esta cadena evolutiva lo constituye la teologización de la sabiduría (especialmente en Prov 1-9). Esta fría esquematización supondría una huida hacia arriba que desembocaría en la crisis sapiencial reflejada en Job y Qohelet. Este tríptico puede ser válido siempre y cuando no se establezcan fronteras que corten la comunicación entre una etapa y otra. Es decir: sirve como paradigma aclaratorio, pero sin negar que el elemento antropológico cohabitara de algún modo con el cosmológico, y que la teologización no se interprete como falta de espíritu religioso de las dos «etapas precedentes». Es de esperar que ulteriores trabajos consigan dar con una clave más objetiva y menos formal.

---

interpretado como ... un atributo de Yahvé ... En este pasaje la asociación de la sabiduría con Yahvé ha conducido a su hipostatización mucho más allá de lo que ocurre en cualquier otro pasaje del AT». También R.B.Y. Scott, *Wisdom in Creation: the amon of Proverbs viii 30*: VT 10 (1960) 213-223, esp. 223; Id., *Proverbs. Ecclesiastes*, AB (Nueva York ²1974) 70. Habla continuamente de «hipostatización» Ch. Kayatz, *Studien*, 76ss; Id., *Einführung*, 70ss.

[80] L. Alonso Schökel / J. Vílchez, *op. cit.*, 34.
[81] H.H. Schmid, *Wesen und Geschichte*, 144-168.

d) La figura de la Maat

Han sido sobre todo Schmid [82] y Gese [83] quienes más han subrayado la relación de esta figura de la teología egipcia con la personificación de la Sabiduría en Prov 1-9. La Maat, como «orden (del mundo)», «justicia», «verdad» o «derecho», es el recto estado del mundo establecido por Atón en el acto creador. En consecuencia, Maat es personificada y convertida en diosa, aunque no forma parte del panteón egipcio. Por regla general aparece como hija de Ra, la amada del dios, dispensadora de vida. «Hacer Maat» o «hablar Maat» es la característica básica del sabio egipcio. De ahí la relación entre lo cosmológico y lo ético: el orden del mundo se constituye y se realiza sólo a través de una sabia conducta.

Desde estos y otros aspectos relativos a la Maat, numerosos especialistas han visto puntos de contacto entre esta figura de la teología egipcia y la Sabiduría personificada de Prov 8,22-31: establecimiento en la creación del mundo, estrecha relación con el ámbito divino, autooferta vital a los hombres. El problema radica en determinar la calidad y el alcance de esos puntos de contacto. ¿Se ha derivado el diseño de la naturaleza y función de la Sabiduría personificada en Proverbios de las enseñanzas egipcias sobre la Maat, o simplemente ha hecho suyo la cultura israelita un ropaje para travestir un teologúmeno en modo alguno ajeno a la teología bíblica?

Es probable que la Sabiduría personificada de Proverbios no sea más que una figura poética. En tal caso, no puede excluirse que los sabios israelitas recurriesen a las representaciones de la Maat (o a otras análogas de la cultura religiosa circundante) para revestir poéticamente una cualidad divina. Los poetas de Israel se expresaron a veces recurriendo a la personificación de las virtudes. La descripción de la justicia y la verdad besándose, o la de la prudencia y el conocimiento velando junto a alguien, constituyen ya un cierto paso hacia la personificación de la Sabiduría [84].

En todo caso, la cuestión está sometida a debate, aun a

[82] Ver nota anterior.

[83] H. Gese, *Lehre und Wirklichkeit in der alten Weisheit* (Tubinga 1958) esp. 11-21.

[84] Cf. J.L. Crenshaw, *Old Testament Wisdom* (Londres 1982) 98-99.

sabiendas de los peligros de una excesiva «maatización» de la Sabiduría personificada de Proverbios[85].

V. TRABAJO PRACTICO Y BIBLIOGRAFIA

1. Orientaciones para el trabajo personal

Dadas las implicaciones que tiene Prov 8 para dilucidar el proceso evolutivo del concepto de sabiduría teológica en Israel, sería de gran provecho estudiar comparativamente (desde el punto de vista formal y de contenido) Prov 8,22-31; Job 28 y Eclo 24,1-29.

De todos es sabido el recurso de la Patrística a Prov 8,22-31 a propósito de la reflexión y de las controversias cristológicas. Al margen de las lecturas alegóricas o tipológicas que se hayan hecho de este texto, sería de gran utilidad ofrecer un estudio de esta perícopa en los distintos comentarios de los Santos Padres. Al mismo tiempo quedaría abierto el camino a la comprensión de las reflexiones del NT al respecto.

Todavía queda por ofrecer al lector un estudio minucioso de algunas literaturas de sentencias del Próximo Oriente antiguo (rescatadas hace tiempo de las ruinas o en vías de publicación) por lo que respecta a expresiones, tópicos o actitudes, y ver su grado de vinculación o afinidad con las colecciones de sentencias del libro de los Proverbios.

Al comparar Proverbios con Eclesiástico saltan inmediatamente a la vista las diferencias formales y la pluralidad de matices del segundo respecto al primero. En la obra de Ben Sira se percibe una mayor concentración temática y, sobre todo, un sorprendente espíritu académico. Un estudio comparativo de ambas obras bajo la perspectiva del «temor del Señor» (tópico mucho más frecuente y elaborado en Eclesiástico) pondría sin duda de manifiesto el espíritu cultivado por los hombres de escuela en el espacio de tiempo que separa la redacción final de Proverbios de la redacción de Eclesiástico.

Con ayuda de instrumentos de análisis del ámbito de la

---

[85] 85 Cf. R.E. Murphy, *Religious Dimensions of Israelite Wisdom*, en P.D. Miller jr. y otros (eds.), *Ancient Israelite Religion. Essays in Honor of Frank Moore Cross* (Filadelfia 1987) 449-458, esp. 449.

sociología cabría profundizar en el tenor literal laico de las sentencias e instrucciones de Proverbio para desentrañar la visión del mundo y de la vida que subyace a dicha literatura, así como el tipo (o tipos) de cultura que puede deducirse de ella.

Queda también por emprender una tarea inédita y de valiosas y gratificantes perspectivas: un estudio comparativo de los aforismos de Proverbios y del refranero castellano. El estudio podía abarcar tres áreas o aspectos. En primer lugar, cabría comparar ambas literaturas desde el punto de vista de las formas literarias. ¿Existen coincidencias? ¿Hasta qué punto? ¿Puede hablarse de un influjo de la literatura bíblica en la elaboración de refranes castellanos? Otro punto que merecería la pena investigar es el de los tópicos: personajes (rey, pobre/rico, mujer, etc.), situaciones sociales (hábitat, vida en familia, etc.), actitudes éticas (bondad, maledicencia, etc.). Por último, queda el trabajo más material de ver si algunos aforismos bíblicos han pasado tal cual (o con variantes) a enriquecer el caudal de la literatura de sentencias castellana.

2. Bibliografía comentada

a) Comentarios

ALONSO SCHÖKEL, L. / VILCHEZ, J., *Proverbios* (Madrid 1984). Son numerosas las virtudes de este comentario, que lo sitúan sin duda entre los tres mejores de la especialidad. El libro empieza con una amplia introducción al mundo de la sabiduría. Una nueva introducción a Proverbios y un estudio de sus formas literarias más significativas sirven de amplio pórtico al comentario como tal. Sobresalen en los autores dos virtudes que se ajustan a la perfección al objeto de estudio: el ingenio y la perspicacia. A través de numerosos experimentos comparativos entre las sentencias de Proverbios y la epigramática castellana (estudios de forma, de estilo y de contenido), van introduciendo al lector en la comprensión y el alcance de este tipo de literatura. El lector encontrará abundantes paralelos del refranero castellano.

BARUCQ, A., *Le livre des Proverbes*, SB (París 1964). Una modesta introducción de treinta páginas y una bibliografía sucinta dan paso al comentario del libro. La forma expositiva difiere a tenor de la amplitud y las características formales del texto. Mientras que en cc. 1-9 y 30-31 el autor va comentando las diferentes unidades por separado, la forma sentenciosa de cc. 10-29 le obliga a variar el método expositivo. Así, en las distintas colecciones que integran cc. 10-29 evita el comentario de las sentencias individuales en favor de los tópicos comunes o de los rasgos teológicos de la colección en cuestión. Esta opción dificulta al lector la consulta de los proverbios individuales.

HUBBARD, D.A., *Proverb* (Dallas 1989). Lo más llamativo de esta obra es la disposición del comentario. Los capítulos que la componen coinciden en número con los de Proverbios, es decir, va comentando capítulo por capítulo, pero de una manera original. De cada uno de ellos aísla los tópicos más significativos, que estudia a la luz de (y junto con) las sentencias idénticas o análogas del resto de Proverbios. Para evitar que el lector se pierda y pueda encontrar sin dificultades el lugar donde se comenta un texto determinado, ofrece al principio del libro una tabla en la que cada versículo va acompañado del capítulo y de la página donde es tratado. Aunque esta obra es de escasa utilidad para los especialistas, constituye sin duda una gran aportación a la alta divulgación.

McKANE, W., *Proverbs*, OTL (Londres 1977). Se trata probablemente del mejor comentario a Proverbios desde el punto de vista de los estudios histórico-formales. La introducción está dedicada a la problemática de Prov 1-9; a la literatura de sentencias de Proverbios; al significado de *mašal*; y al texto de los LXX. La parte más original y valiosa de este libro, que ocupa 160 páginas, se mueve en el ámbito de los análisis formales de las instrucciones egipcias y asirio-babilónicas. La segunda parte del libro aborda el comentario a Proverbios propiamente dicho.

PLÖGER, O., *Sprüche Salomos* (Proverbia), BK XVII (Neukirchen-Vluyn 1984). De todos son conocidos el prestigio y el alto nivel científico de los comentarios de la serie *Biblischer Kommentar*. La obra de Plöger no desmerece las expectativas del lector. La introducción (pp. XIII-XXXVII) aborda con claridad y profundidad la problemática general de Proverbios; los aspectos particulares o controvertidos son tratados en el comentario. El contenido de la exposición puede resultar en ocasiones farragoso y tedioso, pues el autor se pierde en detalles poco o nada decisivos para la comprensión del texto. Sin embargo, se trata de una obra magnífica, de obligada referencia para los especialistas.

TOY, C.H., *The Book of Proverbs*, ICC (Edimburgo, reimpresión 1977). Los comentarios de esta colección se caracterizan por el magnífico (a veces insuperable) tratamiento textual y la sobriedad y acierto de la exposición. El libro de Toy es superior desde esos puntos de vista. En su contra, el escaso interés por los aspectos literarios y estilísticos, que por otra parte no desaconsejan su lugar de privilegio en las bibliotecas.

b) Otros estudios

BOSTRÖM, L., *The God of the Sages* (Estocolmo 1990). El subtítulo recorta el amplio espectro del título: *The Portrayal of God in the Book of Proverbs*. Una introducción dedicada a la literatura sapiencial y al libro de los Proverbios sirve de umbral a las dos partes del libro: I. Teología de la creación y orden (teología de la creación, Dios, retribución y orden); II. Relación de Dios con el mundo (el Señor como Dios supremo y como Dios personal). Los análisis de los textos bíblicos van acompañados de continuas referencias a las literaturas de sentencias de los países circunvecinos.

KAYATZ, Ch., *Studien zu Proverbien* 1-9 (Neukirchen-Vluyn 1966). Antes de proceder a los minuciosos análisis de los cc. 1-9 de Proverbios, la autora dedica una sustanciosa introducción a los resultados del método comparativo de las literaturas sapienciales de Israel y de Egipto, especialmente en lo concerniente a los tópicos más controvertidos: problemas formales; problemas de contenido (relación acción-resultado; sabiduría y temor del Yahvé; proceso de hipostatización). Los análisis formales del resto del libro llaman la atención del lector por la claridad expositiva, el rigor analítico y las sorprendentes conclusiones.

LANG, B., *Die weisheitliche Lehrrede* (Stuttgart 1972). La obra está dedicada a las «instrucciones» del libro de los Proverbios. Tras una introducción sobre Proverbios en la crítica bíblica desde Nicolás de Lira a Adolf Erman, el autor aborda las instrucciones desde las perspectivas literaria (su naturaleza, función y edad) y exegética (relación acción-resultado; piedad y religión; la «mujer extraña»).

LANG, B., *Wisdom and the Book of Proverbs* (Nueva York 1986). Se trata de la traducción del original alemán *Frau Weisheit*, «Doña Sabiduría». El subtítulo preanuncia el alcance y las limitaciones del libro: *A Hebrew Goddess Redefined*. La obra está integrada por cuatro capítulos: 1) La Sabiduría como maestro; 2) La Sabiduría como diosa; 3) Doña Sabiduría frente a Doña Necedad; 4) ¿Quién es Sabiduría? La obra en su conjunto es de gran utilidad, si exceptuamos el error obsesivo del autor en relacionar la Sabiduría de Prov 1-9 con un cuerpo de elementos mitológicos, que le llevan a esta inadmisible afirmación: «En Prov 1-9 descubrimos hermosos textos politeístas sobre una diosa israelita. Esta diosa, llamada *hokmah* (Sabiduría o Sagacidad), sólo posteriormente fue considerada una simple personificación poética referida a la sabiduría escolar o a la sabiduría del propio Dios» (p. 129).

STEIERT, F.-J., *Die Weisheit Israels, ein Fremdkörper im Alten Testament?* (Friburgo B. 1990). El autor intenta revisar el libro de los Proverbios a la luz de las instrucciones egipcias, a tenor del subtítulo *de la obra: Eine Untersuchung zum Buch der Sprüche auf dem Hintergrund der ägyptischen Weisheitslehre* (Investigación sobre el libro de los Proverbios a la luz de la doctrina egipcia sobre la sabiduría). En la primera parte, dedicada a los cc. 10-29, donde se aborda el «locus teológico» de la sabiduría israelita, el autor pasa revista a las respuestas de los principales estudiosos modernos del tema, para resituarlas desde la perspectiva de la sabiduría egipcia. El segundo capítulo se centra en Prov 1-9. Sobresaliente el estudio de las relaciones Sabiduría/maestro, Sabiduría/Yahvé.

WHYBRAY, R.N., *Wisdom in Proverbs*, SBT 45 (Londres 1965). Otra obra, ya clásica, dedicada al estudio de Prov 1-9 en relación con el problema de la sabiduría (I). Tras un análisis del «Libro de los diez discursos» (II), el autor lo compara con las instrucciones egipcias (III). La parte más interesante del libro estudia la evolución del concepto de sabiduría en dos etapas (IV). Un condensado epílogo (V) resume la investigación de Whybray. A pesar del tiempo transcurrido desde su publicación y de las recientes voces críticas relativas a algunas de sus posiciones, sigue siendo una obra de provechosa e imprescindible lectura.

Capítulo IV
EL LIBRO DE JOB

I. DATOS GENERALES

Bibliografía española: L. Alonso Schökel / J.L. Sicre, *Job* (Madrid 1983) 63-79; J. Lévêque, *Job. El libro y el mensaje* (Estella 1986).

1. El libro

a) Nombre del libro

El título del libro corresponde al de su héroe. Sin embargo, la forma española *Job* se basa en las transcripciones griega y latina, que reproducen imprecisamente el término hebreo *'iyyob*. Actualmente siguen siendo desconocidos tanto la derivación cuanto el significado de este nombre. Los especialistas apuntan a dos posibles raíces semitas: *'yb* y *'wb* [1]. En el primer caso el nombre del héroe iría vinculado a la idea de «enemistad». El modelo nominal activo del que se derivaría *'iyyob* designa un nombre de oficio, de tal suerte que Job podría significar algo así como «enemigo inveterado», diseño de la reacción de Job frente a Yahvé. Si la forma nominal *'iyyob* se acepta como pasiva [2], entonces la idea de enemistad estaría referida a Yahvé, que hace a Job víctima de una cruel apuesta. Se ha

---

[1] Ver K. Budde, *Das Buch Hiob* (Gotinga [2]1913) XVI; F. Horst, *Hiob*, BK XVI/1 (Neukirchen-Vluyn [3]1974) 7-8.

[2] Por analogía con *yillod* «nacido/niño» (cf. Ex 1,22; Jos 5,5; Jr 16,3; Eclo 10,18).

propuesto también la raíz árabe ʾwb, correspondiente al hebreo šwb «volver/arrepentirse». En este caso, Job sería el «arrepentido» o el «penitente», en relación a la actitud del héroe al final del libro.

Actualmente no parece tener consistencia la idea de que el nombre de Job fuese inventado para escribir la obra, pues la forma ʾayyab (de la que puede derivar ʾiyyob) está atestiguada en textos de execración egipcios y en algunos documentos acádicos del II milenio a.C.

b) Texto y versiones [3]

El texto del libro de Job presenta una serie de inconvenientes de tal calibre que su reconstrucción en ciertas partes resulta meramente hipotética. En algunas traducciones modernas podemos leer a pie de página la palabra «dudoso» o la expresión «traducción conjetural» referidas a ciertos versículos del libro. Incluso algunos especialistas se resisten a traducir algún que otro versículo por la imposibilidad objetiva de captar su significado. Con la posible excepción de Oseas, Job sigue siendo textualmente el libro del AT que más dificultades ofrece [4].

La comparación entre el TM (texto masorético) y los LXX induce a veces a corregir en algunos puntos TM, pero en general hay que confiar más en el hebreo. Parece ser que la versión griega que conoció Orígenes tenía unos cuatrocientos versos menos que el texto hebreo, motivo por el que suplió estas pérdidas basándose en Teodoción [5]. Se trata de un caso textual análogo al del libro de Jeremías, donde el texto hebreo es considerablemente más largo que el griego. No hay que pensar, sin embargo, que la forma breve griega es la más original y que el TM es testigo de ampliaciones ulteriores, pues las omisiones del griego no mejoran en absoluto el texto; más bien dificultan su comprensión por falta de un contexto coherente. Es más plausible la opinión de que el traductor griego hizo lo

---

[3] Breve, pero claro y ajustado, G. Fohrer, *Hiob*, KAT XVI (Gütersloh 1963) 55-57; también A. de Wilde, *Das Buch Hiob*, OS XXII (Leiden 1981) 67-73.

[4] Sobre problemas textuales, M.H. Pope, *Job*, AB 15 (Garden City ³1982) XLIII-L.

[5] Para todo lo referente a LXX de Job, consultar la introducción de la obra de J. Ziegler, *Septuaginta XI, 4. Job* (Gotinga 1982).

que muchos lexicógrafos actuales: considerar inútil el intento de traducir algunas partes. De ahí que los LXX hayan practicado la paráfrasis y la reinterpretación.

La Peshitta, al ser traducción del hebreo, es ocasionalmente útil, pues aclara algunos términos oscuros del original. El Targum ofrece numerosas curiosidades, aunque no ayuda sustancialmente a la comprensión del hebreo [6]. Jerónimo, como él mismo confiesa, tuvo tantas dificultades para traducir (a pesar de haber sido ayudado por un rabino de Lida) que optó por la literalidad, si bien en ocasiones recurrió a un hipotético sentido general de la frase. Por estas razones, la Vulgata debe ser utilizada con considerable precaución.

A pesar de estar corrompido en numerosos puntos, el texto hebreo sigue siendo la fuente más fiable. Las modernas investigaciones en filología semítica (especialmente de los textos de Ugarit) han demostrado que sustantivos y formas verbales que antiguamente suscitaban desconfianza se han revelado sustancialmente correctos [7].

c) Canonicidad

El libro de Job integra la tercera parte de los libros sagrados hebreos: los k^{e}tubim o «escritos». Solamente Teodoro de Mopsuestia puso en duda su canonicidad. Dentro de esta última sección de la Tanak, el códice Alejandrino trae el orden Salmos-Job-Proverbios, mientras que Cirilo de Jerusalén, Jerónimo y otros testimonios antiguos hablan de Job-Salmos-Proverbios. Este orden de los libros fue favorecido por el Concilio de Trento.

2. Autor y fecha de composición [8]

Como podremos comprobar más adelante, está claro que el libro de Job es una obra compuesta. Sin embargo, tuvo que

---

[6] Importancia de las versiones targúmicas en W.E. Aufrecht, *Aramaic Studies and the Book of Job*, en Id. (ed.), *Studies in the Book of Job* (Waterloo, Ont. 1985) 54-66.

[7] Consultar al caso L.L. Grabbe, *Comparative Philology and the Text of Job: A Study in Methodology* (Missoula 1977); también, aunque corrigiendo algunas exageraciones de sus resultados, W.L. Michel, *Job in the Light of Northwest Semitic I* (Roma 1987).

[8] Numerosos datos en M.H. Pope, *Job*, XXXII-XLII; también R. Gordis, *The Book of God and Man* (Chicago/Londres 1978) 209-218.

haber una personalidad genial que le confiriese la altísima calidad literaria que la caracteriza y que la convierte en una de las más altas cumbres de la literatura universal. Pero desgraciadamente nos encontramos ante una obra anónima.

Por lo que respecta a la fecha de composición, no existe unanimidad entre los especialistas. Sin embargo, todos aducen idénticas fuentes de aproximación: lingüística, cultural, dependencia literaria y contenido teológico. ¿Se puede deducir de la lengua del libro de Job la época de su composición? Para empezar hay que decir que la lengua de Job, aun siendo ostensiblemente hebrea, presenta muchas dificultades al filólogo, motivo por el que ya desde antiguo se empezó a barajar la posibilidad de que se tratase de una traducción (así Ibn Ezra). Se pensó en el árabe como lengua original; a partir de aquí podrían explicarse muchas palabras oscuras del libro de Job. Sin embargo, idéntico criterio podría aplicarse a toda la literatura hebrea del AT. Lo que más sorprende en Job es el colorido arameo, universalmente admitido. La mezcla de elementos arameos en Job excede a la de cualquier otro libro bíblico. Según esta teoría del original arameo, el traductor hebreo sólo traduciría aquellas partes que pudieran no ser entendidas por los lectores hebreos. En consecuencia, los defensores de la teoría sitúan la obra de Job en el periodo de florecimiento del arameo: la época postexílica [9]. Sin embargo, el hecho de que un término arameo de Job no aparezca en otros libros anteriores del AT no quiere decir que ese término en cuestión no existiese. En consecuencia, conducir la investigación por este camino parece una pérdida de tiempo [10].

Casi todos los especialistas han observado el claro trasfondo patriarcal del libro de Job. La religión descrita es primitiva. No hay sacerdocio ni santuario central. La ira divina es aplacada mediante sacrificios ofrecidos por el patriarca (1,5; 42,8; cf. Nm 23,1.14.24). La riqueza se mide por la cantidad de rebaños y esclavos (1,3; 42.12; cf. Gn 12,16; 32,5). La unidad monetaria mencionada en 42,11 (*qᵉśiṭah*) aparece sólo en Gn

[9] De la primera mitad del s.V habla J. Lévêque, *La datation du livre de Job*: VTS 32 (1981) 206-219.
[10] Así N.C. Habel, *The Book of Job*, OTL (Londres 1985) 41.

33,19 y Jos 24,32. La excepcional longevidad de Job (cf. 42,17) sólo es igualada o superada en las generaciones patriarcales [11].

El marco narrativo presenta una serie de rasgos literarios típicos de la épica semítica, con paralelos sorprendentes en la literatura de Ugarit, en concreto la épica de Kirta [12]. ¿Hubo una antigua épica de Job [13]? Así podría deducirse de la mención del héroe, junto con otras dos figuras legendarias (Noé y Daniel), en Ez 14,14.20. Otros paralelos de Mesopotamia son también muy antiguos. El llamado Job Babilonio, *ludlul bel nemeqi* («Alabaré al Señor de la Sabiduría»), conocido por tablillas del s. VII a.C., ha aparecido recientemente en una copia mil años más antigua. Otro tanto puede decirse de un paralelo sumerio que se remonta más o menos al año 2.000. Así pues, estos paralelos sugieren la probabilidad de que hacia esta fecha existiese una leyenda y una épica relativas al personaje [14], que subyacen al sustrato literario del libro de Job.

Un simple diseño del contenido teológico nos puede ayudar también a precisar la fecha de composición. La aparición de «el» Satán (con artículo, como en Zac 3,1ss) en el prólogo ha inducido a numerosos especialistas a relacionarlo con el periodo persa [15]. La asamblea de los dioses en 1,6 y 2,1 refleja un antiguo elemento mitológico que encontramos en Mesopotamia y en Ugarit, así como en algunos salmos y en el Deuteroisaías. Ahora bien, quizá el dato teológico más significativo para poder fechar aproximativamente el libro de Job sea la de-

[11] Aun aceptando que el marco narrativo de Job tiene una clara sede patriarcal, hay autores que, dado su carácter de cuento popular, ven más afinidades entre la narración de Job y algunas historias del libro de los Jueces y en Rut. Las narraciones patriarcales son más bien saga épica. Así, M.H. Pope, *Job, Book of*, en IDB II (1962) 917.

[12] Consultar G. del Olmo Lete, *Mitos y leyendas de Canaán* (Madrid 1981) 244-286.

[13] Ver al respecto ya B. Duhm, *Das Buch Hiob*, KHAT XVI (Leipzig/Tubinga 1897) VII-VIII; 204-206; N.M. Sarna, *Epic Substratum in the Prose of Job*: JBL 76 (1957) 13-25.

[14] Sobre la transmisión y eventuales transformaciones de esta leyenda, consultar G. Fohrer, *Studien zum Buche Hiob* (Berlín/Nueva York ²1983) 37-59.

[15] Sin embargo, el hecho de que no sea mencionado en el epílogo sugiere que pudo haber sido introducido posteriormente en el relato original en prosa.

moledora crítica que formula su autor a la doctrina de la retribución, crítica más apropiada en el periodo postexílico [16].

Aunque a finales del siglo pasado un buen número de críticos situaban la composición del libro de Job en el s. VII, actualmente se tiende a hablar de los ss. VI y III. El tema del sufrimiento inocente, común a Job y al Deuteroisaías (especialmente 52,13-53,12) y Jeremías, lleva a algunos autores a hablar del destierro como época adecuada para la composición. Ahora bien, la ausencia de datos de tipo histórico relativos al sufrimiento de la nación (como ocurre p.e. en Lamentaciones) apoyan más bien la teoría del periodo postexílico. El libro había alcanzado su forma final hacia el año 200, fecha aproximada de la composición del Eclesiástico, cuyo autor parecía conocer la obra (Eclo 49,9). Ningún crítico sitúa el libro en una fecha posterior al 250. De todos modos, ningún tipo de pruebas tiene carácter conclusivo.

II. DIMENSION LITERARIA

Bibliografía española: L. Alonso Schökel / J.L. Sicre, *Job* (Madrid 1983) 36-43.

1. *Primeras impresiones sobre Job*

Desde el punto de vista literario, es llamativo el contraste entre la prosa del prólogo y el epílogo y la poesía del cuerpo del libro, incrustada entre ellos. Como consecuencia de este extraño maridaje, se percibe cierta tensión entre la prosa y la poesía, motivo por el que cierto número de comentaristas prefieren explicar el diálogo poético sin tener en cuenta los datos que ofrecen el prólogo y el epílogo [17]. Hay que decir, sin embargo, que la poesía requiere un cierto tipo de introducción, de lo contrario no se entendería el exabrupto de Job en 3,1. Por otra parte, y a tenor de los paralelos de Mesopotamia antes mencionados, prólogo y epílogo podrían componer una en-

---

[16] La obra de Qohelet, en general, y la probable sede vital del uso de la forma literaria «debate» por parte de Ben Sira, corroboran esta hipótesis de trabajo.

[17] Un resumen de las teorías sobre la relación entre el prólogo y el diálogo poético en Y. Hoffman, *The Relation Between the Prologue and the Speech-Cycles in Job*: VT 31 (1981) 160-170.

tidad relativamente coherente (si exceptuamos la disposición negativa de Dios hacia los amigos de Job en 42,7-9).

El lector del libro de Job suele desistir frecuentemente de concluir su lectura, debido principalmente al estilo de los diálogos, farragosos en ocasiones y sin coherencia aparente en el desarrollo del discurso. Los tres amigos de Job, a pesar de intervenir a su debido tiempo en la rueda del diálogo, dan la impresión de hablar al unísono, motivo por el que no es fácil caracterizar los puntos de vista de cada uno. Por otra parte, y como si de un diálogo de sordos se tratara, las diversas respuestas pasan frecuentemente por alto el tema propuesto por el interlocutor correspondiente. Se saca así la impresión de que Job y sus amigos hablan sin más uno tras otro, no uno con otro. Esta aparente falta de coherencia responde no tanto a un eventual estilo descuidado del poeta cuanto al estilo propio del discurso oriental, que no está sujeto a la normativa retórica occidental. El oriental no aborda linealmente una problemática; prefiere abordar los temas en su conjunto, mediante una especie de raciocinio cíclico, saltando de una cuestión a otra, y dando así señal de profundidad.

Hay tres partes en el libro que llaman también la atención del lector. ¿Cómo es posible que tras la lección de Job a su mujer (2,10) y después del respetuoso silencio que se percibe en 2,13 irrumpa con tal violencia Job en el c. 3 maldiciendo el día de su nacimiento? La colocación del magnífico himno a la sabiduría del c. 28 sorprende asimismo al lector. Parece una explosión lírica que interrumpe el diálogo entre Job y sus amigos. ¿Se trata de un intermedio en el que el poeta quiere adelantar la solución al problema de la posibilidad de adquirir sabiduría por parte del hombre, «solución» que se ofrece definitivamente con los discursos de Yahvé en cc. 38-41? En tercer lugar, el lector se encuentra con los discursos de Elihu en cc. 32-37. ¿Cuál es su función cuando en realidad su argumentación no avanza sustancialmente respecto a la de Elifaz, Bildad y Sofar? ¿Cómo es posible que el redactor final los haya mantenido (o introducido) si ni Job ni Yahvé ni el epílogo tienen en cuenta a Elihú y su discurso? Todos estos datos han inducido a la mayoría de los autores a dudar de la integridad literaria del libro [18].

---

[18] Sobre este asunto cf. M.H. Pope, *Job*, XXIII-XXX.

2. Aspectos literarios

Bibliografía española: L. Alonso Schökel / J.L. Sicre, *Job* (Madrid 1983) 43-63; D. Kinet, *Imágenes de Dios y de Satán en el libro de Job:* Conc 189 (1983) 371-380.

El poeta que compuso el diálogo poético (cc. 3-41) se movía sin dificultades en el terreno de la poesía hebrea. Pero el uso genial de los recursos que le ofrecía el paralelismo le permite recrear un mundo de ambigüedades y equívocos que hacen de Job un libro único. P.e. es muy extraño encontrar un hemistiquio que repita o contraste sin más el pensamiento del hemistiquio adyacente. Por otra parte, en Job están representados casi todos los recursos retóricos: quiasmo (5,14; 20,2-3); asonancia (16,12); onomatopeya (41,10); etc. Otra técnica creativa consiste en enunciar al comienzo de un poema un par de términos e ir desarrollando en los versículos sucesivos una temática montada sobre dichos términos. Es lo que ocurre en el c. 3 con «día» y «noche», y toda su constelación de sinónimos.

La repetición de un término en lugares estratégicos ayuda al lector a descubrir el propósito del poeta, como ocurre p.e. con *maqom* «lugar» en 28,1.6.12.20.23. De este modo se describe la sede natural de todas las cosas dentro del orden cósmico, sabiduría incluida. También en este capítulo desarrolla el poeta una técnica que podíamos denominar «desvelamiento progresivo», donde se excita la curiosidad del lector mediante el recurso a la intriga. En vv. 1-11 el poeta se limita a describir; el lector asiente admirado. Pero las preguntas del v. 12 hacen ver a éste que el autor del poema está relacionando el contenido de los vv. 1-11 con la sabiduría. Algo ya sabe, pero el autor no le desvela el misterio. ¿De dónde se saca la sabiduría? En lugar de ofrecer una respuesta inmediata, comienza a excitar el ánimo del lector mediante el uso de oraciones negativas: «no sabe»; «no está»; «no se da»; «no se paga»; etc. (vv. 13-19). Una nueva pregunta (v. 20) comienza a inquietar al lector. Nuevos rodeos retrasando la respuesta en vv. 21-22. La solución viene a continuación: «Sólo Dios conoce su camino...». Un recurso estilístico análogo encontramos en Prov 5,15-19.

En ningún otro libro del AT descubrimos una relación tan estricta entre estilo poético y mensaje teológico. El autor de

Job utiliza a gran escala juegos de palabras, dobles sentidos, analogías [19] y sobre todo un uso polivalente de las metáforas animales y vegetales para poner en evidencia la ambigüedad de los supuestamente uniformes elementos del orden cósmico. De este modo, va caracterizando de necia la actitud de los amigos de Job de querer deducir del orden del cosmos y de la interacción de sus elementos una mecánica doctrina de la retribución. El mundo natural tiene evidentemente sus controles, pero sometidos a la voluntad de Dios, no viceversa. Querer deducir del orden natural cómo Dios debería actuar implica negar la soberanía divina. Esta es la finalidad del recurso estilístico a la ambigüedad en el libro de Job. Las cosas no se mueven por la necesidad, sino por la posibilidad.

En el c. 3 descubrimos otro aspecto de la relación entre estilo y teología. Generalmente, en el AT «luz» es símbolo de la vida, imagen de la felicidad y la prosperidad; «oscuridad», de desdicha y de muerte. En todo el capítulo se percibe un trastocamiento de los valores de estos símbolos arquetípicos: la tiniebla es felicidad; la luz, tristeza y fracaso. Esta «perversión simbólica» no es más que un reflejo de la perversión que Job percibe en el orden natural y de la perversión (experimentada en propia carne) de la doctrina de la retribución [20].

3. Estructura general

Lo primero que un lector puede discernir en el libro de Job es el marco en prosa (cc. 1-2; 42,7-17) [21] y el cuerpo poético de la obra (3,1-42,6). No se trata de un tipo de poesía cualquiera, sino de poesía didáctica. Aunque esta distinción es válida en líneas generales, una mirada más de cerca nos ayuda a descubrir prosa narrativa en el cuerpo del poema (32,1-6). Por otra parte, no hay que perder de vista el contenido del marco

---

[19] Sobre el uso de la alusión y la analogía en Job, ver R. Gordis, *God and Man*, 190-208.

[20] Sobre contenido y función del c. 3, L.G. Perdue, *Wisdom in Revolt* (Sheffield 1991) 91-110.

[21] Sobre problemas literarios de este marco, consultar L. Alonso Schökel / J.L. Sicre, *Job* (Madrid 1983) 36-43; B. Vawter, *Job and Jonah* (Nueva York 1983) 26-42; sobre su teología, J. Lévêque, *Job et son Dieu* I (París 1970) 191-210. Datos sobre el «país de Job» en P. Dhorme, *Le livre de Job*, EB (París 1926) XIX-XXII.

narrativo y su relación con el poema. Desde esta perspectiva puede vislumbrarse una estructura alternativa.

En la narración de cc. 1-2 Yahvé permite a Satán torturar a Job psicológica y físicamente para demostrar que su siervo es intachable, que su religiosidad no depende de su prosperidad económica y familiar (cf. 1,9). Pero, después de la prueba, y tras la comprobación de la integridad religiosa de Job, interviene el narrador para comunicar que «a pesar de todo, Job no pecó con sus labios» (2,10). Aquí podría muy bien terminar el relato; la intriga narrativa no necesita más elementos. Sin embargo, en 31,40 encontramos otro broche de cierre: «Fin de los discursos de Job». ¿Qué ha pasado hasta aquí? La conducta sumisa de Job al final del c. 2 deja paso en el c. 3 a una sorprendente actitud agresiva por parte del héroe, conducta que va *in crescendo* durante el diálogo con sus amigos: Job pretende llevar a Yahvé a los tribunales para que justifique legalmente su sañuda e inmisericorde persecución. El juramento de 31,24 supone un clímax dramático: si realmente Job es inocente, el culpable sólo puede ser Yahvé. El broche de 31,40 podía dar por zanjada la cuestión, sobre todo teniendo en cuenta que los discursos de Elihú que vienen a continuación son pasados por alto tanto por Job como por Yahvé.

Los discursos de Yahvé desde el torbellino (cc. 38-41) [22] no responden directamente al reto de Job, sino que Yahvé, por su parte, lanza un reto a Job. Al final el héroe reconoce que no tiene ningún derecho a decidir cómo tiene que funcionar el orden cósmico. Si Dios ha demostrado que es libre para afligir, idéntica libertad demuestra para bendecir (cf. 42,12-17). «Y Job murió anciano y colmado de años». Punto final.

Podemos decir, a tenor de lo expuesto, que el libro de Job está compuesto de tres partes, que se corresponden con los elementos propios de una narración en general o del cuento popular en particular: exposición (Yahvé aflige a Job), complicación (Job reta a Yahvé; Yahvé reta a Job) y desenlace (Yahvé bendice a Job). El desenlace tiene lugar después de que Job, supuestamente acusado en falso por Yahvé, retira su denuncia contra éste (42,2-6).

---

[22] Ver al respecto L. Alonso Schökel / J.L. Sicre, *Job*, 55-63.

La estructura del libro de Job responde, según algunos autores, al esquema de la metáfora legal [23]:

- A. Anticipación (1,6-11; 2,1-6)
  - B. Posibilidad de recurso a los tribunales (cc. 9-10)
    - C. Reto al acusador (c. 13)
      - D. Anuncio de un juez (16,18-21; 19,21-29)
        - E. Testimonio del acusado (cc. 29-30)
        - E1. Juramento y reto del acusado (c. 31)
      - D1. Veredicto de un juez (cc. 32-37)
    - C1.Reto al acusado (38,1ss; 40,6ss)
  - B1. Se desecha el recurso a los tribunales (42,1-6)
- A1. Exculpación (42,7-9)

4. Género literario

Tras este análisis de la estructura conviene recalar en la determinación del género. Las respuestas de los especialistas varían, en parte porque no se ponen de acuerdo en si prescindir del cuento en prosa, o no. Si tomamos el libro en su factura actual (narración y poesía), la categoría más adecuada parecería ser la de *debate* o disputa legal, género frecuente en la sabiduría de Mesopotamia [24]. Ahora bien, si prescindimos del marco narrativo quedan dos alternativas: diálogo (orientado a la respuesta del hombre al sufrimiento y al carácter de Dios) y lamentación. El carácter de *diálogo* está claro, pero, dado que comienza con una maldición (3,1-3) y termina con el sometimiento del héroe (42,1-6), podría pensarse en el tipo *lamentación* [25].

Conviene recordar al respecto la discusión ofrecida por algunos comentaristas sobre la pertenencia, o no, de Job a la llamada «literatura» sapiencial. Quienes niegan esa naturaleza se basan fundamentalmente en dos aspectos convergentes: la

[23] Esquema tomado de N.C. Habel, *The Book of Job*, 54.

[24] Los especímenes de este tipo de literatura presentan la siguiente estructura (incompleta a veces o con variantes, según los casos): prólogo y epílogo mitológicos, debate propiamente dicho y teofanía, en la que el dios zanja la cuestión. Esencial al respecto la obra de J.J.A. van Dijk, *La sagesse suméro-accadienne* (Leiden 1953) esp. 31-42. El género «debate» en Job es rechazado explícitamente por G. von Rad, *Sabiduría en Israel* (Madrid 1985) 264.

[25] Algunos autores funden ambos elementos y definen el género de Job como «lamentación dramatizada» (*Dramatisierung der Klage*). Así, C. Westermann, *Der Aufbau des Buches Hiob* (Stuttgart ³1978) 27-39.

peculiar forma literaria de Job [26], que no coincide con los desarrollos formales habituales de la sabiduría, y la ausencia de un intento claro de «enseñar» por parte de su autor [27]. Una obra de Gese viene a paliar estas acusaciones, que, en base a detallados análisis de la literatura afín sumero-acádica, define formalmente el libro de Job como «paradigma de una lamentación atendida» (*Klageerhörungsparadigma*) [28], que serviría de modelo para enseñar a la gente cómo responder ante el sufrimiento.

Lo cierto es que no han pasado desapercibidas las semejanzas de Job con las súplicas del Salterio (elementos como el arrepentimiento, la confesión y el perdón), tan sorprendentes en algunas ocasiones que se ha llegado a veces a aceptar erróneamente la dependencia de Job del culto israelita. La presencia del elemento teofánico (cc. 38ss) parecería corroborar dicha impresión. Pero lo cierto es que toda esa serie de elementos formales aparecen también fuera del culto, en el devenir de la vida ordinaria del israelita [29].

La resistencia de algunos autores en aceptar el género *disputa legal* radica fundamentalmente en el hecho de que, aunque Job ansía tener la oportunidad de enfrentarse en la corte de justicia con su acusador, en definitiva, y por el propio desarrollo literario del libro, pierde la esperanza de poder conseguirlo. Por otra parte, a nadie pasa desapercibida la abundancia de elementos rituales y cultuales.

A pesar de esta pluralidad de tendencias interpretativas, y a pesar también de la necesaria aceptación del carácter peculiar del libro de Job, forzoso es reconocer que en él predominan los elementos sapienciales [30]. Refuerzan esta afirmación las sorprendentes analogías de Job con la literatura sapiencial de Mesopotamia. Por otra parte, el elemento teofánico de cc. 38ss. no tiene por qué ponernos necesariamente en relación

---

[26] El carácter *sui generis* del libro se advierte en el uso, por parte del poeta, de elementos proféticos, rasgos sálmicos (súplica e himno; comparar p.e. 21,7-26 con Sal 73,2-12), lenguaje legal y sabiduría.

[27] Exponente de esta tendencia A. Weiser, *Das Buch Hiob*, ATD 13 (Gotinga [5]1968) 9-11.

[28] H. Gese, *Lehre und Wirklichkeit in der alten Weisheit* (Tubinga 1958) esp. 70-78.

[29] Cf. J.L. Crenshaw, *Old Testament Wisdom* (Londres 1982) 122.

[30] Al respecto, R. Gordis, *God and Man*, 31-52.

con el ámbito cultual, pues se ofrece al lector en esos capítulos un completo y magistral repertorio de sabiduría de la naturaleza. Finalmente, la tradición sapiencial ha puesto a disposición del poeta la inspiración general (posibilidad de una religión desinteresada; el porqué del sufrimiento; el problema de la teodicea) y una gran parte del vocabulario.

5. Paralelos extraisraelitas

Hablar de «paralelos» exige una precisión. No se trata de obras del Próximo Oriente en las que se haya basado el autor de Job para componer su magnífica obra, sino de escritos sapienciales con los que de hecho coincide parcialmente el texto bíblico en un esquema, en la presentación de cierto tipo humano y en diversos aspectos conflictivos de la relación del ser humano con la divinidad. No está actualmente al alcance de los investigadores la posibilidad de hablar de una dependencia directa del libro de Job de ciertas obras de la cultura egipcia y mesopotámica. A lo sumo habrá que hablar de la existencia de una fuente literaria común en el área cultural del Próximo Oriente.

El problema al que se enfrenta el autor del libro de Job fue planteado también por los sabios de Egipto y de Mesopotamia [31]. En la obra egipcia del Imperio Medio *Disputa sobre el suicidio* (ANET 405-407) un hombre, considerando que su vida es insoportable, discute con su alma (su yo) la posibilidad de concebir el suicidio como una solución a sus problemas. Su alma vacila, pero al final se inclina por aconsejar una vida entregada al placer y a la despreocupación («Persigue el día feliz y olvídate de las preocupaciones»). Aunque se perciben paralelos ideológicos y fraseológicos con Job, no puede decirse que exista una relación entre ambas obras. *Quejas del campesino elocuente* (ver ANET 407-410) es otro texto egipcio con una forma literaria parecida a la de Job. El cuerpo de la obra va precedido de un prólogo y concluye con un epílogo. Un maltratado campesino pide satisfacciones al mayordomo en nombre de la justicia, en una actitud que recuerda la de Job. Cuando parece que va a padecer la muerte por su osadía, la da por

---

[31] Sobre esta última cultura, ver J. Gray, *The Book of Job in the Context of Near Eastern Literature*: ZAW 82 (1970) 251-269.

bienvenida. Pero al final la justicia triunfa. Las diferencias con Job son también claras. Mientras que en la obra egipcia se trata de la justicia social, en el libro bíblico se aborda el problema de la justicia divina.

Mesopotamia es el país que ofrece mayor número de obras relacionadas con el sufrimiento humano. Aparte de los abundantes salmos y lamentaciones, llama sobre todo la atención la obra *ludlul bel nemeqi,* «Alabaré al señor de la sabiduría» (ANET 596-600). Son tales los puntos de contacto con la obra bíblica que también es conocido como «Job babilonio». El héroe de este poema, un hombre de posición elevada, presa de la enfermedad (que le obliga a tumbarse y revolcarse sobre sus propios excrementos) y el sufrimiento, consulta a los dioses tratando de averiguar las razones de sus males, pues no le cabe en la cabeza que éstos sean consecuencia del pecado. Ante el silencio del cielo, acaba convenciéndose de la imposibilidad de comprender el mundo de los dioses. Cuando parece que la muerte es inminente, interviene Marduk restituyéndole la salud. Si comparamos esta obra con el libro de Job, percibimos de inmediato que los dos héroes hacen gala de inocencia e impugnan la justicia divina. Sin embargo, las desemejanzas son también claras. Desde el punto de vista formal, el poema acádico es un monólogo poético. Por lo que respecta al contenido, mientras Job está convencido de su probidad ética, el sufriente de la otra obra está dispuesto a reconocer que ha podido pecar insconcientemente.

Se perciben también ciertas analogías con Job en las obras *Diálogo del pesimismo,* más afín a la problemática del Eclesiastés (ANET 600-601) y *Teodicea Babilonia,* diálogo entre un hombre y sus amigos replanteando desde el sufrimiento inocente la doctrina de la retribución (ANET 601-604). Existen fragmentos de un poema sumerio, *Un hombre y su dios* (ANET 589-591), mucho más cercano al libro de Job que cualquier otro de los documentos de Mesopotamia. La diferencia estriba en que el héroe sumerio confiesa su culpa y el dios responde liberándolo de su aflicción. En realidad, su postura no coincide con la de Job, sino con la de sus tres amigos y la de Elihú [32].

[32] Sobre el «tema de Job» en otras literaturas no semitas, puede consultarse J. Lévêque, *Job et son Dieu* I, 91-114; también A. de Wilde, *Das Buch Hiob,* 19-28; D.J.A. Clines, *In Search of the Indian Job:* VT 33 (1983) 398-418.

Conviene finalmente precisar que, siguiendo un sano principio hermenéutico, cualquier libro del AT debe ser leído dentro del gran contexto veterotestamentario. En consecuencia, el libro de Job y su problemática debería ser abordado preferentemente en el gran marco de referencia del AT, sin necesidad de una búsqueda apresurada de «paralelos» extrabíblicos [33].

III. CONTENIDO Y PROPOSITO

Bibliografía española: J. Alonso Díaz, *La experiencia de Job en la órbita del amor de Dios:* BibFe 1 (1975) 66-81; L. Alonso Schökel, *La respuesta de Dios:* Conc 189 (1983) 392-402; J.S. Croatto, *El problema del dolor:* RBibArg 24 (1962) 129-135; J. Salguero, *El dolor constituye una prueba saludable para el hombre:* CuBib 20 (1963) 280-299; C. Westermann, *Los dos rostros de Job:* Conc 189 (1983) 344-358.

1. *Prólogo: la honradez desinteresada*

El tema que subyace a la narración didáctica del prólogo se ocupa de la búsqueda de un solo ejemplo humano de honradez desinteresada. Job era un hombre «justo y honrado, religioso y apartado del mal» (1,1). ¿Pero era desinteresada su religión? (cf. 1,9). Esta es la pregunta que Satán le formula a Yahvé. El medio utilizado para comprobar la solidez religiosa de Job es el sufrimiento. Puede que Crenshaw tenga razón al afirmar que el sufrimiento inocente funciona como un tema secundario [34], pues en 1,21 y 2,10 demuestra el protagonista la manera religiosa más adecuada de responder al sufrimiento inmerecido. Ese carácter secundario del tema del sufrimiento está patente al menos en el sustrato épico original del prólogo.

El prólogo se compone de cinco cuadros que se suceden alternativamente en la tierra (1,1-5.13-22; 2,7-10) y en el cielo (1,6-12; 2,1-6). Se nos presenta al personaje, a sus posesiones y a su familia. Un cuadro completo e idílico; una vida facilitada por la protección de Yahvé (cf. 1,10). Las dos escenas celestes, de un rancio sabor mitológico, parecen un duplicado (al menos 1,6-8 y 2,1-3a), motivo por el que algunos comentaristas

---

[33] Ver al respecto P. Dhorme, *Job*, *CXXI-CXXXIV*; R. Gordis, *God and Man*, 19-30.
[34] J.L. Crenshaw, *Old Testament Wisdom*, 101.

ven en la segunda una ampliación redaccional y más reciente de la primera. La cruel apuesta entre Yahvé y Satán dejan a Job a merced de unas manos inmisericordes. Job se gana las simpatías del narrador: «A pesar de todo, Job no protestó contra Dios» (1,22); «A pesar de todo, Job no pecó con sus labios» (2,10). Los tres últimos versículos del c. 2 sirven para introducir a los tres amigos y constituyen la transición necesaria al diálogo poético. Parece que, en definitiva, Job se va a atrever a retar a Yahvé, como le había sugerido su esposa (2,9). A pesar de esta transición literaria, el lector no acaba de ver con claridad la relación entre la sumisa actitud de 2,10 y el dramático arranque de 3,1; y tampoco se explica el respetuoso silencio de los amigos de Job (2,13), que a partir del c. 4 van a torturarle con sus discursos.

2. Destino del malvado y justicia de Dios

El diálogo poético está formado por tres ciclos de discursos. Con cada una de las intervenciones de Job (cc. 3.6-7.9-10.12-14.16-17.19.21.23-24.26-27) van alternando sus respuestas Elifaz (cc. 4-5.15.22), Bildad (cc. 8.18.25) y Sofar (cc. 11.20) [35]. En sus discursos, Elifaz maneja dos ideas en aparente contradicción. Por una parte, ofrece la exposición tradicional de los respectivos destinos del justo y del malvado: ningún inocente ha muerto nunca; sólo perecen los malvados, cuya destrucción puede darse por segura (4,7s). La segunda idea se refiere a la naturaleza de Yahvé, en el sentido de que Dios no saca ningún beneficio de la recta conducta del hombre (22,3). Entonces, si la virtud humana no beneficia a Yahvé, ¿por qué castiga a los malvados, si es de suponer que tampoco le perjudican? Elifaz trata de justificar a Yahvé a expensas de Job, mediante un argumento *a maiore ad minus*: si Yahvé ni siquiera puede confiar en la pureza y la obediencia de los ángeles, ¿cómo va a confiar en seres cuyas casas pueden ser abatidas? (4,18s; cf. 15,15s). Elifaz, pasando por alto la autoproclamación de inocencia de Job, le invita a someterse a la corrección

---

[35] Los últimos discursos de Bildad, Job y Sofar están mutilados y en desorden. Sobre las tesis de los amigos y las respuestas de Job, ver J. Lévêque, *Job et son Dieu* I, 239-291.

divina para poder superar su actual situación, llevar una vida en plenitud y morir en paz (5,17-26s).

Estas ideas de Elifaz son confirmadas por Bildad en sus intervenciones, centradas fundamentalmente en la descripción del destino fatal de los malvados. Con tal finalidad despliega una llamativa imaginería poética (8,11-18; 18,5-10), a la que sólo se puede comparar Prov 25-26. Lo mismo que Elifaz, también Bildad dirige su mirada a lo alto, para descubrir que, si ni siquiera los astros son puros ante Yahvé, ¿qué puede pretender y alegar el hombre, que no es más que un gusano? (cf. 25,5-6). Aunque este personaje trata de defender la justicia de Yahvé, en el fondo la está desprestigiando. ¿Cómo se puede hablar de justicia cuando los hombres son culpables por naturaleza? ¿No ha pervertido Yahvé la justicia al introducir una relación anómala en el orden natural? En su afán por buscar una respuesta a la desgracia del hombre, describe la enfermedad y la muerte como agentes divinos.

También Sofar hace suyo el discurso sobre el destino del malvado, que describe con encendido entusiasmo (especialmente c. 20). Según él, los malvados son enemigos personales de Yahvé, a quienes él ataca demoliendo sus casas y aniquilando a sus hijos (27,14.18). Sofar introduce en su argumentación una novedad relativa: el arrepentimiento es capaz de alterar el propio destino. Es la única salida que le queda a Job, a pesar de que éste persiste en su inocencia. De algún modo, en el trazo de teología de la creación de 11,7-8 se preanuncia el eslogan de los discursos de Yahvé (cc. 38-42).

En las respuestas a sus amigos Job se sitúa permanentemente alineado con la crítica a la sabiduría teológica convencional representada por Elifaz, Bildad y Sofar. Sus más sagradas convicciones se han desmoronado, hasta el punto de llegar a parodiar los más básicos contenidos de la fe. A veces da la impresión que defiende el punto de vista de que la conducta humana, buena o mala, en nada afecta a Yahvé, de que no hay pecado que pueda lesionarle (7,20; cf. 13,25). Además, ¿para qué ser bueno, si Yahvé da por supuesto que eres malo? Este cuestionamiento radical de la moral tiene su origen en la percepción de un elemento de desorden e injusticia en la naturaleza: mientras un árbol tiene garantizados sus rebrotes con tal de que su tocón siga arraigado en la tierra, el hombre debe afrontar un porvenir incierto (14,7-10). Como si Yahvé destruyera activamente toda esperanza. El antagonismo divino llega a tales extremos que Job no se siente confortado por las ideas del Sal 8; al contrario, sólo quiere que Yahvé aparte de él su vista y le deje tranquilo (cf. 7,17-19; 14,6).

En todo caso, Yahvé ha cometido con él un grave error, pues de lo contrario habría que deducir que destruye por igual el orgullo de los malvados y la esperanza de los justos (cf. 9,20-22). ¿Qué le queda a Job? Sin duda, interpretar la conducta de Yahvé como mala voluntad, considerarlo como su antagonista personal (cf. 16,9; 19,8-11) [36]. ¿Pero puede algo Job frente a Yahvé?

Job percibe con claridad el desequilibrio de fuerzas, pero poco a poco se va imponiendo en su mente la idea de que un árbitro pueda mediar en el litigio entre él y Yahvé (comparar 9,32-33 con 13,13-22 y 27,7). En lo alto cuenta sin duda con un defensor (16,19; 19,25), que recriminará a Yahvé por su injusta conducta [37]. Por eso pide de forma conmovedora que la tierra no cubra su sangre, para que sea perpetuo testimonio contra Yahvé (16,18); que sus palabras queden grabadas en roca como acusación indeleble (cf. 19,23-24). Si Yahvé comparece a juicio y Job lo ve, puede darse por satisfecho. Su rehabilitación está asegurada, pues ningún mortal puede ver a Yahvé y seguir con vida. De todos modos, esta disposición de Job está erizada de ironía. Por una parte, como hemos visto, prefiere escapar de la agobiante presencia de Yahvé; por otra, suspira con encontrarlo (23,8-9), porque sólo en el encuentro personal podrá darse la rehabilitación (23,3-7) [38]. Al binomio «escapar»/«encontrar» se añade la paradoja «muerte»/«no muerte». A veces invoca al mensajero de la muerte, con la convicción de que sólo así encontrará un definitivo descanso (cf. 6,8-9; 10,18-19); por otra parte se aferra a la vida, como única posibilidad de recibir, tarde o temprano, el veredicto divino de inocencia.

---

[36] Sobre la aparente enemistad de Yahvé hacia Job, ver J.L. Crenshaw, *A Whirlpool of Torment* (Filadelfia 1984) 62-75.

[37] Sobre este espinoso asunto para la teología bíblica, consultar J.B. Curtis, *On Job's Witness in Heaven*: JBL 102 (1983) 549-562.

[38] Sobre esta «duplicidad» en Job, cf. A. Weiser, *Hiob*, 13.

3. Misterio de Dios y religiosidad verdadera

Job puede estar tranquilo, pues Yahvé va a hacer acto de presencia y le va a responder con dos discursos desde la tormenta (cc. 38-39; 40-41) [39]. La tensión es máxima, pues este elemento teofánico evoca los rayos y el viento huracanado destructores de 1,6.19 (cf. 9,17). En contra de lo que cabría esperar de los propósitos de Job, ambos discursos reducen al silencio a nuestro héroe, que desaparece de escena [40]. Incluso los problemas planteados por su caso particular (sufrimiento inocente) y sus cargos (injusticia divina) parecen ser desatendidos. El lugar de Job es ocupado por los misterios de la naturaleza. Se diría que el supuesto desorden personal sólo tiene una eventual explicación desde el orden del cosmos y desde la sabiduría necesaria para mantener su armonía.

Con el primer discurso (cc. 38-39) pretende Yahvé ridiculizar el titanismo de Job. Los vv. 2-3 suenan a reto. A continuación, el poeta recurre a pura teología de la creación, a la sabiduría de la naturaleza [41], para demostrar la deficiencia de la sabiduría de Job y su incapacidad para dominar las fuerzas de la naturaleza y regir los destinos del universo. El recurso estilístico es la pregunta retórica [42]: 39 en c. 38 y 14 en c. 39. Job se queda sin habla (40,4-5). El segundo discurso (cc. 40,6-41,26) es más suave. Yahvé reconoce que no es tarea fácil regir el cosmos, pero reprende a Job por haber pretendido justificarse a sus expensas (40,8). Sólo cuando sea capaz de vencer el mal en todos sus órdenes (40,9-13), podrá el hombre salvarse a sí mismo. En definitiva, es un asunto de exclusiva competencia de la sabiduría divina. Si su brazo fuese capaz de someter el mal, el hombre se equipararía a Yahvé [43].

[39] Ver al respecto R.A.F. MacKenzie, *The Purpose of the Yahweh Speeches in the Book of Job*: Bib 40 (1959) 435-445; G. Fohrer, *Studien*, 114-134; B. Vawter, *Job and Jonah*, 83-86. Estudio monográfico de los discursos de Yahvé en J. van Oorschot, *Gott als Grenze*, BZAW 170 (Berlín 1987) esp. 147-209.
[40] Sobre la función del silencio de Job, A.M. Olson, *The Silence of Job as the Key of the Text:* Semeia 19 (1981) 113-119.
[41] Sobre el tema, cf. H. Richter, *Die Naturweisheit des Alten Testaments im Buche Hiob*: ZAW 70 (1958) 1-20.
[42] Otros aspectos de la «retórica divina» en el c. 38 en M.V. Fox, *Job 38 and God's Rhetoric:* Semeia 19 (1981) 53-61.
[43] Yahvé le diría a Job: «Tu diestra te ha dado la victoria», proclamación que sólo Él merece (cf. Sal 98,2).

El tema que Job había propuesto para debate ha sido totalmente desplazado. Este desplazamiento ha pillado al héroe sin preparación. Sorprendentemente la respuesta de Job se mueve en otro ámbito: reconocimiento del poder de Dios; confesión de su propia ignorancia y limitaciones; conocimiento imperfecto de Yahvé. Y consecuentemente, arrepentimiento. La reacción sorprende porque nada de eso había sido cuestionado a lo largo del poema. Job había dudado de la justicia de Yahvé, es decir, del valor de la doctrina de la retribución, pero nunca de su poder, como lo ponen de manifiesto la doxología de 9,5-10 y la lección de sabiduría y poder divinos de 12,7-25. ¿Cómo confiesa Job ahora su ignorancia y proclama su conocimiento imperfecto de Yahvé cuando, según el prólogo, las anteriores relaciones de Yahvé y Job desbordaban vitalidad? Esta aparente falta de armonía narrativa ha inducido a muchos autores a pensar que Yahvé soslaya en sus discursos las acusaciones de Job, y que de hecho no se responde al cuestionamiento radical de las relaciones entre Dios y el hombre que propone el libro (cf. 16,21) [44].

Sin embargo, las cosas son muy distintas de lo que opinan dichos autores. Job pedía de forma lastimera encontrarse con Yahvé (23,3.8-9), y lo consigue con creces. Quería hablar con Él y (aunque no podamos hablar de disputa) le hace salir de su lejanía. Además, Yahvé no le echa en cara los pecados y delitos que le imputaban sus amigos, indicio sin duda de que la divinidad reconoce implícitamente la inocencia de Job. Nuestro héroe pedía una tregua antes de morir (10,20), y no sólo la consigue, sino que se le prolonga la existencia (42,16-17). Yahvé responde indirectamente a las acusaciones de Job. Si para éste el mundo es un *caos* (afirmación deducible de su caso personal, según c. 3) en manos de los malvados (9,24), Yahvé le hace ver que se trata de un *cosmos* guiado por su sabiduría (38,36-37) y continuamente recreado por Él (38,4-38); no es fruto de las disposiciones de los malvados (cf. 40,11-13), sino de la justicia divina (cf. 40,8). La aclaración de tan espinosa cuestión radica en la contraposición entre «conocer

---

[44] Sobre el tema, consultar L. Alonso Schökel, *La respuesta de Dios*: Conc 189 (1983) 392-402; sobre la problemática general en torno al encuentro de Yahvé con Job, O. Keel, *Jahwes Entgegnung an Ijob* (Gotinga 1978) esp. 156-159.

de oídas» y «ver» (42,5). Job era un hombre fuera de serie: «justo y honrado, temeroso de Dios y apartado del mal» (1,1.8; 2,3). Yahvé lo había «*cercado y protegido*» (1,10). Tras el golpe fatídico, siente que su *cerca* ha sido derribada (cf. 19,10), que Yahvé le ha *cercado de violencia* (cf. 16,13). Ahora le ha dejado a la intemperie y le ha cerrado el camino (3,23; 19,8). ¿Conocía Job a Yahvé antes de salir a la intemperie? ¿Podemos pensar que la cerca de su seguridad era tan alta que no le permitía ver a nadie, ni siquiera a Yahvé, sino sólo su círculo familiar y sus bienes (cf. 1,2)? Puede que la crítica radical de este tipo de religiosidad basada en el *do ut des* y refrendada por la doctrina de la retribución sea el objetivo del libro de Job. Ya se lo había dicho Satán a Yahvé con sorna y cinismo: «¿Teme Job a Dios *por nada?*» (1,9). Desprendido de su seguridad y lanzado violentamente a la intemperie, Job se acerca peligrosamente a la blasfemia. A pesar de ser un hombre «temeroso de Dios», es decir, «religioso», resulta que sólo conocía a Dios de oídas. Sólo la «visión» de Yahvé, guía sabio del orden cósmico (que naturalemente puede subsistir sin Job), sólo la cercanía y la experiencia del misterio ayudan a Job a buscar el camino de salida. «Ahora te han visto mis ojos» (42,5). Desde esta perspectiva, puede afirmarse sin riesgo de equívocos que los discursos de Yahvé desde el torbellino recogen perfectamente las quejas de Job, no de forma directa, siguiendo las condiciones exigidas por él («o Yahvé o yo»), sino de manera indirecta, desde el punto de vista de la divinidad: necesidad de la mediación de su presencia para la adquisición de un verdadero conocimiento. Sólo desde el desasimiento y la intemperie, sin realidad alguna que interfiera en el encuentro Dios-hombre, es capaz Job de dejar entrar la luz a través de la maraña mental que lo torturaba [45]. Por eso, Job pasa de la acusación a la alabanza [46]. Efectivamente, la vida es gratuidad; no debe ser vivida desde la óptica «mercantilista» de la doctrina de la retribución. El hombre debe ser religioso («temeroso de Dios») por nada. Aquí empieza el camino de la sabiduría.

[45] Sobre la respuesta espiritual de Job, ver R.A.F. MacKenzie, *The Transformation of Job:* BibTB 9 (1979) 51-57.
[46] Sobre este aspecto, cf. D. Patrick, *Job's Address of God:* ZAW 91 (1979) 268-282.

4. *La verdadera sabiduría*

Este es al parecer el mensaje del hermoso poema del c. 28, que parece interrumpir el diálogo entre Job y sus amigos, motivo que ha inducido a la mayoría de los intérpretes a pensar que se trata de un añadido a la obra original. El final de los discursos de Job se menciona explícitamente en 31,40. Los cc. 29-31 pueden ser el alegato que el héroe prepara para un eventual juicio, en el que quiere demostrar su inocencia y la culpabilidad de su rival (cf. 27,6-7). Este hipotético empalme entre 27,7 y 29,2 es claramente interrumpido por el c. 28, un poema relativo a la búsqueda de la sabiduría y a las condiciones de su adquisición. El género dialógico deja paso al poema sapiencial. ¿Dónde se encuentra la sabiduría (28,12.20)?

Hasta el momento, tanto Job como sus amigos habían reivindicado su propia sabiduría, criticándola recíprocamente (12,2; 13,5; 17,10; 26,3). Pero la del c. 28 es otro tipo de sabiduría. El hombre, con su esfuerzo y su conocimiento al servicio de la técnica, es capaz de llegar hasta lo más recóndito y misterioso de la naturaleza (descripción de los yacimientos mineros). Su sabiduría profesional le proporciona dominio y riquezas. Hasta aquí vv. 1-11. Es posible que este *homo faber* eche en falta un conocimiento superior en el ámbito no tanto socio-económico cuanto humano y ético (como la primera pareja de Gn 3,3-5). La tentación consiste en pensar que puede tener acceso a ese conocimiento superior mediante el valioso fruto de su esfuerzo: oro, zafiro, corales, perlas, topacio. Pero nada se puede comparar a la Sabiduría y con nada se la puede comprar (vv. 12-19). La siguiente parte del poema ofrece al lector una respuesta parcial sobre el yacimiento de la sabiduría: desde luego, está fuera del ámbito de los seres vivos (v. 21). Tampoco en el mundo de las sombras y la muerte (v. 22). Sólo Dios conoce su camino y su yacimiento (v. 23). La naturaleza y finalidad de la Sabiduría están puestas en relación con la teología de la creación (vv. 24-27) [47]. En definitiva, sólo Yahvé posee la Sabiduría; para poder participar en ella, se le exige al hombre una disposición creatural: tener temor del Señor y apartarse del mal (28,28; cf. Prov 3,7). Entonces surge

---

[47] Se percibe claramente la relación entre este final del c. 28 y la teología de la creación desarrollada en los cc. 38-41. Podría decirse que se trata de una anticipación de la respuesta final ofrecida por Yahvé.

una pregunta en el lector que necesita una urgente respuesta: «De acuerdo en estas premisas para la adquisición de la Sabiduría. ¿Pero no nos ha dicho ya el narrador al principio del libro que 'Job... era temeroso de Dios y apartado del mal' (1,1)?» ¿Cómo se explica que Job, en posesión de las virtudes exigidas para alcanzar sabiduría, se haya visto abocado a la necedad y al fracaso humano? ¿O quizá pretende el poeta del c. 28 criticar la actitud dogmática de los amigos de Job mediante la afirmación indirecta de que la doctrina de la retribución no tiene nada que ver con la auténtica sabiduría y con el discurso sobre Dios, con la teología? En tal caso, el hombre sólo puede desarrollar su proyecto de *homo sapiens* desde la alteridad religiosa.

El redactor final del libro de Job retrasa la respuesta de Yahvé al reto de Job mediante la inclusión de los discursos de Elihú (cc. 32-37), que representan un tozudo afianzamiento teológico-pedagógico en la ortodoxia dogmática de los amigos de Job. En ellos la forma «diatriba» brilla con más claridad que en los de Elifaz, Bildad y Sofar. Aunque contienen algunas verdades profundas, que preludian ciertas ideas de los discursos de Yahvé, en realidad adolecen de racionalismo y de menosprecio del misterio del hombre. El carácter secundario de este material poético se pone de manifiesto en varios aspectos [48]. Por una parte, hasta este momento nada sabíamos de tal personaje, pues el prólogo en prosa no lo menciona y el epílogo prescinde de él. Por otra, su intervención es más que nada un monólogo, pues ni el propio Job ni Yahvé le prestan atención. Además interrumpe la continuidad entre 31,40 y 38,1. Por estos motivos, numerosos comentaristas consideran con razón que estos discursos constituyen un apéndice tardío.

5. *Epílogo en prosa: la libertad de Dios*

Una vez que la vertiente dramática del poema ha alcanzado su clímax con la teofanía y el encuentro de Job con Yahvé, el epílogo en prosa (42,7-17) retoma los hilos sueltos del prólogo. No vuelven a aparecer en escena Satán y la mujer de Job, que ya habían cumplido con su cometido. El relato se centra en la justificación interior y exterior del héroe. Yahvé

[48] Ver R. Gordis, *God and Man*, 104-116.

reconoce que Job ha «hablado rectamente» de El. ¿Pero dónde ha manifestado Job la rectitud de sus palabras? Si aceptamos que el primitivo cuento popular está sólo representado por el marco en prosa, habría que deducir que la rectitud de Job se pone de manifiesto en la respuesta que da a la propuesta de su mujer en 2,10: «Si aceptamos de Dios los bienes, ¿no vamos a aceptar los males?» Aunque no sabemos cómo ni en qué grado, el mal estaría relacionado de algún modo con el obrar providente de Dios, que habrá que aceptar desde la confianza y desde las dimensiones suprahumanas del misterio. Pero hemos de tener en cuenta que la intervención de Yahvé en el epílogo no implica sólo el recto hablar de Job, sino la «temeraria» actitud de sus amigos. Luego el epílogo tiene en cuenta también el contenido de las intervenciones de esos tres personajes durante el diálogo poético.

No habrá, pues, otro remedio que aceptar que lo que Yahvé rechaza es el marco general de la reflexión de Elifaz, Bildad y Sofar. Es cierto que Yahvé tiene un compromiso con la justicia, pero no hasta tal punto que carezca de libertad para tomar decisiones, que la relación acción-resultado de la doctrina de la retribución sea la suprema instancia teológica a la que el propio Yahvé debe estar sujeto. En tal caso la divinidad se vería reducida a la categoría de «reacción». En realidad, «los amigos de Job cultivaban una convicción religiosa más que una relación vital con el Dios vivo, pues creían en una divinidad racional esclavizada por un principio: la justicia. Según ellos, había dos principios que regían el universo, y el primero no era Dios»[49].

El epílogo presenta un dato que probablemente pertenecía al cuento popular original: la mención de los familiares y conocidos de 42,11. Los versículos finales hablan de la justificación exterior de Job.

IV. HISTORIA DE LA INVESTIGACION[50] Y CUESTIONES ABIERTAS

Dado que los mayores progresos en la investigación del libro de Job se han realizado en este siglo, centraremos prefe-

---

[49] J.L. Crenshaw, *Old Testament Wisdom*, 118.

[50] Interesantes datos en F. Delitzsch, Job, COT IV (Grand Rapids 1980) 33-44.

rentemente nuestra exposición en los resultados de las últimas décadas.

1. Desde los métodos críticos

En este ámbito, la mayor parte de los investigadores han concentrado sus esfuerzos en la aclaración de aspectos formales, tradicionales y redaccionales.

a) Análisis crítico del género o forma

Respecto a la forma literaria, la primera voz crítica de cierto peso fue la de Teodoro de Mopsuestia. Aunque no tenía a su alcance el rigor y la precisión de los actuales métodos de análisis, definió el libro de Job como *tragedia* [51]. Dos testimonios del Talmud (uno de ellos Rabí Resh Lakish) afirman que «Job nunca fue creado, ni existió, sino que es sin más una simple parábola (*mashal*)» [52]. Siguiendo este camino, Maimónides lo definió como ficción literaria, cuya única función fue la de poner de manifiesto las diversas opiniones que tenía la gente sobre la providencia divina. Job nunca habría existido [53]. Como *disputa* fue considerado ya por Nicolás de Lira [54].

Actualmente, sobre la huella de la literatura análoga del Próximo Oriente antiguo, se propone una triple vía de interpretación: género sapiencial, género debate judicial, género súplica. Aunque ningún comentarista pone en duda los rasgos sapienciales y la vocación didáctica del libro de Job, lo cierto es que los autores se resisten a individuar un género específico del ámbito de la sabiduría en el que encajase esta obra. Algunos reconocen el valor, en línea comparativa, del *debate entre sabios* [55], género de disputa cultivado especialmente en Egipto

---

[51] Cf. PG 76,697. Reservas en L. Alonso Schökel / J.L. Sicre, *Job*, 82, nota 16. Sigue esta línea interpretativa sobre todo H.M. Kallen, *The Book of Job as a Greek Tragedy* (Nueva York 1918); también M. Jastrow, *The Book of Job* (Filadelfia 1920).

[52] Según ciertos autores habría que traducir más bien este pasaje: «Job fue creado solamente para servir de parábola»; así, R. Gordis, *God and Man*, 65.

[53] Ver S.R. Driver / G.B. Gray, *The Book of Job*, ICC (Edimburgo 1921, reimpresión 1971) XXV, nota 2.

[54] Cf. P. Fedrizzi (ed.), *Giobbe*, BG (Turín/Roma 1972) 8.

[55] Cf. G. Fohrer, *Hiob*, 50-53; J. Lévêque, *Job et son Dieu* I, 232. Como «mesa redonda teológica» define este género de debate G. Ravasi, *Giobbe* (Roma 1979) 34s.

durante el s. XIII a.C. [56]. Richter [57], siguiendo la línea de Koehler, opina que el libro de Job responde mejor al género «debate judicial», en el sentido de que el héroe del libro establece respecto a Yahvé una serie de requerimientos que reflejan los diferentes usos del derecho procesal israelita [58]. Según Westermann, el libro constituye un desarrollo dramático de la súplica (*Klage*), más en concreto de la plegaria de un inocente acusado y perseguido [59]. Sin embargo, esta teoría no ha merecido la atención de la mayoría de los especialistas.

La actual investigación prefiere no encorsetar formalmente el libro de Job y tiende a hablar de «obra inclasificable», en el sentido de que el poeta o poetas utilizaron una tal variedad de recursos formales [60] que hacen de Job una obra única [61]. «No existe una única clasificación apropiada a la forma literaria del libro de Job. Comparte algo de las características de todas las formas literarias que se le han atribuido, pero es imposible clasificarlo exclusivamente como didáctico, dramático, épico o cosas por el estilo. Visto como unidad, el libro es *sui generis*, y ningún término particular o combinación de términos son adecuados para describirlo» [62].

b) Análisis crítico de la tradición

La crítica de la redacción del libro de Job se ha movido fundamentalmente en dos direcciones: profética y sapiencial [63]. Quizá sorprendidos por la mención de Job entre los profetas en Eclo 49,9, algunos autores han intentado rastrear en el libro elementos propios de la tradición profética. Así,

---

[56] Consultar ANET 475-479.

[57] Cf. H. Richter, *Studien zu Hiob* (Berlín 1959).

[58] Resumen en C. Westermann, *Aufbau*, 9; valoración en L. Alonso Schökel / J.L. Sicre, *Job*, 81.

[59] Ver C. Westermann, *Aufbau*, esp. 27-39.

[60] A la súplica (c. 3) pueden añadirse elementos jurídicos con rasgos formales propios del Salterio. En la base sapiencial de algunos capítulos destaca el estilo procesal. La mezcla de lo jurídico y lo sálmico destaca en cc. 9-10.19.23; lo sapiencial y lo sálmico en cc. 4-5.22.25; lo sapiencial, lo jurídico y lo sálmico en cc. 8.11.12-14.16-17.38-42.

[61] De «arco iris literario» habla G. Ravasi, *Giobbe*, 39s; de «carácter barroco», F. Horst, *Hiob*, XII.

[62] M.H. Pope, *Job*, XXXI.

[63] Cf. C. Westermann, *Aufbau*, 14-16.

Bardtke destaca especialmente tres elementos: el consejo divino de 1,6; 2,1, las penalidades de Job relacionadas con el anuncio de juicio [64], la forma de dirigirse Yahvé a Job personalmente [65]. Sin embargo, este autor no es capaz de explicar satisfactoriamente la ausencia, en el libro de Job, de tradiciones religiosas nacionales, signo inequívoco de aliento profético. Más atinadas son las observaciones de Terrien sobre la cercanía literaria entre las secciones hímnicas del Deuteroisaías y las de Job, en cuanto a «lengua, estilo y ciertos temas fundamentales» [66]. Sin embargo, carece de fundamento su pretensión de servirse de esa cercanía para establecer la fecha de composición de nuestro libro.

Los elementos sapienciales del libro de Job, tanto de tradición israelita como extraisraelita, han sido ampliamente reconocidos por sus más destacados intérpretes [67]. Sin embargo, algunos comentaristas han subrayado la influencia decisiva de la sabiduría de Egipto, en concreto la de la idea de la Maat. En efecto, la relación intrínseca acción-resultado que subyace a la doctrina de la retribución, elemento esencial en el libro de Job, presupone la idea de un dios que está por encima de los órdenes cósmico y social, y de las eventuales reivindicaciones humanas, pero que es capaz de condescender a la súplica del hombre [68]. Hay, en fin, autores que subrayan los influjos cananeos, especialmente en el diseño de la divinidad [69]. A pesar de todas estas aproximaciones, y sin negar la comunidad de ideas entre los países del Próximo Oriente, que sin duda ayudan a comprender la obra, lo más prudente es pensar en la autonomía del libro de Job.

---

[64] La observación no es correcta, pues el sufrimiento de Job es perfectamente explicable en el marco de la experiencia humana en general.

[65] H. Bardtke, *Prophetische Züge im Buche Hiob*, en F. Maass (ed.), *Das ferne und nahe Wort. Festschrift L. Rost*, BZAW 105 (Leiden 1967) 1-10.

[66] S. Terrien, *Quelques remarques sur les affinités de Job avec le Deutéro-Esaïe*: VTS 15 (1966) 295-310.

[67] Así, F. Delitzsch, *Job*, COT IV (Grand Rapids 1980) 5-9; P. Dhorme, *Job*, LXXXVIII; G. Fohrer, *Hiob*, 43-50; R. Gordis, *God and Man, 31-52*; J. Lévêque, *Job et son Dieu* I, 115.

[68] Se trata de la tesis sobre el «paradigma súplica-condescendencia» o «paradigma de una súplica atendida» (*Klageerhörungsparadigma*) de H. Gese, *Lehre und Wirklichkeit*, 70-78.

[69] Así, W.A. Irwin, *Job's Redeemer*: JBL 81 (1962) 217-229.

c) *Crítica literaria* [70] *y análisis crítico de la redacción* [71].

Se trata de un tema todavía abierto a debate. Los puntos conflictivos son: a) los problemas presentados por el marco narrativo (tensiones entre prólogo y epílogo; ¿hasta dónde se puede hablar de un relato original en prosa?); b) función y alcance del c. 3 (¿soliloquio en forma de súplica que no tiene nada que ver con el primer ciclo de discursos?); c) límites materiales de los ciclos de discursos (¿dónde empieza y dónde acaba cada uno?); d) origen y función del c. 28 (¿añadido posterior sin conexión directa con la temática de los discursos?); e) función de los discursos de Elihú en el marco redaccional (¿composición espuria?); f) originalidad de los discursos de Yahvé (¿son auténticos los dos, sólo el primero o ninguno?).

A pesar de la pluralidad de opiniones [72], ofrecemos una génesis esquemática de la composición del libro de Job, que consideramos, no obstante, abierta a debate. Se puede dar por supuesto que el primer estadio de dicha génesis está constituido por el prólogo y el epílogo en prosa, basados en una antigua épica oriental sobre Job [73]. En un segundo momento se construyeron los magníficos poemas de cc. 3-27.29-31 [74] y los discursos de Yahvé (cc. 38-41) [75]. En este caso, es probable que el c. 3 constituya el comienzo del diálogo y los cc. 29-31 su conclusión. Casi nadie duda actualmente que los discursos de Elihú (cc. 32-37) son secundarios y forman la tercera etapa de

---

[70] Visión panorámica en R.J. Williams, *Current Trends in the Study of the Book of Job* en W.E. Aufrecht (ed.), *Studies in the Book of Job*, 1-27, esp. 12-18.

[71] Consultar B. Duhm, *Hiob*, XII-XIII; K. Budde, *Hiob*, XX-XXIX; P. Dhorme, *Job*, XLIX-LXXXVII; J. Auneau (y otros), *Les Psaumes et les autres écrits* (París 1990) 90-92.

[72] Un exponente notable de esta pluralidad, sobre todo por sus peregrinas conclusiones, M. Prakasa Reddy, *The Book of Job. A Reconstruction:* ZAW 90 (1978) 59-94.

[73] Conviene advertir, sin embargo, que el redactor final ha retocado algunos aspectos, sobre todo del epílogo, para armonizarlo con ciertas ideas ofrecidas en el diálogo poético. Se duda sobre la originalidad de la figura de Satán en el prólogo; ver G. Ravasi, *Giobbe*, 22.

[74] Hay dudas, sin embargo, sobre la originalidad del tercer ciclo de discursos (cc. 21-27), dado su carácter fragmentario y las sorprendentes intervenciones de Job, en las que parece matizar sus anteriores posturas.

[75] Se duda seriamente de la originalidad de las descripciones de Behemot y Leviatán (40,15 – 41,26).

la composición del libro. Así lo ponen de manifiesto, entre otros detalles: el silencio de Job y Yahvé respecto a este personaje; el nuevo tipo de debate que introduce mediante citas casi explícitas de Job (33,9-11; 34,5-6; 35,2-3); su lengua ofrece proporcionalmente más arameísmos que el resto del libro. Existen serias dudas sobre la originalidad del c. 28, que algunos consideran un añadido posterior. Sin embargo, aun admitiendo esta posibilidad, este himno a la sabiduría anticipa acertadamente la solución al problema del libro propuesta por Yahvé en los capítulos finales [76].

2. *Desde la historia de las religiones* [77]

Los historiadores de la religión han estudiado preferentemente los temas y motivos religiosos del libro de Job a la luz de las literaturas sumero-babilónicas, cananea [78] y egipcia: los continuos alegatos exculpatorios de Job [79]; el tema del justo sufriente [80]; la justicia de Dios [81]. Las analogías entre la epopeya de Aqhatu ugarítica y el tema del destino de Job han sido puestas de manifiesto por Crook-Eliot [82]. Conviene mencionar, por último, en este cuadro la teoría (por cierto extravagante) del prestigioso escriturista Terrien, según la cual el libro de Job sería quizá un drama pararritual de la fiesta semítica de Año Nuevo [83]. Sea lo que fuere de estas teorías, no podemos dar por buena la opinión relativa a un préstamo directo por parte del libro de Job. A lo sumo debemos hablar de un patrimonio de motivos y temas común a las culturas del Próximo Oriente.

---

[76] Para ulteriores detalles, remitimos al magnífico resumen ofrecido por L. Alonso Schökel / J.L. Sicre, *Job*, 36-68.

[77] Amplia información en J. Lévêque, *Job et son Dieu* I, 12-116.

[78] Consultar P.C. Craigie, *Job and Ugaritic Studies*, en W.E. Aufrecht (ed.), *Studies in the Book of Job*, 28-35.

[79] J. Murtagh, *The Book of Job and the Book of Dead*: IrTQ 35 (1968) 166-173.

[80] O. García, *La prosperidad del malvado en el libro de Job y en los poemas babilónicos del «Justo Paciente»*: EstEcl 34 (1960) 603-619.

[81] W. von Soden, *Die Frage nach der Gerechtigkeit Gottes im Alten Orient*: MDOG 96 (1955) 41-59.

[82] Ver C. Westermann, *Aufbau*, 16. Cf. G. del Olmo, *Mitos y leyendas de Canaán*, 342, nota 48.

[83] S. Terrien, *Le poème de Job: drame para-rituel du Nouvel An?*: VTS 17 (1969) 220-235.

3. Desde la teología [84]

Bibliografía española: F. Asensio, *La visión de Elifaz y su proyección sapiencial:* EstBib 35 (1976) 145-163; J. Prado, *La creación, conservación y gobierno del universo en el libro de Job:* Sef 11 (1951) 259-288; Ph. Rouillard, *La figura de Job en la liturgia: ¿indignación, resignación o silencio?:* Conc 189 (1983) 336-343; B. Maggioni, *Job y Cohélet. La contestación sapiencial en la Biblia* (Bilbao 1933); G. Gutiérrez, *Hablar de Dios desde el sufrimiento del inocente* (Salamanca 1986).

Los teólogos que abordan el libro de Job centran su interés principalmente en tres puntos: el sentido del sufrimiento inculpable, el problema de la teodicea, relación entre culpa y redención. Se trata en definitiva de tres aspectos de un único problema. El sufrimiento inocente conlleva el discurso de la teodicea, de la justicia divina; ¿qué sentido tiene en tal caso hablar de redención? Un cuarto punto de partida es el de la lectura desde los pobres. Puede que algunos prefirieran situar esta reflexión «fuera de la teología»; pero, si tenemos en cuenta que los pobres son uno de los «lugares teológicos» por excelencia, la decisión está más que justificada.

Desde siempre, la mayor parte de los intérpretes han subrayado el problema del *sufrimiento* (o del mal en general) [85] como la base de comprensión del libro de Job. Con distintos matices, mientras algunos consideran el sufrimiento inculpable en sí como núcleo de la obra [86], otros, pasando por alto la pregunta por el sentido de ese sufrimiento, se fijan específicamente en el tipo de respuesta que ofrece el sufriente [87]. Sin embargo, hemos de preguntarnos: ¿se trata del problema específico del dolor humano o del planteamiento general de la búsqueda de un modelo de vida religiosa auténtica? La pregunta que Satán espeta con cinismo a Yahvé en 1,9 apunta en esta

---

[84] Me baso parcialmente en C. Westermann, *Aufbau*, 20-24.

[85] Al caso R. Gordis, *God and Man*, 135-156.

[86] En este caso, y a juzgar por los discursos de Yahvé en cc. 38-41, el sufrimiento podría funcionar como lugar de la revelación de Dios. Así, M. Tsevat, *The Meaning of the Book of Job*: HUCA 37 (1966) 73-106.

[87] «El tema capital, tanto de la leyenda de Job que sirve de marco narrativo cuanto del poema en sí, es el de la existencia doliente del hombre. No se trata de las preguntas por el origen, la base y la legitimidad del sufrimiento, sino de la pregunta por la actitud que debe adoptar el hombre ante él. El problema existencial es la pregunta por la actitud adecuada ante el sufrimiento», según G. Fohrer, *Hiob*, 549.

última dirección. Satán se pregunta por la posibilidad de una existencia genuinamente religiosa, es decir, totalmente desinteresada. El tema del sufrimiento es el medio utilizado para comprobar esa posibilidad en Job. Cierto que se podía haber buscado otro medio menos riguroso, pero el carácter extremo del dolor físico y moral de Job encaja en el dinamismo hiperbólico propio de una dramatización. El tema del sufrimiento inocente debería ser considerado un «tema anejo» [88].

Otros investigadores abordan nuestro libro desde la *teodicea*. El problema de la justicia divina implica la existencia, en la religión de Israel (también en la de Babilonia [89]), de un concepto de culpa entendido como correlato de exigencias éticas, y la creencia en el más acá como lugar donde se castiga la culpa o se premia la virtud. ¿Se puede hablar de justicia divina en el libro de Job? El protagonista, ante el brutal contraste entre experiencia personal y teología oficial, lanza al principio su duda agónica para acabar tachando de mala voluntad el comportamiento de Yahvé hacia él. Lo mismo da que sea un «sufrimiento-castigo» que un «sufrimiento-prueba», como opinaba Elihú en 33,19. Más aún, si la armonía personal (y social) es un reflejo del orden cósmico, el caso de Job sería paradigmático de la falta de orden moral en el mundo, de su desmoralización, es decir, de la injusticia de Yahvé. Pero, como hemos visto más arriba, la falsa alternativa planteada por Job («o Yahvé o yo») queda resuelta después de la «visión».

Hay autores que perciben el núcleo del libro de Job en la relación entre *creación y redención*. Tomando como base la doctrina bíblica de la retribución, opinan algunos que la fe no puede encontrar apoyo en el discernimiento de los mecanismos de esa doctrina, como querrían los amigos de Job, sino en la autorrevelación de Dios como creador en cc. 38-41. Sin embargo, y como en definitiva el des-orden que supone el sufrimiento no encaja significativamente en la armonía de la creación, Job acaba descubriendo al Dios redentor, que es el Dios de la gracia, de la gratuidad.

Hay, en fin, teólogos que se inclinan a examinar el mensa-

---

[88] Me encuentro en la postura opuesta a la de Fohrer, que considera la respuesta al sufrimiento como «Thema» y la duda sobre la autenticidad de la religiosidad de Job como «Nebenthema». Cf. nota anterior.

[89] Ver W. von Soden, *art. cit.*

je central del libro de Job desde *los pobres*. Uniendo metodología teológica y espiritualidad en su estudio, Gutiérrez ofrece las siguientes reflexiones: «La inocencia que Job reivindica enérgicamente nos ayuda a comprender la inocencia de un pueblo oprimido y creyente en relación a la situación de dolor y de muerte que le es impuesta... Job señala una pauta a través de su vehemente protesta, su descubrimiento del compromiso concreto con el pobre y con todo el que sufre injustamente, su enfrentamiento con Dios, y a través del reconocimiento de la gratuidad de su proyecto sobre la historia humana» [90].

4. Desde fuera de la teología

Bibliografía española: J. Collet, *De Job a Bergman. La angustia, el desafío:* Conc 189 (1983) 428-433; F. Chirpaz, *Bloch y la rebelión de Job:* Conc 189 (1983) 359-370.

Es normal y legítimo que cualquier lector de textos bíblicos los aborde desde sus intereses y sus prejuicios. Y hay que evitar los extremos de querer que la Biblia diga lo que yo quiero que diga o pensar que, al leerla, da igual lo que yo pueda creer. En consecuencia, habrá que dar la bienvenida, por enriquecedoras, las lecturas de Job ofrecidas desde otros ámbitos.

a) Desde la psicología

Hay que citar obligatoriamente en este contexto la obra de Jung, padre de la psicología analítica [91]. Aunque pasa por alto con ingenuidad la gravedad puesta de manifiesto por los métodos histórico-críticos, no podemos negar sus numerosas y frescas intuiciones [92]. Tras dejarse tentar ingenuamente por Satán y permitir cruelmente el sufrimiento de Job, Yahvé se ve obligado al final a admitir que, a pesar de su omnisciencia, no había sido capaz de darse cuenta del carácter amoral de su decisión. La situación lastimera de Job despierta en él el senti-

---

[90] G. Gutiérrez, *Hablar de Dios desde el sufrimiento del inocente* (Salamanca 1986) 26.185.

[91] C.G. Jung, *Réponse à Job* (París 1964; original alemán Stuttgart 1952). Otros aspectos de las lecturas psicológicas en W. Vogels, *The Spiritual Growth of Job:* BibTB 11 (1981) 77-80.

[92] Cf. J.L. Crenshaw, *Old Testament Wisdom*, 120-121.

do de la responsabilidad. En definitiva, el héroe del drama es Job, que se muestra superior a Yahvé tanto moral (sigue fiel a pesar de todo) como intelectualmente (percepción de la dualidad existente en Yahvé [93]: destrucción del hombre sin advertir que tiene necesidad de él [94]). Yahvé debe expiar su culpa. En su enfrentamiento con el hombre percibe la necesidad de hacerse hombre. La «respuesta a Job» se realiza en la encarnación y pasión de Cristo. A pesar de estas intuiciones fundadas en las categorías simbólicas de la percepción de Dios, el Job de Jung no deja de ser una obra más cercana al Prometeo griego, centrado en la progresiva hominización de Dios [95], que al inasible monumento literario y teológico de la Biblia. La relación Dios-hombre ofrecida por Jung no es más que una faceta alegórica de la relación psicoterapeuta-enfermo [96].

b) Desde el feminismo [97]

Adelantemos la premisa, generalmente compartida en la actualidad, de que en las antiguas civilizaciones, y en cierta medida todavía ahora, la sociedad era androcéntrica. Todo estaba hecho desde el hombre, por el hombre y para el hombre, inclusive las producciones literarias. El libro de Job no puede hurtarse a esta evidencia. Una lectura feminista de esta obra, como de cualquier otra, implica situarse a dos niveles analíticos: estudio de la figura de la mujer; estudio de los cuadros imaginativos y simbólicos relacionados con lo femenino.

Hay que partir del hecho de que en el libro de Job los principales protagonistas son masculinos, ¡hasta Yahvé! Las figuras femeninas se reducen a la esposa y las hijas del protagonista. Para empezar, cuando el narrador nos presenta el círculo familiar de Job (1,1.3), no menciona para nada a la esposa. Lo importante en una sociedad androcéntrica era asegurar la descendencia, el nombre. La esposa constituía sin más un me-

[93] Esta dualidad o antinomia existe también en Job, que pretende presentar a Dios como testigo contra Dios mismo; cf. C.G. Jung, *op. cit.*, 244.
[94] Conmovedoras afirmaciones de 7,8 («Cuando me mires tú, ya no estaré») y 7,21 («Muy pronto me acostaré en el polvo, me buscarás y ya no existiré»).
[95] Cf. G. Ravasi, *Giobbe*, 204.
[96] Más que una respuesta, lo que Job necesitaba era una terapia, según W.S. Taylor, *Theology and Therapy in Job:* Theology Today 12 (1956) 451-462.
[97] Cf. D.J.A. Clines, *Job 1-20*, WBC 17 (Dallas 1989) XLVIII-L.

dio. Ahora bien, forzoso es decir que la mención de las hijas no era del todo necesaria en el relato y es un dato a favor, pues si bien siete hijos más tres hijas forman un círculo familiar perfecto (número 10), igualmente perfecto habría sido tener sólo en cuenta a los siete hijos.

Desgraciadamente la esposa es sólo mencionada en el prólogo para recibir el calificativo de «necia» (2,10). Mientras los amigos de Job van destilando en el diálogo su sabiduría, creando discursos de alto nivel intelectual, la pobre esposa es presentada como un ser irreflexivo, dominada por un pragmatismo blasfemo. De hecho, elaborando una ecuación a partir del dato de la maldición, resulta evidente que Satán es a Yahvé (1,11; 2,5) lo que la mujer es a Job (2,9). Podría hablarse de una demonización de la esposa, una especie de «segunda Eva». Naturalmente esta visión es lógica desde el punto de vista de la teología, pues una lectura no-creyente de Job tendría que reconocer que la figura de la esposa es la única manifestación de sentido común de toda la obra. La mujer de Job no vuelve a hacer acto de presencia en el libro, ni siquiera cuando el círculo familiar es recompuesto (42,13-15).

Naturalmente las lecturas de Job desde fuera de la teología podrían multiplicarse hasta el infinito: vegetariana, materialista, atea, suicida, etc. Remito al lector a las obras de Ravasi [98] y Clines [99].

V. TRABAJO PRACTICO Y BIBLIOGRAFIA

1. *Orientaciones para el trabajo personal*

El cansancio que se percibe actualmente en los estudiosos de Job, sobre todo la frustración mal disimulada en algunos ante la falta de una solución plausible y consensuada (probablemente no la hay) a los eternos problemas formales y literarios del libro, nos invita a explorar nuevos caminos de acercamiento al texto.

Una primera vía de aproximación puede ser la del estudio de las imágenes. Sabido es que «la poesía de Job supera al

[98] G. Ravasi, *Giobbe*, 185-255.
[99] D.J.A. Clines, *Job 1-20*, XLVII-LVI.

resto de la poesía bíblica en virtuosismo y poder expresivo»[100]. En primer lugar, se percibe en el libro de Job una suerte de «perversión simbólica», especialmente en lo que se refiere a arquetipos tales como «luz» y «tinieblas»[101]. Podría ser sugerente la aparición de estos elementos en el c. 3 y en el c. 38. Mientras que en c. 3 las realidades luminosas (luz, aurora, alba) van dejando paso a las tenebrosas (tiniebla, sombra, oscuridad, niebla, eclipse, vientre cerrado, enterrar), hasta el punto de que la luz es devorada por la oscuridad, el c. 38 constituye un *crescendo* hacia la luz y la vida. Sugerente sería también un estudio de las imágenes relativas a la naturaleza de Yahvé o a su actividad (capataz, amo, verdugo, arquero funesto, torturador, terrorista; león, sabueso; viento abrasador; veneno) en boca de Job.

La abrumadora serie de preguntas en cc. 38-39, que reducen a Job al silencio, parecen estar engastadas en la retórica del poder. Si el Job-súbdito supiese las dificultades que tiene el Dios-gobernador para regir el cosmos, seguro que se habría ahorrado todas sus críticas, por injustificadas.

Desde la perspectiva feminista, podría estudiarse en detalle no sólo el papel de las mujeres en la obra, sino todos aquellos elementos (maternidad) o miembros relacionados con ellas (seno, pechos; cf. c. 3).

Por último, todo este campo de estudio sugerido líneas arriba podría compararse con el análisis de imágenes, tópicos de lenguaje y formas retóricas de los «precursores» del libro de Job en las literaturas egipcia y sumero-babilonia.

2. *Bibliografía comentada* [102]

ALONSO SCHÖKEL, L. / SICRE, J.L., *Job* (Madrid 1983). Magnífica obra en general, en la que cabría destacar la amplia y exhaustiva introducción y la corrección y belleza de la traducción. La bibliografía es buena y suficiente. El estudio de las dificultades textuales, aunque no es completo, se ciñe muy bien a los problemas más urgen-

---

[100] R. Alter, *The Art of Biblical Poetry* (Nueva York 1985) 87.
[101] Ver más arriba II, 2: «Aspectos literarios».
[102] La más completa bibliografía hasta la fecha en D.J.A. Clines, *Job 1-20*, LXIII-CXV.

tes. El comentario ofrece excelentes y llamativas sugerencias, difíciles de encontrar en otras obras del género.

CLINES, D.J.A., *Job 1-20*, WBC 17 (Dallas 1989). El lector puede darse cuenta de las pretensiones de este comentario al comprobar que el tratamiento de los veinte primeros capítulos ocupa 501 páginas. Tras hojearlo, forzoso es reconocer que su calidad está en relación directa con su voluminosidad. Amplitud de la bibliografía y tratamiento casi exhaustivo de los problemas textuales, sensibilidad literaria y comentario completo hacen de esta obra uno de los tres mejores comentarios actuales al libro de Job.

DHORME, P., *Le livre de Job* (París 1926). Tras una excelente introducción de 178 páginas, el autor despliega en el comentario sus excelentes dotes de exegeta y sus amplios conocimientos en historia de la exégesis. Tratamiento crítico-textual amplio y comentario ajustado y documentado hacen que, a pesar de los años transcurridos desde su publicación, nos encontremos ante otra obra de obligada consulta.

DRIVER, S.R. / GRAY, G.B., *The Book of Job*, ICC (Edimburgo 1921, reimpresión 1971). De acuerdo con la colección de la que forma parte, esta obra destaca por el rigor y exhaustividad con los que cuida las cuestiones filológicas. La introducción es suficiente, aunque la fecha de su composición reclama nuestra benevolencia ante algunas tomas de posición actualmente indefendibles. Imprescindible en las bibliotecas de los estudiosos de la Biblia.

FOHRER, G., *Das Buch Hiob*, KAT XVI (Gütersloh 1963). Se trata de una de las mayores aportaciones a la historia de la exégesis del libro de Job. Este monumental comentario (565 páginas) aborda la problemática de Job desde todos los posibles puntos de vista: retórico, literario, textual, teológico, histórico-religioso. Sus atinadas observaciones, su profundidad de pensamiento y la indiscutible profesionalidad del autor nos sitúan ante una obra ya clásica y muy difícil de superar.

GORDIS, R., *The Book of God and Man* (Chicago/London 1978). No se trata propiamente de un comentario si con este término designamos el género habitual entre nosotros. Traducción y comentario ocupan sólo las páginas 231-306. Sin embargo, lo que el autor ha silenciado en ellas lo ha expuesto en la amplia introducción (pp. 1-228) y en las sabrosas notas del final del libro (pp. 313-336). El tratamiento del texto y el conocimiento de la literatura judía al respecto constituyen las mejores aportaciones del libro.

HABEL, N.C., *The Book of Job*, OTL (Londres 1985). Es uno de los mejores comentarios actuales a Job, perteneciente a la prestigiosa colección *Old Testament Library*. Si exceptuamos el exagerado interés del autor por el tratamiento genérico del libro como «debate judicial», todo lo que puede esperarse de un comentario de estas características está abordado con rigor y profesionalidad.

HORST, F., *Hiob 1-19*, BK XVI/1 (Neukirchen-Vluyn ³1974). Lamentablemente la obra se vio truncada con la muerte del autor en 1962. La continuación del comentario, encargada a E. Kutsch, no ha visto todavía la luz. No exagera nada el editor de la colección cuando, en el prefacio a esta obra, afirma que con ella «se ha puesto de manifiesto un inhabitual filón de conocimientos bíblicos». En realidad se trata del mejor comentario al libro de Job, desgraciadamente inconcluso, que jamás se haya escrito. Echamos en falta una adecuada introducción, laguna más achacable a los editores que al autor, a quien probablemente le sorprendió la muerte antes de poder elaborarla.

LÉVÊQUE, J., *Job et son Dieu*, EB 2 vols. (París 1970). Lo más destacable de este comentario es su amplia y magnífica introducción: la primera parte dedicada al tema del justo sufriente en las antiguas literaturas del Próximo Oriente (Mesopotamia, Ugarit, Egipto, Arabia), de la India y de Grecia, así como las dos primeras secciones de la segunda parte: problemas de estructura literaria y los actores del drama.

POPE, M.H., *Job*, AB 15 (Garden City ³1982). De todos son conocidos el prestigio de esta colección y la calidad del comentarista. Sin embargo, no podemos estar satisfechos del libro, pues al relativamente inapropiado tratamiento del texto hay que sumar la tendencia «panugaritista» del autor, que resta interés a lo que podría haber sido un magnífico comentario.

RAVASI, G., *Giobbe* (Roma 1979). Cabe destacar en este comentario la magnífica y amplia introducción (274 páginas), en la que el autor aborda la presentación del libro de Job desde las coordenadas literaria y teológica, para dar paso al estudio de la tradición de Job desde las perspectivas de la sabiduría ortodoxa y heterodoxa. Nos ofrece también tres interesantes apartados sobre «Job, nuestro contemporáneo» (con referencia a las obras, entre otros, de Kierkegaard, Melville, Dostoyevsky, Jung, Camus, Bloch, Barth, Jaspers, von Balthasar, Henri Lévy), «Job y el teatro» y «Job en el arte».

Capítulo V
EL LIBRO DEL ECLESIASTES

I. DATOS GENERALES

Bibliografía española: A. Barucq, *Eclesiastés. Qohelet* (Madrid 1971); A.-M. Dubarle, *Los sabios de Israel* (Madrid 1958) 111-158; B. Maggioni, *Job y Cohélet. La contestación sapiencial en la Biblia* (Bilbao 1933).

1. El libro

a) Nombre del libro

Eclesiastés, título tomado de la Vulgata, es la forma latinizada del griego *ekklesiastes,* y supone un intento de los LXX de traducir el hebreo *qohelet,* nombre del autor según 1,1. La traducción «predicador» de algunas versiones y comentarios no encaja ni el talante de la obra ni en la función que podría suponerse en su autor. El griego *ekklesiastes* traduce *qohelet* razonablemente bien. *Ekklesiastes* es «quien se sienta o habla en la asamblea (*ekklesía*)», término en consonancia con el título hebreo. En efecto, *qohelet* es casi con toda seguridad una forma participial del verbo *qhl,* «reunir en asamblea», «convocar». El sustantivo *qahal,* «asamblea», derivado de este verbo, es traducido generalmente por *ekklesía* en los LXX. La opinión de que *qohelet* significa «asambleísta» en el sentido de «editor» o «recopilador» de material sapiencial está excluida por el hecho de que *qhl* nunca tiene por complemento objeto seres inanimados, sino personas. En todo caso, podría hacer referencia a la función del maestro de sabiduría de «convocar/reunir» gente en su escuela [1].

---

[1] Sobre el problema del nombre, ver J.L. Crenshaw, *Ecclesiastes* (Filadelfia 1987) 32-34.

Aunque *qohelet* es forma femenina, no hay razones para suponer que se trataba de una mujer, pues los verbos utilizados están todos en masculino [2]. La posible explicación de esta peculiaridad radica en el hecho de que las palabras hebreas de este tipo se usaban a veces para referirse a oficios o funciones; mediante una ampliación secundaria se referirían al detentor de tal oficio o función, como ocurre p.e. con *soperet*, «oficio de escriba» o «escriba». En resumidas cuentas, *qohelet* podría muy bien ser el nombre propio del autor del libro así titulado; alternativamente, el hecho de que en dos ocasiones se diga *haqqohelet*, con artículo, sugiere que podía tratarse de un título o un apodo [3].

Aunque el nombre parece, pues, designar al autor del libro como miembro de una asamblea, quizás alguien con una función especial como la de portavoz, nada sabemos sobre la naturaleza de esa hipotética asamblea: si era religiosa o política, algo así como una *gerousía* de Jerusalén; si académica o profesional. La afirmación de 12,9, «enseñó al pueblo conocimiento», no ofrece clave alguna, aunque apunta a la última posibilidad.

b) *Texto y versiones* [4]

El texto hebreo de Qohelet ha llegado a nosotros en buenas condiciones. Fragmentos de la mitad del s. II a.C., descubiertos en Qumrán, incluyen parte de 5,13-17, porciones sustanciales de 6,3-8 y cinco palabras de 7,7-9. Se piensa que la versión griega es obra de los discípulos de Aquila, pues revela una serie de peculiaridades estilísticas afines a la versión de Aquila preservada por Orígenes en sus *Hexapla* [5]. La versión siriaca de la Peshitta parece basarse en un texto hebreo muy parecido al texto masorético. La Vulgata se esfuerza como

---

[2] Recordemos que el verbo hebreo distingue morfológicamente las segundas y terceras personas según el género.

[3] Erudita discusión del tema en F. Delitzsch, *Proverbs. Ecclesiastes. Song of Solomon*, COT VI (Grand Rapids 1982) 202-205.

[4] Consultar, entre otros, R. Gordis, *Koheleth. The Man and His World* (Nueva York 31978) 133-143; L. di Fonzo (ed.), *Ecclesiaste*, BG (Turín/Roma 1967) 92-102.

[5] Sobre el alcance de estos rasgos estilísticos, cf. G.A. Barton, *The Book of Ecclesiastes*, ICC (Edimburgo 1908, reimpresión 1971) 9. Sobre el resto de las versiones griegas, cf. *Ibíd.*, 11-13.

puede por ser fiel al hebreo. El Targum es una paráfrasis libre que combina rasgos de interpretación midrásica. Aunque ocasionalmente se aparta del texto hebreo, sobre todo para evitar escollos heterodoxos, constituye un importante testimonio textual, que a veces ayuda a corregir el TM.

c) *Lugar en el canon*

El libro del Eclesiastés ocupa una parte de la tercera sección de la Biblia hebrea, los *ketubim* o «escritos». Junto con Rut, Cantar, Lamentaciones y Ester, integra el bloque de los cinco *megillot* o rollos, que solían leerse públicamente con ocasión de los festivales anuales. Eclesiastés, en concreto, se leía en la Fiesta de las Chozas o de los Tabernáculos. Su aceptación en el canon no se llevó a cabo sin controversias. Según la Misná [6], su canonicidad fue debatida en un principio, aunque desconocemos los argumentos que se propusieron a favor o en contra. La supuesta autoría salomónica y ciertos rasgos de ortodoxia (quizá glosas) favorecieron sin duda su definitiva inclusión en el canon [7].

2. *Autor, fecha y lugar de composición* [8]

a) *Autor*

Tradicionalmente se ha pensado que el autor del libro había sido Salomón. Tal opinión se basa en parte en la tradición

---

[6] Leemos en el tratado *Eduyot* 5,3: «R. Simeón informa de tres puntos en los que la escuela de Shammai sigue la norma más indulgente, y la escuela de Hillel la más rigurosa. Según la escuela de Shammai, el libro del Eclesiastés no deja las manos impuras. Pero la escuela de Hillel dice: deja las manos impuras». En *Yadayim* 3,5 se informa: «R. Simeón ben Azzai dijo: conozco una tradición... de que el Cantar de los Cantares y el Eclesiastés dejan las manos impuras. R. Aqiba contestó:... todas las Escrituras son santas, pero el Cantar de los Cantares es el santo de los santos. Y, si de algo se discutió, la disputa fue sólo sobre el Eclesiastés».

[7] Para ampliar información, cf. R. Kroeber, *Der Prediger* (Berlín 1963) 69-73; R.B.Y. Scott, *Proverbs. Ecclesiastes*, AB (Garden City/Nueva York ²1974) 194-196; W. Zimmerli, *Prediger*, en H. Ringgren / W. Zimmerli, *Sprüche. Prediger*, ATD 16/1 (Gotinga ³1980) 135-137. Información básica con bibliografía en IEB I, c. III, I,1.

[8] Consultar, entre otros, G.A. Barton, *op. cit.*, 58-65; J.L. Crenshaw, *Old Testament Wisdom* (Londres 1982) 146-148.

sobre la singular sabiduría salomónica, pero se apoya sobre todo en la propia afirmación del autor: «Yo, Qohelet, fui rey de Israel en Jerusalén» (1,12) y en el título del libro: «Palabras de Qohelet, hijo de David, rey de Jerusalén». Aunque el nombre de Salomón no aparece a lo largo de la obra, la identificación parece incontrovertible: ningún hijo de David, más que Salomón, fue rey de Israel. Más aún, la información que este «rey de Jerusalén» da de sus perspectivas y actividades (sabiduría acompañada de riqueza y de vida regalada; construcción de magníficos edificios y jardines, 1,13 – 2,11, que puede compararse con 1 Re 3,11) no sólo se armonizan con las tradiciones salomónicas, sino que no encajan con ningún otro rey israelita.

No hay duda, sin embargo, de que la autoría salomónica es una ficción. El hecho de que Salomón sea sólo aludido, nunca mencionado (comparar con Prov 1,1 y Cant 1,1), sugiere que Qohelet nunca pretendió que sus lectores lo tomaran en serio. Además, las referencias a los reyes que aparecen en el libro fueron escritas claramente desde el punto de vista de un súbdito. El propósito de la ficción no era otro que el de describir de forma colorista y convincente que la posesión ilimitada de todas las cosas deseables en la vida, riqueza, poder, placer, sabiduría, es incapaz de dar una satisfacción completa y duradera.

Aunque hace casi un siglo se expuso la tesis de la diversidad de autores [9] para poder explicar, entre otras cosas, las aparentes contradicciones de la obra, en la actualidad no existe ningún comentarista que defienda tal opinión, ni tan siquiera en línea de hipótesis.

b) Fecha

El libro fue escrito mucho tiempo después de Salomón, probablemente en el s. III a.C. La línea de razonamiento es triple: tipo de hebreo usado, estilo de la argumentación de Qohelet y su lugar en la historia de las ideas.

El hebreo de Qohelet presenta rasgos tardíos [10], a diferen-

---

[9] Concretamente K. Siegfried, *Prediger und Hoheslied*, HAT II, 3/2 (Gotinga 1898). Después de él E. Podechard, *L'Ecclésiaste* (París 1912) 156-170.
[10] Ver sobre todo C.F. Whitley, *Koheleth. His Language and Thought*,

cia de otros libros también tardíos como Crónicas y las partes hebreas de Daniel; lo mismo puede decirse de los escritos hebreos de Qumrán. Como otras lenguas, el hebreo no evolucionó de modo puramente lineal: no es posible disponer su literatura cronológicamente de acuerdo con un simple esquema de elementos gramaticales o verbales. Si esto fuera así, Qohelet tendría que ser situado tras Daniel. Como ocurre en otras literaturas, algunas obras son conservadoras, tratan de preservar antiguos rasgos del lenguaje, mientras que otras son innovativas. Otras son puramente literarias y algunas más utilizan el estilo coloquial. No hay que olvidar además los aspectos dialectales. La cercanía del lenguaje de Qohelet al de la Misná [11], recopilada hacia el 200 d.C., junto con la cesura existente entre su lenguaje y el hebreo clásico, hace posible que el libro fuese escrito cuando el patrón clásico del lenguaje había sufrido considerables cambios [12].

Es innegable que el Eclesiastés contiene proporcionalmente más aramaísmos que ningún otro libro del AT, si exceptuamos Ester, motivo por el que durante algún tiempo se abrió paso la teoría, hoy generalmente abandonada, de un original arameo [13]. En el periodo persa el arameo se había convertido en una especie de lengua franca en todo el Próximo Oriente, incluida Palestina. El hebreo de Qohelet estaba sin duda influido por el arameo, lengua que presumiblemente conocería. Las peculiaridades gramaticales pueden explicarse por la evolución general de la lengua hebrea. Tales rasgos incluyen, entre otros, la indecisión entre el uso o la omisión del artículo determinado y entre los relativos *ʾašer* y *šᵉ*, la abundante utilización del participio, etc. Algunos de los sorprendentes usos de las conjunciones pudieron ser ocasionados por la compleji-

---

BZAW 148 (Berlín 1979), esp. 4-105; B. Isaksson, *Studies in the Language of Qoheleth* (Uppsala 1987); también L. di Fonzo, *op. cit.*, 20-27; F. Piotti, *La lingua dell'Ecclesiaste e lo sviluppo storico dell'ebraico:* BbbOr 15 (1973) 185-195.

[11] Ver al respecto la posición de Ch. Rabin, *The Historical Background of Qumran Hebrew:* SH 4 (1965) 144-161.

[12] Sin embargo, piensa que la base gramatical del Eclesiastés responde al hebreo bíblico más que al misnaico B. Isaksson, *op. cit.*, 197.

[13] La tesis, defendida por F. Zimmermann, *The Question of Hebrew in Qohelet:* JQR 40 (1949/50) 79-102, es duramente criticada por C.F. Whitley, *op. cit.*, 106-110; la defienden también C.C. Torrey, *The Question of the Original Language of Qoheleth:* JQR 39 (1948/49) 151-160.

dad de las ideas de Qohelet, que necesitaba una insólita re-creación de la sintaxis [14].

Respecto a otros libros del AT, el estilo de Qohelet y su forma de argumentar son únicos [15]. Está claro que el libro pertenece a la categoría de «literatura sapiencial», como Job y Proverbios [16]. El carácter distintivo de estos libros es que se interesan sobre todo por el individuo y su relación con Dios, con la sociedad y con el mundo que lo rodea, y especialmente por la cuestión que Qohelet expresa en la frase «¿Qué es bueno para el hombre?» (6,12). La forma literaria típica en la que los sabios tratan de responder predomina en Prov 10-29: el aforismo breve. Por otra parte, algunas secciones de Prov 1-9 y Job presentan largos poemas, aunque repletos de proverbios tradicionales.

Eclesiastés contiene también cierta variedad de proverbios de este tipo; pero aquí la forma proverbial es usada de un modo totalmente nuevo. Qohelet no ofrece sabiduría convencional en cápsulas. En pasajes como 2,12-17 tales aforismos (vv. 13.14) son sólo citados para cuestionar o al menos cualificar su verdad, en una argumentación amplia y discursiva. Más que dar por supuesta la verdad absoluta de estos aforismos, que por su propia naturaleza sólo pueden ofrecer parte de la verdad, expone la complejidad de la cuestión del uso práctico del ser sabio. A menudo habla en primera persona, revelando al lector el modo en que ha llegado a su conclusión. Para expresar sus ideas se vio obligado a inventar o desarrollar un estilo de discurso totalmente nuevo. Hiciera uso de proverbios convencionales como punto de partida o prefiriera comentar una verdad generalmente aceptada, como la creación del mundo (cf. 3,11), el resultado siempre fue un nuevo tipo de composición literaria. Aunque Qohelet pertenece claramente a la misma tradición sapiencial que se había expresado en aforis-

[14] Sobre las características lingüísticas de Qohelet, ver G.A. Barton, *op. cit.*, 52-53; Ch.F. Whitley, *Koheleth. His Language and Thought* (Berlín 1979).

[15] Respecto a las peculiaridades estilísticas del libro, cf. L. di Fonzo, *op. cit.*, 17-20.

[16] Consultar al respecto, J.A. Loader, *Polar Structures in the Book of Qohelet*, BZAW 152 (Berlín 1979) 120-123; R.E. Murphy, *The Sage in Ecclesiastes and Qoheleth the Sage*, en J.G. Gammie / L.G. Perdue (eds.), *The Sage in Israel and the Ancient Near East* (Winona Lake 1990) 263-271, esp. 265-271.

mos, como la de Proverbios, representa un estadio tardío en la historia de esa tradición.

El libro de Qohelet ocupa un lugar en la historia de las ideas que puede ayudarnos a precisar la fecha de composición [17]. Hay que partir del hecho de que su pensamiento no es del todo original. La falta de optimismo de la que en ocasiones se le acusa aflora en multitud de obras de Egipto y Mesopotamia, si bien no puede hablarse de un préstamo directo. En nuestra obra confluyen dos corrientes de pensamiento que han dejado impresa su huella: la tradición sapiencial judía y la antigua sabiduría internacional. Al propio tiempo se observa en el Eclesiastés una ruptura tal con dichas corrientes que permite sin duda hablar de una crisis de las ideas no sólo entre los judíos, sino también en todas las culturas circundantes. Las ideas de Qohelet sobre la lejanía de Dios y sus críticas a la teodicea apuntan a una quiebra de la fe que nuestro autor compartía sin duda con otros contemporáneos no israelitas. En tales circunstancias es lógico pensar que nuestro autor vivió, enseñó y escribió en pleno periodo helenista [18]. El impacto negativo de esta cultura en Israel se percibe con toda claridad en los libros de los Macabeos.

c) Lugar

No acaban de convencer los intentos de demostrar que el libro fue escrito en una comunidad judía fuera de Palestina. Es muy fuerte la evidencia de una sede palestina, en particular Jerusalén. Las referencias a las condiciones climáticas tales como el carácter impredecible del tiempo, la dependencia de la lluvia y de la dirección del viento (11,4; cf. 1,6) y la sucesión de las tormentas (12,2) no se corresponden con las condiciones climáticas de Egipto; reflejan más bien las de Palestina. Tampoco el almendro (12,5), mencionado varias veces en el

---

[17] Ver al caso H.D. Preuss, *Einführung in die alttestamentliche Weisheitsliteratur* (Stuttgart 1987) 117-120.

[18] Así, entre otros, A. Lauha, *Kohelet*, BK XIX (Neukirchen-Vluyn 1978) 11; N.K. Gottwald, *The Hebrew Bible. A Socio-Literary Introduction* (Filadelfia 1985) 581. No hay razones concluyentes para pensar en una fecha posterior al 300 a.C. Una fecha entre 250 y 225 sería la más razonable; así J.L. Crenshaw, *Ecclesiastes*, 49-50. Ver, sin embargo, algunos argumentos históricos y lingüísticos, aunque débiles, en favor del periodo en que ejerció el sumo sacerdocio Jonatán (mediados del s. II) en C.F. Whitley, *op. cit.*, 132-146.

AT como árbol palestino, se encuentra en Egipto. Entre las costumbres locales mencionadas por Qohelet, hay varias características de Palestina (improbablemente egipcias), como la talla de la madera (10,9) y el uso de cisternas (12,6).

Decisivas también para una localización palestina son las referencias al templo. En 5,1-7 no hay duda de que la «casa de Dios» es el templo de Jerusalén. El «lugar sagrado» de 8,10 se refiere también al templo. La forma en que habla Qohelet en 5,1-7, como si las visitas al templo no fuesen inusuales, hace probable que se esté dirigiendo a los lectores que viven en Jerusalén o en lugares aledaños. Frente a esta evidencia, no convencen los argumentos a favor de Egipto [19].

Dahood era de la opinión que Qohelet fue un judío residente en una ciudad fenicia. Esto no excluiría familiaridad con Palestina y Jerusalén. Pero tal punto de vista, basado en un peculiar y dudoso argumento lingüístico de que el uso que hace Qohelet del hebreo tiene rasgos fenicios [20], no ha sido aceptado en general [21].

II. DIMENSION LITERARIA

1. *Primeras impresiones*

a) *Sobre la obra*

La primera sensación que experimenta el lector de esta insólita obra es la de encontrarse fuera del AT, fuera incluso de la literatura sapiencial. Tanto los temas tratados como el modo de abordarlos parecen situarse al margen del pensamiento y las formulaciones del mundo veterotestamentario. Sin embargo, como tendremos ocasión de comprobar, el pensamiento de Qohelet es fundamentalmente hebreo en sus puntos bási-

---

[19] En continuidad con algunos antiguos comentaristas, es partidario de Alejandría A. Weiser, *Introduction to the Old Testament* (Londres 1975) 309.

[20] Tesis defendida insistentemente por M. Dahood, *Canaanite-Phoenician Influence in Qoheleth:* Bib 33 (1952) 30-52.191-221; *Qoheleth and Recent Discoveries:* Bib 39 (1958) 302-318; *Qoheleth and Northwest Semitic Philology*: Bib 43 (1962) 349-365; *The Phoenician Background of Qoheleth*: Bib 47 (1966) 264-282.

[21] Ver crítica en C.F. Whitley, *op. cit.*, 111-118; rechazan también la teoría, entre otros, R. Gordis, *Was Koheleth a Phoenician?:* JBL 74 (1955) 103-114; A. Lauha, *op. cit.*, 4; admite, sin embargo, «conexiones» de Qohelet con Fenicia R.B.Y. Scott, *op. cit.*, 200.

cos. Verdad es que la fe judía en la elección de Israel, en el carácter paradigmático de la liberación de Egipto y en la relación de alianza entre Yahvé y el pueblo elegido brilla por su ausencia. Pero se trata de una peculiaridad que el Eclesiastés comparte con Proverbios y Job, más interesados en el individuo que en la comunidad nacional.

Esta obra se sitúa al margen de todo convencionalismo, si por tal entendemos la aceptación acrítica de los presupuestos de la sabiduría representada por Proverbios, los discursos de los amigos de Job, Eclesiástico y Sabiduría: valor y éxito del esfuerzo en la búsqueda de la sabiduría; posibilidad de un conocimiento que asegure la existencia; destino feliz y desenlace fatal de justo y malvado, respectivamente; fe en un Dios retribuidor. Todas estas ideas sucumben ante la crítica mordaz de Qohelet y su pragmatismo: «Después examiné todas las obras de mis manos y la fatiga que me costó realizarlas: todo resultó vanidad y caza de viento; nada se saca bajo el sol» (2,11); «De todo he visto en mi vida sin sentido: gente honrada que fracasa por su honradez, gente malvada que prospera por su maldad» (7,15); «Otra cosa he observado bajo el sol: que no depende el correr de la agilidad, ni la batalla de la valentía, ni de la habilidad tener pan, ni la riqueza de ser avisado, ni la estima del saber, sino que siempre se tercia la ocasión y la suerte» (9,11); «El hombre no puede averiguar lo que se hace bajo el sol. Por más que el hombre se fatigue buscando, no lo averiguará; y aunque el sabio pretenda saberlo, no lo averiguará» (8,17); «Y comprendí que el único bien del hombre es alegrarse y pasarlo bien en la vida» (3,12). Verdad es que algunas de estas ideas pueden rastrearse en ciertos textos proféticos y entre los salmistas. Pero nadie como Qohelet había dedicado una obra a asestar un golpe mortal a ciertas creencias del AT y de la tradición sapiencial.

Desde el punto de vista literario, no ha pasado nunca desapercibido a los lectores las aparentes contradicciones que afloran aquí y allá en el Eclesiastés. Tanto cuando habla de Dios como en asuntos relativos a la naturaleza de la sabiduría, al valor de la vida, a la doctrina de la retribución o a la función de la alegría en la vida del hombre, nuestro autor ofrece puntos de vista que parecen no armonizar entre sí [22]. Resulta

---

[22] Comparar, por ejemplo, 3,14; 6,2; 7,18.26 con 8,17 y 9,1c. 9,4-6 con 4,2.

aclaratoria y hasta cierto punto convincente la tesis de Gordis según la cual las aparentes contradicciones en Qohelet pueden explicarse en parte por el método de trabajo usado por el autor, que, tras citar alguna idea o aforismo convencional, pasa a continuación a refutarlos, motivo por el que el lector saca la impresión de pluralidad de manos [23].

b) Sobre el autor [24]

La familia y la tradición de los antepasados constituían dos fuentes incontestables de sabiduría y conocimiento (cf. Prov 5,1; 6,20; Job 8,8-9). Al abrir las páginas del Eclesiastés, descubrimos con sorpresa que ambas fuentes han sido cegadas mediante una absoluta personalización de la empresa sapiencial, mediante una radical autonomía del pensamiento. El estilo usado por Qohelet pone ya de manifiesto ese rechazo de la heteronomía sapiencial y ética. Tanto el uso del pronombre personal «yo» como la continua recurrencia de los verbos en primera persona del singular constituyen un indicio de la peculiaridad de la sabiduría de Qohelet; como si sugiriese: «es cierto que se nos ha dicho tal y tal cosa... *pero yo* creo que no es así» [25]. Hasta tal punto, que a veces puede dudarse que nos encontremos ante un libro o un manual de sabiduría, formulados generalmente en tercera o segunda persona. La obra de Qohelet evoca las características de un diario personal o un monólogo ensimismado. Sea lo que fuere, se trata sin duda de una persona que ha vivido la vida intensamente y que, como

1,17-18 y 2,13-16 con 7,11.19 y 9,16.18. 2,2-3.10-11 con 2,24-26; 5,19 y 8,15. 8,10-14 y 9,2-3 con 7,18.26 y 11,9. Este pensamiento al menos paradójico ha inducido a algunos especialistas a multiplicar la existencia de interpoladores y glosistas. Esta línea argumentativa está principalmente representada por G.A. Barton, *op. cit.*, que en pp. 43-46 arremete contra la integridad del libro y habla de glosadores-*hokma* y de glosadores-*hasid*. Protesta de esta arbitrariedad R. Gordis, *op. cit.*, que afirma en p. 73: «Los diversos glosadores-hokma y los interpoladores-hasid son pura creación de la imaginación del investigador».
   [23] Ver R. Gordis, *op. cit.*, 95-108; también R.N. Whybray, *The Identification and Use of Quotations in Ecclesiastes*, VTS 32 (Leiden 1981) 435-451.
   [24] Aspectos relativos a su personalidad histórica y moral en L. di Fonzo, *op. cit.*, 70-77.
   [25] Sobre la función y el alcance del uso de la primera persona, consultar O. Loretz, *Zur Darbietungsform der «Ich-Erzählung im Buche Qohelet*: CBQ 25 (1963) 46-59.

un singular librepensador, no ha podido encontrar en ella ni siquiera una modesta confirmación de los presupuestos de la sabiduría tradicional. En gran medida, y salvando naturalmente las distancias, podríamos decir que se trata de un heterodoxo en el aula de la sabiduría.

¿Era Qohelet pesimista? La cuestión es todavía debatida entre algunos estudiosos. Aun siendo conscientes del carácter secundario de la pregunta por la personalidad de Qohelet, conviene salir al paso de la infundada acusación de pesimismo. Aunque es verdad que el autor de esta obra deja traslucir cierta amargura sobre las posibilidades de una existencia razonablemente controlada por el hombre, su talante se acerca más a la personalidad del cínico, en el sentido más noble del término. Es cierto que, en su búsqueda del sentido de la realidad y de las actividades del hombre, llega inevitablemente a la conclusión de que «todo es vanidad y caza de viento» (2,11.26; 6,9), de que «nada hay nuevo bajo el sol» (1,9; cf. 3,15; 5,10), de que la muerte borra todas las huellas de las actividades humanas y la memoria de sus ejecutores (cf. 1,11; 2,3.16; 9,3.5.10; 12,1). Pero también es verdad que Qohelet anima al disfrute de la vida, con la convicción de que todo buen momento que sale al paso del hombre tiene la categoría de don de Dios (2,24; 3,12; 5,17; 8,15; 9,7-9; 11,7-9). Lo malo de la invitación de Qohelet al disfrute de las cosas buenas es que su consejo cae también bajo la categoría de «vanidad». Cuando el lector cree encontrarse ante una consideración positiva, Qohelet se encarga al final de aderezar el plato con excesivo vinagre. Hay muchas cosas buenas de las que el hombre puede disfrutar, pero, a la postre, también ese disfrute es vanidad (cf. 2,1). Por estas y otras razones, creemos que es más propio hablar del «escepticismo» [26] o del «cinismo» de Qohelet.

2. Aspectos literarios [27]

a) Obra en prosa

Si comparamos la obra de Qohelet con los demás representantes sapienciales (Proverbios, Job, Eclesiástico y Sabidu-

[26] Sobre la naturaleza del escepticismo de Qohelet puede consultarse R.H. Pfeiffer, *The Peculiar Skepticism of Ecclesiastes*: JBL 53 (1934) 100-109.
[27] Consultar, entre otros, J.L. Crenshaw, *Ecclesiastes*, 28-31.34-49

ría), observamos de inmediato una peculiaridad notable: su confección preferentemente en prosa [28]. Si exceptuamos el marco narrativo de Job, el resto de la producción sapiencial utiliza la poesía como vehículo de transmisión de conocimientos. La razón no ha sido satisfactoriamente esclarecida. Es probable que el distanciamiento crítico de la sabiduría convencional por parte de Qohelet exigiera la adopción de otro estilo expositivo. Alternativa y complementariamente, puede ser que la cercanía del autor a ciertos modelos griegos de pensamiento propiciara la exposición narrativa.

b) Léxico

La tendencia de Qohelet a la repetición provoca una significativa recurrencia de su léxico preferido: «bajo el sol/cielo» (1,3.9.13s; 2,3.11.17-20.22; 3,1.16; 4,1.3.7.15; 5,12.17; 6,1.12; 8,9.15.17; 9,3.6.9.11.13; 10,5); «todo/totalidad» (dieciséis veces en c. 1, trece en c. 2, siete en c. 3, cinco en cc. 4 y 5, tres en cc. 6, 8 y 11, seis en c. 7, nueve en c. 9, dos en c. 10, cuatro en c. 12), «fatiga» (1,3; 2,10s.18ss; 2,21s.24; 3,13; 4,4.6.8s; 5,14.17s; 6,7; 8,15; 9,9; 10,15), «no hay ventaja» (también interrogativo: 1,3; 2,11.13; 3,9; 5,8.15; 7,12; 10,10s), «porción» (2,10.21; 3,22; 5,17s; 9,6.9; 11,2), «suerte/destino» (2,14s; 3,19; 9,2s). Otros sintagmas sirven habitualmente de signos de transición en el discurso: «entonces me dije», «después examiné» («me puse a examinar/indagar»), «otra cosa observé/vi» («también observé/vi»), «también descubrí», «(también) yo he visto», «me dediqué a», «(también) he reflexionado», etc. Por otra parte, con el abundante uso de preguntas retóricas (1,3; 2,19.25; 3,9.21; 6,6.8.12; 7,13; 8,4; 10,14) pretende Qohelet desafiar a los presupuestos de la sabiduría escolástica.

c) Género literario

Aunque se ha discutido mucho sobre el género literario básico del Eclesiastés, la gran mayoría de los especialistas

---

[28] Así lo advirtieron también los masoretas, que no utilizaron el sistema acentual propio de los libros poéticos.

piensa que, en sus características esenciales, se acerca al llamado testamento real [29], que tiene su origen en las antiguas instrucciones egipcias. Faraones y visires transmitían de forma autobiográfica su propia visión del mundo y de las cosas, como un legado intelectual del que pudiesen beneficiarse los jóvenes de familias patricias que aspiraban a los puestos de la administración del estado. En el libro de Qohelet se nos ofrece artificialmente la comprensión del mundo y del hombre propia del rey Salomón. No obstante, merece la pena tener en cuenta otras posibilidades sobre el carácter formal de esta obra. Si la comparamos con algunos testimonios literarios griegos, podemos descubrir su afinidad con la elegía, en concreto con la obra de Teognis [30].

Va quedando un poco lejana la época en que se pensaba que el Eclesiastés era sin más una recopilación de sermones o de recuerdos autobiográficos tipo diario [31]. En cambio, siguen oyéndose voces que apoyan las viejas teorías de la simple recopilación más o menos desordenada de aforismos y de la discusión/diálogo [32].

Aunque conviene tener en cuenta todos estos aspectos, es fácil descubrir en el libro proverbios aislados [33] y composiciones en forma de instrucción, elementos literarios típicos de la sabiduría de escuela. Se trata sin duda de lecciones elaboradas por el propio autor para instruir a sus alumnos. En los epílogos (12,9-14) se puede ver la mano de alguno de éstos, que trataba de dulcificar las enseñanzas del maestro, tan acerbas y tan poco convencionales. En el libro del Eclesiastés descubrimos tres exquisitos poemas, que bien pudo componer su autor o bien tomar de alguna otra fuente. Se trata de 1,4-7; 3,1-8;

[29] Concultar R.E. Murphy, *Wisdom Literature*, FOTL XIII (Grand Rapids 1981) 129-131.
[30] Podemos consultar al respecto F.R. Adrados, *Líricos griegos. Elegíacos y yambógrafos arcaicos* II (Barcelona 1959) 95-257.
[31] Así O. Eissfeldt, *The Old Testament. An Introduction* (Oxford 1966) 494. Curioso el título del artículo de R.E. Murphy, *The Pensées of Coheleth:* CBQ 17 (1955) 184-194, que en p. 8 afirma: «Este libro ... pertenece más bien al género de los 'Pensamientos' de Pascal, reflexiones y notas de un hombre en la madurez sobre el sentido de la vida».
[32] Defiende esta posición W. Zimmerli, *op. cit.*, 124-130.
[33] Ver al respecto C. Westermann, *Wurzeln der Weisheit* (Gotinga 1990) 114-118.

12,1-7 [34]. Otros recursos literarios presentes en Qohelet son la metáfora (p.e. 7,26), la comparación, a veces introducida por k^e (2,13; 7,6; 9,12), las parábola (p.e. 9,14-15), etc. [35].

d) *Estructura literaria*

Tanto el estilo narrativo como la diversidad de contenido y de formas literarias del Eclesiastés no nos permiten dilucidar con seguridad el problema de su estructura [36]. A este respecto, todos los autores hacen hincapié en la utilidad de los estribillos y de ciertos *topoi* que establecen conexiones internas, a veces no muy visibles, a lo largo de la obra. Si prescindimos del título (1,1) y de los epílogos de posibles discípulos del autor (12,9-14) [37], la hipótesis más probable descubre una articulación de la obra en dos grandes unidades (1,12 – 6,9; 6,10 – 11,6), prologadas (1,2-11) y epilogadas (11,7 – 12,8) [38]. Mientras la primera unidad utiliza el estribillo «vanidad y caza de viento», la segunda prefiere «no poder averiguar» (también en forma interrogativa) y «no saber/conocer». Un tercer estribillo abre y cierra la obra: «vanidad de vanidades; todo es vanidad» (1,2; 12,8) [39].

[34] Un paralelo egipcio de este poema sobre la vejez en el comienzo de la *Instrucción de Ptahhotep*, ANET 412.

[35] Otros recursos en J.A. Loader, *op. cit.*, 18-28.

[36] A este respecto, mientras algunos autores se esfuerzan, casi siempre de forma inconclusiva, por demostrar la existencia de una estructura literaria en Qohelet, otros muchos rechazan a priori un propósito de estructura en el libro. Defienden la primera postura desde distintas metodologías H.L. Ginsberg, *The Structure and Contents of the Book of Koheleth*, en M. Noth y D.W. Thomas (eds.), *Wisdom in Israel and in the Ancient Near East*, VTS 3 (Leiden 1955) 138-149; A. Rainey, *A Study of Ecclesiastes*: CTM 35 (1964) 148-157; G.R. Castellino, *Qoheleth and His Wisdom*: CBQ 30 (1968) 15-28.

[37] Es normal entre los comentaristas actuales hablar de la existencia de redactores del Eclesiastés. Según una hipótesis bastante compartida, se hace a éstos responsables de 1,1-2 y 12,8-14. Más difícil es concretar el número y la personalidad de dichos redactores. Habla de un R1 (autor de 1,1-2 y 12,8-11) y de un R2 (responsable de 12,12-14) A. Lauha, *op. cit.*, 6-7. No es extraño encontrar comentaristas que hablan de tres y hasta de ocho; cf. G.T. Sheppard, *Wisdom as a Hermeneutical Construct*, BZAW 151 (Berlín 1980) 121.

[38] Otros datos e hipótesis en J. Coppens, *La structure de l'Ecclésiaste*, en M. Gilbert (ed.), *La Sagesse de l'Ancien Testament* (Lovaina 1979) 288-292; H.D. Preuss, *op. cit.*, 120-121.

[39] Otras ofertas de estructura no acaban de convencer, pues se basan en criterios extraliterarios totalmente arbitrarios, como la presentada por L. di Fonzo, *op. cit.*, 9-10. Para una interesante revisión de las tentativas más recientes en esta línea, cf. J.L. Crenshaw, *Ecclesiastes*, 38-49.

Un aspecto literario de la obra de Qohelet sometido a discusión es el relativo al de su unidad temática. Aunque el texto actual presenta cierta unidad de perspectiva [40], existen señales inequívocas de suplementos en forma de glosas [41]. Aparte de los dos epílogos mencionados más arriba, que intentan suavizar el tono agresivo de la teología de Qohelet [42], es probable que las referencias al juicio de Dios y al temor del Señor (3,17; 7,18; 8,12s; 11,9) constituyan glosas que intentan salvar el punto de vista tradicional de la retribución, punto de vista para con el que Qohelet adopta una postura demoledora a lo largo de su obra.

Después de todas estas observaciones, parece lógico adoptar la tesis de Loader de que, hablando del Eclesiastés, tan apresurado es reducir la obra a una mera colección de dichos inconexos cuanto improductivo esforzarse por descubrir una clara estructura [43]. Lo cierto es que el pensamiento básico de Qohelet relativo a la ausencia de un sentido razonable de la existencia y del obrar humanos se refleja magistralmente en esa ausencia de estructura consistente y de progresión de pensamiento claro en su obra. ¿Azar o premeditación?

---

[40] Rechazamos de plano la teoría, defendida principalmente hace décadas, de que la obra de Qohelet no es más que una colección de aforismos inconexos. Se expresan así en las introducciones a sus comentarios W. Zimmerli, *op. cit.* (Gotinga 21967); K. Galling, *Der Prediger*, HAT 18 (Tubinga 1969); también G. Fohrer, *Introduction to the Old Testament* (Londres 1976) 336-337. Pero el hecho de querer buscar en el libro una clara estructura literaria y una lúcida progresión de pensamiento no es más que un prejuicio occidental, desconocedor de la forma de escribir y de argumentar de los semitas; cf. A. Lauha, *op. cit.*, 4-5.

[41] Son también numerosos los autores que defienden la existencia de glosas; así O. Loretz, *Qohelet und der alte Orient* (Friburgo B. 1964) 187; A. Lauha, *op. cit.*, 7.

[42] Ver G. Ogden, *Qoheleth* (Sheffield 1987) 16-17.

[43] Cf. J.A. Loader, *op. cit.*, 8-9.

III. SIGNIFICADO Y PROPOSITO

1. *Principales aspectos doctrinales* [44]

a) *Incapacidad para la sabiduría*

Estamos ante un autor que se propuso una tarea mucho más ambiciosa que los de Proverbios y Job. El primero, situado casi exclusivamente en la línea de la sabiduría convencional, propone a sus lectores el modo de adquirir un conocimiento que asegure la existencia, en todas sus facetas de prosperidad, felicidad, larga vida y perpetuidad del nombre, con el temor del Señor como hilo conductor. La concepción rígida de la doctrina de la retribución implica la categorización de los hombres en sabios y necios, tanto desde un punto de vista sociológico como ético. De ahí la continua equivalencia «sabio»-«justo» y «necio»-«malvado». El hombre es retribuido conforme a las obras deducibles de su disponibilidad: éxito para el sabio-justo; fracaso para el necio-malvado. Proverbios se caracteriza por una confianza absoluta en las posibilidades del conocimiento humano orientado por el temor del Señor. En Job encontramos un desplazamiento de acentos: la víctima de una divinidad inmisericorde sólo es capaz de soportar su agonía porque espera recuperar su antigua amistad con Dios, que por el momento se oculta tras un impenetrable silencio. Y, sin duda alguna, el motivo de fondo que impulsó a Job a una empresa en la que arriesgaba su vida no era otro que una confianza absoluta en el universo y en su Creador. Qohelet, por su parte, parece no confiar ni en el conocimiento ni en Dios. No porque no creyese en El, sino porque el hombre está radicalmente incapacitado para rastrear su presencia y sus dones en este mundo. Los autores de la sabiduría convencional jamás harían suya la afirmación de Qohelet: «Y así aborrecí la vida, pues encontré malo todo lo que se hace bajo el sol» (2,17) [45].

Sólo con fijarnos en el uso y el alcance de cierta termino-

---

[44] Consultar principalmente R. Gordis, *op. cit.*, 122-132; G. von Rad, *Sabiduría en Israel* (Madrid 1985) 286-298; J.L. Crenshaw, *Ecclesiastes*, 23-28; R.N. Whybray, *Ecclesiastes* (Grand Rapids 1989) 22-30; R.E. Murphy, *The Tree of Life* (Nueva York 1990) 52-60.

[45] Sobre la «crisis del sentido» en Qohelet, consultar las valiosas reflexiones de O. Kaiser, *Der Mensch unter dem Schicksal*, BZAW 161 (Berlín 1985) 91-109.

logía en la obra de Qohelet llegaremos a la conclusión que la idea de la sabiduría como búsqueda se realiza de manera eminente en este libro [46]: los verbos *biqqeš* «buscar» (3,6.15; 7,25.28s; 8,17; 12,10), *drš* «buscar» (1,13), *ḥiqqer* «investigar» (12,9) y *twr* «examinar» (1,13; 2,3; 7,25) son completados con *rʾh*, que no implica un simple «ver», sino que connota «observación» (1,8.10; 2,13; 3,10.16; 4,1.7; 8,9; 9,11; 10,5), «examen» (1,14; 2,12; 11,4), «actitud reflexiva» (1,16), «experimento» (2,1; 7,11), «averiguación» (2,3; 5,12; 7,13.27.29), «comprobación» (2,24; 3,18; 5,17). En realidad, Qohelet no dejó piedra sobre piedra en su incansable (e inútil) búsqueda del sentido de la vida del hombre y de sus actividades: «Me dediqué a investigar y a explorar con método todo lo que se hace bajo el cielo. Una triste tarea ha dado Dios a los hombres para que se atareen con ella... Todo es vanidad y caza de viento» (1,13s) [47].

El resultado de su búsqueda no puede ser más demoledor. Por lo que respecta al valor de la sabiduría, a pesar de las afirmaciones más bien neutrales o prudencialistas sobre sus ventajas respecto a la necedad (cf. 2,13; 8,1), la visión de Qohelet es radicalmente pesimista y negativa [48]. Idéntica suerte aguarda al sabio y al necio (2,14s); ninguna ventaja tiene aquél sobre éste (6,8). Nuestro autor parte del hecho, sin duda compartido por la sabiduría convencional, de que todo tiene su tiempo y sazón. Pero, mientras que aquella nutría la convicción de que el esfuerzo cognoscitivo, metódicamente dirigido, era capaz de dar con el tiempo oportuno para llevar a cabo la acción adecuada, Qohelet no cree que el ser humano pueda desarrollar tal capacidad [49]. Es cierto que todo tiene su tiempo (cf. 3,17c), pero no es menos cierto que «siempre se tercia la ocasión y la suerte» (9,11) y que «el hombre no adivina su momento» (9,12). Este es en definitiva el mensaje del hermoso poema sobre el tiempo (3,1-8). En las fronteras existenciales

[46] Sobre la epistemología de Qohelet y sus implicaciones doctrinales, consultar M.V. Fox, *Qohelet and His Contradictions* (Sheffield 1989) 79-120.
[47] Alcance lingüístico de los términos *hebel* y *rᶜut ruaḥ* en M.V. Fox, *op. cit.*, 29-51.
[48] Sobre la postura crítica de Qohelet frente a la tradición sapiencial, cf. H.D. Preuss, *op. cit.*, 123-126.
[49] Para la concepción qoheletiana del tiempo en este marco, cf. D. Lys, *L'Être et le Temps*, en M. Gilbert (ed.), *La Sagesse de l'Ancien Testament* (Lovaina 1979) 249-258.

entre el nacimiento y la muerte dispone el hombre de eventualidades significativas. Lo malo del caso es que es imposible conjugar el momento adecuado con la acción apropiada [50]. Es verdad que hay un tiempo para todo, ¿pero quién es capaz de sacar algo en limpio que no sea fatigas? (cf. 3,9); «lo que existe es remoto y muy oscuro: ¿quién lo averiguará?» (7,24). El drama del ser humano radica en la imposibilidad de dar un golpe certero en el negocio de la vida. Es verdad que la sabiduría y su teórica eficacia se desvanecen ante la realidad de la muerte (¿a qué fatigarse si la muerte borra todas las conquistas del hombre e iguala su destino con el de los animales?, 3,19); pero no es menos verdad que la sabiduría es incapaz de ayudar a controlar el futuro intramundano. Tampoco en este caso aventaja el sabio al necio, pues «¿quién le dice al hombre lo que va a pasar bajo el sol?» (6,12); «el hombre está expuesto a muchos males, porque no sabe lo que va a suceder y nadie le informa de lo que va a pasar» (8,6-7). La posibilidad de controlar la propia vida mediante el conocimiento deja paso al más crudo determinismo: «lo que ha sucedido estaba determinado» (6,10) [51]. Quizá la más severa reprimenda a la tradición sapiencial se encuentre en 9,11, donde Qohelet cita, al parecer, textos de la sabiduría convencional y utiliza críticamente su imaginería: «No depende el correr de la agilidad, ni la batalla de la valentía, ni de la habilidad tener pan, ni la riqueza de ser avisado, ni la estima del saber, sino que siempre se tercia la ocasión y la suerte».

b) *Rechazo social del sabio*

Por lo que respecta a la falta de utilidad de la sabiduría, en Qohelet encontramos una fuente de amargura que no es mencionada en ninguna otra obra sapiencial: el rechazo social del sabio. ¿De qué sirve el consejo ofertado socialmente por el sabio en favor de la seguridad y el bienestar comunitarios si el poder político, ciego y sordo a los requerimientos de la sensa-

---

[50] Aunque 8,6 parezca contradecir la evidencia general del libro, es probable que Qohelet esté citando un aforismo convencional, que critica después en el v.7.

[51] Sobre el determinismo en Qohelet, como «religión del creador», consultar H.-P. Müller, *Neige der althebräischen «Weisheit»*: ZAW 90 (1978) 238-264.

tez, recurre indefectiblemente al uso de la fuerza? «Y eso que se escuchan mejor las palabras tranquilas de un sabio que los gritos de un capitán de necios» (cf. 9,13-18). Pero desgraciadamente, a veces «el ignorante ocupa puestos altos» (10,6).

c) *Inexistencia de la novedad*

Desde otro punto de vista, la ineficacia de la sabiduría no deriva solamente de la incapacidad humana y del menosprecio social de la sensatez. Hay en el cosmos un elemento de imperturbable repetición que imposibilita al hombre sacar en limpio algo nuevo. En esta línea discurre el bello poema que sirve de exordio al libro (1,4-7). Los seres humanos participamos de un ejercicio tan vacío de sentido como el movimiento del cosmos. El universo, en su incesante movimiento, no consigue abandonar su órbita. El sol jadea hacia su meta para volver a salir al día siguiente a efectuar el mismo recorrido; el viento gira de un sitio a otro sin una finalidad aparente; los ríos caminan y caminan sin cesar. De igual modo, las generaciones van y vienen, sin que de ninguna de ellas se acuerde la siguiente (1,4.11). Si «nada hay nuevo bajo el sol» (cf. 1,9), ¿a qué esforzarse por buscar? A pesar de todo, Qohelet examinó todo lo que se hace bajo el sol, para ofrecernos el resultado de su experiencia: todo es vanidad y anhelo inútil, pues no es posible enderezar lo que está torcido ni calcular lo que de antemano está perdido (cf. 1,14s). En tales circunstancias, hay que llegar a la conclusión de que «la sabiduría y el saber son locura y necedad» (1,17).

Más arriba hemos mencionado la estrecha vinculación de la sabiduría y la ética, hasta tal punto que, en determinados contextos, «sabio» es casi sinónimo de «honrado», y su función en el marco de la doctrina de la retribución. Si hemos visto que, para Qohelet, la sabiduría no puede alcanzar sus propósitos, idéntica fortuna correrá la honradez. Así, otro sinsentido que percibe nuestro autor bajo el sol es el fracaso de la honradez y el triunfo de los sinvergüenzas: «gente honrada que fracasa por su honradez, gente malvada que prospera por su maldad» (7,15). Aunque esta abierta crítica a la doctrina de la retribución no es exclusiva de Qohelet –recordemos las demoledoras afirmaciones de Job y el tenor de algunos salmos, como el 73–, su acritud es aquí extrema si tenemos en cuenta el contexto negativo general del libro (ver p.e. 8,10-14) [52].

d) Inutilidad del esfuerzo humano

La inutilidad del esfuerzo humano constituye otro aspecto notable de la filosofía de Qohelet [53]. En base a la experiencia, fue capaz de concluir con frialdad que los empeños y la fatiga desarrollados por el hombre a lo largo de su vida suman un descomunal cero, implican un doloroso desengaño (cf. 2,11.20). A lo largo de la obra se barajan una serie de razones. ¿A qué afanarse el hombre por conseguir bienes de fortuna si quizá no va a poder disfrutar de ellos? Más aún, tendrá que dejárselos a alguien que no los ha trabajado (cf. 2,21; 6,2), con el agravante de que quizá sea un necio quien se aproveche de ellos (cf. 2,19). Extremo es el caso de quien trabaja con afán, pero inútilmente, pues no tiene a nadie a quien legar sus riquezas (cf. 4,7s). Pero hay más razones. La rivalidad entre colegas obliga a veces al hombre a tirar la toalla y considerar pura vanidad esforzarse por desarrollar actividades (cf. 4,4). La disposición de Qohelet ante el empeño laboral del hombre puede resumirse en la contrarréplica que ofrece a un proverbio tradicional. El sabio convencional podría decir a Qohelet que «el necio cruza los brazos y se va consumiendo»; a lo que nuestro autor respondería: «Más vale un puñado con tranquilidad que dos con esfuerzo» (cf. 4,5s).

e) El fracaso de la muerte

Toda la obra de Qohelet está impregnada del amargo sentimiento de que la muerte destruye las eventuales conquistas del hombre, haciéndolas inútiles [54]. ¿Qué valor tiene la sabiduría, si la muerte iguala al sabio y al necio? (cf. 2,16): «Una misma suerte toca a todos: al inocente y al culpable, al puro y

---

[52] Para el cuestionamiento de la justicia divina en Qohelet, cf. M.V. Fox, *op. cit.*, 121-150.
[53] Consultar al respecto R.K. Johnston, *«Confessions of a Workaholic»: A Reappraisal of Qoheleth:* CBQ 38 (1976) 14-28.
[54] Las diversas facetas de la idea de la muerte en Qohelet, en D. Bergant, *What are they saying about Wisdom Literature?* (Nueva York 1984) 64-66.

al impuro, al que ofrece sacrificios y al que no los ofrece, al justo y al pecador... La mente del hombre está llena de desatinos: mientras viven piensan locuras y después ¡a morir!» (9,2). Más aún, la muerte equipara a hombres y animales, convirtiendo en pura vanidad tanto al ser humano como a sus esfuerzos: «Una es la suerte de hombres y animales: muere uno y muere el otro, todos tienen el mismo aliento y el hombre no supera a los animales. Todos son efímeros» (3,19). En este contexto queda la duda de si Qohelet deja la puerta abierta a la posibilidad de la vida con Dios tras la muerte. La paradoja doctrinal está servida si comparamos 3,21 con 12,7. Según el primer texto, «¿quién sabe si el aliento del hombre sube arriba y el aliento del animal baja a la tierra?» El carácter retórico de la pregunta implica la respuesta: «Nadie». Además, ¿cómo hacer distinción entre aliento y aliento si poco antes ha afirmado categóricamente que los hombres y los animales «tienen el mismo aliento»? En el segundo texto se dice rotundamente que, tras la muerte, «el espíritu vuelve a Dios, que lo dio». Es muy probable que en 3,18-21 Qohelet esté polemizando con defensores de ideas advenedizas, extrañas a la teología judía, relativas a la vida de ultratumba. La afirmación de 12,7 tiene un claro sabor a glosa, de otro modo no se explicaría la apostilla que viene a continuación: «Vanidad de vanidades, dice Qohelet, todo es vanidad» (12,8).

Desde otra perspectiva, el hombre puede dar la bienvenida a la muerte para escapar de un mundo torturado por la opresión, la violencia y el dolor. Y mejor que los que han muerto, el que nunca ha existido (cf. 4,1-3). ¡Qué diferencia con la actitud militante del profeta contra la injusticia! La imagen de la muerte, o mejor del aborto que no ha llegado a ver el sol, es aducida por Qohelet también en el contexto de la imposibilidad de disfrutar de los bienes de fortuna: «Si [un hombre] no puede saciarse de sus bienes, por muchos que sean sus días, yo afirmo: mejor es un aborto, que llega en un soplo y se marcha a oscuras» (6,3-4).

La bancarrota del esfuerzo sapiencial, la inutilidad del empeño del hombre en controlar su futuro y el sombrío recuerdo del carácter ineluctable de la muerte hacen que el *memento homo* de Qohelet se refracte en formulaciones hondamente negativas: «Más vale el día de la muerte que el del nacimiento... más vale visitar la casa de duelo que la casa en fiestas, porque en eso acaba todo hombre. Más vale sufrir que reír...» (7,1-3). Con el agravante de que la forma literaria «más vale... que» es favorita de la vieja sabiduría, radicalmente optimista. Pero nada puede extrañarnos en un hombre capaz de afirmar «Y así aborrecí la vida...» (2,17). Incluso cuando parece conceder prioridad a la vida sobre la muerte («Más vale perro vivo que león muerto», 9,4b), el cinismo de Qohelet acaba aniquilando las expectativas del lector: «Los vivos saben... que han de morir» (9,5). La extrema belleza del poema sobre la vejez de 12,1-7 no puede ocultar la amargura de su autor ante la visión de un cuerpo arruinado por los años e incapaz ya de encontrar gusto en nada, esperando irremisiblemente que «se raje la polea del pozo» (12,6) y el cubo se hunda para siempre en las oscuras aguas del fondo.

Es probable que la conciencia del carácter inevitable de la muerte, que acaba con todas las actividades y logros del ser humano, incluso con su memoria, constituya el hálito interior que ha generado la obra de Qohelet. Si prescindimos del prólogo (1,1) y del epílogo (12,9-13), el libro presenta una clara inclusión literaria en torno a la temática de la vanidad y la muerte. Aparte del estribillo «Vanidad de vanidades, dice Qohelet, (vanidad de vanidades) todo es vanidad», que se repite en 1,2 y 12,8, la obra está enmarcada por dos poemas sobre el tema de la inutilidad del esfuerzo humano ante la inevitable presencia de la muerte. El primero acaba con una derrotista afirmación: «Nadie se acuerda de los antiguos y lo mismo pasará con los que vengan: no se acordarán de ellos sus sucesores» (1,11); las imágenes que clausuran el segundo (12,6) hablan por sí solas.

f) *Imposibilidad de conocer a Dios*

Sorprende en una obra canónica judía la afirmación de la imposibilidad de conocer a Dios. A pesar de saber que Dios es invisible por naturaleza y que su ser se define desde la categoría del misterio, los sabios israelitas se las compusieron para hacer sorprendentes afirmaciones sobre esa misteriosa divinidad. Basta con recurrir a la teología de la creación en Proverbios y Job. Qohelet también era consciente del misterio que envuelve a Dios, pero tal condición no provocaba en él actitudes de adoración, sino un crítico encogimiento de hombros. En definitiva, el Dios de Qohelet no deja huellas perceptibles en su creación; su actividad es tan misteriosa como su naturaleza [55]. Del mismo modo que la semilla del varón en el vientre de la mujer da curso misteriosamente al alumbramiento de un ser humano, sin que el hombre sepa cómo, así es el obrar de Dios entre nosotros: una arbitraria presencia sin huellas. «Si no eres capaz de entender cómo un aliento entra en los miembros de un seno preñado, tampoco entenderás las obras de Dios, que lo hace todo» (11,5). Dios constituye una especie de muro contra el que se estrellan irremisiblemente los esfuerzos del hombre por conocer: «Después observé todas las obras de Dios: el hombre no puede averiguar lo que se hace bajo el sol. Por más que el hombre se fatigue buscando, no lo averiguará; y, aunque el sabio pretenda saberlo, no lo descubrirá» (8,17). Pero Qohelet es aún más radical, pues, según él, el hombre no tiene la menor seguridad sobre la disposición de Dios hacia su creatura: «Aunque los justos y los sabios con sus obras están en manos de Dios, el hombre no sabe si Dios lo ama o lo odia» (9,1).

Dando un temerario paso más, Qohelet parece estar convencido de la culpabilidad de Dios en el fracaso cognoscitivo del hombre, pues lo pone a prueba para hacerle ver que no es más que un animal: «Acerca de los hombres, pensé así: Dios los prueba para que vean que por sí mismos son animales» (3,18). Si los animales tienen por naturaleza el entendimiento embotado, la conclusión es clara. ¿Dónde queda el aliento divino de Gn 2,7?

g) Disfrute de los placeres

Ante este inexorable panorama, Qohelet se esfuerza por reservar para el hombre el disfrute de los placeres [56] que ofrece la vida. Según nuestro autor, el único bien que le queda al hombre en este mundo desordenado es comer y beber (cf. 2,24; 8,15; 9,7-9), mientras la edad y las fuerzas se lo permitan (cf. 11,7-10). Desde el principio de la obra, Qohelet, disfrazado literariamente de Salomón, nos habla de la magnificencia de

---

[55] Respecto al discurso sobre Dios en Qohelet, cf. H.-P. Müller, *Wie sprach Qohälät von Gott?:* VT 18 (1968) 507-521.

[56] Para una justa apreciación de esta tesis de Qohelet, puede consultarse D. Buzy, *La notion de bonheur dans l'Ecclésiaste:* RB 43 (1934) 494-511; R.N. Whybray, *Qoheleth, Preacher of Joy:* JSOT 23 (1982) 87-98.

las construcciones que llevó a cabo y de los placeres a los que dio rienda suelta, convencido de que el disfrute de las cosas buenas constituye la paga que recibe el hombre por sus fatigas (cf. 2,10; 9,9c) [57]. De todos modos, ya nos había advertido cínicamente al principio que darse a la alegría y a los placeres resulta en definitiva pura vanidad (cf. 2,1). Ahora bien, no hay que pensar que este consejo positivo de Qohelet es fruto de una ciega desesperación abocada al hedonismo. En realidad, concibe el disfrute de las cosas buenas como don de Dios (2,24; 9,7b) [58]. Por otra parte, la vanidad de los placeres y de la riqueza que los posibilitan no se deduce para nuestro autor exclusivamente del carácter efímero de la existencia («El hombre... tiene que irse igual que vino, y ¿qué sacó de tanto trabajo? Viento», 5,15). Puede que al que esté harto de riquezas no le permitan éstas conciliar el sueño (5,11), o que, en plena vitalidad, un revés de la fortuna acabe con la prosperidad del hombre (5,13). También esto es «un mal morboso» (5,12.15). La conclusión es clara: «Lo bueno y lo que vale es comer y disfrutar» (5,17).

Si examinamos con detenimiento las razones que Qohelet esgrime para recomendar como buenos los placeres, podemos observar que su pensamiento está determinado por el propio interés. La pregunta de la vieja sabiduría sobre qué es bueno para el hombre es captada desde una perspectiva decididamente egoísta. Ante ella sucumben hasta las relaciones humanas. La aparentemente altruista percepción de que «mejor dos juntos que uno solo» no proporciona las bases para un experimento social, como cabría esperar. Las razones son otras: «Si uno cae, lo levanta su compañero... si se acuestan juntos, se calientan... si a uno solo lo pueden, dos juntos resistirán» (cf. 4,9-12). De todos modos, es posible que estas consideraciones sobre el modo de conjurar los peligros de quien vive en soledad no estén dictadas exclusivamente por el egoísmo. Si una persona, como Qohelet, vive sumida en la visión de un mundo carente de sentido (todo es vacío, y todo esfuerzo inútil), sea cual fuere la perspectiva desde la que se contempla (social, re-

---

[57] Valoración de la relación fatiga-placer en M.V. Fox, *op. cit.*, 53-77.
[58] Así también H. Gese, *The Crisis of Wisdom in Koheleth*, en J.L. Crenshaw (ed.), *Theodicy in the Old Testament* (Filadelfia / Londres 1983) 141-153, p. 149.

ligiosa, laboral), lo más lógico es que dicha persona busque la compañía de alguien que comparte sus ideas y su amargura (su impotencia moral), y consigan así un adarme de consuelo.

En definitiva, el consejo de Qohelet a disfrutar de los placeres proporciona al lector más conmiseración y tristeza que asentimiento y alegría, pues siempre aparece en contextos que subrayan la vanidad de la vida y la fugacidad de la existencia. Por una parte, las fuentes mismas del placer (comida, bebida, ropa, perfumes, mujeres y juventud) son vacías y efímeras como la vida misma. Por otra, aun a sabiendas de que el disfrute de las cosas buenas pertenece a la categoría de don divino (cf. 5,18), las posibilidades humanas de gozar de la vida están sometidas al control divino. Este concepto de don que tiene Qohelet subraya en definitiva más la limitación humana que la generosidad de Dios. ¿Para qué, entonces, los placeres? En palabras de un autor moderno: «Una memoria activa puede traernos a la mente momentos pasados de satisfacción efímera, pero incluso este medio de acumular los placeres juveniles se pierde en las alturas cuando el ángel de la muerte despliega sus alas llevándose a su maldispuesta carga hacia un viaje a la nada» [59].

h) Injusticia y temperancia

Merece la pena que nos detengamos un momento para considerar la actitud de Qohelet ante la injusticia. Forzoso es reconocer que nuestro hombre capta con objetividad y sensibilidad los atropellos sociales (cf. 3,16; 4,1), si bien no parece sentirse implicado en la lucha por la justicia [60]. Más aún, su actitud es escapista (mejor no haber nacido, cf. 4,3) y en ocasiones derrotista («no te extrañes de tal situación», 5,7a). En este último caso, el lector saca la impresión de que Qohelet

---

[59] J.L. Crenshaw, *Old Testament Wisdom*, 144.

[60] No puede decirse, sin embargo, que Qohelet fuera una persona cínicamente automarginada del empeño por la moral social, como podría deducirse de una lectura superficial del «No exageres tu honradez» de 7,16. Para una justa interpretación de este pasaje, cf. R.N. Whybray, *Qoheleth the Immoralist?* (Qoh 7:16-17), en J.G. Gammie (y otros eds.), *Israelite Wisdom. Theological and Literary Essays in Honor of Samuel Terrien* (Nueva York 1978) 191-204.

acaba echando la culpa de todo sutilmente a Dios: «Cada autoridad tiene una superior, y una suprema vigila sobre todas» (5,7b).

A lo largo de su obra, Qohelet parece compartir el ideal de conducta humana encapsulado en el aforismo griego «nada con exceso». A menudo recurre a la típica forma *tob... min* («más vale... que»). Los ámbitos de aplicación son múltiples [61]. Por lo que respecta al mundo del trabajo y a la fatiga que éste lleva aneja, opina que «más vale un puñado con tranquilidad que dos con esfuerzo» (4,6), y que «más vale lo que ven los ojos que los deseos vagabundos» (6,9). Idéntico prudencialismo despliega Qohelet en lo concerniente a la sabiduría y a la honradez: «No exageres tu honradez ni apures tu sabiduría: ¿para qué matarse? No exageres tu maldad, no seas necio: ¿para qué morir malogrado?» (7,16-17). Nuestro autor recomienda asimismo prudencia cuando el hombre se aventura en el terreno religioso: no precipitarse en promesas (mejor no hacerlas que hacerlas y no cumplirlas, 5,4); palabras contadas, pues si la verborrea es signo de necedad, ésta se multiplica cuando se trata del negocio religioso (cf. 5,2.5).

Como puede verse por lo expuesto, Qohelet se sitúa –¿conscientemente?– en la periferia del pensamiento sapiencial [62]. Negar esta evidencia implica adoptar posturas tan insostenibles como la de Zimmerli, para quien nuestro autor se sitúa en el corazón mismo del yavismo, en el ámbito de la libertad divina [63].

2. Significado de Eclesiastés a la luz del AT

Está claro que Qohelet se aparta en gran medida de los esquemas de pensamiento y de las fórmulas doctrinales ofertadas por el AT en general y por la sabiduría convencional en particular [64]. Sin embargo, hemos de reconocer que es relativa-

---

[61] Sobre el alcance del uso de esta fórmula en Qohelet, cf. G.S. Ogden, *The «Better»-Proverb (tôb-Spruch), Rhetorical Criticism and Qoheleth: JBL* 96 (1977) 489-505.

[62] Ver G. von Rad, *Teología del Antiguo Testamento* I (Salamanca 1972) 550-554, esp. 550.

[63] Cf. W. Zimmerli, *op. cit.*, 139.

[64] Apartarse no quiere decir prescindir, pues en realidad Qohelet hace suyos muchos aspectos de la sabiduría tradicional. Así R. Rendtorff, *Das Alte*

mente larga la lista de creencias veterotestamentarias que la obra de Qohelet confirma implícita o explícitamente [65]. El autor del Eclesiastés cree en un solo Dios creador, trascendente y omnipotente; en una humanidad nacida del aliento divino pero destinada al polvo del que salió; en la libertad del hombre, dentro de esos límites, responsable del actual estado de corrupción del mundo (cf. 7,29). Es cierto que Qohelet está más interesado por el individuo que por la comunidad nacional –nunca menciona la elección ni los avatares históricos a los que se vio sometido el pueblo de Israel–, pero se trata de un rasgo típico de la vieja sabiduría, que comparte con Proverbios y con Job.

En Qohelet se percibe una actitud ecléctica respecto al material teológico del AT: seleccionó los rasgos que le eran útiles y silenció otros. Además situó en una nueva perspectiva y dio un nuevo sesgo a las ideas que compartía con el AT [66]. Por ejemplo, cuando habla de Dios no menciona su amor por su creación, ni la necesidad del hombre de confiar en él, ni siquiera de la posibilidad de amistad entre Dios y el hombre. Es curiosa, por ejemplo, la alteración –sin duda consciente– que hace del lenguaje bíblico al hablar de la creación: «(Dios) todo lo hizo hermoso» (3,11). No utiliza el verbo *br'* «crear» ni el adjetivo *tob* «bueno», sino los más neutrales *'śh* «hacer» y *yapeh* «hermoso», indicio de que Qohelet no compartía el entusiasmo del escritor sacerdotal relativo a la bondad de la creación.

La frecuente mención de la aparente prosperidad del malvado y de la falta de retribución para el honrado cuentan también con una larga tradición en el AT (profetas, salmistas, Job). Pero, a diferencia de estos representantes de la tradición bíblica, nuestro autor no se siente llamado a luchar por la reivindicación de la justicia divina. Simplemente constata el hecho con tristeza y abatimiento, al propio tiempo que se limita a subrayar la libertad y soberanía de Dios, como si la pretensión por parte del hombre de intentar comprender los desig-

Testament. Eine Einführung (Neukirchen-Vluyn 1983) 280; así lo había puesto ya de manifiesto el trabajo de K. Galling, *Koheleth-Studien:* ZAW 50 (1932) 276-299.
[65] Consultar al respecto R.B.Y. Scott, *op. cit.,* 206-207.
[66] Sobre la relación de Qohelet con el mundo del AT, ver R. Gordis, *op. cit.,* 43-50.

nios de Dios equivaliese a querer bucear en la propia naturaleza de la divinidad. Mientras Job no se resiste al silencio de Dios y trata de provocarle para que salga de su escondite, Qohelet acepta con impotencia y encogimiento de hombros el silencio y la libertad de Dios. Pero tal comprensión no dejaba lugar a la relación personal; por eso, nunca le vemos dirigirse a Dios en diálogo, fuese mediante la plegaria o la lamentación, para invocar su ayuda o para quejarse amargamente de su silencio y su aparente injusticia. Los salmistas se quejaban con frecuencia de las mismas iniquidades que agobiaban a Qohelet, pero dirigían sus ataques contra Dios movidos sin duda por su relación personal.

IV. HISTORIA DE LA INVESTIGACION [67]

Bibliografía española: J. Ellul, *La razón de ser. Meditación sobre el Eclesiastés* (Barcelona 1989).

1. Historia de la interpretación

El espacio del que disponemos sólo nos permite presentar algunas de las líneas interpretativas en torno a los puntos de interés más comunes. Los «comentarios» más antiguos a Qohelet hay que buscarlos entre los Midrashim y el Targum. Estos dos tipos de literatura, que hicieron su aparición cuando el libro del Eclesiastés había recibido ya el espaldarazo canónico judío, revelan una tendencia a la lectura edificante y un afán por disimular los aspectos claramente heterodoxos del libro. Los Midrashim, según los cuales el Eclesiastés fue escrito por Salomón en plena decrepitud física, creen que el monarca judío quiso hablarnos de la vaciedad de todas las conquistas humanas y del deleite carnal, y poner de manifiesto que la auténtica felicidad del hombre consiste en temer al Señor y obedecer sus mandamientos. De manera análoga el Targum, ante los textos supuestamente más escandalosos del libro, en concreto los relativos al goce de la comida y la bebida, ofrece un giro interpretativo sin duda inteligente pero alejado del tenor literal [68].

---

[67] Amplia información en Ch.D. Ginsburg, *Coheleth* (Londres 1861, reimpresión Nueva York 1970) 30-245.

[68] Basten los ejemplos de 2,24 y 9,7. Respecto al primer texto, leemos en el

La alquimia de la alegoría y la espiritualización usada por la literatura judía fue adoptada en parte por los primeros comentaristas cristianos [69]. Así, Gregorio Taumaturgo († 270) concibe al autor Salomón como un profeta que habla de la vanidad de las empresas humanas con la intención de que tal convicción conduzca al hombre a la contemplación de las realidades celestes. Esta vía interpretativa puede observarse también en Gregorio de Nisa y, sobre todo, en Jerónimo, que hace uso del método alegórico en su forma más desarrollada. Según él, el propósito del libro es el de «mostrar el alto grado de vanidad de los goces terrenos y la subsiguiente necesidad de adoptar un estilo ascético de vida, dedicada totalmente al servicio de Dios [70]».

En el s. V son dignos de mención el comentario de Teodoro de Mopsuestia († 428), que abandona decididamente la interpretación alegórica en favor de la literal, y las breves alusiones de Agustín en su *Speculum* [71], importante por lo que respecta a la crítica textual de la Vulgata. Durante los dos siglos siguientes, los escasos comentarios se basan en las cadenas griegas y latinas. Son fundamentales la *Catena in Ecclesiasten*, de Procopio de Gaza († 528), y los *Commentarii in Ecclesiasten*, de Olimpiodoro de Alejandría [72].

El auge de los estudios de gramática y exégesis durante la Edad Media influyó en las interpretaciones más sobrias de los comentaristas judíos [73], aunque no desapareció del todo el gus-

Targum: «Nada mejor para el hombre que comer y beber, y ver el bien ante los hijos de los hombres, para que cumpla los preceptos del Señor y camine por los rectos senderos que se le presentan... También he visto que la prosperidad del hombre en este mundo viene de Dios...». En el segundo se nos dice: «Ve y come tu pan con alegría, que se te devuelve por el pan que diste al pobre y al indigente hambrientos, y bebe tu vino con corazón contento, que está reservado para ti... por el vino que serviste al pobre y al indigente sedientos...». Tomado de L. Díez Merino, *Targum de Qohelet* (Madrid 1987) 230 y 255 respectivamente.

[69] Ver al respecto, especialmente por lo que respecta a Jerónimo, S. Holm-Nielsen, *On the Interpretation of Qoheleth in Early Christianity*: VT 24 (1974) 168-177.

[70] Citado por G.A. Barton, *op. cit.*, 20.

[71] PL 34, 924-925.

[72] PG 93, 477-628.

[73] Especialmente los de Saadia Gaón († 942), Samuel ben Meir († hacia 1090), Rasi de Troyes († 1105), Ibn Ezra († 1167) y David Qimchi († 1235).

to por la alegoría. También en la exégesis cristiana medieval, aun continuando con el gusto y el estilo de las interpretaciones precedentes, en especial la de Jerónimo, se aprecia un renovado interés por la lectura filológica y literal. Mencionemos, entre otros títulos, los *Commentaria super Ecclesiasten* [74] de Alcuino († 804), *In librum Ecclesiastes* [75] de Ruperto de Deutz († 1130), *In Salomonis Ecclesiasten Homiliae XIX* [76] de Hugo de san Víctor († 1141) que, tanto por su exposición alegorico-mística cuanto por el método expositivo, pone los primeros cimientos de la exégesis escolástica. El comentario más importante del s. XIII es el *Commentarius in Ecclesiasten* de san Buenaventura, a pesar de ser deudor de Jerónimo y de Hugo de san Víctor. Ahora bien, si queremos quedarnos con el comentario cumbre de la exégesis medieval, tenemos que recurrir a la *Postilla perpetua in Ecclesiasten* de Nicolás de Lira (1326).

Con la obra de Lutero, *Ecclesiastes Salomonis cum annotationibus* (1532), comenzó a abrirse paso la opinión contraria a la autoría salomónica. Por otra parte, su punto de vista de que el Eclesiastés era una especie de florilegio espigado en distintas obras fue adoptado con matices por Grotius (*Annotationes ad Cohelet,* 1644), que consideraba el libro como un compendio de sentencias de diferentes sabios. Este comentarista fue el primero en percibir de manera crítica y metodológica las peculiaridades del lenguaje de Qohelet, muchas de cuyas palabras sólo pueden encontrarse en libros tardíos, como Esdras y Daniel.

Las consecuencias de estas decisivas intuiciones se dejaron pronto sentir entre los estudiosos. Durante el siglo siguiente la crítica acabó definitivamente con la autoría salomónica. Se aprecia una decidida e irreversible estima de la exégesis literal, junto con un irrefrenable, aunque primerizo, impulso hacia la crítica histórica y literaria. Por otra parte, y con el paso del tiempo, el libro comenzó a ser fechado en el periodo

---

[74] PL 100, 665-722.
[75] PL 168, 1195-1306.
[76] PL 175, 113-256.

postexílico: bien en la época de dominio persa [77] bien durante la época helenística [78].

2. Cuestiones abiertas

Bibliografía española: R. Michaud, *Qohelet y el helenismo* (Estella 1988).

Para empezar, tendríamos que distinguir entre cuestiones discutidas y cuestiones abiertas. Verdad es que actualmente siguen siendo sometidos a debate diversos aspectos de la obra de Qohelet, como los relativos a autoría, fecha, lugar de composición, lengua original, etc. Ahora bien, se trata de aspectos secundarios excesivamente trillados, pero que siguen siendo puntos sometidos a discusión por cierta corriente de especialistas actuales. Consideramos, sin embargo, que el hecho de la discusión académica no debe prejuzgar la hondura de un problema ni su derecho a ser considerado «cuestión abierta».

El problema de la *estructura* de la obra de Qohelet sigue siendo una cuestión abierta no sólo por su importancia decisiva a la hora de captar y evaluar el alcance del contenido, sino porque hasta la fecha ningún especialista ha sido capaz de dar con una estructura reconocible y aceptada [79]. El problema se agrava si aceptamos la opinión de no pocos estudiosos de que la obra carece absolutamente de estructura [80]. Desgraciadamente los

[77] Ver las introducciones de los comentarios de H. Ewald, *Die poetischen Bücher des Alten Bundes* IV (Gotinga 1837); W. Nowack, *Der Prediger Salomo's erklärt* (Leipzig 1847); Ch.D. Ginsburg, *Coheleth* (Londres 1861, reimpresión Nueva York 1970); F. Delitzsch, *Proverbs. Ecclesiastes. Song of Solomon*, COT VI (Grand Rapids 1982, original alemán Leipzig 1875); C.H.H. Wright, *The Book of Koheleth* (Londres 1883).

[78] Así F. Hitzig, *Der Prediger Salomo's erklärt* (Leipzig 1847); T. Tyler, *Ecclesiastes* (Londres 1872); E. Renan, *L'Ecclésiaste* (París 1882); G. Wildeboer, *Der Prediger* (Friburgo B. 1898); C. Siegfried, *Prediger und Hoheslied* (Gotinga 1898).

[79] Entre los numerosos intentos en esta línea cabe señalar los de H.L. Ginsberg, *The Structure and Contents of the Book of Koheleth:* VTS 3 (1955) 138-149; A.G. Wright, *The Riddle of the Sphinx: The Structure of the Book of Qohelet:* CBQ 30 (1968) 313-334; M.V. Fox, *Frame-Narrative and Composition in the Book of Qohelet:* HUCA 48 (1977) 83-106; F. Rousseau, *Structure de Qohélet 1,4-11 et plan du livre:* VT 31 (1981) 200-217; J.S.M. Mulder, *Qoheleth's Division and also its Main Point*, en W.C. Delsman (ed.), *Von Kanaan bis Kerala. Festschrift für J.P.M. van der Ploeg*, AOAT 211 (Neukirchen-Vluyn 1982) 149-159.

[80] Así K. Galling, *Kohelet-Studien:* ZAW 50 (1932) 276-299; O. Eissfeldt, *The Old Testament. An Introduction* (Oxford 1966) 494.

métodos crítico-formales no han aportado soluciones. Así resulta imposible determinar con exactitud los límites de cada unidad literaria o la relación de éstas con sus vecinas. En cualquier caso habría que desbrozar nuevas vías de acceso metodológicas.

Aun teniendo en cuenta la posibilidad de que las aparentes contradicciones de la obra de Qohelet puedan explicarse por el continuo uso de la polémica (cita de un aforismo convencional y subsiguiente desmentido a partir de la experiencia personal), forzoso es reconocer en ella la existencia de *glosas*. ¿Cómo deben entenderse, por ejemplo, las referencias al temor del Señor (5,6; 7,18; 12,13) en una obra donde se critica abiertamente tal actitud en el marco de la doctrina de la retribución (8,12c-14) y donde se afirma que el hombre no puede saber si Dios lo ama o lo odia (cf. 9,1c)? A pesar de las protestas de Gordis, creemos que no es posible explicar estas paradojas doctrinales desde el estilo del autor. La cuestión, pues, sigue estando abierta.

Está claro que la visión del mundo de Qohelet responde a un conjunto de ideas auténticamente bíblicas. Sin embargo han sido (y siguen siendo) numerosas las voces que relacionan ciertos aspectos de su pensamiento con las intuiciones básicas de algunas escuelas filosóficas griegas [81]: estoicos, cínicos (respecto al uso de la diatriba [82]), epicúreos. Ha habido también interés en buscar una relación entre Qohelet y Heráclito, especialmente respecto a 3,1-9. Aunque nuestro autor manifiesta una forma de pensar típicamente bíblica y semítica, y aunque, al contrario de los filósofos griegos, se dedique más a observar que a dogmatizar [83], no podemos pasar por alto que en tiempo de Qohelet la cultura griega tenía un atractivo especial y ejercía una poderosa influencia entre los pensadores de la cuenca mediterránea, incluida Palestina [84]. Y no sería lógico aislar a Qohelet de la influencia de las ideas griegas que circulaban libremente por entonces [85].

[81] Consultar al respecto la amplia información de G.A. Barton, *op. cit.*, 34-43. También L. di Fonzo, *op. cit.*, 53-55.

[82] Sobre la diatriba en Qohelet, consultar L. di Fonzo, *op. cit.*, 16-17.

[83] Cf. E. Podechard, *op. cit.*, 43.

[84] Cf. A. Lauha, *op. cit.*, 11.

[85] Cf. R. Gordis, *op. cit.*, 56. Pero no podemos hablar de dependencia literaria, conforme lo vio ya V. Zapletal, *Die vermeintlichen Einflüsse der griechischen Philosophie im Buche Kohelet*: BZ 3 (1905) 32-39.128-139.

V. TRABAJO PRACTICO Y BIBLIOGRAFIA

1. Orientaciones para el trabajo personal

Situándonos en el marco de la sabiduría israelita, sería útil profundizar en aquellos aspectos de la teología o del pensamiento humanista de Qohelet que, a pesar de ser compartidos por el resto de la literatura sapiencial canónica (Job, Proverbios, Eclecisástico, Sabiduría), han recibido un sello peculiar en el Eclesiastés. Sobresalen la concepción de Dios y el problema de la retribución.

Desde hace tiempo se ha tenido la sospecha, bien fundada por otra parte, de que Ben Sira conoció y utilizó el libro de Qohelet [86]. Ideas comunes e incluso paralelos lingüísticos parecen apoyarla. Sin embargo, hasta la fecha no ha habido nadie, que nosotros sepamos, que, desde una perspectiva científica, se haya propuesto la tarea de confirmar monográficamente tal sospecha.

Si observamos la obra de Qohelet en el ámbito de la sabiduría internacional [87], convendría hacer un análisis comparativo entre nuestro libro y la literatura cínica o pesimista de Egipto y de Mesopotamia. De la literatura egipcia tenemos a nuestro alcance la *Instrucción de Ptahhotep* (ANET 412-414), las *Quejas del Campesino Elocuente* (ANET 407-410), la *Canción del Arpista* (ANET 467) y la *Disputa sobre el suicidio* (ANET 405-407); varios de estos textos pueden encontrarse en J. Lévêque, *Sabidurías del Antiguo Egipto*, Colección «Documentos en torno a la Biblia» 10 (Estella 1984). En Mesopotamia contamos sobre todo con *Diálogo del Pesimismo* (ANET 600-601).

Entre la lírica griega arcaica puede investigarse principalmente la obra de Teognis. Su cercanía a Qohelet no sólo se pone de manifiesto en algunos temas, sino en el modo elegíaco de tratarlos.

---

[86] Ver al respecto Th. Nöldeke, *Bemerkungen zum hebräischen Ben Sira:* ZAW 20 (1900) 81-94; N. Peters, *Ekklesiastes und Ekklesiastikus:* BZ 1 (1903) 47-54.129-150; A.H. McNeile, *An Introduction to Ecclesiastes with Notes and Appendices* (Cambridge 1904) 34-37. Actualmente C.F. Whitley, *op. cit.,* 122-131, aunque defiende que la obra de Ben Sira es anterior a la de Qohelet.

[87] Consultar L. di Fonzo, *op. cit.,* 48-51; A. Lauha, *op. cit.,* 11-14; J.A. Loader, *op. cit.,* 117-120.

Sería altamente recomendable espigar en el refranero castellano los numerosos ejemplos de sentencias de carácter cínico o pesimista que, sobre todo desde el punto de vista temático, coinciden con el pensamiento de Qohelet o incluso han podido elaborarse a partir de la lectura de la obra bíblica.

Las peculiaridades y el alcance del pensamiento de Qohelet han sido comparados en ocasiones con las modernas reflexiones de la literatura existencialista [88]. Dado el actual auge del pensamiento llamado postmoderno, sería sin duda un gran servicio abordar desde aquí una lectura comparativa con la obra bíblica.

2. Bibliografía comentada

BARTON, G.A., *The Book of Ecclesiastes*, ICC (Edimburgo 1908, reimpresión 1971). Las características de los comentarios que integran el *International Critical Commentary* avalan a priori el contenido de esta obra. De todos son conocidos sus magníficos tratamientos textuales. El comentario propiamente dicho ocupa 65 pp.; en él tiene una especial relevancia la problemática relativa a las versiones y la relación de Qohelet con el pensamiento griego. Tanto introducción como comentario se mueven en unas coordenadas más bien tradicionales, una tendencia comprensible si tenemos en cuenta la fecha de la edición original.

CRENSHAW, J.L., *Ecclesiastes*, OTL (Filadelfia 1987). Los especialistas en literatura sapiencial conocen de sobra la talla intelectual y las magníficas aportaciones de este exegeta al campo bíblico. Nos encontramos ante un comentario en el que se abordan sin prejuicios y sin bozo los problemas teológicos más serios que plantea el libro. Esta libertad de tratamiento por parte del autor se corresponde con la calidad del comentario. Este va precedido por una introducción de 30 pp., ceñida y suficiente. El mejor elogio que se puede hacer de este libro es decir que aborda de manera no convencional una obra bíblica no convencional.

DI FONZO, L. (ed.), *Ecclesiaste*, BG (Turín/Roma 1967). A pesar del paso del tiempo, sigue sorprendiendo la calidad de los comentarios bíblicos de la *Bibbia di Garofalo*. Este comentario al Eclesiastés se sitúa en esa línea de seriedad y de profesionalidad. Tras una com-

---

[88] Aborda críticamente este aspecto R. Gordis, *op. cit.*, 112-121. Ver, por otra parte, las afinidades entre el pensamiento de Qohelet y el de Camus en M.V. Fox, *op. cit.*, 13-16.

pleta y erudita introducción de 102 pp., el lector se sorprende ante una casi exhaustiva bibliografía de 17 pp. El comentario es amplio y bien elaborado desde los puntos de vista lingüístico y textual. La ausencia de sensibilidad literaria es compartida desgraciadamente por casi todos los comentarios modernos. Un punto de vista un poco más abierto y la supresión de cierta farragosidad habrían elevado sin duda el valor ya indiscutible de esta obra.

FOX, M.V., *Qohelet and His Contradictions* (Sheffield 1989). El comentario como tal (pp. 151-329) va precedido de una introducción para situar al lector moderno ante el libro y de cuatro capítulos de muy jugoso contenido: 1) Significado de *hebel* y de *rᵉ'ut ruah;* 2) Penalidades y placer; 3) Epistemología de Qohelet; 4) Justicia y teodicea. Los cuatro siguen más o menos el esquema expositivo: planteamiento del problema; terminología; evaluación. El comentario, bueno y audaz, es abordado tras una breve exposición de varios aspectos relacionados con la comprensión literaria de la obra: algunas palabras clave; lenguaje de Qohelet; estructura literaria; valor de las versiones griega y siriaca.

GORDIS, R., *Koheleth. The Man and His World* (Nueva York ³1978). El comentario propiamente dicho ocupa las pp. 203-355. Las pp. 145-201 están ocupadas por el texto y la traducción. La primera parte constituye una introducción excelente, de cuyas dimensiones se puede percatar el lector. En ella se abordan aspectos literarios de carácter genérico, rasgos estilísticos y visión del mundo de Qohelet, sin dejar de lado temas más comunes, como autoría, canonicidad, texto y versiones. El comentario es equilibrado y erudito. Un instrumento imprescindible para familiarizarse con la forma de pensar y de escribir del autor del Eclesiastés.

ISAKSSON, B., *Studies in the Language of Qoheleth* (Uppsala 1987). Se trata de un estudio del lenguage de Qohelet, pero preferentemente desde la perspectiva del sistema verbal hebreo: nifal de '*sh*, diferentes valores de la conjugación de sufijos y prefijos, participio activo, pronombres, adverbios de existencia y negación. Tras leer las conclusiones (pp. 190-197), sobreviene la impresión de que un trabajo tan arduo (principalmente en virtud del esfuerzo que supone delimitar el grado de validez de las bases metodológicas que ofrece la lingüística contemporánea (pp. 11-22) a duras penas justifica el valor de los resultados de la investigación. De todos modos, ésta queda justificada en virtud de la escasez de este tipo de estudios, sin duda necesarios para los especialistas.

LAUHA, A., *Kohelet*, BK XIX (Neukirchen-Vluyn 1978). Se trata probablemente del mejor comentario moderno a la obra de Qohelet, al menos como tratamiento de conjunto. Las 24 pp. de introducción se quedan quizá un poco cortas, aunque la problemática general del libro es suficientemente presentada. Se echa en falta un tratamiento literario adecuado, defecto propio de los comentarios del *Biblischer Kommentar*. La crítica textual, aun siendo correcta, no es todo lo amplia que cabría esperar con relación a algunos versículos.

OGDEN, G., *Qoheleth* (Sheffield 1987). Se trata de un estudio bastante amplio (cerca de 200 pp.) si tenemos en cuenta las dimensiones del Eclesiastés. El tratamiento textual es adecuado; el comentario teológico, exhaustivo y bien llevado; los aspectos literarios, bien captados y cuidadosamente presentados. Echamos en falta una introducción adecuada; poco se puede decir en 8 pp. En su favor, dos apéndices introductorios sobre el significado de *hebel* y *yitrôn*. Es de agradecer el excursus final «Sabiduría china y revelación bíblica».

WHITLEY, Ch.F., *Koheleth. His Language and Thought*, BZAW 148 (Berlín/Nueva York 1979). Como puede advertirse por el subtítulo, no se trata propiamente de un comentario. Tras una brevísima introducción (A), la obra se abre con un estudio del lenguaje de Qohelet (B), capítulo por capítulo, que termina con una valoración de las tesis de Zimmermann y Dahood (con resultado negativo). La evaluación de este examen (C) aborda lo peculiar del lenguaje de Qohelet y su relación con la obra de Ben Sira. El estudio del pensamiento del autor del Eclesiastés (D) tiene en cuenta las teorías sobre las influencias babilónica, egipcia y griega. En la última parte (E) intenta el autor una evaluación de las fuentes israelitas, del problema de la influencia griega, del material proverbial común y de la naturaleza de los problemas abordados por Qohelet. Si pasamos por alto algunas conclusiones precipitadas, se trata sin duda del mejor estudio textual del libro del Eclesiastés.

WHYBRAY, R.N., *Ecclesiastes* (Grand Rapids 1989). El comentario (pp. 33-174) está precedido por una breve pero sustanciosa introducción de 31 pp.: título y lugar en el canon; trasfondo histórico, autor y lugar de composición; lenguaje; unidad literaria y estructura; pensamiento; análisis del contenido. Aunque el autor se mueve dentro de los límites de una excusable prudencia, su comentario es bueno, muy actualizado y de alto nivel.

Capítulo VI
EL LIBRO DEL ECLESIASTICO

I. DATOS GENERALES

Bibliografía española: A.-M. Dubarle, *Los sabios de Israel* (Madrid 1958) 183-236; G. von Rad, *Sabiduría en Israel* (Madrid 1985) 301-327.

1. El libro

Nos encontramos ante el ejemplo más completo de literatura sapiencial judía. La obra, única en el AT que lleva la firma de su autor, Jesús Ben Sira, gozó desde el principio de un enorme respeto tanto en círculos judíos como cristianos. Probablemente fue el primer libro deuterocanónico puesto por escrito.

a) Texto y versiones [1]

Por lo que nos dice en el prólogo el nieto-traductor, la obra había sido escrita en hebreo. Tal afirmación estaba confirmada por las citas de Eclesiástico en las obras rabínicas. Pero lo cierto es que, hasta el año 1896, no se supo nada del original hebreo. La historia textual de Eclesiástico es la más compleja y apasionante de todos los libros del AT.

Entre los años 1896 y 1900 fueron descubiertas casi las

---

[1] Consultar, entre otros, H. Duesberg – I. Fransen (ed.), *Ecclesiastico*, BG (Turín/Roma 1966) 3-12; F. Vattioni, *Ecclesiastico* (Nápoles 1968) XVIII-XXIX; P.W. Skehan – A.A. Di Lella, *The Wisdom of Ben Sira*, AB 39 (Nueva York 1987) 51-62.

dos terceras partes del texto hebreo en una gueniza (depósito de manuscritos inservibles) de la sinagoga del antiguo El Cairo. Uno de los problemas consistía en que dicho texto estaba repartido en cuatro manuscritos distintos, conocidos como A, B, C y D, todos ellos de los siglos XI y XII. En 1931 fue publicado un quinto manuscrito (E), hallado también en la mencionada gueniza, que venía a sumar 34 nuevos esticos hebreos a los 1056 ya existentes. En 1956 se encontraron en la cueva 2 de Qumrán (2Q18) fragmentos de 6,20-31, en disposición esticométrica, y tres o cuatro letras de 6,14-15 (o quizá de 1,19 - 20), con un texto muy semejante al del manuscrito A [2]. Se trata de manuscritos de la segunda mitad del s. I a.C. Por las mismas fechas se descubrió en otra cueva un fragmento de manuscrito (11QPs^a), probablemente de la primera mitad del s. I d.C., que contenía 51,13-20 y las dos últimas letras de v. 30b [3]. En 1965 Yadin publicó fragmentos de un manuscrito de Ben Sira, de la primera mitad del s. I a.C., encontrado en las excavaciones de una casamata de Masada [4]. Contiene partes de 39,27 - 44,17, escritas también esticométricamente. Finalmente, el estudioso A. Scheiber, urgando entre la colección de fragmentos de la gueniza de El Cairo, depositados en la biblioteca de la Universidad de Cambridge, encontró en 1982 un nuevo pliego, con el texto de 31,24 - 32,7 y 32,12 - 33,8. Aunque Scheiber lo identificó como una parte del manuscrito D, no faltan especialistas que, en base a estudios esticométricos, creen hallarse ante un nuevo manuscrito no conocido hasta la fecha (F) [5].

Respecto a las versiones, hay que destacar la griega de los LXX y la siriaca de la Peshitta, sin dejar de un lado los fragmentos hebreos de las citas rabínicas. Por lo que respecta a los manuscritos griegos [6], parece justificado subdividirlos en dos

---

[2] Publicados por M. Baillet / J.T. Milik / R. De Vaux, *Les «Petites Grottes» de Qumrân* (Oxford 1962).

[3] Publicado por J.A. Sanders, *The Psalms Scroll of Qumrân Cave 11 (11QPs^a)* (Oxford 1965).

[4] Y. Yadin, *The Ben Sira Scroll from Masada* (Jerusalén 1965). Aportaciones críticas en Th. Middendorp, *Die Stellung Jesu Ben Siras zwischen Judentum und Hellenismus* (Leiden 1973) 92-112.

[5] Más datos en P.W. Skehan – A.A. Di Lella, *op. cit.*, 51-53.

[6] Magnífico estudio en R. Smend, *Die Weisheit des Jesus Sirach* (Berlín 1906) LXII-CXVIII; ver también N. Peters, *Das Buch Jesus Sirach oder Ecclesiasticus übersetzt und erklärt* (Münster 1913) LXV-LXXV.

grupos: G1 y G2. El traductor de G2 no parece que llevó a cabo una traducción nueva e independiente; se basó en G1 y en la recensión hebrea usada por éste. Los manuscritos siriacos [7], que representan un texto uniforme, junto con los manuscritos hebreos a nuestra disposición, parecen estar relacionados directamente con la obra autógrafa de Ben Sira. Pero hay signos de influencia recíproca en las antiguas versiones: los manuscritos siriacos revelan lecturas peculiares de G1 y G2; y los hebreos tienen lecturas peculiares de G1, G2 y el siriaco [8]. Como la obra de Ben Sira se vio libre de la fijación canónica durante varios siglos, es normal que fuera copiada en numerosas ocasiones, al propio tiempo que se introducían cambios textuales que dieron lugar a las corrupciones observables en los distintos manuscritos.

La versión latina, tal como nos es presentada en la Vulgata, no fue llevada a cabo por Jerónimo, que no hizo más que aceptar, sin retocarla, una antigua traducción [9]. Esta traducción, citada por Cipriano, se llevó a cabo seguramente en Africa en las primeras décadas del s. III. En ella puede advertirse el uso de textos G1 y G2 (quizá en revisiones sucesivas), lo que justificaría en parte la abundancia de duplicados en algunas secciones.

b) Nombre del libro

Aunque falta el original hebreo del comienzo de la obra, su título puede deducirse del colofón tras 51,30 en el manuscrito B y de las cabeceras griega (*Sophia Iesou huiou Sirakh*) y siriaca (*ḥekmeta dᵉbar sira*) del libro: *hokmat yešuaʿ ben ʾelʿazar ben siraʾ*, «Sabiduría de Jesús, hijo de Eleazar, hijo de Sira». La tradición judía ofrece diferentes nombres del libro. Algunos tratados del Talmud lo titulan *seper ben siraʾ*, «Libro de Ben Sira». Saadia Gaón (s. X) lo conoce como *seper musar*,

---

[7] Cf. R. Smend, *op. cit.*, CXXXVI-CXLVI; N. Peters, *op. cit.*, LXXV-LXXVIII.

[8] Sobre la relación entre las tres familias textuales, cf. M.D. Nelson, *The Syriac Version of the Wisdom of Ben Sira Compared to the Greek and Hebrew Materials* (Atlanta 1988).

[9] Observaciones en R. Smend, *op. cit.*, CXVIII-CXXIX.

«Libro de instrucción». Otros rabinos lo denominan *musar ben sira*ʾ, «Instrucción de Ben Sira», o *mišle ben sira*ʾ, «Proverbios de Ben Sira» [10].

El nombre «Eclesiástico», que deriva del título de la mayor parte de los manuscritos de la Vulgata, *Ecclesiasticum*, tiene probablemente su origen en el gran uso que se hizo del libro entre las comunidades cristianas (*ekklesiai*) de los primeros siglos.

c) Numeración

En los manuscritos griegos, así como en las traducciones que dependen de ellos, salvo la Vetus Latina y las versiones armenia y eslava, los capítulos 31-36 han sufrido una transposición numérica respecto al hebreo. En líneas generales pueden ser válidas las siguientes correspondencias:

Hebreo	Griego
c. 31	c. 34
c. 32	c. 35
c. 33	c. 36
c. 34	c. 31
c. 35	c. 32
c. 36	c. 33

d) Canonicidad [11]

Mientras que la Iglesia Católica considera Eclesiástico como obra canónica, judíos y protestantes lo tienen como apócrifo, es decir, no inspirado, junto con algunos otros libros y secciones de ellos (cf. IEB II, c. II,I,c). Ahora bien, como la introducción en el canon católico de Eclesiástico y del resto de las obras aludidas representa una *segunda* aceptación de obras religiosas –la primera habría sido la del canon judío sin más–, todas ellas reciben en la Iglesia Católica el nombre de «deuterocanónicas». A pesar de la postura ambigua –al menos casi nunca del todo clara– de la primitiva iglesia respecto a la ca-

---

[10] Más datos en G.H. Box / W.O.E. Oesterley, *Sirach*, en R.H. Charles (ed.), *Apocrypha and Pseudoepigrapha of the Old Testament* I (Oxford 1913) 268-517, esp. 271.

[11] Consultar, entre otros, N. Peters, *op. cit.*, LIII-LXII; P.W. Skehan / A.A. Di Lella, *op. cit.*, 17-20.

nonicidad de Eclesiástico, parece estar fuera de duda que en el NT es citado con relativa frecuencia, especialmente en Mateo, Lucas, Santiago y Hebreos [12].

Curiosamente, aunque las autoridades rabínicas afirmaron explícitamente que Eclesiástico no era una obra inspirada, pues fue escrita tras el periodo profético, de hecho es citada en el Talmud al menos en 82 ocasiones, y algunas veces las citas son introducidas con la fórmula «Pues / como está escrito», reservada sólo a la reproducción de textos canónicos [13].

2. *Autor, fecha y lugar de composición* [14]

a) Autor

Salvo el libro del Eclesiástico, el resto de las obras que integran el AT o son anónimas o atribuidas pseudoepigráficamente a personalidades del pasado de Israel, como David o Salomón. Los manuscritos de que disponemos dan el nombre del autor de diferentes formas. En 50,27 del B puede leerse: «Simón, hijo de Jesús, hijo de Eleazar, hijo de Sira». Sin embargo, tras 51,30, aparece de dos formas: una «Simón, hijo de Jesús, llamado hijo de Sira»; la otra como en 50,27. El colofón siriaco le llama «Jesús, hijo de Simón, llamado hijo de Asira» [15]. Dado que el traductor dice en el prólogo «mi abuelo Jesús» y que en el título griego que encabeza 51,1 puede leerse «Oración de Jesús, hijo de Sira», lo lógico es pensar que «Simón» es una corrupción, y que el autor del Eclesiástico se llamaba Jesús ben Eleazar ben Sira [16].

b) Fecha

Un estudio general de pensamiento y estilo nos lleva a la conclusión de que Eclesiástico fue escrito poco antes de la revolución macabea del 168 a.C. Pero la determinación más o

---

[12] Más datos en F. Vattioni, *op. cit.*, XXX-XL.
[13] Sobre las citas talmúdicas y rabínicas, cf. R. Smend, *op. cit.*, XLVI-LVI.
[14] Amplia información en H. Duesberg – I. Fransen, *op. cit.*, 21-32.
[15] Asira, «cautivo», es sin duda una lectura equivocada.
[16] Como en las culturas actuales, cuando el primer apellido –en nuestro caso el patronímico Ben Eleazar– no es suficiente para distinguir a una persona, se recurre al segundo, en este caso el patronímico con el nombre del abuelo: Ben Sira.

menos precisa de la fecha de composición puede apoyarse en la información que nos proporcionan dos pasajes del libro.

El traductor griego nos informa en el prefacio de la obra que era nieto del autor y que llegó a Egipto el año treinta y ocho del reinado de Euergetes [17]. Nos dice también que, después de llevar allí viviendo cierto tiempo, emprendió la labor de traducción de la obra de su abuelo, que estaba escrita en hebreo. Por lo que respecta al nombre de Euergetes («Bienhechor»), nos consta que hubo dos reyes ptolomeos con dicho apelativo: Ptolomeo III Euergetes I (247-221 a.C.) y Ptolomeo VII Euergetes II (170-117 a.C.). Pero, dado que el primero reinó poco más de veinticinco años y el traductor nos habla del año trigésimo octavo del reinado de Euergetes, podemos deducir que se trataba de Ptolomeo VII, y que, en consecuencia, el nieto de Ben Sira llegaría a Egipto en torno al año 132 a.C. Su abuelo habría desarrollado, por tanto, su labor en las primeras décadas del s. II, antes ciertamente de la persecución de Antíoco IV Epífanes, que no se menciona en absoluto en el libro.

En 50,1-24 Ben Sira nos ofrece un colorista y encendido elogio del sumo sacerdote Simón, hijo de Onías. La viveza de las imágenes sugiere que nos hallamos en presencia de un testigo ocular. Por otra parte, la expresión «en su vida» (50,1) parece implicar que ya había muerto. Ahora bien, ¿quién era ese Simón? Flavio Josefo nos informa de la existencia de dos sumos sacerdotes de idéntico nombre. El más antiguo, Simón I el Justo, es localizado por dicho autor en torno al año 300 a.C.; el otro, Simón II, desempeñó su cargo aproximadamente un siglo después. Ahora bien, no es imposible que Simón I sea una figura legendaria, utilizada por Josefo para rellenar el oscuro periodo que va de Esdras a Antígono (hacia 180 a.C.) y asegurar así la cadena de sumos sacerdotes. De hecho, las tradiciones de la Misná y del Talmud son confusas respecto a estos datos, lo que implica la debilidad de la tesis sobre la supuesta existencia histórica de Simón I.

En consecuencia, cabe deducir que el libro del Eclesiástico fue redactado después del 195 a.C. (fecha aproximada de la muerte de Simón II). Bajando a detalles, la obra no pudo escribirse después del 171 a.C. En efecto, éste es el año en que Antíoco Epífanes, tras haber depuesto al sumo sacerdote

---

[17] Importancia del dato en F. Vattioni, *op. cit.*, XVII-XVIII.

Onías II (último legítimo de la línea sadoquita) en favor de su hermano Jasón, acabó destituyendo a éste para nombrar a un benjaminita: Menelao. Está claro que Ben Sira, de haberla conocido, no habría pasado por alto esta sacrílega violación de los derechos sacerdotales [18].

c) Lugar

No hay razones que nos hagan dudar que el libro del Eclesiástico fue escrito en Jerusalén. Si tenemos en cuenta la formación del autor, sus amplios conocimientos de las tradiciones teológicas y sapienciales de su pueblo y su más que posible familiaridad con la cultura helenista [19], habremos de deducir que Ben Sira fue un famoso maestro de sabiduría (cf. 50,27), de cultura cosmopolita. En tales circunstancias, la cuna de su formación y la sede óptima de su magisterio hubo de ser naturalmente Jerusalén.

II. DIMENSION LITERARIA

1. Primeras impresiones

Si el lector que abre el libro de Ben Sira ha estado antes familiarizado con Proverbios, se sorprenderá de inmediato ante la práctica inexistencia de aforismos aislados de un estico. En efecto, en Eclesiástico es normal el recurso al poema, a la exhortación y a la instrucción. La versificación didáctica supone en Ben Sira un decisivo impulso hacia la educación, no sólo escolar sino de carácter general. El maestro se ha convertido en Doctor. Como tendremos ocasión de ver, nuestro autor no deja nunca aislado un estico, sino que lo vincula a versos afines hasta formar poemas con un tema dominante, algunos con divisiones estróficas, especialmente en las secciones de mayor lirismo.

[18] Sobre el trasfondo histórico de la obra de Ben Sira, puede consultarse R. Smend, *op. cit.*, XIV-XXVIII; M.Ts. Segal, *Sefer Ben Sira haššalem* (Jerusalén 1958²) 1-11; J. Marböck, *Weisheit im Wandel* (Bonn 1971) 9-12; P.W. Skehan – A.A. Di Lella, *op. cit.*, 8-16; H. Stadelmann, *Ben Sira als Schriftgelehrter*, WUNT 6 (Tubinga 1980) 4-26.

[19] Sobre la relación de Ben Sira con el pensamiento griego, consultar J. Marböck, *op. cit.*, 170-173; Th. Middendorp, *op. cit.*, 7-34.

Otra peculiaridad de Eclesiástico es la repetición temática. Sorprende en una obra, que con toda seguridad se debe a la pluma de un mismo autor, comprobar que algunos temas se repiten en diferentes secciones, sin una función literaria peculiar aparente. P.e. la instrucción sobre la vergüenza de 4,20-31 tiene un paralelo más amplio en 41,16 – 42,8; los funestos peligros que el mal uso de la lengua puede acarrear al hombre se tienen en cuenta en 5,9 – 6,4; 19,4-19; 20,1-8.18-26; 23,7-15; 27,8-15; etc.; el tema de la amistad y la enemistad recurre en 6,5-17; 12,8-18; 22,19-26; 37,1-6; etc.; sobre la generosidad y los préstamos se nos habla en 3,30 – 4,10; 29,1-20; sobre las comidas en sociedad, en 31,12-24; 32,1-13; 37,27-31; sobre el temor del Señor, en 1,11-20; 2,7-17; 32,14-24; 34,13-17. Más abajo podremos aventurar alguna hipótesis sobre esta clara falta de interés en armonizar el contenido de ciertos pasajes.

Si exceptuamos Prov 30,7-9, no encontramos en la literatura sapiencial canónica ningún ejemplo de plegaria, un remanso en el que el sabio se dirija a Dios en oración. Si tenemos en cuenta el peculiar *ethos* de la sabiduría, la búsqueda racional del orden inscrito en la creación y su integración en él, resulta normal la ausencia del impulso devocional o místico. Sin embargo, en los representantes deuterocanónicos cambia el panorama. Al propio tiempo que percibimos un ímpetu devocional al que estábamos desacostumbrados, se nos regala con plegarias de una hondura religiosa admirable, tales como Sab 9. En Ben Sira la plegaria puede ser indirecta, mediante una invitación en segunda persona del plural (39,12-35; 43,27-33; 50,22-24), o directa, como en 23,1-6; 36,1-17; 51,1-12.

El recurso de Ben Sira a la historia constituye otra de las sorpresas del lector no familiarizado con su obra. Si exceptuamos las cabeceras de algunas partes de Proverbios, donde se mencionan a Salomón y a Ezequías (1,1; 10,1; 25,1), o la pseudoepigrafía salomónica de Qohelet (1,1.12), no encontraremos en la literatura sapiencial canónica referencia alguna a personajes o eventos de la historia israelita. Eclesiástico constituye una significativa excepción, pues, aparte de las numerosas referencias puntuales a personajes o héroes de la literatura religiosa, el autor compone en los cc. 44-50 un magnífico y amplio tratado, no exento de manipulaciones ideológicas, de la Historia Salutis. Más abajo podremos precisar la razón de este recurso a la historia en Ben Sira.

Ni Proverbios ni Job ni Qohelet parecen estar interesados en rebasar los límites de un discurso racional autónomo. De ahí la ausencia del recurso a la Ley, un ámbito por otra parte esencial para el desarrollo y la comprensión del Judaísmo posterior. En sus primeros estadios evolutivos, la sabiduría, como vocación de servicio al individuo y como forma de discurso, evitó la supeditación a los imperativos de la ley positiva. No se trataba de una anomía premeditada, sino de selección de centros de interés. Porque, a decir verdad, los sabios recurrieron continuamente a una «norma moral», pero relacionada más con un código de conducta personal sometido a la eficacia social que con una legislación positiva extrínseca. En este sentido, el binomio «justo/malvado» u «honrado/impío» no tenía por qué estar enraizado a priori en la Torá mosaica. Ben Sira, sin embargo, no sólo recurre a la lectura de ese binomio desde la perspectiva legal, sino que llega a identificar vocación sapiencial con sometimiento a la Ley mosaica [20]. Más aún, sitúa en el mismo nivel «temor del Señor» y Torá [21]: «Los que temen al Señor tratan de complacerle, / los que lo aman cumplen su ley» (2,16).

2. Aspectos literarios

a) Lengua

La obra de Ben Sira está escrita en hebreo, aunque a nivel léxico se perciben bastantes aramaísmos. En su época, el hebreo era sin más una lengua de escuela, no hablada entre el pueblo. Sin embargo, nuestro autor la conocía lo suficientemente bien como para atreverse a exponer su pensamiento poéticamente. Verdad es que su estilo es imitativo y, en ocasiones, repetitivo, pero sería un despropósito decir que es decadente. De hecho, desde el punto de vista estilístico, Eclesiástico no es inferior a los salmos más recientes o a algunas partes tardías de Proverbios. Sabe combinar magistralmente lo

---

[20] Sobre la función de la Ley en Eclesiástico y su alcance teológico, consultar E.J. Schnabel, *Law and Wisdom from Ben Sira to Paul* (Tubinga 1985) 29-92; también K.M. O'Connor, *The Wisdom Literature* (Wilmington 1988) 145-146.
[21] Sobre la relación de estos dos conceptos en Eclesiástico, cf. J. Haspecker, *Gottesfurcht bei Jesus Sirach* (Roma 1967) 328-332.

didáctico con lo devocional, las retahílas moralizantes con sorprendentes imágenes literarias[22]. Incluso en ocasiones el lenguaje poético es realmente soberbio, especialmente en las formulaciones teológicas (p.e. c. 24) y en las secciones hímnicas (p.e. 42,15 – 43,33).

b) Géneros literarios

Por lo que respecta a los géneros literarios, Ben Sira dominaba el amplio muestrario de la tradición sapiencial[23]. Junto a los géneros que integran el común denominador de *mašal*, en Eclesiástico encontramos himnos, narración autobiográfica, onomástica, plegarias, el gran poema didáctico y hasta un salmo de acción de gracias.

Aunque desde el punto de vista formal Eclesiástico parece estar familiarizado con Proverbios[24], a diferencia de éste Ben Sira utiliza el *proverbio aislado* en muy raras ocasiones, e incluso en estos casos no pierde la oportunidad de comentarlo mediante exhortaciones u observaciones de la vida real. Así, para advertir del peligro del trato con ricos (13,2-7), tras lo que parece un proverbio convencional (13,2), presenta algunos «casos» de la experiencia cotidiana y las consecuencias frustrantes de una actitud irreflexiva (13,3-7). Es decir, que lo normal es encontrarse con unidades versificadas en torno a un tema, de tres o más esticos, introducidas por un aforismo (p.e. 22,6-18; 26,1-4). Otra variante del *mašal* es el proverbio numérico (Eclo 23,16-18; 25,7-11; 26,5-6; 50,25-26), conocido ya por Job (p.e. 5,19-22), Salmos (p.e. 62,12), y sobre todo por Proverbios (p.e. 6,16-19, y especialmente c. 30). El esquema de este recurso literario es N/N+1 («Hay tres cosas que... y una cuarta que...»). De *mašal* puede calificarse también el poema didáctico breve (Eclo 10,6-18; 22,19-26; 27,22-29), dirigido a apremiar la necesidad de una conducta recta. Tras la afirmación de base con que se abre la unidad, Ben Sira hace uso de preguntas retóricas, oraciones condicionales o relativas para

---

[22] Cf. V. Morla, *Eclesiástico* (Madrid/Estella 1992) 12.

[23] Seguimos esencialmente a C.W. Baumgartner, *Die literarische Gattungen in der Weisheit des Jesus Sirach:* ZAW 34 (1914) 161-198; ver también P.W. Skehan / A.A. Di Lella, *op. cit.*, 21-30.

[24] Sobre la relación Eclesiástico-Proverbios, consultar, H. Duesberg / I. Fransen, *op. cit.*, 64-71.

definir «casos» hipotéticos o reales. Su finalidad es evidentemente didáctica, pero prevalecen los elementos descriptivos. Otro *mašal* está representado por la instrucción, frecuente en Prov 1-9 y de honda raigambre en la literatura egipcia. A las características formales del poema didáctico viene a sumarse como propio el vocativo «Hijo mío», o fórmulas análogas, el continuo uso de imperativos, que intiman a la observancia, y la motivación (oración causal o consecutiva), que pretende deducir las ventajas de la aceptación de lo sugerido o las desventajas de la desobediencia (ver Eclo 10,26 – 11,9; 12,1-7; 13,8-13; 31,12-24). El poema amoroso alegórico de 14,20-27 tiene sin duda precedentes en Prov 5,15-20 y Cant 2,8ss.

El *himno* no tiene por qué coincidir con las categorías litúrgicas propias de nuestra cultura religiosa occidental. Se llama himno a toda descripción poética que tiene por objeto a Dios, sus cualidades o sus obras. Eventualmente el vocabulario es selecto y el «tempo», majestuoso. Como prevalece el tono descriptivo y la llamada imperativa a la alabanza o a la contemplación puede estar ausente, resulta inadecuado denominar a estos poemas himnos de alabanza [25]. En Eclesiástico contamos con 1,1-10; 18,1-14; 39,12-35; 42,15 – 43,33. La *narración autobiográfica* está bien representada en el resto de la literatura sapiencial (p.e. Prov 7; 24,30-34; Qohelet 1,12 – 2,26; 8,9 – 9,1; Sab 7-9). Con este tipo de formulación, el sabio recurre a un hecho de vida propio (pudiera ser que ajeno, visto como propio) para que el alumno/lector rechace un estilo de vida autodestructor –en caso de que el hecho sea negativo– o imite un camino que conduce a la autorrealización –en caso de que la experiencia reflejada sea positiva–. En Ben Sira, casi todos los ejemplos de narración autobiográfica están orientados a la consecución de la sabiduría (24,30-34; 33,16-18; 51,13-22). Los *onomástica* son listas de «nombres» de los distintos elementos del mundo natural, análogas a las modernas taxonomías. Pueden incluir especies animales o vegetales, minerales, pueblos del área geográfica e incluso accidentes geográficos. Los onomástica fueron especialmente cultivados en Egipto. En el resto de la literatura sapiencial contamos con Job 28; 36,27 – 37,13; 38,4 – 39,30; 40,15 – 41,26; Sab 7,17-20.22-23; 14,25-26. Ben Sira utiliza este recurso literario prin

---

[25] Quizá el único ejemplar en Ben Sira sea 50,22-24. Ver, sin embargo, P.W. Skehan / A.A. Di Lella, *op. cit.*, 27.

cipalmente en los himnos. En 39,12-35 contamos con los vv. 26-30. En el gran poema 42,15 – 43,33, su autor derrocha talento poético para describir las obras de Dios en el firmamento y la diversidad de los meteoros: sol, luna, estrellas, arco iris, relámpago, trueno, granizo, viento, lluvia, escarcha y nieve. En este género podría también ser incluida la descripción de los oficios de 38,24-34. En Ben Sira contamos con dos magníficos ejemplos de *plegarias:* 22,27 – 23,6 y 36,1-17. Se trata de un género propiamente sálmico. Salvo Prov 30,7-9 y Sab 9, el resto de la literatura sapiencial no nos ofrece ningún otro ejemplo de plegaria. Es un claro indicio de que, en Ben Sira, el escriba y el hombre piadoso habían llegado a fundirse. El *gran poema didáctico* está fundamentalmente representado por el elogio de los antepasados (44,1 – 50,24) [26]. En 51,1-12 nos encontramos con un *salmo de acción de gracias* individual, elaborado sin duda sobre modelos primitivos.

c) *Recursos retóricos y estilísticos*

Por lo que respecta a los recursos retóricos y estilísticos, la obra de Ben Sira es deudora en su mayor parte del patrimonio poético hebreo, si bien en determinados momentos nos sorprenden tanto la peculiar adaptación de antiguos elementos cuanto las propias aportaciones. Está fuera de duda que la obra de Ben Sira está redactada en forma poética. Aunque siguen existiendo dudas sobre la estructura estrófica de la obra, resulta bastante evidente el predominio del uso del estico con dos hemistiquios –en algunas ocasiones tres: 38,14; 42,15– en paralelismo [27]. A veces nos encontramos con versos de dos y hasta de tres esticos (p.e. 8,2; 9,8; 11,4; 25,7; 29,5; 44,21).

Habitualmente, al igual que la poesía hebrea precedente, Ben Sira utiliza el paralelismo: sinonímico, antitético y progresivo/sintético. Un ejemplo del primer caso:

---

[26] Para algunos especialistas, que definen este poema como *encomio*, se trata de un préstamo literario de la cultura helenista. Ha defendido últimamente esta línea interpretativa en un magnífico estudio Th.R. Lee, *Studies in the Form of Sirach 44-50* (Atlanta 1986). Sin embargo, este ejemplar de «historia salutis» puede ser un eco de poemas de otros ámbitos literarios del AT (p.e. Sal 78). Por otra parte, carece de sentido definir genéricamente este poema como «narración didáctica»; así, P.W. Skehan / A.A. Di Lella, *op. cit.*, 29-30.

[27] Los mejores trabajos a este respecto en las introducciones a las obras de R. Smend, *op. cit.*; M.H. Segal, *Seper ben-Sira haššalem* (Jerusalén ²1958).

«Quien hiere el ojo hace brotar lágrimas /
quien hiere el corazón descubre sentimientos» (22,19);

del segundo:

«El hombre sensato no desprecia los consejos /
el malvado y el soberbio desconocen el temor» (32,18);

del tercero:

«No desdeñes a una mujer discreta y buena /
porque su gracia vale más que el oro» (7,19).

Los recursos de la aliteración y la asonancia son también frecuentes, así como la variedad de estructuras quiásticas[28]. La tendencia de Ben Sira a la exposición temática encuentra una vía expresiva en el uso de estribillos, que sirven de eslabón estilístico en el desarrollo del problema tratado. El uso más llamativo de este recurso aparece en el c. 2, donde el autor se sirve de tres «Los que teméis al Señor» (vv. 7-9), tres «ayes» (vv. 12-14) y tres «Los que temen al Señor» (vv. 15-17) para intimar a la confianza y la fidelidad a Dios. En el himno de 39,12-35 descubrimos en tres lugares estratégicos la fórmula «No cabe decir...» (vv. 16.21.34). Algunos estribillos adoptan un principio de alternancia: «Si tienes ganado.../hijos.../hijas» (7,22-24); «Una raza digna... Una raza despreciable» (10,19). En esta línea, el conocido modelo de versificación a:b:/a':b', encontrado en 19,13-17:

«Pregunta a tu amigo...
Pregunta a tu prójimo...
Pregunta a tu amigo...
Pregunta a tu prójimo...»

Hay estribillos que recurren sin más a la repetición de una simple frase: tres veces «un amigo fiel» en 6,14-16. Es probable que Ben Sira adoptase el debate («No digas...») a partir de la obra de Qoheletelet (ver Eclo 7,10), si bien se trata de una forma ampliamente utilizada en las instrucciones egipcias de Ani y Amenemope. De todos modos, es evidente que Ben Sira se siente proclive a su uso sobre todo en contextos de teodicea[29] (5,1-6; 7,9; 11,23-24; 15,11-12; 16,17).

[28] Información en P.W. Skehan / A.A. Di Lella, *op. cit.*, 64-73.
[29] Sobre el recurso a la teodicea en Ben Sira, cf. J.L. Crenshaw, *The Problem of Theodicy in Sirach: On Human Bondage:* JBL 94 (1975) 47-64 (= J.L. Crenshaw [ed.], *Theodicy in the Old Testament* [Filadelfia/Londres 1983] 119-140).

Existen en Eclesiástico otras formas menores conocidas también en el resto de la tradición sapiencial israelita. Así el aforismo estructurado a partir de la fórmula *tob...min* («Más vale... que»; p.e. 10,27; 20,18.31; 30,14); las series negativas (p.e. 7,1-20; 8,1-19; 9,1-12; 11,2.4.7-9; 12,10-12; 18,30-33; 32,19-21); las series positivas (p.e. «hay quien...» en 11,11-12.18; 20,5-6.9-12.21-23; «antes de...» 18,19-21); los macarismos (p.e. 14,1-2.20-21; 26,1); las preguntas retóricas (10,29; 13,17; 17,31; 18,4.5.8.16s; 30,19).

d) Estructura literaria

La estructura literaria de Eclesiástico sigue siendo una cuestión debatida. Aunque desconcierten a primera vista las repeticiones temáticas a lo largo de la obra –padres e hijos, esposos y esposas, hombres y mujeres, amigos y enemigos, vejez y muerte, etc.–, lo cierto es que las secciones hímnicas pueden ofrecer un principio estructurante. Hasta tal punto son importantes, que en ellas encontrará el lector las aportaciones más decisivas de Ben Sira a la tradición sapiencial. Constituyen una especie de cuerpo doctrinal frente al cual las temáticas individuales mencionadas con anterioridad (que por cierto ya aparecen en otros libros sapienciales) dan la impresión de servir de relleno.

Existen en Eclesiástico tres secciones hímnicas fundamentales: 1,1-10, origen divino de la Sabiduría [30]; 24,1-29, la Sabiduría en Israel y sus frutos; 42,15 – 43,33, himno a la creación y al Creador [31]. Las tres se caracterizan por un tratamiento soberbio de la teología de la creación. Si tenemos en cuenta, por otra parte, que el c. 51 es desconocido por el traductor griego y si prescindimos del prólogo del nieto/traductor, el libro de Ben Sira se estructura en tres grandes bloques: 1,1 – 23,27; 24,1 – 42,14; 42,15 – 50,29.

El primero es introducido por un himno laudatorio a la Sabiduría, creatura primordial de Dios, quien la ofrece como don a los que lo aman. Al segundo le sirve de exordio el magnífico poema sobre la Sabiduría, don divino que penetra toda la realidad creada, pero que tiene su residencia especialmente

---

[30] Interesante estudio exegético en O. Rickenbacher, *Weisheitsperikopen bei Ben Sira*, OBO 1 (Gotinga 1973) 4-34.
[31] Importante el estudio de J. Marböck, *op. cit.*, 145-151.

en Jerusalén. Su identificación con la Ley de Moisés supone un hito en la historia del pensamiento israelita, de consecuencias ilimitadas. El tercer bloque se abre con un himno de alabanza a la obra de la creación (42,15 – 43,33), que da paso al elogio de los antepasados de Israel (cc. 44-50). De este modo queda diseñado un gran proyecto literario y teológico, desarrollado en pasos sucesivos: la Sabiduría, creatura original de Dios, que El derramó sobre todas sus obras, se ofrece a todos cuanto se predisponen cultivando el temor/respeto al Señor (1,1-10) [32]. La Sabiduría personificada hace su propio elogio, rememorando su origen divino, su búsqueda de un lugar de reposo y la aceptación de Israel como su heredad perpetua (24,1-11). Y lo decisivo: «Todo esto es el libro de la alianza del Altísimo, la Ley promulgada por Moisés» (24,23) [33].

En el tercer poema la Sabiduría sólo es mencionada explícitamente en tres ocasiones: «las maravillas de su sabiduría» (42,21); «con su sabiduría ha sometido al océano» (43,23) y «a los piadosos les ha dado la sabiduría» (43,33). Sin embargo, no cabe duda que todo él está impregnado del sentimiento de la omnisciencia divina: descubre todos los secretos del corazón y conoce los signos de los tiempos (42,18); anuncia pasado y futuro, y no se le escapa ni un pensamiento (42,19-20); Dios ha dispuesto todas las cosas a la perfección, de tal modo que le obedezcan (42,21-25); todo se mantiene firme ante la palabra del Santo (43,10): del Señor es el poder (43,17). También aquí Sabiduría y creación están íntimamente vinculadas. El poema termina de manera análoga al primero. Aquí «a los piadosos les ha dado la sabiduría» (43,33); en 1,10: «él se la brindó a los que lo aman». Tras el gran himno de 42,15 – 43,33, el lector va a saber quiénes han sido esos piadosos destinatarios en la historia de Israel (cc. 44-50). El esquema es relativamente claro: la Sabiduría, creatura primordial, es ofrecida a todos los hombres piadosos; pero tiene su heredad principalmente «en el pueblo glorioso» (24,12); de aquí han salido ejemplos edificantes, de memoria imperecedera, de hombres poseídos

---

[32] Más que en términos de «temor/terror», el concepto de «temor del Señor» debe ser entendido como relación creatural con Dios, como amor y confianza en El. Sobre el tema, cf. J. Haspecker, *op. cit.*, 205-312.

[33] Sobre la fusión de Ley y sabiduría, cf. J. Blenkinsopp, *Wisdom and Law in the Old Testament* (Oxford 1983) 140-145; H.D. Preuss, *Einführung in die alttestamentliche Weisheitsliteratur* (Stuttgart 1987) 142-145.

por el espíritu de la sabiduría (elogio de los antepasados, cc. 44-50).

Skehan y Di Lella ofrecen una estructura alternativa, con ocho partes y una conclusión, que no tiene en cuenta el valor de las secciones hímnicas que antes hemos mencionado: I. 1,1 – 4,10. II. 4,11 – 6,17. III. 6,18 – 14,19. IV. 14,20 – 23,27. V. 24,1 – 33,18. VI. 33,19 – 38,23. VII. 38,24 – 43,33. VIII. 44,1 – 50,24. Conclusión: 50,25 – 51,30 [34].

III. CONTENIDO Y PROPOSITO

Según Ben Sira, la sabiduría es el bien/don supremo al que puede aspirar el ser humano. Se trata de una cualidad divina presente de modo general en toda la creación, y de manera particular en la Ley mosaica. Nuestro autor va apoyando sus afirmaciones en su propia experiencia, proponiéndose de vez en cuando como ejemplo mediante el uso de la primera persona. Así, su enseñanza adquiere una vasta perspectiva y una insólita autoridad moral. No hay prácticamente ningún tema, relacionado bien con el desarrollo personal bien con la responsabilidad comunitaria, que pase desapercibido a Ben Sira. A pesar de su sólido entramado ideológico, Eclesiástico adolece de ciertas inconsistencias doctrinales, de ciertas aporías presentes, sin embargo, en todas las formas desarrolladas de la religión bíblica.

1. Presentación temática [35]

   a) Sección primera: 1,1-23,27

   • *Tópicos sapienciales*

La primera sección de la obra (1,1 – 23,27) está integrada por una serie de tópicos ya conocidos en su mayor parte por Proverbios: el temor del Señor como camino de sabiduría (1,11-20), autocontrol y sinceridad (1,22-30), paciencia y fidelidad (2,1-18), respeto a los padres (3,1-16), humildad y orgullo

---

[34] P.W. Skehan / A.A. Di Lella, *op. cit.*
[35] Algunas observaciones útiles en P.W. Skehan / A.A. Di Lella, *op. cit.*, 75-92.

(3,17-29), justicia con el necesitado (3,30 – 4,10), la sabiduría como maestra (4,11-19) [36], vergüenza y arrogancia (4,20-31; cf. 41,14 – 42,8), falsas seguridades (5,1-8), pecados de la lengua (5,9 – 6,4), verdaderas amistades (6,5-17), búsqueda de la sabiduría (6,18-37) [37], la vida social (7,1-17), relaciones familiares (7,18-28), deberes religiosos (7,29-36), errores en las relaciones humanas (8,1-19), mujeres peligrosas (9,1-9), compañías (9,10-16), gobernantes (9,17 – 10,5), orgullo (10,6-18), de nuevo el temor del Señor (10,19-25), peligros de la jactancia (10,26 – 11,9), trabajo y finanzas (11,10-28), huéspedes y desconocidos (11,29-34), hacer favores (12,1-7), enemigos (12,8 – 13,1), ricos (13,2-7), aristócratas (13,8-13), clases sociales (13,15-24), la fidelidad (13,25 – 14,2), tacañería (14,3-10), salud y muerte (14,11-19), salmo sobre la sabiduría (14,20 – 15,10), pecado y libertad (15,11-20), errores que Dios castiga (16,1-14), omnipresencia de Dios (16,17-23), gobierno de la creación por parte de Dios (16,24 – 17,14), misericordia y justicia (17,15-24), arrepentimiento (17,25-32), compasión de Dios por la debilidad humana (18,1-14), generosidad (18,15-18), distintas actitudes precabidas (18,19-29), autodominio (18,30 – 19,3), malas lenguas (19,4-19), la buena y la mala inteligencia (19,20-30), disciplina en el lenguaje (20,1-8), diversas paradojas de la vida (20,9-17), lenguaje inoportuno y mentiras (20,18-26), diseño del sabio (20,27-31), control del pecado (21,1-11), necios y sabios (21,12-26), tres tipos de mala conducta (21,27 – 22,5), más sobre el necio (22,6-18), más sobre la amistad (22,19-26), autodisciplina (22,27 – 23,6), disciplina en el hablar (23,7-15), pasiones sexuales (23,16-27).

Como podemos observar, se trata de un amplio muestrario de actitudes y caracterizaciones de tipo individual y social, meramente humanas o decididamente religiosas. Se alaban virtudes y se fustigan vicios; se exhorta al cultivo del autocontrol, al sometimiento voluntario a la disciplina y al rechazo de decisiones autodestructivas. Un muestrario que bien podían firmar los sabios y recopiladores de sentencias de Egipto y de Mesopotamia, animados por idénticos ideales de formación humana. Sin embargo, el humus es implícita o explícitamente yavista. Aunque en numerosas ocasiones la sanción es simple-

---

[36] Consultar comentario de O. Rickenbacher, *op. cit.*, 35-54.
[37] Cf. *Ibíd.*, 55-72.

mente intramundana (autodestrucción), Ben Sira recurre con frecuencia a la intervención de un Dios retribuidor. Ya en 1,11-20 hace una oferta programática de gran alcance y de consecuencias decisivas para comprender su idea sobre la naturaleza de la sabiduría: el principio y la plenitud de la sabiduría consiste en el temor del Señor (1,14.16); de él depende que se cumpla nuestro deseo de una larga vida (1,20), de una vida en plenitud. Aunque la idea no es original (la descubrimos en Prov 1,7), en Ben Sira es aplicada con rigor hasta sus últimas consecuencias. El impulso religioso está magistralmente elaborado y conscientemente servido desde la primera a la última página del libro.

• *Compasión de Dios*

También en las primeras páginas del libro aflora otra temática que resulta casi obsesiva en Ben Sira: la compasión de Dios por el hombre (2,11.18), como si un mundo privado de la misericordia de Dios estuviese abocado a la autodestrucción. Sin embargo, no duda en recurrir a la tradición doctrinal cuando dicha compasión puede llevar a equívocos: «No vivas tan seguro del perdón mientras pecas sin cesar. No digas: Grande es su misericordia... porque tiene piedad, pero también ira» (5,5-6). Este peculiar espíritu religioso se pone de manifiesto también en un sorprendente consejo: «No ambiciones lo que es demasiado difícil para ti / no investigues lo que supera tus fuerzas. // Pon atención en lo que se te manda / y no te preocupes por cosas misteriosas. // No te afanes en cosas que te superan / lo que se te ha revelado supera la comprensión del hombre. // Pues a muchos extravió su presunción / y una torcida pretensión pervirtió su inteligencia» (3,21-24). Da la impresión de que estamos oyendo a un padre, no a un maestro de sabiduría. ¿Cómo encaja en la actitud sapiencial de búsqueda sin trabas esos imperativos «no ambiciones» / «no investigues» / «no te afanes»? ¿Cómo puede un sabio rechazar como pervertidor y pretencioso el impulso humano hacia el conocimiento? Sorprendentemente, en su lugar se intima al hombre a hacer lo que se le manda (referencia implícita a la observancia de la Ley), pues lo revelado supera a priori la comprensión humana. No es improbable que esta actitud de Ben Sira responda a una polémica con la tradición librepensadora de la cultura helenista, carente de «libros revelados», que había introducido en Israel las especulaciones cosmogónicas y teosóficas. En este sentido, el israelita ya tiene bastante con lo que se le ha revelado.

• *Necesidades sociales*

En esta primera parte de la obra sorprende también la preocupación de Ben Sira por una respuesta urgente a las necesidades sociales, por un tratamiento de la pobreza desde las exigencias de la justicia (4,1-10). Si hemos de considerar programático el orden de los temas en el libro, está claro que para nuestro autor, la primera mirada fuera del ámbito familiar (cf. 3,1-16) debe ir dirigida al mundo de los desheredados. El hombre que busca el camino de la sabiduría y del temor del Señor encontrará en el ámbito de las relaciones de justicia uno de los lugares privilegiados. Además hay una sanción trascendente: «si alguien angustiado te maldice, su Creador escuchará su imprecación» (4,6), como si la injusticia social implicara una irresponsable alteración del orden establecido por Dios en el acto creador. En este contexto, Ben Sira anima a despreciar la mezquindad y la tacañería: «El mezquino no se contenta con lo suyo, / la codicia malsana seca el alma. // El avaro hasta con el pan es cicatero, / y en su mesa todo es escasez» (14,9-10). En esta línea hay que leer también 35,11-24. Alternativamente, la riqueza puede llegar a ser la fuente más fecunda de pseudoconfianza humana, causante de la ceguera religiosa, el fruto más maduro de los instintos y las pasiones (cf. 5,1-8; ver también 31,1-11). Los ricos, depredadores por naturaleza, constituyen una clase social que invita continuamente al pobre al recelo y a la desconfianza (cf. 13,2-7.8-13.15-24). Respecto a las mujeres, la actitud de Ben Sira es cautelosa, si no de abierta desconfianza [38]: «no te confíes del todo a tu mujer, no sea que te llegue a dominar» (9,2). Sin embargo, hemos de reconocer que, como en el resto de los tópicos tratados en el libro, también en éste pone de manifiesto Ben Sira su exquisito equilibrio y su hondo humanismo: «no tengas celos de la mujer que amas» (9,1).

[38] Importante al respecto la obra de W.C. Trenchard, *Ben Sira's View of Women: A Literary Analysis* (Chico 1982) esp. 167-173.

• *Pragmatismo y humanismo*

La experiencia personal, o quizás las lecciones de la historia, han hecho de Ben Sira un hombre lúcido y ecuánime, capaz de poner en tela de juicio algunas de las enseñanzas tradicionales. Por lo que respecta a los reyes, no hay que dar por sentada su sabiduría, a pesar de la tradición sobre Salomón de 1 Reyes y de las enseñanzas de Proverbios (p.e. 25,2). A este respecto, es totalmente desmitificadora la afirmación de 10,3: «Rey sin instrucción, ruina de su pueblo».

En ocasiones Ben Sira se deja llevar por un pragmatismo escandaloso, a pesar del enfoque religioso de sus consejos: «Si haces el bien, mira a quién se lo haces, / y sacarás provecho de tus favores. // Haz bien al piadoso y tendrás recompensa, / si no de él, al menos del Altísimo. //... Da al hombre piadoso, / pero no socorras al pecador. //... Que también el Altísimo odia a los pecadores / y se venga del malvado» (12,1-2.4.6). En Ben Sira se aprecia a veces una incomprensible tensión entre una ternura solícita (p.e. 9,10; 18,15-17) y una dureza intransigente. Pero es probable que esa tensión psicológica no sea más que un reflejo de la tensión, de las ambigüedades, que el hombre prudente descubre en la existencia como tal. No hay que olvidar que el camino de la vida está sembrado de bien y de mal, y que el hombre sabio debe estar siempre preparado a conjuntar la acción adecuada con el momento oportuno. Si las situaciones de la vida son cambiantes, el hombre prudente, ante eventos análogos, se verá obligado quizá a dar respuestas distintas.

Sin llegar al drástico consejo de Qoheletelet respecto al disfrute de los bienes, Ben Sira anima al hombre a vivir bien dentro de sus posibilidades. ¿Razón? El carácter inevitable y rupturista de la muerte: «Antes de morir, haz bien a los amigos, / según tus medios sé generoso con ellos. // No te prives de la dicha presente, / no dejes sin cumplir un legítimo deseo. //... Da, recibe y disfruta de la vida, / porque no hay que esperar deleite en el abismo» (14,13-14.16). Respecto a la escatología, Ben Sira se mantiene aferrado a la doctrina tradicional, a pesar de que en su época circularían sin duda ideas relativas a la inmortalidad y a la resurrección, fruto del contacto con la filosofía helenista. Para él, tras la muerte espera al hombre el *sheol*. Ahí acaba todo. Sin embargo, su visión de la muerte no es pesimista ni desgarrada. Morir es algo tan natural como que un árbol se desprenda en otoño de sus hojas para que la savia que proporciona la primavera alimente nuevos retoños (cf. 14,18). Lo importante es el «árbol social». El hombre, creado a imagen de Dios, dotado de inteligencia para conocer el bien y el mal, está vocacionado a alabar a Dios y a proclamar las grandezas de sus obras en el espacio de tiempo que Dios le concede vivir sobre esta tierra (cf. 17,3-10). Pero siempre podrá contar con su misericordia: «Los años del hombre están contados... Una gota del mar, un grano de arena, / esos son sus pocos años junto a la eternidad. // Por eso el Señor es paciente con los hombres, / y derrama sobre ellos su misericordia. // El ve y sabe que su fin es miserable, / por eso los perdona una y otra vez» (18,9-12). ¡Todavía no estaba el tiempo maduro para que se escribiese el libro de la Sabiduría!

El carácter equilibrado y el hondo humanismo de Ben Sira se ponen de manifiesto en casi todos los temas que aborda. Pero donde resultan más llamativos es precisamente en el tratamiento del tema de la sabiduría. Según Proverbios, la sabiduría y la prudencia proporcionan al hombre una vida segura y feliz; en contrapartida, la necedad desemboca en el fracaso humano y en la autodestrucción. En esto está de acuerdo Ben Sira (cf. 22,6-18); sin embargo, sabe que hay necedades inculpables y sabidurías destructivas: «Hay quien no aprende por falta de luces, / y hay listezas que acarrean amargura» (21,12).

b) Sección segunda: 24,1-42,14

• Temas antiguos y nuevos

La segunda sección insiste en la temática de la primera, aunque encontramos algunas novedades, concretamente un autodesvelamiento más consciente del autor. En 24,30-34 se presenta Ben Sira como sabio, en línea con una honorable tradición. Sorprende, sin embargo, el alto valor que concede a la disciplina y a la sabiduría, identificándolas llamativamente con la profecía (24,33)[39]. En 33,16-19 vuelve a hablar de sí mismo y de su función de sabio. Las imágenes acuáticas de 24,30-34 dejan paso aquí a las imágenes de la vendimia. Si allí

[39] Ver al respecto J.G. Gammie, *The Sage in Sirach*, en J.G. Gammie / L.G. Perdue (eds.), *The Sage in Israel and the Ancient Near East* (Winona Lake 1990) 355-372, pp. 370-371.

era una modesta acequia, aquí no es más que un rebuscador tras los vendimiadores. ¿Tiene Ben Sira conciencia (o intuye sin más) que la sabiduría está cumpliendo el papel de la profecía en la atormentada época que le toca vivir? Si así fuese, se justifica la equiparación de 24,33 y se comprende que se sienta un rebuscador «tras los vendimiadores».

En esta segunda sección vuelve a retomar y a desarrollar Ben Sira algunos tópicos de la primera. El tema sobre las buenas y las malas mujeres, esbozado en la primera parte (9,1-9), es ampliamente desarrollado en 25,13 – 26,18. En 26,21-27 se trata exclusivamente de la esposa. Ben Sira es extremadamente sensible al potencial maléfico de la lengua. En 27,8-15 y 28,13-26 aborda esta temática, desarrollada previamente en 19,4-17 y 23,7-15. En 37,1-6 (la falsa amistad) nos ofrece el contrapunto al desarrollo de las ventajas de la amistad en 6,15-17 y 22,19-26. En esta sección, sin embargo, hay tópicos no tratados en la primera, como los secretos (27,16-21), la hipocresía y sus consecuencias (27,22-29), la venganza (27,30 – 28,7), las riñas (28,8-12), préstamos y fianzas (29,1-20), la corrección de los hijos (30,1-13), la salud (30,14-25), las formas en la mesa (31,12-24; 32,1-13), ventajas y desventajas del vino (31,25-31), testamentos (33,20-24).

Los consejos positivos de 7,20-21 relativos a la conducta con la servidumbre dejan paso en 33,25-33 a un sorprendente tratamiento del tema, donde Ben Sira defiende incomprensiblemente una conducta tiránica y deshumanizante para con los criados: «Al asno forraje, carga y palo; / al criado pan, corrección y trabajo. //... Yugo y bridas doblegan el cuello, / al mal criado mano dura y castigo. // Hazlo trabajar, para que no esté ocioso, / que la ociosidad es maestra de vicios» (33,25.27-28). La atenuación de 33,30-33 es sólo aparente, pues se basa en motivos legales y en un pragmatismo egoísta. Otros temas no tratados en la primera sección son los de la inutilidad de la adivinación y la oniromancia (34,1-8); la importancia de los viajes para el enriquecimiento de la experiencia humana (34,9-12); sacrificios que carecen de valor (34,18-26) y verdaderos sacrificios (35,1-10); buenos y malos consejeros (37,7-15). En lo referente a médicos y medicinas (38,1-15), así como a los duelos por los difuntos (38,16-23), pone de manifiesto Ben Sira su hondo humanismo y su gran sentido común. En 40,1-7 nos proporciona una serie de reflexiones en torno al destino del hombre, alguna muy cercana al espíritu de Qohelet: «Penosa tarea se ha impuesto a todo hombre, / pesado yugo a los humanos, // desde el día en que salen del seno de su madre / hasta el día de su vuelta a la madre de todos. // El tema de sus reflexiones, el temor de su corazón, / es la espera angustiosa del día de la muerte» (40,1-2). Este tono elegíaco nos recuerda Sal 39,5-7; 90,10; Job 7,1; 14,1-2; Ecl 2,22-23. El destino del hombre se resume en sufrimiento y rivalidades (40,4cd), en angustia ante la muerte y en una lacerante ansiedad que no le abandona ni en el lecho (40,6). El tema de la muerte es repropuesto en 41,1-4. Mientras la muerte es una desgracia para quien vive feliz (41,1), se torna en agradable visitante para pobres y ancianos (41,2). Ben Sira piensa sin duda en la maldición de Gn 3,19: «No temas por estar sentenciado a muerte... Es el destino que el Señor ha impuesto a todo viviente» (41,3-4). La segunda sección termina con un poema didáctico sobre las hijas (tema adelantado en 7,24-25; 22,4-5 y, en la segunda sección, 26,10) que sorprende por su exagerado rigorismo. Aun teniendo en cuenta la distancia cultural que nos separa de la civilización en la que vivió Ben Sira, resulta escandaloso leer que «vale más maldad de hombre que bondad de mujer» (42,14a). Bien es verdad que algunas de las preocupaciones que, según el autor, causan las hijas al padre han sido sin duda compartidas en nuestro modelo social y familiar occidental de hace pocas décadas: soltería, indocilidad, seducción con el consiguiente embarazo, esterilidad y desavenencias con el esposo (42,9-10).

• *Dimensión religiosa explícita*

De vez en cuando, Ben Sira necesita abandonar momentáneamente el ámbito de la instrucción secular y tomar aliento religioso, para que sus lectores no olviden que la fuente última que fertiliza sus consejos y la raíz de la que brota la auténtica sabiduría tiene una naturaleza trascendente. Esta es sin duda la función de 32,14 – 33,6, importancia decisiva del temor del Señor y de la confianza en El, y 34,13-17, seguridad de los que temen al Señor. En 36,1-17 encontramos un nuevo oasis religioso, pero esta vez para solicitar conmovedoramente la clemencia divina para con su pueblo sometido y la destrucción inmisericorde de sus enemigos. En un arrebato psicológico subrayado por una cascada de imperativos, Ben Sira solicita una intervención urgente por parte de Yahvé para que sus profetas resulten veraces (cf. 36,15). ¿Dónde han quedado las antiguas promesas? Si Yahvé es el Dios de Israel, proverbial defensor de los oprimidos, debe demostrar su poder y su santidad liberando al pueblo elegido y, en contrapartida, eliminando al pueblo opresor. En 39,12-35 vuelve Ben Sira a efectuar una incursión en el terreno religioso, esta vez para exponer sus preocupaciones relativas a la justicia, la sabiduría y la providencia divinas, situándolas en el marco de la bondad y el profundo sentido de lo creado: teología de la creación al servicio de la teodicea [40].

- *Ideal del sabio*

Quizá la parte más llamativa y novedosa de la segunda sección sea la relativa al ideal del sabio (38,24 – 39,11) [41]. «La sabiduría del escriba requiere tiempo y dedicación, / el que está libre de quehaceres llegará a sabio» (38,24). Se trata del ideal griego escolástico (de *schole* «tiempo libre»). Ben Sira pasa revista a las profesiones más representativas de su época (criadores de ganado, agricultores, artesanos, herreros, alfareros; 38,25-30) para llegar a la conclusión de que, a pesar de su maestría (38,31), su utilidad social (38,32) y su función «recreadora» de la realidad (38,34c), a los representantes de estas profesiones «no se los busca para el consejo del pueblo, / ni sobresalen en la asamblea; // no se sientan en el tribunal, / ni entienden de justicia y derecho. // No destacan por su cultura ni por su discernimiento, / ni figuran entre los autores de proverbios» (38,33-34ab). A continuación pasa Ben Sira a exponer su ideal de sabio, con una primera afirmación sorprendente: «No así el que se aplica por entero a meditar la Ley del Altísimo» (39,1ab). En la historia de la sabiduría israelita es la primera vez que topamos con una categorización del sabio de estas características. Sin embargo, afirmar que el sabio tiene que dedicarse, entre otras cosas, al estudio de la Torá encaja perfectamente en el ideograma propuesto por Ben Sira, donde sabiduría y Ley son explícitamente identificadas (cf. 24,23). Por lo demás, el resto de las funciones adscritas al sabio se corresponde perfectamente con la tradición sapiencial israeli-

---

[40] Puede consultarse G.L. Prato, *op. cit.*, 62-115.
[41] Importante estudio en O. Rickenbacher, *op. cit.*, 176-196.

ta: «indagar en la sabiduría de los antiguos... conservar relatos de hombres famosos... examinar máximas, buscar el sentido oculto de los proverbios y los secretos de las máximas» (39,1cd-3). «El tipo de sabio que diseña Ben Sira se sitúa probablemente al final de una línea evolutiva donde se funden decididamente el sabio experto en enigmas (tal como se refleja en la tradición proverbial) y el sabio hombre religioso y legisperito. En efecto, la meditación de la ley del Altísimo y el estudio de las profecías (Eclo 39,1) parece no formar parte, por los datos de que actualmente disponemos, del prototipo de sabio deducible de las secciones epigramáticas de Proverbios. Se ha dado sin duda un paso decisivo de la educación general, de carácter secular, al cultivo complementario de las tradiciones legales y religiosas de Israel» [42].

• *Coherencia de la obra*

La repetición de temas en la primera y segunda secciones del libro ha inducido a numerosos especialistas, probablemente con razón, a pensar que Eclesiástico es una obra compuesta. En efecto, resultaría ilógico que Ben Sira se hubiese repetido en distintas partes del libro sin un motivo razonable, pudiendo haber reunido en un mismo apartado las perícopas relativas a una temática concreta. En consecuencia, es obvio pensar que Eclesiástico es una recopilación de apuntes de escuela y de poemas del sabio de Jerusalén. Sin embargo, no hemos de pensar que esta recopilación se llevó a cabo sin voluntad de orden. Aparte de la función de los poemas que abren las tres secciones, tal como hemos indicado, pueden descubrirse en una misma sección ciertos rasgos que reflejan una voluntad de orden y de progresión temática.

Pongamos algunos ejemplos. En la sección primera, tras hablar del origen y naturaleza de la sabiduría (1,1-10), y de la exigencia del temor del Señor para acceder a ella (condición religiosa; 1,11-20), Ben Sira pasa a exponer las condiciones de tipo humano y educativo: autocontrol y sinceridad (1,22-30); paciencia y fidelidad (2,1-18). Después, el primer círculo donde el aprendiz de sabio debe poner de manifiesto su madurez: la familia (3,1-16). El segundo círculo (la sociedad) está repre-

[42] V. Morla, *op. cit.*, 191.

sentado de momento por los más necesitados (3,30 – 4,10). Si en 1,1-10 se nos hablaba del origen de la sabiduría, 4,11-19 se centra en su magisterio, probable indicio de comienzo de subsección. Esa idea básica reaparece en 6,18-37, inicio sin duda de la tercera subsección. Como puede verse por lo dicho, es normal que cada parte o sección del libro dé comienzo con un himno a la sabiduría o con su recomendación por parte del maestro. A continuación, se retoman los ámbitos donde el hombre debe poner de manifiesto su talante sapiencial: la sociedad (7,1-17) y la familia (7,18-28), sin olvidar los deberes religiosos (7,29-36). Esto es lo que hay que hacer; ¿y lo que hay que evitar? Las siguientes perícopas tratan de responder a esta pregunta: relaciones humanas erróneas (8,1-19); mujeres peligrosas (9,1-9); no abandonar a los buenos amigos (9,10-16). De 12,8 a 14,10 desfila una tipología humana variopinta: enemigos; ricos; aristócratas; clases sociales; tacaños. Un salmo sobre la sabiduría (14,20 – 15,10) [43] da paso a la cuarta subsección de la primera gran sección de la obra. Si, según este salmo, Dios es omnipotente y fuente de todo, en buena lógica debería ser responsable de las malas acciones del hombre. Ben Sira intenta dar respuesta a este interrogante en la perícopa siguiente: pecado y libertad (15,11-20), completada por una exposición de los errores que Dios castiga (16,1-14). ¿Pero se preocupa realmente Dios de los asuntos humanos? Respuesta desde la perspectiva de la omnipresencia divina (16,17-23) y del maravilloso gobierno de la creación (16,24 – 17,14). Está claro que «ante Dios está siempre la conducta del hombre, y nada se oculta a sus ojos» (17,15). Pero, aunque esté siempre dispuesto a retribuir las malas acciones fruto de la acción libre del hombre, se trata de un Dios misericordioso y justo (17,15-24), dispuesto al perdón siempre que se dé la circunstancia previa del arrepentimiento (17,25-32), pues Dios se compadece de la debilidad humana (18,1-14).

Como puede observarse, aunque en ocasiones aparezca algún tema descontextualizado, en general la presentación del contenido es progresiva y coherente. En 14,20 – 18,14 p.e. hemos podido descubrir un magnífico tratado sobre el pecado, la libertad y el perdón. Idéntico esfuerzo de concatenación temática se pone de manifiesto en la segunda sección del libro: pe-

---

[43] Aportación exegética en O. Rickenbacher, *op. cit.*, 73-98.

ligros de la lengua en 27,8 – 28,26; asuntos relativos al dinero en el c. 29; la mención de las comidas en sociedad (31,12-24) le da pie a nuestro autor para hablar del vino (31,25-31) y de los banquetes (32,1-13). En 35,11-24 vuelve Ben Sira al tema de la justicia y la misericordia de Dios, pero con los ojos puestos en el luctuoso destino de su pueblo. «El Señor no se hará esperar, / ni tendrá paciencia con los impíos, // hasta... tomar venganza de las naciones... y destrozar el cetro de los malvados; // hasta hacer justicia a su pueblo, / y alegrarlo con su misericordia» (35,19-23). Estos sentimientos constituyen sin duda la preparación a la plegaria por Israel que viene a continuación (36,1-17). Una nueva galería de personajes en 36,21 – 37,15: la esposa; los amigos; los consejeros. La sección 38,1-15, sobre los médicos, da pie a nuestro autor para una instrucción sobre los duelos por los difuntos (38,16-23). Y así podrían multiplicarse ejemplos que hablan por sí solos de la voluntad de conferir cierta coherencia temática a la obra.

c) Sección tercera: 42,15-50,29

La tercera sección manifiesta perfiles más netos que las dos anteriores, y trata de servir de recapitulación a las ideas básicas expuestas en ellas. Pretende presentar a la Sabiduría en la naturaleza y en la historia. Por una parte, la maestría de la obra creadora implica la soberanía y la suprema sabiduría de Dios. De ahí que, con la sección 42,15 – 43,33, trate Ben Sira de glosar con detenimiento y de confirmar su afirmación de 1,1: toda sabiduría viene del Señor y con él está por siempre[44]. La segunda subsección de esta tercera parte (cc.44-50) está dedicada al elogio de los antepasados de Israel[45]. «Su vinculación con el tema de la creación es intrínseca. Según Ben Sira, la sabiduría divina, que se manifiesta primordialmente en la realidad creada (orden cósmico), es comunicativa en una doble dirección. Por una parte, se refleja como don en la realidad humana (orden social)... Por otra parte, como ente divino primordial, recibe del Creador la orden de establecer su mora-

---

[44] Excelente trabajo sobre la función de esta sección en el marco de la teodicea en G.L. Prato, *Il problema della teodicea in Ben Sira* (Roma 1975) 116-208.
[45] Un resumen de la visión histórica de Ben Sira en H. Duesberg / I. Fransen, *op. cit.*, 81-90.

da en Israel (24,3-8). Aquí ejerce su ministerio y su poder (24,10-11)... Y, lo que es más importante, ha echado sus raíces en un pueblo glorioso, en la heredad del Señor (24,12s). En consecuencia, las grandes figuras de este pueblo glorioso constituyen la manifestación de la sabiduría divina, la prolongación de su creación»[46]. En 50,25-26 nos encontramos con un proverbio numérico que interrumpe el discurso del final del libro. O fue introducido después de la composición o se ha desprendido de alguna otra sección. Dos apéndices (el salmo de acción de gracias de 51,1-12 y la nota autobiográfica de 51,13-30) sirven de conclusión al libro.

2. *Aporías doctrinales*

En Eclesiástico podemos percibir sin dificultad ciertos puntos doctrinales a primera vista contradictorios, que Ben Sira trató de armonizar, aparentemente sin excesivo éxito.

a) *Retribución y creación*

Para Ben Sira, Dios es justo e imparcial con sus creaturas (16,14; 35,12; cf. Job 34,19; Sab 6,7): la gente honrada disfruta en contrapartida de una vida plena y feliz; los pecadores viven inquietos y continuamente expuestos al fracaso (21,9-10; 41,5-13). Pero, para nuestro autor, que no cree en la resurrección, esta retribución tiene lugar necesariamente en el más acá. Es lógico, en consecuencia, que Ben Sira tenga que poner en marcha una batería argumentativa para tratar de explicar el viejo problema de la prosperidad del malvado y del infortunio del justo. ¿Hasta cuándo va a esperar Dios para retribuir al malvado que rebosa salud y disfruta de sus bienes? ¿Hasta cuándo va a demorarse para retribuir al justo que se consume en la enfermedad y la desgracia? Ben Sira ensaya una primera respuesta: «Pues es fácil para el Señor, en el día de la muerte, / dar a cada cual según sus obras. // Antes de la muerte a nadie felicites, / porque al hombre se le conoce por su fin» (11, 26.28). Nuestro autor no está pensando en una retribución ultramundana. Una de las posibles respuestas a este aparente enigma interpretativo está en el mismo texto, concretamente

---

[46] V. Morla, *op. cit.*, 206-207.

en 11,25b («en días de males se olvidan los bienes») y 11,27a («una hora de aflicción y te olvidas del bienestar»). En la hora del mal por excelencia, la hora de la muerte, el hombre es capaz de ver, como en una secuencia fílmica, el valor o la vaciedad de su vida. El hombre piadoso morirá tranquilo, sabiendo que le acompaña la bendición y la sonrisa del Señor. Por el contrario, el impío morirá consciente del sinsentido de su vida y del rechazo de Dios. En estas circunstancias, su riqueza y prosperidad carecerán de sentido. En el punto final de la existencia se descubre el significado total de ésta. Este es el «día de la desgracia» por antonomasia (5,8). Dios es misericordioso y sabe esperar, pero no deja de descargar su cólera contra los pecadores cuando lo cree necesario (5,4.6). ¿Pero no hay posibilidad de que el malvado sea retribuido antes de que se descubra el fracaso de su proyecto vital en la hora de la muerte?

Para satisfacer esta angustiosa pregunta, Ben Sira ensaya una respuesta novedosa desde la perspectiva de la metafísica. La doctrina tradicional de la retribución expuesta en 7,1-3 parece no ser suficiente por ingenua: «No hagas el mal, y el mal no te alcanzará, / aléjate de la injusticia, y ella se alejará de ti. // No siembres, hijo, en surcos de injusticia, / no sea que coseches siete veces más». ¿Y si cosecha siete veces más de bien en lugar del «lógico» mal? Había que buscar una respuesta más pertinente, aun a sabiendas de que todo tiene su explicación en la misteriosa libertad de Dios: «¿Por qué un día es más largo que otro...? Los ha distinguido la mente del Señor... A unos exaltó y santificó, a otros los hizo días ordinarios» (33,7-9). Sobre esta base creacional-litúrgica prosigue Ben Sira: «Todos los hombres proceden del barro... El Señor los ha distinguido con su gran sabiduría... A unos los bendijo y exaltó... a otros los maldijo y humilló y los derribó de su lugar. Como arcilla en manos del alfarero, que la modela según su voluntad, así están los hombres...» (33,10-13).

Nuestro autor responde desde el determinismo divino, lo que la teología moderna llamaría predestinación. Pero lo decisivo viene a continuación. Como la respuesta anterior podía no satisfacer al oyente, que argumentaría desde la perspectiva de la falta de libertad del hombre, Ben Sira se apresta a redondear su discurso de teodicea: «Frente al mal está el bien, frente a la muerte la vida, / y frente al piadoso, el pecador. // Contempla, pues, todas las obras del Altísimo, / de dos en dos, una frente a otra» (33,14-15). Dios ha creado todas las cosas por pares de contrarios en equilibrio [47]: mal y bien, muerte y vida; según elija el hombre, se convertirá en pecador o piadoso. Así queda aparentemente salvado el libre albedrío humano, aunque al lector le queda la duda de cómo es posible que el hombre pueda elegir si Dios ya «ha diversificado sus caminos» (i.e. su conducta, destino; 33,11). Ben Sira no pretende decir que Dios ha creado la inclinación de cada hombre hacia el bien o hacia el mal, sino que ha dispuesto que el resultado de su libre elección le lleve por un camino o por otro. Este espinoso tema de teodicea reaparece en 39,12-35, también en el contexto de la teología de la creación. «No cabe decir: '¿Qué es esto? ¿Para qué sirve?' / Todo ha sido creado para un fin... Para los justos son llanos sus caminos, / para los malvados piedras de tropiezo. // Al principio fueron creados los bienes para los justos, / y para los malvados, bienes y males. // Indispensables para la vida del hombre / son agua, fuego, hierro y sal... Todas estas cosas son buenas para los piadosos, / mas para los pecadores se vuelven perjudiciales... Las obras del Señor son todas buenas, / y cumplen oportunamente su cometido... pues todo a su tiempo demuestra su bondad» (39,21.24-27.33-34). Aquí Ben Sira retoma sus preocupaciones relativas a la justicia, la sabiduría y la providencia divinas, situándolas en el marco de la bondad y el profundo sentido de la creación. Hay cosas que, aun siendo buenas por tener su origen en la bendición divina, a su debido tiempo sirven de castigo, se convierten en malas para los pecadores.

b) *Predeterminismo y libertad*

Ben Sira, siguiendo la tradición del monoteísmo ético, sabe que el Señor es un Dios único (36,4; 43,27), todopoderoso (42,17) y eterno (42,21), que todo lo ve (15,18), que conoce lo que ha sido y lo que será, incluso las cosas ocultas (42,19). En este entramado creacional, tanto el bien como el mal proceden de Dios (11,14; cf. Is 45,7; Job 2,10), en sus manos está el des-

---

[47] Sobre este principio del doble aspecto, cf. J. Hadot, *Penchant mauvais et volonté libre dans la sagesse de Ben Sira* (Bruselas 1970) 153-175; J. Marböck, *op. cit.*, 152-154; G.L. Prato, *op. cit.*, 364-378.

tino del hombre (33,13). Como hemos visto líneas arriba, el Señor controla el curso de los acontecimientos en beneficio del justo y en perjuicio del malvado (cf. 39,26-31). La sabiduría misma, que es de origen divino, ha sido derramada por Dios sobre todas sus obras y la concede a los que lo aman (cf. 1,1-10).

Por el contrario, y paradójicamente, Ben Sira afirma que el hombre es un ser libre (15,14). Desde esta perspectiva, la norma positiva ayuda al hombre a hacer buen uso de su libertad: «Si quieres, guardarás los mandamientos; / de ti depende el permanecer fiel» (15,15). ¿Pero cómo compaginar este texto con el determinismo de 33,10-13? Por otra parte, ¿qué valor tiene la afirmación de que la sabiduría se adquiere mediante el esfuerzo humano (6,18-19) cuando, como hemos visto, se trata de una creatura cuasi-divina concedida por Dios a los piadosos? Si el hombre no puede hacerse con la sabiduría para controlar así su futuro, ¿cómo se puede hablar de libertad?

c) Etica y ritualismo

La ética constituye una de las preocupaciones más urgentes de la tradición sapiencial. Así lo confirma la polarización antropológica entre justos y malvados, tan persistente en todos los representantes de dicha tradición. Hasta tal punto es así, que resultan normales las identificaciones «justo/sabio» y «malvado/necio». Ben Sira no es una excepción a este respecto. Así, en línea con una tradición que se remonta al profeta Amós, subraya el carácter ineficaz de las rúbricas rituales por sí mismas. En 34,18-26 nos habla de la inutilidad de los sacrificios al margen de las exigencias de la ética, en términos muy cercanos a los de la profecía. La persistencia en el pecado y la falta de propósito de enmienda invalidan las ofrendas del hombre (34,19.25-26). Ben Sira es especialmente sensible a la injusticia social: «Como inmolar a un hijo delante de su padre / es ofrecer sacrificios con los bienes de los pobres. // Con escaso alimento vive el pobre, / privarle de él es cometer un crimen. // Mata al prójimo quien le quita el sustento, / derrama sangre quien priva de su sueldo al jornalero» (34,20-22). «Las imágenes son brutales: quien vierte la sangre de un animal en un sacrificio, es como si vertiese la propia sangre del pobre, con los beneficios de cuya explotación se financia el sacrificio»[48]. Los sacrificios por sí mismos no expían el pecado (7,8-9); sólo son eficaces a este respecto la justicia y la bondad.

Por otra parte, Ben Sira tiene en gran estima el ritualismo del templo; sería engañoso deducir del párrafo anterior que minusvalora los aspectos rituales de la vida religiosa. En ocasiones, el lector podría sacar la falsa impresión de que, en determinadas circunstancias, nuestro autor dispensa del ritualismo: «Quien devuelve un favor hace una ofrenda de flor de harina, / y quien da limosna ofrece sacrificio de alabanza. // Apartarse del mal agrada al Señor, / huir de la injusticia es sacrificio expiatorio» (35,2-3). Pero en realidad no se atreve a dar el paso: «Quien observa la Ley multiplica las ofrendas... No te presentes ante el Señor con las manos vacías, / pues en esto consisten los mandamientos... Glorifica al Señor con generosidad, / y no escatimes las primicias que ofreces... Paga los diezmos de buena gana» (35,1.4.7-8). Es llamativo también en Ben Sira el respeto por el sacerdocio. Hasta la Sabiduría misma aparece oficiando el servicio litúrgico, como si de un sacerdote se tratara (cf. 24,10). Las figuras sacerdotales ocupan siempre puestos de relieve en Eclesiástico. Así se pone de manifiesto principalmente en el elogio de los antepasados (cc. 44-50). Mientras la figura de Moisés ocupa sólo cinco versículos (45,1-5) y se resaltan los aspectos llamativos de su personalidad y de sus funciones, pasando por alto su misión de libertador, la de Aarón ocupa diecisiete versículos (45,6-22). Idéntica impresión se saca de la lectura de 50,1-21, espacio dedicado a la figura del sumo sacerdote Simón. La extensión del poema y su alta calidad poética, así como su localización al final del libro, ponen de manifiesto la predilección de nuestro autor por las figuras sacerdotales. Todo esto constituye un indicio de lo arraigado que estaba Ben Sira en las tradiciones cultuales de Jerusalén y de la peculiaridad de su «sabiduría»[49]. En este contexto no es de extrañar su decidida identificación de sabiduría y ley.

Ningún representante de la tradición sapiencial había de-

---

[48] V. Morla, *op. cit.*, 172.
[49] Visión de Ben Sira sobre sacerdocio y culto en H. Duesberg / I. Fransen, *op. cit.*, 71-81; H. Stadelmann, *op. cit.*, 40-176; R. Davidson, *Wisdom and Worship* (Londres/Filadelfia 1990) 98-117.

mostrado interés por la temática cultual, como si ésta no fuese constitutiva del núcleo de enseñanzas sapienciales. Pero en Ben Sira se percibe la conjunción de sabiduría y piedad. La sabiduría popular y secular han acabado convirtiéndose en sabiduría académica y confesional.

d) Universalismo y nacionalismo

En Eclesiástico se percibe una apertura universalista en consonancia principalmente con la tradición profética. La crítica de Amós a la teología del éxodo como ideología exclusivista (cf. Am 9,7) comenzó a abrir brecha en lo que podíamos denominar «nacionalyavismo». Del mismo modo, el sentido por la responsabilidad personal cultivado por Jeremías y Ezequiel, así como la noción de misión universal prevista por el Segundo Isaías facilitaron el universalismo judío de siglos posteriores. En esta línea habrá que leer algunos textos de Ben Sira (10,14-17; 16,12-13.26-30). Por otra parte, la cuestión de la raza queda supeditada a la piedad y a la ética (cf. 10,19).

Sin embargo, Israel es la porción del Señor (17,17) y Jerusalén el lugar de su descanso (36,12). La Sabiduría primordial fijó su residencia en Israel, se estableció en Sión, asentó su poder en Jerusalén, echó raíces en el pueblo glorioso (cf. 24,8-12). Desde esta perspectiva particularista se entiende el estremecedor ruego de Ben Sira de que Yahvé se apresure y aniquile a las naciones extranjeras que se oponen a Israel (cf. 36,1-17). Se trata de una tensión de algún modo irresuelta en Eclesiástico.

e) Pesimismo y optimismo

De acuerdo con la antropología de la que era deudor, Ben Sira cree que el hombre fue creado del polvo, al que volverá irremediablemente (17,1; 33,10). Tras una vida efímera (18,9-10), su destino es la muerte y el *sheol* (7,17; 14,16-17; 17,27-28; 38,21a; 41,4)[50]. El pesado yugo que Dios ha impuesto a los

---

[50] La visión es menos pesimista en algunas glosas de G2, donde se llega a afirmar que más allá de la tumba hay bendición para quienes han sido sumisos a la voluntad de Yahvé. Así en 2,9c («Pues su recompensa es un don eterno, con alegría») y 19,19b («Los que obran como le agrada [al Señor] cosecharán el fruto del árbol de la inmortalidad»).

humanos (cf. 40,1) se traduce en temores, envidias, inquietudes, rivalidades, vigilias y pesadillas (cf. 40,3-6). Los momentos de felicidad de que el ser humano puede disponer están siempre a merced de un eventual fin repentino. Por otra parte, da a veces la sensación de que Ben Sira no cree al hombre capaz de obrar el bien: «Lo que es carne y sangre sólo concibe maldad... Los hombres sólo son polvo y ceniza» (17,31-32). Como ocurre con algunas de las intervenciones de los amigos de Job, tal visión del hombre implica una injusticia radical en Dios: ¿cómo puede el hombre ser bueno si por naturaleza está inclinado al mal?; ¿para qué intentar ser bueno si Dios da por supuesto que eres malo? Todos los seres humanos son culpables (8,5), pero especialmente las mujeres (cf. 42,14).

Por otra parte, Eclesiástico rezuma el optimismo propio del relato de la creación. El hombre fue creado a imagen de Dios y revestido de una fuerza como la suya (17,3); a él se le concedió el dominio de todo cuanto existe en la tierra (17,2). Fue dotado de ciencia, de inteligencia y de conocimiento (17,7.11). Lo que el hombre interpreta como desgracias son castigos merecidos por los malvados (cf. 39,25-31) o bendiciones disfrazadas que ayudan al hombre (20,9-11) o un medio establecido por Dios para probar el carácter genuino de la religiosidad del hombre (2,5). Está claro, sin embargo, que la antropología de Ben Sira es eminentemente negativa. El continuo recurso a la misericordia divina por parte de nuestro autor implica una desconfianza radical en las posibilidades del ser humano (cf. 2,11.18; 18,11-13).

f) Fe y razón

En sus primeros estadios evolutivos, la sabiduría se había distinguido por una confianza en la razonabilidad del orden de los seres creados, tanto en el ámbito cósmico como en el de las relaciones sociales. Dicha confianza generó una cultura que se manifestó, entre otras cosas, en una literatura gnómica. Los aforismos y sentencias recopilados principalmente en Prov 10-29 patentizan precisamente esa confianza en un ordenamiento justo de la realidad (remontable en último término al acto creador divino) y en la capacidad del intelecto humano de descubrir los engranajes de dicho ordenamiento para amoldarse a él en busca del equilibrio personal y comunitario. Salvando las distancias (especialmente el carácter no premeditadamente filosófico de la literatura de sentencias), podemos decir que también los israelitas desplegaron un compromiso racional con el mundo. Pero es probable que en esa peregrinación del intelecto hacia la búsqueda de los órdenes del mundo y de sus relaciones intercausales (la «sabiduría»), los sabios israelitas empezaran a percibir relativamente pronto los primeros obstáculos: la inadecuación de ciertos principios teóricos con la realidad de cada día (p.e. la doctrina de la retribución en el libro de Job); la imposibilidad de llegar a una comprensión adecuada de la totalidad de lo experimentable (p.e. el fracaso del experimento de Qohelet). Esta crisis epistemológica dio paso sin duda a la búsqueda de una solución trascendente: desde la personificación de la Sabiduría como simple figura retórica (Prov 1,20-33; 8,1-10) hasta su constitución en creatura primordial, testigo de la acción sabia por excelencia, la creación (Prov 8,22-31; Job 28).

En Ben Sira se percibe también este doble aspecto de la empresa sapiencial: la confianza en el esfuerzo racional por la búsqueda de un estilo de vida capaz de hacer feliz al hombre; el recurso a la fe («temor del Señor») en la Sabiduría primordial, creatura divina, única entidad capaz de enseñar al hombre el camino de la autorrealización. La ética de Eclesiástico se deriva claramente de un sosegado estudio de los escritos de los sabios, en particular de la enseñanza de Proverbios, y de su propia reflexión racional sobre sus experiencias vitales. En consecuencia, una gran parte de su sabiduría práctica es totalmente obvia: relaciones familiares (7,18-28); ser uno mismo sin pretensiones (10,26 – 11,9); tacañería (14,3-10); autodominio (18,30 – 19,3); amistad (22,19-26); fianzas (29,14-20); modales en la mesa (31,12-24); etc. Pero sus generalizaciones morales no siempre convencen, al propio tiempo que su enseñanza resulta a veces inconsistente. Tales inconsistencias tienen sin duda una doble fuente. Por una parte pueden deberse al hecho de que los consejos se impartieron en diferentes ocasiones y reflejan, en consecuencia, circunstancias diversas de la trayectoria educativa de Ben Sira; por otra, puede que se deban a las propias limitaciones de su prudencialismo racionalista. Sus ideas sobre la educación de los hijos, p.e., revelan una concepción despótica del papel del paterfamilias, cuyas consecuencias negativas jamás se preocupa de analizar: «Mima a tu hijo y acabarás aterrado, / juega con él y te hará llorar.»

// No rías con él... En su juventud no lo dejes libre; // túndele las espaldas mientras es niño» (30,9-12). Idéntica confianza en las propias deducciones se advierte en el plano metafísico, donde los despuntes racionales de Ben Sira pueden discernirse fácilmente en sus diversos (pero inconcluyentes) intentos de demostrar que sus ideas sobre la justicia retributiva de Dios no colisionan con los hechos de la experiencia común. Son ilustrativos a este respecto textos como 15,11-20 y 33,7-15.

Este frío cultivo del pragmatismo «racional», de honda raigambre sapiencial, se desvanece ante la insistencia de Ben Sira en las limitaciones de la comprensión humana (3,21-24). Hay una frase en este texto que podría representar paradigmáticamente el pensamiento de nuestro autor respecto a la relación razón/fe: «No te afanes en cosas que te superan; lo que se te ha revelado supera la comprensión del hombre» (3,23). Y acaba aceptando como axiomático que la voluntad de Dios ha sido revelada a los hombres en la ley de Moisés (cf. 24,23-29). De este modo, Ben Sira acaba imprimiendo un desvío al caudal de la tradición, hasta tal punto que la Sabiduría debe ser comprendida más en términos heterónomos de respeto a la Ley que como voluntad de proyecto autónomo racional. Mediante la identificación de Sabiduría y Ley anima Ben Sira a la búsqueda de la verdad moral no tanto en una ética argumentada de manera autónoma cuanto en la sumisión a la voluntad divina inscrita en la Torá. Desde esta paradójica perspectiva, hemos de concluir que el racionalismo moral de Ben Sira y su fe en el carácter definitivo de la revelación mosaica no son integrados en un esquema ideológico coherente.

Como hemos dicho más arriba, la mayor parte de las actitudes y caracterizaciones descritas en Eclesiástico ya habían sido puestas de relieve en Proverbios, libro con el que sin duda estuvo Ben Sira muy familiarizado. La diferencia estriba fundamentalmente en la forma literaria del tratamiento –esquemática y aforística casi siempre en Proverbios; recurso a la exhortación y a la instrucción en Ben Sira– y en el predominio del elemento religioso, del impulso pietístico y de la sanción divina en Eclesiástico. El abandono del simple aforismo en favor del uso de la instrucción implica sin duda una mayor voluntad educativa y una más profunda conciencia de maestro en Ben Sira. Al propio tiempo, y debido a estas singularidades, resulta evidente que Eclesiástico merece más que Proverbios el calificativo de «libro de escuela»: una obra más completa, más compleja y más razonada.

IV. HISTORIA DE LA INTERPRETACION

Conviene poner de relieve que Eclesiástico ha sido uno de los libros del AT menos controvertidos desde el punto de vista doctrinal. Se podrá estar de acuerdo o en desacuerdo con su mensaje, pero la filosofía de la vida y la teología del autor son lo suficientemente claras y coherentes como para no verse sometidas a debates escolásticos. Prácticamente el único punto al que los especialistas han dedicado arduos trabajos, y sobre el que no se ha llegado todavía a un consenso, es el relativo a los problemas textuales de los manuscritos hebreos, especialmente en lo que a la autenticidad de éstos se refiere.

La autenticidad de los manuscritos de la gueniza de El Cairo fue puesta en tela de juicio ya en los años que siguieron a su hallazgo [51]. Mientras algunos especialistas opinaban que se trataba de una mala traducción del siríaco [52], para otros dichos manuscritos pasaron del griego al hebreo a través del persa [53]. No faltaron autores que, aun admitiendo una autenticidad básica, suponen que algunas partes pueden ser traducciones a partir del siríaco [54], del griego [55] o del siriaco y el griego [56]. La discusión duró décadas hasta el descubrimiento del rollo de Masada y los estudios que sobre él publicó Yadin. Según este estudioso judío, el texto de Masada confirma princi-

---

[51] Consultar al respecto A.A. Di Lella, *The Hebrew Text of Sirach. A Text-Critical and Historical Study* (La Haya 1966) esp. 27-46; C. Kerns, *Ecclesiasticus, or the Wisdom of Jesus the Son of Sirach*, en R.C. Fuller y otros (eds.), *A New Catholic Commentary on Holy Scripture* (Londres 1969) 541-562.

[52] El primero en aventurar esta hipótesis fue G. Bickell, *Der hebräische Sirachtext, eine Rückübersetzung: WZKM* 13 (1899) 251-256.

[53] Fantasiosa teoría defendida por D.S. Margoliouth, *The Origin of the «Original Hebrew» of Ecclesiasticus* (Londres 1899).

[54] Así I. Lévi, *L'Ecclésiastique ou la Sagesse de Jésus, fils de Sira* II (París 1901) XXI-XXVII; Idem, *The Hebrew Text of the Book of Ecclesiasticus* (Leiden 1904).

[55] Sólo menciona 11,2b; 20,13a y 37,20b J. Ziegler, *Zwei Beiträge zu Sirach: BZ* N.F. 8 (1964) 277-284.

[56] Así, A.A. Di Lella, *op. cit.*, 106-147; P.W. Skehan / A.A. Di Lella, *op. cit.*, 58.

palmente la autenticidad del manuscrito B [57]. En toda esta discusión de posibles retrotraducciones a partir de otra lengua, compartimos la opinión de Rüger de que los textos aducidos por los estudiosos arriba mencionados para sustentar la teoría de la retrotraducción no son más que testigos de la existencia de dos formas textuales, a partir de las cuales podrían explicarse tanto los duplicados como el resto de las variantes de los manuscritos de El Cairo [58].

Los manuscritos de El Cairo dan pie, pues, para pensar en la existencia al menos de dos formas o recensiones del texto hebreo original: H1 y H2. Uno de los testigos textuales de H2 –muy diferente a los de H1– sirvió de base a algunos manuscritos G2. Por tanto, este texto griego corrobora indirectamente la distinción entre un H1 y un H2, distinción deducible también de las diferencias textuales de las citas de Ben Sira en el Talmud y en la literatura rabínica. La principal peculiaridad de H2 son sus adiciones a H1. En los manuscritos de la gueniza cairota A, B y C pueden apreciarse unos 100 esticos más de los que corresponderían a H1. De estas adiciones, la tercera parte más o menos está en relación con aspectos doctrinales de diversa importancia; el resto no son más que lecturas alternativas de tipo léxico [59].

V.   TRABAJO PRACTICO Y BIBLIOGRAFIA

1.   Orientaciones para el trabajo personal

a) Estructura

Aunque la estructura general de la obra ofrecida más arriba parece la más coherente, somos de la opinión de que todavía no se ha dicho la última palabra sobre este problema. Un estudio de las estructuras de las perícopas individuales, la mayoría perfectamente delimitadas por la temática o la forma

---

[57] Y. Yadin, *The Ben Sira Scroll from Masada* (Jerusalén 1965) 7ss.
[58] Cf. H.P. Rüger, *Text und Textform im hebräischen Sirach. Untersuchungen zur Textgeschichte und Textkritik der hebräischen Sirachfragmente aus der Kairoer Geniza*, BZAW 112 (Berlín 1970) 1-11.
[59] Ver algunos ejemplos en C. Kearns, *op. cit.*, 548.

literaria, podría servir de base tanto para un acercamiento a la estructura general cuanto para la individuación de añadidos en las diferentes ediciones de la obra.

b) Formas literarias

Desde el ya antiguo y clásico estudio de Baumgartner de las formas literarias de Eclesiástico [60], no ha aparecido, que nosotros sepamos, un trabajo monográfico actualizado sobre el tema. Y son más que fundadas las sospechas de que este estudioso alemán se basó más en las formas literarias ya conocidas de la literatura sapiencial, comprobando su utilización en Eclesiástico, que en un estudio pormenorizado del texto hebreo.

c) Imágenes

Si prescindimos de algunos trabajos menores e inéditos, está aún por elaborar un estudio literario de las imágenes en Eclesiástico. Obsesionados por la continuidad doctrinal, entendida como control de datos, de Ben Sira respecto a la literatura canónica del AT, perdemos de vista la importancia capital del tratamiento de las imágenes en Eclesiástico –desarrollo de las ya conocidas, aportaciones originales– en relación con dicha continuidad.

d) Piedad/ley

El binomio piedad/ley se presta a un detenido estudio que nos ayudaría a precisar el puesto de Ben Sira entre la tradición del AT y la consolidación del Judaísmo, entre la ética sapiencial y la ética farisaica, y sus posibles aportaciones a ese proceso evolutivo. A este respecto, no están todavía muy delimitadas las fronteras entre una ética racional y una ética legal.

e) Uso de la Escritura

A lo largo de la obra de Ben Sira puede observarse con claridad no sólo su conocimiento de las Escrituras, sino su uso

---

[60] W. Baumgartner, *Die literarischen Gattungen in der Weisheit des Jesus Sirach:* ZAW 34 (1914) 161-198.

explícito en más de una ocasión. Lo que quizá falta por hacer es establecer, mediante un estudio minucioso, las citas implícitas del AT y, sobre todo, los principios hermenéuticos utilizados por el autor en la selección y relectura de los materiales [61].

f) Relación entre Eclesiástico y Proverbios

Se trata de las dos obras sapienciales bíblicas con más puntos de contacto. Desde el punto de vista formal, ambas comparten el uso del aforismo aislado –menos en Ben Sira– y, sobre todo, de la exhortación y la instrucción. Desde el punto de vista del contenido, ambas cultivan el interés por las relaciones entre la teología de la creación y la sabiduría/justicia; y ambas ponen de manifiesto un notable grado de abstracción teológica en lo referente a los puntos de contacto entre sabiduría y ley (menos Proverbios; principalmente c. 28). Puede compararse, por ejemplo, Prov 1,7 con Eclo 1,14; Prov 3,5-6 con Eclo 2,6-9; Prov 3,34 con Eclo 3,18; Prov 8,18-19 con Eclo 1,16-17; Prov 8,22 con Eclo 1,4; Prov 17,3 con Eclo 2,5; Prov 17,5 = 3,27-28 con Eclo 4,1-6. A pesar de todo, falta por responder a las preguntas: ¿pertenecen Ben Sira y el recopilador de Proverbios a la misma tradición «escolar»?; ¿comparten el mismo legado religioso?; más aún, ¿existe la posibilidad de descubrir en algunas secciones de Proverbios la mano de Ben Sira o de su escuela?

2. Bibliografía comentada

a) Comentarios

DUESBERG, H. – FRANSEN, I. (eds.), *Ecclesiastico*, BG (Turín/Roma 1966). La obra es introducida por un tratamiento de los problemas crítico-textuales y crítico-literarios (pp. 1-90). La traducción italiana (páginas de la izquierda) y el texto latino (páginas de la derecha) van acompañados de un modesto aparato crítico y de comentarios relativamente amplios.

LÉVI, I., *L'Ecclesiastique ou la Sagesse de Jésus, fils de Sira*, 2 vols. (París 1898/1901). Uno de los primeros grandes comentarios a Eclesiástico que siguieron a los descubrimientos de la gueniza de El

---

[61] Pueden ayudar al respecto Th. Middendorp, *op. cit.*, 35-91; P.W. Skehan / A.A. Di Lella, *op. cit.*, 40-45.

Cairo. A pesar de los aciertos del autor en algunos aspectos textuales, la obra no ha alcanzado la merecida fama de los comentarios de Smend y Peters.

MORLA, V., *Eclesiástico* (Salamanca/Madrid/Estella 1992). Se trata de uno de los pocos comentarios (texto incluido) originalmente en lengua castellana. Tras una introducción de doce páginas centrada en aspectos generales de la obra, el autor aborda el comentario del Eclesiástico por unidades literarias, a lo largo de unas 220 páginas. No se trata de un comentario científico, sino de una obra de alta divulgación, pensada más para pastores y estudiantes que para expertos.

PETERS, N., *Das Buch Jesus Sirach oder Ecclesiasticus übersetzt und erklärt* (Münster 1913). Tras una introducción de setenta y ocho páginas, el autor nos ofrece un amplio y magnífico comentario (pp. 1-454), en el que sobresale el erudito tratamiento del texto hebreo y de las versiones griega y latina. A pesar de su antigüedad, puede considerarse, junto con el de Smend, el mejor comentario moderno a la obra de Ben Sira.

SEGAL, M.Ts., *Sefer Ben Sira haššalem* (Jerusalén 1958[2]). Comentario en hebreo moderno. Su mayor utilidad para el estudiante consiste en la reproducción del texto de Eclesiástico vocalizado. El comentario, superficial en ocasiones, adolece de ciertas lagunas. La bibliografía (pp. 71-72) es excesivamente elemental.

SKEHAN, P.W. / DI LELLA, A.A., *The Wisdom of Ben Sira*, AB 39 (Nueva York 1987). Los nombres de los autores, conocidos especialistas en la materia, avalan por sí solos este comentario de la colección Anchor Bible. La traducción y las notas son obra de Skehan, a quien sorprendió la muerte antes de ver concluida su obra. La introducción y el comentario se deben a la pluma de Di Lella. La introducción (pp. 3-92) es amplia y completa; la bibliografía (pp. 93-127), prácticamente exhaustiva. El comentario (pp. 131-580), acompañado de traducción, es bueno, aunque adolece de farragosidad y de escasa profundidad. De gran utilidad el índice temático que nos ofrecen los autores en pp. 593-620.

SMEND, R., *Die Weisheit des Jesus Sirach* (Berlín 1906). Se trata sin duda del mejor comentario crítico y teológico a la obra de Ben Sira. Tras unos amplios *Prolegomena* –Jesús Ben Sira y su libro, el texto hebreo, la traducción griega del nieto, una segunda traducción griega, las retrotraducciones del griego, las traducciones siriaca y árabe, la reconstrucción del texto primitivo (pp. XIV-CLIX)– nos ofrece el autor un detallado y erudito tratamiento textual de la obra de Ben Sira (pp. 1-517). Destaca sobre todo su intuición y habilidad para recomponer a partir del griego un hipotético texto hebreo (allí donde falta) que en muchos casos ha sido confirmado por posteriores descubrimientos.

SNAITH, J.G., *Ecclesiasticus* (Cambridge 1974). Comentario perteneciente a la colección «The Cambridge Bible Commentary». Se trata de una obra de alta divulgación, que incluye traducción inglesa y comentario por perícopas.

b) Otras obras de interés

AA.VV., *Sefer Ben Sira* (Jerusalén 1973). Original hebreo perteneciente a la serie «Diccionario Histórico de la Lengua Hebrea». Se trata de un estudio dedicado al texto, las concordancias y el análisis de vocabulario de la obra de Ben Sira. Tras una introducción sobre las características técnicas del libro, éste se articula en tres partes: 1. El libro de Ben Sira y sus versiones (pp. 1-69), con la reproducción del texto original no vocalizado; 2. Concordancias (pp. 71-314); 3. Listas léxicas (pp. 315-517). Obra de consulta imprescindible.

BOCCACCIO, P. / BERARDI, G., *Ecclesiasticus. Textus hebraeus secundum fragmenta reperta* (Roma 1986). Reproducción del texto de los distintos manuscritos hebreos de Eclesiástico. Desgraciadamente no han sido reproducidos los de Qumrán y Masada.

DI LELLA, A.A., *The Hebrew Text of Sirach. A Text-Critical and Historical Study* (La Haya 1966). Obra clave para el estudio de la autenticidad de los manuscritos de la gueniza de El Cairo. Una primera parte sobre el estado de la cuestión permite al autor abordar el problema de la autenticidad de los manuscritos hebreos desde la crítica textual (pp. 47-77) y desde la historia (pp. 78-105). En el capítulo IV defiende Di Lella la retrotraducción de algunas pequeñas partes a partir del siriaco.

RÜGER, H.P., *Text und Textform im hebräischen Sirach. Untersuchungen zur Textgeschichte und Textkritik der hebräischen Sirachfragmente aus der Kairoer Geniza*, BZAW 112 (Berlín 1970). Imprescindible trabajo de crítica textual, centrado en la idea de la existencia de dos formas textuales en Eclesiástico. Estudio de duplicados en el manuscrito A; paralelos en los manuscritos A y C; paralelos en los manuscritos A y B; el manuscrito A como testigo de la transformación del texto hebreo de Ben Sira; edad de las dos formas textuales de Eclesiástico.

SMEND, R., *Griechisch-syrisch-hebräischer Index zur Weisheit des Jesus Sirach* (Berlín 1907). Tras una breve introducción (pp. III-XIII), el autor nos ofrece el vocabulario griego de Ben Sira con sus correspondencias hebrea y siriaca, acompañadas de las citas donde recurren éstas (pp. 1-251). Se trata, pues, de las primeras concordancias a la obra de Ben Sira. De gran utilidad para el investigador [62].

---

[62] Debido a los ulteriores descubrimientos de manuscritos, esta obra puede

VATTIONI, F., *Ecclesiastico. Testo ebraico con apparato critico e versioni greca, latina e siriaca* (Nápoles 1968). Tras una introducción sobre generalidades (autoría, fecha, etc.) y una selecta bibliografía, el autor nos ofrece el texto original de Eclesiástico y tres versiones. El texto hebreo ocupa la parte superior de las páginas de la derecha; en la inferior de las mismas se reproduce la versión siriaca. Las páginas de la izquierda están ocupadas por las versiones griega y latina. La disposición es práctica, pues el lector puede apreciar de manera sinóptica los puntos de contacto y las divergencias. Desgraciadamente la versión siriaca no ha sido sometida a una revisión crítica.

YADIN, Y., *The Ben Sira Scroll from Masada* (Jerusalén 1965). La naturaleza del manuscrito parcial descubierto en Masada es expuesta en la introducción. La primera parte de la obra está dedicada a un exhaustivo estudio crítico-textual; en la segunda ofrece el autor una traducción inglesa del texto restaurado; la obra termina con una reproducción fotográfica de las páginas del manuscrito. Si prescindimos de los errores de algunos puntos de vista –sobre la naturaleza del manuscrito y sobre algunas lecturas de pasajes dudosos–, se trata de un libro de imprescindible consulta.

completarse con O. Rickenbacher, *Nachträge zum «griechisch-syrisch-hebräischen Index zur Weisheit des Jesus Sirach von Rudolf Smend»* (Werthenstein 1970).

Capítulo VII
EL LIBRO DE LA SABIDURIA

I. DATOS GENERALES

Bibliografía española: S. Bretón, *¿Libro de la sabiduría o libro de la justicia?* El tema de la justicia en la interpretación del libro de la Sabiduría: CuadBib 1 (1978) 77-104; J.R. Busto, *La intención del midrás del libro de la Sabiduría sobre el Exodo,* en *Salvación en la Palabra. En memoria de A. Díez Macho* (Madrid 1986) 65-78; J.R. Busto, *La sabiduría es inmortal* (Santander 1992); A. Lefèvre / M. Delcor, *Sabiduría,* en H. Cazelles (ed.), *Introducción crítica al Antiguo Testamento* (Barcelona 1981) 780-788; J. Vílchez, *El binomio justicia-injusticia en el libro de la Sabiduría:* CuadBib 7 *(1981) 1-16;* J. Vílchez, *Sabiduría* (Estella 1990).

1. El libro

a) Nombre del libro

Según la tradición griega, el libro se titula, con algunas variantes, *Sophia Salomonos,* «Sabiduría de Salomón» [1], si bien en la tradición latina se conoce sin más como *Liber Sapientiae,* «Libro de la Sabiduría». Si nos atenemos al contenido de la obra, que nunca menciona explícitamente a Salomón –el cual se esconde tras un anónimo «yo», cf. 9,7-8.12–, el testimonio latino es más adecuado. La autoría salomónica sitúa al libro en la tradición sapiencial, como Cantar, Proverbios y Qohelet.

---

[1] Idéntico título en la Vetus Latina, que no corrigió san Jerónimo.

b) Texto y versiones

El texto griego original se nos ha transmitido, íntegra o parcialmente, en cuatro códices unciales, Vaticano –sin duda el más fiable–, Sinaítico, Alejandrino y rescripto de Efrén, así como varios minúsculos. Entre las versiones antiguas, la más útil para ayudar a restablecer el texto original es sin duda la Vetus Latina [2]. De menor ayuda son la armenia del s. V y la siriaca del s. VII [3].

c) Canonicidad [4]

El libro de la Sabiduría comparte el destino de los libros deuterocanónicos. Aunque los LXX no hacen distinción entre canónicos y deuterocanónicos, y se sabe que éstos recibieron el respaldo de «literatura sagrada» en las juderías de Alejandría, la ortodoxia judía palestina de finales del s. I d.C. no aceptó los deuterocanónicos en la lista de libros inspirados. Sin embargo, dada la relación temática de algunos textos del NT con Sabiduría –especialmente Juan, Romanos, 1 Corintios, Colosenses y Efesios [5]– y el uso indiscriminado que de nuestro libro hicieron ya los primitivos escritores eclesiásticos –primera referencia en Clemente Romano– [6], posibilitó sin duda el reconocimiento de su canonicidad, a pesar de su exclusión de la tradición canónica judía. Las discusiones sobre su canonicidad duraron, en algunos ámbitos, hasta el s. XVI, momento en el que Trento zanjó definitivamente la cuestión.

[2] De hecho presupone un texto griego al menos dos siglos más antiguo que el Vaticano. Las deficiencias en la traducción no restan valor a su testimonio textual.

[3] Más detalles en C. Larcher, *Le livre de la Sagesse ou Sagesse de Salomon* I (París 1983) 60-74; también en J. Ziegler (ed.), *Sapientia Salomonis. Septuaginta XII/1* (Gotinga 1962) 23-25.

[4] Amplia y documentada información en J. Vílchez, *Sabiduría* (Estella 1990) 109-115.

[5] Preferimos hablar de relación temática y no de préstamo literario, pues de hecho no puede asegurarse que Sabiduría sea anterior a la mayor parte de los escritos del NT.

[6] Sobre el tratamiento canónico de Sabiduría en la literatura patrística y eclesiástica, consultar C. Larcher, *Études sur le livre de la Sagesse*, EB (París 1969) 36-63.

2. Autor, fecha y destinatarios

a) Autor

Como ocurre con otras obras de la tradición sapiencial (Proverbios y Qohelet) y con el Cantar, la autoría salomónica debe ser entendida como una pseudoepigrafía [7]. Si se examinan con detenimiento la lengua, el estilo, las ideas religiosas y el pensamiento filosófico subyacente, está claro que el autor tuvo que ser un judío de lengua griega, probablemente nacido y educado en la diáspora. La fe en el Dios de los antepasados (9,1), las ideas sobre el don de la Sabiduría (9,17), el profundo conocimiento de la historia del pueblo elegido (cf. cc. 11-19) y el deseo de que Israel se constituya en portavoz de la luz incorruptible de la Ley (18,4), todo ello contribuye al diseño del típico judío piadoso, orgulloso de la tradición en la que ha sido educado [8].

A pesar de las obvias diferencias entre las dos primeras partes del libro y los cc. 11-19 [9], es lógico pensar en la mano de un solo autor [10]. La unidad de autor ha sido claramente puesta de manifiesto por Reese, que ha llegado a detectar en la obra cuarenta y cinco retroproyecciones textuales (*flashbacks*). Se trata de repeticiones significativas de una palabra o grupo de palabras (incluso de una idea distintiva) en diferentes partes del libro [11]. A estas semejanzas que entretejen el conjunto de la obra habría que añadir la unidad temática y de propósito [12], idénticos procedimientos literarios y uniforme visión del destino humano ante la invitación de la Sabiduría [13]. Hoy por

[7] La atribución de Sabiduría a Salomón ya fue puesta en tela de juicio en el s. II, a juzgar por el Canon de Muratori, según el cual el libro fue escrito por «amigos de Salomón» en honor del monarca israelita. Otro tanto cabe decir de figuras de la Patrística como Agustín y Jerónimo. Más datos en M. Conti, *Sapienza* (Roma ²1977) 10-11.

[8] Detallada información en J. Vílchez, *op. cit.*, 52-58.

[9] Sobre la estructura tripartita del libro, ver más abajo.

[10] Así, entre otros, F. Feldmann, *Das Buch der Weisheit* (Bonn 1926) 5-11; D. Winston, *The Wisdom of Solomon*, AB 43 (Nueva York 1979) 12-14. Ha habido quien ha llegado a pensar en cuatro autores distintos, responsables de cuatro secciones del libro; así, W. Weber, *Die Composition der Weisheit Salomons:* ZWTh 47 (1904) 145-169.

[11] Cf. J.M. Reese, *Hellenistic Influence on the Book of Wisdom and Its Consequences*, AnBib 41 (Roma 1970) 124.130.

[12] Resaltada por C. Larcher, *Le livre de la Sagesse* I (París 1983) 103.

[13] Todo ello conlleva indirectamente la afirmación de la unidad esencial de Sabiduría. Sobre este problema, consultar J. Vílchez, *op. cit.*, 27-34.

hoy resulta imposible, aparte de irrelevante, pretender identificar al autor. Las propuestas de Onías [14] y del nieto de Ben Sira [15], o las de Filón, Apolo (cf. Hch 18,24-28) o algún esenio [16], pueden resultar curiosas, pero carecen de fundamento.

b) Fecha

La fecha de composición de Sabiduría no puede establecerse a partir de datos objetivos; todo es cuestión de deducción por vía indirecta [17]. Si tenemos en cuenta que la obra manifiesta cierta dependencia de los LXX, el término *a quo* de su composición debería ser establecido hacia el 200 a.c. Por otra parte, si aceptamos que Rom 1,8-32 y Ef 6,11-17 parecen utilizarla, nuestra obra debió de ser escrita antes que dichas cartas [18]. De ahí que actualmente la mayoría de los especialistas se inclinen por la última mitad del s. I a.C [19]. No faltan, sin embargo, quienes apuntan a la segunda mitad del s. I d.C. Un ejemplo de esta tendencia es Scarpat, que, con base en el estudio de los hapax legomena *kratesis* (6,3) y *diagnosis* (3,18) [20], considera erróneo fechar Sabiduría antes de la era cristiana.

Otros autores, aun admitiendo el final del s. I como época de composición, suponen que el libro de la Sabiduría fue es-

---

[14] Así L. Bigot, *Livre de la Sagesse*, en DThC XIV/1 (París 1939) col. 703-744, esp. 724-729.

[15] Autoría defendida por C. Romaniuk, *Le traducteur grec du livre de Jésus Ben Sira n'est-il pas l'auteur du livre de la Sagesse?*: RivBib 15 (1967) 163-170; Idem, *More about the Author of the Book of Wisdom. An Answer to Prof. G. Scarpat*: RivBib 15 (1967) 543-545.

[16] Cf. C. Larcher, *Sagesse* I, 134-138.

[17] El escaparate de ofertas a este respecto resulta llamativo y desconcertante. L. Bigot, *art. cit.*, 726-729, sitúa la composición entre la persecución de Antíoco Epífanes y la revuelta de los Macabeos; J.A.F. Gregg, *The Wisdom of Solomon* (Cambridge 1909) XI-XIII, en 125-100 a.C.; J. Klausner, *From Jesus to Paul* (Nueva York 1944) 124, en diferentes etapas de composición en 70-50 a.C. Hay autores que llegan incluso a los años 130 y 180 d.C.

[18] Sobre la relación entre Sabiduría y el NT, ver J. Vílchez, *op. cit.*, 110-111. De todos modos, «el uso de Sab por el NT no aparece de manera cierta en ningún lugar», según C. Larcher, *Études*, 29.

[19] Antes del 30 a.C. P. Heinisch, *Das Buch der Weisheit*, EHAT (Münster 1912) XIX-XXIII; F. Feldmann, *op. cit.*, 12-13.

[20] G. Scarpat, *Libro della Sapienza* I (Brescia 1989) 20; ya había expuesto esta teoría en *Ancora sull'autore del libro della Sapienza*: RivBib 15 (1967) 171-189.

crito en distintos momentos. Larcher, que habla de una «composición escalonada en el tiempo», propone tres fechas cercanas, correspondientes a tres partes del libro. La primera parte (cc. 1-5) fue compuesta en Egipto hacia los años 31-30 a.C.; la segunda (cc. 6-9) fue redactada poco después, pero en función de una situación política diferente, la toma de Alejandría el año 30 a.C. Aunque alguna sección de la tercera parte (cc.10-19) puede remitir a una época más antigua, su composición tuvo lugar en torno a los años 15-10 a.C. [21]

c) Lugar y destinatarios

Si tenemos en cuenta el profundo conocimiento de las ideas griegas de la época por parte del autor, su cultura amplia y cosmopolita y la atención que presta a Egipto en los cc. 11-19 [22], es razonable suponer que el libro de la Sabiduría fue escrito en Alejandría, un importante centro judío de la diáspora y decisivo foco intelectual del mundo antiguo [23].

Sorprende que el libro vaya dirigido a quienes «juzgan la tierra» (1,1), a los «reyes» (6,1), como si el supuesto autor Salomón quisiera ofrecer consejos a sus colegas. No es del todo claro el propósito de esta dedicatoria. Es obvia la relación de la sabiduría con la realeza en toda la tradición sapiencial, pero nuestro autor no parece estar especialmente interesado en la instrucción de los monarcas, sino en que sus hermanos de raza puedan revitalizar su fe y vivir anclados en las tradiciones de sus mayores [24]. Si utilizó la ficción monárquica, que desvía en un primer momento la atención de los auténticos destinatarios, fue sin duda para conferir mayor peso e impacto a sus palabras [25]. De todos modos, no puede excluirse que, dadas las

[21] Cf. C. Larcher, *Sagesse* I, 161; la teoría parece forzada en virtud de la carencia de datos objetivos.

[22] La condena de la idolatría en los cc. 13-15, entre otras cosas, refleja las costumbres de la cultura egipcia tal como las conocemos a través de Filón de Alejandría. Cf. M. Gilbert, *La critique des dieux dans le Livre de la Sagesse*, AnBib 53 (Roma 1973) 259-263.

[23] Tengamos en cuenta que del medio millón de habitantes que tenía Alejandría en el siglo I a.C. unos doscientos mil eran judíos.

[24] Actualmente nadie pone en duda que el autor de Sabiduría pensaba preferentemente en sus hermanos judíos cuando escribió el libro. No convence la pluralidad de destinatarios propuesta por C. Larcher, *Sagesse* I, 114.

[25] Nos parece carente de fundamento la opinión de algunos autores que, aduciendo algunas citas de Proverbios, deducen que la realeza a la que se re-

dimensiones de la difusión literaria en las ciudades helenistas de aquel tiempo, el autor de Sabiduría prescindiese conscientemente de otro tipo de destinatarios distintos de sus correligionarios [26].

II. DIMENSION LITERARIA

1. Primeras impresiones

Quizá lo más sorprendente del libro de la Sabiduría sea su vocabulario [27]. La persona habituada a leer otras páginas del AT queda desconcertada ante la cantidad de términos ajenos a la literatura bíblica, independientemente de la lengua en la que fueron transmitidos: expresiones y adjetivos de nuevo cuño, términos compuestos [28], léxico de características filosóficas [29]. .

Pero, sobre todo, es el mundo de ideas el que llama la atención. La afirmación de la inmortalidad no supone un desliz o una mención pasajera, pues tanto *athanasia* como *athanatos* aparecen en lugares claves del libro (1,15; 3,4; 8,13.17; 15,3) [30]. En este punto el libro de la Sabiduría abandona la teología de Ben Sira al respecto: *ouk athanatos ho huios anthropou*, no hay hombre inmortal (Eclo 17,30). Aunque la escatología no es sometida a un tratamiento voluntariamente riguroso, el autor de Sabiduría habla de un juicio en el que las almas de los justos brillarán y juzgarán a los reinos impíos de la tierra, mientras que los malvados recibirán el castigo de sus acciones criminales. Las ideas responden sin duda al esquema teológico

---

fiere 1,1 y 6,1 es una «realeza sapiencial»: el sabio es como un rey que juzga a los pueblos. Así M. Gilbert, *Sagesse de Salomon*, en DBS XI (París 1986) col. 58-119, esp. 101.

[26] Contaría también con lectores paganos, según F. Feldmann, *op. cit.*, 17.

[27] Consultar al respecto E. Gärtner, *Komposition und Wortwahl des Buches der Weisheit* (Berlín 1912) 102-229; J.M. Reese, *op. cit.*, 1-31; D. Winston, *op. cit.*, 14-18.

[28] Entre otros *hypermakhos* (10,20; 16,17); *kakotekhnos* (1,4; 15,4); *pantodynamos* (7,23; 11,17; 18,15); *protoplastos* (7,1; 10,1). Consultar al respecto J. Palm, *Über Sprache und Stil des Diodorus von Sizilien* (Lund 1955) 79-81; C.L.W. Grimm, *Kommentar über das Buch der Weisheit* (Leipzig 1937) 6.

[29] Sobre la relación de Sabiduría con el pensamiento griego, cf. D. Winston, *op. cit.*, 38-40.59-63.

[30] Amplio tratamiento del tema en C. Larcher, *Études*, 237-327; consultar también J. Vílchez, *op. cit.*, 97-105.

de la literatura apocalíptica judía. Lo que ya no está tan claro en el libro es si los malvados se verán sometidos a un doble juicio: uno inmediato tras la muerte y otro cuando Dios venga a visitar a los justos, o si tras la muerte irán a parar automáticamente al sheol hasta que, en el juicio definitivo, tengan que enfrentarse a su condena en presencia de sus antiguas víctimas.

La figura de la Sabiduría es clave para la comprensión del libro. Sin embargo, su origen divino y su relación con la creación cuentan con textos previos como Prov 1,20ss; 8; Job 28; Eclesiástico 24. Por otra parte, la idea de que la sabiduría penetra y atraviesa (*diekei de kai khorei*) todas las cosas (Sab 7,24; cf. 1,6) ya había sido ofrecida en otros términos por Eclo en 1,9. También la identificación de la sabiduría con la Ley se debe a Ben Sira (24,23); para ella ha construido Dios un hábitat entre los hijos de Israel (cf. 24,10-11). Pero el libro de la Sabiduría, al propio tiempo que acepta este sistema especulativo, rompe decididamente con sus tintes nacionalistas. Por otra parte, al mencionar la presencia y la actividad de la Sabiduría en la historia del pueblo, pone de manifiesto su carácter soteriológico. Esta relación entre sabiduría y salvación, tímidamente sugerida por Ben Sira en el elogio de los antepasados (Eclo 44,1-50,24), recibe la carta definitiva de ciudadanía en nuestro libro.

2. Aspectos literarios

a) Lengua y ambiente cultural

Aunque en épocas pasadas se llegó a pensar que la primera parte de la obra (cc. 1-5; incluso 1,1 – 11,1) era una traducción parcial o total de un texto hebreo [31], actualmente se acepta que la obra fue originalmente escrita en griego [32]. Es cierto que a veces se puede apreciar en ella el paralelismo típico de la poesía hebrea [33], pero el abundante uso de recursos retóri-

---

[31] Hace unas décadas volvió a proponer esta teoría E.A. Speiser, *The Hebrew Origin of the First Part of the Book of Wisdom:* JQR 14 (1923/24) 455-482.

[32] Así, P. Heinisch, *op. cit.*, XVI-XVIII; F. Feldmann, *op. cit.*, 2-5; discusión del tema en C. Larcher, *Sagesse* I, 91-95.

[33] Opina, sin embargo, que el empleo del paralelismo en Sabiduría es «très souple» C. Larcher, *Sagesse* I, 89.

cos, tales como la aliteración, la paronomasia y la asonancia, difícilmente puede explicarse en una traducción. Por otra parte, abundan palabras compuestas, algunos adjetivos que parecen acuñados por el propio autor, ciertas locuciones utilizadas para transmitir ideas que los LXX expresan de otro modo y fórmulas redaccionales extrañas a la estructura de la lengua hebrea. Los frecuentes hebraísmos de Sabiduría pueden explicarse por el conocimiento que el autor tenía de la tradición literaria israelita y por el uso que sin duda hizo de la Escritura.

La influencia del helenismo es sorprendente [34]. Se ha calculado que el libro contiene un vocabulario de 1.734 palabras diferentes, de las que 1.303 aparecen sólo una vez; cerca del 20 por ciento (concretamente 335) no son utilizadas en ningún otro libro canónico del AT. En todo este léxico es significativa la influencia del pensamiento helenista contemporáneo; ciertamente mayor que la del griego clásico. Son claros los ejemplos de las cuatro virtudes cardinales (8,7) y del tratamiento filosófico del conocimiento de Dios (13,1-9). Ante la imposibilidad de hablar de libros o escritores concretos en los que pudo basarse el autor de Sabiduría, los especialistas modernos sugieren que éste adoptó una postura ecléctica en el uso de la filosofía griega popular de su época [35]. De cualquier modo, sorprende positivamente el hecho de que un escritor bíblico tomase tan en serio la cultura de su tiempo para presentar de manera actualizada su propia fe.

b) ¿Verso o prosa?

Se ha discutido largo y tendido sobre si Sabiduría representa una obra en verso o en prosa. Algunos defensores de la primera hipótesis argumentan a partir de la disposición del material en esticos [36] o en unidades formadas por esticos (ver-

---

[34] Erudita discusión del tema en C. Larcher, *Études*, 179-236; ver también J. Vílchez, *op. cit.*, 73-82.

[35] Así, C. Larcher, *Études*, 232-236; J. Reese, *op. cit.*, 88-89. Una comparación de Sabiduría con la obra de Filón en B. Mack, *Logos und Sophia. Untersuchungen zur Weisheitstheologie im hellenistischen Judentum*, SUNT (Gotinga 1973) 108-184.

[36] Así P.W. Skehan, *The Text and Structures of the Book of Wisdom:* Traditio 3 (1945) 1-12, esp. 2-5.

sos) [37]. Otros sospechan –de manera inconclusiva– que el autor de Sabiduría recurrió probablemente a la métrica griega [38]. Aunque actualmente nadie defiende con seriedad la teoría de un original parcialmente en prosa, fueron exponentes de ella Focke [39] y De Bruyne [40]. Ante esta diversidad de opiniones y ante el posible conjunto de influencias que han podido converger en el estilo del autor de Sabiduría, hacemos nuestra la opinión de Larcher, de que se trata «de una obra difícil de definir. Sin duda, el autor ha querido componer una obra poética, imitando la poesía bíblica y helenizándola. Adopta, desde el comienzo, la forma externa de los versos hebreos, forma que reaparece sin cesar en desarrollos de estilo más libre, emparentados hasta un cierto punto con el estilo periódico, que ciertos críticos tratan precisamente como prosa. Sin embargo, incluso en este caso, sigue manteniéndose el marco poético, pero un marco artificial, de límites imprecisos, cuya estructura no obedece a ninguna ley métrica aparente... En estas condiciones, lo más simple es atenerse a la distribución en esticos, atestiguada ya por un papiro del s. III d.C. y adoptada por las ediciones» [41].

c) *Estructura literaria*

Antes de dar paso a la identificación del género literario de Sabiduría, conviene tratar de descubrir las posibles claves de su composición, su estructura literaria. Aunque no han faltado autores que han propuesto una división bipartita [42] o cuatripartita [43] del libro de la Sabiduría, actualmente estamos en

---

[37] Ver la complicada teoría de A.G. Wright, *Numerical Patterns in the Book of Wisdom:* CBQ 29 (1967) 218-232.

[38] Al caso, H.J. Thackeray, *Rhythm in the Book of Wisdom:* JTS 6 (1905) 232-237.

[39] F. Focke, *Die Entstehung der Weisheit Salomos,* FRLANT 22 (Gotinga 1913) 53-54.

[40] Dom De Bruyne, *Étude sur le texte latin de la Sagesse:* RBén 41 (1929) 101-133.

[41] C. Larcher, *Sagesse* I, 90-91.

[42] Hay que tener en cuenta especialmente la división en 1,1 – 11,1 y 11,2 – 19,22 de A.G. Wright, *The Structure of the Book of Wisdom:* Bib 48 (1967) 165-184. Más datos en J. Vílchez, *op. cit.,* 24. Recientemente ha propuesto la división 1,1 – 6,23 y 7,1 – 19,22 G. Scarpat, *op. cit.,* 13.

[43] Representante de esta tendencia J.M. Reese, *op. cit.,* que en pp. 91-116 nos habla de: I. Libro de la escatología (1,1 – 6,11 + 6,17-20); II. Libro de la

disposición de afirmar que la obra se compone de tres partes [44], si bien los especialistas no se ponen de acuerdo a la hora de precisar los límites de cada una de ellas [45]. Hacemos nuestra la disposición tripartita propuesta por Gilbert: 1,1 – 6,21 (la Sabiduría como norma de vida ante el juicio escatológico); 6,22 – 9,18 (la Sabiduría en sí misma; «elogio de la Sabiduría»); 10,1 – 19,22 (la Sabiduría en la historia de la salvación).

d) Género literario

La determinación del género literario del libro de la Sabiduría como un todo ha provocado recientes discusiones [46]. Mientras algunos comentaristas mencionan el género protréptico [47], una forma de exhortación didáctica, otros recurren al género epidíctico (encomio o alabanza) [48], familiar en la retórica griega y latina. No faltan quienes consideran Sab 11-19 como un midrás homilético sobre el éxodo [49]. A pesar de esta divergencia de base, todos están de acuerdo en reconocer también la existencia de otros géneros que afectan parcialmente a tal o cual sección, como la diatriba (especialmente en cc. 1-6) y la síncrisis o comparación (prevalente en cc. 11-19). Un error de tipo metodológico, en el que han caído algunos especialistas, consiste en aplicar al libro de la Sabiduría en su conjunto una calificación genérica propia sólo de una parte. Así, carac-

Sabiduría (6,12-16 + 6,21 – 10,21); III. Libro de la justicia divina y de la necedad humana (11,15 – 15,19); IV. Libro de la historia (11,1-14 + 16,1 – 19,22).
[44] Defienden esta tesis, entre otros, A.-M. Dubarle, *Los sabios de Israel* (Madrid 1959) 241; P. Beauchamp, *art. cit.*, 493; C. Larcher, *Études*, 86; M. Gilbert, *art. cit.*, 101s; J. Vílchez, *op. cit.*, 26s; R.E. Murphy, *The Tree of Life* (Nueva York/Londres 1990) 86ss.
[45] La primera parte puede acabar en 5,23, en 6,8, en 6,21 o en 6,25; la segunda en 9,17, en 9,18, en 10,21 (11,1). Más información en J. Vílchez, *op. cit.*, 24s.
[46] Amplia y detallada exposición en J. Vílchez, *op. cit.*, 34-52; también C. Larcher, *Sagesse I*, 109-114.
[47] Así, J.M. Reese, *op. cit.*, 117-121; D. Winston, *op. cit.*, 18-20.
[48] Entre otros, P. Beauchamp, *Épousser la Sagesse – ou n'épousser qu'elle? Un enigme du Livre de la Sagesse*, en M. Gilbert (ed.), *La Sagesse de l'Ancien Testament* (Lovaina 1979) 347-369; M. Gilbert, *Sagesse de Salomon*, en DBS XI (1986) col. 58-119, esp. 83ss.
[49] Cf. A.G. Wright, *The Literary Genre Midrash*: CBQ 28 (1966) 105-138.417-457; R. Bloch, *Midrash*, en DBS V (París 1957) col. 1263-1281. Precisiones a la definición de midrás en R. Le Déaut, *A propos d'une définition du midrash*: Bib 50 (1969) 395-413.

terizar la obra de «sapiencial-apocalíptica», como hace Fichtner [50], implica una extrapolación y una generalización de ciertos aspectos [51].

Bajando a detalles, el género protréptico es una exhortación propagandística en favor de una determinada doctrina. Si
lo aplicamos al libro de la Sabiduría, su autor trataría de ani-
mar a sus lectores a adquirir los beneficios dispensados por la
sabiduría divina. El género epidíctico o demostrativo, el que
mejor se adapta a las características generales de Sabiduría,
no pertenece al foro, como el protréptico. Su finalidad es alabar y encomiar, no exhortar. Hay que reconocer, sin embargo,
que el elogio de la Sabiduría tiene unas características peculiares, en modo alguno homologables a las de los modelos clási-
cos grecolatinos. Respecto a la corriente de pensamiento que
aplica al libro las características del midrás, habrá que decir
que el tratamiento midrásico de los textos bíblicos no puede
ser calificado con rigor como género, sino como método. Desde este punto de vista, induce a error hablar de un género midrásico en Sabiduría. Ahora bien, no cabe la menor duda que,
en cuanto método de tratamiento de textos bíblicos para desvelar su sentido en la historia presente de determinados lectores, el autor de Sabiduría recurre con frecuencia a este tipo de
metodología exegética.

Por lo que respecta a los llamados géneros menores que
pueden detectarse en Sabiduría [52], todos los autores admiten la
existencia de la diatriba –especialmente en la primera parte
del libro–, un recurso literario utilizado con frecuencia por cínicos y estoicos. Sin embargo, los especialistas no se ponen de
acuerdo a la hora de la definición literaria de la diatriba.
Mientras algunos la consideran un género [53], otros opinan con

[50] Cf. J. Fichtner, *Die Stellung der Sapientia Salomonis in der Literatur– und
Geistesgeschichte ihrer Zeit:* ZNW 36 (1937) 113-132; Idem, *Weisheit Salomos*
(Tubinga 1938) 8; siguiendo a Fichtner, M. Conti, *op. cit.*, 16.
[51] Es cierto que, en algunos pasajes de Sabiduría, se perciben la voluntad
apocalíptica de consolar y fortalecer en la fe y el impulso sapiencial hacia la
instrucción, pero tales rasgos no justifican hablar de un género «sapiencial-
apocalíptico», de cuya existencia, por otra parte, no hay indicios en las culturas
judía y judeo-helenista; suaviza la cuestión hablando de un «apokalyptisieren-
des Weisheitsbuch» J. Fichtner, *Weisheit Salomos*, HAT 6 (Tubinga 1938) 8.
[52] Un amplio elenco en J. Fichtner, *op. cit.*, 6; cf. J. Vílchez, *op. cit.*, 40.
[53] Así, J.M. Reese, *op. cit.*, 110-114.

razón que se trata sin más de un estilo oratorio [54]. Ya hemos observado que en los cc. 11-19 prevalece, según la mayoría de los autores, el género síncrisis o comparación. Este género, estudiado por la retórica griega y latina, compara o contrapone realidades de idéntica naturaleza, en un esquema bimembre. Si Israel es comparado con una viña, nos encontramos ante una imagen literaria; si, por el contrario, el punto de comparación es otro pueblo, se trata de una síncrisis. La finalidad de ésta consiste en comparar y quedarse con lo más bueno o más apetecible. Si admitimos que Sab 11-19 es una síncrisis, habremos de reconocer su peculiaridad respecto al uso que de ella hace la retórica griega. En la última parte de Sabiduría son comparados hebreos y egipcios, pero con el cosmos como elemento sobre el que se apoya la comparación. En la amplia teología del éxodo que desarrolla el autor en esos capítulos, el mar Rojo opera la síncrisis definitiva; el éxodo se convierte así en el elemento tipológico por excelencia para describir la acción de Dios en los últimos tiempos [55].

A la luz de lo expuesto, un juicio valorativo global sobre el género literario de Sabiduría implica cierta cautela. Aun admitiendo el colorido general epidíctico de la obra, lo más prudente ante la falta de estudios concluyentes sería afirmar el carácter inadecuado de la pretensión de deducir un denominador común genérico para toda ella. En Sabiduría se mezclan elementos sapienciales y apocalípticos, se dan cita la diatriba y la síncrisis, tampoco pueden excluirse rasgos exhortatorios, y desde luego abunda el estilo de la exégesis midrásica, especialmente en el tratamiento del éxodo.

III. PROPOSITO Y CONTENIDO

1. *Teología judía y filosofía griega*

En Alejandría entraron en contacto la teología judía y la filosofía griega. Los judíos, representados en este ámbito principalmente por Filón, pretenden establecer un diálogo con la

---

[54] Por ejemplo, M. Gilbert, *art. cit.*, 79.

[55] Cf. P. Beauchamp, *Le salut corporel des justes et la conclusion du livre de la Sagesse:* Bib 45 (1964) 491-526, esp. 496-498, citado por J. Vílchez, *op. cit.*, 51.

cultura pagana en la que vivían inmersos. Al propio tiempo que no podían cerrar los ojos a la fascinación de la cultura helenista, se sentían impelidos a la actividad propagandística en virtud de su conciencia misionera. De este modo queda al menos superado el prejuicio de que Yahvé sólo podía revelarse en Palestina y en hebreo [56]. Movido por estos resortes, el autor del libro de la Sabiduría se propone, al mismo tiempo, apuntalar la fe de los judíos alejandrinos y su confianza en el insuperable valor de sus tradiciones sagradas, y hacer partícipes a los paganos del conocimiento del Dios verdadero.

Los peligros a los que se veían sometidos los judíos de la diáspora eran múltiples. Por una parte, cada vez era mayor la influencia ejercida por el helenismo en los ambientes judíos (cf. 2 Mac 4,13-15), influencia que con frecuencia era seguida por deserciones religiosas. Por otra parte, no era extraño que a las persecuciones de las autoridades helenistas [57] se sumase el desprecio de algunos correligionarios de tendencias helenizantes, que habían sucumbido a la fascinación de una cultura ciertamente superior. Ante estas circunstancias adversas para la fe judía, el autor de Sabiduría propone una sublime interpretación del éxodo: Dios volverá a intervenir en favor de quienes se mantengan firmes en su fe.

Junto a esta preocupación por el sostenimiento de la fe de los mayores, nuestro autor recorre una vía de acercamiento, sin duda consciente, al medio ambiente cultural, tratando de establecer un diálogo con el mundo pagano de la diáspora. Con una actitud sin duda audaz, se propone no sólo ofrecer a los helenistas el conocimiento del Dios de los judíos, sino hacerles ver la superioridad de la Sabiduría israelita respecto a la griega. La tradición de la insuperable sabiduría de Salomón (personaje central del libro), conocida sin duda en los ambientes helenistas, facilitaba al autor el cumplimiento de sus propósitos.

[56] Sobre la tensión entre universalismo y particularismo en Sabiduría, consultar D. Winston, *op. cit.*, 43-46.

[57] Recordemos principalmente las persecuciones de los judíos en Egipto bajo los mandatos de Tolomeo VII (146-117 a.C.) y de su sucesor Tolomeo VIII (117-81 a.C.).

2. Contenido de la obra

Expondremos el contenido doctrinal del libro de la Sabiduría siguiendo el esquema tripartito ofrecido anteriormente.

a) *Parte primera: 1,1-6,21*

• *Antropología*

El contenido de la primera parte (1,1 – 6,21) gira en torno a la sabiduría/justicia y a la inmortalidad [58]. Sorprende ante todo el dato antropológico con el que comienza el libro: el ser humano compuesto de alma y cuerpo (1,4). Según la antropología bíblica (cf. Gn 2,7; Qoh 12,7), el hombre es un todo en el que se combinan inseparablemente el aliento vital (*nišmat hayyim; ruah*) y la materia prima (*'apar ha' ªdamah*). Unido a ese dato sorprende no menos una afirmación única en la literatura bíblica (si exceptuamos la mención de la resurrección en 2 Mac 7,9ss y Dn 12,1-3): «Dios creó al hombre para la inmortalidad» (2,23), «porque la justicia es inmortal» (1,15). A pesar del dato antropológico mencionado más arriba, el autor de Sabiduría no hace uso (aunque la conociera) de la noción griega de la inmortalidad del alma espiritual. En Sabiduría la inmortalidad no depende de la naturaleza metafísica en cuanto tal del componente más noble del ser humano, sino de la relación del hombre con Dios. En el pensamiento bíblico domina el principio ético. El espíritu de la sabiduría, que penetra todo (cf. 1,7-10), discierne las acciones del hombre que lo conducen a la destrucción y las obras de justicia que lo colocan, indemne, en manos de Dios (3,1). El hombre, libremente, mediante un raciocinio equivocado (cf. 2,1), elige la ruptura de la relación original con Dios (cf. 2,23). Quien opta por la vía de la sabiduría y la justicia, sustrae su futuro al dominio del *sheol*: «la gente insensata pensaba que morían» (3,2), «pero ellos esperaban de lleno la inmortalidad» (3,4) [59]. Sobre el destino de los malvados no es muy explícito el libro de la Sabidu-

---

[58] Sobre el tema, consultar D. Winston, *op. cit.*, 25-32.

[59] Para los sabios que escribieron el libro de los Proverbios, la vida constituía también la meta de la sabiduría: una vida larga y plena, segura y próspera. Pero el sheol imponía los límites naturales al disfrute de esa vida. El libro de la Sabiduría, en cambio, rompe con esas barreras, ofreciendo una visión más profunda, una dimensión ultraterrena.

ría. En general utiliza ideas e imágenes tomadas del acervo literario israelita (ver 4,19; 5,14): se quedarán «entre los muertos para siempre», «Yahvé los zarandeará desde los cimientos y los arrasará hasta lo último», «su recuerdo perecerá» (cf. Sal 9,7; Job 18,17); su esperanza «es como tamo que arrebata el viento» (cf. Sal 1,4; 35,5), «se disipa como humo al viento» (cf. Sal 37,20; 68,3). Se trata sin más de tópicos literarios espigados en el AT. Podemos adelantar, sin embargo, cierta novedad en la visión del malvado por parte de Sabiduría. En ocasiones da la impresión que su vida no es una vida en sentido real. El concepto de inmortalidad del justo, como vida con Dios antes y después de la muerte, presenta unas características tan positivas, que la muerte no supone un paso decisivo, una ruptura dislocante. Tras la muerte, el hombre será lo que haya elegido ser. Por lo que respecta al malvado, como ha hecho en vida un pacto con la muerte (cf. 1,16), sólo le espera muerte. Curiosamente, el libro de la Sabiduría no menciona la resurrección del cuerpo, interesado como está en abordar el significado de la inmortalidad, no el modo de su realización concreta.

* *Inmortalidad*

Para exponer su doctrina de la inmortalidad, el autor de Sabiduría se sirve de una apasionada descripción del malvado y del justo en 2,1-20 y 3,1-10 respectivamente. En los vv. 2-7 del primer texto, parece que las reflexiones del malvado son un eco de las palabras de Qohelet –fugacidad de la existencia, carácter demoledor e irreversible del tiempo, olvido de nuestras obras, disfrute de los bienes presentes–. Los vv. 10-20, en cambio, constituyen un modelo que bien pudo ser seguido por quienes compusieron los relatos evangélicos de la pasión [60]. El segundo texto (3,1-10) nos introduce en el tema de la inmortalidad, abordando dos posibles objeciones: ¿de qué le sirve a alguien ser justo si la muerte acaba con él lo mismo que con el malvado?; ¿qué sentido tiene el sufrimiento del justo? Respecto a la primera, el autor de Sabiduría no entiende la muerte del justo como una irremediable destrucción, sino como un tránsito. En lo que se refiere a la segunda, los sufrimientos sirven para probar al justo como se prueba al oro en el crisol:

[60] Amplia información en C. Larcher, *Sagesse* I, 258-263.

«sufrieron pequeños castigos, recibirán grandes favores» (3,5-6). Su destino es gobernar naciones y someter pueblos en el reino del Señor (cf. 3,8; ver Mt 5,5.10).

Este último problema de las pruebas a las que se ve sometido el justo se materializa en el tratamiento de dos casos tópicos en la literatura bíblica: esterilidad y muerte prematura. En la cultura semita la esterilidad era concebida como una desgracia (cf. Gn 16,1s; 1 Sam 1,4-11); incluso como un castigo. Sab 3,13 – 4,6 ofrece una respuesta insólita en el AT (si exceptuamos Ben Sira, que en 16,1-4 se expresa en términos análogos): «dichosa la estéril irreprochable... y el eunuco que no cometió delito con sus manos» (3,13-14); «más vale ser virtuoso, aunque sin hijos» (4,1); por otra parte, «la familia innumerable de los impíos no prosperará... aunque por algún tiempo reverdezcan sus ramas» (4,3-4). El asunto de la muerte prematura constituía también un rompecabezas en la cultura hebrea. Ciertamente en el estadio en que no se admitía una vida después de la muerte; si el hombre está hecho para la vida, ¿que sentido tiene la muerte en plena juventud?; pero también en la perspectiva de la doctrina de la inmortalidad que nos ofrece Sabiduría: ¿por qué Dios siega la vida del justo y no le permite disfrutar de sus días? Aunque los impíos no pueden entender el asunto de la muerte prematura (cf. 4,17), el autor de Sabiduría la explica por el amor que Dios tiene al justo: de todos modos gozará de descanso; el Señor, de paso, lo liberará de la malicia de este mundo pecador, para que la perfidia no le seduzca ni pervierta su conciencia (cf. 4,7-12).

Hemos visto cómo en el c. 2 el malvado proponía su visión de la vida y daba rienda suelta a su odio hacia el justo. El juicio del c. 5 sirve de contrapunto a esa visión. Es el momento de la sorpresa ante el juicio inesperado, del arrepentimiento y de la angustia. ¿De qué ha servido el orgullo ante la fugacidad de la vida («como nave... como pájaro...», 5,10-11; cf. Prov 30,19)? La inmortalidad, que en 3,9 había recibido un tratamiento más bien abstracto –verdad, amor, piedad–, se concreta ahora: «(Al justo) lo cuentan entre los hijos de Dios y comparte la herencia con los santos» (5,5).

- *Gobernantes y sabiduría*

Como el c. 1, el c. 6 comienza con la mención de los gobernantes de la tierra, si bien aquí el exordio se amplía en consideraciones relativas al cumplimiento de la Ley y a la adquisición de la Sabiduría como garantes de la justicia y de una vida santa (cf. 6,1-10). La Sabiduría, que hasta ahora sólo había sido explícitamente mencionada en 1,4-7, va a recibir un tratamiento específico en 6,12-20. Los vv. 12-16 no pueden pasar desapercibidos a quienes estén familiarizados con la tradición sapiencial; de hecho constituyen un eco de los temas y las imágenes de algunos textos de Prov 1-9 y de Eclo 6,23-31. En los vv. 17-21 encontramos un elemento formal frecuente en la retórica griega, el sorites, en el que el predicado de una oración se convierte en el sujeto de la siguiente, en una cadena que termina con un imperativo ético al estilo de la instrucción: «así que... respetad la sabiduría y reinaréis».

Los cc. 1-6 presentan, a grandes rasgos, una estructura concéntrica:

A. Los gobernantes y la sabiduría (c. 1).
B. Discurso de los malvados (c. 2).
C. Destinos de justos y malvados (cc. 3-4).
C'.
B'. Discurso de los malvados (c. 5).
A'. Los gobernantes y la sabiduría (c. 6).

b) Parte segunda: 6,22 – 9,18

La segunda parte (6,22 - 9,18) gira en torno a la relación entre Salomón y la Sabiduría [61]. A pesar del discurso indirecto, se trata sin duda del rey de Jerusalén: «También yo soy un hombre mortal... en el vientre materno fue esculpida mi carne..., de viril simiente y del deleite cómplice del sueño», 7,1-2. El nos va a explicar sin tapujos los secretos de la sabiduría, remontándose «al comienzo de la creación» (6,22) [62]. Pero antes nos va a hablar de su adquisición, de su naturaleza y de los bienes que le procuró.

---

[61] Lógica, si pensamos en las tradiciones de 1 Re 3,10-14; 5,9-14.
[62] Sin duda el autor de Sabiduría tiene delante de sí una larga tradición sapiencial, que sabe utilizar magistralmente. La relación entre Sabiduría y teología de la creación ya había sido puesta de relieve por Prov 8; Job 28 y Eclo 24.

• *Adquisición y naturaleza de la sabiduría*

La primera afirmación no sorprende si tenemos en cuenta el pietismo sapiencial de Ben Sira: «Por eso supliqué y se me concedió la prudencia; invoqué y vino a mí el espíritu de sabiduría» (7,7). Ya no se trata sólo de «buscar y encontrar» (cf. Prov 1,28; Eclo 6,18.27; 51,14); la posesión de la sabiduría requiere una actitud previa de disponibilidad religiosa (cf. Job 28,28; Eclo 19,20). Salomón propone la plegaria como medio de adquisición de la sabiduría (cf. 1 Re 3,5-9) [63], que es un «tesoro inagotable» (7,14) [64]. De este tesoro ha extraído Salomón un conocimiento que podríamos llamar enciclopédico, un conocimiento que sin duda podría despertar la envidia de cualquier lector griego: cosmología, astronomía, zoología, botánica, psicología, farmacología (cf. 7,17-20). Si la Sabiduría, como «artífice del cosmos» (7,22; quizá el autor entendió así Prov 8,30), conoce el secreto de todas las cosas, su autodonación al hombre hace que éste llegue a penetrar en el sentido de toda la realidad, tanto de lo oculto como de lo manifiesto (cf. 7,21). Junto a este pasaje, de indudable sabor helenista, nos encontramos con una pieza magistral en la que se enumeran veintiún atributos de la Sabiduría (cf. 7,22b-23). Como espíritu sutil de suprema pureza, es capaz de penetrar todos los espíritus y todas las cosas (cf. 7,23s). Este carácter inmanente es contrarrestado por su trascendencia: espíritu santo, único, todopoderoso. No en vano participa en cierto modo de la naturaleza de Dios: es un «efluvio del poder divino, emanación purísima de la gloria del Omnipotente» (7,25) [65]. La afirmación relativa al trato de la Sabiduría con los hombres (7,27b-28; cf. Prov 8,31b) da pie al autor para introducir las relaciones de Salomón con ella. La descripción es erótica (cf. 8,2), siguiendo un modelo de honda raigambre en la tradición sapiencial (cf. Prov 4,8; 9,1-6; Eclo 6,26-28; 14,22-27) [66].

Salomón comienza el relato de sus relaciones con la Sabi-

---

[63] El dato sorprende, pues en Proverbios, Job y Eclesiastés no encontramos ninguna oración propiamente dicha solicitando la sabiduría.

[64] A nadie puede pasar desapercibida la relación de 7,9 con Job 28,15-19.

[65] Es probable que, en estos dos textos (7,17-20.22-24), el autor de Sabiduría refleje la influencia de la doctrina estoica sobre el *pneuma* y de la enseñanza platónica sobre el alma del mundo. Cf. C. Larcher, *Études*, 367-402.

[66] Sobre el tema, cf. G. Von Rad, *Sabiduría en Israel* (Madrid 1985) 209-221.

duría utilizando unas expresiones que recuerdan Eclo 51,13-14: «La quise y la rondé desde muchacho y la pretendí como esposa, enamorado de su hermosura» (8,2) [67]. En 8,19-21 vuelve sobre el tema. Entretanto nos la presenta como la otorgadora de las cuatro virtudes cardinales: templanza, prudencia, justicia y fortaleza (8,7), materia sin duda de la doctrina moral de los griegos. En 8,10-12 se expone el prestigio socio-jurídico de quien se ha desposado con la sabiduría. Este dato, si bien puede reflejar la propia tradición salomónica (cf. 1 Re 3,16-28), no es extraño al pensamiento sapiencial [68]. Sí es, en cambio, extraña, por novedosa, la idea de la concesión de la inmortalidad por parte de la sabiduría (cf. 8,13). A propósito de 8,19-20, algunos comentaristas sugieren la posibilidad de que este texto refleje la idea platónica de la preexistencia del alma: «siendo bueno, entré en un cuerpo sin tara». Sin embargo, no parece adecuada esta interpretación, pues en ninguna parte del libro se menciona tal creencia. Aquí el autor sólo pretende subrayar que Salomón, a pesar de tener un alma (un «yo») buena unida a un cuerpo sin tara, necesitó del don divino de la sabiduría, como dando a entender que las disposiciones naturales, por puras y nobles que sean, no garantizan a priori la posesión de la sabiduría.

La oración de Salomón solicitando la sabiduría está claramente estructurada en tres estrofas (9,1-6.7-12.13-18), como lo ha puesto de manifiesto Gilbert [69]. La petición de la sabiduría constituye la clave de cada una de ellas (vv. 4.10.17). La primera estrofa, que se abre con un recurso consciente a la teología de la creación (9,1; cf. 6,22b; 10,1), pone de relieve la necesidad del don de la sabiduría, habida cuenta que Salomón, como todo mortal, se caracteriza por la debilidad y la transitoriedad (9,5; cf. 1 Re 3,7-9). La segunda estrofa abandona el terreno antropológico de carácter general para centrarse en las necesidades concretas de un gobierno justo por parte del monarca israelita, en especial la construcción del templo. La tercera estrofa recurre de nuevo a la condición humana: pensa-

---

[67] Ver también Cant 4,9-10; 7,7.

[68] Sobre la estima sapiencial por el arte de hablar en público, cf. Job 29,7-10.21-23; Eclo 20,27; 21,15. Sobre la expresión «llevarse la mano a la boca» en señal de admiración o respeto, cf. Job 21,5; 29,9; 40,4.

[69] M. Gilbert, *La structure de la prière de Salomon* (Sg 9): Bib 51 (1970) 301-331.

mientos mezquinos incapaces de rastrear los designios divinos. En 9,15 descubrimos de nuevo la dicotomía platónica cuerpo/alma: «el cuerpo mortal es lastre del alma». El v. 18, con la mención de la salvación histórica por medio de la sabiduría, amplía el horizonte necesario para proponernos una teología de la historia israelita de altos vuelos.

c) Parte tercera: 10,1 – 19,22

La tercera parte (10,1 – 19,22) gira en torno al tema de la providencia de Dios en la historia, aunque, a partir de 10,15, el autor se centra exclusivamente en el éxodo, proponiendo una especie de meditación homilética sobre las plagas.

• Providencia de Dios en la historia

El c. 10 nos ofrece, pues, un nuevo desarrollo temático: la relación de la sabiduría con la salvación. Mencionados sólo como «justos», pasan ante nuestros ojos las figuras señeras de Adán, Noé, Abrahán, Lot, Jacob, José y Moisés (definido como «servidor de Dios» y «profeta», 10,16 y 11,1). Todos ellos fueron «librados» y «preservados» merced a la Sabiduría, a quien se atribuye sorprendentemente la liberación de Egipto (10,18). Esta teología de la historia representa un avance sobre Eclo 44-50 en lo que respecta a las especulaciones sobre la sabiduría. Mientras Ben Sira pone sin más en relación sabiduría e historia, el autor de Sabiduría nos habla de la «sabiduría salvífica».

El tratamiento de las siete plagas es libre, pues el autor pretende sin más sacar una lección fundamental: «con lo que sus enemigos eran castigados, ellos, en el apuro, eran favorecidos» (11,5). Los egipcios tuvieron así que aprender «que en el pecado está el castigo» (11,16). Con este fin, el autor nos ofrece siete dípticos en contraste (*síncrisis*) [70]: 1) Agua de la roca en lugar de la contaminación del agua del Nilo (11,6-14); 2) Codornices en lugar de la plaga de los animales (16,1-4) [71]; 3)

---

[70] Seguimos la estructura ofrecida por M. Gilbert, *art. cit.*, col. 72-77.
[71] De 11,15 a 15,19 nos encontramos con dos digresiones: poder y misericordia de Dios (11,15 – 12,27); crítica del culto falso (cc. 13-15).

Salvación de la mordedura de las serpientes en lugar de la plaga de insectos (16,5-14); 4) Maná del cielo en lugar de la lluvia, el granizo y el fuego (16,15-29); 5) Columna luminosa en lugar de la plaga de las tinieblas (17,1 – 18,4); 6) Liberación de los hijos de Israel en lugar de la muerte de los primogénitos egipcios (18,5-25); 7) Juicio del mar: liberación de los israelitas en lugar de la muerte de los egipcios (19,1-9) [72].

• *Crítica del paganismo*

De todo este conjunto merece la pena destacar la crítica de la religión pagana y la condenación de la idolatría de los cc. 13-15 [73], expuestas en tres secciones: culto a la naturaleza (13,1-9); origen y consecuencias del culto a los ídolos (13,10 – 15,13); zoolatría de los egipcios (15,14-19). La primera sección, con ecos en Hch 17,29-30 y Rom 1,19-25, supone un avance sobre Is 40,12-26 (41,6-7) y deja traslucir una clara influencia del pensamiento filosófico griego [74]. El autor no trata de demostrar la existencia de Dios –algo obvio en el mundo antiguo–, sino de poner de manifiesto el grave error de quienes identifican a la divinidad con la naturaleza. Si los paganos hubiesen aplicado el principio de analogía, no habrían tenido más remedio que admitir la existencia de un dios creador: «Si, fascinados por su hermosura, los creyeron dioses, sepan cuánto los aventaja su dueño... calculen cuánto más poderoso es quien los hizo; pues... se descubre por analogía al que les dio el ser» (13,3-5). Todo este pasaje revela el espíritu del monoteísmo hebreo, aunque al propio tiempo participa de la estética griega.

La segunda sección relativa a la crítica de la religión pagana (13,10 – 15,13) se basa de algún modo en las polémicas contra la idolatría avanzadas ya por algunos textos del AT

---

[72] Algunos autores hablan sólo de cinco dípticos. Tratan de digresión también la perícopa de las serpientes del desierto (16,5-14) y unifican la muerte de los primogénitos egipcios y la muerte de las tropas del faraón en el mar (18,5 – 19,9); así R.E. Murphy, *op. cit.*, 90-91.

[73] Nos basamos fundamentalmente en M. Gilbert, *La critique des dieux dans le livre de la Sagesse*, AnBib 53 (Roma 1973).

[74] Sobre el término «analogía» de 13,5 cf. C. Larcher, *Sagesse* III, 748-773.

(Is 40,18-20; 44,9-20; Jr 10,1-15; Dt 4,15-28; 5,8; 7,5; 16,22; 29,17; Sal 115,4-8) [75]. La sección tiene una acusada estructura concéntrica [76]:

   A. El carpintero y los ídolos de madera (13,10-19).
   B. Invocación al ídolo y transición (14,1-10).
     C. Castigo de los ídolos; origen y consecuencias de la idolatría (14,11-31).
   B'. Invocación a Dios y transición (15,1-6).
   A'. El alfarero y los ídolos de arcilla (15,7-13).

La ironía es extrema en toda la sección. El autor describe mordazmente el modo en que es fabricado un ídolo: el carpintero utiliza madera de desecho, ya inservible, un palo retorcido y nudoso que no sirve para nada; «lo talla en los ratos de ocio y se entretiene» dándole forma de hombre o de vil animal (cf. 13,14). Sabiendo que algo que no se vale por sí mismo, lo sujeta a la pared con una abrazadera, para después rezarle «por la hacienda, la boda o los hijos» (cf. 13,15-17). El sarcasmo se prolonga a lo largo de los siguientes capítulos, una polémica amarga si tenemos en cuenta que este tipo de idolatría refleja el propio fracaso religioso de Israel a lo largo de dilatados segmentos de su propia historia. Más adelante el autor describe el origen de los ídolos en el culto a los muertos (familiares o gobernantes), representando así dos fuentes de la idolatría: el infortunio personal y el poder (14,12-17). En 14,22-31 se enumeran toda la suerte de males morales atribuibles a esta abominación. Un hermoso paréntesis, donde el escritor contrasta la relación privilegiada de Israel con el Dios vivo y la necedad de quienes se entusiasman con la idolatría (15,1-6), da paso a otra descripción sarcástica de los ídolos de barro (15,7-13). El colmo de la necedad está representado por quien crea un dios con el barro mismo de que él está formado. La ironía se apoya sobre todo en la observación de que el adorador es mejor que su dios, porque él al fin y al cabo vive, y el dios no (cf. 15,17).

---

[75] Más datos en F. Ricken, *Gab es eine hellenistische Vorlage für Weisheit 13-15?*: Bib 49 (1968) 54-86; M. Gilbert, *op. cit.*, 64-94.
[76] Consultar A.G. Wright, *The Structure of the Book of Wisdom*: Bib 48 (1967) 165-184; M. Gilbert, *op. cit.*, 254; *ibíd.*, *art. cit.*, col. 74-75; J. Vílchez, *op. cit.*, 363.

En resumen, forzoso es reconocer que el libro de la Sabiduría representa un decisivo estadio en la evolución del pensamiento religioso israelita. Aunque es de suponer que sus ideas sobre la inmortalidad no cayeron en un vacío doctrinal, sino que debió de contar con algunos precedentes [77], el impacto debió de ser radical. El libro de la Sabiduría representa el esfuerzo de adecuación doctrinal más sorprendente y audaz de todo el AT. Su autor hizo abundante uso de las categorías filosóficas griegas para actualizar y transmitir en una cultura nueva las tradiciones teológicas israelitas. Desde este punto de vista, Sabiduría puede considerarse el libro más revolucionario del AT [78].

3. *Cuestiones abiertas*

   a) *La influencia de Filón*

Existen varios aspectos doctrinales del libro de la Sabiduría susceptibles de reformulación. En concreto, sigue siendo una cuestión debatida el alcance de la influencia de la doctrina filoniana del Logos en nuestro libro. Algunos autores, en base a las afirmaciones relativas a la Sabiduría de que, al propio tiempo que penetra todo (cf. 7,24), goza de intimidad con Dios (cf. 8,3), postulan la influencia de la noción de Logos divino expuesta por Filón. Según este autor judío, existe un aspecto de la esencia divina presente en todas las cosas, incluida la mente humana, de tal modo que ésta se convierte en algo así como en una extensión fragmentaria de la Mente Divina, y por tanto de la Sabiduría [79]. En efecto, a juzgar por Sab 8,4, donde se dice que la Sabiduría «selecciona» las obras de Dios, parece que se puede dar por sentada una identificación entre aquella y la Mente Divina.

---

[77] A juzgar por los libros de los Macabeos, la idea debió de cultivarse más de un siglo antes de la aparición de Sabiduría. Por vía negativa, la insistencia de Ben Sira en la doctrina tradicional (Eclo 38,21-23; 41,1-12) confirmaría la circulación en Palestina de la doctrina de la inmortalidad y de la resurrección ya a comienzos del s. II a.C.

[78] Sobre el tema, consultar A.A. Di Lella, *Conservative and Progressive Theology. Sirach and Wisdom:* CBQ 28 (1966) 139-154. Para las relaciones generales entre Sabiduría y AT, cf. C. Larcher, *Études*, 85-103; J. Vílchez, *op. cit.*, 82-87.

[79] Sobre la posible comunión de ideas entre Sabiduría y Filón, cf. C. Larcher, *Études*, 151-178; D. Winston, *op. cit.*, 59-62.

b) El logos y la creación «ex nihilo»

Otro aspecto discutido está relacionado con el alcance del término *logos* en 9,1, donde se habla de la creación del mundo. ¿Se trata de una referencia sin más al repetido uso del verbo hebreo 'mr en Gn 1,1ss o tiene algo que ver con el Logos de Filón? [80]

¿Se puede dar por supuesta en Sabiduría la doctrina de la *creatio ex nihilo*? Aunque es probable que su autor conociera 2 Mac 7,28, se limita a decirnos que Dios creó el mundo de materia informe, 11,17) [81], una versión griega de la visión hebrea tradicional de la tierra primordial como *tohu wabohu* (Gn 1,2). Ahora bien, si Dios creó el mundo a partir de materia informe, ¿presupone Sabiduría una doble creación (de la materia primordial y del cosmos) o cree que la materia es eterna? Más aún, si el autor concibe a la Sabiduría como «efluvio del poder divino, emanación purísima de la gloria del Omnipotente» (7,25), como recipiente de las formas paradigmáticas de todas las cosas (cf. 9,8), ¿podríamos pensar que su actividad creadora es continua?

Según Larcher [82], cierta terminología de Sabiduría podría revelar familiaridad, si no relación directa, con aspectos del pensamiento socrático y platónico, con la doctrina estoica sobre las virtudes o con la mística helenística en general. En especial los términos *sophia*, *phronesis* y *paideia*. Como los tres son de raigambre bíblica (*hokmah*, *binah*, *t^ebunah*, *musar* y otros), sigue siendo discutible su relación de dependencia con la filosofía y la ética griegas.

c) La sabiduría personificada

Aunque ya en Proverbios, Job y Eclesiástico supone un esfuerzo enorme discernir las categorías bajo las que se formularon los textos relativos a la Sabiduría personificada (cf. Prov 8,22-31; Job 28; Eclo 24,1-22), el problema se agudiza al tratar este asunto en Sabiduría. Aquí encontramos una clara vía de progreso en relación con sus precedentes literarios: la Sabiduría personificada aparece como una entidad auténticamente

---

[80] Relación entre *logos* y *sophia* en D. Winston, *op. cit.*, 38-40.
[81] La percepción es contraria: *ouk ex onton/ex hyles*.
[82] C. Larcher, *Études*, 356-361.

divina. Su cualificación objetiva en relación con Dios está en que es el resplandor mismo de la esencia divina. A diferencia al menos de Proverbios y Eclesiástico, no hay necesidad de justificar su naturaleza diciendo, mediante una especie de lenguaje indirecto, que fue creada por Dios antes que todas las cosas o que procede de El. ¿Pero qué pretende el autor de Sabiduría con sus representaciones de la Sabiduría personificada? ¿Se sitúa sin más en el ámbito de la metáfora o está presuponiendo la doctrina de la hipóstasis? [83] Está claro que, en el primer caso, se trataría sin más de un lenguaje poético referido al mismo Dios. El concepto de hipóstasis puede definirse desde la historia de las religiones o desde la filosofía de la persona. En el primer caso designaría una energía divina semiindependiente desvinculada de su fuente original, con la que podría refundirse tras su actividad o de la que podría separarse definitivamente, dando origen a una divinidad distinta. En el segundo caso se referiría a una cualidad o virtud divina autosubsistente, que opera con cierta autonomía [84]. Mientras está claro, a nuestro juicio, que la teoría hipostática no puede aplicarse a la Sabiduría personificada de Prov 8 y de Eclo 24 –se trataría sin más de una figura retórica del lenguaje–, el problema sigue estando abierto por lo que respecta al libro de la Sabiduría.

IV. TRABAJO PRACTICO Y BIBLIOGRAFIA

1. *Orientaciones para el trabajo personal*

Dada la cantidad y calidad de las obras dedicadas al estudio de los aspectos lingüísticos y literarios del libro de la Sabiduría, la teología bíblica parece ser el ámbito de trabajo más prometedor.

A partir de las peculiaridades específicas del concepto de *sophia* en Sabiduría, convendría insistir en la relación entre dicho concepto y la idea general de sabiduría ofrecida por la literatura sapiencial, representada concretamente por los tér-

---

[83] Sobre esta problemática, consultar J. Vílchez, *op. cit.*, 89-91.
[84] Así p.e. B.W. Anderson, *Understanding the Old Testament* (Englewood Cliffs 1986) 603.

minos *hokmah, binah* y afines. ¿Recoge *sophia* en Sabiduría todos los matices significativos –culturales, éticos y teológicos– de la tradición sapiencial israelita? El estudio tendría un triple enfoque escalonado: semántico, histórico-religioso y teológico.

Teniendo en cuenta la importancia de la relación entre Sabiduría e historia en Sabiduría y los precedentes literarios y religiosos en la obra de Ben Sira, interesaría poner de relieve las razones del recurso a la historia tanto en Ben Sira (Eclo 44-50) como en el libro de la Sabiduría (Sab 10-19). ¿En qué coinciden, en qué se complementan y en qué divergen los autores de ambas obras respecto a la función de la Sabiduría en la historia?

Está claro que en nuestro libro el concepto de *sophia* incluye rasgos que en el resto del AT se atribuyen al *dabar*, palabra o al *ruah*, espíritu [85]. En efecto, la *sophia* hace suyas dos de las funciones principales de la Palabra: la creación y la revelación. Sin embargo, Sabiduría no es muy claro al respecto. Más clara resulta la relación entre la Sabiduría y el Espíritu. La Sabiduría es un espíritu (1,6; 7,22) o actúa en forma de tal (cf. 7,7). ¿Se trata de una sublimación del papel ejercido por el *ruah* en el AT, motivo por el que algunos Padres de la Iglesia han querido ver en la *sophia* una prefiguración no de Cristo, sino del Espíritu Santo? [86]

Por último, y teniendo en cuenta el periodo de composición del libro de la Sabiduría, sería de indudable utilidad comparar las especulaciones sobre la naturaleza y la función de la sabiduría en nuestro libro con el mundo de representaciones sapienciales de la literatura apócrifa del AT.

2. Bibliografía comentada

a) Comentarios

LARCHER, C., *Le livre de la Sagesse ou la Sagesse de Salomon*, EB N.S. (París 1983/85). Se trata del comentario al libro de la Sabiduría más amplio, más maduro y mejor concebido. La obra se compone de

---

[85] Ver F. Feldmann, *op. cit.*, 17-18. Relaciones entre Sabiduría y Espíritu en C. Larcher, *Études*, 329-414; también en J. Vílchez, *op. cit.*, 93-97.
[86] Cf. C. Larcher, *Études*, 411.

tres volúmenes. El primero está dedicado a la bibliografía (muy completa, pp. 11-48), preparada por M. Gilbert; a la introducción general (pp. 53-161): texto y versiones, análisis literario, autor y fecha de composición; y al comentario de 1,1 – 3,19 (pp. 163-311). En el segundo volumen (continúa la paginación del primero: 312-648) comenta el autor los cc. 4-10; en el tercero (pp. 649-1094), los cc. 11-19.

SCARPAT, G., *Libro della Sapienza I* (Brescia 1989). Se trata del primer volumen de un ambicioso comentario [87]. La introducción, lamentablemente breve (pp. 13-29), está dedicada casi exclusivamente a un tratamiento erudito del problema de la fecha de composición de Sabiduría. El comentario estudia los seis primeros capítulos de la obra desde dos perspectivas: texto de los LXX (pp. 45-397) y texto y comentario de la Vetus Latina (pp. 399-478). Se trata de una obra de gran erudición, donde el autor pone de manifiesto sus vastos conocimientos en las lenguas y literaturas griega y latina. A veces, la preocupación por aducir paralelos doctrinales de estos dos ámbitos literarios resta hondura al comentario propiamente bíblico.

VILCHEZ, J., *Sabiduría* (Estella 1990). Se trata del mejor comentario en lengua castellana y sin duda uno de los mejores de la oferta bibliográfica internacional. El libro se abre con una introducción de 115 páginas, a la que sirve de colofón una bibliografía selecta y suficiente (pp. 115-125). En la introducción se aborda la problemática propia de la obra, con discusiones amplias y, en ocasiones, eruditas. El comentario, amplio (pp. 129-466), pone de manifiesto la sabiduría del autor y el equilibrio de sus criterios. Tres apéndices utilísimos clausuran la obra: I. Los judíos en Egipto. II. El políteuma. III. Literatura judeo-helenista alejandrina.

WINSTON, D., *The Wisdom of Solomon*, AB 43 (Garden City, N.Y. 1979). Este comentario sigue la línea característica de la colección *Anchor Bible*: una amplia introducción; texto y comentario, reducido éste prácticamente a cuestiones textuales. En la introducción (pp. 3-69) destaca el apartado relativo a las ideas religiosas patentes o subyacentes en Sabiduría. El libro, aun siendo recomendable, abusa del recurso a la metodología histórico-religiosa.

b) Otras obras de interés

GILBERT, M., *La critique des dieux dans le livre de la Sagesse*, AnBib 53 (Roma 1973). Magnífico trabajo de tesis doctoral en Ciencias Bíblicas. Aunque la temática reduce el campo del libro a los cc. 13-15, el lector puede ir extrayendo a lo largo de él una visión global satisfactoria de todo el libro de la Sabiduría.

---

[87] No tenemos noticias de la aparición del segundo volumen.

LARCHER, C., *Études sur le livre de la Sagesse*, EB (París 1969). Sin duda una obra que ha servido de base a su autor para madurar su pensamiento sobre Sabiduría de cara a la publicación de su magnífico comentario en tres volúmenes. Se compone de cinco capítulos: I. El libro de la Sabiduría en la Iglesia de Cristo (NT, Padres de la Iglesia, otras iglesias cristianas: pp. 11-84). II. El libro de la Sabiduría y la literatura bíblica y judía (AT, Enoc, Qumrán, judaísmo helenizado, Filón: pp. 85-178). III. La influencia del helenismo (pp. 179-236). IV. La inmortalidad del alma y las retribuciones trascendentes (pp. 237-327). V. La Sabiduría y el Espíritu (pp. 329-414). Es muy útil el índice analítico de pp. 427-433. Obra de obligada consulta.

MACK, B.L., *Logos und Sophia. Untersuchungen zur Weisheits-theologie im hellenistischen Judentum*, SUNT 10 (Gotinga 1973). Aunque el tratamiento del libro de la Sabiduría ocupa sólo la tercera parte del libro (pp. 63-107), el marco nos ayuda a captar de forma magistral el contenido y el alcance del concepto de sabiduría en su desarrollo desde la propia literatura bíblica hasta Filón, pues el autor revisa la figura de la Sabiduría en Proverbios, Job, Eclesiástico, Sabiduría y la obra del ilustre judío alejandrino.

OFFERHAUS, U., *Komposition und Intention der Sapientia Salomonis* (Bonn 1981). Excelente análisis literario del libro de la Sabiduría a partir del estudio de sus tres secciones: 1,1 – 6,8; 6,9 – 9,18; 10,1 – 19,22. El autor ofrece un magistral estudio de paralelismos, inclusiones y correspondencias internas de los diversos desarrollos temáticos. El libro termina con más de cien páginas de notas críticas y con una abundante bibliografía.

REESE, J.M., *Hellenistic Influence on the Book of Wisdom and Its Consequences* (Roma 1970). Se compone de cinco partes: I. Alcance de la influencia helenista en el libro de La Sabiduría (estudio de vocabulario y estilo). II. Intensidad de la influencia helenista (desarrollo de tres temas: relación del hombre con Dios; naturaleza de la inmortalidad del hombre; antropología de Sabiduría). III. El género literario del libro de la Sabiduría. IV. Unidad y destinatarios. V. Resumen y conclusiones.

Parte tercera
LITERATURA LIRICA

La tercera y última parte de este volumen estudia el Salterio, el Cantar de los Cantares y las Lamentaciones, tres obras que hemos agrupado bajo el epígrafe de literatura lírica, aunque existen muchos otros poemas líricos en la Biblia. Dada su importancia en la vida de Israel y en la vida de la Iglesia, se trata de manera mucho más amplia y detallada el libro de los salmos o Salterio.

Capítulo VIII
EL LIBRO DE LOS SALMOS: ASPECTOS LITERARIOS

I. PRIMERAS IMPRESIONES SOBRE EL SALTERIO

1. Obra compuesta

Una ojeada superficial al Salterio nos proporciona los suficientes datos como para poder hablar de su carácter compuesto. Para empezar, está integrado por 150 poemas individuales [1], que muy raramente coinciden en el contenido –generalmente sólo en expresiones o en versículos aislados–. Por otra parte, las cabeceras de los salmos, casi la mitad, nos ponen en la pista de supuestas autorías (David, Asaf, Etán, etc.). Aun en el razonable supuesto de que se tratase de pseudoepigrafías, ese simple dato aboga por un origen plural en el tiempo. Un tercer dato en la misma línea, situado también al comienzo de algunos poemas, está representado por el supuesto tipo de salmo ofrecido probablemente por un recopilador: *šir, mizmor, miktam, maśkil*, etc. [2] Mientras que algunos salmos están claramente relacionados con la piedad individual y el culto (ver más abajo) [3], otros ofrecen unas características difí-

---

[1] De todos modos, el número resulta forzado; ver más abajo II,2: «La numeración en TM y LXX».

[2] Ver más abajo II,4,a: «Términos referentes a colecciones».

[3] No es juicioso simplificar la problemática de los salmos relacionándolos exclusivamente con el ámbito cultual, como hacen algunos autores. En el Salterio existen datos suficientes como para vincular algunos de estos poemas religiosos con la piedad personal. Ver al respecto sobre todo R. Albertz, *Persönliche Frömmigkeit und offizielle Religion* (Stuttgart 1978); aunque con distinta perspectiva y diversa metodología, cf. también G.W. Anderson, *«Sicut cervus»: Evidence in the Psalter of Private Devotion in Ancient Israel*: VT 30 (1980) 388-397.

cilmente homologables desde ese punto de vista. ¿Qué decir p.e. de los acrósticos o salmos alfabéticos (9-10; 25; 34; 37; 111; 112; 119; 145)? Dadas las características generales de estructura –aspectos mecánicos y formales– y secuencia mecánico-alfabética de los esticos, más bien habría que pensar que se trata de «composiciones de despacho» o poemas escolares. El Sal 119 p.e. se compone de 176 variaciones sobre el tema «Palabra de Dios», es decir, se trata de una teología de la Palabra en forma proverbial, algo muy cercano a lo que pueden ofrecernos los actuales diccionarios de teología. Hay, por otra parte, en el Salterio piezas poéticas que parecen haber sido compuestas por cantores o escritores que sólo pretendían que se reconocieran públicamente sus cualidades artísticas, a tenor p.e. de Sal 45,2. Por último, cabe observar que en bastantes salmos se perciben huellas de reelaboración, debido principalmente a su falta de uniformidad, como es el caso de Sal 19; 22; 29; 50; 108; 133; 136.

Podrían aducirse numerosos y variados ejemplos en esta línea, pero basten los aspectos ya mencionados para concluir que no carece de fundamento la primera impresión de que el Salterio es una obra compuesta, en la que se perciben esfuerzos de reelaboración, recopilación y edición, al propio tiempo que permite establecer una pluralidad de sedes vitales.

2. Poesía cultual

El Sal 102 declara que se trata de una «plegaria del afligido cuando desfallece y derrama su queja ante Yahvé». En esta nota descubrimos algo relativo al uso de un salmo como fórmula litúrgica en un caso particular, como si se tratara de la pieza de un «muestrario litúrgico». También el texto de un salmo puede darnos claves que precisen este epígrafe. Tomando un caso concreto, el autor del Sal 40 nos informa de la sorprendente liberación de que fue objeto como respuesta a su plegaria, y de su deseo de proclamarla (vv. 2-4). La proclamación es definida como «canto nuevo de alabanza», cuyo contenido se contagia a quienes acompañan al orante («muchos al verlo»), provocando su confianza en Yahvé. El salmista es consciente de que su presencia agradecida en el templo confesando públicamente la liberación de que ha sido objeto por parte de Dios (vv. 10s) es más importante que los sacrificios y las ofrendas (v. 7). Es improbable que el «libro» (manuscrito/rollo) mencionado en este último versículo pueda identificarse con la Torá. Probablemente esté relacionado con las normas relativas a la presentación de sacrificios en el santuario, tal como nos informan las tradiciones cultuales recogidas en el Levítico. El orante conoce dichas prescripciones, pero prefiere una alternativa: presentar un documento («libro») referente a su propia experiencia de salvación. Así, la proclamación sustituye al sacrificio; el salmo de alabanza, a los holocaustos. El «documento», en consecuencia, contendría el himno compuesto para ser recitado en el templo por el orante y el grupo de acompañantes, el «cántico nuevo» (cf. v. 4) que comienza sin duda en v. 5. Es probable que estos documentos se conservasen en el santuario bien como memorial o para poder ser utilizados por otras personas en situaciones análogas a la descrita, o con ambas finalidades. Es decir, existiría en el templo una colección de textos votivos de carácter devocional y litúrgico que pretendía que las experiencias individuales narradas en ellos fuesen útiles para la piedad y la fe de toda la comunidad. Un «cántico nuevo», compuesto para la ocasión, contribuía al incremento de la colección de dichos textos votivos.

Estas y otras muchas referencias desperdigadas por el Salterio (p.e. 5,8; 35,18; 42,5; 43,4; 51,18; 66,13; 69,31s; 101,7; etc.) nos ponen en la pista de la relación intrínseca de numerosos poemas sálmicos con el culto [4].

3. *Refracción de la experiencia religiosa*

No cabe duda que los salmos son fruto de una experiencia religiosa, aunque en ciertos casos sea imposible determinar con un grado aceptable de precisión su naturaleza, su objeto y las circunstancias que la provocaron. La continua (hasta obsesiva) mención del Señor (o de Dios) pone de manifiesto el carácter hondamente religioso, hasta tierno (ver Sal 131), del Salterio. Sin embargo, no somos capaces a primera vista de captar la naturaleza de dicha experiencia, pues se trata de la experiencia de unas personas cuya visión del hombre, del

[4] Discusión en E. Lipiński, *Psaumes*, en DBS IX (París 1973) col. 132-137.

mundo y de Dios no compartimos seguramente. Además, el
objeto de la piedad de los salmistas no se circunscribe a la
divinidad (su cercanía o su lejanía, como pueden ser Sal 22;
23), sino que abarca la Ley (Sal 1; 119), el cosmos (Sal 8), la
ciudad santa y su templo (Sal 122), la fraternidad (Sal 133), el
Ungido real (Sal 2; 72); etc. Por otra parte, esta primera impresión implica el descubrimiento de que dicha experiencia religiosa no es homogénea en la mayoría de los casos. En efecto,
a lo largo del Salterio descubrimos poemas que reflejan una
experiencia dolorosa para cuya solución se solicita la presencia o la intervención de Dios (Sal 5s; 57); en ocasiones el salmista echa en falta dicha presencia (Sal 10; 22). Puede que el
orante se reconozca culpable (Sal 50) o inocente (Sal 73,13).
Por el contrario, existen salmos en los que la experiencia religiosa se traduce en alegría incontrolable (exordio del Sal 18),
en contemplación (Sal 8; 19), en confianza (Sal 23; 27; 42);
etc. Tristeza y alegría, temor y confianza, desasosiego y sereni-
dad, introspección y contemplación cósmica... son actitudes
fruto de una multiforme experiencia religiosa. El contacto con
el Dios vivo se refracta a través del corazón del hombre en una
rica multiplicidad de actitudes y fórmulas.

4. Una encrucijada teológica

No supone exageración alguna afirmar que el Salterio
constituye la más intrincada encrucijada teológica de todo el
AT. Si los salmos fueron compuestos, rezados y recopilados en
un arco de tiempo de unos ocho siglos, es fácil deducir que,
además de testigos de experiencias religiosas individuales o
colectivas, son documentos que reflejan las vicisitudes y la
evolución del pensamiento religioso israelita. Junto a sublimes
e insuperables descripciones del misterio de Dios [5], podemos
descubrir en el Salterio duras imágenes antropomórficas del
ser divino espigadas en el ámbito de la más genuina mitología
cananea (cf. Sal 18,8-16; 29); frente al confiado amparo en el
Señor ante la persecución, incomprensibles formulaciones de
revancha (cf. Sal 109,6-15; 137,7-9). Es fácil comprender la
distinta visión de Dios y de sus relaciones con el hombre que

---

[5] Claudel define el Salterio como un «retrato místico del rostro de Dios»;
cf. G.F. Ravasi, _Il libro dei Salmi_ I (Bolonia 1981) 20.

pudo cultivarse en pleno esplendor monárquico o en el periodo de postración e impotencia del postexilio; a la ausencia de las instancias monárquica y profética en esta última etapa, Israel tuvo que «reinventar» su estar-ante-Dios y hasta su praxis religiosa. Es inevitable que los salmos sean testigos elocuentes de los avatares del espíritu israelita y de las reexperiencias y relecturas de la ajetreada historia del pueblo en manos de Yahvé.

Naturalmente, el Salterio no es un tratado de teología israelita, pues en ningún momento ofrece al lector una exposición teórica y sistemática de Dios, sino su progresivo desvelamiento poliédrico en categorías de relación.

II. CARACTERISTICAS GENERALES [6]

Bibliografía española: L. Alonso Schökel, *Salmos I* (Estella 1992) 81-91; P. Drijvers, *Los salmos* (Barcelona 1962) 32-39; J. Enciso, *Indicaciones musicales en los títulos de los Salmos,* en *Miscelánea B. Ubach* (Montserrat 1953) 185-200; J. Enciso, *Los títulos de los salmos y la historia de la formación del Salterio:* EstBib 13 (1954) 135-166; H. Gunkel, *Introducción a los salmos* (Valencia 1983) 453-480; H.-J. Kraus, *Los Salmos I* (Salamanca 1993) 13-46.

1. Nombre del libro

El nombre «salmos» de nuestra tradición literaria cristiana se remonta al término griego *psalmoi,* canciones para instrumentos de cuerda, utilizado por la traducción griega de los LXX. En el NT encontramos varias menciones del *biblos psalmon* referidas a la obra canónica (Lc 20,42; 24,44; Hch 1,20; 13,33). El término también griego *psalterion,* instrumento de cuerdas o colección de cantos, sobrevive en nuestro «salterio». Entre los judíos, el libro de los salmos era conocido como *sefer t^ehillim,* libro de cantos, título que sirvió de base a la tradición griega.

---

[6] Eruditas consideraciones de carácter general en Ch.A. Briggs, *The Book of Psalms,* ICC (Edimburgo 1906; reimpresión 1976) LIV-CI.

2. La numeración en TM y LXX

A pesar de contener idéntico número de salmos, TM (texto masorético) y G, versión griega de los LXX[7], no siguen la misma numeración[8]. La razón es simple. Sal 9 y 10 TM, así como 114 y 115 TM, comprenden en cada caso un solo salmo en G; por otra parte, Sal 116 y 147 TM son divididos en dos partes en G. De tales desajustes se deduce el siguiente esquema:

TM	LXX
1–8	1–8
9–10	9
11–113	10–112
114–115	113
116	114–115
117–146	116–145
147	146–147
148–150	148–150

Tales inconsistencias son normales si tenemos en cuenta que, a pesar de que TM y G coincidan de hecho, puede que la extensión de un salmo haya sido incorrectamente transmitida. Así, los Sal 42 y 43, considerados dos poemas distintos en ambas versiones, constituyen en realidad un solo salmo[9]. O viceversa, el Sal 19, transmitido como una unidad por TM y G, puede ser dividido probablemente en dos poemas menores: vv. 2-7 (himno a Yahvé creador) y vv. 8-15 (himno a la Torá).

3. Texto y versiones [10]

a) Texto

Los salmos fueron compuestos en hebreo. Los manuscritos son relativamente tardíos, hacia finales del primer milenio d.C.[11]. El texto de numerosos salmos, defectuoso en múltiples

[7] A decir verdad, G nos ofrece un salmo más que TM (151), pero lo sitúa «al margen de la numeración» (*exothen tou arithmou*).

[8] En las modernas versiones vernáculas se propone una doble numeración, con G entre paréntesis.

[9] Otro tanto podemos decir, con relativa seguridad, de los Sal 50 y 51.

[10] Ver al respecto Ch.A. Briggs, *The Book of Psalms*, XXII-LIV; L. Jacquet, *Les Psaumes et le coeur de l'homme* I (Bruselas 1975) 96-104.

[11] Hemos de exceptuar el material de Qumrán, cuyos fragmentos datan, como muy tarde, de mediados del siglo primero de nuestra era.

ocasiones –como revela el aparato crítico de BHS– refleja un complicado proceso de transmisión. A las dificultades extrínsecas típicas de toda transmisión textual escrita, como pueden ser las dudas relativas a la lectura del texto consonántico y a las alteraciones voluntarias o negligentes de copistas inexpertos o distraídos, habrá que añadir las dificultades intrínsecas relativas al origen y utilización del Salterio. En efecto, los salmos canónicos, compuestos en un arco de tiempo de unos seis u ocho siglos, fueron en su momento cantados y transmitidos oralmente. Tras su puesta por escrito, se vieron sometidos a un proceso interminable de copiado y de adaptación a las condiciones históricas y litúrgicas del pueblo de Israel. Todo ello contribuye a hacer del Salterio el libro del AT con el que más comprometido se siente el crítico textual[12].

b) Versiones

La traducción más antigua e importante es la griega de los LXX[13], de finales del s. II a.C. Importante más por lo que respecta a su naturaleza de testigo de un primitivo texto hebreo que por la calidad de la traducción. Aparte de su servilismo literario respecto al original, parece que los traductores no conocían bien ni el hebreo ni el griego: incorrecciones esticométricas, errores en la comprensión del sistema verbal hebreo, desplazamientos reiterados en los elementos de la frase[14]. Sin embargo, muchos de los supuestos desajustes de los LXX respecto a nuestro TM pueden explicarse si pensamos, como sospecha más de un especialista, que el texto hebreo que utilizaron los traductores griegos era ligeramente diferente de TM. Las grandes recensiones del texto de los LXX, en torno al 300 d.C., fueron obra de Luciano, en Antioquía, y de Hesiquio, en Alejandría[15].

[12] Los fragmentos descubiertos en Qumrán, sin duda de gran ayuda para la investigación, no han sido por desgracia suficientemente tenidos en cuenta en la edición de la BHS.
[13] Amplia información sobre sus características en M. Flashar, *Exegetische Studien zum Septuagintapsalter:* ZAW 32 (1912) 81-116; 161-189; 241-268.
[14] Según algunos autores, nos encontramos ante uno de los libros del AT peor traducidos en los LXX, a excepción de los libros proféticos. Así, L. Jacquet, *Les Psaumes et le coeur de l'homme* I, 98.
[15] Sobre las características generales del Salterio de los LXX, cf. L. Mortari (ed.), *Il Salterio della Tradizione* (Turín 1983) 19-26.

Por las citas de algunos Padres, y en especial por el testimonio de Jerónimo, sabemos que hubo al menos otras tres versiones griegas: la de Aquila (primera parte del s. II), la de Teodoción (segunda parte del s. II) y la de Símmaco (en torno al 200). Es probable que por aquella época hubiesen empezado a caer en descrédito los LXX.

La primera traducción latina a partir de los textos originales se debe a Jerónimo. Antes de proceder a esta tarea, se dedicó a la recensión de la Vetus Latina, sirviéndose en un primer momento del texto de los LXX y más tarde de los Hexaplas de Orígenes. La traducción, llevada a cabo en Palestina, se conoce como *Psalterium juxta hebraeos* o *Salterio de san Jerónimo*.

Por lo que se refiere a su utilidad para la crítica del texto hebreo, siguen en importancia la versión *siriaca* (Peshitta) y la *aramea* (Targum), caracterizada ésta por la frecuencia de las paráfrasis.

c) *Transmisión textual*

La crítica especializada distingue cuatro estadios de transmisión textual. El primero, objeto de estudio de la crítica literaria, corresponde a la composición del texto en su forma original; se pretende reconstruir éste «limpiándolo» de las alteraciones a que ha podido verse sometido en el transcurso del tiempo. El segundo, campo de trabajo de la crítica textual, corresponde a la forma textual más antigua. Como el texto, «editado» con carácter normativo para una función determinada, ha sido copiado en numerosas ocasiones, el crítico debe tratar de establecer la forma más antigua a partir de un estudio minucioso de las variantes textuales. En el tercer estadio, los rabinos llevan a cabo la regulación del texto consonántico a partir del 70 d.C. (*textus receptus*). La importancia de este «texto protomasorético» ha sido evaluada comparándolo con la tradición textual griega y con los textos de Qumrán. Este tercer estadio es fruto de la convicción de que los Salmos son Sagrada Escritura y de que, en tal sentido, sólo puede existir una forma. El cuarto estadio corresponde a la tarea de los masoretas (especialmente en Tiberíades, ss. IX-X d.C.): un sistema de vocalización y de acentos que pretende proteger el texto sagrado de eventuales manipulaciones. Los más antiguos testigos de dicha tarea son los códices de Alepo y de Leningrado.

4. Las cabeceras de los salmos [16]

Antes del comienzo de un salmo propiamente dicho, el lector se encuentra con una serie de indicaciones que, durante siglos, han requerido la atención de numerosos especialistas en el campo. En la actualidad se ha llegado a cierto consenso respecto al alcance significativo de algunos de los términos de esas cabeceras. Sin embargo, otros muchos sólo se prestan a hipótesis o conjeturas. Con ciertas reservas, las indicaciones que encabezan los salmos pueden concentrarse en cinco apartados: a) términos referentes a colecciones; b) términos técnicos musicales y melódicos; c) instrucciones para el uso litúrgico; d) nombres propios; e) datos históricos.

a) Términos referentes a colecciones

Los más comunes son *šir* y *mizmor,* usados en treinta y cincuenta y siete ocasiones respectivamente, a veces juntos en el mismo salmo (30; 65; 75; etc.). El primero, «canción», hace referencia probablemente al canto cultual del templo de Jerusalén, lugar por excelencia de la presencia de Yahvé. Como sugieren algunos textos extrasálmicos, este tipo de canciones era acompañado por instrumentos musicales (Am 6,5; 1 Cr 16,42; 2 Cr 23,13). El término *šir* aparece en ocasiones acompañado de especificaciones: *šir hamma⁽ᵃlot,* canción de las subidas, p.e. 123. No se percibe con claridad la diferencia entre *šir* y *mizmor.* A juzgar por la traducción que ofrecen los LXX (*psalmos*), *mizmor* era un «canto» o «salmo». Basándonos en el significado básico de la raíz *zmr,* especialmente en el uso acádico, podemos conjeturar que *mizmor* subraya el acompañamiento instrumental, mientras que *šir* alude preferentemente a

---

[16] Aspectos generales y consideraciones particulares en W. Staerk, *Zur Kritik der Psalmenüberschriften:* ZAW 12 (1892) 91-151; H. Gunkel, *Introducción a los salmos* (Valencia 1983) 477-480; S. Mowinckel, *The Psalms in Israel's Worship* II (Oxford 1967) 207-217; H.-J. Kraus, *Psalmen* I (Neukirchen ²1961) XVIII-XXX; L. Delekat, *Probleme der Psalmenüberschriften:* ZAW 76 (1964) 280-297; H. Seidel, *Untersuchungen zur Aufführungspraxis der Psalmen im altisraelitischen Gottesdienst:* VT 33 (1983) 503-509. Respecto a la ausencia de cabeceras en los salmos, cf. G.H. Wilson, *The Use of «Untitled» Psalms in the Hebrew Psalter:* ZAW 97 (1985) 404-413; Id., *The Editing of the Hebrew Psalter* (Chico 1985) 173-181.

la interpretación vocal [17]; o bien que ambos términos tienen valor intercambiable [18].

Un tercer término referente a las colecciones del salterio está restringido al grupo 120-134: *šir hamma*ʿ*alot* «canciones de las subidas» (*šir lamma*ʿ*alot* en Sal 121). Se han ofrecido varias explicaciones de este título. «Subida» no implicaría un desplazamiento en el espacio, sino más bien un «escalonamiento» («canciones en serie» o «canciones en secuencia»). Una interpretación histórica relaciona *ma*ʿ ʿ*alot* con la «subida» a Jerusalén de los exiliados en Babilonia, a tenor del significado de ʿ*lh* en Esd 2,1 y 7,9 [19]. Una interpretación cultual traduce *ma*ʿ ʿ*alot* por «escalones» [20]; se trataría de la referencia a alguna escalinata del templo o sus aledaños donde se recitaría este tipo de salmos. Pero más razonable parece la interpretación, ampliamente consensuada, de que el término «subidas» (e.d. a Jerusalén) se refiere a las actividades de los peregrinantes o romeros que «subían» procesionalmente al santuario de Jerusalén con ocasión de ciertas festividades [21].

El término *maškil* aparece trece veces en las cabeceras de los salmos (32; 42; etc.). Basándose en la forma hifil de *śkl* [22] que acusa este término, algunos autores lo traducen por «canción artística» o «canción didáctica». Sin embargo, ante la falta de caracterización sapiencial de la mayor parte de los salmos definidos como *maškil*, y en vistas de 2 Cr 30,22, hemos de pensar que nos hallamos ante un término técnico referente a la «calidad» del salmo en cuestión: «canción artísticamente concebida». Menos probable es la interpretación que subraya el elemento didáctico [23].

Respecto a *miktam* (Sal 16; 56-60), los especialistas ofre-

---

[17] Ver H.-J. Kraus, *Psalmen* I, XIX.

[18] Cf. S. Mowinckel, *Psalmenstudien IV. Die Technischen Termini in den Psalmenüberschriften* (Cristianía 1922) 2-3.

[19] El significado ha sobrevivido en hebreo moderno, donde el término ʿ*olim* «los que suben» se aplica precisamente a los inmigrantes.

[20] Recordemos la traducción de la Vulgata: *canticum graduum*.

[21] Esta opinión no tiene por qué excluir la anterior, pues *šir hamma*ʿ*alot*, en cuanto «canto de los escalones», podría contener una referencia topográfica a los escalones que conducían a la Ciudad de David –ver el término *ma*ʿ*alot* en Neh 12,37– por los que accederían procesionalmente los romeros al templo.

[22] Raíz bastante común en la tradición sapiencial, con el significado de hacer bien/con acierto, entender, explicar.

[23] Contra S. Mowinckel, *Israel's Worship* I, 5-7.

cen dos interpretaciones básicas posibles. Según el significado «cubrir/ocultar» de la raíz *ktm* en acádico, habría que traducirlo por «salmo expiatorio», que expía o «cubre» los pecados [24] o «plegaria secreta», no publicada [25]. Otra línea interpretativa se apoya en la traducción LXX de *miktam* por *stelographia*, «inscripción pétrea». En Jr 2,22 hallamos el único uso de *ktm* en la Biblia: «tu culpa sigue inscrita *(niktam)* ante mí». ¿Se deduciría de ahí el significado «ser imborrable»? En tal caso nos encontraríamos con la mención del salmo «escrito», un exvoto, por contraposición a la práctica habitual, consistente en la recitación. A pesar de todo, el significado de este término sigue siendo oscuro.

Otro término de significado dudoso es *siggayon*. Por analogía con el acádico, suele traducirse por «lamentación» o «súplica». *T^ehillah*, que aparece en la cabecera de Sal 145 y en el primer versículo de 33; 34; 65; 147 y 149, se refiere tanto al canto de alabanza individual (ver 22,25; 65,1; 119,171) como al himno (así 100,4). Aunque *t^epillah*, de la raíz *pll*, está bien atestiguado en el AT en relación con la súplica (cf. 1 Re 8,38; Sal 35,13) y la ofrenda (cf. 142,2), dicho término puede referirse a los salmos en general (ver 72,20), pues desarrolla el carácter básico de la mayoría de ellos: la plegaria.

b) *Términos técnicos musicales y melódicos*

Binginot, que hallamos en las cabeceras de Sal 4; 6; 54; 55; 67 y 76, proviene de *n^eginah*, instrumento de cuerdas. Respecto a *ᵓel hann^ehilot* (Sal 5), pueden aventurarse dos hipótesis: o nos encontramos ante una indicación melódica, de cuyo esquema no tenemos noticia, o, por su parentesco con el término *halil*, flauta, traducimos «con acompañamiento de flauta». La indicación *ᶜal mah^alat*, presente sólo en Sal 53 y 88, nos obliga también a situarnos en el terreno de las hipótesis. Si el término deriva de la raíz *hlh*, «estar enfermo», «sentir pena», podría traducirse «con melancolía»; si está emparentado con *mahol*, «danza en corro», haría referencia a una danza cultual. Aunque no aparezca en las cabeceras de los salmos, el término *selah*, por su frecuencia (71 veces), merece cierta atención. La

---

[24] Cf. *Ibíd.*, 4s.
[25] Así, R. Tournay, según H.-J. Kraus, *Psalmen* I, XXII.

Vulgata lo traduce por «semper»; en tal caso, estaríamos ante una especie de doxología. Si nos atenemos a la etimología, las hipótesis se multiplican. Quien lo relaciona con la raíz *sll*, «alzar/levantar», lo interpreta como una interrupción con elevación de la voz, un interludio doxológico. Si «alzar» se matiza como «volver a lo alto/al principio», entonces el término equivaldría a nuestro «da capo», es decir, repetición. Si la raíz está emparentada con el arameo *sl*, «inclinarse», *selah* haría referencia a la inclinación reverencial en la oración. En fin, hay intérpretes que ven en esta indicación una señal de intervención coral [26].

Bajo el epígrafe de melodías contamos con *ʿal yonat ʾelim rᵉhoqim*, «según la paloma de los terebintos lejanos» (Sal 56); *ʿal ʾayyelet haššahar*, «según la cierva de la aurora» (Sal 22); *ʿal šošannim*, «según las azucenas» (Sal 45 y 69); *ʾal tašhet*, «no destruya» (Sal 57-59; 75), *ʿal haggitit*, «según la de Gat» [27] (Sal 8; 81; 84). Las indicaciones *ʿal ʿᵃlamot*, «para las doncellas» o «para los secretos» (Sal 46) y *ʿal haššᵉminit*, «según/sobre la octava» (Sal 6; 12) se refieren, como las anteriores, a melodías de significado desconocido.

c) Instrucciones para el uso litúrgico [28]

Del término *lamᵉnasseah*, que ocupa la cabecera de 55 salmos, no se ha ofrecido hasta el momento una explicación satisfactoria. Si nos basamos en algunos textos tardíos (1 y 2 Crónicas y Esdras), la raíz *nsh* significa «sobresalir», «ir a la cabeza» o «dirigir». En tal caso nuestro término podría hacer referencia al «maestro del coro» o a «quien sobresale (por poeta o cantor)». *lᵉtodah* (Sal 100,1) apunta a la ofrenda de acción de gracias. *lᵉʿannot* (Sal 88) está relacionado con la raíz *ʿnh*, «cantar» o «tocar». Por lo que se refiere a *lᵉhazkir* (Sal 38 y 70), podemos pensar en la raíz *zkr*, «recordar» o en el texto de

---

[26] Sobre el tema, consultar los amplios y eruditos estudios de B. Jacob, *Beiträge zu einer Einleitung in die Psalmen:* ZAW 16 (1896) 129-181; 265-291. También N.H. Snaith, *Selah:* VT 2 (1952) 43-56.

[27] «El (arpa) de Gat» o «La (melodía) de Gat».

[28] Sobre el uso litúrgico de los salmos, cf. E. Lipiński, *art. cit.*, col. 137-149.

Is 66,3 con valor de «ofrecer»: «canción para rememorar» o «canción para una ofrenda» [29].

d) *Nombres propios*

Con mucha frecuencia nos encontramos con nombres propios de persona en las cabeceras de los salmos: David (en 73 ocasiones), doce veces Asaf (50 y 73-83), once los hijos de Coré (42-49; 84s; 87s), dos veces Salomón (Sal 72; 127), una ocasión Hemán (Sal 88), Etán (Sal 89) y Moisés (Sal 90) [30]. La mayor parte de ellos llevan prefijada la preposición lámed (*l^{e}dawid, l$^{e\prime}$asap*, etc.). Con frecuencia se ha discutido sobre el valor de ese lámed en las cabeceras de los salmos hebreos. Los LXX le confirieron un valor material de dativo («para David», etc.); la Vulgata, en cambio, al utilizar el genitivo («de David»), confiere al lámed un valor de autoría (*lámed auctoris*). En opinión de los expertos, el lámed no se refería originalmente al autor del salmo en cuestión, sino a su categoría [31] o a su pertenencia a una colección determinada [32]. El problema no se plantea respecto a Asaf [33], Hemán y Etán, mencionados entre los cantores del templo (1 Cr 15,19), ni respecto a los hijos de Coré, a quienes se relaciona con los levitas (Esd 3,10; 1 Cr 9,31; 2 Cr 20,19) y con los porteros del templo (1 Cr 26,1.19) [34]. Los salmos encabezados con estos nombres están relacionados, en consecuencia, con los gremios y los músicos del segundo templo, fueran autores, recopiladores o supervisores de las tareas de composición o adaptación [35].

[29] Sobre esta expresión, véase B. Jacob, *Beiträge zu einer Einleitung in die Psalmen:* ZAW 17 (1987) 48-80.
[30] Consultar al respecto L. Jacquet, *Les Psaumes et le coeur de l'homme* I, 83-96.
[31] Así opinaba H. Cazelles, *La question du lamed auctoris:* RB 58 (1949) 93-101.
[32] En la literatura ugarítica encontramos la forma análoga *lb'l* (a/de Baal) o *lkrt* (a/de Keret), que indica casi con seguridad el ciclo literario al que pertenecen ambos escritos.
[33] Sobre todo lo referente a los salmos de Asaf, véase H.P. Nasuti, *Tradition History and the Psalms of Asaph* (Atlanta 1988).
[34] Consultar J.M. Miller, *The Korahites of Southern Judah:* CBQ 32 (1970) 58-68; G. Wanke, *Die Zionstheologie der Korachiten* (Berlín 1966) 1-31. En otra dirección, con exceso de fantasía, M.D. Goulder, *The Psalms of the Sons of Korah* (Sheffield 1982) esp. 51-84.
[35] Sobre parte de esta temática, consultar M.J. Buss, *The Psalms of Asaph and Korah:* JBL 82 (1963) 382-392.

El problema se plantea en realidad con el título *l^edawid:* ¿de David?, ¿para David?, ¿al estilo de (lo que escribía) David?, ¿o simplemente «de (la colección de) David»? Es seguro que David no compuso todos los salmos que llevan su nombre; rechazan su autoría especialmente los salmos que dejan entrever algún acontecimiento histórico o algún rasgo teológico ciertamente posteriores a su época. Verdad es que algunos textos antiguos reconocen las dotes musicales o poéticas de David (1 Sm 16,16-18; 2 Sm 1,19-27; 3,33-34), motivo por el que no se puede excluir a priori al menos el mecenazgo de este tipo de actividades [36]. Sin embargo, a la hora de aventurar un juicio sobre el alcance de la implicación davídica en la tradición sálmica, no podemos apoyarnos en los datos suministrados por el cronista, donde la figura de David es sospechosamente idealizada (auténtico fundador del templo y su liturgia) y las vicisitudes de la puesta en marcha del ceremonial del segundo templo son interesadamente retroproyectadas a la época davídica.

e) Datos históricos

Existe un buen número de salmos en cuyas cabeceras se formulan las supuestas situaciones históricas que dieron origen a dichos poemas. En Sal 3, después de su adjudicación a David se dice: «Cuando huyó de Absalón, su hijo»; en Sal 51: «Cuando se presentó a él el profeta Natán a causa de su pecado con Betsabé»; en Sal 57: «Cuando huyó de Saúl en la caverna». De manera análoga en 7; 18; 34; 52; 54; 56; 59; 60; 63; 142. Por idénticas razones a las ya expuestas a propósito de la autoría davídica, hemos de decir que estas «cabeceras históricas» no se corresponden con la época de composición de dichos salmos. Más bien se trata de adiciones posteriores, obra de exegetas judíos postexílicos, que pretendían así ayudar a su

---

[36] Hay autores que, apoyados en los resultados de la psicología profunda, justifican la mención de David en las cabeceras de los salmos desde el punto de vista de su carácter arquetípico en la sociedad israelita, como el héroe-niño que derrotaba a sus enemigos con la confianza puesta en el Señor. Así, H. Jaschke, «*Aus der Tiefe rufe ich, Herr, zu Dir*». *Psychotherapie aus den Psalmen* (Friburgo B. 1990) 27-28. Idéntica valoración de la figura de David, pero desde una perspectiva estrictamente bíblica, B.W. Anderson, *Out of the Depths* (Filadelfia 1983) 31. Ver otras razones en P.R. Ackroyd, *Doors of Perception* (Londres 1983) 74-77; L.C. Allen, *Psalms* (Waco 1987) 122-125.

comprensión. Tengamos además en cuenta que el género midrásico que asocia acontecimientos o personajes históricos con determinados textos bíblicos puede tener en parte su origen en esta praxis interpretativa [37].

f) Valor de las cabeceras de los salmos

Una vez expuestas en líneas generales, conviene que nos preguntemos ahora por el valor de estas indicaciones para la comprensión de un salmo. Para empezar, tengamos en cuenta que originalmente los salmos carecían de cabeceras [38], que sólo son fruto de iniciativas particulares de recopiladores [39]. Sin embargo, ¿constituyen estas indicaciones indicios-guía que ayudan al lector a situarse en la historia de la transmisión y colección de los salmos, o le ayudan en la comprensión de su contenido? Digamos de momento que términos como *mizmor*, *maśkil*, *miktam*, no pretenden ser designaciones de géneros literarios, pues dos salmos de idéntico género pueden ser denominados con cualquiera de esos tres términos. Respecto al significado de las indicaciones musicales o litúrgicas, el actual desconocimiento de su alcance por parte de la ciencia bíblica imposibilita determinar su grado de utilidad para una mejor comprensión de los salmos. Otro tanto puede afirmarse en lo concerniente al uso de nombres propios. En consecuencia, dicha terminología designa como mucho distintas colecciones. Si damos por sentado que las cabeceras de los salmos provienen de la pluma de miembros de círculos levíticos del segundo templo, su contenido carece de importancia tanto para la clasificación de los salmos cuanto para su comprensión. Sin embargo, y por lo que al uso de nombres propios se refiere, hemos de decir que probablemente responde a un proceso de «reinterpretación histórica» de los salmos en el seno de la comunidad judía [40]. Se trataba con ello no sólo de identificar al

---

[37] Sobre esta problemática, consultar E. Slomovic, *Toward an Understanding of the Formation of Historical Titles in the Book of Psalms:* ZAW 91 (1979) 350-380.

[38] Ver L. Sabourin, *Le livre des Psaumes* (Montreal/París 1988) 33.

[39] De hecho, ni Gunkel las tuvo en cuenta para establecer el género de los salmos ni son traducidas por algunas versiones vernáculas; así, NBE.

[40] Detallada exposición de la problemática en J. Becker, *Wege der Psalmenexegese* (Stuttgart 1975) 99-111.

presunto autor, sino de suministrar una clave hermenéutica [41]. Pero tal proceso de historización no se limitaba a los títulos de los salmos. Así, 18,2-21 se convirtió en un salmo davídico cuando se le añadió el título y los vv. 32-51 [42].

5. Colecciones y formación del Salterio

a) Colección de colecciones

A primera vista puede observarse que el Salterio ni constituye la obra de un solo autor ni es fruto de una sola recopilación. Más bien se trata de una colección de colecciones [43]. Es prácticamente imposible reconstruir las etapas de formación del Salterio, fruto sin duda de un largo y complicado proceso en el seno del culto sinagogal, que ya dio comienzo probablemente en torno al año 200 a.C. Son varias las razones que justifican tales afirmaciones. En el Salterio pueden observarse una serie relativamente amplia de duplicados (p.e. Sal 14 y 53; 40,14-18 y 70; etc.). Por otra parte, en algunas secciones del Salterio sorprende el uso no indiscriminado de los nombres del dios de Israel: Yahvé y Elohim. En concreto, en el bloque 42-83 sorprende el uso casi exclusivo de Elohim (200 veces; Yahvé sólo 43); el dato es llamativo si tenemos en cuenta que, en el resto del Salterio, se usa con toda naturalidad el nombre de Yahvé (642 veces; Elohim sólo 29). Estas inconsistencias no son desde luego accidentales. En opinión de algunos especialistas se deberían a una «revisión elohísta» del Salterio. Sin embargo, hay que suponer la existencia de al menos dos colecciones, una yavista y otra elohísta, pues es incomprensible que la revisión elohísta afectase sólo al bloque 42-83. La nota de 72,20 («aquí terminan las plegarias de David») implica bien que el editor no conocía otros salmos de David o bien que esa colección en concreto acababa ahí. De todos modos, tengamos en cuenta que otros salmos catalogados después (p.e. 86; 138-145) están también atribuidos a David. Otro dato importante

---

[41] Así B.S. Childs, *Introduction to the Old Testament as Scripture* (Filadelfia 1979) 521.

[42] Este proceso se percibe también en la vinculación de 1 Sam 2,1-10 con Ana; de Is 38,10-20 con Ezequías; y de Jon 2,3-10 con Jonás.

[43] Sobre el tema, cf. H. Gunkel, *Introducción*, 451-473; S. Mowinckel, *Israel's Worship* II, 193-206; P.D. Miller Jr., *Interpreting the Psalms* (Filadelfia 1986) 14-15; J. Day, *Psalms* (Sheffield 1990) 109-122.

está en relación con los títulos de los salmos. Mientras que el bloque 90-150 es en su mayor parte anónimo, en 1-89 los poemas son atribuidos a David, Asaf, Etán, los hijos de Coré. Toda esta serie de datos confirmaría que el Salterio, tal como ha llegado a nuestras manos, constituye una gran colección de colecciones menores.

b) Grupos de salmos en la colección

El bloque 3-41 representa claramente una colección de salmos atribuida a David [44]. Salvo el 10 y el 33, todos llevan el nombre del rey de Jerusalén. En realidad, el Sal 10 (de la *lámed* a la *tau*) es la segunda parte de un acróstico alfabético que empieza con el Sal 9 (de *álef* a *kaf*); y éste sí lleva el título «de David». Por lo que respecta al 33, es probable que haya perdido dicho título en el proceso de redacción o de recopilación, pues de hecho aparece en la versión griega. Ya hemos hablado más arriba de la «colección elohísta» (Sal 42-83). El bloque 84-89, atribuido (salvo el 86) a diversos cantores del templo, que no vuelven a aparece después, constituye otra colección. La doxología final de 89,52, señal de final de colección, implicaría que este pequeño grupo forma parte también del conjunto 42-83. Al ser añadidos más tarde, no se verían sometidos a la «revisión elohísta». En el gran grupo 90-150, quizá la parte más desajustada de todo el Salterio, pueden detectarse cuatro pequeñas colecciones: 90-104, donde se agrupan la mayor parte de los salmos de entronización, y que terminaría con los salmos 105-107, del tipo *hodu* «Dad gracias»; 108-110 («de David»), con una serie conclusiva de salmos aleluyáticos (que probablemente formarían parte de otra colección); 120-134, cantos de peregrinación o salmos de las subidas, que terminaría con un salmo aleluyático y otro del tipo «Dad gracias»; por fin 138-145 («de David»), que concluiría con los aleluyáticos 146-150. Todos estos grandes bloques están, a su vez, integrados probablemente por colecciones menores.

---

[44] Los salmos 1 y 2, con sus intimaciones a observar la Torá y a creer en el Mesías, respectivamente, pretenden formar una especie de prólogo a todo el Salterio. Su colocación se debe probablemente al último recopilador.

c) Evolución del Salterio

Se podría describir la evolución del Salterio como una progresiva vinculación de otras colecciones a 3-41, probablemente la más antigua. Por otra parte, se trata de poemas relacionados en su mayor parte más con las necesidades del individuo que con intereses comunitarios. Aunque es casi imposible reproducir la historia de la recopilación de estos poemas [45], podríamos presentar una hipótesis. Paralelamente al bloque arriba mencionado circulaba una segunda «colección davídica» (51-72), que probablemente tiene una historia independiente y distinta de la primera. Con el paso del tiempo se añadió a ésta el grupo asafita (74-82, enmarcado por 73 y 83); el Sal 50 constituiría el poema introductorio a la unión de esas colecciones menores. En un tercer estadio de recopilación se incluyó el bloque coraíta (42-49). El conjunto resultante (42-83) se vería sometido a una amplia reelaboración, que supuso, entre otras cosas, la sustitución de Yahvé por Elohim («recensión elohísta»). Los salmos 84-89 constituyen una especie de apéndice; y el 2, un prólogo. El gran grupo resultante (2-41 más 42-89) se amplió poco a poco mediante la incorporación de las pequeñas colecciones (de diferente edad y procedencia) mencionadas más arriba y distintos salmos inviduales. La historia del conjunto 90-119 es bastante complicada. Como hemos visto con anterioridad, se trata de una miscelánea que integra distintos tipos de salmos y algunos apéndices hímnicos (111-114; 116-118).

Sorprende en este último bloque la longitud desmesurada del salmo sapiencial 119 (variaciones sobre un mismo tema: la Palabra de Dios), detalle que induce a pensar en la oferta de una regla de oro ético-religiosa por parte de algún recopilador, con pretensiones de «punto final» al grupo de salmos precedentes. Estos rasgos realzan aún más la significación y el alcance del Sal 119 si lo comparamos con el Sal 1. Existen tres puntos de contacto: su carácter «sapiencial»; su comienzo con un macarismo («Feliz el hombre» Sal 1; «Felices los de conducta íntegra» Sal 119); y la mención de la Ley (1,2; 119,1b). Estas coincidencias formales y de contenido, que caracterizan

---

[45] No se puede negar, dentro de esta primera colección «davídica», la existencia de subgrupos menores (3-5; 18-21; 26-28; 38-41).

ambos salmos como «inclusión», se explicarían si el resto del Salterio (120-150) hubiese sido incorporado gradualmente al gran bloque 1-119. Poco más puede avanzarse en vía de hipótesis [46].

Si aceptamos, según lo expuesto, que el Salterio fue creciendo de principio a fin y que los grupos de salmos con numeración más baja son los más antiguos, podremos observar la evolución del propósito fundamental que han imprimido al Salterio los distintos redactores y recopiladores. Es probable que las «colecciones davídicas», en las que abundan los poemas en primera persona del singular y que presentan un número relativamente amplio de situaciones de la vida de David, se orientaran al cultivo individual de la fe en Yahvé y tuvieran una función más didáctica que oracional. Se impuso así el legado teológico y cultual de la tradición de Sión, ciudad de David, que pretendía que el individuo cultivase la fe preexílica en la salvación emanada de Sión. El panorama cambió con la inclusión de especímenes «corales» y litúrgicos procedentes de los gremios de cantores y levitas; el Salterio adquirió un nuevo sesgo, convirtiéndose más en un libro de plegarias y de cantos que en un devocionario [47]. La inclusión de los salmos 1 y 119 implicaba un nuevo énfasis. La nueva recopilación pasaba por alto el interés litúrgico y abordaba el Salterio como documento de la revelación divina: manual que pretendía instruir en el orden de la salvación. Si la apreciación es correcta, probablemente empezaba a ser concebido como «sagrada escritura». Con la incorporación de las últimas adiciones (120-150), la mayoría de carácter hímnico, renacen los intereses litúrgicos. De esta época provendrán probablemente las indicaciones musicales de las cabeceras de algunos salmos, que facilitarían su ejecución en el culto.

Conforme se fue imponiendo su uso en la sinagoga, el Salterio acabó siendo dividido en cinco libros (1-41; 42-72; 73-89;

---

[46] Para todo lo relativo a la formación y edición del Salterio, cf. G.H. Wilson, *The Editing of Hebrew Psalter* (Chico 1985). Ver también Id., *The Use of Royal Psalms at the «seams» of the Hebrew Psalter*: JSOT 35 (1986) 85-94.

[47] Sin embargo, puede dudarse que estas características tuvieran sesgo de «oficialidad» en la época intertestamentaria; cf. N. Füglister, *Die Verwendung und das Verständnis der Psalmen und des Psalters um die Zeitenwende*, en J. Schreiner (ed.), *Beiträge zur Psalmenforschung* (Wurzburgo 1988) 350.

90-106; 107-150) [48], que concluyen con sendas doxologías [49]. La razón de esta quíntuple división no está muy clara, aunque se sospecha cierta arbitrariedad en la disposición, pues el modelo que sirvió de base fueron probablemente los cinco libros de la Torah. De hecho, tal agrupamiento no responde a intereses de carácter literario, como podría ser la disposición por tipos o géneros, pues éstos se hallan diseminados por los cinco libros antes mencionados.

6. Datación del Salterio [50]

Hablamos de datación del Salterio, que no de los salmos individuales, pues de éstos no es posible conocer ni aproximadamente la fecha de su composición. Los esfuerzos en este terreno se han revelado infructuosos. Mientras algunos autores opinan que la mayor parte de los salmos fueron compuestos en el periodo de los macabeos [51], Mowinckel y la «Escuela mito-ritual» piensan en la monarquía como en la época dorada de los salmos [52]. Pero ninguno de los principios metodológicos manipulados por los autores (acontecimientos históricos rastreables en los salmos, supuestas indicaciones litúrgicas, uso de formas literarias arcaicas, análisis lingüísticos) se ha materializado hasta la fecha en resultados indudablemente convincentes. Si se consigue demostrar que tal salmo refleja una si-

---

[48] Sobre las divisiones del Salterio, cf. G.H. Wilson, *Evidence of Editorial Divisions in the Hebrew Psalter:* VT 34 (1984) 337-352.

[49] Tal uso litúrgico explicaría en parte el número 150, pues recuerda las 153 secciones en que se dividía la Torah. No sería extraño que cada una de las mencionadas secciones terminase con el canto de un salmo. Hay quien opina, sin embargo, que la disposición actual del Salterio en 150 unidades no tiene probablemente nada que ver con los *sedarim* o secciones litúrgicas de la Torah, y que, aunque los salmos fuesen leídos en un ciclo trienal, esto no explicaría necesariamente que el Salterio fuese organizado sobre esta base; así G.H. Wilson, *The Editing of the Hebrew Psalter*, 203.

[50] Aunque con un método discutible y algunas deducciones inaceptables en ocasiones, merece la pena tener en cuenta R. Tournay, *Recherches sur la chronologie des Psaumes:* RB 65 (1958)´321-357; 66 (1959) 161-190.

[51] Así, B. Duhm, *Die Psalmen* (Tubinga 1899). Sin embargo, recientes estudios de estilística comparada entre los salmos canónicos y los de Qumrán demuestran que es prácticamente imposible la existencia en nuestro Salterio de especímenes del periodo macabeo. Crítica al respecto en S. Mowinckel, *Israel's Worship* II, 154s; A. Weiser, *The Psalms* (Londres 1975) 92.

[52] Ver sobre todo S. Mowinckel, *Israel's Worship* II, 146-158.

tuación histórica determinada [53], habrá que concluir sin más que estamos ante su término temporal *a quo*. Sería asimismo improcedente, desde el punto de vista metodológico, confiarnos al análisis de arcaísmos formales o de elementos lingüísticos para poder datar un salmo [54], toda vez que la poesía religiosa tanto israelita como medio-oriental se caracteriza, entre otras cosas, por su tendencia a la imitación de modelos previos y al uso de un léxico arcaizante [55]. Por otra parte, como veremos a su debido tiempo, los salmos han estado sometidos a un complicado proceso de evolución [56] y adaptación [57].

No hay duda que, con anterioridad a David, se cultivaba –no sabemos a qué escala– la poesía religiosa en Israel. Lo confirman ejemplos decididamente antiguos como Ex 15,1-18 y Jue 5. Por otra lado, si la mayor parte de los salmos son, al menos en su origen, poemas cultuales, algunos especímenes pueden remontarse a los comienzos de la institución del culto en Jerusalén con David y Salomón. Otros nos hablan del destierro de Babilonia (Sal 137). Los hay finalmente tan relacionados con las preocupaciones y las señas de identidad literarias del mundo de los sabios, que habremos de pensar necesariamente en el avanzado periodo postexílico [58]. En consecuencia, el Salterio es una colección de poemas compuestos en un arco de tiempo de varios siglos. Como término *ad quem* de la primera recopilación del Salterio habrá que pensar en los siglos III/II a.C.

[53] En este terreno tenemos que poner a prueba nuestra prudencia. Aparte de que es muy difícil determinar con rigor cuál es el acontecimiento histórico reflejado en un salmo –ausencia de detalles y descripción estilizada de «situaciones emocionales» más que de «situaciones históricas»–, es necesario recordar que un hecho histórico ha podido alcanzar con el tiempo la categoría de prototipo hermenéutico, como es el caso del éxodo, y ser utilizado siglos después sin referencia alguna a factores de orden histórico.

[54] A pesar de las razones de M. Dahood, *Psalms* III, AB (Nueva York 1970) XXXIV-XXXVII.

[55] Lo mismo podemos descubrir actualmente tanto en poesía como en narrativa.

[56] Ver L. Sabourin, *Le livre des Psaumes* (Montreal-París 1988) 35.

[57] Ciertos acontecimientos históricos de carácter dramático –caída de la monarquía y destrucción del primer templo, destierro de Babilonia, sometimiento bajo los persas, entre otros– exigieron sin duda la relectura de diferentes salmos.

[58] Probablemente 90; 129 y otros que, como éstos, postulan un estado permanente de dolor y reflejan la necesidad de una inmediata restauración.

Según ya hemos sugerido, es indudable la existencia de un proceso histórico de reinterpretación de estos poemas religiosos. Algunos de ellos ponen claramente de manifiesto su carácter de obras literariamente reformuladas, bien como resultado de unión de piezas ya existentes [59] bien como segmentos de salmos reinterpretados a la luz de un nuevo contexto histórico [60] Numerosos salmos constituyen sin duda el resultado de la actividad de los escribas durante el periodo exílico o postexílico, escribas más preocupados por los aspectos pietistas de la Torah o por la sabiduría [61] que por la dimensión cultual. Así las «antologías» 25; 33; 34; 103; 119; etc.

III. LA POESIA HEBREA Y EL SALTERIO [62]

Bibliografía española: L. Alonso Schökel, *Estudios de poética hebrea* (Barcelona 1963) especialmente 195-230; R. Galdós, *La estrófica de los salmos y su utilidad en la crítica textual y en la exégesis:* EstBib 5 (1946) 215-230; P. Drijvers, *Los salmos* (Barcelona 1962) 40-51; H. Gunkel, *Introducción a los salmos* (Valencia 1983) 433-450; H.-J. Kraus, *Los Salmos I* (Salamanca 1993) 47-55.

1. La poesía del AT

El Salterio es una colección de poemas religiosos; la experiencia se ha plasmado poéticamente. No se trata de un fenó-

---

[59] A este respecto, es manifiesta la relación de los salmos 18 y 144, o de 115 y 135, así como la identidad de salmo 70 y 40,14-18, y la composición de 108 a partir de 57,8-12 y 60,7-14. Cf. P.D. Miller Jr., *Interpreting the Psalms,* 12.

[60] Esta faceta de la reinterpretación se percibe en la transformación de poemas preexílicos individuales en salmos comunitarios durante el periodo exílico o el postexílico, proceso en el que el «yo» individual original se ha convertido en el «yo» de la comunidad israelita. Las diversas coyunturas históricas proyectaron un nuevo significado en dichos poemas. Cf. al caso J. Begrich, *Israel deutet seine Psalmen. Urform und Neuinterpretation in den Psalmen* (Stuttgart ²1967) 24-35.

[61] Sobre la sapiencialización y la influencia de la Torá en la formación del Salterio, cf. N. Füglister, *art. cit.,* 354-365. Sobre la Torá y los salmos en particular, consultar B. de Pinto, *The Torah and the Psalms:* JBL 86 (1967) 154-174; J. Reindl, *Weisheitliche Bearbeitung von Psalmen:* VTS 32 (1981) 333-356.

[62] Sobre el tema, consultar H. Gunkel, *Introducción,* 431-450; L. Alonso Schökel, *Poésie hébraïque,* en DBS VIII (1967) 47-90; E. Lipińsky, *art. cit.,* col. 158-166. También L. Jacquet, *Les Psaumes et le coeur de l'homme* I, 104-118; J.H. Eaton, *The Psalms come alive* (Londres/Oxford 1984) 11-42.

meno singular en la Biblia, si tenemos en cuenta que prácticamente la tercera parte del AT está escrito en forma poética. Si los salmistas recurrieron a esta forma de expresión no lo hicieron por simple capricho o entretenimiento, sino porque se percataban de que se trata del vehículo expresivo religioso por excelencia. Por otra parte, la forma poética en el Próximo Oriente antiguo no se practicaba por puro prurito estético; en realidad, constituía una auténtica forma de conocimiento [63]. Si los salmos pretenden formular y desvelar los secretos de la experiencia del hombre ante Dios, la poesía ya no es, sin más, una agradable invitada, sino el vehículo más adecuado para expresarla y transmitirla [64], y por tanto la vía natural de acceso a la interpretación [65].

La poesía del AT es distinta de cualquier tipo de poesía europea. La rima es virtualmente inexistente. El ritmo no descansa en pies silábicos, sino en un extraño sistema tonal. Desde los trabajos de Lowth [66], puede decirse que el rasgo formal fundamental de la poesía hebrea está constituido por el paralelismo entre versos o entre hemistiquios (*parallelismus membrorum*). Se conoce también como paralelismo semántico, pues se trata de correspondencia de contenidos más que de formas [67]. A pesar de la aparente obviedad de este dato, parece que en la antigüedad no fueron conscientes de él. Es cierto que fragmentos del Cántico de Moisés (Dt 32) y algunos salmos hallados en Qumrán conservan una construcción esticométrica; sin embargo, tal práctica fue una excepción incluso

---

[63] «Sería absurdo reducir esta realidad [la poesía] a un fenómeno puramente externo y sin la más mínima relevancia. A decir verdad... de ninguna manera se puede separar del hecho mismo del conocimiento... El acto de conocimiento se produce precisamente en y por medio de la concepción poética... La concepción de la estética como un acto radicalmente subjetivo fue un fenómeno decimonónico, que de ninguna manera hacía justicia a la realidad poética», afirma G. Von Rad, *Sabiduría en Israel* (Madrid 1985) 41.

[64] Sobre la importancia del conocimiento poético para la comprensión de los salmos, cf. P.R. Ackroyd, *Doors of Perception*, 38-50.

[65] Cf. a este respecto el estudio de P.D. Miller Jr., *Interpreting the Psalms*, 29-47.

[66] Especialmente R. Lowth, *De sacra poesi Hebraeorum. Prelectiones academiae Oxonii habitae* (Oxford 1753).

[67] La poesía hebrea es principalmente cuestión de sentido. Sonidos y formas no están rígidamente vinculados; ideas y frases en equilibrio relacional tienen prioridad sobre un estricto metro.

en Qumrán [68]. Los masoretas, que parecieron ser conscientes de la estructura poética de Salmos, Proverbios y Job, ignoraron por completo la de la literatura profética. A pesar de la vigorosa tradición de la poesía clásica, las traducciones griega y latina no reprodujeron esticométricamente la poesía hebrea. Otro tanto puede decirse de las versiones siriaca y aramea. Personalidades judías y cristianas de la antigüedad, como Filón, Josefo, Orígenes, Eusebio y Jerónimo, abordaron la poesía hebrea desde falsas analogías respecto al metro clásico. Los recopiladores del Talmud nada dijeron de los rasgos esenciales de la poesía hebrea.

La perspicacia de Lowth sirvió de base al empeño de sucesivas generaciones de estudiosos, que todavía en la actualidad se esfuerzan por llegar al corazón de tan singular poesía [69].

2. Paralelismo de miembros [70]

El método de trabajo del poeta hebreo consiste en presentar paralela y sucesivamente pensamiento frente a pensamiento y frase frente a frase. Si el paralelismo se da entre hemistiquios de un mismo verso, se denomina interno; si entre versos, externo. El pensamiento puede ser repetido, contrastado o prolongado, recibiendo así forma respectivamente los paralelismos sinonímico, antonímico y sintético o formal [71].

---

[68] Para estas ideas, cf. N.K. Gottwald, *Poetry, Hebrew*, en IDB III (Nashville 1962) 829-838, esp. 829s.

[69] En la actualidad L. Alonso Schökel, *Estudios de poética hebrea* (Barcelona 1963); W.R. Watters, *Formula Criticism and the Poetry of the Old Testament* BZAW 138 (Berlín/Nueva York 1976); S.A. Geller, *Parallelism in Early Hebrew Poetry* (Ann Arbor 1979); M. O'Connor, *Hebrew Verse Structure* (Winona Lake 1980); J. Krasovec, *Antithetic Structure in Biblical Hebrew Poetry* VTS XXXV (Leiden 1984) esp. 38-75; A. Berlin, *The Dynamics of Biblical Parallelism* (Bloomington 1985); R. Alter, *The Art of Biblical Poetry* (Nueva York 1985) 111-136; W.G.E. Watson, *Classical Hebrew Poetry* (Sheffield 1986); E.R. Follis (ed.), *Directions in Biblical Hebrew Poetry* (Sheffield 1987). En comparación con la poesía ugarítica cf. E. Zurro, *Procedimientos iterativos en la poesía ugarítica y hebrea* BO 43 (Roma 1987); D. Pardee, *Ugaritic and Hebrew Poetic Parallelism* VTS XXXIX (Leiden 1988).

[70] Sobre los salmos en concreto puede consultarse N.H. Ridderbos, *Die Psalmen* (Berlín/Nueva York 1972) 11-15.

[71] Sobre las relaciones entre el paralelismo y el verso hebreo, ver E. Podechard, *Notes sur les Psaumes:* RB 15 (1918) 297-335.

a) Paralelismo interno

Unos cuantos ejemplos serán suficientes para ilustrar este tipo de paralelismo. Nótese que los hemistiquios van separados por una barra; los esticos o versos, por barra doble:

> Señor, no me corrijas con ira/
> no me castigues con cólera//
> Ten piedad de mí, Señor, que estoy destrozado/
> sáname, Señor, que están secos mis huesos// (Sal 6,2-3).

Se trata de dos versos con paralelismo interno (entre hemistiquios) *sinonímico:* corregir = castigar; ira = cólera; tener piedad = sanar; estar destrozado = estar secos los huesos. Como puede observarse, el paralelismo formal no es estricto en ocasiones; lo que interesa al poeta es resaltar la sinonimia conceptual. Veamos otro caso:

> No litiga eternamente/
> no tiene rencor para siempre//
> No nos trata según nuestros pecados/
> no nos paga según nuestras culpas// (Sal 103,9-10).

Litigar = tener rencor; eternamente = para siempre; tratar = pagar; pecado = culpa. En los dos ejemplos citados el paralelismo interno sinonímico es completo; las correspondencias entre hemistiquios es casi perfecta. Pero en general no suele ser tan claro. El poeta, amante de la variedad que le proporciona este tipo de poesía, utiliza a menudo compensaciones al estricto paralelismo:

> Aclamad al Señor con el arpa/
> con el arpa y al son del salterio (Sal 98,5).

> Dio a conocer sus caminos a Moisés/
> sus acciones a los hijos de Israel// (Sal 103,7).

> Que tu luz y tu verdad me guíen/
> me conduzcan a tu santo monte// (Sal 43,3).

> El Señor está siempre ante mis ojos/
> si está a mi diestra no vacilaré// (Sal 16,8).

El paralelismo interno puede ser *antonímico* [72]:

> El Señor conoce el camino del justo/
> pero el camino del malvado perecerá// (Sal 1,6).

---

[72] Muy extraño en el Salterio; abundante en la literatura sapiencial.

Prefiero pisar el umbral de mi Dios/
antes que habitar en las tiendas de los impíos// (Sal 84,11).

Quien desprecia al hombre abyecto/
pero honra a los temerosos del Señor// (Sal 15,4).

En el paralelismo *sintético* o formal el segundo hemistiquio avanza sobre el pensamiento del primero, completándolo:

He invocado al Señor/
y me encuentro a salvo de mis enemigos// (Sal 18,4).

Eres terrible; ¿quién puede resistir/
ante la vehemencia de tu ira?// (Sal 76,8).

¡Qué hermoso y agradable/
que los hermanos vivan unidos!// (Sal 133,1).

Se ha objetado en ocasiones que el llamado paralelismo
sintético o formal no es tal paralelismo, pues carece tanto de
las correspondencias léxicas cuanto de las repeticiones significativas características de esta forma poética. Sin embargo,
conviene conservar la definición, pues los dos hemistiquios del
verso tienden a estar cuantitativamente equilibrados, y separados de los esticos anterior y posterior en cuanto a pensamiento
y sintaxis se refiere. Existe de hecho un paralelismo de forma,
aunque no pueda hablarse de paralelismo de pensamiento.

b) *Paralelismo externo*

Se trata del paralelismo existente entre esticos sucesivos,
es decir, «fuera» del estico, que funciona como unidad de paralelismo. Puede ser también sinonímico, antonímico y sintético.

Paralelismo externo sinonímico a partir de dos esticos en
paralelismo interno sinonímico:

Líbrame de mis enemigos, Dios mío,/
ponme a salvo de mis agresores//
Líbrame de los malhechores/
ponme a resguardo de los sanguinarios// (Sal 59,2-3).

Dos paralelismos internos sintéticos forman un paralelismo externo sinonímico:

Los preceptos del Señor son rectos/
dan alegría al corazón//
el mandato del Señor es espléndido/
da luz a los ojos// (Sal 19,9).

Un paralelismo interno sinonímico y un paralelismo interno sintético forman un paralelismo externo antonímico:

No entregarás mi vida al sheol/
no permitirás a tu fiel bajar a la tumba//
me harás conocer el camino de la vida/
abundante alegría en tu presencia// (Sal 16,10-11).

Dos paralelismos internos sinonímicos forman un paralelismo externo sintético:

Que Dios nos sea benévolo y nos bendiga/
haga brillar su rostro sobre nosotros//
para que se conozcan en la tierra tus caminos/
entre todas las gentes tu salvación// (Sal 67,2-3).

Los ejemplos podrían multiplicarse, ofreciendo una llamativa variedad de mezclas de tipos. Las posibilidades del paralelismo son virtualmente ilimitadas, al menos tal como lo concebían y trabajaban los antiguos poetas del Salterio, con tal ductilidad que evoca una inequívoca complacencia estética.

3. Otras formas menores del paralelismo

Una vez descritos en líneas generales los mecanismos del paralelismo, especialmente desde el punto de vista semántico, convendría que nos acercáramos a otros elementos menores de orden gramatical y léxico [73].

a) Aspectos gramaticales del paralelismo

Aunque no tan llamativos como los arriba expuestos, estos aspectos suelen constituir en ocasiones la clave explicativa de la estructura de un verso. El paralelismo *morfológico* implica la correspondencia equivalente o contrastada entre algunos elementos individuales de los hemistiquios.

La relación puede establecerse entre palabras de distinta categoría gramatical. Y puede tener lugar entre nombre propio y pronombre,

Alabad *al Señor* con la lira,
cantad*le* con el arpa de diez cuerdas (Sal 33,2);

---

[73] Sigo de cerca la obra de A. Berlin, *The Dynamics of Biblical Parallelism* (Bloomington 1985).

entre expresión preposicional y adverbio,

> Bendigo al Señor *en todo momento,*
> su alabanza está *siempre* en mi boca (Sal 34,2);

entre sustantivo y verbo,

> Pues tú, Señor, (eres) *Altísimo* sobre toda la tierra,
> *has sido exaltado* sobre todos los dioses (Sal 97,9).

La relación implica en ocasiones a palabras de idéntica categoría gramatical. Así, contraste respecto al tiempo verbal (en el ejemplo qatal/wayyiqtol),

> El Señor se sentó (*yašab*) sobre el diluvio,
> el Señor se sienta (*wayyešeb*) como rey eterno (Sal 29,10);

contraste respecto a la conjugación (en el ejemplo qal/nifal),

> Alzad (*śeʾu*), puertas, vuestros dinteles,
> manteneos alzadas (*wehinnaśʾu*), puertas eternas (Sal 24,7);

contraste de persona gramatical (en ambos casos se trata de Yahvé),

> Que riega los montes desde *sus* cámaras superiores,
> del fruto de *tu* trabajo se sacia la tierra (Sal 104,13);

contraste en género,

> Nuestros *hijos* son como plantas...
> nuestras *hijas* como piedras angulares... (Sal 144,12);

contraste en número,

> Les has alimentado con pan de *lágrima* (llanto),
> les has dado a beber *lágrimas* a tragos (Sal 80,6),

> El justo *florecerá* como la palma,
> como el cedro del Líbano *florecerá;*
> *Plantados* en la casa del Señor,
> *florecientes* en los atrios de nuestro Dios (Sal 92,13s).

b) Paralelismo sintáctico

Puede darse entre un sustantivo y un verbo, entre positivo y negativo, entre los modos gramaticales:

> *Bendigo* al Señor en todo momento,
> su *alabanza* está siempre en mi boca (Sal 34,2);

> *Bendice,* alma mía, al Señor,
> *no olvides* sus beneficios (Sal 103,2);

En el reino de la muerte nadie te invoca,
¿y quién te da gracias en el Abismo?

(en el segundo hemistiquio la negación anterior se formula en pregunta, Sal 6,6).

4. *Recursos sonoros*

Aunque, como hemos dicho, la poesía hebrea carece virtualmente de rima, es tal su fuerza en sonidos e imágenes que no se percibe ese supuesto defecto. El poeta hebreo poseía un oído finísimo para apreciar la textura de las palabras, y sabía cómo utilizar éstas para provocar efectos brillantes. Los virtuosismos que consigue con la urdimbre sonora de las palabras sorprenden más gratamente que si éstas estuvieran confinadas a la regularidad de la rima.

a) *Aliteración*

Se denomina así la consonancia de sonidos al comienzo de palabras o sílabas [74]. Así, la traducción castellana

Desead la paz a Jerusalén,
vivan tranquilos los que te aman (Sal 122,6)

es totalmente inadecuada para servir de vehículo a la sonora cadencia de la cuádruple aparición de los fonemas *s* y *l:*

ša'alu š^elom y^erušalaim
yišlayu ...

Otro tanto podemos decir respecto a:

diššanta baššemen ro'ši
Has ungido con óleo mi cabeza (Sal 23,5).

b) *Asonancia*

Se habla de asonancia cuando se observa una correspondencia de sonidos en las vocales acentuadas. Es especialmente notoria cuando hacen acto de presencia sufijos pronominales o verbos:

---

[74] En sentido lato puede hablarse también de «aliteraciones no iniciales»; cf. al respecto, L. Alonso Schökel, *Estudios de poética hebrea* (Barcelona 1963) 89s.

piryo... bᵉ⁽itto... lo⁾ yibbol
su fruto... a su tiempo... no se marchita (Sal 1,3b);

bahánta libbi paqádta láylah
Aunque sondees mi corazón, inspeccionándolo de noche,
šᵉraptáni bal timsá⁾ ... [75]
aunque me pruebes al fuego, no encontrarás... (Sal 17,3).

Un conocido caso al margen del Salterio es el de Jue 4,8, donde la cobardía de Baraq se exterioriza en el continuo uso del sonido *i*, que simboliza la delicadeza femenina:

⁾im telki ⁽immi wᵉhalakti wᵉ⁾ im lo⁾ telki ⁽immi, «Si vienes conmigo, iré, pero si no vienes conmigo...»

c) Paronomasia

Los poetas hebreos sentían predilección por los juegos de palabras:

⁾imarot yhwh ⁾amarot tᵉhorot
Las palabras del Señor son palabras puras (Sal 12,7);

yhwh ⁾ori... mimmi ⁾ira
El Señor es mi luz... ¿de quién temeré? (Sal 27,1)

rabbot ra⁽ot ṣaddiq...
por muchos males que sufra el honrado... (Sal 34,20).

Conocidas son las paronomasias de Am 8,2 y Is 5,7:

wa⁾omar kᵉlub qayiṣ wayyo⁾mer yhwh ⁾elay ba⁾ haqqes, «Contesté: Un cesto de fruta madura. Me respondió el Señor: Ha llegado el fin».

Nótese cómo Amós juega con los términos *qayiṣ/qeṣ,* fruta madura/fin.

wayᵉqaw lᵉmišpat wᵉhinneh mišpah
Esperó derecho, y ahí tenéis: asesinatos;

lisᵉdaqah wᵉhinneh sᵉ⁽aqah
esperó justicia, y ahí tenéis: lamentos.

Obsérvese la perfecta paronomasia *mišpat/mišpah; sᵉdaqah / sᵉ⁽aqah.*

---

[75] Los acentos en las aes son meramente ilustrativos.

d) Onomatopeya

Se trata de una particularidad denominativa del lenguaje, mediante la cual una palabra suena como aquello que describe. Conocido es ya el ejemplo de Sal 93,4, donde la aliteración del sonido *m* evoca un mar embravecido, y la repetición del fonema *r* el sonido rabioso de sus olas:

miqqolot mayim rabbim
más que el fragor de aguas caudalosas

ʾaddirim mišbᵉre yam
más potente que el oleaje del mar

ʾaddir bammarom yhwh
más potente en el cielo es el Señor.

Fuera del Salterio puede verse el famoso texto de Is 17,12, cuyo efectismo sonoro se apodera de los oídos del lector, provocando en su imaginación la aparición de un numeroso ejército en tropel (abundancia de *m* y *b* y finales en *on* y *u*):

hoy hᵃmon ʿammim rabbim
¡Ay!, retumbar de muchedumbres

kahᵃmot yammim yehemayun
como retumbar de aguas que retumban

wšʾon lᵉʾummim
bramar de pueblos

kišʾon mayim kabbirim yiššaʾun
como bramar de aguas caudalosas que braman.

La multiforme plasticidad de los sonidos se une a la ductilidad y posibilidades del paralelismo hasta provocar en los sentidos del lector agudas impresiones e inesperadas sensaciones.

5. Poesía y salmos

Para muchas personas la «naturaleza poética» del Salterio constituye un rasgo accesorio que nada aporta a la comprensión de sus poemas individuales. Nada más alejado de la realidad. El afán occidental por las actitudes claras y distintas en la búsqueda de la verdad ha conducido al despliegue y el casi exclusivo cultivo de la facultad intelectiva, perdiendo peligrosamente de vista que la captación de lo real está esencialmente

mediatizada por nuestras vivencias, nuestro universo simbólico e incluso por la capacidad de expresar éste lingüística y literariamente. Por lo que respecta a los salmos, la cuestión clave
es la siguiente: aparte de la clara utilidad de la versificación en
los salmos, ya que se trata de poemas cantados, ¿qué aporta al
contenido de los salmos el hecho de que sean poemas? [76] Antes
de nada hay que tener en cuenta que la poesía, al operar mediante un complejo sistema de sonidos, ritmo, imágenes, ideas
y sintaxis [77], constituye el elemento ideal para transmitir estructuras de significado compactas, difícilmente transmitibles
mediante otros géneros del discurso. El lenguaje poético está
decididamente orientado a la creación de urdimbres textuales
múltiples, heterogéneas y de indudable potencial semántico.

Si aparte de estas aclaraciones tenemos en cuenta que los
poemas del Salterio fueron escritos *de profundis* y al ritmo de
una fe apasionada, razón de más para comprender que la poesía constituyó el medio más adecuado para articular en sólidas
estructuras verbales la emoción de sentirse ante Dios, y las
consecuencias morales de esa presencia, para expresar individual o colectivamente, a veces de manera radicalmente nueva,
una peculiar concepción del marco espacio-temporal en el que
el ser humano se enfrenta a su destino y una particular visión
de la historia y de la creación. Imposible expresar adecuadamente y en profundidad las emociones y evocaciones religiosas a través del lenguaje convencional. El Sal 8 es un elocuente
ejemplo de cómo una estructura poética es capaz de proponer
una visión del mundo que integre de manera tan lúcida los
elementos básicos de la fe israelita. A pesar de su semejanza
con Gen 1, Sal 8 no expone la creación como una secuencia de
actos (desde la aparición de la luz hasta la creación del hombre como gerente del orden recién estrenado), sino que parte
del todo creado percibido momentáneamente en intuición simultánea. Además el poeta no necesita de esa luz primordial
para ver y contemplar; le basta con el misterio del cielo estre-
llado para volver su vista extasiada alrededor («Cuando con-

---

[76] Respecto al marco general de esta pregunta, cf. R. Alter, *The Art of Biblical Poetry* (Nueva York 1985) 111-113.
    [77] Sobre las principales figuras estilísticas del Salterio, consultar N.H. Rid-
derbos, *Die Psalmen*, 19-62.

templo el cielo... la luna y las estrellas», v. 4). La poesía es el medio más apropiado para reconstruir a la luz de la fe el tiempo y el espacio, el orden de la historia y de la sociedad.

Para terminar con este epígrafe digamos que las técnicas poéticas de los salmistas se acercan más a lo «básico», a lo «convenido», que las de otros poetas del Antiguo Testamento. El autor del libro de Job, p.e., destaca sobre el resto de poetas por su novedosa inventiva y su atrevida originalidad en la confección de imágenes. Por otra parte, algunos libros proféticos se caracterizan por sus complicadas elaboraciones de las figuras retóricas. Es comprensible la diferencia que encontramos en la mayor parte de los salmos, que más bien recurren a los materiales poéticos tradicionales e incluso al modo usual de ordenarlos en secuencias. Un poema para ser recitado ante el altar del templo por alguien enfermo o perseguido, o cantado entre la algazara colectiva de los peregrinos a Jerusalén, no necesitaba seguramente de una llamativa imaginería o de una intrincada retórica.

Capítulo IX
GENEROS LITERARIOS DEL SALTERIO

I. INVESTIGACION SOBRE GENEROS LITERARIOS EN EL SALTERIO [1]

Bibliografía española: L. Alonso Schökel, *Salmos I* (Estella 1992) 91-106; P. Drijvers, *Los salmos* (Barcelona 1962) 52-225; A. González, *El libro de los Salmos* (Barcelona 1977) 28-38; A. González, *Liturgias proféticas:* Est Bib 18 (1959) 253-283; M. de Tuya, *El problema bíblico de las imprecaciones:* CiTom 78 (1951) 171-192; 79 (1952) 3-29; H. Gunkel, *Introducción a los salmos* (Valencia 1983) 15-342; H.-J. Kraus, *Los Salmos I* (Salamanca 1993) 55-94; M. Mannati, *Orar con los salmos* (Estella 1984).

1. Labor pionera de H. Gunkel

La investigación sobre los géneros o tipos (*Gattungsforschung*), patrocinada por Gunkel, ha supuesto un acontecimiento decisivo en la historia de la interpretación bíblica en general y de los salmos en particular. Hasta la aparición del exegeta alemán, el panorama de la investigación contemporánea ofrecía tres vías de acceso a la salmodia bíblica: literario, histórico y psicológico. Los salmos habían sido considerados justamente como sobresaliente manifestación del arte literario. Por otra parte, el interés de los especialistas se había centrado en la determinación de la situación histórica del autor (o autores) de los poemas bíblicos, y de los posibles acontecimientos históricos subyacentes a los mismos. En tercer lugar, había saltado a primer plano la preocupación por los senti-

---

[1] Para consideraciones generales consultar H.-J. Kraus, *Psalmen* I, XXXVII-LVI.

mientos internos de los salmistas y por las condiciones religiosas en que vivieron. La galería de investigadores de aquella época es amplia [2].

Para Gunkel, un género es un paradigma o esquema constituido por elementos formales y relacionado con una situación cultual determinada. La triple condición exigida por Gunkel para decidir a qué genero pertenece un salmo [3] ha sido puesta en tela de juicio por algunos especialistas actuales [4] o simplemente sometida a revisión en algún tipo determinado de salmos [5]. Sin embargo, debido al carácter decisivo de los resultados de la investigación de Gunkel y en consideración a la clasificación genérica ofrecida por la mayor parte de los comentaristas modernos (que siguen sustancialmente al exegeta alemán), también nosotros nos aventuraremos tras el maestro, al propio tiempo que emitimos algún leve juicio crítico o matizamos algún aspecto concreto de su exposición.

Gunkel [6], que, como es sabido, parte, entre otras cosas, de las formas lingüísticas para la determinación de los diversos géneros [7], clasifica éstos en las siguientes categorías: himnos

---

[2] Podemos destacar: W.M.L. de Wette, *Commentar über die Psalmen* (Heidelberg [5]1856); H. Ewald, *Die Dichter des Alten Bundes* I/2 (Gotinga [3]1866); J. Wellhausen, *The Book of Psalms* (Leipzig 1898); T.K. Cheyne, *The Book of Psalms* (Londres 1888, reimpresión 1904); F. Baethgen, *Die Psalmen* (Gotinga 1892); R. Kittel, *Die Psalmen* (Leipzig [6]1909); B. Duhm, *Die Psalmen* (Tubinga [2]1922); Ch.A. Briggs, *The Book of Psalms* I-II ICC (Edimburgo 1906, reim. 1976).

[3] Ver más adelante el c. XI sobre la historia de la interpretación de los salmos, párrafo I.

[4] Sobre todo, y con nuevas aportaciones, H.-J. Kraus, *Psalmen* I, XXXIX-XLI. Según este autor, habría que hacer a Gunkel al menos tres observaciones críticas. En primer lugar, en los salmos reales, p.e., no aparecen esas formas literarias comunes (*gemeinsame Formensprache*) indispensables para constituir un género; en tal caso, habrá que recurrir también al estudio de su contenido. En segundo lugar, el tipo «lamentación individual», bajo el que clasificó Gunkel numerosos salmos, no parece adecuado ni desde el término «lamentación» ni desde el adjetivo «individual». En tercer lugar, las últimas investigaciones sobre las liturgias israelitas ponen en tela de juicio la exigencia gunkeliana de la «sede vital».

[5] P.e., respecto a la acción de gracias individual, C. Westermann, *Lob und Klage*, 36-115, especialmente 61-110; F. Crüsemann, *Studien zur Formgeschichte von Hymnus und Danklied in Israel* WMANT 32 (Neukirchen 1969) 225-284.

[6] Teoría sobre los géneros magistralmente expuesta en H. Gunkel, *Introducción a los salmos* (Valencia 1983).

[7] Cf. *Ibíd.* 35.

(como subgénero, los cantos de entronización de Yahvé); lamentaciones comunitarias; salmos reales; lamentaciones individuales; acción de gracias individual. Entre los que denomina «géneros menores» menciona: bendiciones y maldiciones; cantos de peregrinación; cantos de victoria; acción de gracias de Israel; leyenda; Torah. En su erudita exposición habla finalmente de la poesía sapiencial y de mezclas de tipos.

2. *Investigaciones posteriores*

Antes de abordar nuestra propia exposición de los géneros de salmos, convendría pasar revista a los principales especialistas en la materia. La comparación servirá, por una parte, para poner de relieve las matizaciones ofrecidas con posterioridad al esquema genérico de Gunkel. Por otra parte ayudará al lector a comprender mejor el alcance de las novedades que nosotros mismos introduzcamos [8]. Mowinckel [9], p.e., distribuye los salmos en los siguientes géneros o categorías: himnos, salmos de entronización de Yahvé, lamentaciones nacionales –con la variante lamentación nacional en forma «yo»–, lamentación individual, acción de gracias pública, acción de gracias personal, bendiciones y maldiciones, salmos proféticos, tipos mixtos. Weiser p.e. mantiene el esquema: himnos, lamentaciones, acciones de gracias, poemas sapienciales y didácticos. Sin embargo, añade «bendiciones y maldiciones», pero a sabiendas de que no aparecen en los salmos como «tipo» independiente, sino en diferentes contextos y en distintos tipos de salmos [10]. Kraus [11], por su parte, habla de: canto de alabanza (*tᵉhillah, mizmor, zimrah, šir, širah*, que coincide sustancialmente con el himno gunkeliano), lamentación, acción de gra-

---

[8] Antes de seguir adelante, conviene una aclaración respecto a la terminología de los géneros que pueda ayudar al lector aficionado. El término castellano «himno» tiene sus correspondencias «Hymn» (inglés) e «Hymne» (alemán), pero no es extraño encontrar «Song of Praise» y «Lobpsalm» respectivamente. Por lo que concierne a la súplica (lamentación), contamos con el inglés «lament» («lamentation»), aunque no sería extraño encontrar en algún autor «complaint»; el alemán «Klage(psalm)» es obvio. Por lo que respecta a los correspondientes a «acción de gracias», tampoco se encontrará dicho lector con problemas: «Thanksgiving» (inglés) y «Danklied» (alemán).

[9] Ver S. Mowinckel, *Israel's Worship* I, 81-246; vol. II, 1-78.

[10] A. Weiser, *Die Psalmen* ATD 7 (Gotinga ²1939; ⁵1959) 9-15.

[11] Cf. H.-J. Kraus, *Psalmen*, XLI-LVI.

328 Géneros literarios del Salterio

cias y expresión de confianza (*Vertrauenslied*) individuales, lamentación, acción de gracias y expresión de confianza nacionales, salmos reales, cantos de Sión, salmos históricos –que Gunkel denomina *Legende*–, poemas sapienciales, liturgias. Según Hempel [12], hemos de hablar de: salmos reales, himnos, acciones de gracias, lamentaciones, tipos pedagógicos (liturgias de entrada, bendiciones y maldiciones, salmos sapienciales). Anderson [13] cataloga los salmos en salmos de alabanza (himnos o alabanzas descriptivas: alabanzas en general, salmos del reinado de Yahvé, cantos de Sión; alabanzas narrativas individuales o acciones de gracias individuales; alabanzas narrativas nacionales o acciones de gracias nacionales); lamentaciones (individuales, nacionales, salmos de confianza); salmos reales; tipos menores (liturgias de entrada, salmos sapienciales, salmos proféticos o liturgias). El exegeta italiano Ravasi [14] propone la familia hímnica (himnos a la creación, himnos a Sión, himnos a la realeza de Yahvé), la familia de las súplicas (súplicas personales, súplicas comunitarias), la familia de la confianza y la gratitud (salmos de confianza, salmos de acción de gracias), la familia de los salmos reales, la familia litúrgica (salmos de entrada, salmos-requisitoria [15], salmos de peregrinación), la familia sapiencial (salmos sapienciales, salmos alfabéticos), la familia histórica. Finalmente, Sabourin [16] se refiere a himnos o salmos de alabanza (himnos propiamente dichos, salmos de la realeza de Yahvé, cánticos de Sión), salmos de súplica, de confianza y de acción de gracias individuales (súplica o lamentación, salmos de confianza, salmos de acción de gracias), salmos de súplica, de confianza y de acción de gracias colectivos (salmos de súplica, salmos de confianza, salmos de acción de gracias), salmos reales, salmos didácticos (salmos sapienciales, salmos históricos, exhortaciones proféticas), liturgias (especialmente salmos de entrada) [17].

---

[12] Consultar J. Hempel, *Psalms, Book of*, en IDB III (Nueva York 1962) col. 942-958, esp. 947-954.
[13] Sobre todo en A.A. Anderson, *The Book of Psalms* I, 29-40.
[14] Ver G. Ravasi, *Il libro dei Salmi* I, 46-65.
[15] Basados en el esquema del *rib* profético.
[16] En L. Sabourin, *Le livre des Psaumes*, 60-76.
[17] Para una clasificación definitiva y exhaustiva de los géneros sálmicos, aunque innecesariamente complicada, cf. E. Lipiński, *art. cit.*, col. 1-125.

3. Resultados de la investigación

Un resumen de este panorama ofrece los siguientes resultados. La mayor parte de los autores posteriores a Gunkel siguen la exposición del exegeta alemán: himnos, lamentaciones, acciones de gracias, salmos sapienciales. Las diferencias, a primera vista cuestiones de detalle, responden en realidad a distintas formas de valorar los aspectos formales para la catalogación genérica. ¿Están las formas lingüísticas por encima de las consideraciones litúrgicas? Las diferencias resaltan con mayor claridad en la interpretación de lo que Gunkel denominaba «géneros menores». Mientras que el exegeta alemán catalogaba como «género literario menor» [18], en relación con el himno, el canto de entronización de Yahvé, Mowinckel le confiere un puesto relevante entre los géneros del Salterio. En realidad, tal interés se deduce de la importancia que el autor noruego concedía a la hipotética liturgia festiva de entronización de Yahvé [19]. Si Gunkel considera los cantos de Sión como un género menor, Kraus les confiere un exagerado relieve debido a su interés por el culto israelita y en especial por el Festival de Sión, cuya existencia él postula. Ravasi, por el contrario, cataloga estos cantos entre los himnos. El posible capricho de Gunkel de considerar «género menor» las acciones de gracias comunitarias («acción de gracias de Israel») no ha merecido la atención casi de ningún autor.

Conviene considerar aparte el trabajo de Anderson. En la catalogación de éste se advierte un nuevo sesgo: la fusión del género himno («alabanza descriptiva») con la acción de gracias («alabanza narrativa»). En tal decisión metodológica se percibe la huella de la obra de Westermann. En efecto, este exegeta alemán, que da por supuesta la validez de lo literario y lo cultual en este terreno, opina que lo esencial de un género, sin embargo, son los «modos fundamentales» (*Grundweisen*) de lo que sucede cuando el hombre se dirige a Dios con palabras: súplica y alabanza. Conforme estos «modos fundamentales» cambian y se expanden, idéntico proceso adoptan los géneros [20]. En consecuencia, Westermann, advirtiendo que esos «modos» recurren tanto en el himno como en la acción de gra-

---

[18] H. Gunkel, *Introducción*, 111.
[19] Ver más adelante c. XI,II.
[20] Cf. C. Westermann, *Lob und Klage*, 116.

cias, funde ambos géneros, al propio tiempo que subdivide la resultante en «alabanza narrativa» [21] y «alabanza descriptiva» [22]. Esta es la principal novedad de Westermann respecto a la clasificación genérica de los salmos, ya que en el resto de la tipología sigue fundamentalmente a Gunkel.

Como conviene adoptar en este ámbito una postura no sólo basada en razones de tipo literario, cultual o de experiencia y manifestación religiosas, según lo arriba expuesto, sino sobre todo en la claridad expositiva, procedemos a exponer algunas cuestiones de principio. Hemos de considerar con cierto recelo la opinión de que los salmos en primera persona del singular (p.e. lamentaciones o acciones de gracias individuales) son en realidad plegarias nacionales interpretadas por el rey como personalidad corporativa con ocasión de servicios cultuales colectivos [23]; de que, con el paso del tiempo, se «democratizaron» y pasaron a integrar el caudal de recursos de la piedad individual [24]. Existe, por otra parte, una tendencia tan persistente y de tales dimensiones hacia la idealización de los monarcas israelitas, sobre todo en lo que respecta a sus funciones en el ámbito del culto público, que impide a numerosos especialistas recorrer el camino contrario al arriba mencionado y tratar de reconocer la posibilidad de que haya sido precisamente la corte el espacio usufructuario de las manifestaciones literario-religiosas para el uso del individuo. En tal caso, no cabría hablar de «democratización», sino, todo lo contrario, de «apropiación cortesana».

---

[21] La alabanza declarativa responde a la conciencia del orante de que su petición ha sido escuchada por Dios. Cf. C. Westermann, *Lob und Klage*, 76.

[22] La alabanza descriptiva se caracteriza, entre otras cosas, por la llamada a la alabanza formulada en imperativos. Cf. *ibíd.*, 87; consultar también C. Westermann, *Der Psalter* (Stuttgart ⁴1980) 43-77.

[23] Esta escuela de «ceremonialistas», de inspiración mowinckeliana, está bien representada por H. Birkeland, *The Evildoers in the Book of Psalms* (Oslo 1955), quien identifica a los «enemigos» de los salmos con los «gentiles» y, en consecuencia, al «Yo» del salmo con la figura real. Ver especialmente pp. 9-16. En esta línea interpretativa se sitúa también la obra de J.H. Eaton, *Kingship and the Psalms* (Sheffield 1986) esp. 135-197; aunque básicamente de acuerdo con éste, ver las acotaciones a sus conclusiones de S.J.L. Croft, *The Identity of the Individual in the Psalms* (Sheffield 1987) 73-132.

[24] Aunque es posible que éste sea el caso con algún salmo en concreto, dicha hipótesis de trabajo no puede elevarse al rango de categoría interpretativa y aplicarla a todos los salmos en primera persona del singular.

La piedad siempre ha sido más intensa y dramáticamente vivida entre las capas populares que entre los gestores de la cosa pública. Por este motivo, nos inclinamos a catalogar las lamentaciones y acciones de gracias en las que aparece el rey entre sus correspondientes contrapartidas «populares». Respecto a los llamados «géneros menores» o «mezclas de géneros» [25], habría que superar el prejuicio romántico de Gunkel, que da por válida la ecuación «tipo sin mezclas = tipo antiguo», rechazando la posibilidad de que un poeta del segundo templo pudiera perfectamente imitar un «tipo puro». En tal sentido, tendemos a clasificar los «cantos de victoria» y los «cantos de peregrinación» como variedades del himno, ya que ésa es su tonalidad básica [26]. En consecuencia, proponemos el siguiente catálogo: súplicas (lo que otros llaman tradicionalmente lamentaciones), acciones de gracias, himnos, salmos didácticos [27].

II. DESCRIPCION DE LOS GENEROS LITERARIOS

1. Súplicas [28]

Antes de dar paso a la exposición de este género sálmico, conviene hacer ciertas precisiones, terminológicas y de estruc-

[25] Denominación de H. Gunkel, *Introducción*, 309-342.413-429. La expresión no es feliz. Si, desde el punto de vista literario, un poema acusa los rasgos propios de un género determinado, sobra el adjetivo «menor». Si con ella Gunkel se refiere a «fórmulas» de tradición cultual o profética insertas en un salmo determinado, entonces no es adecuado el término «género».
[26] Catalogar p.e. el Sal 24 bajo el epígrafe «liturgias» (en este caso «liturgia de entrada» o «Torá de entrada», a tenor de los vv. 3-10) es olvidar que los vv. 1-2 imprimen al salmo un tono claramente hímnico. De forma análoga, el «modo básico» –por utilizar la nomenclatura de Westermann– de los cantos de victoria y de los cantos de peregrinación es la alabanza.
[27] Respecto al contenido de la exposición, sigo de cerca (debido a su sentido de la pedagogía y a su deseo de simplificar) a E.S. Gerstenberger, *Psalms*, en J.H. Hayes (ed.), *Old Testament Form Criticism* (San Antonio 1977) 179-223; ibíd., *Psalms I* FOTL XIV (Grand Rapids 1988) 9-21.
[28] Aparte de las introducciones a los grandes comentarios, puede consultarse E.S. Gerstenberger, *Der bittende Mensch* (Neukirchen 1980) 113-160; L. Monloubou, *La prière selon les Psalmistes:* EsprVie 92 (1982) 385-398, cont. 449-460; P.D. Miller Jr. *Interpreting the Psalms*, 48-63; G. Ravasi, *I canti di Israele* (Bolonia 1986) 40-86; H.G. Reventlow, *Gebet im Alten Testament* (Stuttgart 1986) 163-207; W.H. Bellinger Jr., *Psalms* (Peabody/Mass 1990) 44-73; J. Day, *Psalms*, 19-38. Sobre plegarias análogas en otros estratos literarios del

tura. Respecto al término «lamentación», frecuentemente usado en estos casos, habrá que tener en cuenta las observaciones de Gerstenberger[29] y Kraus[30]. Según estos autores, hablar de «lamentación» puede inducir a equívoco, pues en el Salterio no existen lamentaciones propiamente dichas, sino poemas con dos ejes fundamentales, descripción del sufrimiento y solicitud de ayuda. En el Próximo Oriente convivieron en épocas remotas el «canto funerario» y la «lamentación» propiamente dicha. La sede vital del primero era la celebración funeraria, la respuesta comunitaria al dolor provocado por la muerte. En ocasiones, ciudades y comunidades enteras sucumbían ante las armas y el fuego del enemigo, desapareciendo del panorama de la historia; reinos en otro tiempo florecientes se precipitaban para siempre en el abismo del olvido. En tales circunstancias, la «lamentación» venía a rasgar el silencio y el pasmo. Ambos géneros son, en consecuencia, afines: la lamentación se desarrollaría a partir del canto funerario y en analogía con él.

Los componentes formales del canto funerario y de la lamentación pueden rastrearse en el Antiguo Testamento: a) expresiones de dolor y llanto introducidas por interjecciones como ¡Ay!, ¡Ah!, ¡Cómo...! (así, 2 Sm 1,25.27; Jr 22,18; 34,5; Ez 19,1; Am 5,16; Lam 2,1); b) descripción de la catástrofe (2 Sm 1,19.25; Am 5,2; Lam 1,6; cf. Is 14,4-21); c) referencia a la situación favorable anterior (2 Sm 1,22s; Is 14,13s; Ez 27,33); d) invitación al duelo (2 Sm 1,24; Is 14,31; Lam 2,18); e) queja suavizada (Lam 1,20-22; 2,20). Los especímenes análogos del Salterio no traslucen generalmente situaciones de desgracia o destrucción irreversibles (como en el caso de la lamentación propiamente dicha), sino sólo abocadas a ellas. De ahí que, por lo que respecta a las lamentaciones sálmicas, algunos autores prefieran hablar de «quejas o protestas de descargo»[31]. A

Antiguo Testamento, véase T. Veijola, *Das Klagegebet in Literatur und Leben der Exilsgeneration am Beispiel einiger Prosatexte:* VTS 36 (1985) 286-307.

[29] E.S. Gerstenberger, *Psalms,* 10s.

[30] H.-J. Kraus, *Psalms* 1-59 (Minneapolis 1988) 40.

[31] «Complaints» las llama E.S. Gerstenberger, *Psalms,* 11ss. Entre los especialistas de habla inglesa se va imponiendo la distinción entre «lamentation» (alemán «Klage») y «lament» (la súplica propiamente dicha). Hallamos las razones de esta distinción en R.E. Murphy, *The Psalms. Job* (Filadelfia 1977) 16-17; ver también B.W. Anderson, *Out of the Depths,* 75-76.

pesar de su ausencia del Salterio, el género «lamentación» ha dejado en él su huella (así Sal 35,13s; 44; 74).

Por lo que respecta a su estructura, el esquema formal de la súplica o lamentación individual es bastante sólido. De todas formas, según la opinión de algunos autores, la súplica individual no puede disociarse de la acción de gracias individual desde el punto de vista cultual. Hay relatos en el Antiguo Testamento en los que el fiel presenta su ofrenda de gratitud tras haber sido escuchado y socorrido por Dios. Antes o durante la presentación de la ofrenda recitaban su acción de gracias (cf. 1 Sm 1,24 – 2,10). En consecuencia, puede darse por sentada la profunda conexión entre la súplica y la acción de gracias: ésta tiene lugar después que la súplica ha sido escuchada (respuesta favorable por parte de Yahvé). El eslabón que vincula estrechamente ambos momentos sería el oráculo de salvación [32]. De ahí que algunos comentaristas, impresionados más por la presunta convergencia cultual de ambos géneros que por la divergencia de sus elementos formales, prefieran un tratamiento simultáneo de ambos [33].

A pesar de la supuesta –probablemente cierta– vinculación cultual de la súplica y la acción de gracias individuales, preferimos ofrecer una presentación por separado (afianzada entre los especialistas) de la súplica y la acción de gracias.

a) *Súplica individual* [34]

Este tipo de plegarias responde a la necesidad de ayuda divina que siente la persona víctima de una desgracia o de una enfermedad grave [35]. Yahvé no sólo es consultado sino recla-

---

[32] Una exposición de la teoría en J. Begrich, *Das priesterliche Heilsorakel:* ZAW 52 (1934) 81-92; ver H.-J. Kraus, *Psalmen,* XLVss; C. Westermann, *Lob und Klage,* 46-48; E. Lipiński, *art. cit.,* col. 60-65; E.S. Gerstenberger, *Form Criticism,* 201.

[33] Así, p.e., H.-J. Kraus, *Psalmen,* XLV-LII; E.S. Gerstenberger, *Form Criticism,* 198-207 (sin embargo, los trata por separado en *Psalms,* 11-16); L. Sabourin, *op. cit.,* 64-70.

[34] Consultar H. Gunkel, *Introducción,* 191-275; S. Mowinckel, *Israel's Worship* II, 1-25; E. Lipiński, *art. cit.,* col. 35-68; C. Westermann, *Lob und Klage,* 48-60.139-149; ibíd., *Ausgewählte Psalmen* (Gotinga 1984) 53-92; G. Gerleman, *Der «Einzelne» der Klage– und Dankpsalmen:* VT 32 (1982) 33-49; C.C. Broyles, *The Conflict of Faith and Experience in the Psalms* (Sheffield 1989) 84-95.116-122.

[35] Sobre los salmos de enfermedad y curación, cf. la monografía de K. Seybold, *Das Gebet des Kranken im Alten Testament* (Stuttgart 1973).

mado como único recurso para superar la desventura. El tipo de consulta a Yahvé era sugerido por un profeta cultual o por alguno de los cantores del templo.

• *Elementos formales*

Gunkel fue el primero que presentó un detallado bosquejo de las formas y los motivos de la súplica individual [36]. A continuación ofrecemos los elementos formales típicos de este género, con la salvedad de que no siempre aparecen todos y en este orden, y de que unos están más elaborados que otros:

1) *Invocación* del nombre divino, a la que puede acompañar una petición de ayuda, casi siempre en imperativo, o una manifestación de confianza en la que el orante declara lo que Yahvé significa para él. Se trata de una obertura para entrar en contacto con Yahvé. En ocasiones puede encontrarse una autodescripción del fiel en términos de «desgraciado» o «pobre». El contenido de esta primera parte puede repetirse en distintos momentos a lo largo del poema. Puede consultarse: 6,2; 26,1; 28,1s; 31,2-5; 54,3s; 83,2; 88,2s; 102,2s.

2) El comienzo del cuerpo del salmo puede incluir una transición literaria en la que el salmista declara que quiere derramar su «alma» ante Yahvé. La súplica propiamente dicha se alarga en la descripción del sufrimiento –enfermedad, falsa acusación, acoso de los enemigos, abandono a las fuerzas destructoras del *šeʾol*, olvido por parte de Dios, sentimiento de culpa–, acompañada de reproches dirigidos a Dios («¿por qué?»; «¿hasta cuándo?») [37]. Pueden consultarse: 22,2s.7s.13-19; 35,7.11-16.20s; 38,3-9.11-13.18.20s; 69,3-5.8-13; 102,4-12.

3) Con la *confesión de los pecados* o la afirmación de inocencia el orante pretende pasar revista a su vida pasada, pues en estos momentos sabe que está en presencia del Dios omnis-

[36] H. Gunkel, *Introducción*, 227-262; cf. S. Mowinckel, *Israel's Worship* II, 1-25; C. Westermann, *Lob und Klage*, 48-52; A. Weiser, *Die Psalmen*, 9ss; R.G. Castellino, *Le lamentazioni individuali e gli inni in Babilonia e in Israele* (Turín 1939) esp. 81-141; E. Lipiński, *art. cit.*, col. 35-68; H.-J. Kraus, *Psalms* 1-59, 48s.
[37] Sobre estas expresiones y análogas, cf. C.C. Broyles, *The Conflict of Faith and Experience in the Psalms* (Sheffiel 1989) 99-105.

ciente. Es tan importante este elemento que, en ocasiones, ocupa casi todo un salmo (p.e. 26 y 51). Consultar: 7,4-6; 26,4s; 38,19; 51,5-7 [38].

4) Como el salmista quiere recuperar su antigua relación con Yahvé, multiplica *expresiones de confianza* en él. Como ocurría con el elemento anterior, también éste puede dar pie a la composición de todo un salmo (p.e. 4; 11; 16; 23; 62; 131) [39]. Puede consultarse: 13,6; 22,5s.10s; 31,7-9; 56,4s; 71,5-7; 142,6.

5) La *petición de ayuda* dirigida a Yahvé constituye el elemento central de la súplica, junto con la imprecación contra los enemigos. En realidad, el resto de formas y motivos del salmo están orientados hacia la petición [40]. Por tal motivo, algunos autores han pretendido, sin razones suficientes, sustituir la denominación «súplica» (o lamentación) por la de «salmo de petición» [41]. La petición puede estar formulada en imperativos [42], que pretenden acelerar la intervención, o en yusivos (oraciones en subjuntivo introducidas por la conjunción «que»). Consultar: 3,8; 7,7-10; 17,6-9; 26,11; 35,1-3.22-24; 51,9-14; 69,14-19; 86,2.

6) La *imprecación contra los enemigos* forma, junto con el elemento anterior, del que constituye su contrapartida negativa, el verdadero núcleo de este género de salmos. Es difícil encontrar un espécimen que lo omita [43]. Se pueden consultar: 5,11; 35,4-8.25s; 69,23-29; 109,6-20.

7) La *seguridad de la respuesta divina* parece hacer referen-

---

[38] La afirmación de inocencia puede ir acompañada de la acción de gracias (*tôdah*), como ocurre p.e. en 26,6b-7. Sin embargo, esta forma literaria no tiene ni el mismo origen ni idéntica función que en la acción de gracias. Así W. Beyerlin, *Die tôdâ der Heilsvergegenwärtigung in den Klageliedern des Einzelnen:* ZAW 79 (1967) 208-224.

[39] En este punto nos separamos de quienes catalogan aparte los «salmos de confianza»: L. Sabourin, *op. cit.,* 64-67; A.A. Anderson, *The Book of Psalms* I, 39; G. Ravasi, *Il libro dei Salmi* I, 54s, donde trata los «salmos de confianza» junto con las acciones de gracias.

[40] Cf. H. Gunkel, *Introducción,* 233; sobre todo, E.S. Gerstenberger, *Der bittende Mensch* WMANT 51 (Neukirchen 1980) 119-127.

[41] Así, W. Beyerlin, *Die Rettung der Bedrängten in den Feindpsalmen der Einzelnen* FRLANT 99 (Gotinga 1970) 153ss.

[42] Interesante estudio formal de la petición en imperativo en A. Aejmelaeus, *The Traditional Prayer in the Psalms* (Berlín/Nueva York 1986) esp. 15-53.

[43] El Sal 88 carece de imprecación, pero la petición de ayuda se expresa indirectamente en v. 10b.

cia a un oráculo venturoso o de salvación previo (cf. 12,6; 35,3; 91,3-13). Aunque es muy extraña esta forma oracular en el Antiguo Testamento, algunos autores la han detectado en la profecía, fundamentalmente en el Segundo Isaías [44]. Consultar 6,9s; 31,6; 140,13; 142,6.

La sección final de la súplica puede presentar alguno de los siguientes rasgos:

8) La seguridad del fiel en la ayuda de Yahvé, que ha experimentado en la ceremonia cultual, se manifiesta, entre otras cosas, en la *promesa de voto* y en una *acción de gracias* anticipatoria. Consultar 7,18; 22,23-27; 56,13; 69,31s; 109,30.

9) *Elementos hímnicos y bendiciones* pueden dar por concluido el salmo. Su finalidad tiene posiblemente una doble vertiente: servir de respuesta a la intervención de Yahvé y provocar su intervención. Ver 5,5-7; 31,20-25; 59,6a; 69,33-37.

• *Contexto vital del género*

La mayor parte de los especialistas modernos siguen muy de cerca el esquema propuesto en su día por Gunkel. En realidad, existen pocos motivos para ponerlo en tela de juicio. Sin embargo, desde los días de Gunkel se ha discutido acaloradamente sobre las sedes vitales y las ocasiones vitales de las súplicas inviduales. La verdad es que sabemos muy poco del uso de estas plegarias, a pesar de las pistas que nos pueden ofrecer textos como Lv 13-14; Nm 5,11-31; Dt 17,8-13 [45].

En este punto relativo a la sede vital tenemos que abandonar a Gunkel, pues en su opinión las súplicas bíblicas a nuestro alcance están muy alejadas de su situación cultual original, compuestas como habían sido por una generación tardía, más

---

[44] Consultar A. Schoors, *I Am Good Your Saviour* VTS 24 (Leiden 1973) 33-45; previamente, J. Begrich, *Das priesterliche Heilsorakel:* ZAW 52 (1934) 81-92.

[45] Ceremonias ante el sacerdote que incluían sacrificios y posiblemente oraciones. También las leyendas taumatúrgicas de los profetas incluyen la oración y las actividades rituales o mágicas (1 Re 17,17-24; 2 Re 4,27-37). E.S. Gerstenberger (*Psalms,* 14) habla de paralelos babilónicos (sacerdotes dedicados a encantamientos, médicos o pastores en sus respectivos ámbitos) que apoyarían la presunción de que también en Israel existirían servicios cultuales de súplica y «curación» en los que una persona atenazada por el sufrimiento (y acompañada por sus familiares) tomaba parte bajo la guía de un experto en ese tipo de ceremonias.

«espiritual» y menos «cultual» [46]. Sin embargo, especialistas modernos que han superado este prejuicio están de acuerdo en afirmar que este tipo de poemas respondía a peligros graves que amenazaban el bienestar e incluso la vida de la gente. Mowinckel fue el primero en ofrecer un detallado análisis de las posibles situaciones socio-religiosas que se agazapan tras las súplicas individuales [47]. Consideraba estas plegarias como salmos recitados por personas con alguna enfermedad física o psicológica, especialmente manía persecutoria, o ambas a la vez. Los trastornos psicológicos podían haber sido provocados mediante la palabra (maldición, maledicencia) o a través de presuntas artes mágicas (hechicería). Mowinckel basa sus afirmaciones en el análisis del frecuente sintagma *poʿᵃle ʾawen* («malhechores»; p.e. 6,9) y en paralelos de la cultura de Babilonia [48]. En consecuencia, las súplicas individuales formaban parte de un ritual solicitado por quienes padecían tales males, celebrado en el templo y presidido por un sacerdote experto. Este punto de vista cuenta con el visto bueno de gran parte de especialistas.

Al mismo tiempo que Mowinckel elaboraba y precisaba su teoría, H. Schmidt proponía la tesis de que en el Salterio se describen dos tipos de sufrimiento, al que corresponden dos clases de súplicas individuales: plegarias en las que se solicita el restablecimiento de la salud (p.e. 6; 13; 22 A; 28; 31 B; 51; 61; 71; 102; etc.) y plegarias en las que se pide ayuda a Yahvé con ocasión de un juicio (plegarias de acusados y encarcelados, cuya culpabilidad o inocencia debía ser establecida como resultado de una ordalía o «juicio de Dios» [49]; así, Sal 3-5; 26; 27; 31 A; 54-57; 59; 62; 69; 70; etc.) [50]. Los salmos de enferme-

---

[46] Cf. E.S. Gerstenberger, *Form Criticism*, 203.

[47] Cf. S. Mowinckel, *Psalmenstudien I. Awän und die individuellen Klagepsalmen* (Cristianía 1921) esp. 76-159. También ibíd., *Israel's Worship* II, 1-25. Sobre el lenguaje de los impíos o de los «enemigos» del salmista, así como sobre su identidad, ver O. Keel, *Feinde und Gottesleugner* SBM 7 (Stuttgart 1969) esp. 155-215.

[48] Cf. S. Mowinckel, *Psalmenstudien* I, 33-58.81.94; ibíd., *Zwei Beobachtungen zur Deutung der poʿalê ʾawen*: ZAW 43 (1925) 260-262.

[49] En vista de lo poco que aportan los textos aducidos por Schmidt (1 Re 8,31s; Dt 17,8; Ex 22,6ss), critica con buen criterio los excesos de esta posición W. Beyerlin, *Die Rettung der Bedrängten*, 43-44.

[50] Sobre la existencia de ordalías en el Antiguo Israel, cf. Nm 5,11-31. Ver también 1 Re 8,30-32.

dad son oraciones de contrición (*Bussgebete*), con el habitual reconocimiento de la propia culpa; los de los acusados, en cambio, son auténticas protestas de inocencia [51].

Otros especialistas continuaron insistiendo en los aspectos judiciales. Tomando como punto de partida algunos estudios anteriores relativos al derecho de asilo en el santuario [52], Delekat opina [53] que en el Salterio hay suficientes alusiones a gente perseguida, que buscaba refugio en los templos, como para dar por sentado que numerosas súplicas serían inscripciones garabateadas en el muro del santuario, donde el refugiado dejaba constancia de cómo le iba. El refugiado se prestaba a un periodo de incubación durante el cual recibía oráculos, tenía sueños o debía someterse a ordalías. Si, tras este periodo, la respuesta oracular divina no le era propicia –o si, a pesar de ser favorable, el orante temía que le ocurriese fuera algo malo–, podía quedarse en el santuario (hogar inviolable) ejerciendo labores subalternas, como portero, cantor, etc. [54]. El problema de la teoría de Delekat no reside en su concepción del derecho de asilo y en su relación con el Salterio, sino en el alcance de esta relación para la determinación de la sede vital de las súplicas individuales. En efecto, puede que los autores de muchas de éstas no hayan hecho más que recurrir a la tradición del derecho de asilo en busca de formularios llamativos. Por otra parte, conviene tener en cuenta que el derecho de asilo del santuario estaba previsto para los casos de homicidio involuntario, detalle éste que recorta el alcance de la teoría de Delekat [55]. En esta misma línea «judicial», aunque con diversos matices, se sitúan también algunos trabajos de Beyerlin [56], se-

---

[51] Cf. H. Schmidt, *Die Psalmen* (Tubinga 1934) VI. Algunos años antes ya había expuesto parcialmente esta teoría en *Das Gebet der Angeklagten im Alten Testament* BZAW 49 (Giessen 1928).

[52] Cf. R. De Vaux, *Instituciones del Antiguo Testamento* (Barcelona 1964) 227-231.

[53] Principalmente en L. Delekat, *Asylie und Schutzorakel am Zionsheiligtum* (Leiden 1967).

[54] Cf. L. Delekat, *op. cit.*, 194-207, donde se exponen estas ideas en relación con otros tipos de salmos, como 17,1-6; 118; 104,33-35.

[55] Estas y otras razones han motivado las precisiones críticas de W. Beyerlin, *Die Rettung der Bedrängten*, 44-53.

[56] W. Beyerlin, *Die Rettung der Bedrängten*, esp. 75-141, donde, tras un estudio excluyente de algunos especímenes dudosos, el autor se centra en los salmos 3-5; 7; 11; 17; 23; 26s; 57; 63.

gún los cuales existiría en Israel una institución vinculada al templo que promulgaba y ponía en vigor una especie de jurisdicción divina para casos especiales. Habría que entender en parte las súplicas individuales como apelaciones a esta corte divina de justicia en los servicios cultuales del templo [57]. Yahvé revelaría su veredicto durante una teofanía cultual, que tendría lugar al amanecer (3,6-8; 5,4; 57,9), al despertarse (17,15) [58]. Sin embargo, no habría que identificar esta «teofanía judicial» con otras teofanías mencionadas en el Salterio, cuyos beneficiarios son toda la comunidad orante. No obstante, Beyerlin opina que este tipo de salmos no son en realidad súplicas, sino oraciones de petición [59].

Si exceptuamos algunas exageraciones de Delekat, no cabe duda que esta visión judicial de las súplicas es más que aceptable. Las frecuentes protestas de inocencia del Salterio pudieron haber sido usadas en servicios cultuales o ceremonias ordálicas, consideradas apelaciones a Yahvé, juez supremo. Es difícil poder determinar qué tipo de institución era la responsable. En vista de la escasez de datos, podemos dar por supuesto que sería sólo un sacerdote el responsable de la ceremonia de súplica, y que la mayor parte de los términos judiciales no era más que imaginería profana adaptada [60].

Honradamente hay que decir que todas estas teorías sobre la identificación de los enemigos del salmista son meramente aproximativas; de hecho, ninguna satisface plenamente [61]. En realidad no podemos saber con certeza quiénes eran esos enemigos, pues los poetas utilizan un lenguaje convencional y artificial [62], empleado probablemente durante siglos en los servi-

---

[57] Cf. E.S. Gerstenberger, *Form Criticism*, 204.

[58] Cf. W. Beyerlin, *op. cit.*, 143-149.

[59] *Ibíd.*, 150-159.

[60] Cf. E.S. Gerstenberger, *Form Criticism*, 204s.

[61] La teoría que pretende identificar a los enemigos (en plural) del salmista con los «gentiles» que acosan a Israel no puede darse por buena más que a nivel de «relectura» histórica (y no-institucional) de los salmos que los mencionan. Defensor de la teoría H. Birkeland, *The Evildoers in the Book of Psalms* (Oslo 1955) esp. 93-94; a la huella de la obra de E. Balla, *Das Ich der Psalmen* (Gotinga 1912). Empeñarse en esta interpretación presupone, entre otras cosas, un desconocimiento del lenguaje poético y un afán de «concreción histórica» que acaba por asfixiar el dinamismo interno y la «apertura» de la obra literaria.

[62] A esta conclusión nos conduciría en parte (aunque no fuera éste el ob-

cios cultuales, un lenguaje que describe las circunstancias típicas de cualquier persona que se enfrenta a situaciones límites de hostilidad o conflicto.

b) Súplica real

A pesar de que la mayor parte de los autores catalogan los «salmos reales» como un prototipo aparte [63], pensamos que no pueden considerarse un género particular por diversas razones. En primer lugar, es imposible deducir un esquema formal que puedan compartir todos los así denominados [64]. Por otra parte, conviene desterrar como carente de fundamento la idea de que, como sede del culto estatal, la corte fue la «fábrica» que ha dado origen a este tipo de salmodia, y que sólo un supuesto proceso de «democratización» [65] acabó popularizando estas «plegarias reales». Sin embargo, al comparar prototipos individuales (o segmentos de ellos) con sus contrapartidas «reales» (p.e. 89,47-52; 101,3-4; 141), observamos que el proceso fue probablemente el contrario [66]. De hecho, antes de que existieran reinos o se hubiesen establecido las bases administrativas del protocolo cortesano, ya se usaban rituales que incluían la súplica. Sólo el paso del tiempo (conforme tribus o segmentos tribales fueron evolucionando hacia la judicatura y la sociedad estatal) obligó a la formalización de los sistemas rituales, casi siempre sobre la base de prototipos de ceremonias practicadas por pequeños grupos [67].

jetivo de su autor) el estudio sobre las fórmulas de los salmos de R.C. Culley, *Oral Formulaic Language in the Biblical Psalms* (Toronto 1967) esp. 32-111.

[63] Ya H. Gunkel, *Introducción*, 159-190, aunque reconoce que «no es poca la confusión que existe en la interpretación de estos salmos» (p. 161). También L. Sabourin, *op. cit.*, 70s; comparten estas opiniones S. Mowinckel, *Israel's Worship* I, 42-80, aunque con reservas; E. Lipinski, *art. cit.*, col. 94-102.

[64] Ver a este respecto las observaciones de W. Klatt, *Hermann Gunkel. Zu seiner Theologie der Religionsgeschichte und zur Entstehung der formgeschichtlichen Schule* FRLANT 100 (Gotinga 1969) 255.

[65] En estos términos habla S. Mowinckel, *Israel's Worship* I, 78-80.

[66] De hecho, el propio Gunkel se ve obligado a reconocer que «existen salmos reales muy próximos a los géneros de carácter privado», *Introducción*, 167.

[67] Como opina acertadamente E.S. Gerstenberger, las ceremonias reales son en último término una adaptación de ritos populares y de plegarias a las necesidades de la corte, cf. *Psalms*, 19.

c) *Súplica comunitaria* [68]

Por lo que respecta a la estructura formal y a la sede vital, las súplicas comunitarias pueden compararse con las plegarias individuales de idéntica clase [69]: invocación, súplica propiamente dicha, ruego o petición, afirmación de confianza, confesión de la culpa o exculpación, elementos hímnicos. La diferencia básica radica en la categoría y las dimensiones de la sede vital de la súplica comunitaria: guerras, con todas sus secuelas: aniquilación de grandes masas, deportaciones, hambre, peste; sequía; etc [70]. Podemos considerar súplicas comunitarias los salmos 44; 74; 79; 80; 83; 89; y partes de 60; 85. El contexto litúrgico estaba representado principalmente por el ayuno, que era proclamado con antelación (cf. Jue 20,26-28; 21,2-3; Is 58,3ss; Jr 14,2; Neh 9,1); también se exigían la abstinencia sexual y el cese de cualquier actividad de tipo civil. Los participantes se rasgaban las vestiduras, se golpeaban el pecho, se vestían de saco, se rapaban la cabeza, se cubrían de ceniza, y otras manifestaciones de dolor o consternación, expresivas de la miseria en la que había caído un pueblo [71]. Seguramente se dispondría la ejecución de sacrificios. La súplica propiamente dicha sería cantada por coros, sacerdotes o por toda la asamblea, en el marco de una ceremonia de cuyo desarrollo no tenemos conocimiento. Motivo este por el que no resulta fácil concretar el ritmo de las ideas dominantes en la celebración de una súplica o lamentación pública. Probablemente ayuno y confesión de los pecados estaban orientados a apoyar la súplica de los participantes. Puede que ésta fuese formulada por un sacerdote (cf. Joel 2,17). También es posible que a la súplica siguiese un oráculo, de liberación o confirmando la situación. Este tipo de liturgia penitencial aparece el

[68] Ver H. Gunkel, *Introducción*, 133-157; S. Mowinckel, *Israel's Worship* I, 193-246; E. Lipiński, *La liturgie pénitentielle dans la Bible* (París 1969) 43-81; ibíd., *art. cit.*, col. 86-92; C. Westermann, *Lob und Klage*, 39-48.132-138; ibíd., *Ausgewählte Psalmen*, 24-38; C.C. Broyles, *The Conflict of Faith and Experience*, 95-99.113-116.
[69] Sobre la estructura formal de la lamentación comunitaria, cf. C. Westermann, *Lob und Klage*, 39-48. Diferencias religiosas entre la súplica individual y la comunitaria en R. Albertz, *Persönliche Frömmigkeit*, 23-49.
[70] Consultar H. Gunkel, *Introducción*, 135-157; E. Lipiński, *art. cit.*, 86-92.
[71] Para todos estos detalles, cf. H. Gunkel, *Introducción*, 136s.

el Salterio: relación oración-oráculo en Sal 32; 60 [72]. Si es verdad que estos poemas constituyen formularios usados durante muchos siglos sin cambio sustancial alguno, entonces resulta casi imposible datar este tipo de poesía [73].

Hay que dejar constancia de la posibilidad de que algunas súplicas formuladas en primera persona del singular («Yo») fuesen utilizadas en servicios comunitarios, no que tuviesen su sede vital precisamente en ellos [74]. Del mismo modo que en nuestras liturgias actuales se percibe un erratismo de textos que posibilita que canciones en primera persona del singular sean utilizadas por un colectivo (y viceversa), idéntico intercambio puede admitirse en el caso del antiguo Israel. Sin embargo, debe quedar claro que los salmos en primera persona del singular son básicamente personales; y los poemas en primera persona del plural, esencialmente comunitarios [75].

2. Acciones de gracias [76]

Antes de dar paso a los distintos tipos de acción de gracias, convendría recordar la inconveniencia desde el punto de vista del culto israelita de separar súplicas de acciones de gracias; ver más arriba a propósito de las súplicas. Se trata de las dos caras del mismo espejo, sustentadas por el «oráculo de salvación». La acción de gracias presupone una súplica seguida de un oráculo favorable.

---

[72] También los profetas imitaron este esquema en la elaboración de ciertos «poemas litúrgicos»; cf. H. Gunkel, *Introducción*, 155.

[73] Cf. H. Gunkel, *Introducción*, 156.

[74] De idéntica opinión K. Seybold, *Introducing the Psalms* (Edimburgo 1990) 159.

[75] La interpretación colectiva del «Yo» de los salmos fue ofrecida ya en un amplio y bien documentado artículo por R. Smend, *Über das Ich der Psalmen*: ZAW 8 (1888) 49-147. Exposición de la teoría en S. Mowinckel, *Israel's Worship* I, 42-46.

[76] Consultar los trabajos de F. Crüsemann, *Hymnus und Danklied*, esp. 155-284; L. Monloubou, *La prière selon les Psalmistes*: EsprVie 93 (1983) 392-399, cont. 641-644; H.G. Reventlow, *Gebet im Alten Testament* (Stuttgart 1986) 208-227.

a) Acción de gracias individual [77]

También a Gunkel debemos la formulación de la estructura formal de este tipo de salmo [78]:

1) Invitación a cantar a Yahvé, a alabarlo o a darle gracias [79] (p.e. Sal 30,2.5; 34,4; 107,1; 118,1-4). Es clara la analogía con el comienzo del himno.

2) Relato de la desgracia pasada y de la salvación subsiguiente, dirigido a la comunidad cultual (p.e. 18,5-20; 30,9-12; 32,3-4; 40,2b-4; 116,3-4).

3) Alabanza a Yahvé, reconociendo su acción liberadora (p.e. 18,47-49; 30,2-4; 40,6; 118,28).

4) Fórmula de ofertorio (anuncio de sacrificio: 66,13-15; 138,2; cf. Jn 2,10).

5) Solicitud de bendiciones sobre los participantes en la ceremonia (p.e. 118,26).

6) Elementos hímnicos (alabanzas de tipo general a Yahvé: 30,5-6; 138,8).

Este esquema formal, que en líneas generales se ha ganado el asentimiento de la mayor parte de los críticos, ha sido sin embargo reelaborado desde otra perspectiva por Westermann [80] y Crüsemann [81]. Según el primero, habría que fundir la acción de gracias individual y el himno (así como sus correlativos comunitarios), fundamentalmente por dos motivos. En primer lugar, una simple ojeada a sus respectivos esquemas formales nos informa de sus semejanzas, si no de su práctica coincidencia. En segundo lugar, hay que ser consciente de que «los tipos de salmos no constituyen primariamente categorías literarias o cultuales. En cierto modo lo son, pero no se trata de lo esencial. Designan más bien las disposiciones básicas de lo que acontece cuando el hombre se dirige con pala-

[77] Consultar el estudio de E. Lipiński, *art. cit.*, col. 72-86; también H. Gunkel, *Introducción*, 277-306; S. Mowinckel, *Israel's Worship* II, 31-43; C. Westermann, *Lob und Klage*, 76-84.
[78] Consultar H. Gunkel, *Introducción*, 279-306; ver E. Lipiński, *art. cit.*, col. 72-86.
[79] La invitación puede ir dirigida a los participantes o al propio «yo» (*nepeš*) del salmista.
[80] Principalmente en C. Westermann, *Lob und Klage*, 20-28; Id., *Der Psalter* (Stuttgart ⁴1980) 43-45; 61-77.
[81] En F. Crüsemann, *Hymnus und Danklied*.

bras a Dios» [82]. Por otra parte, afirma Westermann, como en hebreo no existe un vocablo específico para dar las gracias [83], lo que nosotros denominamos «acción de gracias» no es otra cosa que una forma de alabanza, es decir, una expresión hímnica [84]. Tras la fusión de ambos géneros, Westermann establece una nueva subdivisión: alabanza descriptiva y alabanza narrativa, a tenor de que la alabanza se refiera al ser o el obrar divinos en general o a una acción determinada de Dios [85]. Aunque pudiera darse por válida la fusión de acción de gracias e himno, no resulta admisible la ulterior distinción de Westermann basada en la actividad general o específica de Yahvé. Tal distinción es formalmente superflua y teológicamente injustificable. También Crüsemann refuta los esfuerzos de Westermann [86], y ofrece una nueva vía de reflexión: distinguir, cuando el orante se dirige a Yahvé, entre acción de gracias en «estilo Tú» [87] y acción de gracias en «estilo El». Se trataría de conjugar forma lingüística y ritual de acción de gracias. Ambos estilos se refieren a la misma ceremonia. Así, la parte desarrollada en «estilo El» [88] constituiría una alocución a la comunidad cultual antes del sacrificio [89]; la parte en «estilo Tú» [90] iría dirigida a Yahvé cuando ya se ha ofrecido el sacrificio de acción de gracias. La persona curada o que ha experimentado la salvación de Dios invita a sus familiares y amigos a participar con él en una ceremonia cultual de acción de gracias.

Desde luego, como ya había observado Westermann, es clara la relación de la acción de gracias y el himno [91]. Tal rela-

---

[82] C. Westermann, *Lob und Klage*, 116.

[83] El término *tôdah*, que podría ser el más cercano (recordemos que en hebreo moderno se utiliza precisamente para agradecer), en realidad puede significar sin más «alabanza», «confesión» o «reconocimiento».

[84] Cf. C. Westermann, *Lob und Klage*, 21.

[85] Cf. C. Westermann, *Lob und Klage*, 25.

[86] F. Crüsemann, *op. cit.*, 9-11.

[87] Este tipo de alocución se pone de manifiesto principalmente en la alabanza a Yahvé propiamente dicha y en las fórmulas de ofertorio, es decir, el núcleo esencial de la acción de gracias individual.

[88] «Er-Teil», cf. F. Crüsemann, *op. cit.*, 264-266.

[89] Abunda aquí la invitación a dar gracias y el estilo proclamatorio: relato del sufrimiento padecido y de la salvación ofrecida por Yahvé; bendiciones; etc.

[90] «Du-Teil», cf. F. Crüsemann, *op. cit.*, 266-282.

[91] Si exceptuamos el relato del sufrimiento y de la salvación subsiguiente, prácticamente todos los elementos formales de la acción de gracias pueden encontrarse en el himno de alabanza.

ción se deberá probablemente a que ambos géneros se intercambiaron en el marco de las liturgias israelitas. Pero, a pesar del valor de esta contribución de Crüsemann, la estructura formal ofrecida en su tiempo por Gunkel puede darse por válida. Consideramos acciones de gracias los salmos 30; 32; 41; 118; 138; Is 38,10-20; Jon 2,3-10; Eclo 51,1-12 [92].

b) *Acción de gracias real*

Como ha quedado claro más arriba, al hablar de la súplica real, parece más probable que no haya existido en Israel, como algunos autores opinan, un proceso de «democratización» según el cual prototipos de salmodia cortesana pasaron a ser patrimonio común y a ser imitados por el pueblo. En realidad la corte había adoptado tales manifestaciones religiosas para cubrir sus necesidades en ese ámbito. En consecuencia, las acciones de gracias reales (Sal 18; 89; 144) deben ocupar un puesto entre las acciones de gracias individuales, sin más. La categoría «salmos reales», ofrecida ya por Gunkel [93] y aceptada por la mayor parte de los críticos, no responde a peculiaridades formales; en todo caso se basa en criterios histórico-religiosos y teológicos. En efecto, Sal 89,2-19 p.e. es un «salmo real» sólo por la mención de la promesa a la dinastía davídica en los vv. 4-5; pero el resto del salmo puede asomar a los labios de cualquier israelita. Si los críticos respetan la categoría «salmos reales» se debe sin duda a la prestancia de la ideología real, que concebía al monarca como hijo y representante de la divinidad ante el pueblo [94]. Pero tales consideraciones histórico-religiosas no justifican una clasificación genérica aparte.

c) *Acción de gracias comunitaria* [95]

La acción de gracias comunitaria puede compararse con la individual en todo, salvo en las dimensiones del aconteci-

---

[92] Otros autores añaden Sal 18; 34; 92; 111; 116.
[93] Cf. H. Gunkel, *Introducción*, 161-190.
[94] Sobre esta cuestión, cf. S. Mowinckel, *Israel's Worship* I, 50-61.
[95] Exposición en E. Lipiński, *art. cit.*, col. 92-94. Consultar también S. Mowinckel, *Israel's Worship* II, 26-30.

miento interpretado como salvífico [96]. La existencia de este tipo de salmos ha sido ardorosamente debatida por los especialistas, sin que hasta el momento se haya llegado a un consenso respecto a cuáles y cuántos ejemplares son dignos de este nombre [97]. Por otra parte, ya conocemos las opiniones de Westermann y Crüsemann al respecto [98]. Sin embargo, no puede pasarse por alto que, así como existían en Israel días de ayuno público acompañados de servicios lamentatorios, existirían celebraciones públicas de acción de gracias. No puede tomarse en serio la afirmación de que Israel no necesitaba servicios concretos de ese tipo porque alababa continuamente a Yahvé [99]. Otro asunto distinto es creer que tales días especiales de acción de gracias pública constituyeran la sede vital de un género particular de salmos. Podemos calificar de acción de gracias comunitarias o nacionales los salmos 66; 67 y 129 (dudamos del 124), que dejan entrever ciertos ritos de dimensiones supraindividuales.

3. Himnos [100]

De nada sirve al lector moderno recurrir a su conocimiento del lenguaje religioso o a un diccionario de la lengua para descubrir el alcance de la categoría sálmica «himno». Un hom-

[96] Consultar H. Gunkel, *Introducción*, 329-338, que sin embargo calificó de género menor la «acción de gracias de Israel».

[97] Ver la breve reseña histórica de F. Crüsemann, *Hymnus und Danklied*, 155-159.

[98] Ver más arriba lo dicho sobre la «acción de gracias individual».

[99] Así opina p.e. F. Crüsemann, quien, haciendo uso de una argumentación no teológica, sino «dogmática», afirma que de las fórmulas de Sal 79,13; 80,19b no se deduce la existencia de una fiesta especial de acción de gracias con un tipo específico de cántico de acción de gracias, sino que tales formulaciones reflejan más bien la alabanza habitualmente usada en el culto, cuyo uso constante se explica sobre todo por la conexión existente entre alabanza y vida, cf. *Hymnus und Danklied*, 204. Esta visión «dogmática» de la existencia de Israel ya había sido expuesta por G. von Rad: «Con esto hemos tropezado con una de las proposiciones más singulares de la antropología veterotestamentaria; es decir, la alabanza es la forma de existencia más propia del hombre. Alabar a Dios y no alabarle se contraponen como la vida y la muerte... Los himnos que la comunidad canta en acción de gracias fluyen de generación en generación... La alabanza tiene en la vida su única situación vital», *Teología del Antiguo Testamento* I (Salamanca 1972) 452s. En la misma línea C. Westermann, *What does the Old Testament say about God?* (Atlanta 1979) 65-70.

[100] Además de las introducciones a los grandes comentarios, consultar los

bre de nuestros días, hijo de la cultura grecorromana, posee un arsenal de imágenes y vivencias, típicas de esta cultura, que poco o nada tienen que ver con el himno bíblico. Para un occidental el término «himno» implica nutridas concentraciones de fieles, música de órgano, actitud de alabanza y adoración a Dios, un clero con sus mejores atavíos oficiando entre nubes de incienso, etc. Algo no necesariamente coincidente con el mundo bíblico. Un himno del salterio puede estar concentrado en un par de versículos y no dejar traslucir ninguna de las emociones antes mencionadas.

Desde el punto de vista temático, los himnos son cantos de alabanza a Yahvé. Su benevolencia se ha hecho patente a lo largo de toda la historia de Israel en favor de todos los estratos sociales. Aunque el himno parezca en ocasiones bendecir a cosas o intermediarios, en realidad Yahvé es el único objeto de la alabanza: por la creación del cosmos o del hombre, por la relación con su pueblo, por su reinado sobre el universo y las naciones, por su elección de Sión y de la dinastía davídica, incluso por su palabra.

Ya Gunkel se dio cuenta de algunas de las dificultades que entraña este género. Aunque el himno tiene su origen en la liturgia [101], de muy poco puede servirnos este dato. Por una parte, es clara la vinculación del himno con la acción de gracias y la súplica, especialmente con la primera [102]. Por otra, el término como tal está sobrecargado de valores emocionales, sobre todo la consciencia de la asamblea de encontrarse en presencia de Yahvé, que crea al mismo tiempo en el fiel una actitud de temeroso respeto [103]. En consecuencia, el carácter errático del himno, desde el punto de vista genérico, y su excesiva carga afectiva no facilitan un estudio formal objetivo. En tercer lugar, «todavía no se ha cumplido la primera condición

estudios de H. Gunkel, *Introducción*, 45-108; S. Mowinckel, *Israel's Worship* I, 81-105; A. Barucq, *La lode divina nei Salmi:* BbbOr 1 (1959) 66-77; F. Crüsemann, *Hymnus und Danklied*, esp. 19-154, 285-306; E. Lipiński, *art. cit.,* col. 8-16; C. Westermann, *Lob und Klage,* 87-115; L. Monloubou, *La prière des Psalmistes:* EsprVie 94 (1984) 401-405; H.G. Reventlow, *Gebet im Alten Testament,* 119-162. Estudio de estructuras literarias en comparación con los himnos egipcios en P. Auffret, *Hymnes d'Égypte et d'Israël,* OBO 34 (Gotinga 1981).

[101] Cf. H. Gunkel, *Introducción,* 73-79.

[102] Ver H. Gunkel, *Introducción,* 96ss; S. Mowinckel, *Israel's Worship* I, 95-97.

[103] Cf. S. Mowinckel, *Israel's Worship* I, 81.

de la investigación crítico-formal, es decir, la localización de un acontecimiento recurrente que pueda ser considerado la fuente original de un género» [104]. La afirmación es correcta, pues en el himno bíblico se percibe una amplia gama de posibles acontecimientos que caracterizan su base sociológica (victorias guerreras, bodas, recolección, etc.). Quien pretenda llegar al himno recorriendo el camino de los festivales y las liturgias israelitas, acabará encontrándose con tantos senderos colaterales cuantas fueron las generaciones de Israel. Desgraciadamente, el paso del tiempo no sólo alteró la forma externa de las celebraciones festivas israelitas, sino que los propios textos sálmicos con los que actualmente contamos pasaron probablemente por diferentes situaciones vitales [105].

Las dificultades podrían multiplicarse, pero ya Gunkel se esforzó por deducir una estructura elemental que pudiera servir de categoría general a todos los especímenes de himnos [106]. Este tipo de salmo, de estructura tripartita, comienza por lo general con una *introducción* explícita (invitación a la alegría y al canto) en imperativo [107]: *hall^elu* (alabad, 113,1; 117,1; etc.); *zamm^eru* (tocad, 33,2; 66,2; etc.); y verbos emparentados relativos al júbilo compartido. La invitación es formulada probablemente por un director de coro a un grupo o a toda la asamblea [108]. El *cuerpo del himno* o parte central, constituye un relato de los hechos o cualidades de Yahvé, que le hacen digno de la alabanza propuesta. El principal elemento formal introductorio de esta parte es la conjunción *ki* (que/porque), que trata de motivar a la alabanza [109]. Las cualidades de Yahvé se centran sobre todo en su grandeza, en su justicia, en sus decretos; en sus acciones salvíficas (pasadas o presentes). La parte *final* del himno [110] recurre a expresiones de la introducción (alaban-

---

[104] E.S. Gerstenberger, *Form Criticism*, 208.
[105] Cf. W. Beyerlin, *Die Rettung der Bedrängten*, 154-158.
[106] Cf. H. Gunkel, *Introducción*, 48-73; también R.G. Castellino, *Le lamentazioni individuali*, esp. 197-216.
[107] Más raro el yusivo plural (del tipo «que alaben», «que digan», etc.) o el cohortativo plural («alabemos», «aclamemos»).
[108] Es patente en los himnos este «elemento coral», cf. Gunkel, *Introducción*, 50.
[109] Otras fórmulas de tránsito de la introducción a la parte central en H. Gunkel, *Introducción*, 58-60.
[110] No se trata propiamente de una «conclusión»; así L. Sabourin, *Le livre des Psaumes*, 62.

za, júbilo), a peticiones genéricas, a la solicitud de bendiciones, etc. (p.e. 29,11; 65,5; 104,33-35) [111].

Si aceptamos este esquema formal de trabajo, adoptado por la mayor parte de los especialistas, y nos vamos preguntando por las posibles situaciones vitales, desembocamos en la siguiente catalogación:

a) Cantos de victoria [112]

Gunkel percibió con agudeza la estrecha relación del himno con el canto de victoria. La relación, según él, puede explicarse porque las fiestas que celebraban victorias empezaron en algún momento determinado de la historia de Israel a utilizar el marco del templo, el lugar tradicionalmente más apropiado para el himno. El canto de victoria adoptó la introducción del himno e incluso su parte central [113].

La forma básica de todo himno genuinamente israelita está representada por el Canto de Miriam (Ex 15,21) [114]: «Cantad al Señor: sí, sublime es su victoria; caballos y carros ha arrojado en el mar». Nos encontramos aquí con los dos primeros elementos del esquema tripartito mencionado más arriba: invitación a la alabanza y cuerpo del himno, que canta las cualidades o hazañas de Yahvé [115]. Por lo que respecta al canto de victoria, resulta imposible establecer una sede vital determinada, pues se trata de un tipo de alabanza espontánea (ver también Jue 5; Sal 68,13-15), virtualmente perdida. Si se ha con-

---

[111] Algunos autores (como E.S. Gerstenberger, *Psalms*, 17) hablan de una primera parte del himno que precedería a las tres básicas que hemos descrito: mención o invocación de Yahvé (así 8,2; 65,2-3; 139,1). Pero, aunque reconocen su ausencia de la mayoría de los himnos, no son quizá conscientes de que dicha forma literaria designa un peculiar tipo de himno admirativo y descriptivo de variada temática, en el que habitualmente falta la primera y tercera partes expuestas por nosotros: invitación a la alabanza y petición de bendiciones.

[112] Consultar C. Westermann, *Lob und Klage*, 67-69.

[113] Cf. H. Gunkel, *Introducción*, 328s.

[114] La antigüedad y la forma básica de este canto ya fueron advertidas por H. Gunkel, *Introducción*, 57.103; estudio en un marco más amplio en F. Crüsemann, *Hymnus und Danklied*, 34.

[115] Inmediatamente antes de «sublime...» nos encontramos con la partícula *kî*, que da paso al estribillo comunitario. Aquí la hemos traducido por «sí», aunque cabe también «cierto», «desde luego», «claro».

servado Jue 5 se debe probablemente a que, como resultado de la importancia de su contenido, formó parte de la tradición histórica memorizada. Por lo que respecta a Sal 68,13-15, es posible que refleje un acontecimiento histórico determinado; si ha llegado a nosotros es gracias a su inclusión en la liturgia de algún festival recurrente, como sugieren los rasgos procesionales de los vv. 25-28 [116]. Según Westermann, encontramos también restos de esta poesía espontánea en Jue 16,23s; Sal 18,33-49; 118,15s; 149; Jud 16; Dt 32 [117]. Todos ellos pueden tener su origen en la celebración de batallas victoriosas, en la que la interpretación de antiguos himnos podía ir unida a la expresión espontánea de algún bardo popular. Sin embargo, es fácil observar que todos estos poemas, con un origen histórico específico, se desvincularon fácilmente de la tradición con el paso del tiempo.

Aunque carecemos de información, no hay por qué excluir otras posibles sedes vitales, además de la bélica. Cualquier ocasión era buena para alabar a Yahvé: el final de la recolección, un viaje comercial realizado con éxito, la llegada de las lluvias, un acontecimiento fausto para una ciudad o el país, etc.

Verdad es que la alabanza espontánea no constituye la forma hímnica más común, pues en Israel, al igual que en la mayoría de las culturas, las actividades de tipo cultual, marco idóneo para el himno, son determinadas por el ciclo estacional [118]. Así está constatado en las prescripciones de los calendarios festivos israelitas (Ex 23,14-17; 34,22-24; Lv 23; Dt 16,1-17).

b) Cantos de peregrinación e himnos procesionales

Aunque *stricto sensu* se trata de dos tipos de himnos, la analogía de sus respectivas sedes vitales y de su estructura formal invitan a un tratamiento compartido.

---

[116] Sobre estas ideas, cf. E.S. Gerstenberger, *Form Criticism* 210.
[117] Cf. C. Westermann, *Lob und Klage*, 67-69.
[118] También en nuestra cultura actual perviven restos de liturgias populares fosilizadas que, aunque han perdido su sede vital original, son testigos de cómo el hombre ha manifestado su religiosidad al ritmo de los ciclos naturales: los carnavales, los mayos, la noche de san Juan, las fiestas de otoño, santa Lucía, navidades, etc.

Si bien muchos himnos, por su relación con la liturgia, eran recitados en el templo, estos cantos eran interpretados probablemente por los romeros camino de Jerusalén o durante una procesión en torno al área del templo o a la ciudad. En las cabeceras de algunos salmos se conserva textualmente el recuerdo de estas «subidas» a Jerusalén (*šir hamma⁽ᵃlot,* 120-134 en v. 1). Los cantos de peregrinación se entonaban al comienzo de la romería y al final de la misma, que coincidía con la llegada a Jerusalén. Aunque sólo contamos con un canto de peregrinación propiamente dicho (122; algunos elementos en el 84; restos en Is 2,3; Jr 31,6; Miq 4,2), detalle que impide una descripción exacta del género, son claros sus sentimientos e ideas: añoranza de Sión, deseo de contemplar a Yahvé, mención del arduo viaje que han tenido que soportar los peregrinos y alegría por llegar a su destino. Ver p.e. 84,2-3.8; 122, donde el romero explota en deseos de bendiciones y de paz, y en alabanzas a la ciudad santa (84,5-6; 122,6-9) [119]. La alusión a estas actividades festivas en otros salmos (87; 121; 126) posibilita la hipótesis de la sede vital «peregrinación».

Podemos suponer que algunos de estos salmos, compuestos para una ocasión determinada, abandonaran con el tiempo su contexto histórico original y pasaran a formar parte de la liturgia de los festivales religiosos oficiales.

Las procesiones jugaban un papel muy importante en el antiguo culto israelita. Como ejemplos de este subgénero podemos citar los salmos 48, 68 y 132. Relacionadas con la peregrinación y la procesión estaban las llamadas «liturgias de entrada» o «liturgias de la Torá», tal como se recuerdan en Sal 15 y 24,3-10. Este tipo de ritos tendrían lugar a la llegada de la procesión al templo. Su estructura es sencilla: a) diálogo entre quien encabezaba la procesión y los porteros del templo: pregunta desde el exterior («¿Quién puede subir al monte del Señor?, ¿quién puede estar en el recinto sacro?», 24,3; cf. 15,1); respuesta desde el interior estableciendo las condiciones de entrada, de carácter ético (24,4s; 15,2-6; b) petición de que se abran las puertas del santuario (24,7-10), pues los solicitantes cumplen esas condiciones [120].

[119] Cf. H. Gunkel, *Introducción*, 324-326.
[120] Esta forma de preguntar era sin duda muy antigua. Los numerosos santuarios esparcidos por la geografía de Canaán tenían unas especiales *leges sa-*

c) Himnos del ciclo festivo

Aunque sabemos que en el primitivo Israel se celebraban tres grandes fiestas estacionales, Azimos, Semanas y Recolección o Chozas, ignoramos los detalles de las liturgias correspondientes. De lo que sí podemos estar seguros es de que dicho ritmo estacional y sus festivales correspondientes constituían el escenario de la mayor parte de los himnos israelitas. El contenido de esta tradición hímnica está relacionado tanto con la necesidad de los agricultores de conservar y revitalizar las fuerzas de la naturaleza cuanto con la historia, lugar de encuentro de Dios y el hombre según la fe israelita. Por eso, y por cuanto se refiere a Israel, no parece legítimo distinguir entre una mentalidad mítico-religiosa y una fe histórica. Introducir tal distinción supone distorsionar la modalidad de la fe israelita, pues constituye un elemento extraño en el cuerpo de la fe yavista [121].

Es verdad que los elementos seminómadas que pusieron por vez primera pie en Palestina acabaron por hacer suyas las preocupaciones de los indígenas, sobre todo una vez que adoptaron su modo de producción agrícola. Se sentían «religiosamente» obligados a solicitar de la divinidad lluvia y fertilidad para sus campos y sus ganados. Sin duda, los salmos 65 y 67 son ejemplos de himnos de acción de gracias tras una buena cosecha. Pero también es verdad que Yahvé, al propio tiempo que demostraba sus poderes a los agricultores israelitas con un buen año agrícola, era el Dios que había hecho el cielo y la tierra: creación y re-creación se fundían. Yahvé era creador del cosmos, pero al propio tiempo concedía «grano, vino y aceite» (Os 2,10), haciendo así prosperar a la tierra y al hombre. El estudio de las tradiciones de Ugarit ha corroborado la sospecha de la gran deuda cultural que Israel contrajo con los cananeos.

---

crae, una especie de «derechos» de la divinidad local. Ciertos crímenes y todo tipo de impureza ritual impedían la posibilidad de acceso a ellos. Con el tiempo, tales tabúes fueron dejando paso a normas de carácter ético, y el culto de los santuarios acabó convirtiéndose en un ámbito de instrucción religiosa y moral.

[121] Al menos en la manifestación de fe del corpus sálmico que tenemos a nuestra disposición; cf. E.S. Gerstenberger, *Form Criticism*, 212.

Desde este punto de vista, Israel alaba en los himnos todas las facultades y cualidades de Yahvé. Unida al teologúmeno de la creación, descubrimos la tradición de la teofanía, que, entre otras cosas, presenta a Yahvé revelándose en los elementos más violentos y sobrecogedores de la naturaleza: la tormenta, el relámpago y el fuego. También esos elementos aparecen con frecuencia en la estructura de los himnos. Pero todos estos rasgos no agotan las posibilidades de descripción de la naturaleza y las cualidades de Yahvé. Con el paso del tiempo, sus gestas históricas acabaron entrando a formar parte de los himnos. El creador demuestra su poder en la historia de dos maneras: recreando el viejo mundo al ritmo de las estaciones y recreando las posibilidades de existencia del hombre en ese mundo, necesidades tanto nutricionales cuanto sociales y políticas. Desde esta perspectiva, los *salmos históricos* (p.e. 78 y 105) constituyen el correlato socio-político de los himnos de la naturaleza. Ambos tienen su sede original en las grandes fiestas israelitas.

d) *Himnos del reinado de Yahvé y salmos reales* [122]

Pocos salmos han atraído tanto la atención por parte de los especialistas como los llamados «salmos de entronización» (47; 93; 96-99). Desde las investigaciones de Mowinckel y de la escuela mito-ritual, inspirada en él [123], el panorama de los estudios sobre los salmos ha ido cambiando sustancialmente. Estructura, motivos e imaginería sitúan a este grupo de salmos en un subgrupo peculiar dentro de la categoría de los himnos.

Todos estos poemas proclaman la entronización de Yahvé como rey cósmico [124] entre las aclamaciones de su pueblo. Di-

---

[122] Sobre los salmos reales en general y salmos con contenido real en particular, ver, aunque diferimos de sus puntos de vista, J.H. Eaton, *Kingship and the Psalms* (Sheffield ²1986). Consultar también S. Mowinckel, *Israel's Worship* I, 61-76; E. Lipiński, *art. cit.*, col. 32-35.94-102; J. Day, *Psalms*, 88-108.

[123] Consultar el c. XI sobre la historia de la interpretación de los salmos. También K.-H. Bernhardt, *Das Problem der altorientalischen Königsideologie im Alten Testament* VTS VIII (Leiden 1961) 183-290.

[124] Sobre el origen y desarrollo de la idea de la realeza de Yahvé, cf. J. Gray, *The Biblical Doctrine of the Reign of God* (Edimburgo 1979) esp. 39-116; con diferentes resultados J. Jeremias, *Das Königtum Gottes in den Psalmen* (Gotinga 1987) esp. 149-165; concretamente en los salmos, O. Camponovo, *Königtum, Königsherrschaft und Reich Gottes in den frühjüdischen Schriften* OBO 58 (Gotinga 1984) 91-102; en relación con la teología de Sión, B.C. Ollenburger, *Zion the City of the Great King* (Sheffield 1987) esp. 23-52.

cha entronización es descrita con rasgos míticos (teología de la creación, lucha con el Dragón Primordial). Sabemos que Mowinckel postula una sede vital peculiar de estos salmos: un festival de entronización de Yahvé celebrado en el marco de la Fiesta de las Chozas o de Año Nuevo al final del año agrícola, es decir, nuestro otoño, que coincide en Palestina con el comienzo de la época de las lluvias [125]. Esta teoría ha sido duramente criticada o puesta en tela de juicio con gran aparato argumentativo por parte de numerosos especialistas. Hay quienes niegan la idea de la «entronización», reduciendo estos salmos a proclamaciones de la «realeza» de Yahvé; otros incluso rechazan la existencia de este género como tal [126]. Sin embargo, los paralelos a dicha fiesta que se han descubierto en Mesopotamia y Ugarit [127] nos obligan a concederle al menos el beneficio de la posibilidad.

A pesar de la peculiaridad de esta clase de salmos, sus elementos formales encajan perfectamente en el modelo genérico de himno expuesto más arriba: 1) Exhortación a la alabanza, dirigida a la naturaleza y a las naciones (47,2; 96,7-9; 98,4-9); 2) Alabanza de Yahvé como señor del mundo. Esta segunda parte incluye un amplio abanico de motivos: su dominio (47,3; 96,5), su gloria (96,6), su justicia (97,6; 99,4), su victoria (98,2), su epifanía (97,2-5) y sus hazañas históricas (99,6s).

Dentro de esta categoría de himno hemos de situar los llamados «salmos reales», que celebran al rey davídico de Jerusa-

---

[125] Amplia exposición en S. Mowinckel, *Psalmenstudien II. Das Thronbesteigungsfest Jahwäs und der Ursprung der Eschatologie* (Cristianía 1922); ibíd. *Israel's Worship* I, 106-192.

[126] Así, entre otros, H. Gunkel, *Introducción*, 116-131; H.-J. Kraus, *Psalms*, XLIII-XLIV; A. Weiser, *The Psalms*, 62s; C. Westermann, *Lob und Klage*, 110-115; L. Sabourin, *op. cit.*, 62. La teoría, sin embargo, ha sido aceptada total o parcialmente por H. Schmidt, *Die Thronfahrt Jahwes* (Tubinga 1927); ibíd. *Die Psalmen* (Tubinga 1934); A.R. Johnson, *Sacral Kingship in Ancient Israel* (Cardiff ²1967); D. Anders-Richards, *The Drama of the Psalms* (Londres 1968); J. Gray, *The Biblical Doctrine of the Reign of God* (Edimburgo 1979) esp. 7-116; J.H. Eaton, *The Psalms come alive* (Londres-Oxford 1984); Id., *Kingship and the Psalms* (Sheffield ²1986) esp. 102-111. Exposición de las diversas posturas en E. Lipiński, *Les Psaumes de la royauté de Yahwé dans l'exégèse moderne*, en R. de Langhe (ed.), *Le Psautier* (Lovaina 1962) 133-272; Id., *La Royauté de Yahwé dans la poésie et le culte de l'ancien Israël* (Bruselas 1965) 11-90.

[127] Sobre posibles paralelos egipcios, cf. D. Michel, *Studien zu den sogenannten Thronbesteigungspsalmen: VT* 6 (1956) 40-68.

lén y que sólo parcialmente están relacionados con los himnos de la realeza de Yahvé. En general, los motivos y la imaginería de estos ceremoniales de entronización responden al protocolo real y cortesano propio de las culturas del Próximo Oriente [128]. El punto de contacto de estos salmos con los de la realeza de Yahvé lo constituye la toma de posesión del cargo: se asemejan la descripción de la gloria de la entronización de Yahvé y la de su Ungido. Podemos mencionar poemas relacionados con la entronización propiamente dicha (Sal 2; 110; cf. 21; 72; 101), con las nupcias reales (Sal 45).

Es innegable que la mayor parte de estos salmos se remontan a la época de la monarquía. Sin embargo, ciertos exegetas católicos, al interpretar estos salmos en sentido mesiánico-escatológico, les asignan una fecha postexílica [129]. Pero tengamos en cuenta que, a pesar de la legitimidad de una «lectura» mesiánica, practicada sin duda en la época del Judaísmo, no es correcto postular dicho sentido en su origen [130].

e) *Himnos a Sión* [131]

Ante este tipo de salmos sentimos la desazón de quienes, a pesar de haber dedicado un considerable esfuerzo al estudio de los himnos, no acaban de dar con la clave de su clasificación. En efecto, numerosos investigadores han colocado aparte este pequeño grupo de poemas, que estrictamente hablando son los salmos 46, 48 y 76. Pero, ¿por qué no 126 y 129? ¿Por qué la catalogación que de éstos ofrecen sus cabeceras (*šir hamma'alot*) impulsa a algunos críticos a considerarlos «cantos de las subidas o de peregrinación»? [132] Está claro que la

---

[128] Sobre el alcance de la ideología real en el Próximo Oriente, consultar K.-H. Bernhardt, *Das Problem der altorientalischen Königsideologie im Alten Testament* VTS VIII (Leiden 1961) 67-90.

[129] Cf. L. Sabourin, *op. cit.*, 70s.

[130] Otro tanto puede decirse de quienes interpretan los salmos reales en sentido colectivo. A lo sumo podríamos hablar de una relectura o reinterpretación posterior. Sobre el problema, cf. J. Becker, *Die kollektive Deutung der Königspsalmen:* ThPh 52 (1977) 561-578.

[131] Consultar E. Lipiński, *art. cit.*, col. 23-32. Interpretación original de estos himnos en S. Lach, *Versuch einer neuen Interpretation der Zionshymnen:* VTS 29 (1978) 149-164. Sobre el culto a Yahvé-rey en Sión en relación con los salmos de entronización, véase B.C. Ollenburger, *Zion the City of the Great King* (Sheffield 1987).

[132] Al contrario, un típico salmo de peregrinación como el 122 es cataloga-

familia de los himnos ofrece unos contornos tan sutiles e indefinidos desde el punto de vista de la forma, que impiden una clasificación relativamente rigurosa. No hay más que asomarse al panorama crítico [133].

Hemos de reconocer que, por lo que respecta a los salmos 46, 48 y 76, carecen de la típica estructura del himno. En concreto, falta en ellos la exhortación introductoria a la alabanza. Esta carencia, sin embargo, puede ser accidental, pues en ocasiones se percibe una llamada a la asamblea (46,9; 76,12). El cuerpo del himno celebra la presencia de Yahvé en Sión, la «ciudad de Dios» (46,5s; 48,2.9), colina identificada con una montaña mítica sagrada («vértice del cielo» 48,3), invencible fortaleza de Yahvé y su pueblo (48,9b) [134]. A pesar de sus irregularidades formales, estos salmos sobresalen por su contenido y por los sentimientos que dejan traslucir, sobre todo la afirmación de confianza y seguridad. La alabanza propiamente dicha se manifiesta en la apelación directa («Tú eres terrible...», 76,8) o en la formulación en tercera persona («Grande es el Señor...», 48,2) [135].

Respecto al contenido, todos hablan de una especie de ataque a Sión, con rasgos míticos o teofánicos, de la lucha de Yahvé contra tales poderes adversos y de su victoria (46,3s.7. 10; 48,3.6.8; 76,4.7) [136]. La alusión a escenas procesionales en 48,13s ha inducido a algunos a postular la existencia de una fiesta peculiar en honor de Sión [137]. Pero, por desgracia, nada en el Antiguo Testamento fuera de estos salmos posibilita tal hipótesis. Sea lo que fuere, hasta el momento no se ha dado con la clave interpretativa de estos poemas: ¿a qué ataque se refieren? Los críticos se reúnen en torno a tres interpretacio-

---

do como «himno a Sión» por S. Mowinckel, *Israel's Worship* I, 90; L. Sabourin, *op. cit.*, 63.

[133] P.e., mientras H.-J. Kraus trata el canto a Sión como un género aparte, al margen de los himnos (*Psalmen* I, LIII-LIV), otros autores ofrecen un tratamiento hímnico del mismo: S. Mowinckel, *Israel's Worship* I, 90s; G. Ravasi, *Il libro dei Salmi* I, 48.

[134] Sobre el tema, consultar J.H. Hayes, *The Tradition of Zion's Inviolability: JBL* 82 (1963) 419-426.

[135] Cf. E.S. Gerstenberger, *Form Criticism*, 217.

[136] Consultar al respecto G. Wanke, *Die Zionstheologie der Korachiten* BZAW 97 (Berlín 1966) 70-99.

[137] Ver más adelante el c. XI sobre historia de la investigación, II,4.

nes: histórica, escatológica y cultual. Según Krinetzki [138], los poetas aludirían, entre imágenes de poderío y colorido mítico que son elaboraciones típicas de la poesía, a situaciones históricas concretas en las que la comunidad social israelita se había visto liberada de algún ataque enemigo. Gunkel [139] ofrece el punto de vista escatológico: estos himnos cantan por anticipado la victoria definitiva de Yahvé contra los enemigos de la ciudad santa. Mowinckel, patrocinador de la explicación cultual, se basa en la comprensión dramática del culto. El colorido mítico del ataque primordial en estos salmos no puede ser explicado recurriendo a lo histórico ni a lo escatológico. El acontecimiento es descrito como perteneciente al pasado y al presente, pero con resultados decisivos para el futuro. Y la única interpretación que puede satisfacer la vinculación de estos segmentos temporales y al propio tiempo reconciliar lo histórico y lo mítico-cósmico es la cultual. El participante en la acción cultual experimenta como contemporáneas las realidades míticas que acompañan a dicha acción [140].

Para determinar la edad de estos salmos habrá que tener en cuenta un dato. Si estas tradiciones sagradas de Sión son preisraelitas (en el sentido de su adopción tras la conquista de la fortaleza jebusea de Sión por parte de David), entonces pierden convicción los argumentos en favor de una datación exílica o postexílica [141].

f) Otros salmos hímnicos

A pesar de lo expuesto hasta el momento queda un buen número de salmos respecto a los cuales los especialistas ofrecen puntos de vista diversos. Se trata de poemas con rasgos hímnicos, pero en los que la típica invitación imperativa de apertura a la alabanza ha sido sustituida por exclamaciones admirativas con la mención del nombre de Yahvé: 8,1 («Señor, Dios nuestro, ¡qué admirable es tu nombre en toda la tierra!»);

---

[138] En L. Krinetzki, *Zur Poetik und Exegese von Psalm 48:* BZ 4 (1960) 70-97.

[139] Ver H. Gunkel, *Introducción,* 359s.

[140] Aunque extraídas de otro contexto, pueden verse estas ideas en S. Mowinckel, *Israel's Worship* I, 109-116, esp. 110-112.

[141] Para mayor información, consultar H. Schmidt, *Jahwe und die kulttraditionen von Jerusalem:* ZAW 67 (1955) 168-197.

65,2 («¡Oh, Dios, tú mereces un himno en Sión!»); 139,1 («¡Señor, tú me sondeas y me conoces!»). Por otra parte, el cuerpo del poema se caracteriza no tanto por la alabanza explícita, típica del himno, cuanto por el tono reflexivo, meditativo y contemplativo. Verdad es que el Sal 8, p.e., recurre a la alabanza (v. 2b), pero el «modo» en general es admirativo: «Cuando contemplo el cielo... ¿qué es el hombre (me pregunto)?» (v. 4s). El Sal 65 bien podría ser un himno del ciclo festivo, a juzgar por la mención de Sión (v. 2) y, sobre todo, por vv. 10-14. Pero la ausencia de elementos formales laudatorios y la tonalidad general contemplativa obligan a suspender un juicio clasificatorio. Igualmente el Sal 139, donde el poeta hace además gala de la introspección psicológica. ¿Qué decir de estos salmos? Respecto al Sal 8, lo catalogan como «himno» Mowinckel, Kraus, Westermann, Gerstenberger, Sabourin [142]; como «acción de gracias», Reventlow [143]. Sobre el Sal 65 hay mayores discrepancias [144]. En lo concerniente a Sal 139, tampoco existe unanimidad entre los críticos. Gerstenberger lo considera un himno, si bien observa en él cierta proximidad a los salmos didácticos; Sabourin duda entre «súplica» y «sapiencial», si bien se inclina por esta última posibilidad; Kraus duda también entre «acción de gracias» y «sapiencial» [145].

Como podemos observar, la categoría «himno» está todavía sin aclarar desde el punto de vista formal. Pero el problema no se circunscribe a una «cuestión de tiempo», sino que radica en diversos factores que no ven o no quieren ver los críticos formales: que no es demostrable la persistencia en el tiempo de las formas literarias; que el poeta ha podido elaborar un poema con libertad, creando, recreando o imitando formas, sin necesidad de someterse a un rigor formal objetivo; que, en definitiva, empeñarse en introducir un poema en un

---

[142] S. Mowinckel lo denomina «himno en estilo descriptivo» (*Israel's Worship* I, 86); H.-J. Kraus lo cataloga como «himno individual a la creación» (*Psalmen*, XLII); cf. C. Westermann, *Lob und Klage*, 105, donde sin embargo se reconoce en Sal 8 la ausencia de una forma rígida; E.S. Gerstenberger, *Psalms*, 17-19.70; L. Sabourin, *op. cit.*, 62.99.

[143] H.G. Reventlow, *Der Psalm 8:* «Poetica» 1 (1967) 304-332.

[144] Desde quienes lo catalogan como himno, así F. Crüsemann, *Hymnus und Danklied*, 201s; E.S. Gerstenberger, *Psalms*, 17, hasta quienes prefieren considerarlo «acción de gracias colectiva», así L. Sabourin, *op. cit.*, 75.298.

[145] Cf. E.S. Gerstenberger, *Psalms*, 17.20; L. Sabourin, *op. cit.*, 76.579s.; H.-J. Kraus, *Psalmen*, 915s.

corsé que no es de su medida trae graves consecuencias: lo deforma y le impide que manifieste todos los contornos que en definitiva posibilitan su comprensión.

4. Salmos didácticos o sapienciales [146]

Dentro del mundo de los críticos es *communis opinio* que la mayor parte de los salmos reflejan actividades de tipo cultual y litúrgico [147]. El problema se plantea al descubrir en la salmodia hebrea poemas que no parecen haber sido compuestos para uso cultual. Ya Gunkel y Mowinckel [148] advirtieron que no todos los salmos están claramente relacionados con intereses o ceremonias de tipo ritual o litúrgico. Según ellos, tras un primer repaso al Salterio podría deducirse que personas que originalmente trabajaron en círculos sapienciales dedicadas a la educación privada acabaron con el paso del tiempo interesados por otros ámbitos [149]. A decir verdad, no puede pasarse por alto la huella de los sabios en ciertos poemas caracterizados por un discurso más reflexivo y un tono más meditativo que el habitual en los poemas de tipo cultual (así en Sal 1; 39; 90; 139). Los argumentos en esta dirección se deducen del uso que hacen algunos salmos de elementos propios del ámbito sapiencial: lenguaje, rasgos formales y conceptos y concepciones teológicos y éticos [150]. De ahí que los críticos opinen que este tipo de salmodia representa una transición entre los salmos y la enseñanza sapiencial [151]. De todos modos, si damos por válida la opinión (bastante generalizada) de que sabiduría es casi sinónimo de actitudes acultuales apartadas de la prácti-

[146] Cf. H. Gunkel, *Introducción*, 393-410; E. Lipiński, *art. cit.*, col. 120-123; W.H. Bellinger, *Psalms* (Peabody/Mass 1990) 124-134; R. Davidson, *Wisdom and Worship* (Filadelfia 1990) 31-46.

[147] Cf. H. Gunkel, *Introducción*, 25ss; S. Mowinckel, *Israel's Worship* I, 1-22; H.-J. Kraus, *op. cit.*, LXI-LXIII; C. Westermann, *Der Psalter*, 14-18; A. Deissler, *I Salmi* (Roma 1986) 9-12; L. Sabourin, *op. cit.*, 41-45; G. Ravasi, *op. cit.* I, 24s.

[148] Cf. H. Gunkel, *Introducción*, 395-410; S. Mowinckel, *Israel's Worship* II, 104-125, esp. 106-108.111-114.

[149] Así, S. Mowinckel, *Psalms and Wisdom*: VTS 3(1955)205-244.

[150] Consideraciones atinadas a este respecto en R.E. Murphy, *A Consideration of the Classification «Wisdom Psalms»*: VTS 9 (1963) 156-167; R. Davidson, *Wisdom and Worship*, 17-30.

[151] Así, C. Westermann, *Der Psalter*, 93.

ca religiosa, fruto de círculos culturales y cortesanos [152], no podemos obviar las preguntas: ¿cómo pudieron introducirse en el Salterio estas composiciones «bastardas»?; ¿cómo pudieron ejercer su influencia en poemas netamente cultuales? [153]

a) Influencia sapiencial en los salmos

Para precisar las respuestas tendremos que preguntarnos en qué medida podemos establecer la influencia sapiencial en los salmos, para pasar, en una segunda etapa, a plantearnos la cuestión de la sede vital de estos poemas tal como están preservados en el Salterio.

Contamos con suficientes criterios como para decidir, con cierto grado de certeza, qué salmos nacieron en el vasto campo de actividad de los sabios. En primer lugar, en algunos poemas aparecen fórmulas y elementos formales habituales en la literatura de sentencias. Para empezar, el modo de dirigirse a la gente parece ser un préstamo de la instrucción; así: «Venid, hijos, escuchadme; os instruiré en el temor del Señor» (34,12; ver 49,2-5; 78,1s). En el Salterio abundan los macarismos o enhorabuenas: «Feliz el hombre que...» (1,1; 112,5); los proverbios numéricos (62,12; cf. Pro 30,15s.18s.21-23.24-28.29-31); apotegmas que parecen extraídos de Proverbios (comparar Sal 37,16 con Pro 15,16); exhortaciones cultivadas en el mundo de los sabios (Sal 34,14s; 37,1-8). Remitiéndonos a ejemplares concretos, una ojeada al Sal 37 nos pone inmediatamente en contacto con una serie de datos, fórmulas e ideas espigadas en el campo sapiencial. Encontramos también en este salmo proverbios aislados de un estico (vv. 21.22) o material proverbial elaborado en unidades más amplias (p.e. vv. 16s con motivación). Observamos en el Salterio incluso poemas enteros que a nadie sorprendería ver en el libro de los Proverbios (p.e. Sal 127: alabanza de la familia ideal; 128,1-3: ventajas del temor del Señor). Típico también de la sabiduría es el estilo autobiográfico (Sal 37,35s: «vi... volví a pasar... busqué»; cf. Pro 7,6ss; 24,30ss) o las conminaciones en imperativo (Sal 37,37s: «observa... fíjate»; cf. Pro 6,6ss). El llamado acróstico alfabético [154], presente en Sal 9/10; 25; 34; 37; 111/112; 119; 145, con-

---

[152] Ver E. Gerstenberger, *Form Criticism*, 220.
[153] Sobre estas preguntas, cf. E. Gerstenberger, *Form Criticism*, 218.
[154] Se trata de disponer los esticos del poema siguiendo el orden de las

siste en un artificio poético de superficie, que no afecta al contenido, muy del gusto de los círculos ilustrados, que pretendía no sólo ayudar a la memorización sino también halagar la vista y recrear al oído. Si los Sal 127 y 128 presentan una «independencia sapiencial» más neta, el 37, como hemos podido ver, acusa una no disimulada relación con la lamentación o súplica individual. En efecto, tras los impíos que prosperan pueden fácilmente ser identificados los «enemigos» del salmista.

Aparte de fórmulas y elementos formales, podemos descubrir en los salmos intereses e intenciones claramente didácticos, lo mismo en la introducción de un poema (Sal 49 y 78) que en la totalidad de su tono y estructura (Sal 1; 19; 34; 119). Existe una tercera faceta que conviene no pasar por alto: los tópicos y motivos de estos salmos parecen haber sido espigados en la literatura sapiencial: así, el binomio justo-malvado (Sal 1; 37; 49; 73) o la prosperidad temporal o aparente del impío [155].

A juzgar por esta ósmosis de ámbitos, puede pensarse que, en la época tardía del segundo Templo, salmodia y Sabiduría habían iniciado un acercamiento mutuo, de tal modo que cabría hablar de una sabiduría teológica. Igualmente la alabanza de la Ley que se percibe en Sal 1; 19B y 119 responde a un proceso teologizador, vinculado al mundo de los sabios, de una antigua tradición judía.

A pesar de las observaciones propuestas hasta el momento, sería erróneo pensar que los salmos sapienciales fueron compuestos y usados en ámbitos privados educativos ajenos a los intereses cultuales. Creemos más bien que los llamados salmos sapienciales eran auténticas piezas litúrgicas desde un primer momento [156]. Las peculiaridades en cuanto a forma y mensaje se refiere, se debe principalmente a los cambios de las condiciones cultuales durante y después del destierro babilónico, favorecidos sin duda por los cambios sociopolíticos. Tras el exilio, los guías religiosos de la nueva comunidad (principalmente escribas y levitas) intentaron reunir en torno

---

letras del alefato hebreo, de tal modo que el primer estico sea introducido por la álef, al propio tiempo que la primera palabra del verso empiece también con dicha letra. Y así sucesivamente.

[155] Sobre el problema de la retribución en este tipo de poemas, cf. J.K. Kuntz, *The Retribution Motif in Psalmic Wisdom:* ZAW 89 (1977) 223-233.

[156] Cf. E. Gerstenberger, *Psalms*, 20.

a la Palabra de Dios a las comunidades judías que, en otras circunstancias más venturosas, hubiesen gozado de la protección de un estado libre. Mantener la dinámica de la tradición y estudiar su desarrollo y repercusiones acabaría por constituir el núcleo de la existencia individual y comunitaria. Tal ejercicio centrípeto implicaba no sólo la exclusividad de Yahvé y de sus disposiciones (Torá, Shabbat, etc.), sino también el cultivo de ideas más directamente políticas: restauración política (dinastía davídica), revancha nacional contra los opresores (cf. Eclo 36,1-22). Probablemente haya que postular este esquema social e ideológico para explicar la influencia sapiencial en la vida y el culto judíos.

b) Contexto vital

¿Pero cómo fueron usados estos salmos en los servicios cultuales del primitivo Judaísmo? Desde luego, en ellos pueden percibirse sin esfuerzo elementos originalmente sapienciales, como el proverbio, el dicho, el macarismo, etc. Sin embargo, están fundidos con elementos ajenos al mundo de los sabios, formando amplias unidades con otros centros de interés, que sin embargo dejan entrever una actitud y un talante exhortativos e instructivos. Si los elementos originalmente sapienciales aparecen p.e. en una súplica, ésta ya no relata la experiencia de un individuo ni se circunscribe a ella; los problemas se han generalizado. Se trata en definitiva del destino de la nación. Un guía espiritual, con una buena formación literaria y teológica, presenta el salmo a la asamblea reunida en actitud de escucha. El tono general de los salmos sapienciales se acerca al del «counseling» pastoral. Podemos suponer, por tanto, que tales salmos, en su mayor parte, surgieron en relación con la instrucción comunitaria y litúrgica, que sin duda constituyó una parte vital del primitivo culto judío. Pretendían la edificación y orientación de los miembros de la asamblea sinagogal. Desgraciadamente poco sabemos de los servicios cultuales de la sinagoga. A juzgar por los propios salmos sapienciales, podemos presumir que dichos textos eran usados como lecturas litúrgicas en combinación con la lectura de la Torá, aun sin olvidar que se trata de plegarias dirigidas a Dios. Con toda probabilidad, el oficiante litúrgico (un hombre sin duda instruido y formado en ámbitos sapienciales) componía esos salmos y los recitaba como representante de la asamblea, del mismo modo que antaño habían hecho el sacerdote o el profeta cultual. No hay, por tanto, razones que excluyan a priori el uso y la sede cultual de los salmos sapienciales. Buscando un rastro de esta posible conexión, Gerstenberger cita la obra sapiencial conocida como «Teodicea Babilonia» [157], las letras de cuyo acróstico forman la siguiente frase: «Yo, Saggil-kinam-ubbib, sacerdote de los encantamientos (e.d. exhorcista), soy adorador del dios y del rey» [158]. Si el autor, según puede deducirse, fue un sacerdote, tenemos la obligación de preguntarnos si los autores de los salmos sapienciales israelitas no deberían ser buscados entre los sacerdotes responsables de las ceremonias de súplica y de acción de gracias.

Como hemos podido comprobar, el estudio de esta clase de salmos pone de manifiesto una vez más la convicción de que Gunkel, con su propuesta de género literario, introdujo involuntariamente en la exégesis de los salmos una categoría sólo relativamente útil y, desde luego, muy problemática [159]. ¿Podemos hablar, desde un riguroso punto de vista formal, de un «género sapiencial»? ¿Presentan los llamados salmos didácticos los elementos formales imprescindibles –y su posibilidad de combinación en estructura– que permitan hablar de género, o quizás habrá que limitarse a decir que en la salmodia hebrea detectamos información sapiencial? [160] Si en el resto de los géneros literarios es necesario reconocer el carácter errático y cosmopolita de numerosas formas literarias –p.e. puntos de contacto formales entre el himno y la acción de gracias, entre ésta y la súplica; indecisión generalizada entre los críticos a la hora de clasificar los himnos–, dicho reconocimiento se pone emblemáticamente de manifiesto en los salmos sapienciales.

[157] E. Gerstenberger, *Form Criticism*, 221.
[158] En su tenor original: *a-na-ku sa-ag-gi-il-ki-[i-na-am-u]b-bi-ib ma-ás-ma-su ka-ri-bu sa i-li ú sar-ri*, ANET 601.
[159] Hago mías las observaciones de Alter referentes al relativo valor del género literario, especialmente si tenemos en cuenta que el poeta utiliza con libertad el material tradicional que tiene a su disposición e incluso el modo de ordenar y estructurar dicho material, cf. R. Alter, *The Art of Biblical Poetry*, 112.
[160] Según numerosos autores, la influencia sapiencial se percibe en la mayor parte de los géneros sálmicos; así, R.E. Murphy, *A Consideration of the Classification «Wisdom Psalms»*: VTS 9 (1963) 156-167.

Capítulo X
TEOLOGIA DEL SALTERIO [1]

Introducción

Bibliografía española: R. Arconada, *La escatología mesiánica en los salmos ante dos objeciones recientes:* Bib 17 (1936) 202-229; 294-326; 461-478; P. Beauchamp, *Los salmos noche y día* (Madrid 1980); A. Colunga, *El mesianismo de los salmos regios:* StAns 27 (1951) 208-230; J.M. González Ruiz, *Las teofanías en los salmos:* EstBib 13 (1954) 267-287; H.-J. Kraus, *Los Salmos I* (Salamanca 1993) 105-125; H.-J. Kraus, *Teología de los salmos* (Salamanca 1985); M. Gourgues, *Los salmos y Jesús. Jesús y los salmos* (Estella 1979); N. Füglister, *La oración sálmica* (Estella 1970).

Hablar de «teología del Salterio» implica un posible error metodológico, toda vez que los salmos no pretenden exponer un tratado de teología, sino que son expresiones poéticas de una peculiar experiencia de fe [2]. Usamos el término «experiencia» para definir el complicado proceso de asimilación de visiones, observaciones y actitudes que, de manera vaga, podemos calificar de «religiosas», y que se ponen en movimiento a la hora de evaluar la naturaleza de la vida, los principios fundamentales del mundo y, en última instancia, el significado de la existencia humana misma. Por otra parte, y aunque los salmos hayan servido de «libro de preces» durante el tardío Ju-

---

[1] Aparte de la obra ya citada de H.-J. Kraus *Teología de los salmos,* puede consultarse sobre el tema W. Brueggemann, *Israel's Praise* (Filadelfia 1988); H. Spieckermann, *Heilsgegenwart. Eine Theologie der Psalmen* (Gotinga 1989).

[2] Al intentar esta sistematización del pensamiento teológico del Salterio, soy consciente del carácter artificioso de tal proyecto; en ese sentido hago mías las observaciones y palabras del exegeta contemporáneo P.R. Ackroyd en *Doors of Perception,* 51.

daísmo, su dispersión en el tiempo ha ido depositando en ellos diferentes estratos teológicos, correspondientes a las épocas de su composición. La plural experiencia de fe de la comunidad israelita a lo largo de los siglos ha dejado su huella en este tipo de literatura. Si admitimos la formulación «teología del Salterio» es más por comodidad expositiva y por respeto a un convencionalismo teológico [3] que por rigor metodológico.

Decir que los salmos son composiciones poético-religiosas no implica una actitud reduccionista que los relegue a la categoría de obra literaria humana. Por otra parte, afirmar que se trata de poemas divinamente inspirados, no nos exime de la contemplación crítica de su rostro humano. Ambos aspectos convergen en los conceptos de inspiración y de alteridad. Un salmo es una obra poética forjada en la contemplación, en el dolor o en el gozo. En cualquier caso, el salmista actúa movido por un estro apasionado. Pero también es verdad que en esta faceta de la inspiración literaria de los salmos late siempre la interpelación decisiva y determinante del único y solo Otro. La pasión del poeta se mueve a ritmo divino: cercanía o lejanía de Dios, contemplación de su actividad histórica y de su ser, y el modo en que todas estas circunstancias repercuten en el hombre, generan la experiencia y el poema. Los salmistas ofrecen reflexiones y afirmaciones relativas al hombre y a Dios, o mejor dicho: al hombre en Dios y a Dios para el hombre. Se trata de una alteridad teológica. En los salmos, el hombre dice porque previamente «se ha sentido dicho» por Dios.

I. EL HOMBRE SUJETO/OBJETO DE LA INTERPELACION

1. *El marco natural de la interpelación*

a) *Ideas sobre el universo*

Como podremos ir comprobando, las ideas sobre la naturaleza del universo compartidas por los salmistas son tan importantes como las tradiciones estrictamente teológicas, pues, de manera inconsciente casi siempre, su mensaje se halla con-

---

[3] Pensemos en el título de la obra de H.-J. Kraus, *Theologie der Psalmen* (Neukirchen-Vluyn 1979). Otros autores prefieren el término menos técnico de «enseñanza»; ver el resumen doctrinal de L. Jacquet, *Les Psaumes et le coeur de l'homme* I, 123-159.

dicionado por una determinada cosmología, compartida por casi todas las culturas del Próximo Oriente antiguo [4]. Los poetas hacen uso de las imágenes y los símbolos que les proporciona su idea del cosmos. Si el autor de Sal 19,5c-7 se expresa en tales términos es porque, según la cosmovisión israelita, el sol «se levantaba», recorría su órbita y «se acostaba»; al día siguiente volvía a trazar imperturbable su órbita (cf. Ecl 1,5). Al concebir la tierra plana e inmóvil, no podían expresarse de otro modo.

Según los salmistas, Israel constituía probablemente el centro del mundo. Desde luego, los israelitas no se sitúan en «los confines del orbe» (cf. Sal 22,28): «Dios gobierna a Jacob y hasta el confín de la tierra» (Sal 59,14; ver 65,9; 67,8). A partir de este centro geográfico (y teológico) está trazado «el círculo de la tierra»: la línea costera que separa la tierra firme del mar. Así lo dice Sal 104,9: «Trazaste una frontera que (las aguas) no traspasarán». El agua que rodea la tierra firme puede recibir distintos nombres: mar, aguas caudalosas, ríos, torrentes del Abismo, etc. De esta guisa, la tierra es descrita como una inmensa plataforma rodeada y sostenida por las aguas («afianzó sobre las aguas la tierra», Sal 136,6): marítimas y subterráneas. Estas últimas buscan su salida a través de manantiales.

Coincidiendo con el círculo de la tierra, en sus límites extremos, se elevaban montañas (cf. Sal 90,2a; 18,8b; 36,7a). En algunas ocasiones, debido probablemente a su cercanía con el tenebroso mar primordial, reciben el nombre de «islas» (cf. Sal 97,1). Su función es la de servir de columnas sobre las que se asienta la bóveda de los cielos. Poco se dice en los salmos de este mundo celeste; en cualquier caso las escasas descripciones son vagas y abstractas. Por encima de las «aguas superiores», que azulean a través de la bóveda del cielo (cf. Gn 1,6), se encuentra «El cielo más alto» (Sal 148,4) o «las cámaras superiores» (Sal 104,3), ámbito propio de la divinidad.

El *šeʾol*, mundo subterráneo y morada de los muertos, constituye también una entidad cósmica. A pesar de su frecuente mención en el Salterio, no están muy claros sus límites ni su relación con el resto de la estructura del universo. En

[4] Consultar al respecto G. Rinaldi, *L'universo nei Salmi*: BbbOr 15 (1973) 229-238.

368 Teología del Salterio

ocasiones, los salmistas se refieren a él como la «tierra» o el «polvo» (Sal 44,26). De cualquier modo, se trata de una especie de profunda gruta subterránea, olvidada de Dios y los hombres, silenciosa y lúgubre.

b) Cosmos y caos

Del mismo modo que la tierra está habitada por hombres y animales, el mar bulle de seres vivos. En él habitan Leviatán, dragón marino, y Behemot, el monstruo del caos, que en los mitogramas israelitas representan el antipoder, las fuerzas hostiles a Yahvé creador, que amenazan continuamente el orden cósmico. Aunque Gn 1 nos dice entreveladamente que el caos marino (las aguas primitivas como mitema relativo a este caos) fue sometido por Yahvé en su acto creador, el israelita percibe el mundo en el que se desarrolla su existencia como una entidad ordenada en continua amenaza. El monstruo del caos confiere una peculiar dramatización al mitema de las aguas primordiales. De hecho, el conflicto entre cosmos y caos es representado mediante la lucha entre el dragón marino y la divinidad [5]. Israel adoptó estas representaciones seguramente a través del legado cananeo de la Jerusalén jebusea [6].

El Salterio, en algunos especímenes probablemente preexílicos, se hace eco de estos motivos mitológicos relacionados con el templo de Jerusalén. Yahvé sale victorioso de su lucha contra los poderes del caos y consigue el reinado. En los salmos, esta victoria está relacionada con la creación del mundo, vinculación que se refleja también en la épica babilonia de la creación *Enuma Eliš* [7]. Conocido a este respecto es Sal 74,12-15:

> Pero tú, Dios mío, eres rey desde siempre,
> tú ganaste la victoria en medio de la tierra;

[5] Véase G. Wanke, *Die Zionstheologie der Korachiten*, BZAW 97 (Berlín 1966) 68-70.

[6] Según la mitología cananea, Baal, hijo del dios supremo El, se enfrenta a Yam, dios del mar, y a Mot, dios de la muerte. Tras una complicada y encarnizada lucha, se hace con la realeza y con el palacio situado en una mítica montaña del lejano septentrión. Este mito cananeo, probablemente recitado en rituales estacionales, pretendía actualizar el triunfo sobre el caos y la muerte, asegurando así fertilidad a la naturaleza y a las personas.

[7] Sin embargo, en los textos mitológicos cananeos de la tradición de Ugarit no aparece explícitamente relacionada la creación con el mito de Baal.

tú hendiste con fuerza el mar,
rompiste la cabeza del dragón marino;
tú aplastaste la cabeza del Leviatán,
se la echaste en pasto a las bestias del mar.
Tú alumbraste manantiales y torrentes,
tú secaste ríos inagotables.

Se trata del texto más claro, dentro del Salterio, relativo al material mitológico que venimos exponiendo: las aguas primordiales y sus monstruos, la victoria de Yahvé sobre éstos, que posibilita su acto creador y su proclamación como rey. Ante una derrota, quizá definitiva, caótica, en manos del enemigo (vv. 4-9), el israelita rememora en el culto, interpelando así a Dios, las antiguas hazañas de Yahvé. El Sal 89,7-15 nos ofrece una perspectiva análoga: Yahvé por encima de todos los dioses, dominador de las «aguas», vencedor del monstruo (Rahab), creador y rey. La mención del «mar» y el «oleaje» explica expresiones como la de Sal 65,7s:

Tú, que afianzas los montes con tu fuerza,
ceñido de poder;
tú, que reprimes el estruendo del mar,
el estruendo de las olas
y el tumulto de los pueblos.

Se trata de los montes primordiales, situados en el confín de la tierra, y de las aguas destructoras y caóticas que continuamente amenazan el orden y la existencia misma del cosmos. En idéntica clave podemos leer Sal 104,2-9.

Quedan así perfectamente ensambladas una serie de tradiciones recurrentes en los salmos en conexión con la lucha contra el dragón primordial: la creación (Sal 104), la realeza de Yahvé (Sal 93) y la tradición de Sión (Sal 74).

Si suponemos razonablemente que muchos de los salmos que se hacen eco de estas tradiciones mitológicas son preexílicos o exílicos, hemos de preguntarnos en consecuencia si no se cultivaría en el templo preexílico de Jerusalén una tradición de teologúmenos perfectamente estructurada que deberíamos calificar de «mito». Aunque no tengamos más remedio que movernos en el terreno de las conjeturas, una tal hipótesis explicaría perfectamente la compleja estructura del culto salomónico (cf. 1 Re 6-8).

Naturalmente este esquema mítico acabó convirtiéndose con el tiempo en un simple repertorio de imágenes utilizado por los salmistas para describir poéticamente el carácter protector de Yahvé ante peligros de todo tipo. Yahvé defiende a su pueblo desde Sión, fortaleza natural identificada con la mítica montaña de la tradición literaria cananea relativa a Baal [8].

Esta es la concepción del mundo compartida por los salmistas. Este es el marco natural en el que el israelita se siente interpelado por Dios. El lector moderno de los salmos se verá impelido a hacer una lectura crítica. Aceptar acríticamente la cosmología subyacente al Salterio desemboca en una interpretación perniciosa y conduce a un funesto fundamentalismo.

c) El ser humano en el cosmos

Hablar del marco natural en el que el hombre se siente interpelado no es suficiente para captar la naturaleza y dimensiones de la interpelación, si al propio tiempo obviamos la autocomprensión del sujeto interpelado en el seno de dicho marco. El hombre bíblico –también el autor y el recitador israelita de salmos– se percibía inmerso en el entramado del cosmos, no atrapado ni confundido con él, sino como eslabón de una cadena que arrancaba con la separación de luz y tinieblas, de aguas superiores y aguas inferiores (cf. Gn 1,3ss). El hombre pertenece al orden de las creaturas. Hasta tal punto que un trastorno cósmico afecta igualmente a las posibilidades de supervivencia del ser humano. Una especie de comunión de destinos. Si la creación era concebida como cosmos, como orden, el deterioro de un eslabón podía acabar con la cadena de las creaturas. El israelita también podía ser presa fácil del caos. Las fiestas agrícolas cananeas, que celebraban la victoria de Baal, dios de la fertilidad, sobre Mot, dios de la muerte, no sólo pretendían conservar en su «justo orden» y revitalizar la naturaleza inanimada durante la sequía; también el hombre debía comulgar en ese afán y esa necesidad de fertilidad y regeneración. El israelita compartía esta faceta de la antropología cananea. Un hermoso ejemplo de correspondencia entre regeneración social y regeneración de la naturaleza está representado por Sal 72,12-16; 85,2-6.13. Hasta tal punto esto es así, que los poetas del Salterio, sobre todo los compositores de súplicas o lamentaciones, expresaban las desgracias o males

---

[8] Consultar al respecto G. Wanke, *op. cit.*, 64-66.

de los que eran objeto recurriendo a imágenes míticas tomadas de un supuesto trastorno de la naturaleza. Conocidas son las expresiones de Sal 18,5s:

> Me cercaban los lazos de la muerte,
> torrentes destructores me aterraban,
> me envolvían los lazos del Abismo,
> me alcanzaban las redes de la muerte.

El salmista en peligro de muerte compara su situación extrema con «torrentes destructores», imagen inequívoca de las aguas del caos primordial. La imagen es recuperada en el v. 17:

> Desde el cielo alargó la mano y me agarró
> para sacarme de las aguas caudalosas.

Sal 43,8 se sitúa en la misma perspectiva:

> Una sima grita a otra sima con voz de cascadas:
> tus torrentes y tus olas me han arrollado.

En esta misma línea puede leerse Sal 69,15s.

Cuando el hombre es testigo de la destrucción irrecuperable del orden social y de las instituciones, recurre apasionadamente al Dios creador del orden cósmico. ¿Cómo es posible que Sión haya sido aniquilada y que el cosmos siga en pie? (cf. Sal 74).

También en los himnos el salmista puede expresar su confianza en Yahvé describiendo con colorido mítico los eventuales peligros que le acechan. Dice Sal 46,3s:

> Por eso no tememos aunque cambie la tierra
> y los montes se desplomen en el mar.
> Que hiervan y bramen sus olas,
> que sacudan los montes con su furia.

Hasta tal punto se siente el hombre en comunión con la naturaleza, que, al reconocer su calidad de creatura, invita a aquella a compartir su alabanza: 96,11-14; 98,4.7s; 100,1. Cuando el salmista manifiesta su fe en el carácter inconmovible del cosmos (cf. 104,5), está confesando al propio tiempo su confianza en la permanencia del hombre sobre la tierra. Es ilustrativa a este respecto la lectura de la alianza con Noé: «Esta es la señal del pacto que hago con vosotros y con todo lo que vive con vosotros, para todas las edades» (Gn 9,12 y contexto).

Pero el israelita se sabe señor de todo lo creado, imagen y semejanza de Dios (cf. Gn 1,26), y receptor de un aliento divino de vida (cf. Gn 2,7). En este sentido, no sólo se siente superior al resto del orden de las creaturas, sino el único ser capaz de elevar su mirada a la esfera de lo trascendente. En realidad, la única creatura capaz de contemplar y alabar; el aliento divino de vida le eleva irresistiblemente hacia el ámbito supranatural. Es el único intérprete del paso de Dios por el cosmos. Así lo expresa con contenida emoción el autor del Sal 8. Además, sólo el hombre sabe que la hazaña creacional de Yahvé fue en su favor (Sal 66,5ss).

2. El marco social de la interpelación

Si el israelita se siente en comunión con el cosmos, no es menos cierto que tal voluntad de comunión se manifiesta de manera eminente en el orden social. Como hemos podido comprobar líneas arriba, una de las formas literarias de la súplica y de la acción de gracias es la petición de bendiciones para los participantes en el ritual (p.e. Sal 118,26). Por otra parte, abundan en el Salterio fórmulas en las que el orante, consciente de su pertenencia a una comunidad socio-religiosa, se compromete a confesar y proclamar su liberación ante la asamblea (ver Sal 7,18; 69,31), o bien a alabar a Dios en público (cf. 109,30). Para el israelita, ocultar a los demás la recuperación física o la regeneración interior supone al mismo tiempo una traición a su vocación comunitaria y a la dignidad de Dios (cf. Sal 40,10s). Nos dice paradigmáticamente Sal 22,23-26:

> Hablaré de ti a mis hermanos,
> en medio de la asamblea te alabaré:
> «Fieles del Señor, alabadlo;
> linaje de Jacob, glorificadlo;
> respetadlo, linaje de Israel;
> porque no ha sentido desprecio ni repugnancia
> hacia el pobre desgraciado,
> no le ha escondido su rostro;
> cuando pidió auxilio, lo escuchó».
> Tú inspiras mi alabanza en la gran asamblea,
> cumpliré mis votos delante de sus fieles.

a) El Ungido de Sión

De este marco social de la interpelación forman parte algunos aspectos de la ideología real. Según el sentir israelita, ya durante el primitivo periodo monárquico, el mundo habitable es gobernado por el rey de Jerusalén. Esta concepción no asienta sus bases en puras consideraciones intramundanas de política social, sino en el presupuesto teológico [9], ampliamente difundido por el Próximo Oriente, de la naturaleza cuasi-divina del rey. El es el Ungido, el «hijo de Dios». Así, el dominio que ejerce el monarca sobre el mundo natural forma parte de la ideología real. La tierra y las naciones pertenecen al Ungido de Sión por concesión divina (cf. Sal 2,8); pero no sólo la tierra de Israel, sino todo el mundo conocido (cf. Sal 72,8; 89,26).

Mediante su unción, el rey de Israel era sacrosanto (cf. 2 Sm 1,14.16; 1 Sm 26,9). Pero era Yahvé quien había establecido una alianza perpetua con la dinastía davídica (Sal 89,20-38; cf. 2 Sm 7,8-16) [10]. En consecuencia, los reyes de Judá eran herederos naturales de dicha promesa e hijos de Dios (2 Sm 7,14). Esta «filiación» no era fruto de la generación divina del rey, como en Egipto; ni se pensaba que la monarquía había descendido del cielo en la era primordial, como en Babilonia. El rey de Jerusalén era descendiente de David por vía natural. Su filiación divina se expresaba en términos de adopción (Sal 2,7), de primogenitura (Sal 89,28). Su cercanía a Yahvé era tal que le correspondía un sitio a su derecha (cf. Sal 110,1). Más aún, el autor del salmo 45, presa sin duda de una emoción no contenida al contemplar una boda real (o quizá una coronación), llega a llamar al rey «dios» (45,6) [11]. Debido a esta cerca-

---

[9] «La divinización del rey no es ninguna necedad, ni pura adulación cortesana, sino religión viva», afirma atinadamente S. Mowinckel, *Psalmenstudien* II (Cristianía 1922) 302.

[10] La operatividad de la unción, en consecuencia, no respondía a una pura concepción mecánica: «La unción quedaría reducida a una concepción tabú-mágica si perdiésemos de vista en algún momento que el rey en Israel recibe su dignidad y su cargo mediante la acción electiva de Yahvé», H.-J. Kraus, *Teología de los Salmos* (Salamanca 1985) 146.

[11] Los lexicógrafos sienten cierta incomodidad al traducir este versículo, pues, aunque el texto hebreo es claro: *kis'aka 'lohim* («Tu trono, oh dios,...»), se presta a una doble traducción. Así, algunos suavizan la expresión: «Tu trono, como el de un dios...» (NBE); «Your throne is like God's throne» (NEB); «Your divine throne» (RSV); «Dein Thron, du Göttlicher,...» (E); o la aplican a

nía al ámbito divino, el rey dispone de la bendición de Yahvé, que supone prosperidad, orden, bienestar, paz y fecundidad para toda la comunidad israelita y sus campos (ver Sal 72). Ahora bien, tal proximidad a la divinidad no puede ni debe interpretarse como identidad, ni siquiera funcional [12]. A lo sumo, el monarca israelita era considerado vicerrey de Yahvé en Israel y en el mundo. La realeza cósmica de Dios está claramente atestiguada a lo largo del Salterio (Sal 89,19; 93,1s; 95,3s; 96,10; 97,1).

b) Obligaciones del Ungido

En su entronización, el Ungido se compromete a actuar como representante de Yahvé, aceptando las obligaciones que implica su carisma regio en favor de su pueblo. En tal sentido era un sagrado deber real la defensa del derecho y la justicia, especialmente en favor de los más débiles (cf. Sal 72,1ss.12ss). El monarca tenía que someterse a la voluntad de justicia de Yahvé. Pero estas funciones regias no se circunscriben al recto ejercicio de la judicatura, sino que, como ha quedado dicho, se amplían a la prosperidad de la tierra y del pueblo, a la fertilidad del suelo y a la abundancia de las cosechas. La misión del rey, en ese ámbito de la prosperidad del país, se extendía a la defensa nacional frente a eventuales ataques enemigos. Si antaño había sido Yahvé en persona quien había acudido a la llamada de la guerra santa en favor de su pueblo, en el Israel monárquico es el rey, dotado de la propia fuerza de Yahvé, quien enarbola la bandera de la defensa del pueblo. En cierto sentido, la misión del rey traduce social y políticamente la propia actuación de Yahvé, su poder y las dimensiones de su soberanía.

Yahvé: «In eterno e per sempre sta il tuo trono, o Dio» (NVB). Es posible, sin embargo, que tenga razón Kraus cuando afirma: «*'elohîm* (aplicado al rey) no es una apoteosis responsablemente consciente, sino una exaltación del estilo cortesano que ensalza al 'divino'... Es muy posible que tales exageraciones de Israel hubieran crecido en las tradiciones cananeas», H.-J. Kraus, *Teología de los Salmos*, 147-148.

[12] La filiación divina del rey, al enmarcarse en la teología de la elección, queda radicalmente desmitologizada.

c) Función cultual

Por lo que respecta a la teología de los salmos, es importante tener en cuenta que el monarca de Jerusalén desempeñaba funciones cultuales, al menos en el periodo primitivo. Hay referencias textuales de que, en determinadas ocasiones, llegó a ofrecer sacrificios a Yahvé (cf. 1 Sm 13,9; 14,34; 2 Sm 6,13.17s; 24,25; 1 Re 3,4.15; 8,62; 9,25; 12,32; 2 Re 16,12s) y a consagrarle altares (cf. 1 Sm 14,33s; 2 Sm 24,21). Estas funciones, típicamente sacerdotales, fueron ejercidas también por miembros de la familia de David (cf. 2 Sm 8,18; 1 Re 1,9). Los reyes convocaban y presidían súplicas nacionales en determinadas ocasiones (cf. 1 Re 8,22-53). El rey David, desempeñando funciones claramente sacerdotales, bailó ante el Arca vestido con un efod y bendijo posteriormente al pueblo (cf. 2 Sm 6,14.18).

Las obligaciones del Ungido lugarteniente de Yahvé eran de tal importancia que algunos especialistas, fascinados por los paralelismos que ofrece la literatura de Mesopotamia, han deducido que la más importante función cultual del monarca consistía en su participación en el ritual del Festival de Año Nuevo [13]. Como no hay en el Antiguo Testamento evidencia directa de la existencia en Israel de este Festival del Próximo Oriente, dichos especialistas se han servido principalmente de los llamados «salmos de entronización» (en especial 47; 93; 96-99) para reconstruir sus posibles características. La denominada «escuela mito-ritual», convencida de que, en las religiones del Próximo Oriente, mito y ritual estaban orgánicamente vinculados, y ante la evidencia de que, tanto en Babilonia como en Ugarit, el ritual de Año Nuevo consistía en la «puesta en escena» del mito de la creación, concluyó que también en Judá se habría adoptado este modelo ritual, bien directamente o bien a través de un análogo festival en honor de El Elyón celebrado en la Sión jebusea predavídica. Los elementos fundamentales de tal rito consistían en la representación cuasi-dramática de la batalla y subsiguiente victoria de Yahvé sobre las fuerzas del caos (dando origen a la creación) y la procesión con el Arca, símbolo del trono del Creador, desde

---

[13] Amplia información en c. XI,II, 2, al hablar de S. Mowinckel.

donde se disponía a conceder vida y prosperidad a su pueblo. Junto a estos elementos básicos habría que destacar también la humillación y sufrimiento cultual del rey (dramatización de la muerte), que encarnaba a Yahvé, y el combate ritual contra sus enemigos, al propio tiempo enemigos de Dios y del pueblo. Dejando a un lado el problema histórico de la existencia del Festival de Año Nuevo en Judá, lo cierto es que no hay bases suficientes que permitan admitir la presencia del monarca en tales ritos representando a la divinidad. Prescindiendo al mismo tiempo de otras posibles exageraciones, no hay motivos para negar que el rey pudo haber encabezado la procesión con el Arca en una conmemoración cultual del contenido de la narración de 2 Sm 6, *hieros logos* básico de la tradición del arca-santuario en Jerusalén [14]. Concluyendo, podemos afirmar que la función del monarca en estos y otros casos consistía fundamentalmente en oficiar de intermediario sacerdotal y representar al pueblo ante Yahvé en ceremonias penitenciales y súplicas públicas.

d) Conclusiones

Este es, en líneas generales, el marco social en el cual y a través del cual el israelita interpelaba a Dios y se sentía interpelado por El. Sin embargo, no hay que exagerar este marco de tal modo que acabemos con la impresión de que el individuo quedaba desdibujado en el cuerpo socio-político y su valor personal subsumido en la categoría de comunidad nacional o religiosa. Los salmos, es verdad, son testigos de la decisiva importancia de los valores comunitarios en el antiguo Israel. Pero no es menos verdad que la relación del individuo con Dios resulta más que evidente conforme vamos pasando las páginas del Salterio. Si observamos con detenimiento las peculiaridades de las súplicas individuales y las de las comunitarias o nacionales, podemos deducir que, a diferencia de éstas, claramente ancladas en la historia de la salvación y asociadas a la teología nacional, las súplicas individuales se arraigan decididamente en la historia del individuo, en su relación personal con Dios y en el ámbito familiar o de pequeño grupo. Precisamente, con la súplica individual pretende el orante, en

[14] Cf. H.-J. Kraus, *Teología*, 156.

la mayoría de los casos, apelar a Dios y solicitar su protección y la reintegración en el seno del pequeño grupo social del que en otro tiempo llegó a formar parte [15].

3. El marco trascendente de la interpelación

Si proseguimos el camino de la interpelación a través de círculos concéntricos de menor a mayor diámetro, llegamos al ámbito de la trascendencia: desde el hombre, pasando por lo comunitario y su cabeza (el monarca) hasta llegar a Yahvé.

a) Espacio sagrado: Sión, santuario de Dios

Al tratar en el párrafo anterior los aspectos de la realeza israelita y su carácter sagrado, hemos llegado a la conclusión de que la dignidad y la función del monarca terreno dependían intrínsecamente de la realeza de Yahvé. El rey de Jerusalén es rey «por delegación». Así se percibe en la generalidad de los salmos reales y de los salmos de la realeza de Yahvé [16]. El Dios de Israel «reina en Sión» (Sal 9,12; cf. 76,3; 99,2). El israelita sabe que Yahvé reina en el cielo (Sal 2,4; 11,4; 93,1s; 103,19), que toda la tierra le pertenece (Sal 47,3), como creador (Sal 24,1s; 96,10), y que es capaz de penetrar en todo lo creado (Sal 139,7-12), es decir, que es omnipresente. Pero esta «dispersión espacial» de Dios es sólo aparente, pues el fiel sabe también que lo tiene a su disposición en Sión, en el santuario de la ciudad de David. Desde allí escucha las súplicas de los israelitas y allí recibe la alabanza que merece.

El comienzo del salmo 48 nos proporciona la descripción de Sión quizá más hermosa, poética y emotiva de todo el Salterio:

Grande es el Señor, y muy digno de alabanza
en la ciudad de nuestro Dios, en su monte santo.
Altura hermosa, alegría de toda la tierra

---

[15] Esta es la tesis de R. Albertz, *Persönliche Frömmigkeit*, 23-49.

[16] «El ritmo de las grandes fiestas de Israel fue determinado primitivamente por la ordenación natural del año palestino. El calendario festivo de Israel es de origen cananeo, y, como tal, tiene la impronta de una religión campesina que ve en el acontecimiento de la siembra y la cosecha un fenómeno directamente sagrado», G. Von Rad, *Teología del Antiguo Testamento* II (Salamanca 1972) 137.

es el monte Sión, vértice del cielo, capital del gran rey.
Entre sus palacios, Dios descuella como un alcázar.

Los términos «grandeza», «altura», «vértice» y «descollar» pretenden describir lo indescriptible. Aunque lo más llamativo de Sión son los torreones de sus palacios, por encima sobresale su principal residente bajo el travestismo imaginativo de un alcázar defensivo. El poeta tiene que echar mano de elementos míticos como el «vértice del cielo» (ver I,1, «El marco natural de la interpelación»); es el recurso más idóneo para expresar que Sión es «divina». «Desde Sión, dechado de belleza, Dios resplandece» (50,2).

En medio de Sión se encuentra el santuario, la santa morada de Yahvé, que proporciona confianza y seguridad a sus fieles (Sal 46,6; 68,6; 76,3). El lugar más recóndito y santo es el *dᵉbir*, la habitación íntima de Yahvé, hacia la que dirigen sus oraciones los israelitas (cf. Sal 5,8; 28,2; 138,2). Este santuario fue el lugar santo de la primitiva población jebusea de Jerusalén, con anterioridad a la conquista de David. Es de suponer que, conforme pasó el tiempo, sus tradiciones fueron adaptadas a la fe yavista por los monarcas de Judá, motivo por el que el templo de Sión se convirtió en lugar obligado de peregrinación de todo Israel, como puede deducirse del Sal 122. Pero convendría hacer algunas precisiones para completar este cuadro.

Hablar de adaptación de las tradiciones cultuales de Sión a la fe yavista no obvia la pregunta relativa a las circunstancias que favorecieron dicha adaptación y que convirtieron a Jerusalén en el «centro del cosmos» geográfico y religioso. A este respecto resulta legítimo, desde el punto de vista de la religiosidad popular, suponer que la vinculación a Sión de algunas tradiciones específicamente israelitas facilitaron necesariamente la fusión teológico-religiosa. Todos los especialistas están de acuerdo en el decisivo papel que jugó el Arca de la alianza en este proceso. Según la tradición literaria israelita, el Arca, escabel del «Señor de los ejércitos, entronizado sobre querubines» (1 Sm 4,4), había tenido antiguamente su morada en el santuario de Silo, si bien, tras las luchas con los filisteos, fue a parar a la casa de un tal Abinadab (1 Sm 7,1). Por 2 Sm 6, «documento fundacional» de la elección de Jerusalén, sabemos que aquel objeto sagrado de culto fue trasladado oficialmente por David a la nueva capital, tras la unión política de

Israel y Judá. A partir de entonces, el rey se propuso construir un santuario central que albergara el Arca y que sirviese de privilegiado lugar de culto para «todo Israel». La decisión fue trascendental, pues, al propio tiempo que David consolidaba la recién estrenada unidad política, la presencia en Jerusalén del paladión del dios de la guerra santa obligaba a que todos los israelitas dirigieran allí sus miradas, favoreciendo así la unidad religiosa.

Desde esta perspectiva es fácil suponer, como hemos afirmado más arriba, que las tradiciones religiosas del antiguo santuario jebuseo se fueron amalgamando con la teología israelita vinculada al Arca. El Yahvé guerrero, «pastor de Israel» y «guía de José» (cf. Sal 80,2), hace suyos los epítetos que en la antigua tradición de Sión se aplicaban a El Elyón: «Dios Altísimo», «creador», «rey» y «juez». La interpretación mítica del espacio, compartida por los pueblos semitas de aquella área geográfica, facilita por otra parte la fusión de las ideas relativas al reinado celeste y al reinado terrestre de Yahvé. Sión representa no sólo el centro del mundo, sino el centro del cosmos, de tal modo que el camerín del santuario (*d^{e}bir*) forma parte propiamente del espacio celeste. De otro modo no se explicaría que las puertas del templo reciban el llamativo apelativo de «puertas eternas», es decir, las puertas del santuario celeste (cf. Sal 24,7.9). El templo jerosolimitano trasciende así las dimensiones del espacio humano. Los salmos son testigos indirectos de lo que venimos diciendo (consultar entre otros Sal 9,12; 11,4; 103,19; 123,1; 132,13s).

Los «salmos de las subidas» (120-134) son testigos de la admiración y la piedad que los israelitas demostraban por el santuario de Sión, y de la emoción y el sobrecogimiento que despertaba en ellos su cercanía. La participación en las tres peregrinaciones anuales constituía la mayor aspiración del israelita piadoso y la manifestación más elocuente de su fe (ver c. IX,II,3, el apartado dedicado a los himnos).

b) Tiempo sagrado: culto, ritmo natural e historia

El pueblo de Israel se autocomprendía como pueblo elegido y heredad de Yahvé. Pero, al propio tiempo, sabía que tal privilegio implicaba un compromiso cultual. El espacio sagrado del templo postulaba una concepción sagrada del tiempo; el ciclo de las estaciones dictaba el ritmo de las festividades israelitas y de su entrega al servicio de Yahvé [16]. Aunque no puede hablarse de una pura concepción mítica del tiempo en la sociedad israelita, es erróneo y perjudicial pasar por alto que el ritmo estacional facilitaba al israelita la aprehensión de un cuadro simbólico de vida-muerte de infinitas posibilidades. Es normal, pues, que en los salmos abunden expresiones e imágenes tomadas del ámbito de la agricultura, y llamativo que los poetas del Salterio construyan a partir de ellas sus más bellos e inspirados poemas (p.e. Sal 65).

Ahora bien, todas estas concepciones firmemente arraigadas en la cultura israelita, fruto sin duda del proceso de sedentarización en Canaán y de la adopción de modelos de producción agrícola, no pueden hacernos olvidar que la fe yavista tenía un sólido fundamento histórico. Los salmos son testigos de las implicaciones históricas de dicha fe. No tenemos más que leer Sal 78; 105; 106 y 136, entre otros. En ellos podemos descubrir, desde la simple mención a la más genuina recitación, las tradiciones histórico-salvíficas básicas de Israel: patriarcas, éxodo de Egipto, revelación en el Sinaí y estancia en el desierto (se incluyen posteriormente el paso del Jordán y la entrada en Canaán). Todo este repertorio de tradiciones fue claramente actualizado en el culto celebrado en el santuario de Sión. Como podemos observar, se trata de las antiguas tradiciones recogidas en el complejo literario conocido como Pentateuco. Sin embargo, hemos de admitir que, junto a este primitivo complejo de tradiciones, se yerguen con decisión en el Salterio las relativas a David, fundador del culto en Jerusalén y punto de referencia obligado de la línea monárquica de Judá.

Retomando lo dicho hasta el momento, parece obvio pensar que los grupos seminómadas provenientes de la estepa palestina eran portadores del núcleo fundamental de tradiciones históricas tal como se refleja en el Pentateuco; que su contacto con la tierra de cultivo y la adopción de modelos de producción agrícola les puso en contacto no sólo con la salmodia ca-

---

[16] «El ritmo de las grandes fiestas de Israel fue determinado primitivamente por la ordenación natural del año palestino. El calendario festivo de Israel es de origen cananeo, y, como tal, tiene la impronta de una religión campesina que ve en el acontecimiento de la siembra y la cosecha un fenómeno directamente sagrado», G. Von Rad, *Teología del Antiguo Testamento* II (Salamanca 1972) 137.

nanea, sino con los mitos de la fertilidad; que la conquista de la fortaleza jebusea por parte de David (cf. 2 Sm 4,6-16) facilitó el comienzo de la fusión de las tradiciones históricas de Israel con la teología autóctona (el Dios Altísimo, creador, rey, juez y dispensador de *šalom*) y la instauración de un santuario nacional; que la alianza de Yahvé con la casa de David (cf. 2 Sm 7) y la ideología real implícita entraron a formar parte del resto de las tradiciones históricas. Aunque este cuadro se resienta de esquematismo y de una cierta simplificación estructural, lo cierto es que el israelita entendía su servicio cultual a Yahvé, y se sentía interpelado, en el marco de las tradiciones mitológicas de Canaán y como respuesta a sus intervenciones históricas liberadoras o consolidadoras. Carece de fundamento y resulta superfluo preguntarse por cuál de los dos aspectos sobresale en la teología del Salterio. Ni Israel era un pueblo de mentalidad estrictamente histórica, ni Canaán un país anclado exclusivamente en el pensamiento mítico. Ambos aspectos constituyen dos modos complementarios de autocomprensión del ser humano, dos respuestas a las necesidades elementales del hombre. El profeta Oseas sabía que Yahvé había intervenido eficazmente en la historia de Israel, pero al mismo tiempo pudo hacer ver a sus contemporáneos que El era la fuente del trigo, el vino y el aceite (cf. Os 2,10).

Santuario y culto, junto con la teología a ellos referida, constituían el marco trascendente en el que el israelita se sentía interpelado y desde el que interpelaba a Yahvé.

II. DIOS SUJETO/OBJETO DE LA INTERPELACION

1. *El ámbito natural de Dios*

Puede resultar infructuoso, y hasta cierto punto ser ilegítimo desde una sana metodología bíblica, hablar del ámbito natural de Dios. El Dios del Antiguo Testamento no es concebido como un ser personal estático, como una realidad *in se* y *per se*, sometible al análisis de la especulación filosófica de corte greco-occidental. El Dios de la tradición bíblica se autodefine y es percibido como alteridad. Desde este punto de vista, resultaría ocioso preguntarse por su ámbito natural, en sentido cósmico. El Salterio no es aficionado a las especulaciones cosmológico-teológicas. Si algo tiene que decir, se contenta con sugerencias. De hecho, las descripciones sálmicas del hábitat celeste divino responden sin más a clichés de corte mítico, tópicos adoptados del ámbito cultural cananeo. Los poetas se sirven de ellos para sugerir lo indescriptible.

a) La morada de Dios

Una vez hecha esta salvedad, sería suficiente apuntar algunos detalles. En I,1 hemos podido descubrir el marco natural donde el israelita se siente interpelado. La concepción bíblica del cosmos como hábitat humano lleva aneja la idea de creación y de Creador. Los «más altos cielos» o «los cielos de los cielos» (Sal 148,4) constituyen la morada de la divinidad. En ellos está entronizado Yahvé (cf. Sal 11,4). En los salmos, la imagen del palacio celeste, que forma parte de la imaginería relacionada con la ideología real aplicada a Yahvé, «soberano de todos los dioses» (Sal 95,3), ha influido decididamente en la descripción de la morada de Yahvé, haciéndola más colorista. A este persistente teologúmeno del Salterio parece, a primera vista, contraponerse la antigua tradición israelita que relaciona a Yahvé con el Sinaí-Horeb, la montaña de Dios (Jue 5,5). Por otra parte, cuando Elías, presa de una profunda crisis personal, pretende encontrarse consigo mismo y con su dios, emprende un largo viaje hacia «el Horeb, el monte de Dios» (1 Re 19,8ss). Sin embargo, a pesar del empeño de alguna escuela de investigadores en afirmar que Yahvé, en los albores de la fe israelita, no tenía su morada en el cielo, no puede aducirse un solo texto del Antiguo Testamento que confirme categóricamente tal aserto [17]. Otro tanto puede decirse de la teoría que circunscribe la presencia de la divinidad al espacio del santuario. Según sus defensores, los israelitas habrían hecho suya, y habrían aplicado a Yahvé, la creencia cananea en la continua presencia de El en los santuarios donde se le rendía culto. Pero tal teoría pone de manifiesto un desconocimiento básico de la teología cananea y una interpretación sesgada de la tradición bíblica. Según el Antiguo Testamento en general y los salmos en particular, Yahvé tenía su morada en el cielo, aunque su presencia en él fuese esencialmente dinámica. Esa es otra cuestión. Desde el cielo atiende Yahvé las súplicas de los individuos y del pueblo; hacia él levantan los fieles su mirada en

---

[17] Ver crítica en W. Eichrodt, *Teología del Antiguo Testamento* II (Madrid 1975) 191ss.

busca de ayuda y protección (cf. Sal 123,1). Como hemos dicho más arriba, estas alusiones al ámbito «natural» de Yahvé no responden a curiosidades metafísicas. Se trata de expresiones plásticas que sólo pretenden poner de relieve la omnipresencia y omnipotencia divinas (cf. Sal 11,4; 14,2; 29,10; 33,13s; 102,20; 113,5s).

b) Servidores de Dios

Entre el servicio del palacio del rey celeste se cuentan los mensajeros divinos, los querubines y los ejércitos (*s^eba'ot*); en ocasiones son mencionados los otros dioses (cf. Sal 82,1; Job 1,6) o «hijos de Dios» (cf. Sal 29,1).

• Mensajeros divinos

Esos mensajeros (*mal'akim*, llamados también «santos», cf. Sal 89,6.8) son los seres que la tradición greco-latina convirtió en «ángeles», ejecutores de las órdenes del soberano del universo (cf. Sal 34,8; 35,5s; 91,11; 103,19-20; 148,2). Los salmos no nos proporcionan pistas claras que nos conduzcan a los orígenes de esta creencia. Pero es posible que estos mensajeros estén relacionados con los cultos a los astros y a los meteoros tan ampliamente difundidos por el Próximo Oriente. Los astros, divinizados por ejemplo en la antigua Babilonia, llegaron a ser concebidos por los israelitas no como divinidades autónomas, sino como personificaciones sometidas al servicio de Yahvé. No podemos aducir ningún texto del Salterio que pueda corroborar esta idea, fácilmente deducible por otra parte de la literatura religiosa próximo-oriental. Sin embargo, hay dos pasajes que bien podrían representar un indicio del proceso de desmitologización patrocinado en este campo por la fe yavista. En Sal 35,5 se dice: «Sean paja a merced del viento, cuando el mensajero del Señor los desbarate». Este claro paralelismo sugiere la posibilidad de que, en su origen histórico-religioso, un huracán destructor fuese percibido como una fuerza divina autónoma. ¿Qué decir a este respecto de Sal 104,4a: «los vientos te sirven de mensajeros»? También Sal 103,2ss podría sustentar esta hipótesis: «mensajeros» y «ejércitos» son mencionados junto a los astros y los meteoros.

• *Los ejércitos de Dios*

El título *yhwh ṣeba'ot*, «Señor de los ejércitos», o la forma compuesta y seguramente más reciente *yhwh 'elohe ṣeba'ot*, «Señor, Dios de los ejércitos», relativamente frecuente en el Salterio, ofrece ciertas dificultades interpretativas desde el punto de vista histórico-religioso [18]. ¿Cuál es la naturaleza de estos ejércitos al servicio del soberano del cielo? Lo primero que hay que tener en cuenta es que se trata de una epiclesis cultual ciertamente primitiva [19]. La fórmula más larga aparece en 1 Sm 17,45 referida a los ejércitos israelitas. Sin embargo, debido al uso que de ella hace la literatura profética (ciertamente no favorable al poderío político-militar israelita; cf. Is 1,9; 2,12; 3,1; 10,23; Jr 2,19; 9,14; 19,15; etc.), difícilmente puede admitirse que los profetas la hayan interpretado sólo militarmente. Por otra parte, textos como Sal 103,21; 148,2 (cf. Gn 2,1) han inducido a numerosos especialistas a ofrecer una explicación mitológica: en su origen, y al margen de las ulteriores aplicaciones religiosas que de la fórmula se hayan hecho en el seno de la tradición bíblica [20], tales «ejércitos» harían referencia a los seres celestes, a los astros; una concepción cosmológico-dinámica. En consecuencia, cabe pensar que la fórmula *yhwh ('elohe) ṣeba'ot* está conectada tanto con los míticos poderes sobrenaturales de la religiosidad cananea cuanto con los ejércitos israelitas en el marco de la guerra santa [21].

• *Los querubines*

En el Salterio aparecen algunos seres fantásticos relacionados con el ámbito «natural» de la divinidad: los *kerubim*, «querubines». En la teofanía del Sal 18 se dice que Yahvé «volaba a caballo de un querubín» (v. 11). Aunque sólo existen

[18] Consultar, entre otros, J.P. Ross, *Jahweh Seba'ôt in Samuel and Psalms*: VT 17 (1967) 76-92.

[19] Cf. G. von Rad, *Teología del Antiguo Testamento* I, 43.

[20] De hecho, las posibilidades interpretativas de la fórmula están condicionadas por los distintos estratos de tradición que se advierten en el Antiguo Testamento. Cf. H.-J. Kraus, *Teología*, 22.

[21] La opinión de Kraus de que el término *'elohîm* podría servir de «concepto recapitulador» del conjunto de fuerzas cósmicas de la religión natural cananea, y de que el nombre *yhwh* daría por supuesto *ṣeba'ôt* en el sentido militar expuesto, no deja de ser una hipótesis de trabajo. Cf. H.-J. Kraus, *Teología*, 22s.

tres menciones de estos seres en los salmos (18,11; 80,2; 99,1), el resto del Antiguo Testamento habla de ellos en más de ochenta ocasiones. ¿A qué o quién se refiere Sal 18,11? A juzgar por el libro de Ezequiel (especialmente c. 10), donde el término aparece en 29 ocasiones, los querubines eran seres mixtomorfos, mitad hombre y mitad animal alado, imagen deducible, por otra parte, de ciertas representaciones artísticas murales de la cultura babilónica. La función de estos seres consistía en hacer guardia junto al trono de la divinidad y servirle de centinelas y defensores [22]. Ahora bien, en ciertos textos de la tradición literaria babilónica, estos querubines alados eran considerados espíritus del viento o de las nubes tormentosas. Si volvemos ahora a Sal 18,11, observamos que tan original cabalgadura de Yahvé aparece mencionada entre un conjunto de meteoros. ¿Qué decir entonces de Sal 104,3: «Las nubes te sirven de carroza, avanzas en la alas del viento»? (cf. Sal 68,5). Podemos en consecuencia deducir que en Israel persistía, al menos como figuración literaria, la idea de que los querubines eran seres pertenecientes al ámbito de la divinidad, identificados con la nube tormentosa, mítica cabalgadura de Yahvé. Es interesante observar que los otros dos textos del Salterio que mencionan a los querubines (80,2; 99,1) lo hacen en relación con la tradición del Arca. Sólo 18,11, un salmo probablemente muy antiguo, parece recoger restos de una tradición mitológica cananea. ¿Se puede explicar esto como fruto de una tarea de «censura» practicada durante el proceso de recopilación y redacción definitivas del Salterio?

• *Los hijos de los dioses*

En el mundo celeste, ámbito de la divinidad, existen otros seres o poderes al servicio de Yahvé: los *b^ene 'elim*, «(hijos de los) dioses» (Sal 29,1; 89,7). A la hora de precisar su naturaleza, los especialistas se inclinan a pensar que «Israel recibió la

---

[22] En cuanto que el jardín del Edén era concebido como morada de Yahvé, los querubines de Gn 3,24 aparecen como guardianes del espacio divino. Por otra parte, en la tradición literaria del Antiguo Testamento, los querubines son mencionados frecuentemente en relación con el Arca de la alianza, símbolo del trono y de la presencia de Yahvé, en la epiclesis litúrgica: «Señor de los ejércitos, entronizado sobre querubines» (1 Sm 4,4; cf. 2 Sm 6,2; 2 Re 19,15; Is 37,16; 1 Cr 13,6).

idea del panteón de los dioses y de seres celestes que rodean a la suprema divinidad que constituye el vértice de la monarquía. Esta idea penetró en Israel desde el ámbito sirio-cananeo... Se trata de poderes celestes subordinados, privados de poder, que están completamente vueltos hacia Yahvé y carecen por completo de esencia divina independiente» [23]. En el Salterio, en efecto, encontramos algunos textos que corroboran esta opinión. En Sal 8,6 sorprende la afirmación de que Yahvé ha hecho al hombre «un poco inferior a (los) dios(es)» (*>elohim*); Sal 82,6 menciona a Dios (*>elohim*) juzgando en la «asamblea de los dioses», en el «círculo de los dioses»; Sal 86,8 nos dice: «Nadie como tú entre los dioses (*ba>elohim*), Señor». En la misma línea podría aducirse Sal 58,2: «¿En verdad decretáis lo que es justo, oh dioses?» [24] Parece, pues, oportuno concluir que efectivamente la teología cananea dejó su impronta en el Salterio. La religión de Canaán ha podido ser mejor conocida a través de la literatura de Ugarit [25]. Según algunos textos de esta cultura, los *bn >ilm* (los *b^ene >elim* bíblicos) eran como dioses que integraban el panteón local, a cuya cabeza se encontraba El, de quien aquellos eran hijos [26]. De todos modos, y a juzgar por algún texto sálmico, no pueda admitirse la existencia de una ideología mítica en el Salterio. Parece ser que fue imponiéndose gradualmente la tendencia a suprimir estos personajes, sin duda molestos dentro del esquema teológico yavista [27]. Nos dice Sal 96,4s: «Grande es Yahvé y muy digno de alabanza, más admirable que todos los dioses; pues los dioses de los pueblos son apariencia [28], pero Yahvé ha

---

[23] H.-J. Kraus, *Teología*, 62.

[24] El texto masorético dice *>elem*, que la mayor parte de los lexicógrafos lee *>elîm*, «dioses».

[25] Para todo lo referente a las relaciones Ugarit-Israel en el plano de la teología, consultar O. Loretz, *Ugarit und die Bibel. Kanaanäische Götter und Religion im Alten Testament* (Darmstadt 1990).

[26] Interesante respecto a esta temática la obra de J.L. Cunchillos, *Cuando los ángeles eran dioses* (Salamanca 1976).

[27] «Todas estas afirmaciones de los salmos... deben ser sometidas a una interpretación desmitologizadora. No olvidemos que se trata de ver y explicar los rudimentos de concepciones mitológicas y metafóricas en su contexto relacionado con Yahvé. La imagen mítica del mundo no existe en el Antiguo Testamento; pero sí se dan una serie de fragmentos que ponen de manifiesto, en diverso grado de irradiación, su origen derivable de la historia de las religiones», según H.-J. Kraus, *Teología*, 63.

[28] Observemos un dato estilístico. El término hebreo que traducimos por

hecho los cielos». Sólo Yahvé es creador, y por tanto Dios y juez supremo.

2. El ámbito dinámico de Dios

Como hemos indicado más arriba, el Antiguo Testamento no concibe estáticamente a la divinidad. Desde la primera página del Génesis Dios se define por la alteridad, no en sentido metafísico sino dinámico-religioso. A partir de la primera interpelación de Dios al hombre (cf. Gn 3,9), la Biblia enfoca decididamente su teo-logía desde la alteridad. Dios es Dios-para-el-hombre. No quiere esto decir que el israelita obviase la pregunta por la esencia de Dios; simplemente desconocemos ese dato.

a) La teofanía

En el apartado anterior hemos visto cómo el ámbito natural de Dios está habitado por otros seres que le sirven de centinelas, consejeros o mensajeros. Estos restos de representaciones mitológicas de raíz cananea se encuentran también en el ámbito dinámico de la divinidad. Yahvé puede comunicarse al hombre a través de sus mensajeros (cf. Gn 18,2-14; Nm 22,22; Jue 6,11; 1 Re 19,5-7; 2 Re 19,35). Sin embargo, está claro que Dios puede comunicarse personalmente al hombre o a la comunidad israelita. Existen numerosos textos en el Antiguo Testamento que así lo confirman. Este tipo de manifestaciones, de un llamativo colorido mítico, se conocen con el nombre de teofanía. Recordemos que, según la tradición religiosa y literaria del Antiguo Testamento, el ámbito «natural» de Yahvé está relacionado con elementos ígneos, como puede deducirse de Ez 1,4.13; 10,2.6s; 28,14,16. Incluso podría hablarse de la naturaleza ígnea de la divinidad (cf. Ex 24,17; Dt 4,24; Is 30,27; Sal 18,9). Si esto es así, resulta evidente observar cómo el fuego constituye un elemento concomitante a la percepción de la presencia de Yahvé en los distintos tipos de manifestaciones: el fuego del santuario del desierto (Ex 40,38; cf. Is 4,5), la columna de fuego (Ex 13,21s; Nm 14,14; cf. Sal 78,14;

«apariencia» es *ʾelîlîm*. Sin duda el poeta ha querido sugerir una aliteración implícita, pues *ʾelîlîm*, «apariencia», recuerda a *ʾelîm*, «dioses».

105,39) [29]. Si el ámbito natural de la divinidad y hasta su misma naturaleza participan de las cualidades del fuego, también el ámbito dinámico en el que Yahvé se desplaza para manifestarse (teofanía) está regido por idénticas imágenes [30]. Yahvé recorre el espacio envuelto en fuego, entre nubarrones tormentosos y viento huracanado, lanzando terroríficos rayos; su desplazamiento va causando trastornos en la naturaleza: tiemblan los montes primordiales y se tambalean los cimientos del orbe. Para confirmar todo esto, es suficiente consultar textos como Sal 18,8-16; 29,3-9; 50,3; 68,8ss; 77,18ss; 97,2-5; 104,4; 144,5s. Todas estas páginas ponen de manifiesto que la teofanía era un recurso literario utilizado por algunos poetas para presentar la revelación como algo dinámico, como acontecimiento [31].

Pero la manifestación va acompañada de la palabra. La teofanía no puede ser relegada al trastero literario de lo mitológico, como algo inservible, pues si Yahvé «baja» al ámbito del hombre lo hace para revelar su voluntad y para actuar en consecuencia, liberando o condenando. De ahí que nos parezca atinada la severa reprimenda de Kraus al concepto de «revelación como historia» de Pannenberg [32]. Oponer historia a teofanía implica emprender un falso itinerario en la elaboración de una teología bíblica.

b) La palabra

La palabra constituye otro elemento decisivo del ámbito dinámico de Yahvé, aislada o vinculada a la representación literaria de la teofanía. Hablar de «revelación» en el Antiguo Testamento nos obliga a situarnos no tanto en el ámbito del discurso teórico cuanto en el del acontecimiento de la autocomunicación de Yahvé. La falta de un término técnico hebreo que corresponda a nuestro concepto de revelación queda paliado por el continuo recurso bíblico al antropomorfismo de la

---

[29] Para todas estas ideas, consultar V. Morla, *El fuego en el Antiguo Testamento. Estudio de semántica lingüística* (Valencia-Bilbao 1988) 54-57.

[30] Desde el punto de vista literario, es paradigmática la teofanía del Sinaí (Ex 19,16-23), aunque no puede decirse que haya servido de modelo al resto de este tipo de representaciones en el Antiguo Testamento.

[31] Sobre la teofanía especialmente en los salmos, cf. J. Jeremias, *Theophanie. Die Geschichte einer alttestamentlichen Gattung* (Neukirchen-Vluyn ²1977); también H.-J. Kraus, *Teología*, 48s.

[32] Cf. H.-J. Kraus, *Teología*, 49.

palabra. Podíamos decir, sin peligro de simplificar, que los distintos aspectos de la autocomunicación de Yahvé se cristalizan en la teología del nombre. El nombre de Yahvé (*šem yhwh*) constituye la quintaesencia de la revelación. No es concebible un servicio litúrgico en el que se desconozca el nombre de la divinidad objeto de tal servicio. Si el pueblo guiado por Moisés quiere rendir culto a su dios en el desierto (cf. Ex 5,1; 7,16; 8,23) es porque previamente Yahvé había comunicado al libertador su nombre (cf. Ex 3,13-15). Esta autopresentación de Yahvé constituye el núcleo de su autocomunicación. La palabra queda confirmada y recibe su validez en la naturaleza (nombre) del hablante. De ahí que la autopresentación de Yahvé («Yo soy Yahvé»; cf. Sal 50,7; 81,11) se sitúe en la base de su voluntad de comunicación al hombre. En los salmos, decir *šem yhwh* equivale a proclamar «todo lo que él es»; es signo de su identidad [33] y garantía de su presencia salvadora. Así, el santo nombre de Yahvé (cf. Sal 11,9) es conocido (Sal 9,11; 72,2), invocado (79,6; 80,19; 116,4), festejado (122,4), amado (5,12) y respetado (86,11), porque es digno de confianza (33,21; 54,3) y porque el propio Yahvé lo ha confiado a su pueblo. El nombre (*šem*) y la palabra (*dabar*) ejercen la función de intermediarios; Yahvé se sirve de ellos para darse a conocer.

En la tradición del Antiguo Testamento, la palabra de Yahvé resuena ya en el silencio del caos primordial, en los albores del ser del cosmos (Gn 1; cf. Sal 33,9; 147,18); se deja oír desde la cortina de fuego y humo en la teofanía del Sinaí. Yahvé se comunicó de diversos modos a patriarcas, jueces, reyes y profetas. Pero, si nos centramos en los salmos, descubrimos que el santuario de Sión constituye el lugar privilegiado de la palabra de Yahvé. Y no se trata de una concepción exclusivista (como hemos podido observar al presentar el ámbito natural de Dios). Al ser los salmos poesía cultual y diálogo religioso, el templo, morada de Yahvé (cf. Sal 76,3; 84,8; 132,13; 135,21), emerge como lugar natural de la confesión de dolor o de gozo. A él recurre el orante para escuchar una palabra que explique, y así alivie, su sufrimiento; una palabra en clave de oráculo de

---

[33] «Identidad significa que Yahvé no sólo 'se llama', sino que es tal como se ha presentado y como será invocado», H.-J. Kraus, *Teología*, 24.

salvación [34], pues sabe que el Señor bendice desde Sión (cf. Sal 128,5; 134,3). Pero esta palabra de Yahvé puede presentar características negativas de juicio condenatorio, que pone fin a un alegato presentado por el orante en el santuario.

c) *Santidad de Dios*

Como ya hemos dicho, el israelita no manifiesta una preocupación directa por conocer la esencia de Yahvé (al menos a partir de las categorías occidentales), pero la percepción del carácter dinámico de sus manifestaciones le proporciona una vía de acceso a sus cualidades. Yahvé no sólo se dice en su palabra; el despliegue de su poder en la teofanía facilita también la comprensión de su «ser-para-el-hombre» por parte del israelita piadoso [35]. En este sentido, las cualidades de Yahvé son atributos de su automanifestación. La santidad constituye el atributo por antonomasia del dios de Israel: Yahvé es santo (*qadoš* 22,4; 71,22; 78,41; 89,19; 99,3.5.9; 111,9). Prescindiendo de su posible origen siropalestino [36], el concepto de santidad aplicado a Yahvé ha experimentado una configuración peculiar en el marco de la teología israelita. Desde este punto de vista histórico-religioso, no podemos pretender un ensayo de comprensión aséptica del concepto bíblico de santidad a partir de la moderna teología occidental. Yahvé es el Santo *de Israel*, que ha elegido al pueblo y le ha convertido en el objeto de sus promesas; santo porque es eminente, excelso y temible, adjetivos que expresan la peculiaridad de su «ser-otro», su absoluta soberanía y su incontrolable libertad. Pero se trata de aspectos dinámicos, no de propiedades esenciales o estáticas [37]. Es cierto que no podemos afirmar que este concepto de santidad sea decisivo en el tejido verbal del Salterio (de hecho, el término *qadoš* aparece sólo en ocho ocasiones referido claramente a Yahvé). Sin embargo, la frecuencia de conceptos análogos co-

---

[34] Sobre el oráculo sacerdotal de salvación en el marco del culto, cf. J. Begrich, *Das priesterliche Heilsorakel:* ZAW 52 (1934) 81-92.

[35] Una combinación paradigmática de ambos elementos en Ex 33,18-23 y 34,6ss.

[36] Para esta discusión, cf. H.-J. Kraus, *Teología*, 32s.

[37] Sobre estas ideas cf. H. Wildberger, *Jesaja 1-12 BK X/1* (Neukirchen ²1980) 249.

rroboran la impresión de que nos encontramos ante la «magnitud» más eminente de Yahvé y más definitoria de su «serpara-Israel».

d) *Gloria de Dios*

La santidad de Yahvé, sentida pero inalcanzable a los sentidos, tiene su manifestación «material» en la luz de su gloria (*kabod*). El Santo Rey de Israel (cf. Sal 89,19) se hace patente en el símbolo luminoso de su gloria. Yahvé es el Rey de la Gloria (Sal 24,7ss). Aunque nos encontramos ante un estereotipo literario de honda raigambre en la tradición bíblica, es probable que la expresión «gloria de Yahvé» (*keᵇbod yahweh*) se refiriera originalmente, en los albores de su evolución históricoreligiosa, a los primeros rayos del sol naciente en el equinoccio que precedía al día de Año Nuevo del calendario israelita. La gloria de Yahvé no es en su origen otra cosa que la expresión simbólica y la realidad luminosa visible de la santidad misma de Yahvé [38]. Desde este punto de vista se comprende fácilmente el repertorio de afirmaciones del Salterio referentes a esta gloria. La *keᵇbod yahweh* se eleva sobre los cielos (Sal 113,4), que, al estar henchidos de ella, se sienten animados a proclamarla (Sal 19,2). Pero la gloria de Yahvé no es una dimensión divina estática, sino esencialmente dinámica. De ahí que se derrame llenando la tierra (Sal 57,6.12; 72,19b; 108,6) e incluso habitando en ella (Sal 85,10). Pero el destino que el hombre comparte con la tierra en el ámbito creatural convierte también a aquél en destinatario de esa gloria divina (Sal 8,6; 84,12; 62,8; 73,24), de manera eminente al rey (Sal 21,6). Sin embargo, esa comunión de destinos del hombre y la realidad creada no se circunscribe a la recepción de la gloria; del mismo modo que los cielos proclaman la gloria de Yahvé, también el israelita debe cantarla, proclamarla y celebrarla (Sal 66,2; 72,19a; 96,7s; 145,11; 149,5), y no sólo entre sus correligionarios, sino a todas las naciones (Sal 96,3; 145,12). Hay que compartir gratuidad y plenitud, pues también los pueblos tienen capacidad de contemplar la gloria de Yahvé (Sal 97,6). Esa gloria de Yahvé, grande (Sal 138,5) y eterna (Sal 104,31),

[38] Consultar principalmente J. Morgenstern, *The Fire upon the Altar* (Leiden 1963) 7ss; Id., *Biblical Theophanies:* ZAss 25 (1911) 139-193; 28 (1913) 15-60.

se convierte en elemento kerigmático porque se manifiesta esencialmente como presencia salvífica (cf. Sal 102,17).

3. El ámbito histórico de Dios

Descripciones plásticas como las de Ez 1 y 10 son ajenas a los intereses de los escritores del Antiguo Testamento. La pregunta por la esencia de Dios nos la hacemos los occidentales; un israelita respondería a tal cuestión recitándonos la parénesis catequética de Dt 6,20-25. La naturaleza del Dios del Antiguo Testamento, y del Salterio en particular, se percibe desde sus «dimensiones».

a) Dimensión de memorial

Está claro que, en el acontecimiento de lo que denominamos «revelación», el Dios de Israel se autocomunica a sí mismo. Como hemos podido ver, no es otra la intención de la fórmula de autopresentación «Yo soy Yahvé» (Ex 6,2; cf. Sal 50,7; 81,11). Pero no se trata de la definición de una esencia, sino de la percepción de una presencia. En el texto del Exodo antes citado, la revelación del nombre va acompañada de su dimensión histórica: «Yo me aparecí...; yo hice alianza...; me acordé de la alianza...; os quitaré de encima...; os rescataré...; os redimiré haciendo justicia...; os adoptaré...; os llevaré a la tierra...; os la daré en posesión. Yo, el Señor» (cf. Ex 6,2-8). Los verbos describen acciones históricas; los tiempos en pasado y en futuro remiten respectivamente al cumplimiento y a la esperanza. Pasado y futuro se explican desde el nombre, que forma inclusión literaria. El nombre de Dios define su naturaleza; pero ésta se percibe desde la dimensión histórica de su actividad en favor del hombre, una actividad concebida como compasión y misericordia (cf. Ex 34,6 ss). La alabanza del nombre de Yahvé resuena en cada página del Salterio. El salmista proclama con frecuencia la dimensión histórica y protectora del Nombre. La palabra de Yahvé constituye la clave de la historia de la salvación [39].

El recuerdo de las gestas de Yahvé en el Salterio no se circunscribe al simple ejercicio de la memoria histórica, sino

---

[39] Cf. G. von Rad, *Gottes Wirken in Israel* (Neukirchen 1974) 199.

que, en el marco del servicio cultual, se convierte en auténtico memorial [40]. No en vano, la mayoría de los textos «históricos» del Salterio están formulados mediante una inequívoca fraseología cultual. El servicio divino constituye el marco de la «reactivación» de las hazañas históricas de Yahvé en favor de su pueblo. Sin embargo, la intensa tonalidad cultual de las tradiciones históricas consignadas en el Salterio, unida a sus frecuentes categorizaciones mitológicas, no sólo impiden captar en ocasiones el alcance teológico de dichas tradiciones, sino que inducen a ciertos autores a calificar el Salterio de «ahistórico» [41], en el sentido de que el orante israelita no se interesa directamente por la historia, sino por su sentido, es decir, por la concepción de la historia como marco de la acción liberadora actual, única y global de Yahvé. Desde este punto de vista, según ellos, se explicaría el fuerte colorido mitológico de las narraciones «históricas» en el marco del culto. La reexperimentación de la salvación histórica de Yahvé en el servico cultual busca, naturalmente, una vía de expresión en categorías míticas, suprahistóricas. De esta forma, queda salvaguardado el carácter actual y contemporáneo de las acciones histórico-salvíficas recitadas en el culto. La caracterización histórico-mítica de estas acciones facilita su comprensión, por parte de los participantes, como algo al propio tiempo perteneciente al pasado, experimentado en el presente y con decisivos resultados de cara al futuro [42].

Desde esta comprensión de las relaciones entre historia y culto resulta en gran medida superflua la discusión sobre la importancia y los contenidos de la Historia Salutis en el Salterio, por una parte, y el papel de la teología de la creación dentro del esquema histórico-salvífico, por otra. La importancia crucial que esta temática presenta en otros estratos literarios, narrativos y proféticos, del Antiguo Testamento se diluye en la experiencia religiosa desplegada en el marco del culto.

Pero esta fusión de aspectos y temas teológicos tiene su razón de ser decisiva en el carácter del salmo como expresión

---

[40] Cf. con acierto B.W. Anderson, *Out of the Depths*, 56.
[41] Sobre esta desvinculación de los salmos respecto al tiempo y a la historia, cf. P.D. Miller Jr., *Interpreting the Psalms*, 22-26.
[42] Cf. S. Mowinckel, *Israel's Worship* I, 112.

de una experiencia religiosa. El salmista habla desde la desesperación o la alegría, desde la humillación o la restauración interior, desde el sometimiento o la libertad. Pero su palabra está radicalmente anclada en su historia presente. Si evoca en su plegaria elementos de la teología de la creación o de la Historia Salutis, no lo hace por voluntad especulativa, sino por el deseo de ilustrar su fe en el poder salvífico de su Dios, ese poder todavía activo del que espera su restauración. De ahí que la propia experiencia religiosa del salmista sirva de catalizador de los grandes temas teológicos, paradigmáticos del poder histórico-salvífico de Yahvé aquí y ahora. De ellos hará un uso libre, como ilustrativos que son de su actual historia personal o de la de su pueblo.

b) Creación

La teología de la creación ocupa un lugar destacado en el Salterio [43]. En ocasiones todo se reduce a una ligera alusión; a veces nos encontramos con un amplio desarrollo temático. Pero el interés siempre se centra en el paradigma «Dios para el hombre» / «el hombre para Dios». Si el salmo 19 se abre con la confesión «El cielo proclama la gloria de Dios», para expandirse después en un himno al sol, del que se pondera su órbita obediente e inmutable, su luz y su calor, no hay que pensar que el poeta está directamente interesado en hacer teología de la creación. En realidad, el salmista recurre a ella desde su preocupación por el posible cumplimiento imperfecto de la ley del Señor. Como el sol, aquella es perfecta en su función (v. 8), proporciona luz (v. 9) e ilumina (v. 12). Pero el hombre, débil y proclive a la insolencia, puede pasar por alto involuntariamente tales características [44]. Tampoco el exordio teológico del salmo 24,1s tiene una explicación *a se*, sino en función de la liturgia de entrada que el poeta desarrolla a continuación. Los ejemplos podrían multiplicarse, pero baste las observaciones

---

[43] Puede consultarse B.C. Ollenburger, *Zion the City of the Great King*, 54-58.155-158.

[44] Desde esta lectura del salmo es teológicamente improcedente y literariamente vano el esfuerzo de numerosos especialistas por demostrar que el salmo 19 se compone en realidad de dos poemas, un himno al sol y una alabanza a la Torá. El salmista pretende decirnos que el orden cósmico, representado emblemáticamente por el sol, tiene su contrapartida en el orden histórico, representado eminentemente por la ley divina.

sobre la teología de la creación a propósito de la interpretación de los salmos de entronización por parte de Mowinckel [45].

c) Memoria histórica

Pero quizá sean los «salmos históricos» los que manifiestan más a las claras las dos claves hermenéuticas mencionadas más arriba: la propia experiencia histórica del salmista y el revestimiento mítico-literario de estos poemas. Los elementos tradicionales de la Historia Salutis –liberación de Egipto, paso del mar, travesía del desierto, revelación sinaítica, entrada en la tierra y ocupación de Palestina– ocupan un lugar relativamente relevante en el Salterio, bien como sistema completo (salmo 78), bien segmentariamente (Sal 44,2-6). En este último ejemplo se aborda exclusivamente el segmento de la ocupación de Palestina. Pero en realidad, el salmista no tiene pretensiones ni intereses de historiador. Sólo la situación presente de opresión y desamparo que padece el pueblo explica el recurso a la memoria histórica. El poema es dramatizado por el poeta mediante la contraposición de «antaño» (v. 2) y «ahora» (v. 10); el brazo liberador de antaño (cf. v. 4) es el mismo que ahora rechaza al pueblo (cf. v. 10). ¿Se ha dormido Yahvé, o se ha escondido? (cf. vv. 24s).

La catequesis del salmo 78 integra orgánicamente los elementos de la Historia Salutis. El aliento parenético de vv. 7-8 le proporciona un sabor inequívocamente deuteronómico. Se trata de teología deuteronómica en clave poética. Se trata de una teología de la historia en la que sobresale el primer término de la expresión (teología). Para el poeta, la Historia Salutis no es una obra concluida. Las acciones salvíficas de Yahvé en el pasado sólo tienen sentido desde el eslabón presente de esa misma y única historia. No se trata sólo de oír, sino de transmitir (cf. vv. 3-4). Si la historia de las hazañas de Yahvé no recuperan su importancia desde las preocupaciones y los proyectos del presente del israelita, no sólo no tienen por qué ser rememoradas; incluso su hipotética existencia carece de sentido. La importancia del presente en este salmo se percibe con claridad en un detalle: la «ampliación de la Historia Salu-

---

[45] Para ampliar el contenido de la teología de la creación en el Salterio, cf. H.-J. Kraus, *Teología*, 45-48.

tis» con las tradiciones propias de la teología de Sión (vv. 67-72): elección de Judá como foco de la unidad política; elección del único santuario como foco de irradiación religiosa; elección de David como depositario de las promesas dinásticas. Esta ampliación no indica mera y casual contigüidad temporal, sino carácter ininterrumpido de la historia de las hazañas salvíficas de Yahvé en favor de su pueblo. Observaciones análogas podrían hacerse respecto al salmo 68, en el que se perciben, además, los elementos mitológicos mencionados más arriba y una elaboración de las imágenes que sitúan la historia por encima del tiempo, elevándola casi a categoría de paradigma religioso [46].

d) Cualidades de Dios

Si ahora nos preguntamos por la fuerza capaz de mantener la estabilidad de la obra creadora y la dinámica siempre abierta al futuro de la Historia Salutis, según el Salterio, habremos de recurrir inevitablemente, una vez más, a las cualidades de Yahvé. En el subapartado anterior hemos aludido a la santidad y a la gloria de Yahvé como elementos dinámicos de su ser para lo creatural, especialmente para el hombre. Sin duda se trata del núcleo y la fuente de todas sus perfecciones. Pero, cuando el salmista trata de describir la acción de Yahvé en su vida personal, en ocasiones en la de su pueblo, no recurre a especulaciones sobre su santidad o su gloria; reserva estas cualidades para describir las peculiaridades genéricas de la relación de Yahvé con el ámbito creatural. La santidad y la gloria de Yahvé, como disposiciones dinámicas, están más relacionadas con dimensiones «institucionales» o supraindividuales que con los avatares concretos del individuo. Yahvé demuestra su santidad o su gloria de manera eminente en las «realidades ordenadas u ordenadoras»: cosmos, Israel, monarquía, santuario de Sión y Ley. Israel y su perdurabilidad son un reflejo del orden cósmico y su inmutabilidad.

---

[46] Para un tratamiento minucioso de la naturaleza y la función de los motivos históricos en el Salterio, consultar A. Lauha, *Die Geschichtsmotive in den alttestamentlichen Psalmen* (Helsinki 1945) esp. 11-127; J. Kühlewein, *Geschichte in den Psalmen* (Stuttgart 1973) esp. 130-164; C. Westermann, *Lob und Klage*, 165-194; E. Haglund, *Historical Motifs in the Psalms* (Estocolmo 1984) esp. 10-114.

Pero existe un núcleo de cualidades de Yahvé de carácter esencialmente histórico, que, teniendo su centro en la santidad y la gloria, se refractan a través del alma del israelita creyente. Yahvé se muestra cercano al hombre en su justicia, su bondad, su lealtad, su firmeza, su sinceridad, su misericordia y su compasión.

• *Justicia*

Yahvé es justo (*saddiq*) en relación a sus proyectos (Sal 145,17), que ponen de manifiesto su amor a la justicia (cf. Sal 11,7). Pero la justicia de Yahvé no sólo se concretiza en la naturaleza de su ley (Sal 119,137) o en sus castigos (Sal 7,12), sino preferentemente en su apoyo al inocente (Sal 7,10) y en su disposición favorable hacia los honrados (Sal 112,4). El carácter equilibrado, imparcial, de la justicia de Yahvé hace fracasar a los malvados (Sal 129,4) y despierta la confianza de los sencillos (Sal 116,5). La fe en la retribución provoca al mismo tiempo el desasosiego de los injustos y la paz interior del honrado.

• *Fidelidad*

Yahvé es también conocido por su fidelidad y sinceridad (*'emet*) [47]. Gracias a ella, el israelita piadoso se siente guiado (Sal 25,5), rescatado (Sal 31,6), salvado (Sal 69,14) y guardado (Sal 40,12). La fidelidad de Yahvé se pone de manifiesto en su palabra (Sal 119,160) y sus mandatos (Sal 119,142.151). Toda su actividad se define desde ese concepto (cf. Sal 111,7). Las dimensiones de la *'emet* abrazan espacio y tiempo: brota de la tierra (Sal 85,12) y alcanza las nubes (Sal 57,11; 108,5); es eterna (Sal 117,2). En consecuencia, el hombre, que sabe que su rectitud depende de esta cualidad de Yahvé (Sal 26,3; 86,11), da gracias por ella (Sal 71,22). Sólo hay un texto en el que el término *'emet* abandona la esfera privada para situarse en el marco institucional de las tradiciones relativas a la promesa davídica (Sal 132,11). Yahvé se define también por su firmeza y fidelidad (*'emunah*). Las dimensiones de esta cualidad en el Salterio se sitúan en un nivel más descriptivo que

---

[47] Este sustantivo, como *nomen rectum*, presenta el valor adjetival de «genuino», «fiel», «sincero».

operativo. La fidelidad que ciñe a Yahvé (Sal 89,9) está firme en el cielo (Sal 89,3), lugar de su proclamación (cf. Sal 89,6). Como la *ʾemet*, se trata de una cualidad eterna (Sal 100,5; 119,90), manifiesta en todas las obras de Yahvé (Sal 33,4). Situados ya en el ámbito del hombre, la fidelidad se pone de manifiesto tanto en los mandatos (Sal 119,86) como en los juicios (Sal 96,13) divinos. Su relación con elementos de la Historia Salutis se percibe en Sal 89,50 y 98,3. Como podemos observar, el término *ʾemunah* está más cerca del contenido de *kabod*, desde el punto de vista funcional, que de los matices de *ʾemet:* el salmista lo usa para descripciones de tipo genérico y para subrayar aspectos de orden cósmico y social. Yahvé es también misericordioso y compasivo *rahum wᵉhannun* (Sal 86,15; 103,8; 111,4; 112,4; 145,8). En función de estas cualidades derrocha benevolencia y bondad (Sal 112,4; 145,8), que manifiesta en su perdón (Sal 78,38) y en la ausencia de rencor (Sal 103,8). Sólo en salmo 111,4 el adjetivo *rahum* desborda el ámbito de la historia del individuo para conectar con el concepto de alianza.

• *Bondad, lealtad*

Pero es sobre todo el término *hesed* (bondad, lealtad) el más adecuado para definir la dimensión histórica del ser y el obrar divinos en el Salterio. En general, la *hesed* de Yahvé está vinculada a su promesa (Sal 119,41.76) [48], pues básicamente constituye una cualidad divina (cf. Sal 130,7). Las dimensiones de la *hesed* nos recuerdan análogos valores hallados en alguno de los términos anteriores. Como se trata de una «magnitud» divina, la *hesed* de Yahvé llena la tierra (Sal 33,5; 119,64) y llega hasta el cielo (Sal 36,6; 57,11; 108,5; o bien es enviada desde el cielo, según Sal 57,4). Pero, aunque se trata de una realidad celeste (Sal 89,3), una especie de lugarteniente de Yahvé (Sal 89,15), la *hesed* acompaña al hombre (Sal 33,22; 89,25), incluso le sigue (Sal 23,6), poniéndole en contacto con su Dios (cf. Sal 69,14.17; 119,149). Esta dimensión espacial se

---

[48] Desde el punto de vista de la promesa, sería normal que el término *hesed* estuviese sustancialmente vinculado a la Historia Salutis. Pero en el Salterio, esta cualidad de Yahvé está más relacionada con la piedad individual que con la religión oficial. La relación de la *hesed* con la historia de Israel o con las promesas davídicas aparece sólo en Sal 89,50; 98,3; 106,7.45.

entrelaza inextricablemente con la temporalidad: la *hesed* de
Yahvé es perpetua (Sal 100,5; 106,1; 107,1; 118,1ss; 136;
138,8). Cielo y tierra; pasado, presente y futuro están llenos de
su bondad/lealtad. El justo es consciente de que la *hesed* divina
le procura la salvación (Sal 6,5; 17,7; 31,17; 86,13; 109,26), le
protege, sostiene y redime (Sal 32,10; 40,12; 44,27; 94,18;
103,4). La *hesed*, en definitiva, define a Yahvé como misericordioso y digno de confianza (Sal 51,3; 52,10) [49]. Es la virtud
opuesta a la cólera (cf. Sal 86,15; 103,8; 145,8), la fuente del
perdón (cf. Sal 25,7; 86,5). Quien así experimenta la presencia
de Dios, siente que su vida es plena, sin fracasos (Sal 21,8): la
hesed da vida (Sal 119,88.159; cf. 88,12); más aún, vale más
que la vida (Sal 63,4). De ahí que el israelita fiel espere y con-
fíe en la bondad/lealtad de Yahvé (Sal 13,6; 33,18; 147,11),
henchido de alegría (Sal 31,8). Pero, respondiendo a la esencia
propia de los salmos, el hombre justo no se conforma con cultivar en su interior los efectos benéficos de la *hesed* divina en
su existencia (cf. Sal 48,10; 107,43). Su plenitud se desborda
de tal manera que se siente obligado a cantarla y proclamarla
(Sal 61,8; 89,2; 92,3; 101,1). El elemento kerigmático es con-
sustancial a la naturaleza creyente del hombre.

Excursus. Salmos y escatología

Habría sido más lógico, a simple vista, ofrecer esta temática en el
marco general de la teología del Salterio. Preferimos, sin embargo,
tratarla como excursus por una razón básica: la divergencia entre los
especialistas modernos. Mientras que para muchos de éstos (quizá
mayoría) no puede ponerse en tela de juicio la presencia de la escatología en el Salterio, para otros no hay ningún dato en esta colección
de poemas interpretable necesariamente en esa dirección. Para ilustrar esta polémica basta con recurrir a dos autores. Dice Mowinckel:
«Otros han intentado interpretarlos (los salmos de entronización) escatológicamente: el poeta y la congregación cantan por anticipado un
poema relativo a la salvación final, cuando Yahvé aniquile el poder
del mal y libere a su pueblo... Cuando el Segundo Isaías, por ejemplo,
describe la salvación cercana como el día de entronización de un
Yahvé cósmico, lo hace al estilo de los salmos... El contexto en el que
aparecen estas explosiones líricas de los profetas pone de manifiesto

---

[49] En esta misma línea de pensamiento discurre la conocida bina aplicada
a Yahvé *rahum w^ehannun*, «misericordioso y compasivo» (Sal 86,15; 103,8;
111,4; 112,4; 145,8).

400 Teología del Salterio

que se trata de una espectacular versión de la profecía misma... Pero esta escatología ha extraído sus ideas de la misma fuente que los salmos de entronización, y las ha reinterpretado a su propio estilo. Puede darse por sentado que en esta colección *no hay salmos propiamente escatológicos*» [50]. Pero podemos leer en otro autor: «Según la Biblia de Jerusalén, 'los salmos propiamente escatológicos celebran el reino universal de Yahvé, el esplendor de la nueva Sión y la llegada de la era mesiánica'. Algunos salmos parecen inspirarse en oráculos menos antiguos que preludian la apocalíptica, pero es posible que la influencia se haya ejercido en sentido inverso. Los salmos de la realeza de Yahvé y los cánticos a Sión figuran entre los más escatológicos del Salterio... Los salmos reflejan numerosos rasgos de la escatología general del Antiguo Testamento» [51].

Como puede verse, la polémica gira en torno al contenido de algún tipo determinado de salmos, en concreto a los salmos de entronización o de la realeza de Yahvé principalmente. El alcance de la polémica podría concretarse en una doble pregunta: ¿existe realmente en los salmos material escatológico?; supuesta la respuesta afirmativa, ¿responde ese material a la cosmovisión y teología de los compositores originales de los poemas o debe pensarse en reformulaciones redaccionales tardías? Sabourin examina con detalle dos aspectos del pensamiento del Salterio que confirman a su juicio la existencia de material escatológico: las ideas de ultratumba («el descenso al *sheol*») y un nuevo enfoque de la teodicea («el destino diferente de los justos») [52]. Pero en definitiva su esfuerzo no acaba de convencer. Por una parte no advierte el alcance imaginativo de términos como «fosa», «pozo», «abismo», que nunca hacen referencia en los salmos al más allá, sino que se trata de hipérboles poéticas. Por otra, la esperanza del justo en una vida mejor que le libere de las supuestas injusticias divinas del presente tampoco apuntan en el Salterio a una inmortalidad dichosa. Tiene razón Vawter al afirmar que el concepto de vida formulado en esos salmos se refiere a una existencia llena de sentido en este mundo [53].

Es más plausible pensar que los rasgos decididamente escatológicos, pocos por otra parte, que aparecen en el Salterio son obra de redactores que, arrastrados por la irrenunciable esperanza de una restauración nacional, han actualizado aquellos aspectos, formulaciones, teologúmena o imágenes que se prestaban naturalmente a la lec-

---

[50] S. Mowinckel, *Israel's Worship* I, 110-111; subrayado nuestro.
[51] L. Sabourin, *Le livre des Psaumes* (Montreal 1988) 50.
[52] Cf. L. Sabourin, *op. cit.*, 51-52.
[53] Cf. B. Vawter, *Intimations of Immortality and the Old Testament:* JBL 91 (1972) 158-171.

tura escatológica [54]. En el Targum de los Salmos y en el Midrás Tehillim puede apreciarse claramente la tendencia a la lectura escatólogica y mesiánica de los salmos en el Judaísmo tardío. Frecuentemente el término de los salmos en TM *melek*, «rey», es leído en el Targum *malka mᵉšiha*, «rey Mesías» [55]. Escuchemos a Tournay: «Nos parece razonable concluir que ninguno de los textos controvertidos [del Salterio] implica la idea de una vida futura dichosa o de una resurrección individual. Todos los salmistas profesan las creencias tradicionales sobre el más allá... Sólo a partir del s. II, a raíz de la gran crisis macabea que conmocionó los espíritus y desgarró el país, comenzará a expresarse esa fe... Se trataba de salvaguardar la justicia divina» [56].

---

[54] Según la tesis de J. Becker, *Israel deutet seine Psalmen* (Stuttgart ²1967), el Salterio contiene ejemplos de estratos redaccionales que reinterpretan ciertos salmos desde una perspectiva escatológica. Parece ser que esta perspectiva dio paso a una redacción proto-apocalíptica llevada precisamente a cabo por ciertos círculos tras el fracaso de las esperanzas escatológicas de restauración, según S.L. Cook, *Apocalypticism and the Psalter:* ZAW 104 (1992) 82-99, p. 91.

[55] Sobre estas ideas, cf. K.-H. Bernhardt, *Das Problem der altorientalischen Königsideologie im Alten Testament*, VTS VIII (Leiden 1961) 13-15.

[56] R. Tournay, *L'eschatologie individuelle dans les Psaumes:* RB 56 (1949) 481-506, esp. 501-502.

Capítulo XI
HISTORIA DE LA INTERPRETACION
DEL SALTERIO

Como podremos observar, las actitudes críticas y el trabajo propiamente científico respecto al Salterio no empezaron a manifestarse más que a partir de la época de la Ilustración. Las posibles razones son múltiples, pero baste con resaltar la poderosa influencia de la teología patrística y medieval, así como la de la propia exégesis judía.

Bibliografía española: J. Aldazábal, *Salmos del Antiguo Testamento para los cristianos de hoy:* Phase 23 (1983) 109-122; L. Alonso Schökel, *El lenguaje imaginativo de los salmos,* en *Hermenéutica de la palabra II* (Madrid 1987) 271-284; L. Alonso Schökel, *Interpretación de los salmos hasta Casiodoro.* Síntesis histórica: EstBib 47 (1989) 5-26; L. Alonso Schökel, *Interpretación de los salmos desde Casiodoro hasta Gunkel:* EstBib 47 (1989) 145-164; L. Alonso Schökel, *Salmos I* (Estella 1992) 17-67.

I. LOS TIEMPOS ANTERIORES A LA EXEGESIS CRITICA

1. *Primeras generaciones cristianas*

Los escritores del Nuevo Testamento interpretaron los salmos a tenor de las directrices exegéticas del Judaísmo: literal o alegóricamente. En general el enfoque era cristológico. El mensaje de los salmos constituía una especie de premonición profética de lo que significó la vida y la obra de Jesús. Ocasionalmente se nos ofrecen lecturas eclesiológicas y orientaciones de tipo ético.

Para las primeras generaciones de cristianos, el Antiguo Testamento en general, por su propia naturaleza, tiende a Cristo y se centra en él. En Cristo se revela al hombre la verdad más ímtima del Antiguo Testamento. Según los evangelios, el propio Jesús fue desvelando el sentido de los salmos a partir de sus circunstancias vitales. En él se cumplía lo escrito en la Torá, en los profetas y en los salmos (cf. Lc 24,44ss). Jesús, a tenor de lo dicho por los evangelistas, usó el Salterio con mayor frecuencia que cualquier otro libro del Antiguo Testamento: para manifestar sus estados de ánimo (Mt 27,46; Lc 23,46; Jn 15,25), exhibir una enseñanza autoritativa (Mt 5,33-35), explicar un hecho histórico (Jn 6,31), argumentar al estilo halákico *a minore ad maius* (Jn 10,34) e incluso definir su función de piedra angular en la nueva economía (Mt 21,42). Los propios evangelistas citan con frecuencia el Salterio, leyéndolo en clave cristológica (Mt 4,6; 13,35; 21,9; 23,39; 27,39; Mc 11,9; 15,36; Lc 1; 13,35; 19,38; Lc 23,36; Jn 2,17; 19,24.36). Otro tanto podemos decir de los Hechos (1,20; 2,25-32.34s; 4,25s; 7,46; 13,22.33.35). San Pablo usa el Salterio con relativa libertad. Aunque en ocasiones lo aplica a Cristo o a la experiencia cristiana (Rom 8,36; 15,3; 1 Cor 15,27; Ef 1,22), no es extraño que lo utilice con funciones exhortativas o parenéticas (2 Cor 4,13; 9,9; Ef 4,26), o incluso para exponer autoritativamente una enseñanza (Rom 3,4.10-18; 4,7s; 1 Cor 3,20; 10,26). Otro tanto puede decirse de Hebreos (1,5ss.8-13; 2,6ss.12s; 3,7; 5,5s; 6,20; 7,17.21; 10,5ss.30; 13,6). Como novedad, la lectura alegórica de Sal 95,7-11 que se nos ofrece en 4,1-11. Las cartas de Pedro usan el Salterio fundamentalmente como medio de exhortación o como apoyo autoritativo (1 Pe 3,10ss; 5,7; 2 Pe 3,8), si bien no falta en ellas la referencia a la experiencia cristiana (1 Pe 2,3).

En general, puede afirmarse que, en este periodo, el recurso a los salmos en relación con Jesús –vida, pasión, muerte y resurrección– constituye el principio y la meta de la interpretación cristiana. No hay que buscar en el Nuevo Testamento lo que él no puede ofrecernos: una respuesta científica a los problemas del Salterio desde la lingüística, la historia de las religiones o la crítica histórica. De estos problemas se encargarán las futuras generaciones.

2. Epoca patrística [1]

A partir del siglo II, los escritores cristianos (PP. Apostólicos, Apologetas, SS.PP.) utilizaron preferentemente el Salterio con fines prácticos, siguiendo así el camino marcado en el Nuevo Testamento [2]. En muchos de ellos (Ireneo y Cipriano entre otros) se observa una decidida tendencia a la interpretación alegórica, si bien el exponente más ilustre de esta escuela fue el «alejandrino» Orígenes (hacia 185-254). Este último utilizó trece reglas del método alegórico de Filón [3]. Sin embargo, la mayor parte de los comentaristas griegos del Salterio se acercaron más a la línea hermenéutica antioquena, que se basaba en dos principios básicos: el sentido literal, obvio, propio de cada pasaje, y el sentido tipológico, que se desprende de la relación del Antiguo Testamento con el Nuevo. Algunos Padres cultivaron la llamada interpretación prosopológica (de *prosopon*: máscara de actor o personaje representado) [4]. Si tenemos en cuenta además que muchos representantes de la tradición patrística derivan frecuentemente hacia aplicaciones de carácter ético, podemos decir que en dicha tradición convivieron, y convergieron en algunos autores, al menos cuatro tendencias interpretativas: literal, alegórica, prosopológica y ética. El úni-

---

[1] Los límites del presente trabajo nos obligan a la concisión expositiva. Para una ulterior ampliación de la interpretación de los salmos en el periodo patrístico, cf. principalmente J.-C. Nesmy (ed.), *I Padri commentano il Salterio della Tradizione* (Turín 1983); también J. Day, *Psalms*, 139-141; L. Alonso Schökel / C. Carniti, *Salmos* I (Estella 1992) 22-39.

[2] Podemos observar dos escuelas principales: la de Alejandría, patrocinadora y cultivadora del método alegórico (valor simbólico literario de un personaje o de un acontecimiento), y la de Antioquía, más proclive a la lectura tipológica (relación de semejanza entre dos sucesos).

[3] En líneas generales, Filón interpretaba la Biblia, los LXX, de manera alegórica y mística. Debido a la influencia de la espiritualidad helenista, su obra fue marginada en círculos judíos, si bien gozó de aceptación relativamente generalizada entre los escritores cristianos; sobre el tema, ver C. Mondésert (ed.), *Le monde grec ancien et la Bible*, BTT I (París 1984) 37-54.

[4] Del mismo modo que en una pieza teatral el autor habla a través de su personaje, el Espíritu Santo, autor de los salmos, se comunica mediante los personajes que aparecen en éstos, llevándose a cabo una identificación, en el plano lírico, entre el «autor» y el yo del salmo en cuestión. Así, David, como «yo» de un salmo, puede representar a Cristo prosopológicamente (*ek prosopou Khristou*). Amplio estudio en M.J. Rondeau, *Les commentaires patristiques du Psautier (IIIe-Ve siècles) II. Exégèse prosopologique et théologie* (Roma 1985).

co escritor latino que hizo hincapié en la importancia de las cuestiones gramaticales e históricas del Salterio fue Jerónimo (347-419), si bien en la práctica es deudor del método alegórico [5].

Conviene, por otra parte, tener en cuenta que, en la Iglesia primitiva, nadie conocía el hebreo, a excepción de Orígenes y Jerónimo, e incluso éstos no lo suficiente. En tales circunstancias, la inevitable dependencia de los LXX indujo a más de un error a aquella pléyade de escritores.

De Orígenes se conservan fragmentos de un comentario y de algunas homilías sobre los salmos. Jerónimo se dice autor de ciertos *commentarioli* al Salterio [6]; sin embargo, el *Breviarium in Psalterium* no parece ser suyo. Eusebio († 339), a pesar de haber vivido en Palestina, no conocía el hebreo. Su comentario a los salmos, casi completo, peca de superficialidad y de interpretaciones forzadas y caprichosamente alegóricas. Sin embargo, dejó honda huella en escritores posteriores. En su breve comentario, Atanasio († 373) depende en gran medida de la exégesis filoniana. Gregorio de Nisa († 394) nos legó un tratado sobre la disposición y los títulos de los salmos con algunas valiosas informaciones, si bien su investigación desatina en líneas generales, sin duda por el influjo de los LXX. En la Iglesia occidental, Hilario (315-367) escribió un *Tractatus in librum Psalmorum,* con una orientación alegórica al estilo de Orígenes. No carece de ingenio en sus observaciones, si bien en líneas generales ofrece mayor servicio a la teología dogmática que a la exégesis. De Ambrosio conocemos sus *Enarrationes in Psalmos,* comentario a no más de sesenta y tres salmos.

En el amplio panorama patrístico, quizá fue Teodoreto († 466) el primero en subrayar prácticamente la importancia del sentido literal histórico de los salmos, pues se sitúa a mitad de camino entre esta tendencia y la exégesis alegórica. Teodoreto, uno de los mejores exegetas entre los PP. griegos, utiliza libremente la tradición y emplea un método riguroso de interpretación bíblica: examen del texto de los LXX (pero comparado, si lo cree necesario, con las versiones griegas de

[5] Sobre la obra de Jerónimo relativa al Salterio, ver J. Fontaine / Ch. Pietri, *Le monde latin antique et la Bible,* BTT II (París 1985) 77-88.
[6] Cf. *Contra Rufinum,* I,19.

Aquila, Símmaco y Teodoción, y con la Peshitta siriaca); búsqueda del sentido literal histórico con ayuda de la gramática, del análisis literario y de la historia. La investigación del sentido literal (primer nivel exegético) le conduce en ocasiones a la interpretación figurada (segundo nivel), que constituye el verdadero sentido de un texto e incluso a la interpretación tipológica (tercer nivel) [7]. Estos albores científicos son, sin embargo, insuficientes, a parte de que la obra de Teodoreto carece de la hondura mística que en otros autores compensa la falta de actitudes y aptitudes críticas.

Si se nos obliga a hacer una selección de autores entre los Padres, nos quedamos con Juan Crisóstomo (345-407) en Oriente y con Agustín (354-430) en Occidente. Del primero contamos sólo con el comentario de unos 60 salmos, acuñados según el género homilético. El estilo es brillante y fogoso; el contenido, más ético que dogmático. A pesar de su educación antioquena, no destaca precisamente en él la tendencia filológica e histórica típica de aquella escuela. La contrapartida occidental de Juan Crisóstomo es Agustín. En sus magníficas *Enarrationes in Psalmos* [8], también en género homilético, no adopta como base el texto latino de Jerónimo, sino la Vetus Latina y los LXX [9]. La obra de Agustín, mucho más rica y profunda que la de Juan Crisóstomo, ejerció un influjo decisivo en los sucesivos escritores occidentales, como es el caso de Casiodoro (485-583) con sus *Expositiones in omnes psalmos*.

Si conviene resaltar la voz crítica de algún inconformista en todo este amplio panorama, habrá que pensar en el antioqueno Teodoro de Mopsuestia († 428), que arremetió, entre otras cosas, contra el supuesto valor histórico de los títulos de los salmos y contra el carácter «profético» de algunos de sus textos en relación con el Nuevo Testamento. Para él no hay que hablar tanto de profecía sálmica cuanto de «adaptación»

---

[7] La interpretación tipológica no constituye tanto la comprensión inmediata del texto cuanto el descubrimiento de su alcance (*telos, ekbasis, peras*), su finalidad mesiánica o neotestamentaria. Sobre el tema, consultar C. Mondésert, *Le monde grec ancien et la Bible*, 335-360.

[8] Hay edición en castellano con el texto latino, *Enarraciones sobre los salmos*, 4 vol. BAC (Madrid 1964/7).

[9] Sobre la relación de Agustín con los LXX, ver A.-M. la Bonnardière (ed.), *Saint Augustin et la Bible*, BTT III (París 1986) 303-312.

de un texto a las circunstancias de la nueva economía cristiana.

En definitiva, los «defectos» que podemos achacar a los comentarios o a las «cadenas» [10] patrísticas sobre los salmos pueden ser compartidos por los Padres orientales y por los occidentales. Antes hemos mencionado su falta de familiaridad con el original hebreo. A ello habrá que añadir una carencia de método y de rigor, una acosante insistencia en el carácter profético de los salmos, falta de perspectiva histórica, ante la que se disipan todas las diferencias entre en Antiguo y el Nuevo Testamento, y una desorientadora predilección por el método alegórico. Desde este último punto de vista, podemos hablar de un retroceso, pues aunque se hacen cargo del significado de los salmos tal como los entendió la generación apostólica, no los abordan a la luz de su cumplimiento en el Nuevo Testamento, sino que los vierten en moldes lingüísticos e ideológicos neotestamentarios.

3. Epoca medieval

Si lo comparamos con el periodo patrístico, no apreciamos en el Medievo un avance sustancial. El comentario de Pedro Lombardo († 1150) consiste en una cadena elaborada a partir de anteriores comentaristas del Salterio, desde Jerónimo. Los comentarios de Tomás de Aquino (1225-1274) tienen un carácter más independiente, aunque sólo completó 51 salmos. Esta peculiaridad puede ser compartida por la obra de Alejandro de Hales (hacia 1185-1245). Entre los autores de esta época son dignos de mención Buenaventura († 1274) y Alberto Magno († 1280). Sin embargo, lo más que nos ofrecen

---

[10] La «cadena» es una novedosa forma de interpretación que hace su aparición en la Iglesia griega de Palestina, desde donde se difundió por todo el imperio bizantino. Consistía en el comentario de un texto bíblico, que ocupaba el centro o uno de los márgenes del folio con caracteres bien visibles, a partir de citas o extractos exegéticos de otras autoridades, reproducidos con caracteres más pequeños, las cuales comentaban el texto en cuestión. De este modo se iba tejiendo un «encadenamiento» de citas. El nombre *catenae* procede de la cultura latina medieval, aunque tal tipo de procedimiento era conocido entre los Padres griegos como *exegetikai eklogai*, extractos exegéticos. Sobre esta cuestión, ver C. Mondésert, *Le monde grec ancien et la Bible*, 361-362; catálogo de *catenae* en M. Geerard, *Clavis patrum graecorum* IV (Turnhout 1980) 185-259.

todos ellos es un eco de comentaristas anteriores. Por su dependencia de la letra de la Vulgata, e indirectamente por tanto de los LXX, no hacen sino guiarnos por una pista poco correcta y perder de vista el significado de los salmos. Por una parte la *mystica intelligentia,* a base de espiritualizar, ahoga muchas veces el *litteralis sensus.* Por otra, el método especulativo aplicado por la tradición escolástica reseca de algún modo la perspicacia espiritual de la tradición patrística y monástica[11]. En general, al no tener estos autores explícitamente en cuenta en su discurso teológico sobre los salmos una precisa distinción entre las economías de los dos Testamentos y pasar por alto las distintas etapas intermedias de evolución, siguen revistiendo al Salterio con el lenguaje y las ideas propias del Nuevo Testamento.

Mención aparte merece la sinagoga medieval. Aunque su lectura de los salmos se ve naturalmente afectada por la falta de perspectiva cristológica, los intérpretes judíos nos ofrecen lo que no fueron capaces de llevar a cabo los cristianos de este periodo: una lectura basada en el original hebreo. Bien es verdad que la interpretación de pasajes sálmicos esparcida por el Talmud y el Midrás peca de falacia y arbitrariedad, dirigida como iba preferentemente a estimular y a edificar. Pero, a partir del siglo X, comienza a cultivarse entre los judíos, quizá bajo influencia árabe, el interés por los estudios gramaticales.

A la cabeza de los representantes de esta nueva era se sitúa Saadia Gaón (892-942)[12], que elevó a categoría de ciencia el estudio de la gramática. Junto a él, debemos poner a Rashi (Rabí Salomón Ben Isaac, 1040-1106), que conservó mediante anotaciones las interpretaciones tradicionales encontradas en el Talmud y el Midrás e hizo uso de las gramáticas y léxicos hebreos que tuvo a mano, aunque su método no es estrictamente filológico. Combina en su exégesis el sentido literal y la homilética, aunque con preferencia por el primero. En la interpretación de los salmos, debido a la polémica con la exégesis cristológica cristiana, tendió a sustituir la figura de Cristo

[11] Sobre la exégesis bíblica en las escuelas, la Universidad y el monacato medievales, cf. P. Riché / G. Lobrichon (eds.), *Le Moyen Age et la Bible,* BTT IV (París 1984) 163-232.261-303.
[12] Sobre la interpretación judía de los salmos durante los tres siglos que siguieron a esta época, cf. U. Simon, *Four Approaches to the Book of Psalms. From Saadiah Gaon to Abraham Ibn Ezra* (Albany 1991).

por la de David u otros personajes eminentes del pasado histórico judío.

Ibn Ezra de Toledo (1089-1164) [13] y David Qimchi de Narbona (1160-1235) [14] dependen menos de la tradición. El primero, más independiente y genial, sabe combinar los métodos filológicos y filosóficos. Se centra en el sentido literal, aunque con excesiva fantasía, y rechaza cualquier empleo del sentido alegórico. Gracias a sus métodos de trabajo se adelantó considerablemente a su época, aunque obviamente no podemos considerarlo un precursor de la investigación crítica bíblica. Qimchi, aunque menos original, puede ser considerado el más eminente intérprete judío por lo que respecta a la orientación gramatical e histórica. En general, su conocimiento del hebreo proporciona a todos estos maestros una neta ventaja sobre sus coetáneos cristianos. Esta ventaja la hicieron suya, dentro de la Iglesia, dos eminentes tratadistas de origen judeocristiano: Nicolás de Lira († 1340) y Pablo de Burgos († 1435). Precisamente con Nicolás de Lira se da el paso definitivo al estudio literal de los salmos, que, desde el punto de vista crítico, supera la efusión espiritualizante de la tradición monástica y el frío tratamiento de la escolástica.

4. *Edad Moderna*

A pesar del enfrentamiento en el campo de la teología dogmática entre representantes de la Reforma y de la Contrarreforma, no podemos decir que el campo de la interpretación de los salmos se viera sustancialmente afectado por la división en el seno de la Iglesia [15]. En este periodo histórico la Universidad toma la antorcha de la exégesis bíblica, que durante la Edad Media había estado preferentemente en manos de los representantes del monacato. La elaboración de la Políglota de Alcalá corrobora esta afirmación general. El déficit exegético en filología semítica de siglos pasados va siendo superado gra-

---

[13] Consultar P. Riché – G. Lobrichon (eds.), *op. cit.*, 237-238; U. Simon, *op. cit.*, 145-257.

[14] Sobre este autor, cf. P. Riché / G. Lobrichon (eds.), *op. cit.*, 239-240. Por lo que respecta a sus trabajos sobre el Salterio, ver A. Darom (ed.), *Le commentaire complet sur les Psaumes* (Jerusalén 1966-1971) 2 vols.

[15] «Lutero es tan deudor de Lira y tan cristológico como cualquiera de los exegetas católicos», según L. Alonso Schökel / C. Carniti, *Salmos* I, 48.

cias al interés de los comentaristas por esas cuestiones y a la facilidad de acceso a las fuentes que proporcionaba la imprenta. Por otra parte, la interpretación literal de la Biblia se va imponiendo como base necesaria de acercamiento a su sentido espiritual.

En el ámbito católico conviene destacar las figuras de Genebrardus (comentario de 1577), Agellius (1606), Maluenda (1628) y De Muis (1630). Los cuatro se caracterizan por un profundo conocimiento de las lenguas semíticas, conocimiento que imprime una notable huella de calidad a sus trabajos sobre el Salterio. Sobresale también el comentario de Belarmino (1611), que, aparte de su extraordinario talento natural, aplica a los salmos su profunda penetración espiritual. Durante el siglo XVII los exegetas católicos emplearon métodos más adecuados y, en general, más útiles para la exégesis de los salmos que sus colegas protestantes[16]. Pero algunas figuras posteriores, de gran relieve por otra parte, degeneran paulatinamente en la escolástica, como podemos descubrir en los *Commentaria in Psalmos* (1634) de Lorinus y en el *Psalmorum davidicorum analysis* de Le Blanc (1664/76).

Justo es reconocer, por lo que al Salterio concierne, la labor de los representantes de la Reforma en cuestiones relativas a gramática y al desarrollo de las técnicas exegéticas, así como su honda perspicacia espiritual (de manera eminente en Lutero). Aunque este último tendía al rechazo de las lecturas alegorizantes, en la práctica nunca se vio libre de tal enfoque. Por otra parte, careció de la perspectiva histórica necesaria para percibir el carácter distintivo y peculiar de cada uno de los dos Testamentos. En Calvino, dicha perspectiva fue cultivada con relativo acierto, si bien su libertad interior a la hora de abordar la lectura de los salmos le indujo a cometer notables errores. Durante el siglo XVII sobresalen las figuras de Grotius (Groot, edición 1644), centrado en la exégesis histórica, y Cocceius (Koch, 1660), más proclive al método alegórico, que sin embargo utilizó con sobriedad y sentido práctico. Como ocurrió entre los católicos, a partir del s. XVIII va decayendo el espíritu de los hombres de la Reforma[17]. Se pierde casi

---

[16] Cf. Ch. A. Briggs, *The Book of Psalms* I, CVI-CVII.

[17] El estudio de los salmos en este siglo se caracteriza por ciertas constantes: pocas traducciones auténticamente originales; escaso hincapié en el senti-

por completo el carácter espiritual y eclesial cultivado con mimo en el XVII. Así, J.H. Michaelis, cuyas *Adnotationes uberiores in Hagiographa* (1720) no nos ofrecen más que una masa de material sin perfiles. Verdad es que su obra presenta algún valor desde los puntos de vista lingüístico e histórico, pero en general su estilo discursivo carece de gusto y de vitalidad espiritual. Podemos decir que pasó por alto casi todo lo decisivo de los siglos anteriores. Se salvan de este juicio la magnífica obra de Lowth *De sacra poesi hebraeorum* (Oxford 1753), pionera en la materia, y las notas de Kennicott sobre los salmos (1772).

5. Los comienzos de la exégesis crítica

Al calor de los principios de la Ilustración comienzan a gestarse, principalmente en el ámbito protestante, las actitudes críticas respecto a la Biblia. Este fructífero periodo está encabezado por W.M.L. de Wette [18] y H. Ewald [19], dotados de una notable capacidad crítica y de un desarrollado instinto histórico. Bajando a detalles, el campo de la crítica textual fue trabajado principalmente por F. Hitzig [20] y J. Olshausen [21]; el de la exégesis lexicográfica por H. Hupfeld [22]. Pero la figura señera de este siglo en Alemania es la de F. Delitzsch [23]. Su profundo conocimiento del hebreo y del genio del primitivo Israel, unido a su extraordinaria sensibilidad religiosa, nos han legado una obra todavía no superada en muchas facetas. Sobre los fundamentos establecidos por estos personajes edifi-

do profético, desdibujado ante los análisis efectuados a partir del sentido literal; tratamiento sólo indirecto de los salmos, en el marco de la problemática bíblica en general. Sobre el tema, consultar Y. Belaval / D. Bourel (eds.), *Le siècle des Lumières et la Bible*, BTT VII (París 1990) 59-72.

[18] *Commentar über die Psalmen* (Heidelberg 1811; ⁵1856).
[19] *Die Dichter des Alten Bundes I/2* (Gotinga 1839; ³1866).
[20] *Die Psalmen* (Heidelberg 1835/6).
[21] *Die Psalmen erklärt* (Leipzig 1853).
[22] *Die Psalmen übersetzt und erklärt* (Halle 1855-1862).
[23] *Commentar über den Psalter* (Leipzig 1859/60); hay traducción inglesa, *Psalms*, COT V (Grand Rapids 1980).
[24] *Die Psalmen* (Frankfurt M. 1882).
[25] *The Book of Psalms* (Londres 1888).
[26] *The Book of Psalms* (Cambridge 1891).
[27] *Die Psalmen* (Gotinga 1892).

có toda una pléyade de comentaristas: S. R. Hirsch, Th. K. Cheyne, A. F. Kirkpatrick, F. Baethgen, B. Duhm.

II. MAESTROS DE LA EXEGESIS CRITICA

1. Gunkel: de la crítica literaria a los géneros

Cada vez es más evidente el carácter innovador de los trabajos que Hermann Gunkel (1862-1932) dedicó al estudio del Antiguo Testamento. Su intuición científica y su capacidad artística le posibilitaron la consolidación de nuevas vías en el campo de la investigación bíblica. Con anterioridad a él, otros pensadores como De Wette, Herder y Wellhausen habían desbrozado el camino. Aunque es difícil encontrar un solo ámbito de la literatura del AT en el que no haya dejado su huella, sin embargo la impronta de Gunkel ha quedado principalmente plasmada en Génesis y Salmos. Por lo que a nosotros respecta, convendría resaltar dos aspectos de su trabajo: su interés por desarrollar una historia de la literatura israelita y, unida a este enfoque, la investigación sobre los géneros literarios del Salterio.

a) La historia de la literatura israelita

En la época de la primera madurez de Gunkel, y por lo que respecta a los estudios del Antiguo Testamento, estaba en vigor una disciplina a la que se denominaba «Introducción al Antiguo Testamento». Dicha disciplina abordaba la problemática veterotestamentaria bajo la perspectiva de la *crítica literaria,* patrocinada principalmente por Wellhausen. Según Gunkel, la tarea de esta escuela, necesaria y meritoria por otra parte, había dado de sí todo lo que se podía esperar de ella. Pero seguía sin obtener respuesta la pregunta básica de los crí-

[28] *Die Psalmen erklärt* (Tubinga 1899).
[29] H. Gunkel, *Genesis* (Gotinga ⁹1977).
[30] H. Gunkel, *Die Psalmen* (Gotinga ⁵1968); ibíd. *Einleitung in die Psalmen* (Gotinga ²1966), traducción española *Introducción a los Salmos* (Valencia 1983).
[31] Para la exposición de las ideas de este párrafo sigo fundamentalmente H. Gunkel, *Rede und Aufsätze* (Gotinga 1913) = *Ziele und Methoden der Erklärung des Alten Testaments* (Gotinga 1904).

ticos literarios: ¿cómo reconstruir la «verdadera historia» de Israel a partir de los indicios facilitados por la fragmentación del texto bíblico llevada a cabo por dichos críticos? Dado que el relato bíblico ofrece al lector una historiografía distorsionada por una complicada labor editorial y por intereses teológicos de los redactores, ¿cómo reconstruir el edificio a partir de las ruinas causadas por la piqueta crítica? Pero la inquietud de Gunkel se sitúa en otras coordenadas. No pretende proceder por vía analítica e insistir en la «verdadera historia» de Israel, sino elaborar una síntesis desde una nueva perspectiva: la historia de la literatura israelita. El acento se desplaza, en consecuencia, de la historia a la literatura. El problema decisivo para Gunkel, que dejaba sin aclarar la crítica histórica-literaria, consistía en descubrir el modo de afrontar los numerosos textos del Antiguo Testamento de los que desconocemos su génesis literaria, su época y su autor. Desde tal perspectiva no se le presentaba fácil la tarea de elaborar una «historia de la literatura» israelita de corte convencional, pues era consciente de que, por lo que se refiere al Antiguo Testamento, no es posible imponerse la tarea de establecer el origen de la obras en sucesión cronológica y explicar todo partiendo de la persona del autor.

Son fundamentalmente tres las ideas que permiten a Gunkel buscar un camino: el carácter conservador de lo religioso en cuanto a forma y contenido; la imprescindible sede vital (*Sitz im Leben*) comunitaria de formas y contenidos literarios; y la uniformidad de las tradiciones. Basándose en tales principios, llega a la conclusión de que la historia de la literatura israelita tiene menos que ver con los escritores que con lo que es típico y que se sitúa en la base de lo individual: el género literario. En consecuencia, la historia de la literatura israelita no puede ser otra cosa que la historia de los géneros literarios de Israel. «Todo género literario antiguo está originariamente *situado en la vida del pueblo* de Israel en un punto bien determinado. Así como hoy el sermón es propio del púlpito pero a los niños se les cuenta fábulas, del mismo modo en el antiguo Israel las muchachas entonan cantos de victoria saliendo al encuentro de los ejércitos que regresan de sus campañas, la plañidera entona el canto fúnebre junto al ataúd del difunto, el sacerdote proclama la Torá a los laicos en el santuario, el juez pronuncia la norma legal en el tribunal para motivar su veredicto, el profeta pronuncia su discurso en el atrio del templo... Quien quiera comprender los géneros debe imaginarse siempre con claridad la situación en su totalidad y preguntarse: ¿quién habla?, ¿quiénes son los oyentes?, ¿qué estado de ánimo reina en esa situación?, ¿qué efecto se pretende?» [32].

Forzoso es decir que Gunkel no fue capaz de superar ciertos prejuicios de tipo romántico, principalmente el «evolucionismo literario». En más de una ocasión establece en sus obras la distinción entre la originalidad y la frescura de las formas antiguas y la rigidez de la que fueron objeto con el paso del tiempo. Al distinguir con excesivo rigor entre la primera tradición oral y la sucesiva tradición escrita, llega a la conclusión de que el espíritu fue decreciendo y de que las creaciones originales acabaron cediendo el puesto a las reelaboraciones, hasta el punto de que la lengua deja de ser lengua popular. Se trata de un prejuicio que ha introducido en la exégesis una categoría de tipo apodíctico que ha inducido al extravío a numerosos estudiosos.

b) El Salterio

Al aplicar Gunkel a la poesía hebrea los principios arriba expuestos, colocó la piedra angular de la moderna interpretación de los salmos. Su tarea resulta tanto más novedosa cuanto más la confrontamos con las obras de sus contemporáneos. El auge de la psicología de la religión en la época de nuestro autor había propiciado entre los estudiosos una lectura de los salmos en clave psicológica o devocional: desvelar los estados de ánimo o las actitudes devocionales que se agazapan tras los salmos. Aunque Gunkel no rechaza categóricamente estas aproximaciones al Salterio, procura no soslayar lo que para él es básico: los problemas literarios de los géneros. Por una parte, los análisis psicológicos dejan de tener para él valor como criterios literarios [33]; por otra, consigue liberar a la investigación sobre los géneros de criterios literarios ajenos al Antiguo Testamento [34], reconociendo las formas peculiares de la poesía

[32] H. Gunkel, *Rede und Aufsätze*, 33.
[33] Critica especialmente las posturas de Baethgen, König y Steuernagel, cf. H. Gunkel, *Introducción*, 23.
[34] Principalmente contra Kautzsch y König, cf. *ibíd.* 23.

hebrea y ateniéndose a ellas [35]. Así, los criterios que maneja
Gunkel para clasificar genéricamente los salmos pueden resumirse en tres puntos: a un género pertenecen sólo aquellos
poemas que comparten una *situación litúrgica* determinada;
estos poemas deben remitir naturalmente al tesoro común de
pensamientos y estados de ánimo que surgían en su *Sitz im
Leben* propio; las piezas individuales que componen un género
deben estar ligadas por una forma de *lenguaje común* [36].

2. *Mowinckel: los salmos y el culto*

En el noruego Sigmund Mowinckel, mentor de la llamada
«escuela escandinava», tenemos una de las personalidades
más lúcidas, atrayentes, aunque también discutidas, y creati-
vas de la investigación bíblica de la primera mitad del siglo
XX [37]. Aunque su labor de exegeta no se limita a los salmos, es
sin embargo en este campo donde ha dejado impreso su sello
más original. Mowinckel da por sentado que el culto es el caldo de cultivo, el contexto sociológico, la sede vital del nacimiento y transmisión de la mayor parte de los salmos [38]. En su
obra se percibe un afán por relacionar cada género literario
con una festividad cultual israelita determinada. Llevado por
ese afán, llega a admitir con rotundidad la existencia en Israel
de una fiesta que él denomina «de entronización de Yahvé» [39],
con la que habría que relacionar buen número de salmos, especialmente los conocidos como «salmos de la realeza de Yahvé» [40]. Dada la originalidad del punto de vista, expondremos

[35] «Estas observaciones son, sin duda alguna, muy valiosas, pero no dan
en el clavo, pues un material literario debe ordenarse, antes que nada, según
sus propias leyes, según unas leyes tomadas de la historia de su literatura. Y,
aunque es cierto que la lírica hebrea ha conocido las diversas etapas por las
que ha atravesado la piedad del pueblo y se ha visto influido por ella, este
hecho no puede servir de punto de partida para el conjunto», *ibíd.*, 23-24.
[36] *Ibíd.*, 35-36.
[37] Valoración general de su obra en D.R. Ap-Thomas, *An Appreciation of
Sigmund Mowinckel's Contribution to Biblical Studies*: JBL 85 (1966) 315-325.
[38] Amplia exposición de sus ideas en S. Mowinckel, *Israel's Worship* I, 1-41.
[39] Magnífica exposición del estado de la cuestión entre los investigadores
en J. Gray, *The Biblical Doctrine of the Reign of God* (Edimburgo 1979) 7-38.
[40] Consultar al respecto P. Welten, *Königsherrschaft Jahwes und Thronbes-
teigung*: VT 32 (1982) 297-310.

con cierta amplitud el resultado de sus investigaciones sobre el tema [41].

a) Significado de los «salmos de entronización»

La denominación se aplica principalmente a los salmos 47, 93, 96, 98 y 99; también al 95 en su primera parte. Una de sus características más importantes consiste en que saludan a Yahvé como rey que acaba de ascender a su trono real y se dispone a desplegar su poder entre las aclamaciones de sus súbditos. Pero hay que tener en cuenta que la idea de la entronización, según nuestro autor, no está confinada a los salmos arriba citados, sino que se halla vinculada a otros complejos de ideas y de situaciones litúrgicas, como permite entrever p.e. el Sal 81. En consecuencia, Mowinckel se ve forzado a salir del estrecho círculo de los salmos de entronización propiamente dichos, a ir más allá del mero punto de vista de la investigación de los géneros y a tratar de descubrir la situación cultual que se agazapa tras dichos salmos.

b) Imaginería poética: la entronización de Yahvé

La expresión característica de los salmos de entronización es *Yahweh malak* [42], «Yahvé se ha convertido en rey» (Sal 47,8; 93,1; 97,1; 96,10). El poeta no trata de describir una condición duradera («El Señor reina»), sino un acontecimiento que acaba de tener lugar: Yahvé se ha convertido *ahora en rey*. Se trata de una celebración que comparte los rasgos de la entronización de un monarca terreno (cf. 2 Sm 15,10ss; 1 Re 1; 2 Re 9,13; 11,12), aunque elaborada a escala mítica.

Yahvé se convierte en rey no sólo de Israel, sino de toda la tierra. Estos salmos exhortan a todos los pueblos a aclamarlo; todos los demás dioses tiemblan ante él y le dan culto. Esta idea universalista va unida a la gran acción sobre la que se establece el reinado de Yahvé: la *creación* (Sal 93,1; 95,3-5; 96,5); de ahí que todas las cosas sean exhortadas a alabarle. A

---

[41] Seguimos la propia exposición del autor en S. Mowinckel, *Israel's Worship* I, 106-192.

[42] Sobre el alcance y el valor de esta fórmula, consultar el amplio estudio de E. Lipiński, *Yahweh mâlak*: Bib 44 (1963) 405-460; J.H. Ulrichsen, *Jhwh malak*: einige sprachliche Beobachtungen: VT 27 (1977) 361-374.

veces, tanto en los salmistas como en los profetas, la creación
es descrita como una lucha victoriosa con el dragón primitivo
o el mar primordial y sus monstruos: una concepción mítica
de la creación que podemos denominar Mito de la Batalla Primordial o Mito de la Lucha con el Dragón. Junto a la creación,
y a la lucha y victoria en ella representadas, se menciona también una base histórica del reinado de Yahvé: la *creación de
Israel* como pueblo elegido, la elección tal como se manifiesta
en el éxodo de Egipto, en el paso del mar, en la revelación de
Cades y en la alianza del Sinaí. El mar donde perecieron los
egipcios se convierte en el mar primordial (cf. Ex 15,5.8); y
Egipto en Rahab, dragón primitivo (cf. Is 30,7; Sal 87,4).

c) *Situación cultual*

¿Cómo hay que interpretar estos salmos? ¿A qué aluden
los poetas y qué pretenden presentar con sus descripciones?
Como ya se ha dicho, el rasgo más sobresaliente de estos salmos es su actualidad y su carácter contemporáneo: el pueblo
(la congregación) se halla ahora realmente en presencia del
nuevo rey. En el Antiguo Testamento nos encontramos también con la idea de que Yahvé *es* el rey de Israel (cf. Is 6,5;
43,15; Sal 5,3; etc.). De manera análoga, en Oriente, «rey» era
un título muy común del dios del país o de la ciudad: de Marduk en Babilonia, de Asur en Asiria, de Milkom en Amón, de
Melkart en Tiro, de Baal en Ugarit. ¿Pero cómo se relaciona la
idea de la realeza como condición duradera con la concepción
de que Yahvé se ha convertido en rey en un momento determinado? Para dar una respuesta hay que tener en cuenta que, en
los salmos de entronización, el acto salvífico sobre el que se
asienta el reinado de Yahvé es cósmico y mítico, principalmente la creación. ¿Qué significa que el poeta y la asamblea
cultual que en estos salmos aclaman a Yahvé son contemporáneos de la creación?

Se ha intentado interpretar estos salmos históricamente,
en conexión p.e. con la caída del imperio neo-babilonio y la
vuelta a Sión de los desterrados o el derrumbamiento del imperio persa (así Wellhausen). Pero tal explicación no encaja
con el carácter universal de estos salmos. Además, ¿por qué no
hay referencias claras a acontecimientos históricos reales? ¿Y
cómo explicar desde un punto de vista histórico el hecho de
que la creación y la lucha con el dragón primordial consti-

tuyen la base del reinado de Yahvé? Otros han tratado de interpretarlos escatológicamente: el poeta y la asamblea cantan por anticipado un poema concerniente a la salvación final, cuando Yahvé libere a su pueblo y establezca su reinado escatológico [43]. Pero, según Mowinckel, cuando los profetas irrumpen con cantos de salvación «anticipatorios» sugieren que están hablando de un asunto futuro («Aquel día...»), no contemporáneo, como en el caso de los salmos de entronización. Los poetas dan testimonio de un acto que es un «mito» y que fácilmente podía haber sido presentado en la forma épica del mito. Nunca describen la entronización como tal; simplemente se refieren a ella como algo real y de sobras conocido. Si hubiese sido una imagen del futuro, no podrían haber esperado que la audiencia hubiese entendido lo que se decía. Pero los oyentes sabían muy bien lo que en aquel momento estaba teniendo lugar. Entonces, ¿dónde situar esos «actos de salvación» histórico-míticos descritos al mismo tiempo como pertenecientes al pasado y al presente, experimentados como formando parte del presente y con decisivos resultados para el futuro? La respuesta sólo puede ser ésta: precisamente allí donde la religión y la vida religiosa se despliegan en una experiencia común de «lo real», es decir, en el culto que realiza la asamblea en el culto. La única interpretación que puede satisfacer al mismo tiempo el presente y el futuro, lo histórico y lo cósmico, e integrar el elemento primordial (la creación) de estos salmos, es la cultual. Estos salmos presuponen un festival celebrado para conmemorar la entronización de Yahvé. En él tenía lugar una auténtica repetición del acontecimiento primordial.

d) Edad del género literario
*   y del festival correspondiente*

La cuestión de la edad de los salmos de entronización presenta dos facetas: ¿cuál es la edad de esta forma de poesía?, ¿cuál es la antigüedad de los salmos de entronización que conocemos? Dada la estrecha relación entre este tipo de salmos y el Deuteroisaías, algunos intérpretes opinan que tales poemas dependen del profeta [44]. Para Mowinckel, sin embargo, una comparación metódica basada en la historia de las formas y

---

[43] Así H. Gunkel, *Introducción*, 114-115.
[44] *Ibíd.*, 115.

de las ideas demuestra claramente que justamente lo contrario es verdad. Es decir, que el Deuteroisaías ha usado e imitado conscientemente los salmos de entronización para transmitir su mensaje. En consecuencia habrá que pensar en el periodo pre-exílico, sin excluir la posibilidad de que algunos especímenes sean posteriores, incluso postexílicos.

e) El Festival de Entronización

En ningún texto del Antiguo Testamento se menciona expresamente un día determinado en el que se celebrase la entronización de Yahvé. Pero, según Mowinckel, la idea de la entronización pudo haber sido una más de las numerosas ideas que subyacían al festival cultual que debemos presuponer como telón de fondo de los salmos de entronización. Este festival tuvo que ser una de las conocidas grandes festividades anuales. Entre las tres grandes fiestas israelitas había una que antiguamente era considerada «la (especial) fiesta de Yahvé» o simplemente «la fiesta». Se trataba de la «fiesta de la recolección» o «Fiesta de las Chozas», en otoño (cf. Ex 23,16; 34,22). Clausuraba el año agrícola e inauguraba el nuevo, que en la antigua Canaán empezaba con la estación de las lluvias y el despertar de toda la creación a una nueva vida. En consecuencia, el festival de entronización de Yahvé y la Fiesta de las Chozas y del Año Nuevo tenían en común la idea de la «epifanía» de Yahvé, de la renovación de la naturaleza y de la creación, la repetida «obra de salvación». Para fundamentar su tesis, Mowinckel recurre a dos datos: a los salmos 47, 65, 81 y 95, y a su interpretación por parte de la tradición judía posterior; y a la evidencia de que la aparición y entronización del dios y la repetida creación y renovación de la vida eran dos ideas vinculadas a los festivales de Año Nuevo en todo el Antiguo Oriente en torno a Israel. Israel habría adoptado este tipo de celebraciones tras su instalación en Canaán, aunque naturalmente habría suprimido de ellas todos los aspectos incompatibles con la fe en Yahvé y con sus tradiciones teológicas.

f) Algunos de los principales ritos del Festival

Los salmos de entronización, según Mowinckel, aluden a menudo a diferentes ritos y ceremonias propios del complejo festivo de la Fiesta de las Chozas. Teniendo en cuenta que se tratata de un «drama sacro», examina los salmos 24, 68, 118 y 132, en los que descubre elementos procesionales que reflejan escenas de una presumible festividad de entronización, en la que el Arca ejercía la función de trono portátil de Yahvé rey.

g) Forma y contenido de los verdaderos salmos de entronización

A juicio de nuestro autor, son sobradas las razones para creer que los verdaderos himnos de entronización formaban parte del ciclo festivo de Año Nuevo, en uno de cuyos días, el día de Yahvé, se celebraba su entrada real y su triunfo. Sus elementos formales y su contenido pueden resumirse en un triple apartado: 1) En la normal introducción hímnica invitan a un exultante homenaje al rey, que acaba de llegar a sentarse en su trono. Como Yahvé es rey del mundo, la invitación va dirigida a todas las naciones; como su llegada significa recreación, la naturaleza toda es invitada a regocijarse; como la obra realizada por Yahvé es operativa más allá de los confines de Israel, su congregación es invitada a llevar el mensaje a todas las naciones. 2) La invitación de estos himnos es motivada por breves referencias a las maravillas que Dios ha realizado y que forman la base de su reinado. Se dan referencias ocasionales a incidentes del ritual: la entrada de Yahvé en procesión a la cabeza de su pueblo. 3) A todo esto hay que añadir las descripciones que sugieren el estado de cosas que van a suceder o que, en un sentido ideal, ya han sucedido con la entronización de Yahvé: sus enemigos van a ser aniquilados; su pueblo se regocijará en su justicia.

3. Weiser: los salmos y el Festival de la Alianza

Artur Weiser pertenece a la generación de exegetas alemanes de la segunda postguerra mundial influido por la «teología de la Palabra» de Karl Barth. La escuela creada por Gunkel, con conocidos representantes como Begrich, Schmidt y Baumgartner, vio truncada su trayectoria con los acontecimientos de la segunda conflagración mundial. Tras ella, el panorama había cambiado. El nuevo enfoque teológico practicado por Barth había dejado sus huellas en hombres como Von Rad y Claus Westermann. El análisis gunkeliano de las estructuras lingüísticas de los salmos, sin ser ni mucho menos rechazado, fue cediendo terreno al punto de vista de la revelación de la voluntad divina. Dichas estructuras son sometidas a investigación porque a ellas subyacen acontecimientos verbales. Una situación vital no puede explicar el nacimiento de un tipo determinado de salmos; éstos más bien son fruto del encuentro entre la palabra que Dios dirige al hombre y la respuesta del hombre a la interpelación divina. De este modo, la sede vital pierde importancia en relación con el acontecimiento de la palabra, y los salmos son supeditados a la historia de la salvación. Por otra parte, con anterioridad a la segunda guerra mundial, Eichrodt había publicado su monumental *Theologie des Alten Testaments* (1933-1939)[45]. En ella, su autor defiende que la alianza entre Yahvé e Israel constituye el gozne del pensamiento teológico del Antiguo Testamento (en esto coincidía con Barth). Por aquel entonces Von Rad establecía la existencia de una Fiesta de la Renovación de la Alianza celebrada por la anfictionía tribal israelita. Este impetuoso emerger del «aliancismo» tenía forzosamente que afectar a la investigación de los salmos. Desde este nuevo enfoque teológico entenderemos mejor el proyecto de Weiser[46]. Según él, virtualmente todos los géneros del Salterio deben ser relacionados con el festival de la alianza, rito que mejor pone de manifiesto la revelación divina como «acontecimiento verbal», o al menos deberían ser considerados muy próximos a su ideología.

a) Los fundamentos culturales del Salterio

Cuando los elementos tribales que, con el paso del tiempo, integraron la confederación israelita pusieron pie en Palestina se encontraron con una floreciente cultura religiosa fruto de la influencia de Mesopotamia, Egipto, el mundo mediterráneo prehelénico y Asia Menor. A partir del contacto con estas formas culturales empezó a evolucionar la historia de las ideas de Israel. Este punto de vista general puede aplicarse a la poesía religiosa israelita, que sin duda depende de la antigua poesía cultual oriental. Teniendo ésta como telón de fondo, seremos capaces de percibir la auténtica naturaleza de las propias tra-

[45] Hay traducción castellana: *Teología del Antiguo Testamento* (Madrid 1975) 2 vols.
[46] Para la presentación de sus ideas seguimos exclusivamente la introducción de su obra *Die Psalmen*, ATD 14/15 (Gotinga ⁵1959).

diciones de Israel y de captar la amplitud con que han determinado el carácter de los salmos. Como es normal en este representante de la postguerra, el método crítico-formal de Gunkel no basta por sí mismo para explorar la naturaleza de la poesía de los salmos. Si examinamos p.e. el Cántico de Débora (Jue 5) percibimos de inmediato la mezcla de tipos que ya existía en la primitiva poesía religiosa israelita, motivo por el que queda en entredicho el principio de Gunkel de que al principio existían los tipos puros y que la mezcla de tipos es indicio de estadios ulteriores de evolución. En consecuencia, la historia de la poesía religiosa del Antiguo Testamento no puede deducirse simplemente de la historia de la evolución de los géneros literarios.

Aunque Weiser no rechaza ni mucho menos la historia de las formas, opina que es más importante tener en cuenta la historia de las tradiciones presente en el Salterio e incluso la historia del culto en el Antiguo Testamento. Según él, es innegable que el culto fue la tierra nativa en la que crecieron los salmos; por tanto, la cuestión que hay que abordar es la de la descripción de las conexiones externas e internas entre la historia del culto, la historia de las tradiciones y la historia de los salmos y sus formas. Los salmos no están sólo vinculados a determinadas formas literarias, sino también a la tradición; es decir, que, a través de los diferentes tipos de salmos, se percibe una conexión con un marco común de tradición que a su vez se remonta al culto.

Desde esta perspectiva, Weiser observa que la investigación de su tiempo, al estudiar las formas básicas de los pasajes narrativos del Pentateuco, Historia de la salvación (*Heilsgeschichte*) y Ley, se orienta a las tradiciones cultuales de la confederación sagrada de las doce tribus, que centra su interés en el culto a Yahvé dentro del marco de la alianza. En consecuencia, podría admitirse que la mayor parte de los salmos se originase en el mismo marco festivo. Pero hay otro dato que sugiere la vinculación de los salmos al Festival de la Alianza (que se celebraba en otoño con ocasión del Año Nuevo[47]: cf. Jue

---

[47] A pesar de que el modelo interpretativo de Weiser utiliza unas coordenadas teológicas distintas de las de Mowinckel, ambos autores recurren a la Fiesta de Año Nuevo o Fiesta de las Chozas como marco histórico-religioso y testigo del cultivo y la transmisión de gran parte de la poesía religiosa israelita.

21,19; 1 Sm 1,3.21s.24; etc.): el hecho de que, a pesar de que la institución de las fiestas de la cosecha había sido tomada de la religión de Canaán con sus bases agrícolas, las ideas fundamentales de estas festividades juegan en los salmos un papel notablemente pequeño. Sólo en Sal 65, 67, 85 y 126 podemos realmente hallar conexiones con la religión agrícola. De ahí que no sea posible partir, como hace Gunkel, de las festividades religiosas agrícolas. Por el contrario, Weiser toma como punto de partida la situación en la que la tradición yavista, preponderante en los salmos, tenía su *Sitz im Leben:* el Festival de la Alianza tal como era celebrado por la confederación tribal.

b) El Festival de la Alianza

A pesar de no encontrar en el Antiguo Testamento informes precisos de tal festival, Weiser cree que es posible reconstruir sus elementos básicos. Y con más tenacidad que éxito, procede a articular los elementos básicos de la teología del Salterio tomando como columna vertebral la teología de la alianza. Según él, el culto de la fiesta de Yahvé, en la que se enmarcaba la renovación de la alianza, era un drama cultual en el que se actualizaban los eventos fundamentales de la historia de la salvación: encuentro eternamente renovado de Dios con su pueblo. La acción cultual se compone de dos partes: una *actio Dei* (acción y palabra de Dios) y una *reactio hominum* (plegaria y alabanza). Al igual que en la narración del Exodo, el núcleo de dicha acción lo constituía la teofanía, tradición asociada al Arca (cf. 1 Sm 3,21 y Ex 33,5ss) que, en su arcaica forma mitológica, se ha conservado con una notable tenacidad en la literatura del Antiguo Testamento. Unida al encuentro con Dios en la teofanía estaba la proclamación del nombre de Dios (cf. Ex 20,24), cuya forma original era sin duda la autopresentación (Ex 3,6.14; 6,2s; 24,3ss; Os 12,9; 13,4). Además de manifestar la naturaleza de Yahvé, dicha proclamación implicaba la elección de Israel como «pueblo de Yahvé». Es decir, que la revelación de la naturaleza de Yahvé consiste en la recapitulación de la Historia de salvación en el culto (cf. Jos 24,2ss; 1 Sm 12,8ss), de los actos de justicia del Señor (cf. Jue 5,11). Unida asimismo a la manifestación de su naturaleza estaba la proclamación de la voluntad de Yahvé, mandatos divinos que condicionaban el acto de la renovación de la alianza. En definitiva, Historia y Ley constituyen los pilares fundamentales de la autorrevelación de Yahvé y determinan la naturaleza del culto del Festival de la Alianza. La otra serie de ideas asociadas con el culto de la alianza y su tradición se agrupan en torno a estos dos polos: la idea de juicio, la profesión de lealtad a Yahvé, la renuncia a dioses extranjeros, la realeza de Yahvé, la creación y la ideología real.

Los paralelos del Festival de Año Nuevo babilonio y de la liturgia de la renovación de la alianza en Qumrán ayudan a Weiser a sacar conclusiones sobre la existencia de elementos análogos en la tradición del Antiguo Testamento en general y del Salterio en particular. Tras una minuciosa investigación, llega a la controvertida conclusión de que el Festival de la Alianza suministraba el marco externo en el que tenían su *Sitz im Leben* la mayoría de los salmos preexílicos y de que la tradición cultual del festival domina las ideas básicas del Salterio.

4. *Kraus: los salmos y el Festival de Sión*

El conocido exegeta alemán H.-J. Kraus [48] se mueve en una línea paralela a la de Weiser, y en abierta oposición a Mowinckel. Tratando de dar con la clave de los fundamentos cultuales del Salterio, Kraus comparte con los otros dos exegetas la idea de la existencia de un festival israelita que habría servido como telón de fondo del nacimiento y transmisión de un gran número de salmos. Pero mientras Mowinckel postula una Fiesta de Entronización de Yahvé y Weiser trata de demostrar la existencia de una Fiesta de la renovación de la Alianza, Kraus piensa en un Festival de Sión. Los tres, sin embargo, están de acuerdo en situar dichas supuestas fiestas en el complejo festivo de los Tabernáculos, en el otoño israelita. La tradición del arca de la alianza y los distintos nombres de Dios que aparecen en el Salterio ayudan a Kraus a precisar los perfiles del Festival de Sión.

---

[48] Tenemos fundamentalmente en cuenta sus obras: *Psalmen* I-II (Neukirchen ²1961); *Theologie der Psalmen* (Neukirchen 1979). De ambas hay traducción castellana: *Teología de los Salmos* (Salamanca 1985); *Los salmos* I (Salamanca 1993).

a) La realeza de Yahvé y la tradición del arca

Kraus arremete contra Mowinckel en el sentido de que es impensable e indemostrable la existencia de una fiesta de las características descritas por el estudioso noruego [49]. Basándose en algunos trabajos lexicográficos [50], opina Kraus que la expresión característica de los salmos de entronización *Yahweh malak* (p.e. 93,1; 97,1; 99,1) no tiene el carácter puntual defendido por Mowinckel («Yahvé se ha convertido en rey»), sino que describe una cualidad permanente («Yahvé es rey»). Aparte de los argumentos lingüísticos, Kraus aporta tres consideraciones básicas en idéntica línea argumentativa. La inexistencia de imágenes en la cultura religiosa israelita no ayuda a comprender cómo es posible una dramatización de la entronización de Yahvé tal como la describe Mowinckel. Por otra parte, no hay ningún dato en el Salterio que justifique una «contrapartida mitológica» negativa correspondiente a la celebración positiva de la entronización. Es imposible deducir del Salterio la idea sugerida por algunos epígonos de Mowinckel de que Yahvé perdería temporalmente su poder como reflejo de la «muerte» temporal de la naturaleza en el ciclo estacional [51]. En último lugar, los propios salmos de entronización nos hablan de la inmutable realeza de Yahvé (p.e. 93,2).

El siguiente paso de Kraus consiste en una evaluación de la tradición del arca de la alianza, presente, por otra parte, en los salmos de entronización. Es digno de tener en cuenta que, en ciertos lugares significativos del Antiguo Testamento, el arca es denominada «trono de Yahvé» (Jr 3,16s; cf. 1 Sm 4,4: «sentado sobre querubines»). La tradición que subyace a 2 Sm 6; 1 Re 8 y Sal 132 presupone un rito procesional que incluía el traslado del arca al templo. Según éstos y otros textos (Sal 24,7ss; 68,25), tenía lugar en él una instalación cultual del arca, que representaba la entrada de Yahvé rey. ¿Puede hablarse ante estos datos de un «Festival de entronización de Yahvé», como hace Mowinckel? Yahvé, en realidad, no «asciende» al

---

[49] Para las ideas expuestas a continuación, consultar especialmente H.-J. Kraus, *Psalmen* I, LXIV-LXXX.

[50] Concretamente en L. Köhler, *Jahwä malak*: VT 3(1953)188-189; J. Ridderbos, *Jawäh malak*: VT 4 (1954) 87-89; D. Michel, *Studien zu den sogenannten Thronbesteigungspsalmen*: VT 6 (1956) 40-68.

[51] Así, H. Schmid, *Jahwe und die Kulttraditionen von Jerusalem*: ZAW 67 (1955) 168-197.

trono, sino que entra en el templo junto con el arca. Sería más exacto hablar de una instalación del trono de Dios (el arca) y considerar que la tradición de la realeza de Yahvé constituye el recuerdo de una tradición cultual del santuario jebuseo preisraelita de Jerusalén, tradición a la que posteriormente se le asociaría la concepción del arca como trono, perceptible ya en el relato de 1 Sm 4,4ss. Con este dato se sitúa Kraus en la vía firme de su argumentación. Según él, la glorificación de Yahvé como rey se combinó con un festival de entrada (tal como queda reflejado en 2 Sm 6; 1 Re 8 y Sal 132) celebrado probablemente durante el primer día de la Fiesta de los Tabernáculos. El significado de dicha entrada no está relacionado con la entronización de Yahvé, sino con la elección de Jerusalén y de David. La instalación del arca y la inclinación reverente de los presentes ante Yahvé «Rey» constituía el clímax de la ceremonia.

A pesar de todo, Kraus es consciente de que el Sal 47 contiene una «fórmula de entronización» (*malak* ʾ*elohim:* «Dios reina», v. 9) y un «procedimiento de entronización» (ʿ*alah* ʾ*elohim bit*ᵉ*ruʿah:* «Dios asciende entre aclamaciones», v. 6), aspectos que podrían confirmar la tesis de Mowinckel. La explicación de Kraus se mueve en cuatro direcciones. En primer lugar, es posible que, dentro del complejo tradicional cultual de la Jerusalén preisraelita, se celebrase una fiesta de entronización de la divinidad local. En segundo lugar, es también posible que la dependencia política de Asiria y Babilonia por parte de Jerusalén hubiese traído consigo la idea y la costumbre de una entronización de la divinidad, quizá durante el destierro. En tercer lugar, debemos pensar que en el Sal 47 lo que probablemente se quiere decir es que Yahvé es rey. Si se describe el modo en que Yahvé se convierte en rey se debe, sin más, a que la importancia de la situación exige la descripción del esplendor del acto. En consecuencia, se trata de una presentación figurativa. Para terminar, se pregunta Kraus si no será razonable suponer que, tras la caída definitiva de la dinastía davídica, Yahvé pasa a ser considerado rey.

b) Los nombres de Dios y la tradición de Sión

En la liturgia de entrada descrita en el Sal 24 Yahvé es denominado «rey de la gloria». Algunos autores opinan que el epíteto «rey» aplicado a Yahvé tendría su origen en el Sinaí.

Pero, ante el auge y las decisivas aportaciones de la religión cananea para los estudios bíblicos, Kraus rechaza la anterior interpretación y se pregunta por los elementos cananeos que habría que tener en cuenta a la hora de evaluar el culto israelita, concretamente por las tradiciones cultuales preisraelitas de Sión. El epíteto divino de «rey», que formaba parte de un amplio complejo de tradiciones cultuales comunes a los pueblos del área siriocananea, estaba relacionado con el culto al «Dios Altísimo». El predominio político de una región o ciudad implicaba la elevación de su dios local al rango de «rey de los dioses» [52]. Se sabe que, en Ugarit, Baal era venerado como «príncipe y señor de la tierra» [53], y que en todo el Próximo Oriente antiguo el «dios altísimo» era considerado «rey», «señor del cielo», «príncipe de la tierra» y «juez». El lugar sagrado donde residía esta divinidad era considerado el centro del mundo.

Kraus presupone que esta concepción del «dios altísimo» debe darse por supuesta por lo que se refiere al enclave jebuseo que recibió el nombre de Jerusalén. En el Salterio nos encontramos con distintos nombres referidos a Yahvé: *ʾel ʿelyon* (dios altísimo), *ʾadon kol haʾares* (señor de toda la tierra), *melek* (rey) [54] y *sopeṭ* (juez). En Gn 14,18 el dios de Salem, referencia sin duda a Jerusalén, es denominado *ʾel ʿelyon*. De algunos textos bíblicos puede deducirse la existencia de un culto a *mlk* [55] en el área de la población original de Jerusalén (Lv 18,21; 20,2s; 2 Re 23,10). Respecto a la categoría «juez», en lugar de pensar en la tradición del Sinaí (cf. Sal 50,4) habrá que hacerse eco de algunos textos, como Am 1,2ss, y relacionarla con la tradición de Sión.

En Sal 24,8 encontramos otros dos epítetos de Yahvé: *ʿizzuz weʿgibbor* (fuerte y poderoso) y *gibbor milḥamah* (poderoso

---

[52] Es lo que ocurrió p.e. con Marduk en Babilonia.

[53] Ver G. Widengren, *Sakrales Königtum im Alten Testament und im Judentum* (Stuttgart 1955) 69; W. Schmidt, *Königtum Gottes in Ugarit und Israel* (Berlín 1961) 21-52.

[54] Este título forma parte de los teologúmena sobre el «dios altísimo». Yahvé, como rey de la gloria, es entronizado sobre el océano celeste (Sal 29,10), pero su santuario está localizado en Sión (Sal 97,8; 99,2; cf. Is 6,5).

[55] TM dice *molek*, Moloc, pero no perdamos de vista que tanto *melek* (rey) como *molek* pertenecen a la misma raíz y que la traducción griega dice *arkhon*.

en la batalla). Ambas expresiones están relacionadas con la institución de la guerra santa, uno de cuyos símbolos, no lo olvidemos, era el arca de la alianza. En el v. 10 el dios de Israel es llamado *yhwh s^{e}ba'ot* (señor de los ejércitos). Si tenemos en cuenta la relación del santuario de Silo con el arca de la alianza y la guerra santa (cf. 1 Sm 4,4ss), habremos de pensar que, cuando tras múltiples peripecias el arca pudo ser finalmente depositada en Jerusalén, arrastró consigo el epíteto *yhwh s^{e}ba'ot*, que, a partir de entonces, se aplicaría a Yahvé, «dios altísimo» de Sión.

A pesar de la existencia de otros venerables santuarios, como Guilgal, Betel, Siquem y el ya mencionado Silo, es probable que ningún otro lugar sagrado ejerciera tanta influencia en la historia del culto israelita, tal como se percibe parcialmente en el Salterio, como la antigua ciudad jebusea. Desde luego, los salmos son testigos de la lucha por la correcta recepción de las tradiciones cultuales preisraelitas y su integración en la fe yavista.

c) Sión y los salmos

Con las premisas anteriormente expuestas puede ahora Kraus responder a la pregunta sobre adónde dirigir la mirada en busca de ese Dios de Israel a quien glorifican los himnos y los cantos de alabanza: Yahvé Sebaot está presente en el santuario de Sión-Jerusalén. El milagro de la presencia de Yahvé en Sión era anualmente representado ante la congregación festiva mediante una acción sagrada en la que el arca constituía el principal elemento del culto. Pero no se trataba de una entronización de Yahvé, sino de una actividad cultual que, como un eco de la leyenda fundacional de 2 Sm 6, proclamaba la elección de Jerusalén (cf. Sal 132,13s). La entrada con el arca en el santuario va acompañada de alegría y agradecimiento, pero al mismo tiempo de la conciencia de indignidad ante el Dios justo: «¿Quién puede subir al monte del Señor, quién puede permanecer en su lugar santo?» (Sal 24,3). Dentro ya del santuario, el peregrino se ve en primer lugar sorprendido por la gloria de Sión, celebrada en himnos y poemas (cf. Sal 48,3; 50,2; 78,69). Se trata de tradiciones cultuales preisraelitas que los cantores del templo adoptaron para glorificar el esplendor y la inviolabilidad de Sión. Tras este primer contacto con el templo, la comunidad cultual se prosterna ante Yahvé, momento del homenaje durante el que probablemente se cantarían himnos en honor de este Dios altísimo, Rey, Creador y juez de la tierra.

En Sión, el rey davídico, como señor del templo, constituye una figura central de la vida cultual. Los salmos reales nacidos en este marco están penetrados de concepciones orientales relativas al gobernante ideal. Abundan en ellos elementos del ritual cortesano y de la ideología real. Su cercanía respecto a Yahvé es expresada en términos de adopción (Sal 2,7; 110,3), pues no en vano es su virrey, su ungido, heredero de la promesa formulada a David. El pueblo espera entusiasmado en su justicia.

Las señas de identificación de quienes se acercan al Señor con súplicas son inconfundibles: se llaman a sí mismos *'ani, 'anaw, 'ebyon, dal*, es decir, «pobres». Pobre es quien necesita ayuda, quien reclama en consecuencia el privilegio de acceder al santuario. Este privilegio está implícito en la «carta fundacional» de Jerusalén (cf. Is 14,32). El Dios de Israel está precisamente presente en Jerusalén con el propósito de ayudar al pobre. Una vez que Yahvé «interviene», a través de una acción cultual, poniendo fin a sus desdichas, tienen lugar la acción de gracias o las expresiones de confianza.

Qué duda cabe que el magnífico esfuerzo de Kraus por integrar una gran parte de tipos de salmos en un arco festivo en honor de Sión pierde vigor por razones de diversa índole. Desde luego, su argumentación es mucho más débil que la ofrecida por Weiser en el caso de la Fiesta de la renovación de la Alianza. Para empezar, Kraus, ante la ausencia en el Antiguo Testamento de un ritual relativo al hipotético Festival de Sión, es incapaz de reconstruir, a partir de los datos que ofrecen los salmos, los aspectos más representativos de dicho festival. Hablar de la entrada procesional con el Arca en el templo y de las aclamaciones de la asamblea cultual constituye una cadena de datos igualmente válidos para las teorías de Mowinckel y Weiser. Otro tanto cabe decir de los ingredientes culturales y religiosos de la ideología real. ¿Dónde situar el elemento «juicio», tan frecuente en los salmos, en el entramado del Festival de Sión? ¿Qué decir de los salmos cuyo contenido parece estar disociado de las actividades cultuales en general y de la teología de Sión en particular? Entre estos últimos, ¿qué sede vital postulan los llamados «salmos sapienciales»? [56] En definitiva, toda la batería argumentativa de Kraus puede sustentar igualmente las teorías de Mowinckel y Weiser. El problema de fondo responde más a la «decisión intelectual» de dichos autores que al examen objetivo de datos verificables, suministrados por el propio texto bíblico.

5. *Alonso Schökel: la aproximación poética*

Al comienzo de los años 80 aparece una obra de esta personalidad del mundo de los estudios bíblicos [57] que imprime un sesgo totalmente nuevo a la trayectoria de la investigación de los salmos. La introducción de dicha obra ofrece una serie de consideraciones programáticas que podrían resumirse así: a pesar del valor y la utilidad que, en determinados casos, puedan manifestar las aproximaciones formales, históricas o cultuales al Salterio, a la hora de abordar la lectura de los salmos, y habida cuenta de su naturaleza, convendrá situarse metodológicamente en el análisis poético.

a) Precisiones al proyecto de Gunkel

El primer paso de su exposición [58] está dedicado a evaluar la empresa de Gunkel. Según Alonso, el proyecto del exegeta alemán ofrece a primera vista un carácter contradictorio. Su afán por captar la experiencia original del salmista a partir de la catalogación genérica de los salmos le hace minusvalorar las dificultades de tal vía de acercamiento: cómo casar el carácter irrepetible de una experiencia religiosa con la naturaleza típica, repetible de un género literario.

Gunkel tejió la urdimbre de su proyecto a partir de tres hilos: psicológico (experiencia del autor), sociológico (sede vital) y literario (géneros); a todo ello contribuyó su capacidad científica y el alto grado de su percepción estética. Aunque ya

---

[56] No es suficiente afirmar que «los *koh^anim* (sacerdotes) como 'escribas del templo' y los *sop^erim* (escribas) como 'escribas del estado' vivieron constantemente en estrecha proximidad»... (y que) la sabiduría de la vida y de la experiencia, cuya tradición regentaban los *sop^erim*, penetrara en el lenguaje de oración de los sacerdotes y de los cantores del templo», H.-J. Kraus, *Teología*, 17.
[57] L. Alonso Schökel, *Treinta salmos. Poesía y oración* (Madrid 1981).
[58] Cf. *ibíd.*, 13-33, de donde recogemos las ideas básicas.

en vida tuvo que hacer frente al rechazo de gran parte de los representantes de la crítica histórica representantes de la crítica histórica (los géneros, que se basan en categorías tipológicas, de semejanza, son ajenos a la linearidad histórica), la verdadera debilidad de la empresa de Gunkel habrá que buscarla en otras coordenadas. Al no encontrar en los salmos técnicas de composición, sobre todo organización interna y «lógica», se volcó en el estudio de los *motivos,* que le pondrían en la pista del mundo de los sentimientos religiosos de los salmos, es decir, acabó por establecer, al menos inconscientemente, una contraposición ilícita entre lógica y sentimiento. Para Alonso, tal contraposición es fruto del romanticismo de la época, pues en definitiva lo que cuenta en un poema no es tanto lo que sintió el poeta cuanto el acierto de sus expresiones. Por otra parte, se trata de una contraposición estéril, pues es totalmente legítimo hablar de una lógica de la pasión, de las imágenes y de los símbolos. Aunque la distinción de motivos (hímnico, de súplica, profético, sapiencial, etc.) puede ser útil, se trata de un elemento secundario respecto a imágenes y símbolos, pues éstos pueden hacer acto de presencia tanto en el terreno de los motivos como en el de los procedimientos de estilo. Los estilemas son cosmopolitas, trascienden el territorio de cualquier género. Hay universales de estilo (aliteración y rima, ritmo y quiasmo, pregunta retórica y prosopopeya, anáfora y metáfora; etc.), como existen universales del lenguaje. Todo este cúmulo de precisiones obliga a Alonso a abandonar decididamente al maestro en el terreno de la composición de los salmos.

b) *Más allá de Gunkel*

Mientras que el maestro alemán pretendía entender la obra poética definiendo los elementos genéricos y los motivos, Alonso intenta comprenderla en su unidad, unicidad y validez, como fusión de contenido y forma. Es decir, frente al género hay que situar el individuo (unicidad) [59]; frente al patrón genérico, la organización individual (unidad); reemplazar con frecuencia motivos por símbolos (lenguaje poético); más allá del contexto original, el contexto actual (validez). El factor decisi-

---

[59] Alonso no rechaza el estudio gunkeliano de la forma mientras no desemboque en puro formalismo: cuando la forma es pura forma, y no realización de sentido.

vo en un salmo lo constituye su organización interna. Un salmo puede compartir con otros múltiples elementos (motivos, el patrón genérico, fraseología y numerosos procedimientos de estilo) y ser algo totalmente distinto y peculiar. La organización de esos elementos hace único el salmo, porque *el sentido se realiza y articula en la forma concreta*. Gunkel no hizo hincapié en esta tarea primaria del analista.

En esta tarea, y teniendo en cuenta que la obra literaria, forma en el tiempo, no se percibe unitariamente, en intuición simultánea, como ocurre con la forma en el espacio, es imprescindible desmontar y recomponer si queremos dar con la clave organizativa del poema. En este camino de desbroce habrá que operar con diversos factores: sintagmas y paradigmas, campos y ejes semánticos, relaciones simbólicas, etc., aunque el elemento poético capital es el lenguaje simbólico, lenguaje primario de la experiencia trascendente, anterior al lenguaje conceptual. Nunca hay que precipitarse buscando paralelos fuera del poema; primero hay que captar su organización interna, su sentido, pues no hay que confundir significación con identificación. El hecho de que identifique un poema como perteneciente al tipo X no implica que haya dado con su significación. Fuentes, modelos y antecedentes no pueden explicar la realidad de un poema, del mismo modo que un árbol genealógico no es suficiente para conocer a una persona concreta.

c) Cuestiones hermenéuticas

Si los salmos son expresión poética de experiencias religiosas, ¿no será psicologismo pretender captar una experiencia humana poéticamente expresada? La pregunta carece de sentido si observamos que no se trata de remontarse a la experiencia única e irrepetible de un autor, sino de comprender textos, es decir, de captar una experiencia humana en cuanto expresada en el poema. Pero los salmos son también oración; comprenderlos como tal implica sintonización, comprensión desde dentro, sin confundir esto con una especie de «telepatía espiritual». Ya hemos dicho que en poesía no cuenta tanto lo que sintió el autor cuanto la validez de su expresión.

Comprender desde dentro implica necesariamente accesibilidad de la expresión. Una expresión rebuscada puede estorbar la comunicación. Si los salmos, como cualquier poema, recurren continuamente al lenguaje simbólico es porque el símbolo constituye el lenguaje primario de la experiencia de lo trascendente. La gente comprende y asimila con facilidad los símbolos primarios y arquetípicos: lo que es accesible porque provoca un eco inmediato en el espíritu no necesita explicación. Describir la sede vital de un salmo, como hacía Gunkel (p.e. una ceremonia de lamentación), puede ser secundario respecto a la conciencia de quien se duele. Una cosa es describir esa supuesta ceremonia y otra muy distinta sentirse presa del dolor.

Pero no basta la comprensión; hay que llegar a la apropiación. Si queremos que un salmo que expresó la experiencia de un hombre o comunidad se convierta en expresión de la experiencia de un hombre o comunidad nuevos, tiene que producirse una experiencia análoga. A nosotros, cristianos, los salmos no nos sirven sin más. Hace falta una «fusión de horizontes».

Si los salmos son poemas, ¿cuál es la verdad que buscamos en ellos? Un poema manifiesta su sentido y su verdad en cuanto referido a la experiencia. Una experiencia es verdadera cuando alcanza eficazmente un término real. La experiencia no es puramente inmanente, pues tiende a un término extrínseco a ella; el que ora pronunciando un salmo, en una fusión de horizontes con el salmista, alcanza realmente al Dios verdadero, lo adora en espíritu y en verdad. El principio general que propone Alonso para encontrar esta verdad en los salmos es el siguiente: los poemas deben ser estudiados poéticamente, hay que reconocer y respetar su condición de poemas y usar métodos recabados de la poética y la estilística.

Saliendo al paso de posibles acusaciones de subjetivismo lanzadas contra el uso de esta metodología, Alonso advierte con lucidez que la objetividad no consiste en prescindir del sujeto examinante, cosa por otra parte imposible en cualquier manifestación de una teoría crítica, sino en adaptarse al objeto examinado. En el análisis de un poema, tan subjetivo puede ser utilizar métodos poéticos como usar instrumentos no poéticos, pues en ambos casos actúa necesariamente un sujeto. Pero la primera vía tiene la ventaja de que se ajusta perfectamente al objeto de la investigación: un poema.

III. SALTERIO Y MITOLOGIA

La antropología religiosa contemporánea, por lo que se refiere al estudio del mito, ha llegado a la conclusión de que, en las sociedades primitivas, los mitos estaban regularmente relacionados con festivales religiosos vinculados en términos generales a ritos estacionales de la fecundidad. En consecuencia, un mito representaría, en el plano literario, la contrapartida de un drama cultual: el texto mitológico acompañaría a una representación estilizada (generalmente confiada a la mímica y/o a la danza) de sus contenidos. Las palabras sagradas interpretarían los ritos, y éstos, a su vez, simbolizarían el logos mítico. Lo que en un primer momento se aplicó al estudio del origen de la tragedia griega o de ciertos ritos hindúes, acabó abriéndose paso en los estudios bíblicos. Por lo que respecta a los salmos, esta teoría mito-ritual [60] fue adoptada como instrumento de trabajo por ciertos estudiosos, principalmente escandinavos, que desarrollaron radicalmente las ideas de Mowinckel relativas a los salmos de entronización de Yahvé. Como los representantes de esta escuela interpretativa utilizan continuamente el término «mito», convendría exponer su contenido conceptual antes de abordar la relación de los salmos con la mitología.

1. Concepto de mito

Ya ha quedado atrás la época en que los especialistas aceptaban de manera acrítica la famosa definición de Gunkel: «Mitos (que nadie se asuste de esta palabra) son historias relativas a los dioses, por contraposición a las sagas, cuyos personajes son seres humanos» [61]. Actualmente los historiadores de la religión han perfilado el concepto de mito estudiándolo en relación con la historia. El mito, según ellos, no sólo carece de base histórica, sino que no pretende tenerla, pues los acontecimientos que nos narra están situados más allá del tiempo real. Es decir, el mito tiene su propio tiempo: el tiempo mítico, que se compone de *Urzeit* (tiempo primordial o espacio protológico) y *Endzeit* (tiempo ultrahistórico o espacio escatológico) [62].

---

[60] Sobre el tema consultar K.-H. Bernhardt, *Das Problem der altorientalischen Königsideologie im Alten Testament*, VTS VIII (Leiden 1961) 51-66. Me sirvo también ampliamente de la obra de B. Otzen / H. Gottlieb / K. Jeppesen, *Myths in the Old Testament* (Londres 1980) esp. 62-93.

[61] H. Gunkel, *Genesis* (Gotinga ⁹1977) XIV.

[62] La mayoría de las religiones hablan de las «primeras» y las «últimas» cosas; relatan cómo apareció la realidad que nos rodea y qué acaecerá en los «últimos tiempos». En general, existe una íntima relación entre ambas dimen-

Está claro que esta definición de mito es mucho más restringida que la de Gunkel. Quien mejor la ha acuñado es probablemente M. Eliade. Según él, el hombre primitivo, que experimenta religiosamente su existencia, cultiva dos categorías de tiempo: el tiempo histórico, profano, lineal, sin contenido específicamente religioso, y el tiempo sagrado, que se manifiesta en diversos ritos y ceremonias. La principal característica de éste es su reversibilidad, en el sentido de que constantemente vuelve al punto de partida formando un círculo, en contraste con la linearidad del tiempo profano. El tiempo sagrado es, en realidad, el tiempo mítico primordial en cuanto presente en el tiempo lineal. Esta comprensión del tiempo, intersección de lo sagrado con lo profano, responde a la necesidad del hombre religioso de hacerse «contemporáneo de los dioses», de volver a vivir en el mundo tal como salió de las manos del Creador: fresco, puro y fuerte.

2. Mitos en los salmos

a) El mito de la creación

En la concepción del mito tal como la hemos diseñado líneas arriba, el acto de la creación juega un papel primordial. Dicho acto, en cuanto situado fuera del tiempo, implica la idea de que el mundo creado sólo puede subsistir a condición de ser constantemente renovado. El mito pretende recrear el mundo y hacer que el hombre renazca. Apoyada en este esquema básico, la escuela mito-ritual observa que la idea de la «repetición» de la creación va unida a un ciclo festivo de Año Nuevo en numerosas religiones primitivas. Son pocas las religiones que no han percibido religiosamente el ritmo de vida y muerte que imprimen las estaciones a la naturaleza. El hombre primitivo vivía atenazado por el temor de que, en algún momento dado, cesase la regularidad del ciclo estacional, amenazando así de muerte a la fertilidad del suelo y de los seres humanos. El único modo existente de asegurar que nunca prevalezcan las estaciones desfavorables, principalmente el invierno, sobre la favorables, primavera y verano, consistía en repetir el acto primordial de la creación. Tal repetición tenía

---

siones espacio-temporales: el tiempo final es concebido como una vuelta al tiempo del principio, tiempo perfecto o ideal.

lugar en la época de Año Nuevo, cuando, tras la recolección de los últimos frutos, la tierra se veía sumida en el letargo invernal. Los ritos de este ciclo festivo intentaban, a través del mito de la creación, conjurar las fuerzas del caos, asegurar lluvia para las tierras y esperar así el resurgir de una nueva primavera verde y cargada de esperanza.

Los representantes de esta tendencia observan con razón que, en el Próximo Oriente antiguo, las culturas vecinas de Israel cuentan con mitos creacionales estrechamente relacionados con la fiesta de Año Nuevo: el de Marduk y Tiamat, en Babilonia, y el de Baal y Môt, en Ugarit. La epopeya babilonia *Enuma Eliš* constituía la base del festival de Año Nuevo *Akitu*. La lucha entre Marduk y Tiamat, que representaba las aguas destructoras y amenazantes, acaba con la victoria de aquél, la creación de los cielos y la tierra, y el establecimiento del mundo de los dioses y de los seres humanos. Los dioses lo aclaman como rey, le construyen su morada celeste, modelo del templo terreno, y establecen las rúbricas cultuales. Alguna variante de este mito habla de un encarcelamiento de Marduk en el mundo subterráneo anterior a su victoria: imágenes de la «muerte» de la naturaleza y de su «resurrección»; la estación húmeda se impone a la sequía; el caos es sometido y el mundo, recreado. En la variante ugarítica de este mito domina el conflicto entre Baal, dios de la fertilidad y la fecundidad, y Môt, dios de la muerte [63]. Parece ser que el festival de Año Nuevo en otoño, que pretendía en última instancia asegurar lluvia y fertilidad al suelo, constituía el marco de recitación de dicho mito. A pesar de que varíen los centros de gravedad de *Enuma Eliš* y del mito de Ugarit, el motivo central es el mismo: la ejecución dramática de los actos de culto con los que el mito está relacionado confiere seguridad al mundo del hombre. Se imponen las preguntas: ¿También Israel tuvo que expresar en el mito sus inquietudes religiosas?; ¿podemos rastrear mitos en los salmos?

Según la escuela mito-ritual, el Salterio no es un devocionario. Se trata de una colección de textos utilizados en su momento en el culto público del templo de Jerusalén, ya en el periodo de la monarquía israelita (hacia 950-587 a.C.). Por otra parte, sus representantes observan que algunos salmos se

[63] Para este tipo de textos mitológicos, consultar G. Del Olmo, *Mitos y leyendas de Canaán según la tradición de Ugarit* (Madrid 1981).

sitúan claramente en el contexto del festival otoñal de Año Nuevo [64]. En concreto, los salmos 47; 93; 95-100 hablan de la entronización de Yahvé, idea que apuntaría a una representación celebrada realmente en el Templo. Tal entronización era ante todo un acontecimiento re-experimentado en el «ahora cultual» del drama festivo. Los participantes se sienten contemporáneos de los acontecimientos narrados en el mito. Esta es la razón por la que algunos salmos utilizan con frecuencia el término «hoy». Según los defensores de esta teoría, hay pasajes aislados en el salterio que reclaman el drama cultual, p.e. «venid y *ved*» de Sal 46,9 y 66,5. Más clara es la referencia procesional de Sal 48,13s, antes de la cual leemos: «Lo que habíamos *oído* lo hemos *visto*», alusiones al mito y al drama respectivamente. Centrándose ya en el mito de la creación, nuestros autores perciben sus rasgos más significativos en la mención del «mar» de Sal 93,3s, idea que se percibe con contornos más claramente mitológicos en Sal 74,13s (mención de Leviatán) y Sal 89,10-12 (mención de Rahab y recurso a la creación) [65]. Así pues, en el drama cultual de Año Nuevo los israelitas celebraban la realeza de Yahvé basada en el aniquilamiento de Leviatán y la subsiguiente creación del mundo. Está de más la puntualización relativa a los ritos que pudieran utilizarse en la actualización dramática de este mito. Sin embargo, los representantes de esta escuela recuerdan con imaginación que, entre las piezas que componían el ajuar ritual del templo, había una llamada «mar» (1 Re 7,23-26).

b) Otros mitemas

Pero conviene tener en cuenta otros elementos anejos de tipo religioso o teológico. Para Israel, la creación sólo se completó con la liberación a través del mar Rojo. Si tenemos en cuenta que los israelitas integraban con toda naturalidad su historia en el mito, no es de extrañar que el acontecimiento salvífico-creador por antonomasia fuera representado con categorías míticas (ver Sal 114,1-4), como una variante del mito de la creación. De ahí que el monstruo del caos, Rahab, sirvie-

---

[64] Ver supra la exposición de la teoría de Mowinckel.

[65] Recordemos que Leviatán y Rahab eran los nombres hebreos del monstruo del caos, *tᵉhom*, «el Abismo» en 104,6, préstamo sin duda del acádico Tiamat de *Enuma Eliš*.

ra para designar al país opresor, Egipto (Sal 87,4; Is 30,7; ver Sal 136,13 verbo «despedazar»). En ocasiones es tan íntima la relación entre el mito de la creación y el del éxodo que la transición de uno a otro suele ser imperceptible, e incluso a veces no es fácil discernir de cuál de ellos se trata (Sal 74,12-15). Está claro, en consecuencia, que la confesión de Yahvé como Señor de la historia tenía su sede natural en la liturgia. Según la escuela mito-ritual, textos litúrgicos como Sal 78 no son sumarios secundarios de las tradiciones histórico-salvíficas del Pentateuco. Justamente lo contrario es cierto: la Historia de la salvación, *Heilsgeschichte*, formaba parte originalmente de la confesión cultual de Yahvé como Dios y Señor de la historia; tras siglos de evolución, dicha confesión entró a formar parte de la composición literaria del Pentateuco.

Otro elemento mitológico, secundario pero importante, rastreable en el Salterio es el llamado mito de la *batalla contra las naciones*, estrechamente vinculado a la ciudad de Jerusalén. Dicho con brevedad, este mito narra en categorías históricas el cuidado providencial de Sión por parte de Yahvé. Los reyes de la tierra se coaligan para atacar la Ciudad Santa; en el momento más crítico, Yahvé se revela y libera a su ciudad, que en adelante podrá disfrutar de seguridad (Sal 48,5-8; observar en v. 9 la confesión de fe cultual). En Sal 46 se percibe la íntima conexión entre el mito de la creación y el de la batalla contra las naciones: las dimensiones cósmicas de vv. 2-4 dejan paso a los contornos «históricos» de vv. 5-7. A pesar de la posible validez de la interpretación histórica de estos salmos, ofrecida por otros autores, los representantes de esta escuela opinan que el análisis más acertado es el cultual: los sucesos relatados en estos salmos son en realidad acontecimientos vividos y experimentados por la comunidad en el drama cultual. No se trata de acontecimientos externos, políticos, pues de otro modo no podrían explicarse p.e. las palabras del Sal 2 que conciben a los reyes de la tierra como vasallos rebeldes del rey de Jerusalén (vv. 1-3), un dato que nunca tuvo confirmación en la historia de Israel. Tales expresiones sólo tienen su explicación y validez en el mundo colorista del mito. En resumen, si el mito del éxodo es una forma específicamente israelita del mito de la creación común en el Próximo Oriente, el de la batalla contra las naciones constituye una versión jerosolimitana del mismo mito. Se trataría de una parte del legado mitológico del santuario cananeo de El Elyon, que Israel hizo suyo tras la conquista de la ciudad-estado de Sión.

Un tercer mitema presente en el Salterio es el de la *entronización* de Yahvé. Conviene recordar, antes de nada, que, en el modelo ugarítico del mito festivo de Año Nuevo, junto a la batalla con el dragón primordial se mencionaban la muerte y resurrección de Baal, dios de la fertilidad, y su subsiguiente matrimonio sagrado con su hermana Anat (su liberadora) y su entronización como rey de dioses y hombres. Si, por una parte, Yahvé no era un dios que moría y resucitaba, y, por otra, su culto no incluía un matrimonio sagrado, es natural que sea imposible rastrear en el Salterio ambos elementos mitológicos. En cambio, no podemos decir lo mismo del tema de la entronización [66].

c) La persona del rey en la mitología del Salterio

Del relato de 1 Re 6,37-7,8 podemos deducir que el ambicioso proyecto político de Salomón incluía la construcción de un templo. El culto de este templo iba orientado a mantener en el trono a la casa real davídica; era clara la función política del culto no sólo en Jerusalén sino en otros ámbitos geográficos y culturales contemporáneos. Templo y poder real estaban estrechamente vinculados, como implica la discusión entre Amasías y Amós relativa a las actividades del profeta en torno al santuario de Betel (cf. Am 7,13). El Sal 132, que según la escuela mito-ritual pertenecía al complejo festivo del Año Nuevo israelita, nos habla de la íntima relación entre rey y templo (vv. 11-14). En consecuencia, la renovación de la alianza entre Yahvé y la casa dinástica davídica constituía otro elemento importante del ritual del festival de Año Nuevo (ver Sal 21,2-8; 89,20-38). La bendición de Yahvé dirigida a la tierra para propiciar su fecundidad iba acompañada de su bendición a la casa real para que nunca le faltara un retoño que la perpetuase.

La escuela mito-ritual prosigue su reflexión, en arriesgadas deducciones, constatando que, en los salmos, el monarca exhibe funciones cuasi-divinas. No sólo es el «Ungido» y el «hijo de Dios» (cf. Sal 2,7; 89,27s), sino que en un pasaje aisla-

---

[66] Para no extendernos más, consultar más arriba la exposición relativa a Mowinckel.

do, pero significativo, recibe el título de «dios» (Sal 45,7). Haciendo uso de tal estatuto, puede reclamar el señorío sobre el mundo (cf. Sal 72,8) y poner en práctica las normas dadas por Yahvé para estructurar la sociedad, lo que implica en hebreo el término «justicia» (ver Sal 45,7s). También en base a dichos títulos su reinado está relacionado con la fertilidad; gracias a él, la lluvia llega a su tiempo y el grano se multiplica generosamente (ver Sal 72,6s.16). Desde la perspectiva de la historia de la religiones comparadas, está claro que la ideología real del Próximo Oriente había sido asimilada sin paliativos en Israel, aunque a escala doméstica y aplicada al monarca davídico. Durante la fiesta otoñal de Año Nuevo, se renovaba la alianza entre Yahvé y la casa real, alianza constitutiva de la organización socio-política y condición indispensable de fecundidad institucional y social.

Con referencia a los elementos constitutivos del ritual de Año Nuevo del festival babilonio *Akitu* (véase más arriba), los representantes de la escuela mito-ritual se preguntan si el correspondiente festival israelita no incluiría idénticos elementos, rastreables en los salmos. En la dramatización de *Akitu*, el rey era sometido públicamente a un proceso compuesto de dos elementos: rechazo del rey por parte del dios y su posterior acogida divina como justo gobernante del pueblo. En el ritual del quinto día de dicho festival, el rey, escoltado por los sacerdotes, se presentaba ante la estatua del dios; el sumo sacerdote le desposeía de sus insignias reales, le abofeteaba y, estirándole de las orejas, le obligaba a arrodillarse ante el dios, al mismo tiempo que recitaba una exculpación. A continuación, recibía un oráculo de consuelo y bendición y se le devolvían las insignias acreditativas de su dignidad. El sumo sacerdote volvía a golpearlo; si no lloraba, era señal inequívoca de que el dios estaba airado; sus enemigos se alzarían en armas y provocarían su ruina. Llegado este extremo, la escuela mito-ritual rebusca en el Salterio posibles paralelos, llegando a las conclusiones quizá más extravagantes de toda su teoría. Según sus representantes, un buen número de salmos podría entenderse mejor si se aceptase como sede vital original un ritual real de Año Nuevo entre cuyas ceremonias se incluía el rechazo temporal del monarca davídico por parte de Yahvé, tal como aparece p.e. en Sal 89,39-46. Los vv. 47-52 constituyen una plegaria de intercesión para que Yahvé salve al rey. A continuación la asamblea recitaría una acción de gracias de las características del Sal 18, donde en vv. 5-7 descubrimos la humillación cultual del rey. Las proporciones cósmicas de la plegaria (vv. 8-16) demuestran que el rey sufriente está invocando al dios creador. Otros salmos probablemente relacionados con esta tradición son 22 (sobre todo vv. 13-22), 69 (principalmente vv. 1-3) y 88.

Excursus: Los salmos y la literatura del Próximo Oriente [67]

La literatura sálmica no constituye ni una ocurrencia ni un privilegio del pueblo de la Biblia en el marco de la cultura cananea. Las excavaciones en el Próximo Oriente, especialmente en las últimas décadas, han sacado a la luz centenares de textos religiosos de características análogas a las de la salmodia hebrea. En consecuencia, los salmos hebreos forman parte de un tipo de poesía religiosa cultivado en todo el Próximo Oriente antiguo. Los especialistas no han podido evitar recurrir a estos testimonios de las culturas circundantes de Israel, no sólo con el ánimo de un estudio *per se* de dichos testimonios, sino movidos por un afán comparativista, en especial por el deseo de comprobar el grado de similitud o desemejanza entre la salmodia bíblica y la lírica religiosa extraisraelita, tanto por lo que se refiere a las formas literarias cuanto por lo que respecta a sus respectivos contenidos. El método comparativo constituye la mejor vía de acceso a lo peculiar e idiosincrásico de los términos comparados. Pero la posible distancia cultural y lingüística de éstos y su presumiblemente distinta ubicación en el tiempo obligan al estudioso a ejercer la virtud de la prudencia con más decisión que el afán investigador.

En efecto, todos los textos de tipo cultual descubiertos por ahora en Egipto, Mesopotamia (culturas de Sumer y Acad) y en Siria-Palestina son mucho más antiguos que nuestros salmos. Mientras éstos fueron probablemente compuestos a lo largo del primer milenio a.C., muchos en el periodo postexílico, la literatura antes mencionada pertenece *grosso modo* al segundo milenio. Si nos preguntamos por la posible influencia del resto de la poesía religiosa oriental en el Salterio, inmediatamente surgen las preguntas relativas al idioma, en el

---

[67] Consultar, entre otros, R.G. Castellino, *Le lamentazioni individuali*, esp. 143-164.217-256; J.H. Patton, *Canaanite Parallels in the Book of Psalms* (Baltimore 1944); S. Mowinckel, *Israel's Worship* II, 176-192; R.T. O'Callaghan, *Echoes of Canaanite Literature in the Psalms:* VT 4 (1954) 164-176; C. Westermann, *Lob und Klage*, 28-36; E.S. Gerstenberger, *Der bittende Mensch*, 64-112; O. Loretz, *Die Psalmen* II (Neukirchen 1979) esp. 1-9; P. Auffret, *Hymnes d'Égypte et d'Israël*, OBO 34 (Gotinga 1981); B.W. Anderson, *Out of the Depths*, 39-46; L. Sabourin, *Le livre des Psaumes*, 46-50. Por lo que se refiere a inscripciones, cf. P.D. Miller Jr., *Psalms and Inscriptions:* VTS 32 (1981) 311-332.

sentido de que convendría saber el grado de conocimiento que existía en Israel del egipcio, el sumerio, el acádico o el ugarítico, por ejemplo. Estas y otras dificultades, en ocasiones insolubles por ahora, no sólo exigen prudencia, sino que ayudan a fomentar la duda razonable sobre la posibilidad de que los poetas israelitas hayan tomado prestados y hayan reelaborado modelos foráneos [68]. En todo caso podemos hablar de «relación» por lo que respecta a imaginería, simbolismo, motivos religiosos (por otra parte, interculturales) o, en el plano lingüístico, a elementos retóricos o formas literarias.

Los documentos extraisraelitas, al ser no sólo más numerosos, sino más detallados y menos alusivos que los salmos bíblicos, permiten una definición más exacta de la función y la sede vital de algunos tipos de poemas, como son p.e. los himnos y las plegarias de Egipto y Mesopotamia [69].

Baste con un ejemplo de la cultura sumero-acádica, el *Himno a Utu*, el dios-sol:

Utu, cuando llegas desde la «gran montaña»,
cuando llegas desde la «gran montaña»,
«el monte del arroyo»,
cuando llegas desde Duku,
lugar donde se decide el destino,
cuando llegas desde los fundamentos del cielo,
lugar donde se encuentran cielo y tierra,
entonces los grandes dioses se acercan a juicio,
los Anunnaki se acercan al veredicto,
(pero) los hombres, las naciones, te esperan,
hasta las bestias, brutos de cuatro patas,
vuelven sus ojos a tu gran luz.
Utu, eres sabio y excelso,
tu propio consejero;
Utu, jefe sublime,
eres juez de cielos y tierra...

A nadie pueden pasar desapercibidos los ecos en el Salterio de algunas de las ideas formuladas aquí. Leer p.e. la descripción del sol en Sal 19,5-7. Respecto a la «gran montaña», recordemos los elemen-

---

[68] En general, los especialistas se inclinan por percibir cierta dependencia de modelos extranjeros en el salmo 29, probablemente dependiente de un himno cananeo a Baal, y del 104, para quien se postula un modelo en el himno al sol de Akenaton.

[69] Consultar, de épocas distintas: F. Stummer, *Sumerisch-akkadische Parallelen zum Aufbau alttestamentlicher Psalmen* (Paderborn 1922); A. Falkenstein / W. von Soden, *Sumerische und akkadische Hymnen und Gebete* (Zürich-Stuttgart 1953); M.-J. Seux, *Hymnes et prières aux dieux de Babylonie et d'Assyrie* (París 1976).

tos mitológicos subyacentes a la teología de Sión (Sal 48,3; cf. Is 2,2ss; 14,13s). El «monte del arroyo» es un mitema oriental relacionado también con Sión en Sal 46,4s (cf. Sal 65,10; Is 33,20s; Ez 47; Jl 4,18; Zac 14,8). Por otra parte, es interesante observar otros paralelismos propios de los himnos. Si en el poema sumero-acádico arriba transcrito son mencionados hombres y animales en esa espera anhelante de la luz solar (imagen de la «salvación»), en el Sal 104 detectamos algunos elementos instructivos: también ríos y montes en relación con el sustento de las bestias (vv. 10-11.13-14); también los animales dependen de la benevolencia divina para su subsistencia [70] (vv. 27-30; definida como «salvación» en Sal 36,7); también, en fin, los animales se suman a la alabanza divina en Sal 148,10.

IV. CUESTIONES ABIERTAS

Es fácil de comprender que, después de veinte siglos de rezar y estudiar los salmos, se hayan abordado innumerables cuestiones sobre el Salterio, y desde las más variadas creencias y los más diversos puntos de vista. Podemos decir que muchas de esas cuestiones, que en época no muy lejana suscitaron acaloradas controversias, han pasado a engrosar el depósito de la *communis opinio* entre los especialistas. Otras siguen ocupando el interés de los estudiosos. Entre éstas, las hay que han sido casi definitivamente marginadas en parte por su poca consistencia y en parte porque carecemos de los datos necesarios para poder afrontar un estudio con mínimas garantías de éxito. Las hay, en cambio, que siguen atrayendo la atención de los estudiosos por su carácter decisivo para la fe o la teología bíblicas, o bien porque el especialista sospecha razonablemente que un mejor conocimiento del Salterio y de las literaturas paralelas extrabíblicas acabarán venciendo con el tiempo la resistencia de muchos textos.

A mi juicio, todavía no se ha dicho la última palabra sobre los salmos de entronización. Verdad es que la literatura es abundante, pero bien se han tocado aspectos parciales de estos salmos o bien los especialistas, desde una precomprensión dogmática o espiritualizante, se resisten a algunas conclusiones que consideran audaces. Así, convendría revisar ciertos as-

---

[70] Interesante el paralelismo entre «volver los ojos a la luz» (descripción positiva) del himno sumerio y la expresión «esconder el rostro» (versión negativa) de Sal 104,29.

pectos de la tesis de Mowinckel sobre la fiesta de entronización de Yahvé, sede vital, según él, no sólo de los llamados
salmos de entronización, sino de un gran número de poemas
del Salterio. Desde que el exegeta noruego hizo pública su tesis, siempre ha tenido defensores [71] y detractores [72]. Aparte los
aspectos de tipo histórico, convendría centrarse en la relación
de este tipo de salmos con la escatología [73], investigando sobre
todo sus afinidades formales y de contenido con los himnos
del Deuteroisaías. Dentro de este mismo foco de discusión, sería conveniente revisar la relación del Festival de Año Nuevo
con la Fiesta de la renovación de la Alianza, relación patrocinada por Weiser (ver más arriba II,3), o con el hipotético festival de Sión estudiado por Kraus (ver II,4).

La escuela mito-ritual (ver III), actualmente bien representada [74], defiende una concepción divina de la realeza israelita, en general, y una vinculación dramática (en el marco de
ciertas representaciones cultuales) entre Yahvé y su lugarteniente el rey, en particular, que en ocasiones parece sobrepa-

[71] P.e. E. Lipiński, *La Royauté de Yahwé dans la poésie et le culte de l'ancien
Israël* (Bruselas ²1968); J. Gray, *The Biblical Doctrine of the Reign of God*
(Edimburgo 1979) 7-71; B. Halpern, *The Constitution of the Monarchy in Israel*
(Chico 1981) 51-109; J. Day, *God's Conflict with the Dragon and the Sea* (Cambridge 1985) esp. 18-21; 35-37; T.N.D. Mettinger, *In Search of God: The Meaning and Message of the Everlasting Names* (Filadelfia 1987); J. Day, *Psalms*,
67-87.

[72] Hay autores que, si bien relacionan, como Mowinckel, la Fiesta de las
Chozas con la realeza de Yahvé, no admiten la existencia de un festival de
entronización; entre otros: H. Schmidt, *Die Thronfahrt Yahvehs* (Tubinga
1927); A.R. Johnson, *Sacral Kingship in Ancient Israel* (Cardiff ²1967); J. Jeremias, *Das Königtum Gottes in den Psalmen* (Gotinga 1987); B.C. Ollenburger,
Zion, the City of the Great King, 23-52. Los hay que rechazan la relación del
festival de las chozas tanto con la entronización de Yahvé como con la celebración de su realeza; así: N.H. Snaith, *The Jewish New Year Festival* (Londres
1947) 195-203; S. Aalen, *Die Begriffe «Licht» und «Finsternis» im Alten Testament, im Spätjudentum und im Rabbinismus* (Oslo 1951) 60-63; R. de Vaux,
Instituciones del Antiguo Testamento (Barcelona 1964) 632-635.

[73] Ver más arriba pp. 112-117; y la discusión sobre el tema en H. Gunkel,
Introducción, 111-132.

[74] P.e. S.H. Hooke (ed.), *Myth, Ritual and Kingship. Essays on the Theory
and Practice of Kingship in the Ancient Near East and Israel* (Oxford 1958); A.R.
Johnson, *Sacral Kingship in Ancient Israel* (Cardiff ²1967); I. Engnell, *Studies
in Divine Kingship in the Ancient Near East* (Oxford 1967); D. Anders-Richards,
The Drama of the Psalms (Londres 1968); J.H. Eaton, *The Psalms come Alive*
(Londres/Oxford 1984); Id., *Kingship and the Psalms* (Sheffield ²1986).

sar con desenfado los límites de la objetividad que marca el propio texto bíblico. ¿Permite avanzar tales hipótesis el estudio comparativo de los materiales análogos de Babilonia y Ugarit?

La naturaleza del himno constituye otra cuestión abierta. Aparte de que no se ha llegado entre los especialistas a un consenso sobre la definición formal de este tipo de salmos, el asunto de su(s) sede(s) vital(es) continúa siendo un enigma en muchos casos [75].

Por lo que respecta a los salmos didácticos o sapienciales, siguen siendo objeto ininterrumpido de estudio tanto su naturaleza como su origen. Teniendo en cuenta las puntualizaciones generalizadas al mundo de la sabiduría, relativas a su carácter humanista y acultual, ¿cómo es posible que este tipo de poemas se haya deslizado en un cuerpo de plegarias donde culto y liturgia parecen constituir su caldo de cultivo en muchos casos? [76] ¿Qué principios debe adoptar una investigación que pretenda dar con la clave de la búsqueda de elementos aislados sapienciales en el Salterio? ¿Tiene el mismo alcance un supuesto elemento sapiencial en un salmo que en una obra del género? [77].

Aunque convencido de que los «salmos reales» no constituyen un género literario peculiar [78], deducible a partir de aspectos estrictamente formales, creo que sigue vigente la polémica sobre la edad de este tipo de poesía y sobre su sede vital.

---

[75] Cf. p. e. las observaciones de J.H. Hayes (ed.), *Old Testament Criticism* (San Antonio 1974) 208; ver más arriba nuestra exposición, c. XI,II,3.

[76] Sobre la problemática, cf. H. Gunkel, *Introducción*, 395-402; S. Mowinckel, *Psalms and Wisdom:* VTS 3 (1955) 204-224; R.E. Murphy, *A Consideration of the Classification 'Wisdom Psalms':* VTS 9 (1963) 156ss; H. Reinelt, *Die altorientalische und biblische Weisheit und ihr Einfluss auf den Psalter* (tesis) (Friburgo B. 1966); G. von Rad, *Sabiduría en Israel* (Madrid 1985) 236s; A. Hurvitz, *Wisdom Vocabulary in the Hebrew Psalter: A Contribution to the Study of Wisdom Psalms:* VT 38 (1988) 41-51.

[77] El investigador no debería contentarse con la detección de vocabulario o fórmulas supuestamente sapienciales. Ante la presencia en un salmo de un macarismo, una instrucción o cualquier otra forma típica del mundo de los sabios, el estudioso deberá ir más allá de la mera identificación, y preguntarse por el alcance y la función peculiares de dichos elementos dentro del mundo de la piedad de los salmos, en general, y del salmo en cuestión, en particular.

[78] Ver observaciones a esta problemática en c. IX,II,3,d.

Un trabajo de esta índole, aparte de revisar las posturas parcialmente encontradas de Gunkel y Mowinckel a partir de rigurosos análisis textuales de los poemas considerados «reales» por la mayoría de los especialistas [79], exigiría tener en cuenta las aportaciones más recientes [80].

Una última palabra sobre la relación entre salmos y sociología. Autores recientes han dejado a un lado las preocupaciones, para ellos ya periclitadas, por los estudios formales y han enfocado desde la sociología su investigación sobre los salmos. Son figuras relevantes a este respecto N.K. Gottwald [81] y W. Brueggemann [82]. A pesar de las dificultades, las exageraciones y las inevitables imprecisiones propias de pioneros, estas obras han abierto una vía de acceso de indudable futuro [83] a los salmos.

V. TRABAJO PRACTICO Y BIBLIOGRAFIA

1. *Orientaciones para el trabajo personal*

Un buen trabajo y una provechosa dedicación a los salmos deben empezar con una lectura sosegada, atenta y cóm-

---

[79] Explícitamente no se ha conseguido un consenso relativo a qué salmos deben ser considerados «reales», aunque existe un acuerdo implícito. Las discrepancias y las coincidencias son claras. H. Gunkel menciona los salmos 2; 18; 20; 21; 45; 72; 101; 110; 132; 144,1-11, cf. *Introducción*, 161; S. Mowinckel no menciona el 144, y añade los salmos 28; 61; 63; 89 y otro amplio número de otros, cf. *Israel's Worship* I, 47; C. Westermann incluye los de Mowinckel en el repertorio de Gunkel, cf. *Ausgewählte Psalmen* (Gotinga 1984) 48; H.-J. Kraus añade a la lista de Gunkel sólo el 89, cf. *Psalmen*, LII, selección que hace suya L. Alonso Schökel, cf. *Salmos* I, 102. Sobre el planteamiento de los argumentos idóneos para la catalogación de los «salmos reales», cf. J.H. Eaton, *Kingship and the Psalms*, 1-26.

[80] Principalmente O. Loretz, *Die Königspsalmen. Die altorientalisch-kanaanäische Königstradition in jüdischer Sicht*. Teil I, UBL 6 (Münster 1988). También J. de Fraine, *L'aspect religieux de la royauté israélite* (Roma 1954); A.R. Johnson, *Sacral Kingship in Ancient Israel* (Cardiff 1955); L. Widengren, *Sakrales Königtum im Alten Testament und im Judentum* (Stuttgart 1955); K.H. Bernhardt, *Das Problem der altorientalischen Königsideologie im alten Testament unter besonderer Berücksichtigung der Geschichte der Psalmenexegese dargestellt und kritisch gewürdigt* (Leiden 1961); J.H. Eaton, *Kingship and the Psalms* (Sheffield ²1986).

[81] *The Hebrew Bible: A Socio-Literary Introduction* (Filadelfia 1985) esp. 522-541.

[82] *Israel's Praise: Doxology against Idolatry and Ideology* (Filadelfia 1988).

[83] Consultar al respecto W.H. Bellinger Jr., *Psalms* (Peabody/Mass 1990) 146-150.

plice. «Sosegada» en el sentido de que la prisa amordaza a la plegaria objeto de mi atención, y termino hablando yo solo «sobre el salmo». Es la actitud, frecuente por desgracia, de la gente que, proclive al autoengaño y a la fantasía, quiere saber pronto «qué me dice el salmo». «A mí este salmo me dice...». Es como pretender nutrirse sin haber digerido. En realidad, así no nos dice nada el salmo; yo me digo a mí mismo utilizando el salmo como coartada de mi búsqueda o mis insatisfacciones. «Atenta» a las voces que cantan o lloran, alaban o maldicen, aman u odian, desde dentro del poema; y sin prejuicios, sin suprimir lo que me «escandaliza» desde mi sensibilidad cristiana. «Cómplice» como si de un amigo íntimo se tratase. Un amigo al que acepto como es, en las múltiples y variadas manifestaciones de su psiqué; un amigo al que no trato de imponer mis criterios ni mi visión del mundo.

Si se tiene en cuenta la naturaleza propia de un salmo, como poema que es, el estudioso no podrá contentarse con la mera identificación. Decir que el salmo X pertenece al género Z y que su sede vital se adapta a la característica Y, ahondando así en fuentes, modelos y antecedentes literarios, no implica el descubrimiento de su significación [84]. Desde este punto de vista, pensamos que son aún muchas las tareas pendientes por lo que se refiere al conocimiento de los salmos. Mientras los trabajos sobre lingüística, crítica textual, crítica literaria e imaginería han dado abundantes frutos [85], los estudios semánticos ofrecen un amplio campo todavía poco roturado [86]. Nos referimos principalmente a la aplicación de la teoría del campo léxico [87]. Verdad es que el estudio de la estructura literaria

---

[84] Una lúcida y práctica distinción entre identificación y significación de un salmo en L. Alonso Schökel, *Treinta salmos*, 22s.

[85] Sobre este último aspecto, cf. L. Monloubou, *L'imaginaire des psalmistes. Psaumes et symboles*, LD 101 (París 1980); también L. Alonso Schökel, *Hermenéutica de la Palabra* II (Madrid 1987) 271-284.

[86] Aunque no se trata propiamente de estudios semánticos, merece tener en cuenta por su afinidad metodológica: R. Lack, *Letture strutturaliste dell'Antico Testamento* (Roma 1978) 150-161; M. Girard, *Les Psaumes. Analyse structurelle et interprétation* (Montreal/París 1984) esp. 11-47; T. Collins, *Decoding the Psalms: A Structural Approach to the Psalter*: JSOT 37 (1987) 41-60.

[87] Sobre la aplicación de este método fuera del Salterio, cf. A. Vivian, *I campi lessicali della 'separazione' nell'ebraico biblico, di Qumran e della Mishna*, QuadSemit 4 (Florencia 1978) esp. 1-32; I. Zatelli, *Il campo lessicale degli aggettivi di purità in ebraico biblico*, QuadSemit 7 (Florencia 1978) esp. 1-27; I.

y del sistema (o los sistemas simbólicos) de un salmo puede dar al lector una clave interpretativa de carácter general. Sin embargo, un detallado análisis de los ejes semánticos que se superponen o entrecruzan en el poema nos puede permitir calibrar con justeza el alcance de su mundo de sentimientos e incluso el nódulo significativo a partir del cual dicho poema se ha ido generando en el alma del poeta. Un estudio de las relaciones léxicas internas de sinonimia y antonimia facilitan dicha vía de aproximación. Un salmo puede responder a uno o varios ejes significativos. El repertorio sería inacabable; nos contentamos con apuntar: riqueza/pobreza; fe/duda; confianza/desesperación; vida/muerte; comprensión/cólera; alegría/tristeza; verdad/falsedad; sosiego/miedo; posesión/nostalgia; optimismo/pesimismo; autocomplacencia/remordimiento; serenidad/desasosiego. Por supuesto, este método de análisis puede aplicarse en sincronía (estudio de un salmo en particular) o en diacronía (relativo al mundo de las pasiones, de los sentimientos, de la espiritualidad del Salterio en cuanto tal) [88].

Naturalmente esa lectura sosegada, atenta y cómplice que antes hemos mencionado requiere en muchas ocasiones una ayuda experta que nos guíe por los vericuetos de la naturaleza propia del salmo como poema. Durante la lectura tendremos que fijarnos en la posible repetición de determinados términos. Es probable que logremos captar un indicio de estructura literaria, que nos ayudará a conocer mejor a nuestro amigo. Si el lector conoce el hebreo y las características de su poesía, deberá proceder a un repertorio del material sonoro y de los tipos de paralelismo del salmo en cuestión. El contacto con los mecanismos de la sensibilidad del poeta le facilitará la vía de acceso a la pasión que palpita en su obra.

Tomemos el salmo 20:

2 Que el SEÑOR te **responda** el día de la angustia,
   que sea tu roca el DIOS DE JACOB.
3 Que te envíe ayuda desde su santuario,

Riesener, *Der Stamm abad im alten Testament. Eine Wortuntersuchung unter Berücksichtigung neuerer sprachwissenschaftlicher Methoden*, BZAW 149 (Berlín 1979) esp. 1-7; V. Morla, *El fuego en el Antiguo Testamento. Estudio de semántica lingüística* (Valencia/Bilbao 1988) esp. 19-43.

[88] Sobre otras tareas pendientes relativas a los salmos, ver las ricas sugerencias de L. Alonso Schökel / C. Carniti, *Salmos* I, 67-75; también las implicaciones deducibles en L. Alonso Schökel, *Treinta salmos*, 13-33.

que te apoye desde Sión.
4 Que tenga en cuenta tus ofrendas,
y agradezca tus holocaustos.
5 Que te conceda lo que deseas,
y cumpla todos tus proyectos.
6 Nosotros celebraremos tu *victoria*,
desplegaremos estandartes en nombre de nuestro DIOS.

¡Que el SEÑOR cumpla todas tus peticiones!

7 Ahora sé que el SEÑOR da la *victoria* a su Ungido,
que le **responde** desde su santo cielo,
con la fuerza de su diestra victoriosa.
8 Algunos confían en carros y en caballos,
nosotros invocamos al SEÑOR NUESTRO DIOS.
9 Ellos se encorvan y caen,
nosotros aguantamos de pie.
10 SEÑOR, da la *victoria* al rey,
respóndenos cuando te invocamos.

El salmo se abre y se cierra con el verbo «responder», que aparece también en 7b. Aunque desde el punto de vista denotativo del lenguaje se trate del mismo lexema, su mención en 10b está cargado del sentimiento de confianza que se va acumulando a lo largo del poema, como podremos ver. El mero deseo titubeante formulado en 2a se transforma en expresión de absoluta confianza en 10b. Los nombres del dios de Israel aparecen significativamente en siete ocasiones (vv. 2a.2b.6b. 6c.7a.8b.10a). La mención central (6c) ocupa físicamente el centro del poema; sobre ella pivotan el resto de sus piezas. En efecto, si observamos con detenimiento el tipo de oraciones y la sintaxis que precede y sigue a v. 6c, caeremos en la cuenta que, mientras en vv. 2-5 sobresale la petición («que te responda»; «que sea tu roca»; «que te envíe»; «que te apoye»; «que tenga en cuenta»; «que agradezca»; «que te conceda»; «que cumpla»), en v. 7 las oraciones son completivas, dependientes de un inconmovible «ahora sé». Esta profunda convicción confiere al «respóndenos» final (10b) un contenido religioso que no aparece en la petición «que te responda» de 2a. La repetición del nombre de su dios en lugares estratégicos, ha ido nutriendo en el salmista la confianza en que Yahvé concederá la victoria a su Ungido. ¿Qué victoria pueden esperar los enemigos del rey, que sólo confían en su poderío militar? Les aguarda la derrota y la afrenta. Pero quien tiene su apoyo en Sión (morada terrena de Yahvé; v. 3) y en el cielo (morada celeste de Yahvé; v. 7b) puede contar con la victoria. Es digna de tener en cuenta la estructura de los vv. 8-9: «algunos confían en carros/nosotros invocamos»; «ellos se caen/nosotros aguantamos».

Aunque en este salmo sólo se detecta un referente simbólico, carros y caballos como símbolo de la autosuficiencia del poderío militar, no es extraño encontrarnos con poemas en los que uno o varios ejes simbólicos sirven de trampolín para su comprensión. Estudiarlos con precisión y sensibilidad no equivale a un entretenimiento estéril; muy al contrario, constituye un verdadero ejercicio hermenéutico [89].

Para otras sustanciosas orientaciones de trabajo personal, consultar la obra de L. Alonso Schökel, *Treinta salmos: Poesía y oración* (Madrid 1981) esp. 15-33.

2. *Bibliografía comentada*

ALONSO SCHOEKEL, L. / CARNITI, C., *Salmos I-II* (Estella 1992-93) 2 vols. La obra empieza con una amplia introducción de ciento seis páginas dividida en dos secciones: Historia de la interpretación de los salmos y tareas pendientes, Introducción a los salmos. La problemática relativa al Salterio es abordada casi exhaustivamente, con estilo, profundidad, profesionalidad y sensibilidad literaria. Lo más novedoso de la historia de la interpretación es sin duda la parte dedicada a las edades antigua y media. En los epígrafes «Tareas pendientes» y «La apropiación» demuestran los autores su profundo conocimiento del Salterio y sus cualidades pedagógicas, y muestran su indiscutible hondura religiosa. La abundante bibliografía está ordenada temáticamente.

Los comentarios a los salmos siguen en parte la línea de los grandes comentarios. El adverbio «en parte» no trata de restar, sino de sumar. A la ya clásica disposición «texto», «bibliografía», «análisis filológico» y «exégesis», los autores añaden «estudio global» y «trasposición cristiana». En el estudio global es donde se descubren las aportaciones más ricas desde el campo de la retórica, la lingüística y la literatura; análisis de sonoridades, determinación de estructuras, estudio de imágenes y de sistemas simbólicos ayudan al lector a leer los salmos de manera realmente nueva. En la trasposición cristiana no se limitan los autores a un repertorio de comentarios patrísticos o a un elenco de paralelos neotestamentarios. La aportación personal desde

---

[89] Son aleccionadores a este respecto los trabajos ofrecidos en sus comentarios por G. Ravasi, *Il libro dei Salmi* (Bolonia 1981/84) y L. Alonso Schökel / C. Carniti, *Salmos* I (Estella 1992).

la propia fe enriquece la validez del salmo en cuestión. Todas estas cualidades han gestado uno de los tres mejores comentarios a los salmos del s. XX.

BRIGGS, Ch. A., *The Book of Psalms*, ICC (Edimburgo 1906; reimpresión 1976) 2 vols. Esta obra pertenece a la prestigiosa colección *The International Critical Commentary*. El primer volumen comprende una introducción de noventa y un páginas, y el comentario a los cincuenta primeros salmos. La introducción está dedicada al texto de los salmos y a la poesía hebrea, a las teorías críticas a lo largo de la historia, a la canonicidad y a la historia de la interpretación. No hay prácticamente un sólo problema o aspecto que quede sin revisar con detenimiento y profundidad. Por lo que respecta al comentario, el tratamiento del texto de los salmos es magistral, no superado hasta la fecha por los trabajos de ningún otro especialista: minuciosidades gramaticales, valoración de variantes textuales, recurso a códices hebreos o de otras versiones. En su contra, dos importantes lagunas: la escasa sensibilidad literaria y la ausencia casi total de hálito religioso.

DAHOOD, M., *Psalms*, AB (Nueva York 1965/70) 3 vols. Comentario perteneciente a la colección *Anchor Bible*, de fama internacional por sus extraordinarias aportaciones. Ahora bien, no se trata propiamente de una obra que encaje en el género literario «comentario», al menos en la acepción tradicional del término, sino de un prolegómeno (cf. vol. I, p. XVII). En la introducción encontrará el lector información sobre los descubrimientos de Ugarit, sobre los problemas del texto masorético del Salterio y sobre cuestiones gramaticales y lexicográficas hebreas. Al final de la obra, con la colaboración de T. Penar, nos ofrece Dahood una interesante «Gramática del Salterio» (vol. III, pp. 361-456), en la que aborda cuestiones de ortografía, fonética, pronombres, sustantivos, verbos, preposiciones, partículas, sintaxis, recursos poéticos y paralelismos verbales entre el Salterio y la literatura ugarítica. Dentro de los límites autoimpuestos por el autor, se trata sin duda de una magnífica obra. Su mayor peligro, sin embargo, reside en el incontrolado empeño de Dahood por iluminar el texto de los salmos a partir del ugarítico. Bien es verdad que en algunas ocasiones los resultados sorprenden gratamente, pero en la mayor parte de los casos dejan mucho que desear. La excesiva fantasía acaba por oscurecer segmentos del texto masorético que no necesitan aclaración.

DELITZSCH, F., *Commentar über die Psalmen* (Leipzig ⁴1883) 3 vols. Hay traducción inglesa en un volumen: *Psalms*, en la colección *Commentary on the Old Testament* (Grand Rapids 1980). El comentario está precedido por una amplia introducción sobre la problemática general del libro de los salmos: posición del Salterio entre los hagiógrafos y los libros poéticos; historia de la composición de los salmos; origen de la colección; música y salmodia; historia de la interpretación; consideraciones teológicas; etc. A lo largo del comentario el lector irá descubriendo con asombro el profundo conocimiento del autor en materia lingüística (latín, griego, hebreo, arameo, árabe) y el hondo sentido religioso de sus interpretaciones y observaciones. Por otra parte, su conocimiento de la Patrística enriquece de manera considerable su comentario, vinculando con sensibilidad el ayer y el hoy de los salmos en la vida de la Iglesia. Si sabemos disculpar algunos prejuicios propios de la época, no es exagerado afirmar que nos encontramos ante uno de los seis mejores comentarios a los salmos que se hayan jamás escrito.

GERSTENBERGER, E.S., *Psalms I*, FOTL XIV (Grand Rapids 1987). Se trata del volumen XIV de la colección *The Forms of the Old Testament Literature*. La introducción de la obra está dedicada a la poesía cultual (canción, rito y culto; ceremonialismo en el Próximo Oriente antiguo; servicios regulares y especiales en Israel; géneros de la poesía cultual; culto e historia social). Las típicas cuestiones introductorias al Salterio ocupan el primer capítulo del cuerpo de la obra (el desarrollo del Salterio; la sede social de los salmos; el lenguaje poético; hacia una teología de los salmos; los «libros» del Salterio). El estudio de cada salmo sigue un esquema fijo: cuestiones textuales; estructura literaria; género; sede vital; intención; bibliografía. Como puede observarse, este tipo de comentario responde claramente al objetivo de la colección: ofrecer preferentemente las formas de la literatura del Antiguo Testamento. Desde esta perspectiva es sobresaliente el tratamiento de las relaciones de los salmos con la liturgia y el culto de Israel.

JACQUET, L., *Les Psaumes et le coeur de l'homme* (Bruselas 1975/79) 3 vols. Tras unas consideraciones preliminares de carácter general, esta monumental obra se abre con una bibliografía que ocupa treinta y cuatro páginas. La introducción (pp. 67-197) aborda la habitual temática propedéutica: lugar del Salterio en la Biblia y canonicidad; número y numeración de los salmos; las colecciones del Salterio; títulos e inscripciones; origen de los salmos; texto y versiones; estructura poética de los salmos; la exégesis contemporánea; doctrina de los salmos; salmos bíblicos y poemas profanos; el Salterio, libro de la oración universal; consejos para un uso provechoso; el Salterio y las liturgias.

El paradigma analítico aplicado a cada salmo consta de las siguentes partes: traducción; presentación; notas críticas; notas exegéticas; orientación cristiana; utilización neotestamentaria y/o litúrgica; «para concluir». La presentación ofrece consideraciones sobre el género literario, transmisión del texto, época de composición, posibles resonancias históricas, etc. Las notas críticas sobre el texto son breves pero suficientes. Las notas exegéticas constituyen el comentario propiamente dicho, versículo por versículo. En la orientación cristiana no sólo se sirve el autor del Nuevo Testamento, la Patrística y otros comentaristas modernos; recurre también con frecuencia a escritores cristianos modernos y contemporáneos (Pascal, Claudel, Bernanos, Ch. de Foucauld, etc.). El apartado *Para concluir* no es más que una piadosa oración, obra del autor, relacionada con la temática del salmo en cuestión. En su favor, el uso de la Patrística y de la tradición judía; en su contra, la farragosidad, la falta de interés literario y de empuje crítico, y una tendencia espiritualizante trasnochada.

GUNKEL, H., *Die Psalmen* (Gotinga ⁵1968). «La época que ahora está ya en trance de desaparecer... estaba bien dispuesta a dejarse impresionar por las grandiosas e impresionantes figuras de los profetas, pero era menos proclive a comprender, con amorosa penetración, el mundo más simple y uniforme de los salmistas... Los salmos, de los que ya es difícil poder reconocer la época de composición, llamaban muy poco la atención de los investigadores, incluso amenazaban con desaparecer ocultos tras las brumas de una edad tardía muy poco apreciada por aquella escuela (la de Wellhausen)... Podemos así explicarnos que muchos de nuestros comentarios a los salmos... no hayan podido superar *una cierta aridez e insensibilidad*. En este campo, crítica y ciencia lingüística ocupaban un primer plano, al propio tiempo que retrocedían religiosidad y poesía» (p. V, subrayado nuestro).

Este párrafo, tomado de la introducción, define claramente el panorama de la investigación sobre los salmos en la época de Gunkel y los objetivos y el alcance de su obra. Su sensacional comentario propone una nueva comprensión de la poesía hebrea y una nueva mirada al espíritu religioso de los salmos. Esta es su gran aportación a la historia de la investigación.

GUNKEL, H., *Introducción a los salmos* (Valencia 1983). Original *Einleitung in die Psalmen* (Gotinga ²1966). En esta obra expone metódicamente el maestro alemán los principios que guiaron y dieron forma a su comentario a los salmos. Se trata de una obra de madurez, completada por su discípulo Joachim Begrich; una obra que inaugura un método y una época, indispensable en la biblioteca del aficionado o del estudioso de los salmos. Para una valoración, remitimos a lo expuesto en páginas anteriores de este capítulo.

KRAUS, H.-J., *Psalmen* (Neukirchen ²1961) 2 vols.; traducción hasta ahora del primer volumen, *Los salmos I* (Salamanca 1993). Obra ya clásica, en la línea de los grandes comentarios a los salmos. La introducción, amplia y documentada, aborda los aspectos típicos del género: nombre del libro y situación canónica; texto y versiones; el Salterio como colección; títulos y otras notas de los salmos; forma poética; géneros y sede vital; relación con la historia de Israel; historia del origen y de la tradición de los salmos; teología; bibliografía. En el comentario propiamente dicho el autor derrocha una sorprendente erudición, que sitúa su libro en la vanguardia de las obras del género. Sin embargo, en líneas generales, se percibe un retroceso respecto a comentarios anteriores, como el de Delitzsch y el de Gunkel: escasa sensibilidad literaria y religiosa. Por otra parte, su insistencia en la teoría sobre la supuesta fiesta de Sión encorseta en ocasiones las virtualidades teológicas de muchos salmos.

KRAUS, H.-J., *Teología de los salmos* (Salamanca 1985). Original *Theologie der Psalmen* (Neukirchen 1979). Se trata de un magnífico libro, obra de necesaria referencia en su género. Se compone de siete capítulos: seis centrados propiamente en la teología del Salterio y uno relativo a los salmos en el Nuevo Testamento. El esquema temático es relativamente clásico: naturaleza de Yahvé (c. I. El Dios de Israel) y del pueblo (c. II. El pueblo de Dios); instituciones: el santuario (c. III) y el rey (c. IV); elementos extraños en el esquema anterior (c. V. Los poderes enemigos); el hombre ante Dios (c. VI). Aun reconociendo la profundidad y la erudición de esta obra (altamente recomendable, por otra parte), se le puede hacer una observación de carácter general: si es metodológicamente correcta la orientación dogmática de comenzar hablando de la naturaleza del Dios de Israel, para acabar con la temática «el hombre ante Dios».

MOWINCKEL, S., *Psalmenstudien* (Cristianía 1921/4) 6 vols. Se trata de una magnífica obra del gran maestro noruego. En ella nos ofrece un valioso material sobre los problemas más urgentes en su época relativos al Salterio. En el primer volumen nos hace partícipes de su investigación sobre la sede vital de las lamentaciones individuales, concretamente sobre la naturaleza de los «enemigos» del salmista, los «malhechores», a partir del término *awen*. El segundo está dedicado a la presentación de su tesis sobre los salmos (y la fiesta) de entronización, y las consecuencias que de ellos se derivan para la comprensión de la escatología del Antiguo Testamento. El tercero aborda los problemas relativos a la relación entre profecía y culto a partir de algunos salmos (vidente y sacerdote; el nabí al servicio del culto; el oráculo cultual; etc.). En el cuarto estudia Mowinckel los datos que aparecen en las cabeceras de los salmos (términos musicales; expresiones relativas a su ejecución o a diversas situaciones históricas; etc.). El quinto está dedicado al problema de las fórmulas de bendición y maldición en el culto en general y en los salmos en particular, a la luz de la historia de las religiones. En el sexto se nos ofrece un estudio pormenorizado de la poesía y los poetas del Salterio: verdaderos autores y origen de las supuestas autorías que aparecen en las cabeceras de los salmos. A pesar de que muchos de los puntos de vista de Mowinckel en esta obra han sido superados o matizados por ulteriores investigaciones, sus trabajos siguen siendo de obligada referencia en la actualidad.

MOWINCKEL, S., *The Psalms in Israel's Worship* (Oxford 1967) 2 vols. Se trata sin duda de la obra más representativa de Mowinckel, en la que se abordan prácticamente todos los problemas relativos al Salterio. La madurez de pensamiento y la riqueza de datos templan algunas opiniones excesivamente temerarias, aunque ni mucho menos extravagantes, como algunos injustamente opinan. Si exceptuamos su defensa obsesiva del marco cultual como sede casi exclusiva de los salmos y su tendencia a utilizar a veces acríticamente los resultados de la escuela de la historia de las religiones como vía de solución de algunos problemas planteados por los salmos, podemos decir que nos encontramos ante de uno de los grandes trabajos de investigación de todos los tiempos.

RAVASI, G., *Il libro dei Salmi* (Bolonia 1981/84) 3 vols. Este monumental trabajo sobre los salmos (cerca de tres mil páginas) pretende ocupar un puesto entre los grandes comentarios de la actualidad. El paradigma análitico de cada unidad es invariable: traducción; texto y contexto; dimensión literaria; lectura exegética. La traducción es más bien literal. A este respecto, se echa en falta un tratamiento serio de los problemas textuales, reducido aquí a la mínima expresión. Con la ambigua fórmula «texto y contexto» se refiere el autor al eco del salmo en cuestión en la tradición cristiana y judía, así como en el ámbito de la literatura u otras artes en general. Los minuciosos análisis literarios están dirigidos a la búsqueda de estructuras. Es de agradecer este esfuerzo, ausente desgraciadamente en otros famosos comentarios. Sin embargo, dichas estructuras se manifiestan en ocasiones peligrosamente forzadas y artificiales. De todos modos, obligado es reconocer la sensibilidad literaria del autor, que acomete con indudable acierto análisis de imágenes o de sistemas simbólicos, a los que tan poco proclives son desdichadamente los autores de algunos «grandes» comentarios. La lectura exegética es amplia, culta, bien orientada y enriquecedora. Hay dos aspectos de la obra que enturbian el indudable valor del conjunto. El autor despliega un estilo farragoso y repetitivo, que acaba produciendo cierta irritación en el lector. Por otra parte, echamos en falta un apartado final dedicado a una bibliografía selecta. Los datos bibliográficos, casi exhaustivos, están esparcidos a lo largo y ancho del comentario, lo que sin duda les resta provecho y utilidad.

SABOURIN, L., *Le livre des Psaumes* (Montreal/París 1988). Aunque en general carece de originalidad, se trata de un comentario de indudable utilidad por la exposición sucinta del contenido teológico y de la problemática de cada salmo. Diríamos que es una obra «suficiente», por cantidad y calidad. Suficiente no sólo por lo que respecta a la presentación de la problemática general del Salterio (en una introducción de 61 páginas), sino por la sobriedad en la oferta de datos literarios, exegéticos y teológicos.

WEISER, A., *Die Psalmen* (Gotinga ⁵1959). Hay traducción inglesa *The Psalms*, OTL (Londres 1962; 4ª reimpresión 1975). Uno de los seis mejores comentarios al Salterio de todos los tiempos. Altamente recomendable por espíritu crítico, sobresaliente nivel de investigación, amplitud de conocimientos y sensibilidad literaria, virtud ésta extraña en los comentaristas de su época y en otros posteriores. Sólo un pero: la excesiva relevancia concedida a las tradiciones de la alianza en el Salterio, en concreto a la fiesta de la renovación de la alianza como base interpretativa de gran parte de los salmos.

Capítulo XII
EL CANTAR DE LOS CANTARES

I. DATOS GENERALES

Intentamos en este capítulo estudiar una serie de aspectos del Cantar, que nos permitan entrar en contacto directamente con los problemas generales del libro, a la vez que situarlo en el gran contexto de las líneas literarias y teológicas del AT.

1. El libro

a) Título

Esta obrita, con ocho capítulos breves, lleva por título *šir haššîrîm ᵃšer lišlomoh;* los LXX traduce *asma asmaton* y la Vulgata *Canticum Canticorum*, lo que ha dado en nuestra lengua Cantar de los Cantares, con valor superlativo [1], equivalente a «El cantar por excelencia», «El mejor de los cantares». Idéntico valor se aprecia p.e. en *hᵃbel hᵃbalîm*, vanidad de vanidades (Ecl 1,2) o en *Basileus ton basileuonton*, Rey de reyes (1 Tim 6,15). Aunque por la mención del rey de Jerusalén la tradición le ha conferido una paternidad salomónica [2], la construcción *lišlomoh* se presta a diversas interpretaciones: «(escrito) por Salomón», «de Salomón» [3], «al estilo de (lo que escri-

---

[1] Algún autor, usando una lógica exagerada, niega este valor; cf. W. Rudolph, *Das Buch Ruth. Das Hohelied. Die Klagelieder,* KAT XVII (Gütersloh 1962) 77.

[2] Se trata de una ficción; así, R. Smend, *Die Entstehung des Alten Testaments* (Stuttgart 1978) 216; A. Weiser, *Introduction to the Old Testament* (Londres 1975) 299.

[3] En estos dos casos, se trataría de un «lamed auctoris».

bía) Salomón», «referente a Salomón», «en honor de Salomón». Es difícil saber lo que se pretendió con ello [4]. La forma relativa *ʾašer*, que no vuelve a aparecer a lo largo del poema [5], dejaría entrever, según algunos autores [6], una mano editorialista. Sin embargo, dado que el título es concebido como prosa y teniendo en cuenta por otra parte que se ha podido intentar recrear sin más la aliteración *r/š*, opinamos que la distinción *ʾašer / še* no puede usarse como base argumentativa en esa dirección [7].

b) Texto y principales versiones

El Cantar fue escrito en hebreo. A pesar de la opinión de algunos comentaristas de décadas pasadas [8], el texto está excelentemente conservado. Los poemas del Cantar fueron recitados y cantados por la gente después de haber sido puestos por escrito, motivo que explicaría, según algunos, la presencia de varias interpolaciones. De todos modos, el hecho de que esta obra fuese tan familiar al pueblo impediría que eventuales censores introdujeran en el texto cambios radicales arbitrarios [9].

La versión de los LXX se caracteriza por su literalidad. En algunos momentos el traductor introdujo términos o frases por su cuenta, que sin embargo aparecen en otras secciones del libro. No se perciben principios de interpretación alegórica, como se advierte posteriormente en la tradición judeocristiana [10].

La Vulgata ofrece una traducción más libre. Parece ser

---

[4] Idéntico problema con *ledawid* en numerosos salmos (34,1; 35,1; 37,1; 40,1; etc.).

[5] Siempre encontramos la forma abreviada *se*, propia del hebreo tardío (1,6.7; 2,17; 3,1.2.4; 4,2; 5,2.8; 6,5.6; etc.; cf. Ecl 3,13.22; 4,10; 5,15; 6,3; Lam 2,15.16).

[6] N.K. Gottwald, *Song of Songs*, en IDB IV (1962) 420-426, p. 420; R. Smend, *Die Entstehung des Alten Testaments* (Stuttgart 1978) 216.

[7] Cf. L. Krinetzki, *Das Hohelied* (Düsseldorf 1964) 23.

[8] Cf. M.H. Pope, *Song of Songs* (Nueva York 1983) 21; sobre el texto del Cantar en general, cf. *Id.*, 79-82.

[9] Sobre el texto del Cantar en general, con preciosas observaciones sobre ugaritología, ver J.B. White, *A Study of the Language of Love in the Song of Songs and Ancient Egyptian Poetry* (Missoula 1978) 34-47.

[10] Para más detalles sobre la traducción griega, G. Gerleman, *Ruth. Das Hohelied* BK XVIII (Neukirchen 1965) 77-82.

que san Jerónimo hizo uso de un texto hebreo no vocalizado, que se prestaba a diversas lecturas, aparte de que pretendió sin duda transmitir el sentido del Cantar, tal como él creyó entenderlo. En consecuencia, el texto de la Vulgata deberá ser utilizado con prudencia.

La traducción siriaca de la Peshitta se acerca más al griego que al hebreo. Es muy difícil poder aclarar si el traductor se basó en un texto hebreo distinto del que nos ha llegado o si trató de acomodarse a los LXX [11].

c) Canonicidad [12]

Parece que en el sínodo judío de Yamnia (finales del s. I) hubo una agria disputa sobre la santidad del Cantar (cf. IEB II, c. III, I,1). Rabí Akiba terció definitivamente afirmando que nunca nadie en Israel había puesto en tela de juicio que el Cantar «mancha las manos», es decir, que es santo o inspirado. Dicha controversia no implica desde luego que con anterioridad a este supuesto sínodo el Cantar hubiese permanecido fuera del canon judío. Más de un lector o comentarista, olvidando quizá que el amor humano ha sido bendecido por Dios, se sorprende de cómo es posible que un poema tan profundamente erótico, sin explícitas referencias religiosas, entrase a formar parte del canon judío y posteriormente del cristiano. Para muchos autores la asociación del Cantar con Salomón, por una parte, y la interpretación alegórica a la que fue sometido ya en el primitivo Judaísmo, por otra, facilitaron probablemente su entrada en el canon [13]. No son pocos, en cambio, quienes están convencidos de que la lectura alegórica es posterior a su canonicidad [14]. Se sabe que Rabí Akiba prohi-

---

[11] Sobre la Peshitta, véase G. Gerleman, *op. cit.*, 82s.

[12] Consultar W. Rudolph, *Das Hohe Lied im Kanon:* ZAW NF 18 (1942/43) 189-199; A. Jepsen, *Zur Kanongeschichte des Alten Testaments:* ZAW 71 (1959) 114-136.

[13] Así G. Fohrer, *op. cit.*, 300; A. Weiser, *op. cit.*, 302; J.A. Soggin, *op. cit.*, 523; R. Rendtorff, *op. cit.*, 274.

[14] Así W. Rudolph, *op. cit.*, 83; N.K. Gottwald, *art. cit.*, 422; M.V. Fox, *op. cit.*, 252; la autoridad del Cantar le viene precisamente de su sentido natural, afirma D. Lys, *op. cit.*, 27. No faltan autores que creen innecesaria la lectura alegórica como garante de canonicidad, pues el Cantar presenta un fondo religioso y sapiencial en cuanto exponente del amor y el matrimonio ideales, idea capaz de entusiasmar a los jóvenes israelitas; sobre el particular, consultar L. Krinetzki, *op. cit.*, 35s.

bió enérgicamente que el Cantar se interpretase en «salas para banquetes»[15] y que fuera tratado como una canción secular[16]. Tal prohibición implica que la lectura que se hacía en su tiempo era profana, natural[17], y que, en consecuencia, la interpretación alegórica surgió para poner freno a una lectura y a un uso que algunos rabinos consideraban frívolos[18]. Sea lo que fuere, el Cantar de los Cantares pasó incluso a formar parte de los textos litúrgicos de la Pascua judía[19] y la Iglesia lo admitió también en su canon.

2. Autor, lugar y fecha de composición

a) Autor

Como hemos dicho, a pesar del título, no puede asegurarse que esta obra saliese de la pluma de Salomón. La pseudoepigrafía constituía un fenómeno ampliamente cultivado en todo el Próximo Oriente. Más aún, la paternidad salomónica del Cantar debe ser sometida a idéntica crítica que la autoría de Proverbios, Eclesiastés y Sabiduría. La vinculación de este rey israelita a la tradición sapiencial o a la lírica amorosa, como en este caso, se sitúa al mismo nivel que la ficticia relación de David con la tradición lírica, o de Moisés con los códigos legislativos de la cultura de Israel. Si 1,1 debe ser atribuido a una mano editorialista (ver I.1.a), la paternidad salomónica del Cantar reproduce evidentemente la opinión del recopilador de los poemas. Este se vio movido sin duda a dicha atribución por la mención de Salomón en 1,5; 3,11[20]; 8,11s; o del «rey»

---

[15] Desconocemos si se trataban de banquetes de boda, como piensan A. Lods, *Compte rendu du Cantique des Cantiques de R. Dussaud*: RHR 82 (1920) 217-224, p. 221, y A.-M. Dubarle, *L'amour humain dans le Cantiques des Cantiques*: RB 61 (1954) 67-86, p. 70; o de simples fiestas, así H.H. Rowley, *The Interpretation of the Song of Songs*: JTS 38 (1937) 337-363, p. 338.

[16] Consultar en *Tosefta Sanhedrin* 12,10.

[17] Cf. D. Lys, *op. cit.*, 26; también L. Krinetzki, *op. cit.*, 34s.

[18] Sobre la pervivencia de la interpretación natural en el rabinismo de los primeros siglos de la era cristiana, cf. W. Rudolph, *op. cit.*, 112.

[19] Aunque relativamente tarde, a juzgar por la noticia proporcionada por Teodoro de Mopsuestia de que, en su tiempo, no había «lectio publica» del Cantar ni entre judíos ni entre cristianos; dato tomado de G. Gerleman, *op. cit.*, 52. Sobre la discusión entre los especialistas relativa al uso del Cantar, cf. D. Lys, *op. cit.*, 27-31.

[20] Respecto a 3,6-11, hubo tiempo atrás autores que opinaban que se trata sin duda del poema más antiguo del Cantar, compuesto probablemente para

en 1,4.12; 7,6. En la actualidad ningún especialista admite di
cha paternidad [21], si bien en determinados círculos culturales
de épocas pasadas se aceptó con toda naturalidad [22]. Por otra
parte, si se adopta la sabia decisión de aceptar el Cantar tal
como nos ha sido legado, la pregunta por el autor queda des-
plazada, o necesita ser formulada en otra sede [23].

b) Lugar

También desde antiguo se ha discutido sobre el lugar de
origen del Cantar. Aparte de los datos topográficos, la mención de ciertas especies de plantas y animales apuntan indudablemente al territorio palestino [24]. La alusión a ciertos enclaves
urbanos, como Jerusalén y En Guedi en el sur, o Damasco,
Tirsa, Sarón, el Carmelo, el Líbano, el Amana o el Hermón en
el norte, postula un origen meridional [25] o septentrional [26], respectivamente. Sin embargo, este tipo de argumentación carece
de consistencia, pues el uso de nombres de lugar en un poema
no implica necesariamente un lugar de origen, sino una geografía «recreada» por el propio poeta. Lo más razonable es
pensar que, de acuerdo con el carácter compuesto del Cantar,

celebrar uno de los matrimonios de Salomón; así R. Gordis, *A Wedding Song
for Solomon:* JBL 63 (1944) 263-270.

[21] Así, W. Rudolph, *op. cit.*, 110; O. Eissfeldt, *op. cit.*, 485; L.K. Krinetzki,
op. cit., 42s; J.A. Soggin, *op. cit.*, 522; A. Weiser, *op. cit.*, 299; O. Kaiser, *op.
cit.*, 360; R. Smend, *op. cit.*, 216; H. Ringgren, *op. cit.*, 253; R. Rendtorff, *op.
cit.*, 277; R.E. Murphy, *art. cit.*, 837; N.K. Gottwald, *op. cit.*, 550. Sin embargo,
el rechazo de la paternidad salomónica no es ni moderno ni atribuible exclusivamente a círculos cristianos; entre los talmudistas y los antiguos rabinos el
Cantar fue atribuido a Ezequías o Isaías, entre otros; cf. M.H. Pope, *op. cit.*, 22.
[22] Un ejemplo en H. Lesètre, *Cantique des Cantiques*, en DB III, 185-199,
esp. 186-189.
[23] Cf. L. Krinetzki, *op. cit.*, 82. Aboga por una pluralidad de autores M.H.
Segal, *The Song of Songs:* VT 12 (1962) 470-490, p. 483; discusión sobre la
autoría múltiple del Cantar en M.V. Fox, *op. cit.*, 222-224.
[24] No falta quien supone un origen alejandrino, como J. Winandy, *Le Cantiques des Cantiques. Poème d'amour mué en écrit de sagesse* (Maredsous 1960)
44-47.
[25] Así D. Lys, *op. cit.*, 14s; O. Eissfeldt, *op. cit.*, 490; O. Kaiser, *op. cit.*, 366;
D. Lys, *op. cit.*, 14; L. Krinetzki, *op. cit.*, 45; W. Rudolph, *op. cit.*, 113; R. Rendtorff, *op. cit.*, 277.
[26] Así, R. Gordis, *op. cit.*, 25; N.K. Gottwald, *Song of Songs*, en IDB IV
(1962) 421.

convendría hablar de un origen variado y admitir la probabilidad de una labor editorial en Jerusalén.

c) Fecha

Al tratarse el Cantar de una composición pensada y relativamente articulada, la fecha sobre su origen depende de la respuesta a una doble pregunta: cuál es la edad de los poemas más antiguos, cuál es la época aproximada en que trabajó su recopilador o editor. Verdad es que pretender fechar algunos poemas puede resultar tan imposible como superfluo, debido sobre todo a su carácter atemporal y a su dispersión en el tiempo. De todos modos, conviene hacer un esfuerzo y exponer los datos del propio Cantar que se prestan a una localización temporal. La mención de Tirsa (6,4), capital del reino del norte, apunta al periodo preexílico [27]. Sin embargo, el uso de aramaísmos [28], de términos persas o griegos y de novedades en la estructura lingüística [29] reclaman el periodo postexílico. Pero apoyándonos en los aspectos literarios, más elusivos que los lingüísticos, pero más decisivos, tal vez haya que concluir postulando una larga historia de la transmisión de algunos poemas antiguos [30], que sólo en época postexílica fueron recopilados y sometidos a una labor de composición [31].

---

[27] Sin embargo, como atinadamente observa Gottwald, la mención de esta capital norteña del siglo IX carece probablemente de relevancia, pues el poeta ha podido pretender conferir así verosimilitud al poema o utilizar una terminología arcaizante; cf. N.K. Gottwald, *art. cit.*, 421.

[28] Su porcentaje en Cantar es el más elevado del Antiguo Testamento después de Ester y Eclesiastés, según G. Pouget / J. Guitton, *Le Cantique des Cantiques* (París ²1948) 75; ver también O. Kaiser, *op. cit.*, 365. Listas de aramaísmos en L. Krinetzki, *op. cit.*, 44; W. Rudolph, *op. cit.*, 110s. Algunos autores opinan que los poemas del Cantar son antiguos y que fueron aramaizados en el periodo postexílico. Pero tal opinión parece ser interesada, en el sentido de querer mantener a toda costa una fecha de composición antigua. cf. G. Fohrer, *op. cit.*, 303.

[29] Ver al respecto M.V. Fox, *op. cit.*, 187-189.

[30] Tan antiguos como el primitivo periodo monárquico, cf. G. Gerleman, *op. cit.*, 76, que deduce su opinión de un estudio comparativo entre la lírica amorosa del Cantar y algunas antiguas obras análogas de la cultura egipcia; critica además las conclusiones de tal estudio en M.D. Goulder, *op. cit.*, 73. Sitúan abiertamente la composición del Cantar en la época salomónica F. Delitzsch, *op. cit.*, 11; N.H. Tur-Sinai, *Halashon wehaseper* (La lengua y el libro) II (Jerusalén 1951) 356; M.H. Segal, *Song of Songs:* VT 12 (1962) 471-490; Ch. Rabin, *The Song of Songs and Tamil Poetry:* SR 3 (1973) 205-219.

[31] Bajando a detalles, sitúa la edición del Cantar en el s. III a.C., sin negar

II. DIMENSION LITERARIA

1. Primeras impresiones sobre el Cantar

Antes de ocuparnos de problemas relativos al género literario y a la interpretación del Cantar, es imprescindible familiarizarse con el lenguaje, las imágenes y los aspectos literarios generales del poema.

a) Personajes

A través de diálogos, monólogos y soliloquios cercanos a la experiencia onírica, se descubre la presencia de dos actores, dos amantes que manifiestan sus deseos amorosos y que anhelan la consumación del amor. En algún momento hace su aparición en escena un coro (5,9; 6,1.10; 7,1a; probablemente 7,2-6), que confiere al conjunto poético cierta estructura dramática, haciendo progresar el diálogo. Puede que se trate de las «muchachas de Jerusalén» mencionadas en 1,5; 2,7; 3,5.10; 5,8.16; 8,4 («muchachas de Sión» en 3,11) [32].

Ella es Sulamita (7,1). ¿Quién es él? La notable ambientación rural de algunos pasajes y la mención de los pastores en 1,7-8 han llevado a algunos comentaristas a pensar en un joven campesino. El uso del término «rey» dirigido por la amada a su amado (1,4.12; 7,6), así como la mención explícita del rey Salomón (3,9.11) han inducido a otros a pensar en una boda real o en un drama amoroso triangular [33]: la joven que abando-

---

nunca el carácter antiquísimo de algunos poemas individuales, O. Eissfeldt, *op. cit.*, 490. Entre los siglos IV y II, M.V. Fox, *op. cit.*, 189. En el s. IV o III, L. Krinetzki, *Das Hohe Lied*, 45. Habla del año 500 más o menos, W. Rudolph, *op. cit.*, 111, criticado por L. Krinetzki, *op. cit.*, 45. Del s. IV con reservas M.D. Goulder, *op. cit.*, 72-74, aunque las razones que esgrime son puras hijas de la fantasía. En torno al 400, A. Mariaselvam, *op. cit.*, 44. Del s. V o IV, W.F. Albright, *Archaic Survivals in the Text of Canticles*, en D. Winton Thomas / W.D. McHardy (eds.), *Hebrew and Semitic Studies Presented to G.R. Driver* (Oxford 1963) 1-7. Se remonta al s. VII W. Wittekindt, cf. M.H. Pope, *op. cit.*, 24. Según Gordis, la mayor parte del material es preexílico y sometido a labor de redacción en el periodo persa, de tal modo que abarca un periodo de cinco siglos, a partir de la ascensión al trono de Salomón, cf. R. Gordis, *op. cit.*, 23s; de opinión muy cercana, D. Lys, *op. cit.*, 11-13.

[32] Sobre esta última expresión, cf. E.R. Follis (ed.), *Directions in Biblical Hebrew Poetry* (Sheffield 1987) 174s.

[33] Cf. N.K. Gottwald, *The Hebrew Bible. A Socio-Literary Introduction* (Filadelfia 1985) 549.

na a su novio campesino por el rey Salomón deja finalmente a éste por su antiguo amor (8,11-12). Pero esta interpretación, fruto de una escasa perspicacia poética y de un desmesurado afán por lo concreto, pasa por alto el hecho de que el título de rey concedido al amado no es más que un caso de travestismo literario propio de la cultura del Próximo Oriente Antiguo.

b) Léxico

La origininalidad del Cantar se pone ya de manifiesto en el uso de 49 términos que le son propios dentro del AT. Algunos son préstamos extranjeros, como *pardes*, «jardín / paraíso» (4,13), de origen persa; *qinnamôn*, «cinamomo» (4,14), *nerd*, «nardo» (1,12; 4,13-14) y *ʾargaman*, «púrpura» (3,10), del ámbito del sánscrito; además *ʾapiryôn* «litera / palanquín» (3,9) [34]. Se observa también en el Cantar un sabor arameo tanto en la terminología cuanto en sus rasgos estilísticos [35].

Aparte de estas peculiaridades lingüísticas, lo que antes y más gratamente sorprende es la abundancia de los términos relativos al amor [36]. La raíz *ʾhb* (amar/amor) se constata en 18 ocasiones; 36 veces aparece el término *dôd* (amado/amor); 16, *raʿayah* (amada). Se alude a la hermosura física en 21 ocasiones (16 de la raíz *yph;* 5 veces *nʾw*).

Hay momentos a lo largo del Cantar en los que los ojos del amado/a se pasean ensimismados por el cuerpo de su compañero/a, tratando de describir sus encantos. De ahí las abundantes descripciones del cuerpo: *ʾap*, «nariz/cara» (7,5.9); *beten*, «vientre» (7,3); *dallah*, «rizos» (7,6); *hek* «paladar/boca» [37]; *hammûq*, «curva de las caderas» (7,2); *yerek*, «muslo/cadera» (7,2); *lᵉhî*, «mejilla» (1,10; 5,13); *leb*, «corazón» [38]; *lašôn*, «lengua» (4,11); *marʾeh*, «figura» (2,14 bis; 5,15); *meʿîm*, «entrañas / interior /¿genitales?» (5,4.14); *ʿayin*, «ojo» [39]; *yamîn*, «(brazo) derecho» (2,6; 8,3), *šᵉmoʾl*, «(brazo) izquierdo» (2,6; 8,3); *peh*, «boca» (1,2); *sawwaʾr*, «cuello» (1,10; 4,4; 7,5); *qewussôt*, «ri-

---

[34] Se duda sobre el origen griego, persa o sánscrito de este término; cf. O. Eissfeldt, *The Old Testament. An Introduction* (Oxford 1966) 490.

[35] Ver N.K. Gottwald, *art. cit.,* 421.

[36] Sobre el lenguaje del amor, consultar J.B. White, *op. cit.,* 127-159.

[37] En 2,3; 5,16; 7,10.

[38] En 3,11; 5,2; 8,6.

[39] En 1,15; 4,1.9; 5,12; 6,5; 7,5.

zos» (5,2.11); *qômah*, «talle» (7,8); *ro'š*, «cabeza» [40]; *raqqah*, «mejilla» (4,3; 6,7), *rᵉhatîm*, «trenzas» (7,6), *śaᶜar*, «pelo» (4,1; 6,5); *śiptôt*, «labios» [41], *šadayim*, «pechos» [42], *šen*, «diente» (4,2; 6,6); *šorer*, «ombligo/genitales femeninos» (7,3); *šôq*, «pierna» (5,15).

A la descripción del cuerpo acompaña el vocabulario del deseo y de la alegría compartidos. La terminología de la alegría se manifiesta especialmente en el uso de *'šr* (piel), «felicitar» (6,9), *gyl*, «regocijarse» (1,4), *hll* (piel), «alabar» (6,9), *zkr*, «recordar/alabar» (1,4), *śmh*, «alegrarse» (1,4), *śimhah*, «alegría» (3,11). La del deseo, más abundante, despunta en *hmd*, «desear» (2,3), *hmm*, «conmocionarse» (5,4), *hbq*, «abrazar» (2,6; 8,3), *hps*, «desear/querer» (2,7; 3,5; 8,4), *lbb* (piel), «robar el corazón» (4,9), *nšq*, «besar» (1,2; 8,1), *ᶜwr* (polel), «incitar/excitar» (2,7; 3,5; 8,4.5), *rhb* (hifil), «excitar/turbar» (6,5), *taᶜᵃnûg*, «placer/deseo» (7,7), *tᵉšûqah*, «deseo» (7,11).

La simple constatación de este léxico, que sin duda ha impresionado a todos los lectores del Cantar en su primer encuentro con él, nos pone en disposición de acercarnos ulteriormente con mayor objetividad a su género literario.

c) Un mundo de sentidos

Sorprende en el Cantar la mención de amplios espacios abiertos poblados de una flora y una fauna, a veces exóticas, que hacen de comparsa a las relaciones entre los personajes y que sirven de marco a un sorprendente y recargado mundo de sensaciones. Colinas (2,8; 4,6), vegas (6,11), montañas [43]; el campo [44], la estepa (*midbar* 3,6; 8,5) y el Líbano [45] constituyen un escenario poblado de árboles, flores y frutos: cedros [46], cipreses (1,17), árboles en general [47], manzanos (2,3; 8,5), higueras (2,13), viñas [48]; lirios [49], narcisos (2,1), flores de ciprés

[40] En 2,6; 5,11; 7,6 bis; 8,3.
[41] En 4,3.11; 5,13; 7,10.
[42] En 1,13; 4,5; 7,4.8.9; 8,8.10.
[43] En 2,8.17; 4,6.8; 8,14.
[44] En 2,7; 3,5; 7,12.
[45] En 3,9; 4,8.11.15; 5,15; 7,5.
[46] En 1,17; 5,15; 8,9.
[47] En 2,3; 3,9; 4,4.
[48] En 1,6 bis.14; 2,15 bis; 7,13; 8,11 bis.12.
[49] En 2,1s.16; 4,5; 5,13; 6,2s; 7,3.

(4,13), macizos de flores (5,13; 6,2), capullos de vid [50]; frutos [51], racimos (1,14; 7,8.9), mandrágoras (7,14), granadas [52], higos (2,13), manzanas (2,5; 7,9). Este ambiente está habitado por animales domésticos (rebaños [53]) o en libertad (ciervos y gacelas [54]; tórtolas: 2,12; panteras y leones: 4,8). Muchos de estos elementos, como después veremos, están cargados de una gran dosis de simbolismo [55], que no hace sino reforzar ese mundo de sentidos que aflora con insistencia a lo largo del Cantar. La vista (*r'h* [56]; *šgh* hifil 2,9; *sws* 2,9; *šqp* nifal 6,10) se recrea en colores (5,10; 6,11) o en la hermosura (*yph* [57], *n'w* [58]). El olfato goza con perfumes [59], polvo aromático (3,6), áloe (4,14), incienso (3,6; 4,6.14), mirra [60], nardo (1,12; 4,13.14), canela y cinamomo (4,14). Los aromas se esparcen por cada página del Cantar [61]. El gusto es resaltado por elementos como el vino [62], la leche (4,11; 5,1.12), la miel (4,11; 5,1), los frutos exquisitos (4,13.16), el licor especiado (7,3). La dulzura de estos elementos (2,3.14; 5,16) invita a comer (5,1.2) y a beber (5,1). Los besos (1,2; 8,1) y la posesión del amado (3,4) principalmente subrayan la necesidad del tacto. El oído se concreta en la llamada (5,2.6) y la escucha (2,12.14; 8,13) de la voz de los amantes [63], así como en su respuesta (2,10; 5,6).

Importante también por su alto valor simbólico son los elementos «agua» y «jardín» [64], que sustentan y realzan el

---

[50] En 2,13.15; 7,13.

[51] En 2,3; 4,13.16; 8,11s.

[52] En 4,3.13; 6,7.11; 7,13; 8,2.

[53] En 1,7; 4,1s; 6,5s.

[54] En 2,7.9.17; 3,5; 4,5; 7,4; 8,14.

[55] Sobre simbolismo y estética en el Cantar, consultar R. Gordis, *The Song of Songs and Lamentations* (Nueva York 1974) 37-41.

[56] En 1,6; 2,12.14; 3,3.11; 6,9.11; 7,13.

[57] En 1,8.15.16; 2,10.13; 4,1.7.10; 5,9; 6,1.4.10; 7,2.7.

[58] En 1,5.10; 2,14; 4,3; 6,4.

[59] En 4,10.14.16; 5,13; 8,14.

[60] En 1,13; 3,6; 4,6.14; 5,1.5.13.

[61] Ver 1,3.12; 2,13; 4,10s; 7,9.14. Consultar al respecto A. Brenner, *Aromatics and Perfumes in the Song of Songs*: JSOT 25 (1983) 75-81.

[62] Consultar 1,2.4; 2,4; 4,10; 5,1; 7,10; 8,2.

[63] Como en 2,8.14; 5,2; 8,13.

[64] Un sugerente estudio comparativo entre el jardín del Cantar y el jardín del Edén en F. Landy, *The Song of Songs and the Garden of Eden*: JBL 98 (1979) 513-528, para quien el carácter pastoral del Cantar implica una vuelta nostálgica al paraíso.

mundo de sensaciones que estamos analizando. La amada es comparada con un jardín (*gan:* 4,12.13.15.16 bis; 5,1; 6,2 bis) plagado de frutos y de aromas; el jardín tiene una fuente de agua viva (*gal* 4,12; *maʿyan* 4,12.15; *beʾer* 4,15; *mayim hayyim* 4,15). El amado quiere entrar en el jardín a recoger sus plantas y comer sus frutos (5,1).

Con este mundo abierto, de sensaciones positivas, coloristas, altamente eróticas, se relaciona un espacio cerrado y la mención de ciertos elementos negativos que sirven de contrapeso a los aspectos analizados hasta ahora. En efecto, la novia es un jardín cerrado (*naʿûl* 4,12a), una fuente sellada (*hatûm* 4,12b). Su aposento tiene una cerradura (5,5); el amado tiene que pararse detrás de la tapia (2,9). Es comparada con una muralla (8,9.10) o una puerta (8,9).

A pesar de sus elementos positivos, la pasión puede ser cruel (8,6), hacer cautiva a la gente (7,6), acarrear golpes y heridas (5,7). Se parece a la muerte y al *sheol* (8,6), causa trastornos emocionales (*hôlat ʾahăbah* 2,5; 5,8). Aunque es agua viva (*mayim hayyim* 4,15), se ve amenazada por aguas torrenciales (*mayim rabbîm* 8,7), pues goza de la ambigüedad recreación/destrucción de la que goza el fuego (8,6). Pero esos torrentes, en definitiva, nada podrán hacer, porque el amor es una llamarada divina (8,6).

d) *Ambigüedad e implicación*

El valor intrínseco y la belleza de una obra literaria no se calibran exclusivamente desde parámetros «contemplativos», en los que el lector se sitúa como observador, mientras el texto discurre como un objeto ante sus ojos. Una obra literaria que se precie de tal debe superar la mera objetividad, la dicotomía lector/texto. La superación de esta dicotomía supone la idea de la contemplación como recreación y el funcionamiento de parámetros «pasionales», desde los que el lector se implica inconscientemente en el texto. El autor de la obra literaria que quiere conferir a ésta esa capacidad de sugerencia y apasionamiento tiene a su alcance una multiplicidad de recursos. Una obra narrativa deberá cuidar preferentemente el tratamiento de los personajes y el desarrollo armónico y progresivo de la trama; siempre será posible recurrir a un universo simbólico con el que el lector se sienta familiarizado, al menos en parte. La obra poética, en cambio, rompe casi siempre con dicho esquema. La rima, los efectismos sonoros, el recurso a la imagen y los desplazamientos semánticos confieren a un poema, en numerosas ocasiones, un impulso centrífugo que obliga al lector a examinarla desde los distintos ángulos en que se le ofrece, sintiéndose así arrastrado a un compromiso ineludible con ella. Pero, dentro de ese caudal de recursos, sobresale uno que cataliza de manera sobresaliente la implicación del lector: la ambigüedad. Ambigüedad de los referentes de las imágenes, ambigüedad de las situaciones descritas, ambigüedad significativa (carácter polisémico de ciertos términos). En este arte lingüístico figurativo es maestro el autor (o autores) del Cantar de los Cantares.

Basten unos ejemplos:

> 1,13s   Una bolsa de mirra es mi amado para mí
> que descansa entre mis *pechos*.
> Ramo florido de ciprés es mi amado para mí,
> en los *jardines* de En Guedi.

Si el término «pechos», que naturalmente se refiere a los del cuerpo de la amada, está en paralelismo con «jardines», ¿cuál es el referente de este último, teniendo sobre todo en cuenta que la novia y su cuerpo son descritos como «jardín» en 4,12ss? La bolsa de mirra y el ramo florido provocan asimismo una agradable confusión, un sugerente equívoco.

> 2,3   Como *manzano* entre los árboles del bosque
> es mi amado entre los mozos;
> me siento deseosa a su sombra
> pues su *fruto* me sabe dulce.

El amado es comparado a un manzano. ¿Abandona el poeta el referente en el segundo estico o sigue con la metáfora? ¿A qué se refiere el término «fruto»?

> 4,12s.15   Eres jardín cerrado, hermana mía, amada,
> jardín cerrado, fuente sellada.
> Tus *brotes* son jardín de granados,
> de frutos exquisitos....
> La fuente del jardín es *pozo* de agua viva
> que fluye desde el Líbano.

De nuevo la deliciosa ambigüedad. Es clara la descripción de la novia como jardín. El uso del posesivo «tus» sigue relacionando los «brotes» con el cuerpo de la amada. Ahora bien, la mención del Líbano desplaza momentáneamente la atención del lector, pues le obliga a retirar su mirada del cuerpo de la muchacha. ¿Qué pozo es ése, que deja que sus aguas se deslicen por la cordillera del Líbano? [65]

> 8,5 Bajo el manzano te *desperté*,
> allí te dio a luz tu madre,
> allí te dio a luz con dolores de parto.

Aparte de la ambigüedad del término «manzano», expuesta más arriba, el poeta juega con la polisemia del verbo hebreo *'wr*, «despertar», que también significa en hifil «excitar» [66].

A lo largo del Cantar podrían espigarse otros muchos ejemplos. El lector, a merced de tan atractiva ambigüedad, se sentirá inadvertidamente implicado en la vida propia del poema. Sin embargo, intentar descubrir en cada caso el referente oculto en la imagen puede llevar a la destrucción del poema, pues una autopsia siempre implica la existencia de un cadáver. Lo que mantiene en vida al Cantar como poema es precisamente el respeto de dicha ambigüedad, que anima la capacidad de asombro y de goce de los lectores. Como dice un autor: «(El Cantar) ejerce por sí mismo un atractivo fascinante a la imaginación antes y después de cualquier tipo de descodificación» [67].

e) Lo femenino en el Cantar [68]

Acostumbrados en el Antiguo Testamento a tropezar con figuras femeninas con las características típicas de las sociedades primitivas del Próximo Oriente antiguo, en general, y de la estructura patriarcal de la sociedad israelita, en particular, sorprende descubrir en el Cantar la presencia de una mujer distinta [69]. A su lado el amado empalidece; ella es la auténtica

---

[65] Lo que hace al Cantar único entre los textos poéticos de la Biblia es que, muy a menudo, se concede a las imágenes un juego tan plenamente libre que no resulta muy claro distinguir entre lo que es ilustración y lo que es referente, cf. R. Alter, *op. cit.*, 193.

[66] Ver al respecto J.Ch. Exum, *A Literary and Structural Analysis of the Song of Songs:* ZAW 85 (1973) 47-79, p. 51.

[67] R. Alter, *op. cit.*, 202.

[68] Sobre el tema, H. Gollwitzer, *Song of Love: A Biblical Understanding of Sex* (Filadelfia 1979); V. Eller, *The Language of Canaan and the Grammar of Feminism* (Grand Rapids 1982).

[69] Ver al respecto P. Trible, *Depatriarchalizing in Biblical Interpretation:* JAAR 41 (1971) 30-48.

protagonista. Una mujer presa de un apasionado amor («estoy enferma de amor», 2,5; 5,8), pero libre en su elección, en sus movimientos y sus decisiones; libre para tomar iniciativas; libre también en su disposición al abrazo amoroso. Se diría que se mueve sin trabas externas en un mundo desprovisto de inhibiciones y de conflictos morales. ¡Qué diferencia con la mujer ideal de Prov 31! En el Cantar, la exaltación del cuerpo, de la belleza y del juego amoroso; en la obra sapiencial, una mujer fría, preocupada y absorbida por la economía familiar..., y la apostilla final: «Engañosa es la gracia, fugaz la hermosura» (31,30).

2. *Principales aspectos literarios*

a) Paralelismo

Aunque se trata de un recurso típico, si bien no exclusivo de la poesía del Antiguo Testamento, el «paralelismo de miembros» (ver c. VIII,III) acusa un tratamiento específico en el Cantar. A diferencia del rigor formal y de la estricta correspondencia que acusa p.e. la poesía de Proverbios [70], en nuestro libro se percibe en ocasiones un impulso centrífugo (o centrípeto, según los casos) respecto al paralelismo. Tal impulso puede ser dictado en parte por el deseo de conferir al verso la flexibilidad y el carácter vivo del lenguaje dramático [71]. En numerosos versos, el segundo hemistiquio hace las veces de modificador adjetival o adverbial [72], o facilita la «visualización poética» [73]. No son extrañas en un verso la «repetición cruzada» (tipo ABBA) [74] y la «repetición alternante» (tipo ABAB) [75], o la simple repetición de un término con distinta función mor-

[70] Observar p.e. la antonimia semántica de «El ingenuo se adorna con necedad / el sagaz se atavía de saber» (Prov 14,18).
[71] Cf. R. Alter, *op. cit.*, 186.
[72] P.e.: «¿Quién es ésta que sube por el desierto / como columna de humo?» (3,6ab); «Sus rizos son racimos de palmera / negros como el cuervo» (5,11).
[73] «Cogednos las zorras / las zorras *pequeñas; que* destrozan las viñas / nuestras viñas *en flor*» (2,15).
[74] En 1,6 «guardar / viña; viña / guardar»; en 2,14 «figura / voz; voz / figura»; consultar E. Zurro, *op. cit.*, 194.205.
[75] En 5,1 «comer / beber; comer / beber».

fológica [76], o el quiasmo dentro de un hemistiquio [77]. El poeta, en lugar de buscar en el segundo hemistiquio un término que se corresponda en perfecto paralelismo con alguna palabra del primero, prefiere captar el objeto por evocación, con modificaciones no estrictamente formales. De esta guisa, la poesía del Cantar se caracteriza en gran medida por su «narratividad» [78]; hay poemas enteros en los que el paralelismo semántico cede terreno a la concatenación narrativa de hemistiquio a hemistiquio, o de verso a verso [79].

b) Material sonoro

Sabido es que la rima es virtualmente inexistente en hebreo; sólo ocasionalmente hace acto de presencia una cuasi-rima creada por algunos morfemas (casi siempre sufijos pronominales) al final de los hemistiquios [80]. Sin embargo, la combinación de sonidos buscada por los poetas goza de tal fuerza y provoca tal impacto en el lector que la poesía sorprende más gratamente que si estuviese confiada a la regularidad de la rima. Ciertos casos de rima:

yᵉrekô...lêlôt (3,8); *hᵃtunnatô...libbô* (3,11); *raqqatek...sammatek* (4,3); *yônîm...mayim* (5,12); *reʾî...yᵉrûšalaim* (5,16); *dôdî lî...šôšannîm* (6,3); *yᵉʾaššᵉrûha...yᵉhallûha* (6,9); *midbar...dôdah* (8,5); *ʾahᵃbah...qinʾah* (8,6).

Podemos ilustrar con algunos ejemplos el uso de la aliteración [81] en el Cantar:

---

[76] En 1,3 «Tus perfumes / perfume fragante»; en 1,10s «Pendientes / pendientes de oro»; en 3,7 «Soldados / soldados de Israel»; en 5,5 «Mirra / mirra que fluye»; en 5,7 «Centinelas / centinelas de las murallas»; en 7,6 «Tu cabeza / rizos de tu cabeza»; consultar A. Berlin, *op. cit.*, 45.71.

[77] En 6,3a «Yo para mi amado y mi amado para mí».

[78] Cf. R. Alter, *op. cit.*, 187.

[79] Un claro ejemplo de progresión narrativa en: «¡Es la litera de Salomón! / Sesenta soldados la rodean / soldados de Israel; todos manejan espada / son expertos luchadores; cada cual con su espada al muslo / por temor a la noche» (3,7-8). De la mención de la litera se pasa a la visualización de los soldados y a la descripción de sus armas, para acabar con la noche.

[80] «Como en castellano tenemos rimas pobres, de morfemas, y rimas ricas, así también en hebreo. Las ricas son muy raras en hebreo.... Las rimas pobres producen efecto en la poesía hebrea cuando se acumulan», L. Alonso Schökel, *Hermenéutica de la palabra* II, 41-42.

[81] Hablando con rigor, aliteración es la repetición de un sonido consonántico al comienzo de palabra o de sílaba.

k/r: *ša'rek k$^{e'}$eder,* «Tu cabello como rebaño» (4,1).
š/r: *tašûrî mero'š,* «desciende de la cumbre» (4,8).
p/t: *nopet tittopnah śiptôtayik,* «miel destilan tus labios» (4,11).
d/y: *l^{e}dôdî w^{y}yaday,* «...a mi amado, y mis manos...» (5,5).
sibilantes/guturales: *hassahar 'al yehsar hammazeg,* «(copa) redonda, no le falta licor» (7,3).
q/š: *qašah kiš$^{e'}$ôl qin'ah,* «la pasión es cruel como el abismo» (8,6).

No es infrecuente el uso de la asonancia [82]. Algunos ejemplos:

pithî lî' ahotî ra'yatî yônatî tammatî, «Abreme, hermana mía, amada mía, paloma mía, sin mancha» (5,2cd); *hannišqapah k^{e}mô šahar yapah kall^{e}banâ,* «que asoma como la aurora, hermosa como la luna» (6,10ab); *šûbî šûbî haššûlammît šûbî šûbî,* «vuelve, Sulamita, vuelve, vuelve» (7,1); *p$^{e'}$amayik bann$^{e'}$alîm bat nadîb,* «Tus pies en las sandalias, hija de príncipes» (7,2); *tahat hattapûah 'ôrartîka šammah hiblatka 'immeka šammah hiblah y^{e}ladatka,* «bajo el manzano te desperté, allí te dio a luz tu madre, allí te dio a luz con dolores de parto» (8,5). Pero quizá el ejemplo más conocido de asonancia en *i* sea el de 5,1, que podíamos denominar «fonética del deseo amoroso»: *ba'tî l^{e}gannî 'ahotî kallah 'arîtî môrî 'im b^{e}śamî / 'akaltî ya'rî 'im dibšî šatîtî yênî 'im h^{a}labî,* «Vengo a mi jardín, hermana mía, amada, a recoger mi mirra y mi bálsamo / a comer mi panal y mi miel a beber mi vino y mi leche».

c) Imágenes [83]

En párrafos anteriores ya hemos aludido al mundo de imágenes que pueblan cada una de las páginas del Cantar. Recogemos aquí las descriptivas de los cuerpos del amado y de la amada. En el caso del amado, el poeta recurre a elementos botánicos (mirra 1,13; ramo de ciprés 1,14; manzano 2,3; racimos de palmera para describir sus rizos 5,11; cedro para referirse a su gallardía 5,15), a la zoología (gamo, cervatillo 2,9), a

---

[82] Repetición de vocales. Ver L. Alonso Schökel, *Hermenéutica de la Palabra* II, 43.
[83] Sobre el tema puede consultarse L. Krinetzki, *Das Hohe Lied* (Düsseldorf 1964) 63-66; G. Gerleman, *Ruth. Das Hohelied* (Neukirchen 1965) 63-72; H.-P. Müller, *Vergleich und Metapher im Hohenlied* OBO 56 (Gotinga 1984).

personajes (pastor 6,2). El Cantar es mucho más rico en imágenes relativas al cuerpo de la amada: su pelo es un rebaño de cabras (4,1; 6,5); sus sienes, dos mitades de granada (4,3; 6,7); sus ojos (o ella misma) son como palomas (1,15; 2,14; 5,12; 6,9), como albercas (7,5); sus mejillas, macizos de bálsamo (5,13); sus labios, lirios (5,13), cinta escarlata (4,3), un panal (4,11); sus dientes, un rebaño (4,12; 6,6); su aliento, aroma de manzanas (7,9); su cuello, como una torre de marfil (7,5); sus pechos, crías de gacela (4,5; 7,3) o racimos (de uva) (7,8s) o torreones (8,10); su talle, como una palmera (7,8); su vientre, un montón de trigo entre azucenas (7,3); sus piernas, como columnas de mármol (5,15); las curvas de sus caderas, como vueltas de un collar (7,2); su ombligo, una copa que rebosa licor (7,3). Ella misma es un narciso (2,1), una azucena (2,2), un jardín (4,12). El poeta explota al máximo las virtualidades de los elementos naturales en sus aspectos más hermosos, más valiosos y más nobles.

3. *Composición, estructura y forma literaria*

Se trata de tres elementos que se implican mutuamente. La discusión sobre el carácter compuesto o no del Cantar se relaciona directamente con su estructura. ¿Es fruto el Cantar de una recopilación de unidades poéticas originalmente independientes o la obra de un solo autor? En el primer caso, ¿reunió sin criterio el recopilador los distintos poemas o trató de imprimir cierta estructura al conjunto, confiriéndole coherencia? Si se acepta la coherencia y progresión literarias, ¿podemos hablar de una «forma» del Cantar que afecta a la obra en su totalidad o, a pesar del esfuerzo redaccional, se percibe en ella el diverso origen de las unidades que la componen, y por consiguiente no cabe hablar de forma, sino de géneros menores?

a) *Composición*

La impresión que se saca de una primera lectura del Cantar es que se trata de una obra compuesta de diversas unidades. En algunos puntos de la obra no se percibe continuidad. Así, por citar algún ejemplo, se advierte cierta ruptura entre 1,6 y 1,7; 1,16 y 2,1; 3,5 y 3,6; 4,11 y 4,12; 6,3 y 6,4; etc. Por otra parte, sorprenden los poemas aislados de 8,5.6-7.8-10.11-

12. La discontinuidad es a veces tan llamativa, que en determinados casos el lector no distingue la identidad del recitador. Así, ¿quién habla en 7,2-6, los coros mencionados en 7,1 o el amado que describe el cuerpo de Sulamita, como en 4,1-5 y 6,5-7? El Cantar, en consecuencia, es una obra compuesta de poemas menores originalmente independientes. Pero, si la mayoría de los intérpretes coinciden en esta afirmación, la discrepancia en cuanto al número de unidades menores reproduce casi el número de los comentaristas [84]. Hablar de composición no significa reducir esta obra a una mera antología de poemas reunidos sin orden ni concierto. En diversos lugares se pueden percibir con claridad los intentos de uniformidad, recabados del análisis redaccional, proyectados por un poeta anónimo. Baste el siguiente ejemplo. Aunque 2,8-9 sea originalmente un poema independiente de 2,10-13, qué duda cabe que la yuxtaposición está bien conseguida: en el primero, la muchacha ve acercarse a su amado; en el segundo, éste rompe el silencio del encuentro invitando a la amada a salir al campo. El recurso a los estribillos confiere también al Cantar cierta uniformidad: las muchachas de Jerusalén (1,5; 2,7; 3,5; 5,8; 8,4); pertenencia mutua (2,16; 6,3); la muchacha busca y no

---

[84] Comenta 11 escenas en cinco actos H. Ewald, *Das Hohelied Salomo's* (Gotinga 1826); 12 escenas en seis actos F. Delitzsch, *Hohes Lied,* (Leipzig 1875) 10; 30 poemas menores W. Rudolph, *Das Buch Ruth. Das Hohe Lied. Die Klagelieder* KAT XVII 1-3 (Gütersloh 1962); también 30, pero en 15 grupos, H. Ringgren, *Das Hohe Lied,* en H. Ringgren / O. Kaiser, *Das Hohe Lied. Klagelieder. Das Buch Esther* ATD 16/2 (Gotinga ³1981); 30 asimismo, aunque en siete grupos concebidos en progresión temática N. Lys, *Le plus beau chant de la création. Commentaire du Cantique des Cantiques* (París 1968); también 30, pero en nueve grupos R.E. Murphy *Towards A Commentary on the Song of Songs:* CBQ 39 (1977) 482-496, si bien con anterioridad había propuesto 23 en 7 grupos: *The Structure of the Canticle of Canticles:* CBQ 2 (1949) 381-391; 24 unidades menores (aunque reunidas en siete grupos) L. Krinetzki, *op. cit.,* pero 52 en *Kommentar zum Hohenlied* BET 16 (Frankfurt 1981); 35 pequeños poemas G. Gerleman, *op. cit.;* 28 unidades R. Gordis, *op. cit.,* 45-77; 31 poemas M. Falk, *Love Lyrics from the Bible* (Sheffield 1982) 12-51; 27, pero articulados en introducción y conclusión, con cuatro escenas y un intermedio, R. Rendtorff, *Das Alte Testament. Eine Einführung* (Neukirchen 1983) 276; 44, pero reunidos en 19 unidades mayores, M.V. Fox, *The Song of Songs and the Ancient Egyptian Love Songs* (Wisconsin 1985) 82-177; concibe el Cantar como una semicontinua secuencia de catorce escenas M.D. Goulder, *The Song of Fourteen Songs* (Sheffield 1986).

encuentra (3,1-3; 5,6-7); las doncellas/muchachas (1,3; 2,2; 6,8s; compañeros (1,7; 8,13) [85].

b) Estructura

Quienes opinan que el Cantar es fragmentario, una mera yuxtaposición de pequeños poemas o de breves colecciones de poemas, se ven obligados a negar en el conjunto una voluntad estructurante [86]. Por el contrario, quienes perciben esta voluntad, es decir, su carácter unitario, en las repeticiones terminológicas, las imágenes y los estribillos [87], se esfuerzan por descubrir los principios que confieren dicha estructura al conjunto. Como ocurría en el párrafo anterior, también respecto a este epígrafe puede decirse «tot capita quot sententiae» [88]. De todos modos, se va imponiendo entre los especialistas actuales la opinión de que el Cantar es una colección de poemas en los que se advierte la maestría literaria de un redactor o redactores que tratan de conferirle cierta uniformidad con relativo éxito [89]. La opinión va más allá de la fragmentariedad, aunque rechaza la unitariedad. Quizá los esfuerzos más sobresalientes, aunque sin éxito, en la búsqueda de una estructura sean los de Exum [90], Shea [91] y Goulder [92]. La unidad literaria es defendida también por Carniti [93], aunque con más voluntad que

[85] Para más detalles sobre los estribillos, J.B. White, *op. cit.*, 29; R. Rendtorff, *op. cit.*, 275; sobre todo, N.K. Gottwald, *The Hebrew Bible. A Socio-Literary Introduction* (Filadelfia 1985) 548.

[86] Orígenes se inclinó ya por esta posibilidad, según J.A. Soggin, *Introduzione all'Antico Testamento* (Brescia 1974) 522. Reticentes respecto a la posibilidad de discernir una progresión significativa coherente: O. Eissfeldt, *The Old Testament. An Introduction* (Oxford 1966) 486; A. Weiser, *Introduction to the Old Testament* (Londres 1975) 300; G. Fohrer, *Introduction to the Old Testament* (Londres 1976) 302s.

[87] Sobre el valor estructurante de los estribillos, cf. J. Angénieux, *Structure du Cantique des Cantiques en chants encadrés par des refrains alternants:* ETL 41 (1965) 96-142, esp. 104-107 (crítica en J.B. White, *op. cit.*, 30 y en J.Ch. Exum, *art. cit.*, 48). M.V. Fox habla de cuatro factores que confieren al Cantar su homogeneidad: repeticiones, secuencias asociativas, consistencia en la descripción de los personajes, marco narrativo, *op. cit.*, 209-222.

[88] Una amplia exposición de las diversas posturas, aunque no actualizada, en D. Lys, *op. cit.*, 15-24.

[89] Así R. Rendtorff, *op. cit.*, 275; bastante proclive a esta postura M.H. Pope, *Song of Songs* AB 7C (Nueva York 1983) 37; G. Gerleman, *op. cit.*, 59; de esta misma opinión L. Krinetzki, *Das Hohe Lied*, 80.

éxito. Aun admitiendo un proyecto unificador en el libro, no se arriesgan en los detalles Murphy [94] y Webster [95]. La cuestión de la estructura del Cantar sigue estando abierta.

c) Forma literaria

Después de todos los datos expuestos hasta el momento (impresiones relativas al léxico, lenguaje figurado, erotismo, composición y estructura), estamos en unas condiciones óptimas para abordar la cuestión de la forma del Cantar. Pero antes de seguir adelante, convendría examinar los géneros menores [96]. La canción de admiración está representada por textos como 1,9-11; 7,7-10; etc.; el símil y la alegoría, por 1,13s; 4,13-15; 6,2; 8,14 y otros; la autodescripción, por 1,5-6a; 8,10; la canción jactanciosa por 1,5s; 8,8-10. Según Horst, 1,7s sería el único ejemplo de diálogo humorístico del Cantar: la amada pregunta por el lugar de pastoreo de su amado; un coro (¿o el propio amado?) le da a entender que el asunto no es tan complicado: «sigue las huellas...». Ejemplos de descripción de un suceso en 2,8s; 3,1-4; 5,2-7; de canción de anhelo en 1,2-4; 2,14; 7,12s; 8,1s.13s. A esta serie de géneros poéticos menores debemos añadir el más llamativo de todos los que concurren en el Cantar: la canción descriptiva, en la que el amado o la

---

[90] J.Ch. Exum, *art. cit.*, 47-79, que descubre cuatro unidades (2,7 – 3,5; 3,6 – 5,1; 5,2 – 6,3; 6,4 – 8,3) enmarcadas en una inclusión literaria (1,2 – 2,6 y 8,4-14). La principal crítica ofrecida a este esfuerzo se centra en la imposibilidad de demostrar cómo pueden contribuir los estribillos a la estructura del conjunto; ver al respecto R.E. Murphy, *Song of Songs*, en IDB Suplemento (1976) 837.

[91] W.H. Shea, *The Chiastic Structure of the Song of Songs:* ZAW 92 (1980) 378-396, para quien el Cantar presenta seis unidades: 1,2 – 2,2; 2,3-17; 3,1 – 4,16; 5,1 – 7,10; 7,11 – 8,5; 8,6-14, con el esquema A-B-C-C'-B'-A'.

[92] M. Goulder, *op. cit.*, esp. 1-9, obra tan imaginativa como desafortunada en cuanto a sus resultados.

[93] C. Carniti, *L'unità letteraria del Cantico dei Cantici:* BbbOr 13 (1971) 97-106.

[94] R.E. Murphy, *The Unity of the Song of Songs:* VT 29 (1979) 436-443; Id., *Interpreting the Song of Songs:* BibTB 9 (1979) 99-105.

[95] E.C. Webster, *Pattern in the Song of Songs:* JSOT 22 (1982) 73-93.

[96] Sentó las bases de esta línea de investigación F. Horst, *Die Formen des hebräischen Liebesliedes*, en *Orientalistische Studien E. Littmann zu seinem 60. Geburtstag überreicht* (Leiden 1935) 43-54; posteriormente Id., *Die Formen des althebräischen Liebesliedes*, en H.W. Wolff (ed.), *Gottes Recht* (Munich 1961) 176-187; consultar M.H. Pope, *op. cit.*, 66-68.

amada describen la belleza del cuerpo de su respectiva pareja [97]. A este tipo pertenecen 4,1-7; 5,10-16; 6,5c-7; 7,2-6.

Desde esta perspectiva literaria y de contenido, estamos legitimados para afirmar que el Cantar es una recopilación armónica, relativamente estructurada, de canciones que celebran el amor de la pareja humana y exaltan sus delicias. No es necesario pensar en canciones de boda [98], aunque no puede excluirse a priori su posterior uso en tales celebraciones; de hecho, el matrimonio sólo es mencionado en 3,11 [99]. En consecuencia, sólo podrán hablar de una «forma» en el Cantar quienes opinen que se trata de una obra conscientemente pensada y elaborada (interpretación dramática), o con una finalidad determinada (interpretación mítico-cultual). Ver más abajo.

[97] Se trata del árabe *wasf*, descrito por primera vez por J.G. Wetzsteins, *Die syrische Dreschtafel:* ZEthnol 5 (1873) 270-302. Según cuenta el autor, en el Próximo Oriente de aquel tiempo había bodas que se celebraban en un ciclo festivo de una semana de duración, amenizado con cantos y danzas. La semana era conocida como «semana real». Uno de los días, la pareja, sentada en un trillo que hacía las veces de «trono», escuchaba de boca de los presentes precisamente «canciones descriptivas»; de ahí que, en algunos lugares, recibieran el apelativo festivo de «rey y reina». Los novios se intercambiaban también este tipo de canciones-requiebro, tal como lo observamos en el Cantar. Este «travestismo literario» que describe a los amantes como reyes explicaría, entre otras cosas, quiénes son el Salomón (ver 3,6-11; 8,12) y la Sulamita (7,1) del libro. Si este rey israelita era famoso, entre otras cosas, por su reputación de amante, lógico que sirviera de modelo al «rey» del Cantar (cf. 1,4.12). Consultar también O. Eissfeldt *op. cit.,* 487; L. Krinetzki, *op. cit.,* 77-79; en especial R.N. Soulen, *The Wasfs of the Song of Songs and Hermeneutic:* JBL 86 (1967) 183-190.

[98] Así opinan, en cambio, A. Weiser, *op. cit.,* 301; E. Würthwein, *Zum Verständnis des Hohenliedes:* TRu 32 (1967) 177-212. Según R.H. Pfeiffer, puede que los *wasfs* fueran en su origen canciones de boda, si bien en su conjunto el Cantar es una colección de lírica amorosa, *Introduction to the Old Testament* (Nueva York 1941) 716.

[99] Cf. N.K. Gottwald, *op. cit.,* 549. En la misma línea, L. Krinetzki, *op. cit.,* 24; R.Rendtorff, *op. cit.,* 274s; R. Smend, *op. cit.,* 216; A. Mariaselvam, *op. cit.,* 43, si bien postula una sede sapiencial. También A.M. Dubarle, *L'amour humain dans le Cantique des Cantiques:* RB 61 (1954) 67-86; o sin negar un posible Sitz im Leben matrimonial, O. Eissfeldt, *op. cit.,* 487; G. Fohrer, *op. cit.,* 302. Lo interpreta claramente como amor conyugal M. Adinolfi, *La coppia nel Cantico dei Cantici:* BbbOr 22 (1980) 3-29.

III. HISTORIA DE LA INVESTIGACION

Abordar la historia de la investigación sobre el Cantar implica en gran medida la pregunta por la historia de su interpretación [100]. A lo largo de los siglos cristianos los comentaristas se han centrado fundamentalmente en las lecturas alegórica y natural. Sin embargo, con el paso del tiempo y el contacto con las culturas vecinas de Israel, han ido apuntando otras interpretaciones: algunas con pretensiones exclusivistas; otras con vocación de puntualización de las dos lecturas arriba mencionadas. Pueden reducirse a cuatro las principales interpretaciones del Cantar.

1. Interpretación alegórica [101]

El Cantar ha sido entendido de manera alegórica (o tipológica) durante siglos, tanto en la tradición judía cuanto en la cristiana y la ortodoxa. Se trata con toda seguridad de la lectura con más arraigo y de mayor solera [102]. Pero, a pesar de su antigüedad, no hay modo de saber si esta interpretación es ya

[100] Amplia exposición de las interpretaciones del Cantar, aunque con escaso rigor pedagógico, en M.H. Pope, *op. cit.*, 89-205. Algunas precisiones en A. Mariaselvam, *op. cit.*, 26-42. Ver sobre todo D. Lerch, *Zur Geschichte der Auslegungs des Hohenliedes:* ZTK 54 (1957) 257-277; A. Robert / R. Tournay, *Le Cantique des Cantiques* (París 1963) 337-426; L. Krinetzki, *op. cit.*, 24-33; E. Würthwein, *Zum Verständnis des Hohenliedes:* TR NF 31 (1967) 177-212; D. Lys, *op. cit.*, 31-55; J.B. White, *A Study of the Language of Love in the Song of Songs and Ancient Egyptian Poetry* (Missoula 1978) 19-28.

[101] Representativo de esta corriente H. Lesètre, *Cantiques des Cantiques,* en DB III (1899) col. 185-199, esp. 191-196; sobre todo, la documentada obra de A. Robert / R. Tournay / A. Feuillet, *Le Cantique des Cantiques* (París 1963); A. Feuillet, *Einige scheinbare Widersprüche des Hohenliedes:* BZ NF 8 (1964) 216-239. Panorama crítico de esta interpretación en L. Krinetzki, *Das Hohe Lied,* 24-33; G. Gerleman, *op. cit.,* 43-48; H.H. Rowley, *art. cit.,* 340-348; W. Rudolph, *op. cit.,* 82-90; O. Loretz, *Zum Problem des Eros im Hohenlied:* BZ NF 8 (1964) 191-216, pp. 203-211; M.H. Pope, *op. cit.,* 112-124.179-183; N.K. Gottwald, *art. cit.,* 422s. Crítica respetuosa en D. Lys, *op. cit.,* 42ss.

[102] Según algunos autores, puede percibirse ya la interpretación alegórica en el uso, por parte del Nuevo Testamento, de algunas imágenes y cierta fraseología del Cantar. Así J. Winandy, *Le Cantique des Cantiques et le Nouveau Testament:* RB 71 (1964) 161-190.

anterior a la inclusión del poema en el canon judío. Entre los judíos, la relación entre los amantes del Cantar representaba las relaciones entre Yahvé e Israel [103], particularmente desde el éxodo a la llegada del Mesías. Entre los cristianos, las de Dios (o Cristo) con la Iglesia (a partir de san Hipólito y san Gregorio de Nisa), el alma (a partir de Orígenes) e incluso María (especialmente san Ambrosio y Ricardo de san Víctor). Otra línea de interpretación alegórica identifica a la amada del Cantar con «Doña Sabiduría» (ver Prov 8; 9,1-6) [104]. Pero, a pesar de su carácter venerable [105] y de sus actuales defensores, no hay nada en el Cantar que justifique esta línea interpretativa [106]. En opinión de Kaiser, la desaparición de esta interpretación del panorama de la investigación bíblica es cuestión de tiempo [107].

2. *Interpretación mítico-cultual* [108]

A partir de 1922, y apoyándose en las ideas de Th.J. Meek [109], comenzó a abrirse camino la idea de que el Cantar

---

[103] A este respecto, es posible que la interpretación alegórica encuentre su fundamento literario en las alegorías matrimoniales de los profetas (cf. R.E. Murphy, *The Structure of the Canticle of Canticles:* CBQ 2 [1949] 381-391, pp. 381s; M.D. Goulder, *op. cit.*, 84s; E.C. Webster, *Pattern in the Song of Songs:* JSOT 22 [1982] 73-93, p. 87). Véanse las precisiones de L. Krinetzki, *op. cit.*, 40.

[104] Parece que el primero en explorar esta nueva vía fue Isaac Abrabanel, cf. R. Gordis, *op. cit.*, 4.

[105] La interpretación alegórica del Cantar constituye ciertamente una importante contribución del pensamiento cristiano a la historia de las religiones en general y de la mística en particular. Por otra parte, tal lectura no puede ser descalificada como ilegítima desde el punto de vista hermenéutico, dado que se ha erigido por propios méritos en un testigo directo de los caminos de autocomprensión de la Iglesia; cf. O. Loretz, *Die theologische Bedeutung des Hohenliedes:* BZ NF 10 (1966) 42ss.; R.E. Murphy, *Song of Songs*, en IDB Suplemento (1976) 837.

[106] Respetuosamente crítico M. Dubarle, *art. cit.*, 67-86; idéntica crítica en J.-P. Audet, *Le sens du Cantique des Cantiques:* RB 62 (1955) 197-221; R.E. Murphy, *Recent Literature on the Canticle of Canticles:* CBQ 16 (1954) 381-392.

[107] O. Kaiser, *op. cit.*, 361.

[108] Exposición en R. Gordis, *op. cit.*, 4-8; W. Rudolph, *op. cit.*, 90-93; D. Lys, *op. cit.*, 47-50; sobre todo M.H. Pope, *op. cit.*, 145-153.

[109] Fueron expuestas por vez primera de modo sistemático en Th.J. Meek, *Canticles and the Tammuz Cult:* AJSL 39 (1922/23) 1-14; posteriormente en *The Song of Songs and the Fertility Cult*, en W.H. Schoff (ed.), *The Song of Songs: A Symposium* (Filadelfia 1924) 48-79; y en *Babylonian Parallels to the Song of Songs:* JBL 43 (1924) 245-252.

era originalmente una composición religiosa, pero no relacionada con la fe yavista, sino con la liturgia del culto de Adonis-Tammuz. Se trata de un estudio comparativo entre nuestro poema y algunos otros testimonios del Antiguo Testamento [110], por una parte, y ciertos textos cultuales babilonios, por otra, testigos de un antiguo rito de *hieros gamos* [111]. Este culto, relacionado con los ritos de la fertilidad de la fiesta de Año Nuevo, era antiquísimo, probablemente anterior a la entrada de los israelitas en Palestina [112]. En un drama cultual, representado por una pareja que hacían las veces del dios Tammuz (el cananeo Baal) y la diosa Istar (la cananea Anat), y acompañados por coros, se rememoraba la muerte del dios y su descenso al mundo subterráneo –piénsese en la desaparición del amado y en su busca por parte de la amada en el Cantar–, la bajada de la diosa para dar con él, con el subsiguiente marchitamiento de la naturaleza, su liberación y su vuelta al mundo. Los ritos concluían con el matrimonio y la unión sexual de los actores. Naturalmente, su finalidad era religiosa: recrear mediante el drama mitológico el ritmo de muerte y vida de la naturaleza y asegurar así la fertilidad del suelo y de los hombres. Según esta interpretación, el Cantar reproduce parcialmente esta antigua liturgia, si bien, para adaptarlo al culto a Yahvé, se suprimieron o sustituyeron algunas expresiones. El punto de vista de Meek fue aceptado globalmente o con matices por algunos especialistas [113], si bien últimamente ha ido perdiendo pro-

---

[110] Así, entre otros textos, Ez 8,14 e Is 17,10, que según nuestro autor testimonian el conocimiento y la práctica del culto de Adonis-Tammuz en Israel, sobre todo entre las capas populares.

[111] Este rito del matrimonio sagrado está atestiguado en la cultura sumeria en torno al culto de Dumuzi e Inanna. Puede consultarse S.N. Kramer, *The Sacred Marriage Rite. Aspects of Faith, Myth and Ritual in Ancient Sumer* (Bloomington 1969).

[112] El texto original sobre el que trabajaron, reformándolo y adaptándolo, los poetas israelitas se remontaría al segundo milenio de la civilización cananea, y estaría vinculado a alguno de los grandes santuarios de la Palestina septentrional, cerca del Líbano (la montaña de Adonis), según H. Schmökel, *Zur kultischen Deutung des Hohenliedes:* ZAW 64 (1952) 148-155, p. 155.

[113] Así, W. Wittekindt, *Das Hohe Lied und seine Beziehung zum Istarkult* (Hannover 1925); C. Kuhl, *Das Hohelied und seine Deutung:* TRu 9 (1937) 137-167; M. Haller, *Die fünf Megilloth HAT 18* (Tubinga 1940); H. Schmökel, *Zur kultischen Deutung des Hohenliedes:* ZAW 64 (1952) 148-155; Id., *Heilige Hochzeit und Hohes Lied* (Wiesbaden 1956); S.N. Kramer, *Sacred Marriage Rite* (Bloomington 1969).

gresivamente la atención y la estima de los estudiosos [114]. En
efecto, a pesar del indudable florecimiento del culto de Adonis
en Israel, es inverosímil que manifestaciones de tales características encontrasen expedito el camino del canon, si tenemos
sobre todo en cuenta la oposición de los profetas a los cultos
de la fertilidad. Por otra parte, en el periodo postexílico, el talante exclusivista del Judaísmo habría rechazado sin duda una
obra con tales premisas histórico-religiosas. Hay que tener
también en cuenta que aún está por demostrar la conexión de
la fiesta de recolección del Año Nuevo con ese tipo de rituales
de fertilidad. Lo que sí es lícito pensar es que en el Cantar
haya alusiones a dicho culto, pero no buscadas deliberadamente, sino espigadas por el poeta o poetas en el acerbo cultural de su época para ilustrar su visión del amor humano, del
mismo modo que podría hacerlo un poeta de nuestros días [115].
Por otra parte, el propio texto mitológico bien pudo inspirarse
en la poesía amorosa popular [116]. Una variante presentada recientemente por Pope, que podríamos llamar interpretación litúrgica, relaciona el Cantar con los ritos funerarios del Próximo Oriente antiguo [117].

3. *Interpretación dramática* [118]

Como indica el adjetivo, esta teoría, surgida a comienzos
del s. XIX [119], concibe el Cantar como una obra con una deter-

---

[114] Así A. Weiser, *op. cit.*, 301; O. Kaiser, *op. cit.*, 362; W. Rudolph, *op. cit.*,
92; L. Krinetzki, *Das Hohe Lied*, 32s; G. Fohrer, *op. cit.*, 301; N.K. Gottwald,
art. cit., 423; R. Smend, *op. cit.*, 217; J.B. White, *op. cit.*, 24; A. Mariaselvam,
op. cit., 34.
[115] Ver crítica a esta interpretación en esta línea en C. Perugini, *Cantico dei
Cantici e lirica d'amore sumerica*: RivBiblIt 31 (1983) 21-41; O. Loretz, *Zum
Problem des Eros im Hohenlied*: BZ NF 8 (1964) 191-216, pp. 194-203.
[116] Cf. O. Eissfeldt, *op. cit.*, 489.
[117] Crítica en M.V. Fox, *op. cit.*, 243; E.S. Gerstenberger, *The Lyrical Literature*, en D.A. Knight / G.M. Tucker (eds.), *The Hebrew Bible and Its Modern
Interpreters* (Chico 1985) 419.
[118] Defendida principalmente por F. Delitzsch, aunque el Cantar no fuera
originalmente escrito con esa finalidad; datos históricos sobre la teoría en A.
Mariaselvam, *op. cit.*, 26ss; ver también R. Gordis, *op. cit.*, 10-13.
[119] Aunque esbozada ya por Orígenes, cf. O. Eissfeldt, *op. cit.*, 486 y parcialmente formalizada por J.S. Jacobi en 1771, cf. R. Gordis, *op. cit.*, 10.

minada trama y sus correspondientes personajes [120], especialmente Salomón y Sulamita, que ejemplificarían las esencias de la fidelidad amorosa. En consecuencia, da por supuesta la unidad literaria del libro. Una variante de esta interpretación diseña una relación triangular: Sulamita y un pastor, cuya relación amorosa pretende en vano perturbar el rey de Jerusalén (ver el supuesto desplante en 8,12). Las «muchachas de Jerusalén» serían el harén de Salomón o un grupo de cantoras profesionales. La teoría, aunque ingeniosa, no responde en absoluto al texto del Cantar tal como ha llegado hasta nosotros [121]. La «puesta en escena» se lleva siempre a cabo con una distorsión sustancial e improcedente del texto. Empezando por la trama, es imposible constatar un desarrollo armónico de escenas y acontecimientos; siguiendo por los personajes, nuestra obra carece de un coherente progreso de emociones: el anhelo mutuo y el encuentro amoroso se repiten una y otra vez. Para terminar, la figura de Salomón carece de relevancia en el conjunto. El intento más reciente, aunque igualmente vano, está representado por la obra de M.D. Goulder *The Song of fourteen Songs* [122]. Esta interpretación ha perdido decididamente terreno en la actualidad.

4. *Interpretación natural o lírica*

Esta lectura concibe el Cantar como presentación de una serie de escenas idílicas. Se trataría, en consecuencia, de una colección de poemas amorosos, no necesariamente vinculados al matrimonio. Hemos observado líneas arriba que ya en tiempos de Rabí Akiba había gente que lo interpretaba desde esta perspectiva literaria. Con posterioridad, tal punto de vista fue adoptado en el s. IV por Teodoro de Mopsuestia (360-429) [123] y en el s. XII por un rabino francés anónimo [124]. Fray Luis de

---

[120] Algunos manuscritos de los LXX dejan traslucir esta lectura al encabezar algunas piezas del Cantar con las indicaciones «esposo» o «esposa», cf. D. Lys, *op. cit.*, 35.

[121] Críticas en O. Eissfeldt, *op. cit.*, 486.

[122] El Cantar se descompondría en catorce escenas: desde la llegada de la novia (1,1-8) hasta su exaltación como reina (8,11-14).

[123] Poco más de un siglo después de su muerte, sus ideas fueron condenadas en el quinto Concilio de Constantinopla (553) por inadecuadas para una mente cristiana.

[124] Cf. H.H. Rowley, *art. cit.*, 352; W. Rudolpf, *op. cit.*, 93.

León tuvo sus problemas con la Inquisición por motivos análogos. Nombres como los de Grocio y Reuss, Herder y Renan, entre otros, han ido apuntalando a lo largo de la historia esta interpretación [125], siempre latente en la tradición cristiana [126]. La explicación natural, una vez reconocida la falta de base de las demás interpretaciones, sigue siendo en la actualidad la más lógica desde la perspectiva literaria y la más coherente desde el punto de vista del contenido [127].

IV. CUESTIONES ABIERTAS

A lo largo de esta exposición el lector habrá podido advertir ciertos aspectos del Cantar de los que sólo se ha sugerido el embrión, o quizá se le han ido agolpando en la mente algunas preguntas. Este apartado pretende desbrozar el camino hacia ciertas cuestiones periféricas o complementarias.

1. ¿Carácter sapiencial?

Aunque actualmente el Cantar suele ser catalogado como «lírica», no es extraño verlo elencado, incluso en algunas Introducciones a la Biblia relativamente recientes, entre los «sapienciales» [128]. ¿Existe alguna razón de orden interno que justifique esta última definición? A decir verdad, el Cantar de los

---

[125] Bien es verdad que desde diferentes estados de ánimo, pues algunos aceptaban la interpretación natural del Cantar para sugerir a continuación su carácter no canónico, debido precisamente a su descarado erotismo.

[126] Para una presentación de esta interpretación, cf. G. Fohrer, *op. cit.*, 300s; N.K. Gottwald, *art. cit.*, 423s; sobre todo, D. Lys, *op. cit.*, 32-37; M.H. Pope, *op. cit.*, 89-145.

[127] Entre los especialistas actuales defensores de esta interpretación, podemos citar a A.M. Dubarle, *L'amour humain dans le Cantiques des Cantiques*, RB 61 (1954) 67-86; J.-P. Audet, *Le sens du Cantique des Cantiques*: RB 62 (1955) 197-221; M.H. Segal, *The Song of Songs*: VT 12 (1962) 470-490; W. Rudolph, *op. cit.*, 93s; P. Grelot, *Le sens du Cantique des Cantiques*: RB 71 (1964) 42-56; G. Gerleman, *op. cit.*, 48-51; E. Würthwein, *Die fünf Megilloth*, HAT 18 (Tubinga 1969); J.Ch. Exum, *art. cit.*, 47-79; J.A. Soggin, *op. cit.*, 522s; A. Weiser, *op. cit.*, 300s; R. Smend, *op. cit.*, 216s; W.H. Shea, *art. cit.*, 378-396; M. Falk, *op. cit.*, 79; R. Rendtorff, *op. cit.*, 274s; F. Landy, *op. cit.*, 13-33; M.V. Fox, *op. cit.*, 247-250.

[128] De hecho, en la Biblia Hebrea aparece junto a Proverbios y Job, es decir, cerca del corpus sapiencial.

Cantares no ofrece a primera vista bases suficientes, ni formales ni de contenido, que garanticen sin reservas su inclusión entre las obras de sabiduría. Es patente la ausencia de formas literarias típicas de la tradición didáctica. Por otra parte, sólo en 8,6s puede percibirse cierto aroma sapiencial desde el punto de vista del contenido. Hay quienes argumentan desde la tonalidad general del libro, en el sentido de que la temática amorosa en general y las relaciones de la pareja en particular sólo han merecido la atención programática de los cultivadores de la tradición sapiencial [129]. A pesar de esta observación, sin duda correcta, es necesario decir que la visión del amor de la pareja es sustancialmente diversa en el Cantar. Mientras que la literatura sapiencial se mueve en esta temática con cautela, sin salirse del ámbito de lo convencional, la visión del amor y de las relaciones de la pareja en el Cantar se caracteriza por la naturalidad, la ausencia de tabúes sociales y la desinhibición. Por otra parte, la concepción misma de la naturaleza es divergente. En el corpus didáctico la naturaleza es percibida como espacio que posibilita la vida del hombre y como educadora [130], pero sobre todo es considerada desde el punto de vista de la teología de la creación (Prov 8; Job 28; 38-41; Eclo 16,24-17,10; 24,1-12; 42,15-43,33). En el Cantar, en cambio, la naturaleza suministra un lugar ideal para las escenas amorosas y un referente incomparable para describir la hermosura de los cuerpos de los amantes [131]; su carácter secular e idílico la sustrae a los intereses generales de la literatura sapiencial [132]. Sin embargo, forzoso es admitir que la mención de Salomón, mecenas tradicional de la sabiduría, y ciertos aspectos ya constatados del final del libro, pueden apuntar a círculos sapienciales como responsables de la recopilación y edición del Cantar [133], ilustración literaria del «camino del varón por la doncella» (Prov 30,19).

[129] Textos como Prov 5; 6,20-35; 7; 31,10-31; Eclo 9,1-9; 25,13 – 26,18; 36,26-31, entre otros, apuntarían en esa dirección.
[130] El hombre debe deducir de la observación de la naturaleza una norma de conducta que le ayude a su autocomprensión dentro de los órdenes cósmico y social. Esto explica en parte el continuo recurso de los sabios a imágenes tomadas del mundo vegetal y animal. Un ejemplo en los proverbios numéricos de Prov 30.
[131] Cf. G. Gerleman, *op. cit.*, 63s.
[132] Cf. G. Fohrer, *op. cit.*, 302.
[133] Así L. Krinetzki, *Das Hohe Lied*, 45; J.B. White, *op. cit.*, 55s; N.K. Gottwald, *op. cit.*, 550. Consultar R. Gordis, *op. cit.*, 13-16.

2. ¿Poesía popular o poesía académica?

Otro asunto debatido está relacionado con la poesía del Cantar. Admitido su alto valor artístico, queda por determinar su paternidad. Los especialistas se sitúan generalmente en posturas contrapuestas, desde quienes abogan por un origen popular, incluso rural [134], hasta quienes defienden un origen culto, cortesano [135]. Es necesario advertir, sin embargo, que negar al pueblo la capacidad de creaciones literarias artísticas responde generalmente a graves e infundados prejuicios de orden estético. Por una parte, sería perder de vista el origen indudablemente popular de gran parte de la hermosa literatura gnómica que integra los refraneros de todas las culturas; por otra, implicaría desconocer que los narradores o los poetas cultivados recurren la mayoría de las veces al caudal de la tradición popular. En consecuencia, y por lo que respecta al Cantar, habrá que pensar en un origen fundamentalmente popular, sin negar la posibilidad que algún círculo de sabios cultivados haya dejado su impronta en estos poemas [136].

3. Paralelos extrabíblicos [137]

Desde hace más de un siglo se empezó a considerar la posibilidad de que el Cantar representase un ejemplo de lírica amorosa confeccionado a partir de modelos literarios ajenos al ámbito cultural palestino. Los estudiosos han recurrido fundamentalmente a cuatro ámbitos geográficos: Mesopotamia [138],

[134] Postura defendida ya por Herder y Budde, cf. G. Gerleman, *op. cit.*, 52s. Recientemente, y apoyándose en la presentación liberal y desinhibida de la mujer que hace el Cantar, W. Rudolph, *op. cit.*, 105; cf. también M.H. Segal, *The Song of Songs:* VT 12 (1962) 470-490, pp. 478s.
[135] La mayoría de los principales comentaristas: G. Fohrer, *op. cit.*, 303; G. Gerleman, *op. cit.*, 53s; L. Krinetzki, *Das Hohe Lied*, 45; J.B. White, *op. cit.*, 54s; J.Ch. Exum, *art. cit.*
[136] Considero que la postura más acertada consiste en postular para el Cantar más de un contexto social. Comparto en esto las ideas de N.K. Gottwald, *art. cit.*, 551.
[137] Excelente información en M.H. Pope, *op. cit.*, 69-85.
[138] Consultar fundamentalmente Th.J. Meek, *Babylonian Parallels to the Song of Songs:* JBL 43 (1924) 245-252; W. von Soden, *Sumerische und akkadische Hymnen und Gebete* (Zürich 1953); W.G. Lambert, *Divine Love Lyrics from Babylon:* JSS 4 (1959) 1-15; A. Robert / R. Tournay / A. Feuillet, *Le Cantique des Cantiques* (París 1963) 352-372; R. Labat, *Les religions du Proche-Orient*

Arabia [139], Egipto [140] y la India [141]. Los paralelos más convincentes los encontramos en la literatura egipcia. Las imágenes, tomadas también del mundo de la naturaleza o la orfebrería, constituyen el principal vehículo expresivo. En ambas literaturas se explotan al máximo el dolor de la ausencia del amado o la amada y las emociones provocadas por el amor. Pero las diferencias son llamativas. En los poemas egipcios sorprende el continuo uso del monólogo, mientras que en el Cantar predomina el diálogo entre los amantes, lo que le confiere un potencial poético sin parangón. En efecto, el diálogo no constituye una mera suma de sentimientos, como ocurre en la literatura egipcia, sino que recrea la mutua influencia y la fusión de dos almas. A pesar del optimismo de algunos autores, no podemos hablar de influencia literaria. A lo sumo se trata de una común participación en una visión del amor y del ser humano universales y del uso de arquetipos y de recursos retóricos interculturales. Idéntica conclusión se puede extraer de la literatura restante.

4. Valor teológico

Importante cuestión que suscita controversias, especialmente entre ciertos autores defensores de la interpretación natural [142]. Si el Cantar, se preguntan, es una colección de poemas amorosos que describen la pasión de dos amantes en un marco evidentemente profano, ¿desde dónde se favorece o jus-

---

asiatique (París 1970); J.S. Cooper, *New Cuneiform Parallels to the Song of Songs:* JBL 90 (l971) 157-162; J.M. Sasson, *A Further Cuneiform Parallel to the Song of Songs?:* ZAW 85 (1973) 359-360.

[139] En especial K. Ringgren, *Die Volksdichtung und das Hohelied,* en S. Linder (ed.), *Palästinische Volksgesänge* I (Upsala 1952) 82-110.

[140] Consultar W.M. Müller, *Die Liebespoesie der alten Ägypter* (Leipzig 1899); F. Dornseiff, *Ägyptische Liebeslieder, Hoheslied, Sappho, Theokrit:* ZDMG 90 (1931) 588-601; S. Schott, *Altägyptische Liebeslieder* (Zurich 1950); A. Hermann, *Altägyptische Liebesdichtung* (Wiesbaden 1959); J.L. Foster, *Love Songs of the New Kingdom* (Nueva York 1974). En especial J.B. White, *op. cit.,* esp. 67-126; M.V. Fox, *op. cit.* en general.

[141] Ultimamente M.H. Pope, *op. cit.,* 85-89, y el magnífico trabajo de A. Mariaselvam, *The Song of Songs and Ancient Tamil Love Poems* (Roma 1988), con abundante bibliografía.

[142] No así para los representantes de la interpretación alegórica, para quienes el valor teológico del Cantar está sobradamente garantizado. Ver supra II.1.

tifica la reflexión teológica [143]? Evidentemente tal acotación a la teología implica peligrosamente no sólo una postura de prevención implícita hacia el carácter inspirado del Cantar [144], sino sobre todo la posible irreligiosa conclusión de que Dios no tiene nada que ver con el amor humano. ¿Son realmente incompatibles la teología y la interpretación natural-lírica del Cantar? Una respuesta negativa nos obliga a remontarnos a la historia misma del pueblo israelita. Sabido es que, cuando pusieron pie en Palestina las gentes que con el correr del tiempo constituirían el núcleo del pueblo de Israel, se encontraron con una religiosidad en la que jugaba un importante papel la divinización del sexo. Sabido es también que, con el transcurso del tiempo, Israel llegó a percibir la incompatibilidad entre tal estimación mítica del sexo y su fe en Yahvé. Podemos oír a los profetas rechazar la mistificación que suponía en esta línea p.e. la prostitución sagrada. Junto a este rechazo de la divinización del sexo, podemos observar la fe israelita en el origen divino del ser humano sexuado (cf. Gn 1,24ss). Desde esta perspectiva se comprende el equilibrio del Cantar, que por una parte desposee al amor humano de toda vinculación esencial con lo divino y por otra no se siente impelido a despreciarlo. También desde esta perspectiva puede explicarse sin esfuerzo que haya entrado a formar parte del canon un libro que nos habla sin rubor del amor entre el hombre y la mujer [145].

V. TRABAJO PRACTICO Y BIBLIOGRAFIA

1. *Orientaciones para el trabajo personal*

De las cuestiones abiertas recién expuestas habrá podido deducir el lector la existencia de temas que se prestan a una consideración más detenida de la que los comentaristas le han dedicado.

[143] Según Feuillet, no se puede extraer ninguna enseñanza moral o religiosa del Cantar cuando es comprendido en sentido humano, cf. A. Feuillet, *Einige scheinbare Widersprüche des Hohenliedes: BZ NF 8 (1964) 216-239, p. 238.
[144] Sobre el tema, O. Loretz, *Die theologische Bedeutung des Hohenliedes: BZ NF 10 (1966) 29-43, esp. 29-38.
[145] Sobre estas ideas, consultar G. Fohrer, *op. cit.*, 303; G. Gerleman, *op. cit.*, 83-85; O. Loretz, *art. cit.*; H. Gollwitzer, *Il poema biblico dell'amore tra uomo e donna* (Turín 1979) 79-82.

Dejando a un lado las características sincrónicas de un estudio del Cantar, convendría examinar en diacronía los aspectos relativos a la sexualidad humana en general y a la figura de la mujer en particular tal como aparecen en el Antiguo Testamento: desde el relato del Edén a la literatura sapiencial (especialmente Prov 5,1-20; 6,20-7,27 31,10-31; Eclo 9,1-9; 18,30-33; 23,16-19; 25,12-26,18; 36,21-27; 42,9-14), pasando por las figuras femeninas de las narraciones patriarcales y por Rut, Judit, Ester.

Unido a este aspecto, nadie ha llevado a cabo, al menos por lo que conozco, un estudio sistemático de la imaginería amorosa y el simbolismo sexual del Cantar. Un estudio de estas características pondría fin a los puntos de vista tanto de quienes se empeñan en negar dichos aspectos literarios, cuanto a quienes suscriben un desmesurado panerotismo.

Hemos citado líneas arriba un artículo de Winandy sobre las relaciones del Cantar con el Nuevo Testamento [146]. No sería vano llevar a cabo un nuevo examen de esas relaciones, no tanto para determinar una influencia del Cantar cuanto para rastrear en el Nuevo Testamento los aspectos sugeridos en los dos párrafos anteriores.

Los comentarios de quienes defienden la existencia en el Cantar de breves poemas individuales acaban por crear en el lector cierta perplejidad ante la cantidad de opiniones dispares sobre el número y límites de dichos poemas. En ocasiones los especialistas pasan por alto el estudio pormenorizado de las supuestas unidades menores desde el punto de vista de las estructuras literarias. Sin pretender que el ejemplo que ofrezco a continuación constituya un modelo de crítica redaccional, ayudará al menos al lector a considerar el valor del análisis literario y le animará a practicarlo en el resto del libro.

Tomemos p.e. 5,2-8, una pieza indivisible a juicio de algunos comentaristas. Sorprende a primera vista la aparición de 5,6d-7 (la búsqueda del ser querido y el encuentro con los centinelas), tema ya observado en 3,2c-3, y de 5,8 (conjuro a las muchachas de Jerusalén), expresión de la que ya tenemos noticia por 2,7 y 3,5. Hemos de sospechar que nos encontramos ante una temática y un estribillo que posiblemente no formen originalmente parte de la pieza que tratamos de analizar. Nos quedaría, por tanto, 5,2-6. Tratemos de hallar una posible estructura literaria, por ver si se confirma la sospecha. En 5,2ab observamos la mención del corazón de la amada (*leb*) en vela y percibimos la presencia del amado a través de su voz (*qôl...dô-peq*). En el v. 2c-f se reproduce el contenido de las quejas de amor del muchacho: «Abreme...». En 5,3 leemos el pensamiento de la muchacha, una especie de soliloquio que refleja sus dudas y con el que trata de justificarse a sí misma. El amado toma la iniciativa y pretende forzar la cerradura; ante su firme decisión, las entrañas de la amada se estremecen (v. 4) y se levanta a abrirle, al propio tiempo que comunica al lector confidencialmente el contenido de sus sentimientos y sensaciones (v. 5). Finalmente abre la puerta, para descubrir la ausencia del amado (v. 6ab); al oír su marcha, el alma (*nepeš*) de la amada se escapa (v. 6c). Sin necesidad de profundizar más en el texto, tenemos los suficientes datos como para delinear los trazos de una ligera estructura concéntrica. Los elementos antropológicos referidos a la amada aparecen en v. 2a («mi corazón», metonimia por «yo») y v. 6c («mi alma», que equivale también a «yo»). En v. 2b se habla de la voz (*qôl*) del amado; en v. 6c se usa la raíz *dbr* (hablar) referida a él. Su voz y sus palabras le hacen presente; v. 6b subraya por contraposición la ausencia («se había ido»). Nos hallamos ante una primera correspondencia de los vv. 2ab y 6bc. En v. 2c-f oímos la solicitud de acceso («ábreme») acompañada de la descripción de la situación (cabeza con rocío, rizos con relente; elementos líquidos); en v. 5a la decisión de abrir («me levanté a abrir»), acompañada a su vez por otra descripción de situación (las manos y los dedos gotean mirra; elemento asimismo líquido), y en v. 6a la acción («abrí»). Otra correspondencia, por tanto, entre v. 2c-f y vv. 5-6a. En el centro de la estructura resaltan la duda emocionada de la amada y la decisión, también cargada de emoción, del amado. Estos y otros datos, para los que necesitaríamos más espacio, confirman la sospecha de que efectivamente 5,2-6 constituye un poema individual al que el redactor del libro, con ánimo de conferirle dramatismo y de ofrecer al lector sensación de unidad de conjunto, ha añadido el tema de la búsqueda del amado y el estribillo de las muchachas de Jerusalén.

2. Bibliografía comentada

a) Obras básicas

Entre la abundante literatura sobre el Cantar, sería necesario espigar primero aquellas obras que bien por su calidad, por el tratamiento exhaustivo de los problemas, por el equilibrio en la presentación temática, por lo original de sus puntos de vista o por suponer un hito en la historia de la investigación constituyan una inmejorable ayuda y compañía a quien se acerque a esta magnífica obra por curiosidad o por cualesquiera exigencias. Escojo seis libros.

ROBERT, André / TOURNAY, Robert / FEUILLET, André, *Le Cantique des Cantiques* (París 1963). Se trata de un clásico de la interpretación alegórica, publicado por Tournay a los ocho años del fallecimiento de Robert, su principal inspirador y elaborador. La traducción y el comentario abarcan las páginas 61-329. La crítica textual y la crítica literaria están expuestas con maestría y erudición. Uno de los aspectos más valiosos de la obra lo constituye el apartado dedicado a «Paralelos no bíblicos», obra de Tournay (pp. 339-426): Egipto, Mesopotamia y área siro-fenicia (Sumer, Asiria-Babilonia, Ugarit), cultura helenista, mundos judío y árabe y Etiopía.

RUDOLPH, Wilhelm, *Das Buch Ruth. Das Hohe Lied. Die Klagelieder* KAT XVII/1-3 (Gütersloh 1962). El Cantar de los Cantares ocupa las páginas 73-186. Se compone de dos partes: Introducción (pp. 77-120) y Traducción y comentario (pp. 121-186). La forma de exposición de Rudolph sorprende por la claridad, el orden, el rigor científico y el constante recurso a literaturas afines. Llama la atención el razonado y razonable equilibrio en el tratamiento temático. El comentario sobresale por el excelente aparato crítico, probablemente el mejor con que contamos actualmente. Se echa en falta un estudio de la retórica del Cantar. Una edición revisada, con mayor atención a los aspectos literarios y con algún apéndice sobre la poesía amorosa de Egipto y Mesopotamia, convertiría esta obra en el mejor comentario del mercado.

KRINETZKI, Leo, *Das Hohe Lied* (Düsseldorf 1964). La obra se compone fundamentalmente de tres partes: Introducción (pp. 21-82); Comentario (pp. 85-257); El testimonio del Cantar (pp. 261-290), una serie de opúsculos sobre temas variados. En general se trata de una obra de obligada referencia, especialmente por lo que respecta al tratamiento de la forma poético-literaria del Cantar (pp. 46-82), una parte de la introducción a la que recurren necesariamente todos los estudiosos [147]. Sin embargo, Krinetzki no ha sabido desprenderse de una

---

[147] Verdad es que en este aspecto no es original, sino que, como el propio autor reconoce, se basa en L. Alonso Schökel, *Estudios de poética hebrea* (Barcelona 1963).

interpretación alegórica que a veces no hace sino obstaculizar sus reflexiones sobre el valor del amor humano tal como aparece en el Cantar y entorpecer el magnífico y claro desarrollo de la exposición.

GERLEMAN, Gillis, *Ruth. Das Hohelied* BK XVIII (Neukirchen Vluyn 1965). El comentario al Cantar ocupa las páginas 43-235. La obra se compone básicamente de dos partes: Introducción (pp. 43-92) y comentario (pp. 93-223); y un breve excursus sobre la lírica del Cantar (pp. 224-227). Todo está elaborado con sobriedad y profundidad. Sobresale el tratamiento de la forma literaria, de las versiones LXX y Peshitta, y del valor teológico del Cantar. En el comentario propiamente dicho, aunque pobre en el estudio de la vertiente poética, pobreza que desgraciadamente comparten casi todos los comentarios modernos, sobresale el estudio del texto hebreo.

POPE, Marvin H., *Song of Songs* AB 7c (Nueva York 1977). Con este voluminoso comentario al Cantar da la impresión de que el autor no ha querido dejar ningún fleco suelto. La obra está integrada fundamentalmente por tres partes: Introducción (pp. 17-229); Bibliografías (pp. 233-288); Traducción y notas (pp. 291-701). Una serie de índices (pp. 703-743) completan la obra. Dentro de la Introducción sorprende el buen tratamiento, aunque breve, de las versiones del Cantar; el estudio del paralelismo; la presentación del llamado «Cantar de los Cantares indio» (Guita-Govinda); la interpretación ofrecida por el Targum; y el apartado titulado «El Cantar de los Cantares y la liberación de la mujer». Una de las aportaciones más novedosas la constituye la relación que establece el autor entre ciertos rasgos del Cantar y los cultos funerarios del Próximo Oriente antiguo, fiestas de amor amenizadas con vino, mujeres y canciones (pp. 210-229). Sorprende también su amplio conocimiento de las culturas vecinas de Israel (Ugarit, Egipto, Mesopotamia). Sin embargo, los puntos débiles de este comentario se localizan en el continuo desorden expositivo y en la escasa sensibilidad literaria del autor, carencia que sorprende en el comentario de una obra de alta calidad poética.

FOX, Michael V., *The Song of Songs and the Ancient Egyptian Love Songs* (Wisconsin 1985). Esta obra se compone de dos partes: Traducción y comentario (pp. 3-177); tratamiento literario del amor (pp. 181-331). En la primera, desarrollada en dos capítulos (1-2), traduce y comenta los poemas amorosos egipcios y el Cantar de los Cantares, con un buen y útil tratamiento textual, especialmente en lo que respecta a los papiros egipcios. La segunda parte está integrada por seis capítulos (3-8), algunos de ellos dedicados a aspectos literarios descuidados por otros comentaristas. En el tercer capítulo Fox aborda la temática relativa al lenguaje, la fecha de composición y el contexto histórico tanto de las canciones de amor de Egipto como del Cantar; el cuarto lo titula «Composición de las fuentes y las Canciones» (e.d. egipcias y Cantar); en el quinto aborda la función de ambas series de poemas y su sede social; el sexto lleva por título «¿Quién habla y cómo? Voz y modo de presentación», y se centra en los caracteres dramáticos y en las formas de discurso; el séptimo está dedicado a los temas principales de ambos tipos de canciones; y el octavo se titula «Amor y amantes en las canciones de amor». Ilustraciones, apéndices y bibliografía completan esta obra. A pesar del peligro que suponen los estudios comparativos –nunca se podrá explicar una manifestación literaria de una cultura determinada a partir de modelos culturales ajenos– se trata de un magnífico trabajo de indudable utilidad para quien haya completado un estudio previo dedicado exclusivamente al Cantar.

b) Otros libros de interés

ALONSO SCHÖKEL, L., *El Cantar de los Cantares o La dignidad del amor* (Estella 1990).

BRENNER, A., *The Song of Songs* (Sheffield 1989).

FALK, M., *Love Lyrics from the Bible* (Sheffield 1982).

GONZÁLEZ, A., *El Cantar de los Cantares* (Madrid 1991).

GORDIS, R., *The Song of Songs and Lamentations* (Nueva York 1974).

KRINETZKI, G., *Kommentar zum Hohenlied* BET 16 (Frankfurt / Berna 1981).

LANDY, F., *Paradoxes of Paradise. Identity and Difference in the Song of Songs* (Sheffield 1983).

LYS, D., *Le plus beau chant de la création* (París 1968).

MÜLLER, H.-P., *Vergleich und Metapher im Hohenlied* OBO 56 (Gotinga 1984).

RINGGREN, H. / KAISER, O., *Das Hohe Lied. Klagelieder. Das Buch Esther* ATD 16/2 (Gotinga ³1981).

TOURNAY, R. / NICOLAY, M., *El Cantar de los Cantares* (Madrid 1970).

WHITE, J.B., *A Study of the Language of Love in the Song of Songs and Ancient Egyptian Poetry* (Missoula 1978).

Capítulo XIII
EL LIBRO DE LAS LAMENTACIONES

I. DATOS GENERALES

Bibliografía española: L. Alonso Schökel, *Daniel. Baruc. Carta de Jeremías. Lamentaciones,* Los libros sagrados 18 (Madrid 1976); J.A. Mayoral López, *Sufrimiento y esperanza en Lamentaciones* (Estella 1994).

1. El libro

a) Nombre del libro

En los manuscritos hebreos, y a tenor del comienzo de los cc. 1, 2 y 4, el libro recibe el nombre de *ʾekah* (¡Ay, cómo...!), término característico del comienzo del canto fúnebre o elegía [1]. Pero algunos pasajes del Talmud babilónico (concretamente *Baba bathra* 15a) [2] sugieren que el antiguo nombre era el de *qinot* (cf. 2 Cr 35,25), término técnico del género lamentación [3] y más en consonancia por tanto con la mayor parte

---

[1] La elegía está en conexión directa con el ritual de sepultura, circunstancia que favorece la presencia de plañideras, generalmente profesionales (Jr 9, 16-17; cf. Ez 24,16-17). La elegía puede dar comienzo con expresiones estereotipadas, como *hôy* o *ʾêk* (¡ay!). En un estadio posterior de evolución, y a juzgar por los propios poemas de Lamentaciones, fue utilizada como elemento de la lamentación comunitaria.

[2] Dice este texto: «Jeremías escribió su libro, el libro de los Reyes y *qînôt*».

[3] A pesar de este carácter técnico, forzoso es reconocer que el metro llamado *qînâ* (3 + 2 acentos) es usado en poemas bíblicos que nada tienen que ver con la lamentación. Incluso puede darse el caso de que lamentaciones propiamente dichas no utilicen dicho metro. Cf. D.R. Hillers, *Lamentations* AB 7A (Nueva York 1972) XXXIII.

del contenido de la obra [4]. Así lo sugieren también los títulos de las versiones griega y latina (*threnoi* y *lamentationes* respectivamente).

b) Texto [5]

El texto masorético, salvo las dificultades comunes a todos los manuscritos del Antiguo Testamento, está muy bien conservado y apenas necesita retoques. En unos pocos lugares el poeta, o poetas, parece no aplicar con rigor la métrica, lo que induce a algunos intérpretes a efectuar correcciones, la mayor parte de las veces innecesarias. Los LXX siguen de cerca, en líneas generales, el texto hebreo; las escasas diferencias carecen de relieve en el conjunto. Por eso, la versión griega ayuda muy poco a la mejora del texto en algunos pasajes oscuros.

c) Lugar en el canon

De acuerdo con la tradición masorética, el libro de las Lamentaciones forma parte de la tercera sección del canon judío, los *k*etubim* o «escritos». Concretamente integra los cinco *m*egillot* o «rollos» (junto con Rut, Cantar, Qohelet y Ester). Sin embargo, una tradición más antigua, la judeo-alejandrina de los LXX, seguida por la Vulgata, coloca Lamentaciones inmediatamente después del libro de Jeremías. A pesar de estos dos testimonios, parece que originalmente ocupó un lugar no determinado entre los «escritos».

2. Lugar, tiempo y autor

a) Lugar y fecha

Existen pruebas de que en el lugar que había ocupado el templo comenzaron muy pronto a celebrarse lamentaciones,

---

[4] Según algunos autores, el libro de Lamentaciones en su totalidad, como unidad literaria, manifiesta la estructura de la *qînâ*, con un claro esquema de 3 + 2 capítulos; así, W.H. Shea, *The qinah Structure of the Book of Lamentations:* Bib 60 (1979) 103-107.

[5] Consultar al respecto W. Rudolph, *Der Text der Klagelieder:* ZAW 56 (1938) 101-122.

tras la destrucción de la ciudad (cf. Jr 41,5). De igual modo, se sabe que se celebraban jornadas de ayuno, quizá cuatro veces al año, para conmemorar la caída de Jerusalén, costumbre que se observó durante el destierro y se prolongó al menos hasta la reconstrucción del templo (cf. Zac 7,1-7; 8,19). En consecuencia, al preguntarnos por la época de composición de estos poemas habrá que pensar en el periodo exílico, entre la destrucción de Jerusalén en el 587 y el edicto de Ciro (538) [6]. A pesar del acuerdo casi unánime sobre este punto, no puede rechazarse a priori que los poemas fuesen compuestos después del 538 para conmemorar en un marco festivo-litúrgico la caída de Jerusalén. Respecto al lugar de composición, parece que hay que pensar en Palestina, aunque en estos casos no conviene ser apodícticos. La cercanía de la descripción y los detalles difícilmente pudieron ser obra de un poeta babilonio, como opinan algunos [7].

b) Autor

Algunas semejanzas de forma y contenido han llevado a algunos intérpretes a sugerir la posibilidad de que los cuatro primeros poemas tuvieran un mismo autor. Sin embargo, esas coincidencias pueden ser, sin más, reflejo del desarrollo de un tipo de liturgia tradicional a la que diversos autores tuvieron acceso. Como cada una de las cinco unidades del libro es un poema acróstico o alfabético con perfiles muy definidos, no es probable que se trate de una obra, sino de una colección de poemas en torno al tema común de la caída de Jerusalén [8]. Entre los cinco capítulos hay diferencias que difícilmente podrían explicarse a partir de una autoría única. El capítulo quinto, por ejemplo, suministra una descripción coherente de

---

[6] Al menos los cc. 2 y 4, con su frescura y sus detalles, tuvieron que ser escritos muy poco después del desastre.

[7] Cf. A. Weiser, *Introduction to the Old Testament* (Londres 1975) 306. La familiaridad de los poemas segundo y cuarto con el lenguaje de Ezequiel no es indicio suficiente para hablar de su origen babilónico, como opina M. Löhr, *Der Sprachgebrauch der Bücher der Klagelieder*: ZAW 14 (1894) 31-50, pues en realidad el mensaje del profeta del destierro fue muy pronto conocido entre los que quedaron en Palestina.

[8] Numerosos autores hablan de «una colección de cinco poemas autónomos»; así R. Rendtorff, *Das Alte Testament. Eine Einführung* (Neukirchen-Vluyn 1983) 280.

la vida en Palestina bajo el dominio babilonio, que contrasta con los apuntes episódicos de la caída de Jerusalén y de sus inmediatas repercusiones que ofrecen los capítulos 2 y 4.

El título de los LXX atribuye la obra a Jeremías [9]. Es posible que la noticia de 2 Cr 35,25, «Jeremías compuso una elegía en su honor» (de Josías), diera pie a ello. De todos modos, no hay casi nada en Lamentaciones de específicamente jeremíaco [10]. Jeremías, que ya había anunciado el desastre relacionándolo con la voluntad de Yahvé (cf. 37,6-10), habría sin duda exhortado al pueblo a aceptar el deseo divino, al propio tiempo que anunciaba una nueva era salvífica (cf. 32,26-44), pero nunca se habría lamentado en los términos que aparecen en Lamentaciones. Algunos comentaristas opinan que los autores fueron miembros del partido nacionalista antibabilonio opuestos a Jeremías y Godolías. Pero, aparte de la carencia de evidencia, tal autoría debe ser absolutamente excluida a tenor del contenido ideológico del libro 2.

II. DIMENSION LITERARIA

1. Primeras impresiones sobre Lamentaciones

a) Personajes

El narrador introduce en el cap. 1 a los personajes del drama y las circunstancias que lo determinan. Nos presenta a una ciudad populosa (Sión; v. 4), «la princesa de las provincias» (1,1c), a la que caracteriza como viuda (1,1b). A pesar de su dolor y sus lágrimas, ninguno de sus amantes la consuela; más aún, sus aliados se han vuelto enemigos (1,2). La mención de los amantes (*°ohabim*) pone ya al lector sobre la pista de la infidelidad. La ciudad/viuda ha sido cercada, destruida y humillada; sus hijos han sido conducidos al destierro y obligados a vivir entre gente extraña (1,3; ver 1,5c). El v. 4 nos ofrece las primeras imágenes de la desolación: caminos abandonados, sin los habituales peregrinos que acuden a las fiestas regulares de Sión; puertas en ruinas, señal de la violación del enemigo;

---

[9] También el Targum y la Peshitta.
[10] Así, R. Smend, *Die Entstehung des Alten Testaments* (Stuttgart 1978) 220. Todo se reduce a un alto grado de sensibilidad común y a algunos paralelos lingüísticos que nada prueban, según R. Gordis, *op. cit.*, 124-125.

sacerdotes (ver también 1,19b; 2,6c.20c; 4,13a.16b) y doncellas (*bᵉtulot; banot* en 3,51) presas del dolor y la amargura. Los sacerdotes son los responsables de los fastuosos rituales del templo de Jerusalén, morada eterna e inviolable de Yahvé. Las doncellas son, por una parte, imagen de la inculpabilidad y de la esperanza en el futuro; por otra, constituyen el correlativo humano de la «doncella Sión» (1,15c). La doncella-Sión ha sido forzada por sus agresores, las doncellas de Sión están consternadas. Pero falta otro de los personajes principales, que el poeta introduce en el v. 5: «Sus enemigos la han vencido... porque *el Señor* la ha castigado por su continua rebeldía».

Existen otros personajes que colaboran directa o indirectamente a ensombrecer este aterrador panel: el rey, ungido de Yahvé y salvaguarda del pueblo, ha sido rechazado por Yahvé (2,6c) y se ve obligado a vivir entre gentiles (2,9b); los príncipes (*nᵉzirim*), de piel delicada, la tienen ahora reseca como la leña (4,7-8); muchos nobles (*śarim*) han sido asesinados (5,12), y los que han sobrevivido caminan desfallecidos (1,6b) porque han sido rechazados por Yahvé (2,2c), o se ven obligados a vivir desterrados entre gentiles (2,9b); los profetas, causantes en parte del drama actual por haber profetizado mentiras (2,14a; ver 4,13a), ya no reciben visiones del Señor (2,9c), incluso son asesinados sin misericordia en el templo (su probable lugar de trabajo, 2,20c); los ancianos, imagen de la honorabilidad, del buen gobierno y del legado histórico-religioso, representan en silencio escenas de duelo (2,10a), se tienden inermes por las calles (2,21a), mueren de inanición (1,19b), sin que nadie se apiade de ellos (4,16b) ni los respete (5,12); las mujeres de Sión son violadas (5,11, imagen sin duda de la Sión violada); las criaturas (*tippuḥim* 2,20; *yᵉladim* 4,10a) son devoradas por sus propias madres, que quieren sobrevivir al precio de un execrable canibalismo; los niños de pecho (*yoneq* 2,11c; 4,4a) mueren por las calles de hambre y de sed; los jóvenes (*baḥurim*) son sometidos a trabajos forzados (5,13), desterrados (1,18c) o asesinados (2,21b), o viven mudos y atenazados por el dolor (5,14); los impotentes capitanes y soldados en vano quieren rechazar lo que en realidad es un ataque del Señor (1,15); el pueblo en general anda hambriento y abatido (1,11a); gente bárbara y extranjera ha pasado a adueñarse sacrílegamente de la heredad del Señor (5,2).

En este sombrío panorama sobresalen con claridad dos

realidades: la culpabilidad de Sión y la aplicación de la fría justicia por parte de Yahvé. La ciudad es descrita como viuda (*?almanah* 1,1b) y como doncella (1,15c; 2,13b). Las imágenes, contradictorias y sólo parcialmente válidas como referente, deben ser aclaradas. La imagen de la viuda aplicada a Sión sorprende por su atrevimiento. Cierto que el trasfondo induce a pensar que el esposo es Yahvé. ¿Entonces cómo es posible dar por muerto a Yahvé, Dios eterno? Puede tratarse de una hipérbole forzada por las circunstancias históricas o de la consecuencia deducible de una mal entendida teología de la alianza. En efecto, Sión puede considerarse viuda desde el momento en que Yahvé se ha inhibido de la defensa de la ciudad y la ha abandonado en manos del enemigo. Sión se ha visto sola, como si Yahvé no existiese. Por otra parte, la teología de la alianza, en concreto la de la línea davídica, con sus promesas incondicionales, había creado falsas expectativas entre las clases populares [11]. Era tal el vínculo que unía a Yahvé con su pueblo, que no se concebía el ser o no ser de la nación independientemente de su Dios; como si Yahvé compartiera para siempre el destino de Israel. Desde esta ingenua teología, es concebible pensar que el fracaso histórico del país y de sus instituciones políticas y religiosas implicase de algún modo la desaparición («la muerte») de Yahvé del horizonte histórico.

Tras lo expuesto, podemos deducir que Lamentaciones llama a Sión viuda y doncella desde distintas perspectivas. La ciudad santa es viuda «de puertas adentro», doncella «de puertas afuera». Yahvé, que tenía su morada en Sión, especialmente en su templo, parece haber desaparecido del entramado de la historia. Desde esta perspectiva «interna», Jerusalén es como una viuda. Por otra parte, los himnos a Sión del Salterio (cf. c. IX,II,3e) son testigos de una ideología según la cual la ciudad santa es inviolable mientras Yahvé more en ella. Nunca los ejércitos enemigos podrán abrir brecha en sus murallas.

---

[11] Hay que tener en cuenta, sin embargo, que esta ideología de la alianza fue sin duda alentada por la propia administración real, movida siempre por intereses políticos expansionistas. Tener a Yahvé a merced de las instituciones políticorreligiosas favorecía la manipulación de las clases populares. Tarde o temprano, algunos profetas fueron conscientes de los peligros de la ideología de la alianza. Son ilustrativas a este respecto las palabras de Amós (9,7-10) o de Jeremías (7,1-15). El propio libro de Lamentaciones lo reconoce: «El Señor.... ha cumplido la palabra que había pronunciado hace tiempo» (2,17).

Desde esta perspectiva «externa», Sión puede ser definida como doncella. En ambos casos, sin embargo, el origen de la viudedad o de la pérdida de la doncellez está en el abandono del pueblo por parte de Yahvé.

¿Pero por qué este abandono? El libro de las Lamentaciones reconoce clara e insistentemente que el causante de la catástrofe ha sido el propio Yahvé; que los enemigos, en definitiva, no han sido más que el instrumento utilizado deliberadamente por él. Yahvé ha castigado a Sión por su continua rebeldía (1,5b), el día del incendio de su ira (1,12c). Aunque los enemigos fueron los ejecutores materiales del castigo (1,17b; 2,17c), él fue en realidad quien desbarató a los capitanes y a los soldados (1,15-ab.21b). En 2,1-9 es donde mejor se percibe la autoría divina de la catástrofe. En medio de un amplio caudal de verbos que describen por acumulación la implicación de Yahvé por omisión –se olvidó, se guardó la diestra, no retiró la mano que derribaba– o por obra –nubló, arrojó por tierra, destruyó, demolió, derribó, arrasó, rompió, tronchó el vigor, tendió el arco, dio muerte, derramó su furor, multiplicó duelos, rechazó–, Yahvé es definido como enemigo (2,4a.5a) y salteador (2,6a). En 3,4-15 vuelven a acumularse los verbos, pero esta vez no son de destrucción, sino de acorralamiento. El pueblo, en la figura del «hombre» de v. 1, está cercado, confinado, sin salida, con el paso cerrado, acorralado. En tal situación, Yahvé es descrito como un oso y un león que despedazan a la pieza arrinconada, o como el enemigo que remata a su adversario inerme y acorralado. Pero quizá la imagen más truculenta sea la de 1,15c: «el Señor pisó en el lagar a la doncella, capital de Judá». La imagen es escueta, reducida a la mínima expresión; el lector puede recrear sus dimensiones ocultas. Los israelitas (la capital de Judá) son como un racimo de uvas que ha dejado escapar su rojo mosto aplastado por el pie del lagarero (Yahvé). ¿A qué se debe esta cruel actitud? El propio libro lo reconoce: «Jerusalén ha pecado gravemente y ha quedado manchada» (1,8a); «nosotros nos hemos rebelado pecando» (3,42); «la culpa de la capital es más grave que el pecado de Sodoma» (4,6a); «por los pecados de sus profetas y los crímenes de sus sacerdotes» (4,13). Verdad es que la culpa de Sión casi nunca se concreta; la autoinculpación es genérica, a excepción probablemente de 3,34-36.

b) Un mundo de dolor

De la exposición del párrafo anterior relativa a los personajes y de un examen detenido del léxico se deduce la existencia de un doloroso mundo de conflictos psicológico-religiosos y sociopolíticos. El aturdimiento que ha hecho presa en los supervivientes de la catástrofe del 587 se refracta en sentimientos de culpa colectiva, de abandono y expolio desmedidos, de duelo y lamentación sociales. Al final queda la duda de si cultivar la esperanza o hundirse en la desesperación.

Un repaso somero al léxico de Lamentaciones sorprende ya al lector, especialmente en lo concerniente a la abundancia y riqueza de la terminología del dolor, de la destrucción, del abatimiento y del duelo. A su lado, el vocabulario «positivo», por así decir, es tan exiguo que resulta casi un apéndice. No sorprende en absoluto el sentimiento de culpa que rezuma Lamentaciones, especialmente a quien está familiarizado con la predicación profética y con el espíritu religioso de las liturgias penitenciales.

- **Pecado, perdón**

El autor (o autores) del libro se erige en portavoz de la conciencia colectiva. Abunda a este respecto la terminología relativa al pecado: *ht'*, pecar (1,8a; 5,7.16); *hatt'ah*, pecado[12] (3,39; 4,6a.13a.22b); *pš'*, pecar (3,42); *peša'*, delito (1,5b. 14a.22b); *'awon*, culpa (2,14b; 4,6a; 4,13a.22a-b; 5,7). El pueblo concibe su dolorosa situación actual como un yugo (*'ol*, 1,14a; 3,27), si bien lo merece por su conducta culposa (cf. *derek*, 3,40). Ha quedado al descubierto su impureza (*tum'ah*, 1,9a), residuo escandaloso de la relación con sus amantes (*'oheb*, 1, 2.19). Frente a esta abundancia de material léxico relativo a la culpa, nos sorprende la escasez del vocabulario del perdón *slh*, 3,42); además usado sólo negativamente: «no nos has perdonado».

- **Cólera de Yahvé, compasión**

Al sentimiento de culpa por parte del pueblo viene a sumarse su conciencia de ser objeto de la cólera de Yahvé. La

---

[12] En el marco de la teología de la retribución vale por «desgracia».

terminología es casi exhaustiva; la abundancia de sinónimos subraya por acumulación la violencia sagrada de que han sido objeto los jerosolimitanos: *ʾap* (1,12c; 2,1a; 2,1c.3a.6c.21c.22b; 3,43.66; 4,11a); *zaʿam* (2,6c); *haron* (1,12c; 4,11a); *hori* (2,3a); *hemah* (2,4c; 4,11a); *ʿebrah* (2,2b; 3,1); *qsp*, encolerizarse (5,22). La terminología antónima relativa a la «compasión» es más frecuente que la del perdón observada más arriba. Pero este carácter positivo es sólo aparente. En realidad, parte del vocabulario de la compasión está formulado negativamente. Así, el verbo *hml*, «compadecerse» sólo es usado en la fórmula *lʾ hml* («sin compasión», dicho naturalmente de Yahvé; 2,2a.17b.21c; 3,43). No ocurre lo mismo, sin embargo, con *hesed* (3,22.32), *rhm* (3,32) y *rahamim* (3,22). Aunque el israelita sabe que Yahvé ha actuado sin compasión en la destrucción de la ciudad y del estado, su fe le hace al propio tiempo consciente de que la misericordia de Dios es inagotable, en realidad el último reducto al que puede acogerse el hombre.

• *Rechazo*

Otro sentimiento palpable a lo largo de esta obra es el del rechazo. El israelita se siente repudiado y olvidado por Yahvé. El vocabulario es relativamente rico: *znh*, «repudiar» (2,7a; 3,17.31); *mʾs*, «despreciar»/«rechazar» (5,22); *maʾos*, «desprecio» (3,45); *nʾs*, «rechazar» (2,6c); *nʾr*, «desechar» (2,7a). El pueblo se siente arrojado (*šlk*, 2,1b), dispersado (*hlq*, Piel, 4,16a) y olvidado (*škh*, 2,6b; 5,20). No existe el vocabulario antónimo de la «acogida».

• *Abandono, clamor*

El pueblo ha sido objeto asimismo del abandono y el ocultamiento por parte de Yahvé. También en este ámbito de sentimientos es rico el vocabulario, no sólo el negativo, sino el positivo de la ayuda y el socorro. Los israelitas se sienten basura (*ʾašpattot*, 4,5b; *niddah*, 1,17c), desechados (*sᵉhi*, 3,45) entre tinieblas (*hošek*, 3,2; *mahašakkim*, 3,6); abandonados (*ʿzb*, 5,20) en su desnudez (*ʿerwah*, 1,8b), como si fueran un cacharro (*nebel*, 4,2b). Yahvé se ha ocultado (*ʿlm*, 3,56). El pueblo abandonado, aunque es consciente de su culpa, sabe que Yahvé no cierra los oídos a las súplicas. De ahí que, a pesar del silencio de lo alto, espere su ayuda (*ʾezrah*, 4,17a) y no ceje en su clamor: *qol,* clamor 3,56; *šwʿ,* pedir socorro 3,8; *šawᵉʿah,* grito 3,56; *tᵉpillah,* súplica 3,8.44. La invocación en Lam (*qrʾ*) es ambigua. Mientras que en 3,55.57 el orante «llama» a Yahvé, en 1,15b y 2,22a es el propio Yahvé quien «convoca» desgracias contra su pueblo.

• *Enemistad, amistad*

Un paso más en el estudio del vocabulario nos pone en contacto con el sentimiento de la enemistad. Por lo que respecta a *ʾoyeb,* la mayor parte de las recurrencias se refiere al enemigo babilonio (1,2c.5a.9c.16c.21b; 2,7b.16a.22c; 3,46.52; 4,12b). Pero como Yahvé ha colaborado con este enemigo bien por obra (2,17c) bien por omisión (2,3b), no es extraño que el propio Yahvé sea considerado como tal (2,4a.5a). También es frecuente el sinónimo *sar* (1,5a.c.7c-d.10a.17b; 2,17c; 4,12b), que sólo se aplica a Yahvé en 2,4b. Sólo en una ocasión aparece *qam* (3,62). El pueblo se siente traicionado por sus amantes (*bgd,* 1,2c; *rmh,* 1,19a), que hacen rechinar sus dientes (*hrq,* 2,16b) en señal de enemistad y de burla. El concepto antónimo de amistad está representado por varios lexemas, pero algunos de ellos formulados negativamente. La raíz *ʾhb,* «amar» tiene connotación sarcástica en *ʾoheb,* «amante» (1,2b; ptc. Pi. 1,19a). El pueblo, en lugar de tener a Yahvé como objeto de su amistad y de su amor, se echó en brazos de potencias extranjeras que, llegado el momento de la verdad, lo abandonan sin compasión. La gente no recibe asilo (*gwr,* 4,15b) ni es respetada (*hdr,* 5,12), pero sabe que la amistad no ha muerto en el corazón de su Dios, que en el momento preciso saldrá en su defensa (*gʾl* / *ryb,* 3,58).

• *Acoso, respiro*

A la idea de enemistad se unen los sentimientos de acoso y terror. El pueblo (en ocasiones sus representantes) se siente acosado como un animal (*dlq,* acosar 4,19b; *swd,* dar caza 3,52; 4,18a; *rdp,* perseguir 1,3c; 1,6c; 4,19a; 5,5), sumergido en una fosa (*bor,* 3,53.55), entre redes (*rešet,* 1,13b) y trampas (*šᵉhitot,* 4,20). Tiene el camino cerrado (*gdr,* tapiar 3,7.9; *nqp,* cercar 3,5). El acecho al que se siente sometido (*ʾrb,* 3,10; 4,19b) impide al pueblo la fuga (*paliṭ* / *śarid,* 2,22b). Sólo le resta esperar cercado de terror (*magor,* 2,22a; *paḥad,* 3,47). El sentimiento antónimo de respiro está representado, entre otros, por los términos *nwh*, descansar (5,5), *manoah* (1,3b) y *pugah* (2,18c), reposo, y *ruah*, aliento (4,20a). Pero no se trata de un respiro otorgado por Yahvé que ponga fin al acoso y al terror. En los dos primeros casos se trata de expresiones formuladas negativamente: la gente no encuentra reposo. En 4,20a *ruah* es una imagen aplicada al Ungido; *pugah*, expresado también en forma negativa, se sitúa en el ámbito de la incansable actitud del orante que solicita la intervención auxiliadora de Yahvé.

- *Profanación, honra*

El pueblo se siente también objeto de profanación y de escarnio. Junto al típico *hll*, «profanar»/«deshonrar» (2,2c), cuyo objeto son el rey y los príncipes, encontramos el vocabulario de la irrisión, provocada por la severa humillación a la que ha sido sometido el pueblo: *manginah*, sátira (3,63), *śhq*, reírse (1,7d), *sᵉhoq*, burla (3,14), *šrq*, silbar sarcásticamente (2,15b; 2,16b). El vocabulario antónimo de la honra no aporta ningún respiro de alivio. De hecho, *kbd* no implica más que el recuerdo de tiempos mejores (1,8b). Pasó a la historia la proverbial y memorable manifestación de la honra de Sión: *hadar*, empaque (1,6a), *yopi*, hermosura (2,15c), *tipᵓeret* gloria, hermosura (2,1b).

- *Destrucción, expolio*

Pero lo que más sorprende del léxico de Lamentaciones es la abundancia de vocabulario relativo al expolio y la destrucción de que han sido objeto Jerusalén y el pueblo en su conjunto. Por una parte, abundan los términos referentes a las armas o la técnica bélica (*hereb*, espada 1,20c; 2,21b; 4,9a; 5,9; *dqr*, piel, apuñalar 4,9b; *hrg*, matar 2,4b; 2,20c; 2,21c; 3,43; *tbh*, matar 2,21c; *hll*, herir 2,12b; 4,9a; *hes*, flecha 3,12; *qešet*, arco 2,4a; 3,12; *ᵓeš*, fuego 1,13a; 2,3c; 2,4c; 4,11b; *bᶜr*, arder 2,3c; *yst*, incendiar 4,11b; *šll*, saquear 1,5a); por otra, el lector se siente sobrecogido por la insistencia en el vocabulario de la destrucción: *ᵓbd*, piel, echar a perder 2,9a; 3,18 Qe); *blᶜ*, destruir 2,2a.5a-b.8b.16b; *gdᶜ*, tronchar 2,3a; *hpk*, arrasar 1,20b; 3,3; 4,6b; *hrs*, demoler 2,2b; 2,17b; *hms*, destruir 2,6a; *tbᶜ*, derribar 2,9a; *klh*, acabar con, aniquilar 2,22c; *ngᶜ*, golpear, derribar 2,2c; *pšh,* despedazar 3,11; *šeʾt,* destrucción 3,47; *šbr,* romper, destruir 1,15b; 2,9a; 3,4; *šeber,* quebranto, ruina 2,11b.13c; 3,47-48; 4,10b; *šht,* destruir 2,5b.6a.8a; *šmd,* destruir 3,66; *šmm,* estar desolado, desfallecer 4,5a; 5,18; *tlh,* colgar, ahorcar 5,12. El país está en ruinas *somem,* 1,4b.13c.16c; 3,11); es el fin (*qeṣ,* 4, 18b).

• *Destierro*

Siguiendo con la descripción fenomenológica que nos facilita el léxico, relativa a la situación física del país y a la situación anímica de los supervivientes, nos encontramos con el vocabulario del destierro: *ʾasir,* prisionero 3,34; *glh,* ir al destierro 1,3a; *hlq,* piel, dispersar 4,16a; *yšb,* habitar (entre gentiles) 1,3b; *šᵉbi,* destierro 1,5c.18c; *šᵉbit,* cautiverio 2,14b. Al sentimiento de culpa, a la experiencia de la cólera divina, a la sensación de abandono, enemistad, acoso, profanación y expolio, viene a sumarse la dolorosa y humillante situación del destierro.

• *Tristeza, dicha*

El vocabulario de la tristeza y del cansancio ahonda en la descripción del ánimo de los supervivientes y desterrados: *dwh,* languidecer 1,13c.22c; 5,17; *dmm,* estar callado 2,10a.18c; 3,28; *dumam,* en silencio 3,26; *ygh,* estar triste 1,4c.5b.12c; 3,32-33; *ygʿ,* fatigarse 5,5; *kšl,* doblegar 1,14b; 5,13; *marud,* amargura 3,19; *mᵉromim,* amarguras 3,15; *ʿoni,* aflicción 1,3a.7a.9c; 3,1.19; *ʿtp,* desfallecer 2,11c.12b.19d; *šwh,* sentirse abatido 3,20. El léxico antónimo relativo a la dicha y a la fuerza no hace sino apuntalar por vía negativa los sentimientos de tristeza y cansancio. Se menciona la dicha (*tobah,* 3,17) y la alegría (*maśoś,* 5, 15) para constatar con amargura su ausencia. Otro tanto puede decirse de *koah,* fuerza en 1,6c y 1,14b. Por último los tres verbos que definen típicamente la alegría: *śwś* (1,21b; 4,21a), *śhq* (1,7d), *śmh* (2,17c; 4,21a). En ningún caso el sujeto es la capital del país o los israelitas, sino los enemigos, que se burlan del quebranto de Sión.

• *Duelo*

El pueblo en ruinas se ve sumido en el duelo; sólo le queda el recurso a la lamentación, en espera de que Yahvé se apiade y les consuele. Abunda en Lamentaciones el vocabula-

rio del dolor y la aflicción: *'ebel,* luto (1,4a; 5,15); *'anaḥah,* ge-
mido (1,22c); *'aniyyah,* duelo (2,5); *dimʿah,* lágrimas (1,2a;
2,11a.18b); *makʾob,* dolor (1,12b; 1,18b); *ʿoni,* aflicción
(1,3a.7a.9c; 3,1.19); *šawʿah* grito (3,56); *tᵉpillah,* súplica
(3,8.44). La galería de verbos no hace sino subrayar ese mundo de dolor y desesperación: *ʿnh,* lamentarse (1,4b.8c.11a.21a);
'bl, lamentarse (2,8c); *bkh,* llorar (1,2a.16a); *zʿq,* gritar (3,8);
ṣʿq, gritar (2,18a); *rnn,* gritar (2,19a; aquí, de dolor).

Como hemos podido ver a lo largo de este análisis del léxico, el pueblo se halla sumido en el más profundo fracaso
humano y político. El clímax de esta visión dramática de la
historia lo constituye el hecho de que todo ha sido fruto de la
cólera, la enemistad y el rechazo del propio Yahvé, que se ha
convertido en su enemigo personal. ¿Queda algún resquicio
para la esperanza? Aunque el conjunto del c. 3 da pie a ella
(un típico *de profundis*), parece seria la dificultad de poder remontar el abatimiento y la desesperanza. Junto a «Se acabó...
mi esperanza en el Señor» (3,18) encontramos «Pero hay algo
que... me da esperanza» (3,21). Puede decirse que la tensión
que se percibe en Lamentaciones (una tensión psicológica y
teológica) queda al final sin resolverse, como si el creyente se
viese radicalmente abocado, en virtud de la sustancialidad
misma de la fe, a debatirse agónicamente entre la presencia y
el abandono, el amor y la cólera, el ánimo y la desesperanza,
la realización humana y la frustración.

2. La forma poética

El libro de las Lamentaciones está formado por cinco
composiciones poéticas, correspondientes a sus cinco capítulos, con los versos estructurados alfabéticamente. Las cuatro
primeras son acrósticos [13]; la quinta es simplemente alfabética,

[13] Se denomina acróstico al poema con veintidós unidades (estrofas o esticos), cada una de las cuales comienza con una de las letras del alefato hebreo
en riguroso orden, de la álef a la tau. La técnica es conocida en el Salterio
(p.e. Sal 119) y en la literatura sapiencial (p.e. Pro 31,10-31). La forma acróstica, en general, se ha intentado explicar de varias maneras: como respuesta a la
creencia en el poder mágico de las letras; como nemotecnia para la recitación
pública; como simple recurso estilístico; como una forma de abordar una temática en su conjunto («de cabo a rabo»). Sobre el tema, consultar N.K. Gottwald, *Studies in the Book of Lamentations* (Londres 1962) 23-32.

en el sentido de que tiene tantos versos como letras el alfabeto hebreo [14]. Los tres primeros capítulos se componen de estrofas de tres esticos; pero, mientras en los dos primeros la correspondiente letra del alefato aparece sólo en la primera palabra de la estrofa, en el cap. 3 cada uno de los tres esticos comienza con la misma letra que le corresponde. La cuarta composición poética tiene sólo dos esticos en cada una de sus veintidós estrofas, y la forma acróstica afecta sólo al comienzo del primer estico (como en los capítulos 1 y 2) [15]. Un detalle secundario es que mientras el primer poema sigue el orden normal de las letras del alefato hebreo (*'ayin* antes de *pe*), el segundo, tercero y cuarto poemas invierten el orden de esas dos letras. No es necesario considerar, como hace Eissfeldt, que esto es un indicio de la existencia de dos recopiladores distintos, o de que el primer poema ha sido sometido a un proceso de transmisión distinto del de los otros tres [16].

Los cinco poemas están más o menos ordenados en forma quiástica. El primero y el último ofrecen sumarios de contenido genérico, mucho más ajenos, desde el punto de vista psicológico, a los acontecimientos narrados en las terribles escenas de muerte y destrucción de los capítulos 2 y 4. El tercer poema mezcla ostensiblemente la queja individual en primera persona (vv. 1-39.49-66) con el «nosotros» comunitario (vv. 40-48). Sin embargo, se trata probablemente del eje de toda la obra, como lo sugiere tanto su forma (acróstico completo, donde la palabra hebrea correspondiente aparece no sólo al principio de la estrofa, sino de cada versículo) cuanto su contenido (confianza de Israel en la misericordia de Yahvé) [17].

---

[14] Probablemente el poeta ajustó su número de esticos para poder adaptarla a la forma de los acrósticos precedentes. Ejemplos de estructura simplemente alfabética fuera de Lamentaciones en Sal 33; 38 y 103. Sobre la estructura métrica de los acrósticos alfabéticos bíblicos en general y la de Lam 5 en particular, consultar D.N. Freedman, *Acrostic Poems in the Hebrew Bible: Alphabetic and Otherwise*: CBQ 48 (1968) 408-431.

[15] Hay que tener en cuenta que, en los cuatro primeros poemas, la estructura acróstica no ofrece la progresión de pensamiento que cabe esperar de este tipo de poesía hebrea (comparar p.e. con los salmos alfabéticos 25; 34; 37; 111; 112; 119; 145). El lector saca la impresión de que el pensamiento no discurre con naturalidad, y de que las ideas llevan un extraño ritmo de alternancia.

[16] Cf. O. Eissfeldt, *The Old Testament. An Introduction* (Oxford 1966) 501.

[17] Ver al respecto el interesante artículo de B. Johnson, *Form and Message in Lamentations*: ZAW 97 (1985) 58-73.

3. *Género literario*

a) *Lamentación y elegía*

La interpretación de los poemas depende en gran medida de la comprensión de su género literario. El género predominante es la lamentación, tanto individual como comunitaria, aunque en los capítulos 1, 2 y 4 ha dejado profundamente impresa su huella la elegía, aplicada a una entidad sociopolítica. La ciudad desconsolada es comparada a una mujer («hija de Sión») que ha quedado viuda (1,1)[18], si bien la mayor parte de las veces se habla de ella como una afligida madre cuyos hijos (la población de Jerusalén) han muerto de inanición, o han sido asesinados, desperdigados o humillados.

b) *Los poemas*

El primer poema empieza como una elegía fúnebre (vv. 1-11), estilo que se abandona ya en vv. 9c y 11c, donde la tercera persona deja paso a la primera (rasgo de la lamentación individual): la propia Jerusalén se lamenta de su condición en vv. 12-16. A partir del v. 17 reaparece el tono elegíaco, para dejar paso nuevamente a la lamentación de Jerusalén personificada (vv. 18-22). Algunos autores opinan que, a pesar de sus diferentes elementos formales, se trata «funcionalmente» de una lamentación comunitaria con pretensiones parenéticas.[19]

El segundo poema es también una elegía fúnebre sobre el dolor que ha tenido que soportar Jerusalén a manos de Yahvé. Del v. 11 al final toma la palabra el propio poeta, que, anonadado por el triste destino de la ciudad (vv. 11-12), se dirige a ésta con conmovedoras palabras (vv. 13-19) y pone en su boca una súplica y una queja (vv. 20-22), elementos formales habituales en el género lamentación.

En el tercer poema, a pesar del predominio de los aspectos de la lamentación individual[20] (vv. 1-18), encontramos fórmulas y expresiones típicas de los salmos sapienciales (vv. 25-39) y de la acción de gracias (vv. 52-58). En los vv. 40-47 se observa una transición a la lamentación comunitaria. En este

---

[18] Aunque en realidad su esposo Yahvé no ha muerto.
[19] Así O. Kaiser, *Introduction to the Old Testament* (Oxford 1975) 357.
[20] Cf. G. Fohrer, *Introduction to the Old Testament* (Londres 1976) 297.

capítulo, al contrario de lo que ocurre con las otras cuatro lamentaciones, existe una serie de problemas que los especialistas no han sido todavía capaces de resolver, especialmente los relativos al discernimiento de los componentes del género y al número e identidad de los portavoces. Un personaje anónimo («Yo soy un hombre...») nos habla del sufrimiento que ha tenido que soportar a manos de Yahvé (vv. 1-18) y de su esperanza de liberación (vv. 19-24), al propio tiempo que pone de manifiesto, con un tono abiertamente didáctico, la necesidad del hombre que sufre de confiar y esperar en la justicia y el carácter compasivo de Yahvé (vv. 25-39). En los vv. 40-47, como hemos observado, irrumpe el «nosotros» comunitario.

El poema termina con la aparición de tres voces: el poeta lamenta la miserable condición de la Hija de Sión (vv. 48-51); una acción de gracias individual proclama la liberación recibida de Yahvé (vv. 52-58); un portavoz de la comunidad (o quiza la Hija de Sión) suplica la liberación de manos del enemigo y el castigo de éste (vv. 59-66)[21]. Este cambio de portavoces y la variedad de elementos formales han cegado a numerosos comentaristas, que han hecho picadillo el poema y han negado su unidad[22]. Al propio tiempo que reconocemos la legitimidad de dichos análisis, es probable que sus abanderados no valoren en su justa medida el alcance de los elementos retóricos y estilísticos para la comprensión de la poesía hebrea. Decir que la expresión «yo soy el hombre» de 3,1 no encaja en el conjunto porque *geber* es masculino y Jerusalén (objeto de las lamentaciones y las elegías) es femenino carece de relevancia argumentativa. Por una parte, el cambio a «nosotros» sólo tiene razón de ser si el poeta está pensando desde el principio en una entidad colectiva (Jerusalén o Judá); por otra, el hecho de que este tercer poema aparezca junto a otros cuatro que hablan claramente del desastre de Jerusalén constituye sin duda el comentario (implícito) más antiguo al propio capítulo 3[23]. Es posible que al gusto literario occidental le cueste entender la comparación de Jerusalén con un hombre. Sin embargo, ya en el primer poema (que habla claramente de Jerusalén) la

---

[21] Hay autores que interpretan colectivamente el «yo» de estos pasajes del cap. 3.
[22] Ver al respecto las severas críticas de R. Gordis, *op. cit.*, 171.
[23] Cf. O. Eissfeldt, *op. cit.*, 503.

ciudad es comparada a un cuerpo enfermo («Desde el cielo ha lanzado un fuego que se me ha metido en los huesos» 1,13), imagen que reaparece en 3,4 («Me ha consumido la piel y la carne, y me ha roto los huesos»). Tampoco puede rechazarse que el «yo» con el que da comienzo el poema quiera definirse como representante del pueblo[24].

En el cuarto poema, aunque predomina la elegía, se perciben elementos de la lamentación comunitaria (vv. 17-20) y del lenguaje profético (vv. 21s). El quinto es una lamentación comunitaria, con las típicas quejas y súplicas de este género (vv. 20-22), aunque incluye excepcionalmente fórmulas hímnicas (v. 19).

c) Liturgia de lamentación

Los cuatro primeros capítulos, al propio tiempo que se apoyan con maestría en diversos géneros, fueron deliberadamente compuestos como complejas liturgias lamentatorias, a juzgar por el uso del acróstico[25]. La estructura litúrgica de dichos capítulos se percibe en el cambio de portavoces, indicio sin duda de que en la recitación pública de estas lamentaciones tomaban parte diferentes personajes. Las partes que utilizan el «nosotros» pudieron muy bien ser recitadas o cantadas por un coro o por toda la asamblea. En el cap. 1 se lamenta el poeta por el trágico destino de la «hija de Sión» (vv. 1-11.17), que a su vez deplora su propio estado (vv. 12-16.18-22). El poeta del cap. 2 se lamenta por la ciudad (vv. 1-12), al propio tiempo que trata de consolar a la doncella Sión (vv. 13-17) y de invitarla a la lamentación (vv. 18-22). En el cap. 4 reaparece la lamentación del poeta por la ciudad (vv. 1-16); se oye la lamentación comunitaria de los jerosolimitanos (vv. 17-20) y un oráculo profético de castigo dirigido contra Edom, acompañado de otro de salvación ofrecido a Sión (vv. 21s). El «nosotros» comunitario constituye la tónica general del cap. 5, aunque el desgarro manifestado en los versículos de apertura

---

[24] Así R. Rendtorff, *Das Alte Testament. Eine Einführung* (Neukirchen-Vluyn 1983) 282.

[25] El acróstico requiere, entre otras cosas, moverse con agilidad en el ámbito de las estructuras formales, como pueden ser la selección terminológica, la ordenación de los elementos del género y la distribución armónica de los aspectos conceptuales.

y de cierre (1.19-22) bien pudo ser proclamado por algún portavoz individual en la recitación pública. [26]

d) Elegía política

No son pocos los autores que, dada la naturaleza comunitaria de la realidad objeto de las elegías de Lamentaciones, y teniendo en cuenta las claras divergencias de éstas respecto a la elegía tradicional, prefieren hablar de «elegía política» [27]. Entre los comentaristas de relieve, Kraus es el único que, no satisfecho con esta última definición del género y por analogía con un texto relativo a la destrucción del santuario de Ur, recurre a la denominación de «lamentación por la destrucción del santuario» [28], que implicaría como sede vital una ceremonia cultual. La reacción no se hizo esperar y una serie de especialistas, encabezada por McDaniel [29], echaron por tierra la pretensión de Kraus. De hecho, ese tipo de lamentaciones no constituyen en Mesopotamia un género literario independiente, sino una sub-categoría del género lamentación.

4. Uso litúrgico

Como hemos podido ver, es probable que Lamentaciones sea una colección de poemas, y no obra de un solo autor. De hecho no se percibe una progresión dramática de capítulo a capítulo. En tal caso, y a tenor de los informes de Zac 7,1-5; cf. Jr 41,4s, es posible que los poemas fuesen interpretados con ocasión de alguna liturgia anual, acompañada de ayuno público, en conmemoración de la caída de Jerusalén [30]. Y habrá que suponer que se trata de una selección que la propia gente hizo

---

[26] Sobre las peculiaridades literarias del cap. 5, ver G. Brunet, *La cinquième lamentation:* VT 33 (1983) 149-170.

[27] La expresión ya fue utilizada por Budde y Gunkel, y aplicada por éste a los poemas primero, segundo y cuarto, aun consciente de que no representan al género en toda su pureza; cf. O. Kaiser, *Introduction to the Old Testament* (Oxford 1975) 356.

[28] Cf. H.-J. Kraus, *Klagelieder. (Threni)* (Neukirchen-Vluyn 31968) 9-10.

[29] Cf. T.F. McDaniel, *The Alleged Sumerian Influence upon Lamentations:* VT 18 (1968) 198-209; también R. Gordis, *op. cit.*, 127-128; O. Kaiser, *op. cit.*, 356; G. Fohrer, *op. cit.*, 297. Recientemente R. Rendtorff, *op. cit.*, 281.

[30] Sin embargo, es improbable que originalmente fueran compuestos con esa finalidad. Cf. al respecto G. Fohrer, *op. cit.*, 298.

de entre un número indeterminado de poemas. A lo largo de los años se fue imponiendo el uso de los poemas que el pueblo consideraba más adecuados para expresar tanto el dolor provocado por la caída de la ciudad santa cuanto su inquebrantable fe en el futuro que Yahvé sin duda les ofrecía.

Las liturgias lamentatorias tenían una función catártica, la de superar el abatimiento y la aflicción, y abrir así a la esperanza a unos participantes que habían perdido prácticamente todo lo que había formado parte de su antigua condición y que había dado sentido a su vida. En nuestro libro, tanto la estructura acróstica (de algún modo dialogada) cuanto la repetición y agresividad de las expresiones postulan el uso litúrgico. Los poemas serían recitados en determinados días conmemorativos, y en la recitación tomarían parte posiblemente diferentes personas y grupos, que representaban a Sión, a los ciudadanos de Jerusalén, a los espectadores, etc. El contenido del libro de las Lamentaciones, leído en la sinagoga al menos a partir de la destrucción de Jerusalén a manos de los romanos, ha sido aplicado a la pasión de Jesucristo por las iglesias cristianas y leído en los oficios de Semana Santa.

III. SIGNIFICADO Y PROPOSITO

Los especialistas han ofrecido propuestas inconclusivas sobre los componentes ideológicos y el ámbito institucional de estas lamentaciones [31], aunque un examen de su matriz conceptual podría ayudarnos a establecer las tradiciones e instituciones que las justifican.

1. Crisis teológica por la destrucción de Jerusalén

Para empezar, la destrucción de Jerusalén es interpretada como un merecido castigo por los pecados del pueblo (1,5.8.14s. 20.22; 3,42; 4,5; 5,7.16). Pero la culpa la comparten sobre todo profetas y sacerdotes, que, en lugar de dar la voz de alarma por el descarrío del pueblo, profetizaron falsedades y colaboraron en la persecución de los justos (2,14; 4,13). Jere-

---

[31] Ver especialmente B. Albrektson, *Studies in the Text and Theology of the Book of Lamentations* (Lund 1963) 214-239.

mías y Ezequiel ya habían contribuido a la descalificación de los líderes religiosos (Jr 14,13-16; 23,1-4.9-32; Ez 13,1-16; 34,1-10).

La conmoción colectiva por la pérdida de la ciudad y del templo había adquirido tales dimensiones que el poeta que empezó a componer estos cantos lamentatorios pretendió sin duda que el pueblo diera rienda suelta a su dolor mediante la toma de conciencia de su culpabilidad y la confesión de su esperanza[32]. Sin embargo, era consciente de que la gente tenía dificultades para apelar a Yahvé con confianza. Era excesivamente virulento el conflicto interno entre fe y realidad histórica. Aunque este conflicto constituye en realidad el gran contencioso entre la gente y Dios a lo largo de la historia de casi todas las religiones, el duro revés del 586 supuso sin duda para muchos israelitas la gota que colmó el vaso. ¿Qué sentido tenían las calamidades que habían asolado el país desde la inesperada y sorprendente muerte del piadoso rey Josías (609 en Meguido), pasando por la humillación y el vasallaje, hasta llegar al asedio por hambre, la aniquilación casi total y la destrucción del estado? Si la respuesta a estos interrogantes se escondía en los misteriosos designios de Yahvé, ¿qué sentido tenía la vida de los supervivientes de Jerusalén?; ¿cómo debían reaccionar ante un Dios aparentemente inmisericorde?[33] Había gente que creía que Yahvé tenía que haber protegido milagrosamente a su ciudad santa, a tenor del contenido de los himnos a Sión (Sal 46; 48; 76)[34]. Así se puede deducir de 2,15c y 4,12. El poeta no tiene más remedio que subrayar el hecho de que los pecados de Judá han sobrepasado los límites de cualquier promesa incondicional relativa a la inviolabilidad de

[32] Una revisión crítica de las interpretaciones más relevantes en la actualidad del sentido del sufrimiento humano en el libro de Lamentaciones en M.S. Moore, *Human Suffering in Lamentations:* RB 90 (1983) 534-555.

[33] En este sentido, el libro de las Lamentaciones deja al descubierto la llaga siempre abierta del hombre auténticamente religioso. La tensión entre el creyente y Dios que palpita en cada versículo de Lamentaciones pone de manifiesto paradigmáticamente un dato sobrecogedor: el sufrimiento constituye una amenaza para la vida de fe, para los ocultos propósitos de Dios en la historia.

[34] Para un detallado análisis de la familiaridad del autor de Lamentaciones con la teología de los himnos a Sión, especialmente con el teologúmeno de la inviolabilidad de Sión como morada eterna de Yahvé Rey, consultar B. Albrektson, *op. cit.*, 219-230.

Sión y de la dinastía davídica. Verdad es que en Lamentaciones no hay ninguna referencia explícita a la ruptura de la alianza, pero la destrucción de la ciudad y del estado es descrita en términos que bien podría suscribir el autor de Dt 28 [35].

2. *Los excesos del enemigo*

Pero hay otro problema que impide a la comunidad apelar con confianza a Yahvé. Los excesos del ataque enemigo son interpretados como una desmesurada injusticia perpetrada contra Israel. Tal desmesura impide al pueblo reconocer sus propios pecados, al propio tiempo que provoca serias dudas sobre la justicia y el amor de Yahvé para con Judá. Los poemas dejan entrever que el autor (o autores) está de acuerdo en que el enemigo «se ha pasado», razón por la que pide que sea castigado con el mismo rigor que lo ha sido el pueblo. En consecuencia, podemos advertir que el poeta distingue entre una adversidad merecida y un sufrimiento inmerecido, distinción que plantea un serio problema teológico, y también pastoral: la persona que sufre ha pecado, sí, pero puede que al mismo tiempo sea objeto de un sufrimiento irracional (cf. 3,52). Por eso, el autor del c. 3 quiere ir más allá de una simplista doctrina de la retribución, de una concepción ficticia y unilateral de la justicia personal (el pecador merece el castigo) y defender los derechos de reivindicación. De ahí que el que ha perpetrado el mal deba someterse a las consecuencias negativas de su actuación.

Sin embargo, el poeta del c. 3 no conoce el modo en que Yahvé tendrá en cuenta la relación entre el castigo merecido y el extralimitado sufrimiento de que es víctima el pueblo. Desconoce sobre todo cuándo y cómo actuará Yahvé para liberar-

---

[35] Un estudio sobre la relación entre algunas maldiciones de Dt 28 y el libro de Lamentaciones (especialmente 1,3; 1,5; 1,9; 1,18; 2,20; 4,16; 5,12) en B. Albrektson, *op. cit.*, 231-237. Se trata de la parte peor elaborada de esta obra, pues Albrektson no ofrece ninguna garantía argumentativa que ayude a superar la sospecha de que el autor de Lamentaciones no estaba familiarizado con las tradiciones teológicas del Deuteronomio, sino que el camino de la tradición discurre en dirección opuesta: esas tradiciones teológicas deuteronómicas no son más que *vaticinia ex eventu*, es decir, ampliaciones secundarias de Dt 28 tras los acontecimientos del 587.

le de este último sin evitarle aquél. El misterioso «hombre» de este capítulo constituye sin duda un paradigma del individuo que sabe sufrir con sensatez y paciencia, o bien de la comunidad desmoralizada que sigue confiando y esperando en Yahvé, que sabe soportar el sufrimiento sin dejarse arrastrar por la desesperación, pues sabe que Dios «no goza afligiendo» (3,33) y que tarde o temprano se convertirá en vengador de quien espera en él y lo busca en silencio (cf. 3,24-26).

3. *Castigo y esperanza*

Sin duda, el libro de las Lamentaciones, a juzgar por lo que venimos observando, refleja una evidente comprensión profética y deuteronomística del pecado del pueblo contra Yahvé como clave interpretativa de la catástrofe. Tal comprensión coloca decididamente al margen como ilusorias las tradiciones relativas a la absoluta defensa de Sión por parte de Yahvé y a la perenne estabilidad de la dinastía davídica. El subsiguiente castigo de las naciones que se han excedido en su depredación y la vuelta del pueblo a mejores tiempos una vez haya confesado su pecado son dos facetas cultivadas también en la tradición profética. Por otra parte, la espera paciente a la que debe someterse el pueblo entre el castigo y la restauración contiene resonancias sapienciales.

Al tratar de investigar el ámbito ideológico en el que se compuso y cultivó este tipo de poesía, habremos de contentarnos con excluir los ámbitos en que no pudo tener su origen. Desde luego no es posible que Lamentaciones fuese escrito por alguien que, ateniéndose a una rígida e inflexible lectura deuteronomística o profética del hecho, interpretase el juicio de Dios como un rechazo definitivo del pueblo. Desde el punto de vista opuesto, tampoco podemos admitir que el libro fuera escrito por alguien que creyese que la destrucción de Jerusalén y del estado fuese inmerecida, bien por la intrínseca justicia de Judá ante Yahvé bien por el carácter inquebrantable de las promesas divinas (una promesa siempre es una promesa). A lo sumo podemos decir que estas lamentaciones fueron escritas por personas que tenían acceso a las actividades cultuales, o interés en ellas; que se responsabilizaron de llevar a cabo manifestaciones cultuales de carácter popular (aunque de manera atenuada) en el lugar que había ocupado el templo de la ciudad santa. El autor (o autores) pudo muy bien pertenecer a algún cuerpo de élite: profético, sacerdotal o administrativo. Lo cierto es que dicha persona (o personas) dominaba las ideologías profética, deuteronomística y sapiencial (de las que hizo un uso ecléctico), al propio tiempo que tuvo el valor de relativizar el carácter axiomático de la inviolabilidad de Sión y de las promesas davídicas. Las tradiciones religiosas judías fueron así adaptadas por la población de Judá a los desajustes culturales e intelectuales provocados por la destrucción del estado.

Como dice un autor de nuestros días: «Lamentaciones tiende un puente entre el Hebraísmo y el Judaísmo... En él aparecen las convicciones más llamativas de la fe que, como el ave Fénix, tuvo que resurgir de los escombros y cenizas de la aniquilación política: responsabilidad ante el pecado, valor educativo del sufrimiento, absoluta justicia e imperecedero amor de Dios, carácter inescrutable de sus designios, invencible confianza del creyente y necesidad de la paciencia... Lamentaciones proclama la increíble fe de Israel y la imprime con tinta indeleble en la práctica litúrgica del Judaísmo» [36].

4. El libro de Lamentaciones en relación con el Antiguo y el Nuevo Testamento [37]

a) El género lamentación en el AT

Para reconocer la importancia que tiene Lamentaciones en el conjunto del Antiguo Testamento, y teniendo en cuenta el género lamentación, cuyos elementos formales predominan en la obra, habrá que establecer el lugar que ocupa ésta en la historia de la lamentación comunitaria en el Antiguo Testamento [38]. Hay que empezar afirmando que la lamentación tiene una importancia decisiva para la comprensión del discurso sobre Dios en el Antiguo Testamento, en especial para el referente a su acción liberadora, con la que empieza propiamente

[36] N.K. Gottwald, *Lamentations*, Book of, en IDB III (Nueva York 1962) 63.
[37] Seguimos de cerca la obra de C. Westermann, *Die Klagelieder. Forschungsgeschichte und Auslegung* (Neukirchen-Vluyn 1990) 188-192.
[38] Remitimos a la opinión de C. Westermann, *Die Rolle der Klage in der Theologie des Alten Testaments:* TBüch 55 (1974) 250-268, esp. 259-268.

la historia de Israel. En realidad constituye un componente de toda la serie de acontecimientos que van de la proclamación de la opresión y la angustia a la liberación. Se trata de una constante del discurso sobre Dios en el Antiguo Testamento. En el Salterio la importancia de la lamentación se pone de manifiesto en su carácter polar respecto a la alabanza, como elemento constitutivo de la plegaria. Pero estos motivos sálmicos aparecen con frecuencia en otros ámbitos literarios del Antiguo Testamento: Deuteroisaías, Jeremías (p.e. 11-20), Job e incluso en los libros históricos [39]. Los textos aquí cotejables son preferentemente elegías fúnebres y lamentaciones provocadas por el sufrimiento. Aunque en su origen presuponen diferentes situaciones [40], tienen en común la exteriorización del sufrimiento humano. La elegía dirige la vista atrás, rememorando el pasado de quien ahora yace exánime; la lamentación, en cambio, se proclama en previsión del futuro. De ahí que el elemento súplica, típico de la lamentación, esté ausente de las elegías.

b) *Entre la lamentación y la plegaria*

La peculiaridad del libro de las Lamentaciones emerge con mayor claridad desde esta distinción. No pueden ser elegías fúnebres en sentido estricto, pues su sede vital no corresponde a la de las exequias de un individuo. Por otra parte, si las denominamos elegías hemos de hacerlo sólo en el sentido figurado de elegía por una comunidad (cf. Am 5,1s). Pero en realidad este género elegíaco no encaja en Lam 1; 2 y 4, pues la sede vital de estos tres poemas es análoga a la de las lamentaciones comunitarias: las celebraciones *ad hoc* [41]. La ciudad ha sido víctima de una calamidad y los supervivientes se disponen a celebrar una lamentación (valor del término *som*, ayuno). En todo caso, existe una diferencia en relación con las lamentaciones comunitarias preexílicas. Mientras que las an-

---

[39] Cf. H. Gunkel, *Introducción a los salmos* (Valencia 1983) 135-157.
[40] La elegía postula un acontecimiento profano y tiene la función del desahogo ante una muerte, mientras que la lamentación va dirigida a Dios.
[41] En realidad casi nada conocemos de este tipo de celebraciones, salvo su mención.

teriores generaciones habían sido testigos de sucesivas derrotas por parte de Israel y Judá, los supervivientes al desastre del 587 habían presenciado la muerte de la ciudad con todas sus implicaciones: aniquilación de las instituciones, de la realeza y del culto. Precisamente esta peculiaridad se pone lingüísticamente de manifiesto en la mezcla de elementos de la lamentación comunitaria y de la elegía fúnebre.

Esta mezcla de elementos (el que la lamentación tenga que recurrir a la elegía) es un indicio de que, en el periodo postexílico, la lamentación no pudo, o no supo, desarrollarse formalmente a partir del dato que suministraba un descalabro político-militar. En consecuencia, las lamentaciones preexílicas fueron retocadas o ampliadas, y la celebración lamentatoria cedió amplio terreno a los actos penitenciales. En Lam 3, por ejemplo, nos encontramos con una exhortación en tono sapiencial (vv. 25-39) en la que la llamada al arrepentimiento y a la paciencia tiene primacía sobre los aspectos de la lamentación comunitaria.

Por otra parte, Lamentaciones prepara el camino al mensaje de salvación del Deuteroisaías y de otros oráculos salvíficos de origen desconocido. El resto que había quedado en Jerusalén había dado por buena la profecía de juicio. Bastaba esta aceptación por parte de la mayoría de los supervivientes para que el resto de la gente pudiera participar del perdón. Por eso es posible que el mensaje de salvación del Deuteroisaías y de otros poetas anónimos esté en relación con la lamentación del pueblo castigado por Dios. La relación se desprende del lenguaje del profeta del destierro. Tanto la promesa como el anuncio de salvación presuponen las lamentaciones de Israel bajo el azote de la ira de Dios. En dichos anuncios se alude precisamente a la lamentación (cf. Is 40,27; 49,14). Estas citas del Deuteroisaías ponen de manifiesto que las lamentaciones se fueron transmitiendo durante el periodo del destierro en el marco de ciertas celebraciones, tanto en Jerusalén cuanto entre los exiliados. El mensaje de salvación del Deuteroisaías fue sin duda entendido como respuesta a la lamentación y a la súplica del pueblo.

De este modo, el libro de las Lamentaciones constituye un eslabón en la historia de la lamentación y de la plegaria en el Antiguo Testamento, es decir, en la historia de Yahvé con su pueblo, escrita desde la cólera y la misericordia.

c) Lamentaciones de Jesús en el NT

En el Nuevo Testamento encontramos un texto muy cercano a Lamentaciones, el llanto de Jesús sobre Jerusalén (Mt 23,37-39 y par.). El texto del evangelista (24,1s) anuncia el cercano asedio de la ciudad santa y su destrucción. Pero Jesús no se limita a constatar el justo juicio de Dios sobre la ciudad pecadora, sino que se lamenta por el sufrimiento que acarreará a la gente dicha destrucción. Su compasión es superior a la ira de Dios que ha hecho necesaria la catástrofe. Y precisamente en este aspecto coincide el llanto de Jesús sobre Jerusalén con las lamentaciones proferidas por los supervivientes de la ciudad tras el desastre del 587. La pasión de una ciudad en ruinas supera las consecuencias de un castigo. Siempre nos encontramos con un superávit de dolor, representado por el sufrimiento de quienes no han tenido nada que ver en el curso de los acontecimientos: madres y niños, enfermos y decrépitos. Este exceso de dolor, especialmente el de los inocentes, es el que Jesús hace suyo con su actitud compasiva. Y el dolor manifestado en la lamentación y la súplica posibilita la escucha. Al llorar Jesús sobre Jerusalén, anticipa, anuncia y comparte las quejas y el dolor de quienes serían presas del terror tras los acontecimientos del año 70. Al propio tiempo confiere a las lamentaciones provocadas por los sucesos del s. VI su valor como lenguaje del dolor.

d) Dimensión actual de Lamentaciones

Las lamentaciones quedaron impresas en la memoria de los supervivientes del 587, pero al propio tiempo fueron puestas por escrito y recitadas en las celebraciones conmemorativas de la destrucción de Jerusalén. Este recuerdo sigue vivo en las actuales comunidades judías. Por el contrario, el lamento de Jesús sobre Jerusalén no ha fomentado una tradición viva entre las comunidades de las iglesias cristianas; a lo sumo es rememorado en algunas perícopas de los leccionarios litúrgicos. Pero no puede decirse que, en la historia de la Cristiandad, el dolor provocado por la destrucción de una ciudad haya creado una memoria activa entre las distintas comunidades cristianas, a pesar de que ambos Testamentos lo mencionan con frecuencia. En palabras de un comentarista moderno: «La

Iglesia actual necesita desesperadamente escuchar el mensaje de Lamentaciones, si es que el Cristianismo quiere entender su propia misión como algo más amplio que el cultivo de la piedad personal, cuando la vida diaria del hombre está sumida en un infierno» [42].

Si fuese posible que las lamentaciones de Jesús y las proclamadas con ocasión del desastre del 587 tuvieran un nuevo eco en las iglesias cristianas, se produciría una reflexión en dos direcciones. Nuestras iglesias han tomado parte, activa o pasivamente, en las guerras de los pueblos a los que pertenecían. Poco ha cambiado hasta la segunda guerra mundial. En tales ocasiones siempre se ha dado por necesario o inevitable precisamente aquello por lo que Jesús se lamentó: el dolor de quienes no participaron en tan terribles sucesos, el dolor de niños, madres, enfermos, ancianos. Y con la proliferación de las guerras ha aumentado exorbitadamente el sufrimiento de los inocentes. ¿Sería posible que una escucha más atenta del texto bíblico provocara un cambio de ideas, una conversión en las iglesias cristianas?

Pero podemos proponer otra reflexión. Cuando escuchamos el llanto de Jesús sobre Jerusalén o el de los millares de personas que a lo largo de los siglos han visto sus ciudades y su hábitat destruidos, no es honesto que nos conformemos con una historia escrita para quien todo ese dolor carece de relevancia. La destrucción de una ciudad es tan habitual para la humanidad y su historia, que ya estamos acostumbrados a ello. Casi nadie se inquieta por tales sucesos. A lo sumo una lamentación tiene un eco generalizado en el lugar en que ha tenido lugar la eventual catástrofe, como en el caso de Jerusalén. Desde que la historia empezó a escribirse casi todos los informes oficiales han partido del ámbito militar: victoria sobre el enemigo y número de soldados muertos; rara vez se habla de los caídos entre la población civil. Y el clamor de los que sufren pronto se desvanece en el olvido, pues para los historiadores carece de significado. En este aspecto parece no haber distinción entre la historia escrita antes de Cristo y la historia patrocinada durante la Cristiandad. Y tendríamos que preguntarnos si es objetiva y válida una historia para la que no existe el sufrimiento de los implicados en un conflicto bélico.

[42] N.K. Gottwald, *Studies*, 113-114.

Esta revisión de la forma de escribir la historia debe ser alentada sobre todo en una época en que las posibilidades de destrucción ha alcanzado límites colosales.

Es lamentable el hecho de que la lamentación no ocupe apenas lugar en la oración cristiana, cuando, como hemos podido observar, forma parte esencial de ella. La pregunta es inevitable: ¿puede explicarse a partir del Nuevo Testamento esta marginación de la lamentación? En tal caso el discurso sobre Dios sería muy diferente en el Antiguo y en el Nuevo Testamento. Al mismo tiempo tendríamos que preguntarnos por qué los teólogos no tienen en cuenta esta divergencia entre ambos testamentos. Con su actitud ante Jerusalén, Jesús reconoció el derecho que tiene toda persona que sufre a quejarse de su sufrimiento. La historia del pueblo de Dios comenzó precisamente cuando un grupo de personas que no lo conocía clamó presa del sufrimiento y fue escuchado. A partir de entonces reconoció a Dios como su liberador. Toda historia de liberación, de salvación, comienza con un grito *de profundis*. La Biblia habla de un Dios misericordioso ante el clamor provocado por el sufrimiento.

IV. HISTORIA DE LA INTERPRETACION

Ante la inconveniencia de ofrecer una amplia panorámica de la historia de la interpretación de Lamentaciones (inadecuada para una introducción), nos limitaremos a los autores más representativos de este siglo. Por otra parte, las discusiones más habituales y significativas se han centrado en torno a la autoría, el género literario y la sede vital.

Las ideas de Gunkel [43] sobre el género literario y la interpretación general de Lamentaciones ejercieron una influencia decisiva, influencia que todavía perdura. Definió los cc. 1, 2 y 4 como elegías políticas. Para él este género presenta aspectos de la lamentación comunitaria y está empapado de ideología política. Aunque su origen es profano, el uso de dichos aspectos convierte a este género en poesía religiosa. Por lo que respecta al c. 5, opina Gunkel que se trata de una lamentación

[43] Consultar H. Gunkel, *Klagelieder Jeremiae*, en RGG III (²1929) 1049-1052.

comunitaria. El c. 3 acusa una evidente mezcla de formas (súplica, confianza, elementos sapienciales), aunque el tipo básico es la lamentación individual. Se trata de una unidad independiente. Estas diferencias entre los cinco poemas induce al exegeta alemán a postular diversidad de autores y a reconocer el carácter compuesto de la obra. Por lo que respecta a la época de composición, opina Gunkel que no hay que ir mucho más allá del 587. Aunque muchas de las ideas de Gunkel se dieron y se siguen dando por válidas, numerosos autores han matizado su pensamiento en líneas generales y en algunos puntos en particular.

1. Epoca y lugar de composición

Aunque no se puede hablar de consenso entre los intérpretes de este siglo, la opinión más generalizada sobre la época de composición de Lamentaciones menciona un término *a quo* (la caída de Jerusalén en 587) y un término *ad quem* (el comienzo de la vuelta de los desterrados en 538). Otra opinión ampliamente compartida habla de una fecha no muy alejada del 587. Incluso se piensa que los autores de los cinco poemas hubieron de ser testigos oculares de los acontecimientos. Algunos especialistas sospechan que cada una de las cinco composiciones tiene distinto origen en el tiempo[44], si bien las posturas divergen a la hora de concretar su edad respectiva[45]. Ru-

[44] Así, O. Kaiser, *Klagelieder*, ATD 16/2 (Gotinga ³1981) 301-302. Es muy frágil, sin embargo, la conclusión de este autor de que el segundo poema es el más antiguo, por su dependencia literaria de algunos textos proféticos y de los Salmos, y de que la edad de los otros cuatro debe precisarse a partir de su dependencia, también teológica, de aquél.

[45] La mayor parte de los comentaristas opina que los poemas más antiguos son 1, 2 y 4, especialmente los dos últimos. Respecto al quinto se acentúan las divergencias. En cambio, el consenso es casi absoluto por lo que se refiere a la datación más tardía del c. 3, que algunos, sin una base sólida, consideran un «trabajo de epígonos»; así K. Budde, *Die Klagelieder*, en K. Budde / A. Bertholet / G. Wildeboer, *Die fünf Megillot erklärt*, KHC XVII (Friburgo B. 1898) 92. Aunque el origen exílico, o del primer periodo postexílico, puede darse por probable, hay autores que, aun admitiendo esa época para la composición de Lam, reconocen que el lenguaje es preexílico; así T.F. McDaniel, *Philological Studies in Lamentations*: Bib 49 (1968) 27-53; 199-220.

dolph es prácticamente el único comentarista que retrotrae el término *a quo* a la primera deportación del 597, periodo de composición, a su juicio, del primer poema [46]. Aunque en una primera época Kaiser defendió una datación tardía de los cinco poemas (el más antiguo no sería anterior a la mitad del siglo V; el más reciente sería compuesto en el siglo IV) [47], posteriormente rectificó en favor del consenso sobre el siglo VI [48]. Prácticamente sólo el siglo pasado fue testigo de una datación de Lamentaciones en la época de los macabeos [49].

La voz es casi unánime sobre el origen jerosolimitano de Lamentaciones. Sólo unos pocos autores hablan de la Babilonia del destierro, aunque sin pruebas conclusivas.

2. *Autor o autores*

De las obras de los comentaristas se deduce una triple posibilidad: Lamentaciones es obra de un solo autor [50]; Lamentaciones fue escrita por varios autores [51]; cualquiera de las dos opiniones puede ser válida [52]. En líneas generales, la unicidad de autor tiene el inconveniente de que la mayor parte de los defensores de la teoría no pueden aducir razones lingüísticas o

---

[46] W. Rudolph, *Die Klagelieder*, KAT XVI/3 (Gütersloh ²1962). Su opinión ha sido compartida, aunque con reservas, sólo por A. Weiser, *Introduction*, 306.

[47] Cf. C. Westermann, *Klagelieder*, 57.

[48] O. Kaiser, *Introduction*, 359.

[49] Cf. M. Löhr, *Sind Thr IV und V makkabäisch?:* ZAW 14 (1894) 51-59; sólo el c. 5 pertenecería a esta época según S.T. Lachs, *The Date of Lam 5:* JQR 19 (1966/67) 46-56.

[50] En esta línea las introducciones de las obras de W. Rudolph, *Klagelieder;* F. Nötscher, *Die Klagelieder, Echter Bibel* (Würzburg ²1962); A. Weiser, *Klagelieder*, ATD 16/2 (Gotinga 1958); O. Plöger, *Die Klagelieder*, HAT I/18 (Tubinga 1969); R. Brandscheidt, *Gotteszorn und Menschenleid, tesis* (Tréveris 1983). Ver también B. Johnson, *Form and Message in Lamentations:* ZAW 87 (1985) 58-73.

[51] Siguen esta opinión de Gunkel, aunque ofreciendo diversas matizaciones, A. Robert / A. Feuillet, *Introducción a la Biblia* I (Barcelona 1967) 620; O. Eissfeldt, *op. cit.*, 500-505. Deja la cuestión abierta, aunque opina que los dos primeros poemas son obra del mismo autor, O. Kaiser, *Introduction*, 355.

[52] No hay criterios decisivos de orden textual para decidirse por una u otra propuesta. Así, las introducciones de las obras de A. Weiser, *Klagelieder;* D.R. Hillers, *op. cit.*; H.-J. Kraus, *Klagelieder (Threni)*, BK XX (Neukirchen-Vluyn ³1968) 14-15. También W.H. Schmidt, *Introducción al Antiguo Testamento* (Salamanca 1983) 384-386.

estilísticas que la justifiquen. De ahí que la pluralidad de autores siga siendo la hipótesis más compartida por investigadores y comentaristas.

3. Colección o libro

En una época no muy lejana, la investigación daba casi por supuesto que Lamentaciones es una colección de textos originalmente independientes, recopilados con posterioridad a su composición. Recientemente, sin embargo, aunque se reconoce su carácter de obra compuesta, se percibe una tendencia a buscar una posible conexión entre los capítulos que componen Lamentaciones. Si arriesgado es postular la unicidad de autor en Lamentaciones y su subsiguiente carácter de «libro» [53], puede resultar pernicioso, por otra parte, contentarse con afirmar su naturaleza de colección y prescindir de la coherencia del mensaje que se desprende del conjunto. Aun convencidos de que se trata de una obra compuesta, no podemos negar la posibilidad de que la mano de algún poeta haya dado forma al conjunto y haya establecido, mediante retoques o glosas, la uniformidad que refleja.

4. Sobre el género

A este respecto siguen siendo útiles los trabajos de Gunkel [54]. Verdad es que nadie ha rebatido hasta el momento sus conclusiones, pero no es menos cierto que ningún estudioso las ha corroborado críticamente. En muchos anida la sospecha de que poco o nada decisivo puede esperarse de los estudios formales. Aunque han sido frecuentes, en la historia de la interpretación de Lamentaciones, los estudios formales comparativos entre nuestro libro y los Salmos, lo cierto es que en la actualidad tales estudios desempeñan un papel mínimo [55].

---

[53] Así B. Johnson, *art. cit.*, que percibe en el c. 3 el centro literario y teológico de Lam.

[54] Ver H. Gunkel, *Introducción a los salmos* (Valencia 1983); cf. ibíd., *art. cit.*; también el trabajo de H. Jahnow, *Das hebräische Leichenlied im Rahmen der Völkerdichtung*, BZAW 36 (Berlín/Nueva York 1923) esp. 15, relativo a la elegía.

[55] Sorprende, p.e., la escasez de referencias a los salmos en una obra como la de R. Gordis, *op. cit.*

Como dice Brandscheidt, para corroborar la última afirmación: «No es posible explicar la sorprendente contigüidad (en 4,21-22) de una llamada a la confianza dirigida a Sión y de una amenaza pronunciada contra Edom» [56].

Si queremos pasar revista gradualmente a las opiniones más significativas relativas al género literario de Lamentaciones, empecemos por lo comúnmente aceptado hasta llegar a las divergencias. Todos los especialistas están de acuerdo en definir Lam 5 como una lamentación comunitaria. El desacuerdo es más notable en lo tocante a los cc. 1, 2 y 4. Mientras Gunkel los concibe como elegías, Smend ve en este género el elemento fundamental de los tres poemas [57]; otros autores, más cautos y objetivos, sólo se atreven a hablar de «motivos elegíacos» [58] o de mezcla de formas [59]. Westermann se pregunta por el motivo que ha inducido a la mayor parte de los autores a pasar por alto un dato significativo en esos tres poemas: el porqué de la asociación de la elegía y de la queja provocada por las tribulaciones. Y responde por boca de Gottwald que es posible que el poeta escribiese conmocionado por las escenas de muerte y sepelios de que fue testigo [60].

Todos los autores son conscientes de las peculiaridades del c. 3 en relación con el resto de los poemas, peculiaridades que han sido explicadas de modo muy diverso. Se trata del mayor desacuerdo entre los intérpretes de Lamentaciones, desde quienes consideran el poema como obra de epígonos (ver nota 23), artificial y carente de originalidad, hasta quienes lo califican de pieza clave del conjunto, obra del redactor final [61], de cuya comprensión depende la interpretación de toda

---

[56] R. Brandscheidt, *op. cit.*, 170. Se revela contra esta afirmación y contra la tendencia que representa C. Westermann, *Klagelieder*, 60, para quien el doble deseo formulado en 4,21s constituye precisamente una forma estable de los salmos de lamentación.

[57] R. Smend, *op. cit.*, 220.

[58] Así W.H. Schmidt, *op. cit.*, 384-386.

[59] Ver D.R. Hillers, *op. cit.*, XXVII-XXVIII; O. Kaiser, *Klagelieder*, 297-300.

[60] C. Westermann, *op. cit.*, 61.

[61] Así M. Löhr, *Threni 3 und die jeremianische Autorschaft des Buches der Klagelieder*: ZAW 24 (1904) 1-16; A. Weiser, *op. cit.*, 306; H.-J. Kraus, *Klagelieder*, 8-13; R. Gordis, *op. cit.*, 127; B.S. Childs, *Introduction to the Old Testament as Scripture* (Filadelfia 1979) 590-597.

la obra [62]. Por lo que se refiere a sus características literarias, las opiniones sobre el c. 3 divergen también. Quienes lo califican de «poema» dan por supuesto que se trata de una unidad literaria [63], opinión contrastada por quienes opinan que Lam 3 es una composición basada en elementos formales tomados de distintos géneros. Quienes así opinan lo hacen, en parte, desde la perplejidad originada por el cambio de voces en el poema, desde la necesidad de explicar la relación entre lo individual (vv. 1-39.49-66) y lo comunitario (vv. 40-48). Pero la preponderancia del primer elemento, unida a las peculiaridades formales con que se abre y se cierra el poema, les lleva a pensar en la lamentación individual como género que subyace al conjunto.

De todos modos el cambio de personajes puede ser sólo aparente, un recurso estilístico del autor. De nuevo aquí divergen las opiniones: desde la antigua tendencia a explicar el «yo» del poema como un «yo colectivo», o como la voz de un representante de la comunidad, hasta la más reciente de recurrir al concepto de «personalidad fluida» [64].

5. *Sede o contexto vital*

Reconozcamos de momento que, para los intérpretes de Lamentaciones que orientan su investigación primordialmente desde el ámbito de la crítica literaria, la cuestión de la sede vital carece de relevancia. Sin embargo, aunque tal disposición interna y objetiva sea razonablemente justificada en virtud de otras prioridades hermenéuticas del texto bíblico, el caso de Lamentaciones exige un esfuerzo insoslayable en la línea de la sede vital. Porque no podemos pasar por alto la cuestión: ¿se trata de poemas reales o ficticios?; ¿responde su contenido a situaciones históricas constatables o es todo pura fantasía?

Verdad es que un gran número de comentaristas está de

[62] En este sentido, la colocación de este capítulo en el centro del libro es ciertamente premeditada, según R. Rendtorff, *op. cit.*, 282.

[63] Así O. Kaiser, *op. cit.*, 297-300.

[64] El concepto de «fluid personality», aunque no es de propia creación, sirve de base para explicar el aparente cambio de portavoces a R. Gordis, *op. cit.*, 172-174; la explicación es minusvalorada por C. Westermann, *op. cit.*, 68.

acuerdo en la afirmación de que Lamentaciones es obra de testigos oculares de la caída y destrucción de Jerusalén [65]. Sin embargo, casi nadie desde Gunkel se ha preguntado por la posibilidad de que Lamentaciones sea resultado de una tradición oral; de que sus autores no hubiesen sido testigos de la catástrofe. Y es probable que haya que presuponer como sede vital de Lamentaciones un proceso de tradición oral. En tal caso, los poemas, después de haber sido puestos por escrito, fueron utilizados en algunos servicios litúrgicos conmemorativos de la caída de Jerusalén, pero no compuestos *ad hoc* [66]. Zac 7 y 8 son testigos de la celebración de lamentaciones para conmemorar la destrucción de la ciudad santa.

V. TRABAJO PRACTICO Y BIBLIOGRAFIA

1. Orientaciones para el trabajo personal

Debido a los paralelismos léxicos y de contenido que todos los especialistas aprecian entre Lamentaciones y Dt 28, podía ser útil un sosegado estudio comparativo, desde el punto de vista formal y desde el desarrollo de las cuestiones teológicas, entre nuestro libro y Dt 28. ¿Refleja Lamentaciones, dentro de un marco de progresión teológica, el contenido de la teología deuteronómica o nos encontramos en Dt 28 con una mano redaccional que ofrece en linearidad histórica lo que no son más que *vaticinia ex eventu?*

Convendría cultivar algo más el terreno relativo a los puntos de contacto entre la figura de la Sión destruida, doliente y abandonada y la personalidad del Siervo de Yahvé en los poemas del segundo Isaías.

Resultan sorprendentes las divergencias entre la figura femenina del Cantar y la de la Sión violada y viuda de Lamentaciones. Un estudio comparativo del vocabulario, de las imágenes y de los estados de ánimo reflejados en ambas colecciones

---

[65] A decir verdad, el testimonio ocular no puede excluirse, pero tampoco darse por sentado, cf. atinadamente H. Wiesmann, *Der Verfasser des Büchleins der Klagelieder. Ein Augenzeuge der behandelten Ereignisse?:* Bib 17 (1936) 71-84, p. 84.

[66] La propia forma acróstica es un indicio redaccional, una prueba de que Lamentaciones es una redacción secundaria de la lamentación litúrgica.

de poemas pondría al descubierto el alcance de la tensión entre un mundo de amor, esperanza y plenitud humana y un mundo de dolor, desesperanza y fracaso. Sobre todo teniendo en cuenta las lecturas alegóricas que frecuentemente se han hecho del Cantar.

¿Y qué decir de los puntos de contacto entre Lamentaciones y Job? Puede considerarse que numerosos aspectos de este poema, como el rechazo del protagonista por parte de un Dios encolerizado, la enemistad y el ocultamiento de Yahvé, la exposición de Job al acoso, al terror y a la desnudez, en fin, su duelo, desesperanza y continua lamentación, se repiten a escala nacional o individual-imaginativa en Lamentaciones. En definitiva, sólo el aspecto de la conciencia de culpa de este libro está ausente del libro de Job, aspecto, sin embargo, reiterado hasta la saciedad por Elifaz, Bildad y Sofar.

2. Bibliografía comentada

ALBREKTSON, B., *Studies in the Text and Theology of the Book of Lamentations. With a Critical Edition of the Peshitta Text* (Lund 1963). La obra se compone de tres partes: I. Estudio del texto siriaco de Lamentaciones. II. Comparación crítica entre el texto hebreo, los LXX y la Peshitta. III. Antecedentes y origen de la teología de Lamentaciones. Mientras que las dos primeras partes están reservadas a los especialistas, la tercera suscita desde el primer momento el interés no sólo de los estudiosos de la Biblia, sino de los estudiantes que quieran tener un acceso seguro a la problemática teológica del libro, a pesar de la debilidad de algunas conclusiones.

GORDIS, R., *The Song of Songs and Lamentations* (Nueva York ²1974). El comentario a Lamentaciones ocupa la segunda parte de esta obra (pp. 113-201). La parte introductoria, muy breve, se ocupa de la forma poética, del autor y de la unidad del libro, de la fecha de composición y de la teoría sobre la influencia sumeria. Aunque el comentario exegético no es amplio, el autor trata el texto con maestría y con sensibilidad literaria.

KRAUS, H.-J., *Klagelieder (Threnni)*, BK XX (Neukirchen-Vluyn ³1968). Tras una introducción relativa a los aspectos genéricos de la obra (título y lugar en el canon; texto y forma; género y sede vital; situación histórica, lugar de origen y autor; teología; bibliografía), Kraus despliega en el comentario su ya conocida maestría en el tratamiento textual. Se echa en falta el recurso a los análisis literarios, que enriquecerían sin duda este magnífico comentario.

RUDOLPH, W., *Das Buch Ruth. Das Hohe Lied. Die Klagelieder*, KAT XVII 1-3 (Gütersloh 1962). El tratamiento de Lamentaciones ocupa la tercera parte de esta obra (pp. 187-263). Tras una breve introducción (título y canonicidad; texto; forma; origen, unidad y contenido teológico; autor; bibliografía), el autor da paso a la traducción y al correspondiente comentario. De acuerdo con las características generales del KAT, esta obra se caracteriza por el tratamiento minucioso de la crítica textual y el interés por desvelar las posibles situaciones históricas que subyacen en la obra. El autor podía haberse detenido más en las cuestiones literarias y teológicas.

WESTERMANN, C., *Die Klagelieder. Forschungsgeschichte und Auslegung* (Neukirchen-Vluyn 1990). Se trata del comentario más reciente a Lamentaciones en lengua no española. Tras una primera parte dedicada a la elegía fúnebre israelita en el marco de la poesía popular oriental, especialmente en relación con la supuesta influencia sumeria, el autor dedica unas cincuenta páginas a la historia de la interpretación de Lamentaciones. En un tercer capítulo aborda Westermann los problemas generales de este libro, antes de pasar al análisis detenido de sus cinco poemas (cap. IV). La obra termina con un capítulo dedicado al significado teológico de Lamentaciones.

Se trata sin duda de una gran obra, fundamentalmente por dos motivos. Desde el punto de vista técnico no desmerece nada al resto de la obra de este prolífico y magnífico exegeta alemán. Por otra parte, el autor aborda con sensibilidad eclesial los problemas que suscita al creyente moderno la presunta implicación de Dios en el sufrimiento y el abandono de los hombres.

INDICE